日本俗信辞典　動物編

JN066620

鈴木棠三

角川文庫
22144

日本俗信辞典　動物編　目次

【凡　例】

一、旧国名および郡名は底本（『日本俗信辞典』一九八二年）のままとした。市町村名については、現状と異なる場合は現在の地名を〈　〉で示した。

例　京都府天田郡三和町〈福知山市〉

一、採集地を都道府県単位で示した場合は、都府県の語を省いて示した。

例　魚釣りに梅干を持って行くと不漁（東京・新潟・山口）

はじめに――序に代えて――

一

最初から、私事に亘って恐縮であるが、私と俗信とのかかわりあいについて述べることを許していただきたい。

私は、昭和四年春、国学院大学予科に入学すると間もなく、柳田国男先生の門に入ったのであったが、最初の年の暑中休暇の課題として、俗信の分類というテーマをいただいた。そして、資料カードを一袋貸与されたのであった。これを、どのような方針によって分類すればよいのか、先生は、私の質問にこたえて、制裁の面から分類してみるがよかろうと指示されたのである。

私は、一夏の間、このカードをいろいろに並べ変えて比較した結果、禁忌を犯した場合の制裁にどのような種類があるか、ほぼ知ることができた。禁忌を犯せば、そのために病気になる、一生治らない、家の中から死人が出る、親が死ぬ、大怪我をする、等々の種々相が認められたが、結局それらは、表現の違いに過ぎず、要するにきびしい罰を受けるという事に帰してしまうのではないか。それならば、なぜ表現法の分類をする必要があるの

だろうか。旧制中学を出て間もない私の未熟な頭脳では、その程度の考えしか浮かんで来
ないのであった。
　九月になって学校が始まると、私は、謹んでカードを先生に返上した。よく分りません
でした、と復命したので、先生は苦笑して受取られた。この時、表現の相違うんぬんを申
上げたなら、先生は何らかの解説をされたのであったかも知れないと、今にして残念に思
う。とにかく先生は、俗信という短文の資料を整理することから、私に民俗学の勉強をさ
せようと考えて下すったのであろう。その親心が、私には理解できなかった。その後、先
生から、俗信の整理はどうなっているかと、問われたことはなかったが、私は、炉辺叢書
などの民俗誌から少しずつ俗信カードを作ることはしていた。しかし、若い時の気まぐれ
で興味が次々に移って行ったため、中途でこれも消滅してしまったのである。
　俗信研究は、戦後に至ってようやく研究者によって取上げられ、中でも井之口章次氏が
本格的に取組まれ、葬礼習俗と俗信との関係について、目ざましい業績を示された。また、
今野円輔氏が辞典形式により研究成果をまとめられると伝えられ、大いに期待されていた。
(残念なことに、氏は去る八月、未完成のまま永眠せられた。御冥福を祈る)。
　私は、生活問題もあって、研究一途に専念することを許されなかったので、窮余の策と
して、資料をカード化せず、辞典ふうに整理することを考え、何点かの辞典を作った。こ
れならばコンパクトで扱いよく、自分ばかりでなく、読者の人々に広く利用してもらえる

という利点がある。俗信資料も、当然この方式で整理しようと考えていた。しかし、いろいろの仕事に追われて、俗信の採集報告を抜本的に集成する段階には至らなかった。

数年前から、同学の後輩吉川永司・常光徹の両君がしばしば私の書斎を訪れるようになったが、ただ空談に時を費すのは無駄であるから、何か勉強することにしようという話になった時、私は、年来の宿題である俗信の整理分類をやるように提案し、両君の全面的な同意をえたのであった。それは、五十三年正月のことである。間もなく、出版の方も角川書店で引受けてくれることに決まったので、早速カード作りが精力的に始められた。

資料集めには、日本民俗学大系第十三巻所収の文献目録（昭和三十五年版）を始め、竹田旦氏編『民俗学関係雑誌文献総覧』（昭和五十三年版）等が、指針となった。その後、日本民俗学会編『日本民俗学文献目録』（昭和五十五年版）が出て、このご厄介にもなった。もちろん、これらの目録に掲載されている資料で、われわれの手の及ばなかったものも多いが、とにかくわれわれとしては及ぶ限りの方法で、資料を求めた。馴染みの古書店の店頭で立読みしながらメモして来ることなども珍しくなかった。

ただ、或一種の植物乃至動物について書かれた単行本は採用しなかった。われわれの意図するところは、各書に散在している俗信資料を一つに集結することであり、すでに一書としてまとまったものは、その書物について見ることができるのであるから、採録の必要はない。あくまでも、散発的な民俗文献について整理を行うことが、われわれの使命だと考えたのである。

二

由来、俗信は、前代人が持っていた一行知識のようなものといえる。各条は一行あるかなしかの短文に収ってしまい、その採集報告は、箇条書にすぎず、どう見ても重量感に欠ける。専門誌でも、しばしば「俗信一束」などの名のもとに軽く扱われ、埋め草用に掲載された感のあるものも目に付く。しかし、それだけにまた、報告数は実に多い。むしろ、量的に厖大だという認識があるため、これをまとめるためにはどれ程の苦労が必要か分らぬとの考えが先行し、最初から意気沮喪《そそう》してしまうことになりがちである。

しかし、この分野は、日本人の精神史、生活史の研究を進めるためには、是非とも地均ししておかねばならぬ。柳田先生も、「私は所謂俗信の調査の重要性を認め、是が完全に考察せられるのを以て、日本民俗学の成立の目標とさへして居る者である」(北安曇郡郷土誌稿、俗信俚諺篇所収「俚諺と俗信との関係」)とまで言い切って居られるのである。

一行、一箇条に断片化した俗信の資料から、どのように大きな収穫を期待できるか、正確な予測を立てる段階にはまだ私たちは到達していないのである。とにかく、何がなんでも資料を全国的に蒐集し、整理することから始めなければならない。これが、われわれの考え方であって、理屈や解説は後ですればよいと、互いに大いにハッパを掛け合ったのであった。

カード作りのピッチが上がると共に、両君がしきりに問題にし始めたのは、同じ俗信が、甲地では吉とされているのに、乙地では凶として嫌われるのは何故かという疑問であった。当初は、報告の誤りではないかと考えた両君も、類例が続出するにつれ、吉と凶とは背中合せであるという原則を発見し、それがすんなりと胸に落ちるようになって行った。

さらに進むと、俗信の発生と連想の問題が論議の的になった。われわれの祖先は、動物・植物の形、色、声、或いは名前への連想によって、俗信の種類と範囲を次々と拡大して来た。それはもう、呆れるほど甚だしいものであったらしいことが、おぼろげながら摑めるようになった。日本人は、こんなに暗示にかかりやすい民族だったのか、何とも名状しがたい感慨がひろがることを禁じえなかった。

俗信が最も多く盛んだったのは、江戸時代の中期以後だったらしい、という見通しも次第にえられるようになった。笠森稲荷や粂の平内信仰の地口的説明などは、全国にひろがる俗信の海に浮かぶ一葉の落葉みたいなものだ、ということもはっきりした。

われわれのカード作りは、単調な作業ではなく、実りの多いものになる希望があった。

三

だが、カードのおびただしい量には閉口せざるをえなかった。あらかじめ、ごく小型のカードにしておいたにもかかわらず、段ボール箱に詰め込んだ紙の塊が、両君のアパート生活を圧迫し、比較的余裕のある私の所でも、始末に窮するようになった。当面の大問題は、これらの保管整理であった。しかも、新しく作られるカードは陸続と増加し、ついに悲鳴を上げざるをえなくなった。そんな折から、教え子の松本千恵子さんの手がちょうど空いていたのを幸い、その年の秋ごろから、専任でカード係を担当してくれることになった。カードの分類、保管のほか、新規の資料蒐集にも活躍され、図書館、研究室、個人の蔵書家などを歴訪して、新たな資料の補充に努められたのである。

松本さんは、昨年六月までこの仕事に専心され、一時同家ではカード入りの段ボール箱が所狭しと頑張るのみか、箪笥までカードボックスに変身するという有様だった。

そこで、資料の分類をどのように行うか、ということがまず大切な問題だったが、それには、どういう形の書物にするかが先決である。その点私は、先に述べたように辞典形式を執ることを最初から決めていた。また、辞典形式の中でも、いわゆる事典でなしに、物中心の小項目主義を採用するのが、私の方針であった。

とすると、人事関係的な事項はすべて捨て、動物・植物・衣・食・住・身体・疾病・天然現象・その他といった単純な分類をすればよいことになる。また、これが最も分りやすい方法でもあるので、このように松本さんに注文したのであった。もちろん、この方法が最上の分類案だと考えているわけではないが、何万枚というカードをさっさと処理するには、単純な目安を立てることが肝腎である。仮に、親子・嫁姑・年齢・生死などの部門を立てたのであったら、或いは本書は日の目を見ないでしまったかも知れない。とにかく直截的であることを必要とした。

その後も、カードの追加は続いたが、とにかく起稿することにした。しかし、一気に全体を手掛けることは不可能である。そこでまず、動物・植物の二部を原稿化することを決めた。人間生活の基盤というか、素材というか、とにかく第一次的な要素であるのが、動植物である。衣・食・住関係はその加工品であるとして、第二弾に廻すことにした。なお、石・水などを含めた天然現象も基本的だが、分量の点でそこまでこの巻に加えることは不可能であった。

また、動物・植物でも、その加工品については本書からは省くことにした。そのため本書には、稲・米はあるが、飯は食の部に譲るというふうにしてある。

四

とにかく、私たちは、カードを忠実にまとめることに没頭した。忠実に、という意味を具体的にいえば、成るべく報告者の表現や口吻をのこすことである。われわれが、勝手に大意を取って総括してはならないのである。

例えば、イチジクの植栽禁忌において、根が床下まで伸びてくると、悪い、家に病人が絶えない、白根が寝間の下に入ると人間の生血を吸う、血を吸われて婦人病にかかる、根が納戸の隅に入ると婦人病になる、等々の制裁があるが、これは要するに、住宅の近くにイチジクの木を植えるなという一点に帰する。だから、能率的に書くなら、そう記せばよいわけだが、それでは実感が失われてしまう。このような安易な捉え方は、迷信排撃論などによく見る記述法である。しかし、民俗学は実感の学問でなければならない。私は、吉川・常光両君に、特にその点で強く注文を付けた。

俗信を、なまじ総括的に叙述するときは、空疎な概念的記述に終りがちである。従来の迷信の解説などに、浅薄な常識論や、通俗科学説による説明が横行しているのは、禁忌や俗信を信じて実行している人びとのこころに対する思いやりが欠けているからである。古風な人のこころを理会するためには、十把一からげ式の扱いをしてはならない。

少なくとも、私たちのなすべき事は、解説ではない。可及的に多量の資料を集約し、それを研究者に忠実に提供する事であった。その結果として、私たちの行文の拙さと共に、記述が煩瑣にわたる部分が少なくなかったとは思うが、専ら元報告の表現を尊重しようとする精神の現れであるとして、御諒承を得たい。

また、採集地の地名を煩わしいまでに列挙したことについても、お断りしておく必要がある。誰しも経験されている事であろうが、自分の郷里で聞知っていた俗信と同じものを、他地方の報告から見出すと、これは全国的に分布しているものだと、考えがちである。その推量は、恐らく当っている場合が多いであろうが、当らぬこともありうると思わねばならぬ。第一に、俗信の分布状態に関する研究は、これまで一つもなされていないのが現状であるから、性急な結論を抑えて、まず分っている限りの資料を展示する必要がある。それでも、郡名、町村名まで示すことは、今後問題提起の鍵になるかと思われる資料に止め、大部分は府県名に止めた。(長野・岐阜のように、県名と同じ市名で特に必要な場合は、長野市・岐阜市のように記し、県単位は、長野・岐阜の如く記した)。

なお、原報告の形をできうる限り尊重したが、その報告には、しばしば解釈に迷うものがあった。つまり、その土地では、以心伝心的に通じるのであろうが、文章になったものを見た限りでは、主客の関係がどちらとも取れる例などもあった。また、方言に説明が無く、一通りの調べでは正確な意味が不明のことも一再ならずあって、やむをえず、注釈無しにそのまま掲げた場合もあったことをお断りしておきたい。

五

いま一つ、重要な点を言い落したので、書いておかねばならぬ。

それは、カードを粗《あら》分けする段階で早くも生じたことであるが、個々の俗信の条々は、動物・植物関係に限らず、すべて他の部門の事物と結び付いている。例えば、疣《いぼ》を取るまじないとして、虹が出た時にアオギリの葉で疣をこするというのを例にとると、これは植物のみならず、疾病・天象の両部にも亘っている。こうした場合に、整理者が、このカードを植物の部に入れず、疣という点を重視して疾病の部に加えるというケースも起こりうる。それは、整理者のみの責任ではなくて、報告者の態度とも関係するので、こうした分裂は常に起りうるわけである。つまり、当然、植物の部で扱われて然るべき資料が、疾病の部で取上げられるというケースも起きる（また、そうせぬと、疾病の部が手薄になってしまう恐れもあるわけである）。つまり、今後出版を予定している他の部門の記述の重要度がたかくなるわけで、私たちの今後の責任が重大なことになるのであるが、要は本書一巻のみで、動物・植物に関する俗信の全資料を消化してあるのではないということを理解していただきたいのである。

六

最後に、三人の分担のあらましについて記しておくと、植物は三人で適当に分けたが、動物は、哺乳類を吉川君、昆虫・魚貝を常光君が、大体担当した。私は動植物の区別なく、カード量の多い項目をなるべく受持つことにした。二百枚、三百枚とカードが集まっている大きな項目の整理は、なかなか難物で、これをこまかく分け、順序を組立てるために、二日も三日も費すことは珍しくなかった。しかし、苦労も多いが、発見もあった。

私たちはよく話し合った。これだけの資料に、いま少し文献資料でも加えれば、一冊の単行本になる項目が幾つあるか知れない、先を追われているためにできないのが残念だ、と。

しかし、すでに持て余す程のカードがあるのだから、さらにその種の書物から資料を加えることなどは、到底許されない。私たちは、終始カードの忠実なまとめ役に徹することを覚悟したのであった。

いま、大きな項目について、三人の分担したものを掲げておく。

麻・蟻・蚕・蛙・蟹・蜘蛛・魚・茄子・南天・蜂 ——常光

鼬鼠・牛・馬・木・大根・大豆・竹・鳶・烏・麦・土龍 ——吉川

小豆・無果花・公孫木・犬・稲・梅・柿・鳥・狐・桐・栗・桑・牛蒡・胡麻・米・桜・猿・蕎麦・狸・燕・玉蜀黍・梨・鶏・猫・鼠・枇杷・蛇・松・蝮・桃 ——鈴木

なお、目次を見られると、余り耳馴れぬ動植物が挙がっていることに、意外な感を抱かれるかも知れない。これもカードの指示に従って作業するうちにえられた現象に過ぎず、われわれの側から求めたものではないことを諒承されたい。また俗名に従い、学名を重視しなかったのは、われわれの知識不足もあるが、報告者の報ずるところに拠ったためである。

七

最後に、スタッフの吉川永司・常光徹・松本千恵子三氏の御協力に厚く感謝の意を捧げます。おかげをもちまして、私の宿題の一部を果すことを得ました。

なお、資料蒐集に当り、協力と指導を賜った先学知己、種々便宜を与えられた図書館・研究室の方がたに深甚の謝意を表します。また、角川書店が、私たちの遅い歩みを辛抱強く見守られ、分外の援助を与えられたこと、種々無理をきいていただいた担当の佐川広治氏に厚くお礼申上げる次第です。

昭和五十七年九月十日

鈴木棠三

俗信序説

俗信

一

俗信とは、どのようなものをいうか。分りきったことといわれるかも知れない。しかし、分ったようで分らないという声もある。編集部からも、分りやすい説明をほしいとの要望があった。

そこでまず、一般的には、どのように受けとめられているのか、辞書の説明を引用することにしよう。

民衆の間で行われる宗教的な慣行・風習、呪術・うらない・まじない、幽霊・妖怪の観念など。このうち、実際に社会に対して害毒を及ぼすものを迷信といって区別する場合がある。——広辞苑

民間のいいならわしとして伝えられる、超人間的な力の存在を信じ、それに対処する

知識や技術。予兆、卜占、禁忌、呪術、妖怪、憑物などがある。――日本国語大辞典

右の二通りの説明を比較するとき、前者の方が要領をえているといわざるをえない。特に、俗信と迷信の差を指摘しているのは、親切である。後者は、「それに対処する知識や技術」という説明が、はなはだ言葉足らずである。ただし、予兆・禁忌・憑物などを挙げている点はよく、広辞苑でもこれらを付加してほしかったと感ずる。

次に専門的な辞書は、どのように解説しているか、柳田国男編『民俗学辞典』の解説を紹介しておく。

主として古代の信仰および呪術が、宗教にまで高められることなく民間に退化しつつ残存したもの、また宗教の下部的要素が民間に脱落し、退化沈潜した広義の信仰慣行で、一つ一つは断片として存在し、組織をなさない雑然たる呪術宗教的な心意現象である。その中心は前兆予知・卜占・禁忌・呪法であり、これにまつわる諺・唱え言・民間療法、また妖怪変化や幽霊なども含まれる。

これを冒頭部分として、以下、長文の説明が続くが、省略する。

この『民俗学辞典』は、昭和二十六年一月の刊行であるから、三十年余り以前のもので

ある。終戦後間もない頃のものではあり、俗信の総合的比較までは到底手が及ばなかった時期であるから、頭のいい若手学者が、蓋然論として執筆したような感想を抱かされる。

全般的にいって、右の解説で、俗信とは古い信仰の残存、或いは退化したものであるという認識（或いは、前提）のもとに考察していることは明らかである。否、私自身かつてはそれに近い先入観を抱いていた。しかし、そうした考え方は、どうやら当を得ていないことに、次第に気付かされて来た。

古い信仰といっても、どの時代をさして「古い」というのかという問題もあるが、漠然とわれわれが古代信仰といっているものを、「古い信仰」と呼ぶことにすると、近世末或いは明治大正期などに行われていた俗信の中に、「古い信仰」の残存が何程あるか、疑問を抱かざるをえない。むしろ、俗信のヴァラエティは、次々と新しく付加されたものが多く、それらは古代信仰の残存とは言いがたい。もちろん、忌みとか穢れに対する信仰、乃至は畏怖感には、古代から伝わって、中世も近世も、同じ軌道でそれが進んで来、こんにちわれわれが収集しえた俗信の中にもそれが生きている部分は少なくないであろう。しかし、それは要素として生きていることを意味し、従って原則論的なもので、一々の俗信条項のすべてに直接投影しているわけではない。かえって、近世、それも近世末期に至って、新たに増加した俗信がおびただしい量に達するのであって、『民俗学辞典』の「俗信」項目執筆者が主張するような、古代信仰が崩壊し、あたかも巨大な巌石が年月の経過とともに砕けて細石になるのと同様な経路を辿って、零落と衰退を続けた末、断片化してのこった、というわけのものではない。（巨大な巌石うんぬんは、辞典執筆者の比喩ではなく、私が仮に用いた比喩であるが、もし比喩によって俗信のはじめを譬えるならば、巌石というよりは、むしろカオスのようなものとして認識すべきであるかも知れない）。

とにかく、俗信の歴史を、破砕と衰退の歴史として捉えるのは誤りである。俗信は、俗信として変化と発展をとげて来たのであった。その経路は、決して衰退ののちの残存という経路でひたすら経過したのではなく、時には膨張や増大も大いに行われたのである。

二

俗信という熟語は、諸橋氏『大漢和辞典』には載っていない。中国では使用されていなかったものと見える。恐らく、「俗間信仰」などを縮約した近代の造語なのであろう。

現代人の語感からすると、なぜ俗間であって民間ではないのか、という疑問も湧くが、江戸時代すでに、俗神道などの語があったので、俗信という語形が抵抗無く受け入れられたのではなかろうか。

俗信という語が、いつごろから使用されたか、資料をもたないが、大正二年に創刊された雑誌『郷土研究』（初期の同誌は高木敏雄の編集だった）の目次を繰ると、第一巻から第二巻にかけて、南方熊楠の「紀州俗伝」に倣ったらしく、豊州俗伝・農業俗伝などと題する諸家の投稿が目につく。「俗伝」は、民間の伝承の意と解してよく、必ずしも俗信と同じとはいえないが、その中には俗信も含んでいるはずである。

第二巻二号に、「伊勢の言習はし」の一文が現れるが、内容的にはむしろ俗伝と題する方がふさわしいもので、俗信禁忌とは関係がない。しかし、二巻八号以降は、「国々の言ひ習はし」の題名の下に、毎号二、三氏の俗信の投稿を掲載するようになる。各条に、イロハの番号を付し、将来それと同じ条項が他地方から報告された場合に番号で示すようにしてあるのは、紙面の節約という目的が主であるとはいえ、俗信資料整理の第一歩という点で注目される。また、当時、郷土研究の編集当事者であった柳田国男が、俗信を避けて、「言ひ習はし」なる名称によって統一しようと考えていたことを窺わせる。

念のため、郷土研究二巻八号の「国々の言習はし㈠」を示しておく。

〇国々の言習はし（一）

何々すれば何々すると云ふ諸国の云ひ習《なら》はしの中で、因縁《いんねん》の説明して無い者のみを集めて見やうと思ふ。もし之が理由に付て何か御考が出たら、逐次《ちくじ》に小篇欄に出すこと、する。将来此種の報告に際し、もし重複のものがあつたら之を略し、例へば㈠の㈠・㈢の㈧・㈤の㈺等亦存すと云ふやうに附記せられたい。

㈠信州更級郡（高島直一郎氏報）

(イ)立つて食ふと乞食《こじき》になる
(ロ)寝《ね》て食ふと牛になる
(ハ)強飯《こはめし》に汁を掛けて食ふと嫁《よめ》に（聟《むこ》に）行くとき雨が降《ふ》る
(ニ)片口《かたくち》で水を呑むと三口《みつくち》の児が出来る

(二)出雲簸川郡（清水兵三氏報）

(イ)蚯蚓《みゝづ》に小便を掛けるとチンボが脹《は》れる
(ロ)箒《はうき》で人を叩《たゝ》くと禿《はげ》の女房を持つ
(ハ)人の足の裏を搔くと貧乏する
(ニ)炬燵《こたつ》の火で物を焼いて食べると凶事に出逢ふ
(ホ)子供火わるさをすると夜尿《よいばり》を垂れる
(ヘ)卵《たまご》の殻《から》をまたぐと子が出来ぬ

(三)河内北河内郡（岡市正人氏報）

(イ)畳《たゝみ》の三ッ辻四ッ辻の上で産《さん》をすると産が重い
(ロ)雪隠で唾《つば》を吐くとアクチ（口端の瘡）が切れる
(ハ)黐《もち》で鼠を捕《と》ると火事が出る
(ニ)子供笊《ざる》を頭《あたま》に被《かぶ》ると丈《たけ》が延《の》びぬ
(ホ)胞衣《えな》を深く埋《うづ》めると生児《うまれこ》が虚弱になる

(ヘ)北へ向いて刃物《はもの》を使へば怪我《けが》をする
(ト)足袋《たび》をはいた儘で寝ると親《おや》の死目《しにめ》に逢はれぬ
(チ)団栗《どんぐり》を食ふと吃《ども》りになる
(リ)家の西側に窓を開《あ》けると好色の者が出来る

右の資料を掲げた後に、次のような付記がなされていることに、注目される。

尚一旦書籍雑誌等に見えた者でも出処さへ明かにしてあれば差支無之。但し最初は結果の悪い方、即ち人の忌む方の種類を集めて見たい。

かつて先師は、私に俗信の分類を課せられた際に、制裁の面から分類を行うようにと指示されたのであった。しかし年少の私は、その真意を理解することができなかった。してはならぬといわれる事を敢えて(或いは、誤って)行うと、凶事にあう、怪我をする、病気になる、死ぬ、牛になる、火事になる、等々の、いわゆる制裁の種類は少なくない。しかし、それには自ら限度がありそうである。そして、その制裁を分類して、例えば、「怪我をする」といわれる禁忌には、どのような場合(前提)があるか通覧できるようにしてみても、それにどのような意義があるのだろうか。してはならぬという条々を分類することの方にこそ、意味があるのではなかろうか、と考えられてならなかった。

今にして思うと、先生は、「最初は結果の悪い方、即ち人の忌む方の種類を集めて見たい」といわれた初一念を、私の出発点として与えようとされたのであったろう。不敏にも私は、その事に永い間気付かなかったのである。

つまり、柳田先生の俗信の概念は、主として禁忌すなわち、人が忌む事、してはならぬ事、罰を受ける事柄をさしていたことが分る。

しかし、先生は最初、それを俗信と呼ばず、「言習はし」と呼ばれたのである。なぜ、俗信という語が使われなかったか、今になっては質問する術もないが、思うに、当時はまだ、俗信イコール禁忌という概念が定着していなかったためではなかろうか。

その一証として、『郷土研究』第一巻十号の「俗信雑記」を挙げることができる。「俗信雑記」は、同誌に「俗信」と銘打って掲載されたものの最初である。同稿の筆者は桜井秀氏で、いわゆる民俗学の側の人ではなく、風俗史の研究者であった。この「俗信雑記」も、古文献による考証であり、影の神秘、外法《げほう》の人形、餅のなる木、蜘蛛の怪の各小篇から成っている。地方の習俗ではなしに、考証の資料はすべて近古、中世などの記録や作品によっている。そして、ここには禁忌に関する記述はまったく見られない。こういう「俗信」のとらえ方も、もちろんあってよいわけであるし、そうした用例が明治期から一部にはあったことを示すものでもあろう。柳田先生が、あえて「言習はし」と呼んで、「俗信」を用いなかったゆえんでもあったろう。

（いま一つ、先生の用語選択上の好みもあったのではなかろうか、と考えられる。年代的にはずっと後の事であるが、先生は「昔話」という言葉を学術用語として使用され、「民話」の使用を許されなかった。実地採集の場合、昔話というと、相手の人に誤解を生じ、やりにくいことが多かったのだが。また、郷土研究という名称の使用をいつまでも続けられ、民俗学という用語をなかなか採用されなかったのも、物々しい漢語を避けられる先生の好みを示しているように思われる。それは、桂園派の歌人だった先生の好尚に基づくものであったかも知れない）。

しかし、「言習はし」についても、その語義は広汎であって、ストレートに禁忌を意味するとは限らない。現に第二巻二号に、「伊勢の言習はし」と題して掲載された小報告の内容は、伊賀のお粥腹は肋が一枚足らぬという口碑を報告したもので、記するところは、禁忌でも俗信でもない。むしろ「俗伝」である。

これを要するに、俗信（禁忌）に対する称呼が動揺し、一定しなかったばかりでなく、どれが有力な名称であるかさえ、まだはっきりしていなかった状態が看取される。

そうした中で、「国々の言習はし」は毎号にわたって連載されたが、それとても、本筋の名称になったわけでもなかった。第三巻八号には、「陸前登米郡南方村附近の俗信」と題して、三十余項の俗信禁忌が掲載されている。同じ号には、「国々の言習はし」の第十

○回分も掲載されて居り、登米郡のそれはまったく言習はしと同質の報告であるが、分量の関係で別扱いで掲載されたものらしい。つまり編集技術上、別扱いにされたのであろう。要するに、言習わしでも、俗信でも、名称はどちらでもかまわないという曖昧な認識がその頃から存在し、現在にまで引継がれて来ている観があるのである。

三

言い習わし・俗信の他にも、境界が不分明で、内容的に重複する部分の多いのが「民間信仰」である。

民間信仰と、言い習わし・俗信と、どこがどう違うかと問われると、誰しも明確な答えができないのではなかろうか。私自身も自信はないが、単なる個人的語感からいうと、一行知識的な俗信禁忌については、民間信仰と言わない人が多いように感ずる。もちろん、私個人の用語感乃至は用語癖のみによって言うのではなく、これまで利用して来た報告類などから受ける感想である。例えば、某所の疣取《いぼとり》地蔵の信仰について、それは俗信と呼んでも一向差支えないはずではあるが、報告者は民間信仰と記している場合が多いといった場合についての記憶や感じであるから、不確かといえばいえる。

つまり、俗信・禁忌は、一行知識ふうのもの、という先入観が、何とはなしに存在するからなのであろう。

「民間知識」という名目も、近年よく使われる。役所の主導する調査標目にでも採用されたため普及したのかと思うが、確かなことは調べてない。民間知識という言葉は、「生活の智恵」の言い換えともいえるわけで、俗信よりは対象の範囲が広い。例えば、男の一丁まえの仕事量は田うないならば二百刈りだとか、作物を作る畝《うね》を幾通り立てるかといった仕来りや、旧来の生産物を俵詰めにする時、一俵は何貫入りにきまっていたというふうな、地方的な作業上の仕来りなども、民間知識として報告されている。

俗信関係でも、天候に関するものには、経験的知識の集約といえるものが多いので、民間知識の名で呼ぶのがふさわしい場合が少なくない。「魚がはねると雨が降る」とは、諸地方の俗信報告に見られるものだが、これを俗信即ち民間信仰といえるかどうか、疑問がある、というよりは、誰しも信仰ではなく、経験的知識であると認めるであろう。では、「小馬が沢山通ると雨が降る」「繋ぎ馬を数えると雨が降る」などは、経験的知識とすべきであろうか。「ツツジの花が多く咲くとその年は雷が多い」は、経験的知識であるのか。ツツジの花を竿の先に結んで天道に供える習俗などを考え合すと、これは知識ではなく、信仰から派生したものではないかと考えることもできる。このようにして、一条ごとに、信仰か非信仰かを鑑別する作業を、現在の段階で採集者に課するのは酷というものであろう。そうした意味で、この種のものを、民間知識の名で総括することは悪いこととはいえないであろう。

特に、天象関係の「俗信」には、「ハトが鳴くと雨が降る」「月が笠をかぶると雨が降る」のように、経験的知識に基づくものが非常に多く混入している。そのために、天象関係の「俗信」の量ははなはだ膨大になり、私たちの漠然たる感じでいうと、全資料の一割を超えるかという感じがする。

何故、このように天候関係の「俗信」が多いかというに、初期の「国々の言習はし」時代には、制裁を伴う俗信のみに限ったので、当然、気象関係の伝承を加えなかった。ところが、「三日月が縦になると米相場が上がる」「下駄を投げて裏返しになると雨が降る」「猫が顔を洗うと雨が降る」という類の伝承を記録した採集者は、それらが信仰的な伝承であるか否かは別として、とにかくまず記録することに努める。そして整理の段階において、三日月が縦になるうんぬんは、果してそのような事実があるかどうかは分らぬが、陰陽道関係などの俗信かも知れぬと考える。下駄が裏返しになるうんぬんは、少年時代に天気占いに履物を投げたことを思い出し、この占いから出たものだろうと考え、俗信であることを直感する。猫の洗顔は、日常しばしば見かける動作だから、これが信仰に根ざしているかどうかはとにかくとして、たしかにそのような事がよくある、これも占いであろうというふうに考えるのであろう。

採集者の誰しもが経験していることだろうが、採集ノートを整理すると、どの部門へ入れてよいか判断に迷うものが、幾つか出てくる。長篇ならば独立させればよいのだが、断片的なものは一条や二条では独立の一章として扱いにくい。だが、資料の価値は長短にあるのではないことは勿論であり、断片や破片といえどもノートのまま筐底に埋もらせるのは惜しい。発表さえしておけば、いつか、誰かが学問的に利用してくれるであろう、そのように考え、便宜的措置として、少しでも関係のありそうなところへ挿入することになりがちである。

天象部門の「俗信」が膨張したのも、このような理由によるのであろう。本質的には信仰でないものを少なからず包摂しているのであるから、そのような混合体を呼ぶには、民間知識の名で総括することがふさわしいともいえよう。ただし、民間知識は、俗信禁忌の同義語でありえないことは、いうまでもない。

四

雑誌『旅と伝説』は、民俗学関係の雑誌として、最大の読者を有し、且つ最長期間にわたり（十七巻一号まで）刊行された。同誌を通覧することによって、当時の学界の動向をも察することができる。同誌は昭和三年一月に創刊されたが、初めは出版者が民俗学に関する知識を欠いていたため、次元の低いものであった。第八号から柳田先生の原稿を掲載し始め、その指導により特集号をも刊行するようになり、全国各地の郷土研究家の投稿を吸収するに至る。

同誌の目次を繰って、「俗信」と題したものを探すと、まず一巻十号に「南島の俗信と伝説」（茂野幽考）がある。出版者と同じく南島出身者という関係から、茂野氏は初期の同誌にしばしば執筆しているが、右の文章は、奄美本島などに伝わる天女伝説を中心に述べたもので、禁忌については全然触れるところがない。氏が「俗信と伝説」と題したのは、民間伝承、乃至は神話をさしていっているのである。

その次に、「俗信」が登場するのは三年後の四巻十号（昭和六年十月）で、小野秋風という人が「人体俗信集」という採集報告をしている。氏が「人体」とした意味は、制裁が人体に現れるものをさして居り、例えば、病気になる、死ぬ、口が曲がる、体が牛になる、舌を抜かれるといった制裁を伴う禁忌類をさす。制裁によって俗信を分類したものとして、私にとっては頂門の一針であることは勿論だが、制裁を主としてこれを「人体」という視点からまとめることには、疑問を感ずる。

第六巻三号（昭和八年三月）に至ると、「備後の俗信」「鳥取県の俗信一束」「房総地方の動物に関する俗信」「埼玉県越ケ谷地方の俗信――附俚諺、比喩法」の四篇が一挙に掲載されている。四篇ともに、禁忌を主とする採集報告であり、茂野氏の「俗信」とは、まったく認識が一変したことを示している。

そして、こうした「俗信」概念がほぼこの頃から固定したと見うるのであるが、この動向に決定的影響を与えたと思われるのは、昭和七年九月に、信濃教育会北安曇部会が蒐集編纂した『北安曇郡郷土誌稿 第四輯俗信俚諺篇』であった。北安曇部会は、昭和六年七月以降約一か年を費して、四千六百余の俗信・俚諺《りげん》を収集整理して上梓に至ったのであった。ここに「俗信」というものの大多数は、制裁を伴う禁忌である。(大多数というゆえんは、「手の小指が長ければ出世する」「足頸の細い人は達者だ」のような、制裁を伴わないものを含み、全部が禁忌ではないからである)。

郷土誌稿は、四千余の俗信・俚諺を、次のように分類して掲げる。

一、衣に関するもの 二、食に関するもの 三、住(以下「に関するもの」を省略) 四、身体 五、生(子) 六、死 七、夫婦 八、嫁姑 九、気象 一〇、農事 一一、夢占 一二、まじなひ・祈願・呪 一三、唱へごと 一四、洒落・軽口 一五、其の他。(以上、十五項のうち、一四以下は俗信とは関係がない)。

同書の刊行は、俗信の採集・整理の上で各研究者に大きな影響を与えたようで、その結果がはやくも『旅と伝説』誌上に現れた。すなわち、「千葉県下の蛇に関する俗信」(六ノ一〇＝昭和八年十月)、「農事に関する俗信集」(七ノ六)、「流星の方言と俗信其他」(七ノ九・一〇)、「鶏鳴に関する俗信」(九ノ四)、「鳥の俗信と魚の伝説」(同上)の如く、単なる俗信条々の羅列でなしに、テーマによってまとめる傾向が見られるようになったのである。また、一地の俗信を報告するにも、呪禁などに関するもの、禁忌などに関するもの、天候に関するもの、動物に関するもの、神仏に関するもの等の項目に分類する方法が用いられ始めた（六ノ一〇「相模大島の俗信」）。

諺と俗信

一

『俗信俚諺篇』の総括に当った一志茂樹氏は、同書の巻末記の中で、次のように述べている。

俗信の内容としては、晴の日の行事である年中行事の中に含まれている俗信よりも、此処では郷土の人々の日常生活に於て見らるゝ、謂はゞ字句にしては一二行に尽きるやうな種類の俗信に就いて採集を進める事にした。

それによれば、信濃教育会の指導者の考えた「俗信」には、「晴の日の行事である年中行事」に含まれているものと、日常生活即ち褻《け》の面での俗信との二つがあった。そのうちの後者を対象としたのが同書であった。つまり、同書の出発時点では、「俗信」は広義の俗信であったのが、いざ実行に移す段階で、禁忌中心の狭義の俗信に限定されたのであったらしい。そして、同書の内容が「俗信」の実物展示の役割を果した結果、一般に「俗信」といえば、禁忌中心の、いわゆる「字句にしては一二行に尽きるやうな種類」の「俗信」に限定される趨勢を形造ったと見ることができるようである。その意味で、同書の果した役割を無視することはできない。

もっとも、それですべてが右へならえしたというわけでもなかった。俚諺と俗信との区別の問題は、同書においていま一つ歯切れが悪かったことは事実で、それと同様な混迷ぶりは、一般でも見られた。その具体的な例が、『旅と伝説』誌上にも現れている。同誌八巻九～十一号に連載された「芳賀郡の俚諺的俗信」、九巻二号の「那須郡の俚諺的俗信」は、それぞれ別人の採集者による報告であるが、その内容は九〇パーセント以上が、一、二行の「俗信」であって、俚諺は僅少にすぎない。そこで、二人の報告者があえて採用した「俚諺的俗信」という命名の意味が、はなはだ分りにくいものになる。

俚諺的俗信とは、恐らく「俚諺のような俗信」という意味で使用されたものかと思われるが、それをいま少し突き詰めると、㈠俗信のうち、ことわざのように形の短いものという意味であるか、㈡俗信が半ば俚諺化して、なお中間的な域に止まっているものという意味であるのか、㈢形は俗信であるが、その内容は俚諺と同じであるというのか、㈣俚諺が形式を崩し散文化し、俗信として行われているものという意であるのか、そのいずれかであろう。

その真意を問う術はすでにないが、とにかく二人の投稿者が、俚諺と俗信との親近性、区別しにくさに注目し、その点を廓大して観察していたことは疑いない。

二

俗信と俚諺とは、どう違うか。

この疑問に答えるため、柳田先生が信濃教育会の質問に答え、「俚諺と俗信との関係」の一篇を寄せたものが、「俗信俚諺篇」の巻頭に掲載されている。（この論文の標題は、先生の諸論考のうちでも珍しい端的な標題である。そのことは、教育会側の煩悶が切実で、直接的な回答が要請されていた事実を反映しているようである。ただし、同論文の内容は、必ずしも明快とはいえず、同時点における先生の認識を示している観がある）。

教育会の調査事業について指導を求められた先生は、最初は俗信・俚諺を截然と引離し、同居させることに反対された。そのいきさつが、次のように述べられている。

我邦の採集に於ては、奇体に夙くから二種の伝承の混同があった。特に著しいものでは藤井紫影氏の諺語大辞典で、あれには「団栗を食へば吃になる」、「蜻蛉を殺せば観音の罰で盲になる」という類の俗信が、諺として既に数十種載せてある。雑誌郷土研究以来各郡の郡誌等にも、是に似た排列もあれば、又反対に俗信として幾つかの諺を交へたものがあって、いつも我々は其仕分けに苦労した。

もちろん、『諺語大辞典』が俑《よう》を作ったというわけではなく、それ以前からすでに、俚諺・俗信の混同が行われていたのであるが、同書はその混同を固定化した責任を免れないであろう。この轍を、信濃教育会に踏ませるべきでないと、先生が考えられたのは当然である。

しかし、実際に集まって来た採集報告では、俗信と俚諺との区別は無視されていた。そのことを、「此一篇（本書）の基礎となった莫大の資料、之を報じて来た各村採集者の手帖が、既に二つのものを併せ拾ひ、之を教へてくれた土地毎の故老は、同じ折又同じ気分を以てまぜこぜに之を思ひ出して居たのである」と、先生は記す。これも当然というべきで、採訪に当って、「俗信を話してみて下さい」、「今度は、ことわざを言って下さい」といった採集法は許されるべくもない。同じことは、昔話と伝説の採集についてもいいうる。採訪者は伝説採集が本来の目的でなくても、相手の話者の記憶のメカニズムでは、昔話も伝説も同じ一つの抽出しに入っているのであるから、思い出した順にまぜこぜに話す。対応する採集者は、好き好みを言っている場合ではないから、とにかく全部記録しておくことになる。俗信はいらない、ことわざは必要という場合なら、不要の方は聞き流しにすればよいという理屈も成り立つが、問題は、どれが俗信で、どれがことわざであるかの判別を、現場で立てよということは無理な要求である。しかも、両者の区別に不分明な部分があるのだから、やはり、聞いたことは全部記入するという方法によらざるをえない。

先生は、先に引用した文章に続けて、さらにこう述べている。「強ひて末端に於て分類の論理を徹底して見た所が益も無いと思はれた。それ程又二つの伝承が、或一角に於ては自然に繋がって居ることを発見したのである」。当時の認識の程度を示しているようである。

結局、北安曇郡下で採集された「莫大の資料」が、どのように整理されたかというと、まず全体を、先に掲げたような、衣・食・住・身体・生・死・夫婦・嫁姑・気象・農事に仕分け、これをそれぞれの章とし、さらにその各章を、俗信・俚諺の二部分に分けたのであった。なお、俗信・俚諺各部内の排列順としては、五十音順、いろは順を採用せず、おおまかに同じ主題のものを一か所に集めるといった程度の方針が取られた。例えば、俗信のうち衣に関するものでは、しつけ系に関連する俗信、新衣をおろす場合、仕立て関係というふうにグループ別で羅列してある。やむをえない方法というべきであろう。これに対し、俚諺の部では、詞形が一定しているため、五十音順などの排列が普通であるが、本書ではやはり無規則な羅列方式をとっている。

三

右の処置によって、俗信と俚諺の混在は一応避けられたが、問題は、両者の間のどこに一線を引くかである。俗信の部に入れるか、俚諺と認めるか、実際にはにわかに決定しがたい場合が少なくない。例えば、気象に関するものの俗信の部に、「朝とんびは晴となり、夕方のとんびは雨となる」とあり、俚諺の部には「朝鳶笠を着ろ夕鳶笠をぬげ」とある。両者は内容上は正反対のことを指示しているが、鳶の行動によって天候を占う点ではまったく同趣であり、同じ着眼を表現するのに形式が異なるのみである。前者は冗長であり、後者は簡潔、且つ比喩をまじえている。前者が俗信で、後者が俚諺であるという識別は、一応納得が行く。しかし、「朝とんびは晴、夕とんびは雨」といった、短縮型、乃至は散文形式で採集された場合、これを俗信とするか俚諺とするか、簡単に一決できないであろう。

先師は、この間の事情を次のように述べている。

だから土地土地の何百といふ俗信種目には、未だ定まった言葉を以て説き表はされて居ないものも多く、時には至って拙なく俚諺化せられ、もしくは其半成品とも名づくべきものが稀で無いのである。

これを別の語を以ていえば、俗信的内容を散文的に伝承したのが「俗信」であり、定型化され、かつ詞形として洗練を経たものが「俚諺（ことわざ）」であるということになるであろう。つまり、俗信のうちの一部が、ことわざの詞形を得ることによって、ことわざの仲間入りをする。

従って、俗信の大部分が、内容上からはことわざに変身しても不思議はない。（それは、詞形の問題に止まる）。だが、これをことわざの側から見ると、俗信的内容にあらざる俚諺がはなはだ多くて、俗信に基づくことわざは、全体の一部分を占めるに過ぎないのである。

そして、俗信の定形化が完成してことわざとして定着したのは措き、定型化乃至は洗練度の不足するもの、即ち「拙なく俚諺化し」たものについて、これを俗信と見るべきか、俚諺に加えるべきかの問題が起こるのである。

仮に、こうした未成熟のことわざを、準俗信、準俚諺とでも呼ぶことにすると、この中間型を、分類上どのように扱うか。いっそ、ことわざ・俗信・中間型の三部門に分けるのも、一つの方法であろう。しかし、中間型という中でも、やや俚諺に近いものもあれば、むしろ俗信的といえるものもあって、程度の差を否定できないものがあることは事実である。実際上の処理になると、この辺に難しい点があろう。

『俗信俚諺篇』のように、とにかく資料を忠実に公刊すること、幹事自身のいうように「拙速」でもかまわぬから、まず資料の公開を行うことを主眼にするという場合は、分類案はさしたる主題ではない。読者は、その中から中間型の混在を認め、それを自己の問題にすればよいのであり、むしろそうした中間型の伝承が少なくないという事実から教訓をうけるであろう。資料集としての使命はその点にもある。

しかし、俚諺の集大成、乃至俚諺の辞典を編纂する場合には、右の中間型を、ことわざとして採用するか否かに、煩悶させられるのである。

そうした動揺は、藤井博士の『諺語大辞典』において最初に示された。また、同書から多大の資料を仰いで成った『俚諺大辞典』（諺語大辞典の剽窃書として抗議をうけたといわれ、長い間絶版処分にされていた）では、『諺語大辞典』からなるべく遠ざかる目的もあって、比較的俗信は集めやすいため積極的に投入された。その結果、柳田先生によって指摘された誤りは、さらに増幅されたのであった。

国民的遺産の集大成として、俚諺を集め、これを解説するのであるならば、古典を博捜し、また地方の採集報告を以てすれば、未収録の俚諺はまだまだ多い。ただ徒らに量をふやすために、俗信を混入させるのは、研究を過去に引戻すことを意味するのであり、地下の先師の顰蹙《ひんしゅく》するところであろう。

【あ】

青葉梟　あおばずく

○愛媛県北宇和郡近辺では、アオバズクをイモオヤシと呼ぶ。アオバズクの初声が、里芋の植え付け時期を告げるものとされているからである。

○アオバズクは、その名のように青葉の出始める頃に夏鳥として渡って来て、山地よりも人里に近くすむことが多い。福岡県久留米市付近では、その時期がトノサマガエルの啓蟄の頃と一致するところから、アオバズクの初声とキンモンカエル（トノサマガエル）の啓蟄の初鳴、という諺がある。

青鳩　あおばと

○青森県下北郡では、マオ（アオバト）が鳴くと必ず天気が悪くなるといい、その鳴き声を雨天の予兆とする（愛媛・大分も同様）。「雨が降るからアオバトを鳴かすな」とは、和歌山県西《にし》牟《む》婁《ろ》郡で、拙い尺八吹きをひやかす時のことばであるが、この地方では実際にアオバトが鳴くと、その後、程なく雨が降るといっている。アオバトをシャクハチドリ（尺八鳥）と呼ぶのも、その鳴き声の聞きなしによる。

○アオバトは背に茶毘の形を背負っており、うっかりその姿を見ると短命で終わってしまう、アオバトは胸にオモ綱を絡んだ痕がついている（秋田）、マコドリ（アオバト）を見た人は不吉（山形）、などと、アオバトの姿を見ることを凶兆とする。この鳥は姿のみならず、鳴き声についても、山に行ってマオドリの鳴く声を聞くと死ぬ（秋田）、アオドリ（アオバト）が鳴けば人が死ぬ（山形）、オワオと鳴く声を聞くと不吉で、三声鳴けば三日目というように、鳴く回数で死ぬ日がわかる（三重）、といわれる。秋田では、アオバトの鳴き声は渡り舟を呼ぶ人間の声のようで実に気味の悪いものだ、といわれているが、逆に沖縄県竹富島では、夫婦仲の良いのはハト、声の美しいのはアオバトといっている。

○アオバトは積雪の多い地域では夏鳥、それ以外では冬鳥として漂行し、広葉樹林中にすみ、シイ・カシなどの実を好んでついばみ、繁殖期には、マオーとかアオーとかと赤ん坊のような声で鳴く。そうした生態について次のような俗諺がある。アオバトが盛んに鳴くから田植も終わり頃となった（青森）、ンマオードリ（アオバト）に春山（新潟）、とは、ともに夏鳥としての漂行を語るものであり、ブナの芽（冬芽）が出たからアオバトが来る（福岡）、カシの実の落ちる頃にアオバトが群をなして来る（宮崎）、とは冬鳥としての漂行を語っている。サクラの実にアオバトが来る（徳島）、とは、サクラの実の熟し始める頃まで居留していて、これをついばみに来るアオバトもいる、との俚諺である。

赤貝　あかがい

○アカガイとツクシを食い合わすと腹痛を起こす（秋田県北秋田郡）。アカガイの味噌汁は腹薬、下痢を止める（新潟県佐渡郡）という。⇩貝《かい》

赤翡翠　あかしょうびん

○アカショウビンはミズコイドリ（水恋鳥）、アマゴイドリ（雨乞鳥）などとも呼ばれ、雨降りの兆とされるのが一般的である。ナンバンドリ（アカショウビン。くちばしが形色ともにナンバンに似ているところからこう呼ぶ）が来ると雨が降る（青森・山形・新潟）、ナンバンドリが鳴けば長しけとなる（青森）、ミズコイドリ（アカショウビン）が鳴くと雨が降る（秋田・群馬・栃木・長野・愛知・岐阜・高知・愛媛県上浮穴《かみうけな》郡）、五月（旧暦）頃に鳴くと雨（岐阜）、雨降り鳥がヒュロローと鳴くと雨が降

る（新潟）。八重山諸島では「コッカル（アカショウビン）の洗雨」といい、この鳥が鳴き始めると梅雨が近づいている予兆とする。アカショウビンは夏鳥として渡来し、曇天の日にキョーロローと特徴ある声で鳴くことが多いので雨の前兆とされ、アマゴイドリとも呼ばれてきた。『大和本草』には「雨乞鳥。天陰雨ナラムト欲スルトキ、則チ天ヲ仰ギテ飛鳴ス。山中ノ人、之ヲ占フニ以ツテ雨ノ兆トナス」とある。愛媛県上浮穴郡では、山の上で鳴いたら日が照る、ミズヨロローと鳴いたら雨だが、ヒョロヒョローと鳴いたら晴れ（ともに柳谷村《やなだに》）、というように、晴天への変化を予測する所もある。アカショウビンが雨を呼ぶことの由来譚として語られているものに、アマケロ（アカショウビン）は前世は馬喰《ばくろう》の娘であったが、主人の留守に馬に水をやらなかった。今はその罰で、喉が渇いて水を飲もうとしても、水がすっかり火に変ってしまって飲めない。それでも雨なら飲めるので、雨の降りそうな空模様の日にはしきりに鳴くのだ（山形県庄内地方）。

○田植頃にコマドリ（アカショウビン）が鳴く。これは、アカショウビンの渡来は田植の頃に当るという、紫尾山麓（鹿児島）の諺である。アカショウビン鳴けば凶作（青森）、夏季、ナンバンドリが里前にいる年は冷害（山形）とは、稲の分蘖《ぶんげつ》・開花の時期に気温が上がらないと冷害になるので、アカショウビン即曇天・雨天というところからいわれたものであろうか。

○秋田では、アカショウビンに悪戯をすると火事になる、といって忌む。奈良県吉野郡では、ミズヒョロヒョロ（アカショウビン）の鳴き声を凶兆とする。沖縄県では、小鳥・カラス・ウズラ・アカショウビン（クカル・クカズ）が住居内に入ることは不吉とされ、屋内に入ると、家人は浜下りをして清めの呪術を行う。

浅蜊　あさり

○アサリは黄疸に効く（埼玉）とか、盗汗の薬になる（新潟県佐渡郡）。アサリとマツタケの食合せは腹痛を起こす（秋田・神奈川）という。

⇩貝《かい》

鯵《あじ》

○富山県氷見《ひみ》郡で、お産の時または痲疹《はしか》の時にアジを食べるとこせ
い（雁瘡《がんがさ》）になるといい、和歌山県東牟婁郡では、アジの目玉を食べると魚の目が出るという。アジから脂肪を取るには、内臓を除き、水洗いしたものを串に刺し、頭部を下方に向けて遠火で焼くと滴下する（鹿児島）。

阿比《あび》

○アビの浮く所にカモメが来る（熊本県宇土郡）。アメドリ（アビ）はアオサを食うと飛べなくなる（長崎県五島列島）。アビは冬鳥として渡来し、湾内や内海などにすむ。アオサは五島付近では三、四月頃に発育する海藻であり、この頃、アビは冬羽から夏羽に代る。アビは飛ぶ力はかなり強いが、翼が小さいので、水面を翼でたたくようにして滑走してからでないと舞い上がれないし、羽の代る時期には飛翔不可能になるものも少なくない。

家鴨《あひる》

○アヒルやカモを食べると、水かきのある子供が生まれる（鹿児島）。子供の足が、アヒルの脚のようになるから、妊婦はアヒルを殺したり料理したりしてはいけない（沖縄）。この禁忌は、その形態からの連想によるものであろう。
○熊本県では、アヒルの卵は解熱の効果があり、また、それを産婦が食べると毛髪が抜けない、といって食することを薦めるが、反対に鹿児島では、アヒルの卵を食べると双子が生まれる、といってそれを食することを忌む。アヒルの卵とトロロ汁との食合せは広く言われていることである。
○中風にはアヒルを食べるのが良く、特にその生血を飲むと効力が大きい（新潟）、生血を飲むと中風が治る（長野・愛知・岡山・高知）、

卵を飲むと中風が治る（群馬・愛知）、と中風の特効薬とされる。

○アヒルの卵を食べると、中風にならない（山梨）、彼岸中日に卵を食べると、中風にならない（千葉）、四月八日に卵を食べると、中風にかからない（富山）、真白なアヒルを食べると、中風にかからない（滋賀・奈良・大阪）など、予防薬ともされている。

○アヒルの黒焼きは乳幼児の疳《かん》の虫の薬（広島）、アヒルの生血は強壮剤（徳島・香川）ともいう。白いアヒルや薬用としてのアヒルは、「又白シテ烏骨ノモノアリ、薬ニモ食ニモヨシ」（『庖厨備用倭名本草』）、「全ク白クシテ烏骨ナルハ鳳ト云、南寧府志ニ出、薬食倶ニ上品トス」（『重修本草綱目啓蒙』）、「鶩こそ虚を補ひて客熱を除、臓腑を和するものなれ。鶩こそ驚癇に吉、丹毒や水道を利し、熱痢とどむれ」（『食物和歌本草』）等の記述があるので、民間薬としてかなり流布していたものであろう。卵については、「四月八日のみ、その玉子を食す。これを喰へば中風を発せずとて食ふもの多し」（『わすれのこり』）とある。卵黄はコレステロールの含有がきわめて多い食品であるから、中風（脳溢血の後に残る麻痺状態）には最も悪そうなものであるが、栄養価の高い食物の乏しい時代には、栄養源として重宝されたのであろうか。

○京都府亀岡市の一部では、ウサギ及びアヒルは憂さを喜ぶので、飼うと不吉があるからと、決して飼わないといわれ、また奈良県下でも、アヒルを飼うとよくないと飼わない所がある。

○アヒルが急に騒ぎ出すと雨になる、アヒルが水に浮かんで眠れば雨が降る（ともに宮城）。

虻　あぶ

○アブが家の中に入ると晴天が続く（山形・新潟）といい、新潟県東蒲原《かんばら》郡でアブが多く出ると変り模様になって天気がくずれるとも伝えている。アブと天気の関係は定かでない。

○広島県三原市で、アブが蚊帳に入れば遠くに行った者が帰って来るというのは、人の魂は小動物の姿を借りて肉体から出て行くという信仰が背景になっている。

○アブを殺しそこなうと幾匹も寄ってくる（愛知）。朝四つ（午前十時ごろ）前に殺すといくらでも出る（同県）。

○アブは吸血性で人畜に害を与えるため嫌われる。アブを追い払う呪言に、兵庫では「アブスウカーテコイ」（酢を買って、の意か）という。

○民間療法。アブに刺された時は黒砂糖を塗る（新潟県佐渡郡）。アブの頭をつぶし白紙に塗って貼るととげを吸い出す（群馬）。

鯇《あめのうお》

○ビワマスの地方名。長野県飯田市ではアメノウオが跳ねる時は雨が近いという。三重では、アメノウオは茶摘み頃にうまいとか、藤の花盛りがアメノウオの旬という。

○耳だれにはアメノウオの油を耳につめる（愛知県南設楽郡）。よく乾燥して甘草を入れて煎じ、解熱剤として服用する（高知県山間部）。

あめんぼ

○アメンボを食うと泳ぎが上達する（新潟県西蒲原地方）。水面を自由に泳ぎまわる姿から連想したものであろう。以前は蛋白源としても利用したらしく、日本に限らず韓国でも成虫を食べたという報告がある。これをニワトリとイヌが食べると死ぬ（『大和本草』）ともいう。高知市や鹿児島県日置郡では発熱にはアメンボを煎じて飲むという。名前の由来は、この虫を捕まえると、あめの匂いがするところから来ているとする説が有力である。

鮎《あゆ》

○山形県庄内地方で、アユのたくさん上る年は豊作になるといって喜ぶ。アユを占いの手段とした歴史は古く、神功皇后の三韓遠征の時に戦況占いの目的で釣をしたところ、アユが釣れたと『日本書紀』に記されている。

○アユの腹に砂の多い時は雨の兆し（和歌山）。アユが砂を食べると雨が降る（採集地不明）。新潟県中蒲原郡では、アユの卵が上の方にあると大雪になるという。
○冬至に雨が降るような年はアユが多い（山形県最上郡真室川町）。同郡最上町で、冬至の雨はアユになるというのは、融雪時に水が出てアユが小川までも上ってくるためという。利根川筋では、初春に雪解け水の多い年はアユが豊漁と伝えている。
○妊婦はアユを食べてはいけない（秋田県雄勝郡）。産後アユを食うと乳のために悪い（岡山県阿哲郡）。アユの親は産卵を終えると一生を終えるところから、妊婦が食するのを嫌うのであろうか。『魚鑑』にも「妊婦に忌む」と見える。
○食合せ。アユとゴボウは命にかかわる（秋田県鹿角《かづの》郡）。アユとトウキビを一緒に食うな（大分県日田郡）。
○民間療法。アユのうるか（腸の塩辛）の古いのは、下痢止め、虫歯、切傷などに効く（神奈川県津久井郡）。ウルカのおじやは胃の薬（岡山県川上郡）。アユのわたの汁は傷薬に用いるほか、虫刺されにつけても効く。古いものほどよい（宮崎県東臼杵《うすき》郡）。やけどにはアユのはらわたをつける（愛知県南設楽郡）。大アユ（琵琶湖の小鮎に対して普通に育った鮎のこと）の味噌汁は腹痛の薬（滋賀県高島郡）。アユを食べると赤痢が治る（香川県三豊《みとよ》郡）。熱の高い時は、干したアユを煎じた汁を飲む（岐阜）。乳の腫れや痛みにはアユの臓腑を飯粒で練ってつけると治る（栃木県芳賀郡）。腫物の吸い出しにはアユの皮をはる（沖縄）。
○若アユが四つ手網に掛かり始めるとシラエビ（白蝦）も掛かり始める（筑後）。鮎子花（イワヤナギの方言）が咲き始めたから若アユがさかのぼるだろうという（和歌山県有田《ありだ》郡）。

蟻《あり》

(1)蟻による天気予知

○アリが、穴をふさぐと雨になる（山形・宮城・新潟・岐阜・愛知・奈良・広島・香川・愛媛・佐賀・長崎・鹿児島）。行列を作ると雨が近い（山形・宮城・群馬・千葉・富山・福井・岐阜・愛知・奈良・和歌山・滋賀・広島・熊本）。千疋連れしたら雨（和歌山）。多くが或一方の方向に行くとすぐに雨（新潟県長岡市）。アリが騒ぐのは雨の前兆（山形）、洪水の前兆（秋田）。アリの群が高所に移動すれば洪水が起きる（秋田・愛知・三重・広島・愛媛）。高く蟻塚を築くと洪水が出る（福岡県北九州市）。家の中へ乱れ込む時は大雨か洪水がある（秋田・長野・大阪・熊本・鹿児島）。アリの巣を壊すと雨になる（群馬）。

○アリが天気を予知できるとする俗信は、ほかにも数多くある。アリの宿替えは、雨の前兆（群馬・千葉・山梨・愛知・岐阜・長野・和歌山・大分・鹿児島）、大雨になる（岐阜・宮崎）、長雨の降る兆し（愛媛県西条市）、二、三日中に天気が変る（愛知県北設楽郡）。アリが卵を運ぶと雨になる（山形・富山）、大雨になる（山形県寒河江《さがえ》市）、北の方へ卵を運ぶと大雨が降る（愛知）。奈良では、アリが枕（卵）を運ぶと雨が近いという。アリが、巣へ餌を運ぶと翌日は雨（新潟県西頸城《くびき》郡）、道を横切ると雨（岐阜・和歌山）、アリの多い日の翌日は雨が降る（愛知）。ハアリが、多く出ると雨になる（福島・新潟・長野・奈良・愛知・広島・熊本）、ハアリが家に来ると雨が近い（山形）という。「蟻は五日の雨を知る」という諺も、これらの俗信を知るとよく理解できる。アリの予知能力については正確なところはわかっていないようである。アリの宿替えは、春秋に幼虫や繭をくわえて巣を移るためで、直接には雨の予知とは関係ないといわれるが、一方ハアリが巣から一斉に飛び立つのは種類によって季節や時間がほぼ決まっていて、それは当日の気温や湿度と深いかかわりがあることが指摘されている。同様の言い伝えは諸外国にもあり、メキシコでは、ハアリが出るのは大雨の前兆、ドイツでは、アリが巣の中へ逃げ込むとやがて雨が降るという。『和漢三才図会』にも「其ノ行隊有リ、能ク雨候ヲ知ル」と記されていることから、古くより注目されていたことがわかる。

○アリが、巣より土を出す時は天気がよい（長野・福井・岐阜）。土を運ぶと晴れる（愛知県南設楽郡）。巣の入口を開いておれば天気はよくなる（山形県東田川郡）。騒ぐと晴れる（同県西置賜《おきたま》郡）。畑畔の低い所に集まれば晴（名古屋市）。雨が降っている時アリがぽつぽつと歩いていると天気がよくなる（新潟県長岡市）。ハアリが出ると、日和（愛媛・沖縄）、晴天がつづく（岐阜）。

○アリが穴をふさいだり、穴から出入りがしきりなら大風になる（広島）。アリの穴を埋めると大風が吹く（愛知）。アリが、高い所へ場所を変えると大嵐がある（同県）。多く行き交うは大風の前兆（奈良）。

蟻《あり》

(2)蟻の俗信種々、蟻除けのまじない

○アリをいじめると善光寺詣りができない（富山県東礪《と》波《なみ》郡）、行列の邪魔をすると善光寺詣りができない（愛知）、アリを殺すと、舟に乗った時ひっくり返る（愛知）。伊勢詣りができない（同県）。アカアリを殺すとお伊勢詣りの船がひっくり返る（同県丹羽郡）。アリ一匹殺すと坊主千人殺すより罪だ（名古屋地方）。アリの熊野詣りの言葉があるように、アリが列をなして続くことを物詣りに見立てたところから生まれたか。

○アリを食えば力が強くなる（愛知・和歌山・岡山・香川・福岡・長崎・熊本）、三匹食えば大力者となる（和歌山県切目川地方）。長崎県壱岐では弁当にアリがついていても構わずに食

べる風習があったという。アリは体の数倍もある獲物を運ぶことから強力を連想したものであろうか。沖縄では、アリを食うと歌上手になるとか、塩一合なめたらアリの歌うのが聞こえるという。食べることによって、アリの持つ神秘的な力が身につくと信じられたためであろう。
○ハアリが家に入ると金持になる（広島）。アリの塔のできた家は栄える（房総地方）。ハアリの出る日は吉事あり（和歌山）。
○反対に、愛知で大アリが家の中を這うと金持になれないといい、長野県北安曇郡では、家の梁の上にハアリが巣をかければ重病となるという。秋田県雄勝郡で、アリがたくさん家にいると、近い内に悪いことがあるというのは、アリが高所に移動するのを洪水の前兆とする俗信とつながっているのかも知れない。広島では梁にハアリがつけば重病人が出ると伝えている。アリの大群が戦うのは内乱の前兆である（鹿児島県国分市〈霧島市〉）ともいう。ほかにも、アリが卵を運ぶと近いうちに地震がある（愛知）。道路の中ほどに巣を作れば旱魃《かんばつ》の兆し（沖縄県八重山郡）。アリ・髪・御馳走の夢は不吉（同県島尻郡）の伝承もある。
○アリ除けの方法。四月八日に甘茶で「千早振る四月八日は吉日よ神下げ虫を成敗ぞする」と書いて逆さに貼っておくと出ない（愛知）。家にハアリが出た時には「羽蟻とは山の朽木に住むものをここに住むとは己が誤り」と長押などに書けば退去する（石川県珠洲《すず》郡）。山形・福井では「虫扁に義理の義の字を持ちながら人の座敷へ入るは御無礼」と紙に書いて貼るとよいと伝えている。奈良で、アリを遠ざけるためにササの葉を用いるのは、アリはササの葉を嫌うためという。愛知県南設楽郡では、山仕事に行った時、弁当に石を三つのせて置くとアリがたからないという。『耳袋』巻十に蟻を除ける呪の事として「蟻の多く出る呪とて人の咄しけるは、砂糖一斤半と札に書て其所にはれば、蟻の出ざる事妙のよし。誠に可笑《おかしき》事にて、何故一斤半と書くや不分《わからざる》事ながら、奇妙のよし、人の語りし」と見える（四月八日に「蟻一升十六文」と書いてアリの出そうな所へ書いてはっておくという説もある）。また、『耳袋』巻一に「羽蟻出てやまざる時、双六のおくれの筒に打まけて羽蟻はおのがまけたなりけり。右の歌を書て、フルベフルヘト、フルベフルヘト唱へ張置ば極めて止《やむ》と、与住氏の物語なり」と見えている。

○民間療法。田虫にはグチャファアリ（赤黒くして大きいアリ）を焼いてつけると一時は広がるが早く治る（沖縄県国頭《くにがみ》郡）。アリを食うと眼がよく見えるようになる。（岡山）。アリにかまれて腫れたところへアサガオの葉を塩で揉んでつけると効く（岐阜）。

○アリにまつわる説話では『枕草子』の「蟻通《ありどおし》の明神」の話がよく知られている。また、各地に残っているアリの宮、アリゴ堂、アリガ池の伝説の大半は、アリの奇瑞を説くものであるが、この場合のアリは、神霊出現を意味する語である「みあれ」の意であろうといわれている。

○高知県幡多《はた》郡で、キジロー（シロアリ）屋敷はノミが多いという。

蟻地獄《ありじごく》

○ウスバカゲロウ科の幼虫。後ろに動くことから、アトサリムシ（後退り虫）といったり、巣穴の形からスリバチムシ（擂鉢虫）と呼ぶ地方もある。

○アリジゴクのはやし言葉は各地に残っている。「テッコハッコウ（アリジゴク）出てみろ、おじじの家が丸焼けだ」（群馬）とか「ベベンコ出てこい、お茶飲まそ、お茶飲まそ」（奈良）。和歌山では「ケンケンケソソ叔母処焼ける」と歌う。

○民間療法。消渇にはアリジゴクを飲む（愛知県南設楽郡）。黒焼きにして服すれば百日咳に効がある（東京都多摩地方）。疱瘡《ほうそう》などの流行病や、重い熱病の時は、赤い御幣を作ってもらい、アリジゴク三つと、イヌの足跡の土を紙に包み盥《たらい》に入れてササの葉で湯をかけるまじないをするとよい（埼玉県大宮市〈さいたま市〉）。耳だれにはミミラコジ（アリジゴク）を丸呑みする（奈良）。丸呑みすると神経痛に効く（埼玉）。疣《いぼ》のできた時はテッコハッコウ（アリジゴク）を三日月様に進ぜる（群馬県利根郡）。ウマの病気にはアリジゴクを飲ませるとよい（長野県飯山市）。
○俗説に、アリジゴクを枕の中に入れておけば、夫婦の仲が和合するという。

鮑　あわび

○アワビの殻を戸口に吊しておくと、魔除けになる（北海道・岩手・佐賀）とか、流行病にかからない（青森・奈良・福岡・佐賀）、風邪にかからぬ（広島）という。高松市に近い漁村では、カイガラの内側に「鎮西八郎為朝御宿」と書いて吊しておく風習があった。これは、為朝のような豪傑がこの家に宿っているぞと威し、魔物や疫病神などの侵入を防ぐ呪いである。愛媛県では「釣舟の清次郎御宿」「久松るす」「お染久松おらん」「鎮西八郎為朝御宿」「笹の三八郎宿」などと書いて戸口に吊しておくと伝染病を免れると伝えている。秋田県山本郡では、悪病流行の時は「佐々良三八郎」と書いてニラと一緒に戸口に吊しておく。山梨や山口でも「笹良三八宿」と書いて門口に下げておくと、厄病神から逃れ、また疱瘡にもかからないという（ササラは古い時代の楽器で、これを使って、吹いたり踊ったりする三八という強力の男がいたため、この名を見ると厄神が退散するのだという）。大阪市では、風邪の時にはアワビに「子ども留守」と書き、疱瘡の時は「鎮西八郎御宿」と書いて出入口に下げるという。ほかにも、小児の夜泣きには屋根の棟にアワビの殻をさしておく（山形）。子供のひきつけには、アワビの殻の中央に渦巻、その周囲に生年月日を書き、別に小さなつとこ（苞）を作り、その中に塩を入れてつとこ二つをくくり、門口に吊す（岩手）。耳の病気の時はアワビの殻を紐で吊して薬師神社や地蔵さまに奉納する（岩手）、悪いことを聞かぬように家の入口にアワビを吊す（山形県西村山郡）。アワビを表口に吊っておくと家庭が円満にゆく（長野県木曽郡）などという。

○アワビの殻を厩《うまや》の入口に掛けておくと、家畜が病気にかからない（大分県西国東郡）、ウマに害をする魔を払う（熊本県玉名郡）。屋根裏に掛けておくとネズミ除けになる（新潟県佐渡郡）。長崎県壱岐島では、イソモンといい、目のいくつかある貝は、お守りになるといって門口に吊り、小さいものは子供の着物にもつけたという。また、牛屋の壁にアワビを塗り込んだものもあり、ヘビを除けると信じられていた。

○茨城県多賀郡旧南中郷村では、アワビは鎮守様の乗り馬だといって捕りも食べもしなかったといい、福島県いわき市平下神谷《たいらしもかべや》の花園神社の氏子はアワビを食べないという。下の病の祈願にはアワビやアワビの絵馬を供えた。

○長崎県対馬の津和〈対馬市上対馬町〉では、いや（胎盤）をアワビの殻に入れ、いや神様の木に吊す。同島厳原町《いづはらまち》では、アワビの雄貝を上に、雌貝を下にして合わせて、その中に胎盤を納め、一緒に塩・線香・米を入れて、三叉路または十字路に埋めるという。

○民間療法。アワビのつのは分娩直後なら髪が抜けないからよい（広島）。妊婦がアワビを食べると髪が抜けない（佐賀）。アワビは眼病に効く（青森県三戸《さんのへ》郡）。視力回復に腹わたを生のまま食べる（石川県輪島市）。妊婦が五、六か月の頃に食べると子供が眼病にかからないともいう。しもやけには人糞をアワビの殻に入れて煮つめたものを塗る（福岡）。腹下り・赤痢には蒸アワビを薄く切り水に浸して出た白い汁を飲む（石川県輪島市）。打身にはアワビガイを遠火で焙り粉末にしてはる（静岡）。骨折するとアワビの殻を粉にして飲む（岡山県和気郡）。疣《いぼ》には殻を黒焼きにし酢または酒に溶いてつける（岩手）。『魚鑑』に「目を明《あきらか》にし、肝の熱さ清《きよく》し、五淋を通じ、渇を止め、酒毒を解《げす》」と見える。アワビと生ウメの食合せは結核になる（茨城）。

○婚礼にアワビを用いるのは、アワビの片思いといって忌む者もあるが、良いとする者もある（長崎県壱岐市）。

泡吹虫《あわふきむし》

○アワフキムシの泡はヘビの唾だという（千葉）。アワフキムシは、外形がセミに似た小さな虫で、幼虫は尾端から泡を出し、その中で植物の養液を吸いながら生活する。この泡が唾液に似ているところから一名ツバキムシとも呼ばれる。外国でもカエルノツバキ、カッコウノツバキなどという名がついている。

【い】

烏賊《いか》

○妊婦の禁忌食物は数多いが、イカもその一つで、妊娠中にイカのような骨のない魚を食べてはいけない（宮城）。妊婦がイカを食べると、十本足の子ができる（秋田）、胎児が吸いついて難産する（同県）。骨無しが産まれる（福島県白河市）。スルメを食べると毛の縮れた子ができる（群馬県利根郡）、などという。いずれも形状や性質からの連想で、ミミイカを食うと子供が大きくならぬ（岡山）というのも、このイカが小形であることからの連想であろう。ほかにも、イカを食べると流産しやすい（長野）、イカは血を荒らすので、出産までは食べない（新潟・長野）、産後にはイカは食べない（富山・広島）。イカの目を食べると疣ができる（群馬県利根郡）、耳を食べると屁がよく出る（新潟県佐渡郡）。

○スルメを焼いて食べたら貧乏する（奈良）。スルメの足の先は食べてはいけない（高知県高岡郡）、という。

○風邪をひいた時は、スルメを焼いて屋内を燻すと、風邪が出て行く（群馬・東京・神奈川・新潟・奈良・三重）という。群馬県邑楽《おうら》郡板倉町では、家中で風邪をひいた時、イカの足を火鉢で燻して二重に紙に包み、その上に「風の神大安売」と書き、道の角に貼ってくる。それをイヌが食べると、イヌが風邪を買ったことになるという。三重県鈴鹿市では、風邪の治らない者が、火鉢にスルメをくすべると、風邪の神が現れ、「くすべてけむいから出ていくわ」と言って出て行ったという話が伝えられている。風邪をひいた時は、スルメの匂いを嗅ぐとよい（愛知）ともいう。いずれもイカを焼いた時の匂いに呪力を認めたもので、節分のヤイカガシなどとも関係があろう。

○食合せ。イカと砂糖餅を食べるとあたる。イカを煮る時、一緒にアズキを入れて煮ればイカにあたることはない（福井）。

○民間療法。病気になった時は、スルメの目を焼いて食うとよい（愛知）。切り傷には、イカの甲の粉末をつける（神奈川・岐阜・愛知・香川）、タルイカの骨を用いる（新潟県佐渡郡）、タルイカの骨をサメ皮でおろし、粉末状にしてつける（秋田県仙北郡）。歯の痛む時は、イカの甲をおろし、酢で練ってつける（滋賀県高島郡）。イカの甲を粉にして酢で溶いたものを、左の歯の痛む時には左の耳に入れ、右の場合は右に入れるとすぐ治る（福井）。痔には、スルメと塩水を食べたり飲んだりする（愛知県南設楽郡）。霜腫れには、イカの骨をつけて繃帯《ほうたい》をしておく（奈良県吉野郡）。痲疹《はしか》には、イカを食べさせるとよい（群馬県邑楽《おうら》郡）。痲疹になると、しめ縄に木炭・スルメ・御幣をつけて入口に貼る（青森県津軽地方）。のぼせを下げるには、コウイカをその墨と共に食べる（沖縄）。血止めには、コウイカを削ってはりつけるとよい（埼玉県大宮市〈さいたま市〉）。乳の出ない時はオタフクスルメとケンサキスルメを一匹ずつ、及びカンピョウ一匁を細かく刻み、それを七等分し、その一つにお飾り一個と赤味噌を少し混ぜ、水二合を加えたものを一合になるまで煎じ詰めて、一度に食べてしまうと効き目がある（大阪）。乗物酔いには、スルメをかむとよい（秋田・栃木・愛知）。十二歳ぐらいまでイカを食べぬと、一生骨膜炎にかからない（秋田）。五月一日にヒイカ（スルメ）一枚とミョウガの根を味噌汁にして飲むと瘧《おこり》がうつらない（福井）。瘧には、スルメ一枚を全部一人で食べるとよい（同県）。脚気には、スルメの煎じ湯がよい（山形）。口紅をつけてスルメを焼いて食べると、生理の周期を変えられる（福島）。

○その他の俗信。イカを焼けばヘビが来る（長野県北安曇郡）。狐つきはスルメを嫌う（秋田県雄勝郡）。病気が治ると、スルメの足をぶら下げる（宮城県玉造郡）。喉に魚の骨が刺さった時は、イカの甲で三べん喉をなでるとよい（奈良）。イカ船が出た後で髪をほどくとイカがとれない（青森）。ムズラ星の時刻までにイカが釣れなければ、その夜はだめだ（同県下北半島）。戦争があるとスルメが高くなる（愛知）。

伊佐幾　いさき

○長崎県壱岐島でイッサキと呼び、この魚の骨はたちやすく、たてば毒することがひどいという。『魚鑑』に「又この骨咽《のんど》にたつ時はぬけがたし」と見える。和歌山県東牟婁郡古座港付近で「ムギワライサキ」というのは、麦藁の束ねられる頃、イサキの漁獲も多く、味もよい、との意であるという。

鼬鼠　いたち

(1)道切りの忌み、除災の方法、呪文

○イタチの道切り（道を行く時、イタチが前途を横切ること）を凶兆とするのは全国的である（青森・秋田・山形・福島・栃木・茨城・東京・千葉・新潟・岐阜・長野・愛知・富山・福井・滋賀・三重・京都・奈良・和歌山・大阪・兵庫・岡山・広島・山口・高知・愛媛・佐賀・長崎・熊本・大分・宮崎・鹿児島）。出先で横切られると、用がまとまらない（宮城）、忘れ物や落とし物をする（栃木・千葉・愛知）、希望がかなわなくなる、すべての頼み事が成就しない（静岡・兵庫）、怪我をする（愛知・三重）、出世しない、不思議なことが起こる（共に愛知）、火事になる（愛知・広島・福岡）、馬鹿になる（福井）。

○石工がイタチを見ると怪我をする、尋ね人はいない、石を投げないとキツネに化かされる（共に広島）、イタチが家の表から裏へ行くと財産がなくなる（愛知）、のように、道切りされた時の不祥事を具体的に表現する地も少なくない。また、山へ行く途中で道切りされると縁起が悪い（秋田・富山・福井・滋賀・和歌山・高知）、医者迎えの時に横切られると悪い（兵庫）、朝イタチは縁起が悪い（滋賀・京都・広島・山口・愛媛・長崎）、イタチに朝道を遮られると、その日の事業は不結果、または、その日災難がある（千葉）、朝イタチに会ったら山入りするな（長野・三重）、朝イタチを見たり、イタチと言ったりすると血を見る（福井）、と、特に仕事に出掛ける際のイタチが凶とされている。

○イタチは同じ通路を通らないという俗説がある。イタチの道切りという諺は、道切りされた人は、イタチにかぶれて、再びその道路を戻って来ることができない、と考えられたものか。丹波地方では、イタチはケチケチと鳴くから物事にケチがつき、イタチだから行ったら血を見るので、特に猟師や勝負師は嫌うのだと、その不吉の兆とされる由来を語呂から説明している（「行ったら血を見る」は、福井県遠敷郡《おにゅう》も同様）。なお、新井白石は「イタチの道を断ちぬれば、そのよしみ絶る事あるなりなどいふ也。これらの諺、古俗に出たらむには、然いふ故もありぬべけれど、今は聞えず（今の世では合理的でない）」（『東雅』）といっている。

○道切りでも、条件によっては吉凶相変ることもある。奈良県北葛城郡では、イタチが道を切る時、右から左へ自分の懐へ入る（着物の打合せに入る）ように切ると良い事があり、左から右へ懐から出る方角へ横切ると悪い事がある、という（愛知県丹羽郡・福井県今立郡・奈良県吉野郡・広島県・福岡県北九州市・甘木市でも同じ）。熊本県阿蘇郡では、右から左へ切るのは何事も災厄が起こらぬが、左から右へ切るのは凶相としている。道切りされる時の時間や場面、また吉凶の内容をはっきりと伝えているのでは、イタチが右から左へ抜けるのを見ると金が入る（千葉県市川市）、行く手の道を左へ横切ると拾い物をし、右へ横切ると落とし物をする（滋賀県神崎郡）、自分の前を左へ抜けると幸福があり（または財布を拾う）、右へ抜けると不幸がある（財布を落とす）（愛知）。朝、山へ行く時に懐に入るように横切るは吉、逆は凶（福井県今立郡）、夕方右から左へ横切ったら福がある（大阪府三島郡）、右から左へ行くとその日は福がある（大阪府北河内郡）、商人が行商の途中、右より左へ横切れば吉、逆は凶（和歌山）、左へ走ると金持になり、右に走ると貧乏になる（鹿児島県国分市〈霧島市〉）。石川県江沼郡では、イタチが左から右へ横切ると家へ帰らねばならない、という。これは危険だから進行を中止せよというのか、火急の用が起こったというのか、いずれにしても凶相であろう。

○このように、右から左への外は一般に凶相とされているが、青森県三戸郡では、イタチが出れば金儲けがある、岐阜県では、歩く前をイタチが横切ると吉、三重県名張市では、イタチに道切りされると物を拾う、と共に吉相としている。

○道切りによる災厄を免れるためには、朝、イタチに道を切られたら戻れ、山に入るな（福島県相馬市・長野県木曾郡・愛知県北設楽郡・三重）、鉱山に行かない（愛媛県上浮穴郡）と、きわめて消極的なものから、花嫁行列の前をイタチまたはヘビが左から右へ横断した時は再び出直せ（奈良県五條市）、方向を変えて目的地に行く（香川）、旅に出掛ける途中でイタチに道を横切られると、旅行中に変災に遭うので廻り道をして行け（和歌山県有田市）、行き先をイタチに横切られたら、二歩退いて出直す（愛知）、三歩戻って歩け（茨城県多賀郡・愛知・鹿児島）、唾を三べん吐く（長崎）、イタチが道を切ると怪我をするので、石を投げればその災を免れる（京都）、山日日日日日日嗚急如律令という秘符を清水で飲むと凶を吉に変えることができる（『極奥秘伝まじない秘法大全集』）などの対応策も行われている。

○呪文としては次のようなものが唱えられている。「イタチ道血道近道違《ちが》い道わが行く先はアララギの里（三唱）」（愛知県三河地方）、「イタチ道切るわれ血道切るわれ行く先はアララギの野（三唱）」（三重県度会《わたらい》郡）、「田道畑道イタチも通れば駒も急ごか、ギャン」（奈良）、「イタチ道切る血道切るわれ行く先はアララギの山俺行く先は花の都へ出るぞ嬉しき、ナムアビラウンケンソワカ（三唱）」（和歌山県西牟婁郡）、「イタチ道切るわしゃ天切る地切る（三唱）」（兵庫）、「イタチ道切る矢切る地切るわれの行く先は火の山じゃ」（山口県佐波郡）、「イタチ道切り火道切りおんしが後へしさりゃおらもしさる」「イタチ切れ切れ火道切れわが行く先はアララギの里」（共に高知県土佐郡）、「イタチ道切れ血道切れイタチ返さな我返す」と唱え、二、三歩退いてから進む（愛媛県上浮穴郡）、途中でイタチが道を切る時は運が弱っているしるしだから、「イタチ道縦道横道違《ちが》い道われは帰れど俺は帰らん」と唱える（佐賀県杵島郡）、「ユタチ（イタチ）めめよし面見せろ見せん面ならジャンクォ出来」（長崎県諫早市）、「ユタチ行く行く網代行く今日は浜までみつづけいたす、ナムアブラホンケンソワカ、アブラホンケンソワカ」（長崎県南松浦郡）、「瀬行く浜行く網代行く今の浜まで道連れ申さん」「シスカ行くせ行く向こうをシスカが身のためか」（共に長崎県対馬）、「イタチ道切り血道切りわれはそち行け俺はこち行く（三唱）」「イタチ道血道横道曲がり道われはそ一つ行け俺はこう行く（三唱）」「イタチ道血道横道踏み分けてイタチは死する俺は繁昌（三唱）」「イタチ道血道横道近い道わが行く先は黄金花咲く（三唱）」（熊本県阿蘇郡）、「イタチ道イタチはここに俺は栄ゆる」（大分県南海部郡）。『嬉遊笑覧』に「今童部是を見る時、鼬みめよし猫の貌杓子といへり。あしきをよしといふは反語なり。見たくなき物ゆえに然いふなるべし。猫の貌杓子は後に添たることなり」と見えている。

鼬鼠《いたち》

(2)忌み言葉、化かされる、イタチの火柱

○イタチがこれほどまでに縁起が悪いとされているならば、忌み言葉が生まれるのも不思議はない。長野県木曾郡では、朝、山で仕事をする前に、イタチの話をしたり、イタチと言ったりすると怪我人が出るからと、イタチという語を避ける（和歌山・愛媛も同様）。また、秋田県雄勝郡では、朝、サル・イタチと言うと縁起が悪いと、この言葉を忌む（富山・滋賀・和歌山・愛媛も同様）。滋賀県甲賀郡では、猟の際はサル・イタチという語を忌み、それぞれワカイシュ・ミゾウサギを使う。愛媛県上浮穴郡では、イタチを山言葉で、タチ・トマコ・カチなどと呼ぶ。イタチはケチケチと鳴くからケチがつく、イタチだから行ったら血を見る（京都丹波地方）のように、いずれも、〝去る〟〝ケチ〟〝血〟の音に通じるところからのものであろう。

○イタチに読まれる（数えられる）と、その人は死んだり（新潟・香川県三豊郡）、化かされたりする（群馬・栃木・神奈川）ので、それを防ぐためには、イタチと出会ったらまつげに唾をつける（群馬・栃木・新潟・神奈川）。三歩下がるとだまされぬという（新潟）。唾をつける理由は、イタチが人を化かすには眉毛を数えるので、眉毛に唾を三回つけて数えさせないようにするのである（群馬県利根郡）。

○イタチの化け方については、次のように言われている。何か肩へ上るような気がして、目の前にイタチの化けた入道が現れ、ずうっと見ていると、喉笛を咬んで血を吸われる（福島県耶麻郡）。大入道になって人を化かす（群馬県利根郡）。白足袋、袴という姿で、雨が降っていなくとも傘をさして近づき、そばまで来ると姿が消え、パタパタと足音だけがする。大きな家の下を通ると土を掛けたりする（共に新潟県中頸城郡）。兵庫県では、大入道になったり、坊主に化けて人を連れ出し、途中で消えてしまうので、イタチの化け物、大入道に会ったら、「イタチの道切る、天切る地切る、わが行くさき悪魔を払う。ナムアビラウンケン……」と三唱すると、かき消すように消えうせる、という。

○「イタチの火柱」とは、イタチの群がっている所には焔気が火柱のように立つ、という俗信である。『和訓栞』に「鼬のいくつも累りて気を吹くが自から火と見ゆるを、俗に鼬の火柱といへり、其消え尽くる所必ず火災ありといふ」とあるように、イタチが火柱を立て、それが倒れた方角に火事が起こる（栃木）、イタチが化けて火柱が立ち、それが倒れた方角に火事がある（茨城）、火柱はイタチが重なり合うとでき、それが倒れた方角に火事がある（愛知）、竈でイタチが吹くと火事がある（奈良）、という。福島県須賀川市では火柱が立つと火事になるが、イタチの火柱がボウと燃えたつのは、その尻尾のせいでそう見えるのだ、と伝えている。

○「イタチ火に祟る」「イタチの一声は火に祟る」「イタチの一声火の用心」（長野・熊本）などというのは、イタチが一声だけ鳴くと火事が起こる（秋田・長野・静岡・福井・滋賀・三重・奈良・大阪・広島・愛媛・佐賀・熊本・宮崎・鹿児島）、との俗信である。従って、その声を聞いたならば、火災を予防するために、大黒柱の根に水を注いでおく（静岡県志太郡）、大黒柱に水をかける（福井県小浜市・滋賀県神崎郡）、柱に水をかけて「斗桶に三杯水三杯」と唱える（宮崎県東諸県《ひがしもろかた》郡）、流しに水を打つ（秋田県雄勝・平鹿郡、奈良県吉野・山辺郡）、タナ元に水を流す（奈良）、イタチに水を振りかける（佐賀県小城《おぎ》郡）、藁打槌に水をかける（熊本県阿蘇郡）、などのまじないを行えばよいという。

○イタチを追うと火が出る（富山県氷見市）、イタチをいじめると火事になる、家に火をつける（石川県石川郡・鹿島郡・七尾市・広島県）などとも、イタチの火柱やイタチ火に祟るのように、イタチとのかかわりからいわれたものであろうか。

○イタチが夜鳴きをすると不思議なことが起こる、火事がある（愛知）、イタチが縁の下で鳴くと不祥事がある（京都府与謝郡）、イタチが家の付近で鳴くと不幸がある（奈良）など、共にイタチの鳴き声を凶兆としているが、青森県三戸郡では、イタチが夜叫んだ時に水を一升まけば金持になる、と、条件付きで吉兆としている。宮城では、イタチの鳴き声を聞いたら赤飯を炊けと、明らかに吉兆と認めている。イタチの鳴き声については、「庭砌ニ群ヲ成シテ鳴ケバ、則チ吉有リ凶有リ、人モシ之ヲ看ルニ、祝シテ鼬眉目美《ミメヨ》シト曰ヘバ、則チ変ジテ吉兆ト作ル」（『本朝食鑑』）、「群を成して鳴けば、必ず吉と凶とあり、よて祝して鼬みめよしといふ時は、凶変じて吉兆と成るともいへり」（『倭訓栞』）とある。

鼬鼠《いたち》

(3)天候予知、民間療法、最後屁その他

○イタチが出ると天気が変る、すぐ雨になる（福島・岐阜・長野・福井・滋賀）、イタチが騒ぐと雨が降る（山形）、イタチがチョロチョロ騒ぐと雨、キチョキチョ鳴くと翌日は暴風雨（共に新潟）、イタチが鳴けば大雪（長野）、というように、イタチは天気悪化の兆とされる。また、群馬県では、イタチが騒ぐと地震がある、岐阜県では、イタチが里に早く来る時は寒さが早く来る、イタチが出てから三十日目に雪が降る、という。

○民間療法としてはイタチは次のような用い方をされる。イタチの黒焼きを簪《かんざし》の耳一つずつ飲むと血の道に効く（新潟県佐渡）、子供がひきつけを起こした時にイタチの肝を食べさせると治る（長野）。イタチの肉（肉の黒焼き）を食べると寝小便が治る（埼玉・福井）、冷え性が治る（滋賀）。高知では、イタチを寒中に捕らえて肉を塩漬にしておき、煎じて飲んだり焼いて食すると胃腸病・こしけの薬になり（高知市周辺・安芸市）、生血や焼き肉は喘息の薬になる（同県室戸市・高岡郡）。

○イタチが鳥籠の目から入ってニワトリを捕るとは、『大和本草』その他にも記されているが、長崎県壱岐では、とや（鶏小屋）にいるニワトリでも、イタチに下から睨まれると落ちてしまう、といわれている。イタチは指の間に水かき状の膜があり、水泳・潜水が巧みで、魚類・カエル・昆虫・ネズミなどを捕り、特にネズミに関しては、次々と殺していく多数性があり、イタチの餌の五〇～八〇パーセントはネズミ類といわれている。人家に入り込んではネズミをよく捕るが、ニワトリを殺したり卵を食う。

○イタチに屁（かちん屁＝山口、タギリ屁＝長崎）を嗅がされると馬鹿になる（福島・大阪・山口・長崎）、顔が腫れる（奈良）、という俗信がある。また、イタチを捕ったりいたずらをし

たりすると顔が腫れる（奈良）、というのも、そんなことをすると屁を嗅がされるということであろう。いわゆる「イタチの最後屁」とは、肛門の脇にある一対の腺から出す揮発しやすい液であるが、発情期に異性を引きつけ合うためのもので、「鼬の最後の屁として一命あやうき時ひる事有」（『類船集』）というが、いわゆる屁ではない。

○イタチに関する俗信として次のようなものがある。山で夜明けにイタチの夢を見たら、家の外に出、お日様の出る東を向いて、「夢ほろぼし夢ほろぼし、ナムアミダウンケンソワカ」と三唱して夢ほろぼしをする（和歌山県西牟婁郡）。要するに、イタチの夢は凶夢ということであろう。イタチの食い残しを食うと眼が悪くなる（兵庫県多可郡）。テンはイタチのおばさま（広島）。これは、「イタチになりテンになり」「イタチ無き間のテン誇り」などの諺があるように、イタチもテンも共にイタチ科の獣で非常に似ている（実際の体形はテンが一回り大きい）ところからいわれたものであろうか。イタチとカエルとはガッショク（性が合わぬ意）で、カエルがイタチを睨むとイタチに血がつく（長崎県西彼杵《にしそのぎ》郡）。「後鳥羽院荷物」と木札に書き、竹に挟んでイタチの出る所に立てると、イタチは来なくなる（『極奥秘伝まじない秘法大全集』）。

糸撚　いとより

○高知県土佐清水市下川口では、婚礼の披露宴にイトヨリという魚を使うのを忌むという。イトヨリはイトヨリ鯛の略称。同県土佐山村（高知市）では、赤物の魚でもイトヨリを食べると乳が上がるといって食べないようにするという。

稲子　いなご

○十五夜のイナゴを食べると産が軽い（栃木・群馬）。陽気定めに食べると長生きする（静岡県御殿場市）という。お月見（旧暦八月十五日）の夜に、神饌である団子を七軒から盗んで食うと長者になる（静岡）とか、お供えを盗んで食うと丈夫に育つ、というのと同じ意味が、十五夜のイナゴにもあると考えられたものか。
○イナゴの多い年は豊作（宮城・石川）。『和漢三才図会』にも、露を飲むので、イネに害を与えることはない。イネの実りの少ない時にはイナゴも少ないため、大量にいても厭わないと記されている。イナゴの発生に適した気候条件がイネの生育とも関係があるのであろうか。稲子の字のほかに蝗の字も用いられる。害虫ではあるが、トノサマバッタと違って農作物に甚大な被害を与えることは少ない。岩手県気仙郡では、立春の日、四方の雲が黄色く見える時は豊年、青く見える時はイナゴの害が多いという。
○イナゴを食うとニワトリの羽が抜ける（新潟・広島）、というのは、イネが田に無くなって、イナゴが家の近くに寄って来る頃、ニワトリが換羽期になるためであろう。
○民間療法。イナゴは、すぐれた蛋白源として食用にされるほか、民間薬としての用途も広かった。子供の疳が起きた時には、蒸焼きまたは黒焼きにしたものを与えるとよい（富山・大阪・岡山・香川）、付け焼きにして食べる（広島・高知）。風邪にはイナゴの焼いたものがよい（奈良・鳥取）。風邪に伴う発熱にはイナゴを煎じて飲む（神奈川）。婦人病にはイナゴを醬油の付け焼きにして食べる（高知）。百日咳にはイナゴを煎じて飲む（奈良）。咳止めには黒焼きにして飲む（岩手）。喘息には、イナゴ三十六匹、バショウの根一つかみ、クロマツの葉一つかみ、フキの根の干したもの、タガンボウ一つかみを水一升に入れ、それが五合くらいになるまで煮つめ、一週間ほどに分けて飲む（栃木）。イナゴはお産あがりの後腹が病むのによい（埼玉）。イナゴを焼いて食べると骨が丈夫になる（兵庫）。イナゴを茹でて食べると血の道・強精・強壮によい（茨城）。しもやけにはイナゴをつける（奈良）。腫物・瘡にはバッタを黒焼きにし、ゴマの油で練ってつける（山梨県西八代郡）。

稲虫　いなむし

○イネにつく害虫の総称。新潟県で、イナムシ送らぬ家の田だけに虫がつくというのは、村の共同祈願である虫送りの行事に参加しない家に対する制裁として言われたものであろう。福岡県北九州市では、施餓鬼の小旗を畑に立てるとイナムシが発生しないという。イナムシがわくと年（みのり）が悪い（高知県長岡郡）ともいう。⇩稲子《いなご》・白蠟虫《うんか》

犬　いぬ

(1)犬と猫、かまれぬための呪い、かまれた時の呪いと療法

○イヌ・ネコと一口にいうように、人間に最も親しい家畜であり、俗信の面でも共通するものが少なくないが、両者の相違点をあげると、根本的にはイヌは実用的な家畜で、古代には犬飼部という職業団体まであって訓練飼育に当たった。ネコは初め船載の貴重品であり、愛玩用に飼うことが多かった。性情的には、イヌは陽、ネコは陰性である。イヌの腹の中は火で、ネコの腹の中は氷だという（神奈川）。イヌは人につき、ネコは家につく。イヌは一日飼えば三年恩を忘れぬが、ネコは三年飼っても一日で忘れるといわれ、忠誠心を疑われてきた。イヌは拾ってもネコは拾うな（茨城県猿島《さしま》郡）といわれるゆえんであろう。しかるにイヌは屋外で飼われ、必ずしも優遇されるとは言い難いのに、ネコは屋内で飼う。ネコは珍重され、従って失踪・盗難の事故がしばしば起こったためであろうか、イヌに関する所有権争いが稀なのに、ネコには裁判話が少なくなかった。体質的には、イヌの寒がるのは寒三日に過ぎないが、ネコは年中で暑いのは土用三日にすぎぬという。雪を叔母さんといって喜ぶイヌに対し、炬燵の番人のようなネコ。ネコの鼻は女の尻と共に冷たいもののたとえに引かれる。イヌの子はいじるほ

ど肥えるが、ネコの子はいじるほど痩せるといったふうに性癖の相違が著しい。
○イヌに吠えられたり、かみつかれたりせぬよう、そのまじないとして、手を胸の辺に組んでいると、襲われない（富山）。イヌに追われた時は、胸に手をやると追って来ない（秋田）。大阪府枚方市で、夜道を歩く時、心細ければ、胸に犬という字を書けばよい、といっているから、その略式であろうか。ただし、この場合は、イヌを護衛用と見なしている点が別だが、胸の部分との関係が共通している。佐渡では、イヌに吠えられたら、虎という字を手に書いて握ると吠えられないという。広島県でも、吠えられぬ予防に、虎という字を書いて持っていればよいという。元和年間に編まれた『醒睡笑』にも、そのようにすればよいと僧から教えられた男が実行したが、全く効き目がなかったため、僧をなじると、「ハテ、そのイヌは文盲だったのだろう」と答える笑話があり、このまじないの古いことがわかる。若狭地方では、手のひらへ犬という字を書いてコギル（揉む意か）と吠えなくなるという。
○『咒咀《まじない》調法記』（元禄）に、「人喰犬ふせぐまじない」として、次の呪歌を掲げる。「われは虎いかになくとも犬はいぬ、ししのはがみをおそれざらめや。此うた三べんとなふべし。次にこれをよむべし。『いぬいねうしとら』。大指より五つのゆびにぎる也」とある。この本が元になったのか、より古くから民間伝承として行われていたのかは明らかでないが、福井県鯖江市辺では、これとそっくりの呪法が行われていた。イヌにかまれそうになった時は、戌亥子丑寅と言いながら左手の親指から順に小指まで折って拳をつくり、「我は虎」の歌を唱えながら、急に拳をイヌの方へ突き出すと、イヌは逃げて行くというのである。山形県新庄市では、戌亥子丑寅を口で三べん言ってから、「われは虎何はなくとも犬は犬、獅子の歯がみを今ぞ知りぬる」と唱える。「我は虎」の歌は、富山・三河・奈良県などでも採集されており、「戌亥子丑寅」の呪言は群馬・茨城・埼玉・長野県でも行われていた。戌亥子にイヌいね（去れ）を掛けた地口であるが、群馬県ではこの他に、十二支を順に唱えて十二番目の指を握り込んで押さえる（新潟県では、十二支を言って指をしっかり握る）という方法もあった。やはり同じことである。

○イヌにかまれぬまじないの別種として、次のような方法もあった。「一白《しろ》、二赤、三黒、四まだら、五ちゃんソワカ、天竺の虎狼の声聞くとも、この土をもって伏せ給う」という唱え言をして、脚下の土をつかむ。その時、石をつかんだら効かない。また、「申《さる》・酉・戌・申・酉・戌」と三べん唱えて掌をしっかり握る（徳島）。このついでに挙げると、山イヌに送られた時の呪歌として、愛知県南設楽郡では次の四通りが報告されている。「山の犬送らば送れどこまでも、わが行く里はあららぎの里。おれも戻るにわれ〈汝〉も戻れよ」「かみそりの刃を矢に剝《は》いで梓弓、そろりとやれば何の気もなし」「西の国弘法大師の教えにて、足はごまがら尾は紙子」「いたちいくてん我が行く先はよけれども、あららぎの里がふる（ママ）、おれも戻るにわれも戻れよ」

○群馬県では、先に挙げた例のほかに、いろは四十八文字を逆さに三度唱えてまじないにする方法も行われていた。いろはの逆読みは、江戸時代の言語遊戯の一つであったが、これが何故イヌに対し効力を発するのか、覚束ない話だといえる。或いは、いろはを上から読むだけではイヌも驚かぬが、逆さにすらすら読むのを聞けば、超能力者のように勘違いして尾を捲いて逃げるとでもいうのであろうか。或いは、次に挙げる奈良県吉野地方で、「弘法がかけた情を忘れたか、ここ立退けよ、ナムアビラウンケンソワカ」とイヌに向かって唱える方法（弘法大師を拝めばよいともいう）と関係があるかも知れない。いろは歌の作者と伝えられる弘法大師は、「笑」という字を忘れて、思い出そうとして三年間行《ぎょう》をして苦しんでいた。その時、籠をかぶったイヌを見てやっと思いつき、その礼として、それまでイヌは三本足だったのを、五徳（それまで四本足だった）の一本をとって四本足にしてやったという伝説にちなむ唱え言だという。それで灰の中に置く五徳は三本足になったというわけ。別法では、弘法大師ではなく大神様が、五徳の足を一本取ってイヌに付けてやった。それで五徳も三本足で据わりがよくなり、イヌも四本足で歩きよくなった。その事を忘れず、イヌは大神様にもらった足を上げて小便をするのだという（相模）。秋田県仙北郡では、イヌの口止めには九字を切るという。口止めは、かみつくのを防止する意味と思われる。同じ県の角《かくの》館《だて》地方では、イヌを見たら心の中で、「あのイヌの首を折る」といい、通り過ぎたら「折れども許す」と言えば、吠えられないという。三河の山間部では、山のイヌに送られた時は、わらじの紐を切って、「山のイヌ帰れ」と唱えると去るという（その裏返しとして、わらじの紐をきちんと結んでおかぬと、イヌに追われるともいっている）。いずれにしても、緊急の場合に、それだけの落着いた処置ができるか問題であろうが、このように吠えイヌのまじないが多種多様に行われていた事実は、往時はイヌが野放しで、半ば野犬的な状態であちこちを横行していたこと、イヌに限らず人間も他所者に対する警戒心が強く、その上に「イヌの所吠え」という習性が加わって、うっかり他人の家の前や野道など通れないという事情があった。

○イヌにかまれた場合、そのイヌになめさせればよい（秋田県鹿角郡）という。歯には歯を、というわけだが、それも飼いイヌでなければできない相談である。イヌにかまれたら、ネコになめさせるとよい（福島県相馬市）ともいう。

イヌの毛三筋を傷口につけるとよい（徳島県那賀郡・和歌山）。イヌの毛を焼いてつける（富山県氷見市）。イヌの毛を取り、黒焼きにして飯粒と練ってつける（鹿児島）。かんだイヌの飼主の家で作った味噌をもらってつける。もし味噌をくれなかったら、その人は悪報を受ける（高知）。京都府南桑田郡で、イヌに味噌汁を食わせると、かみ犬になるといって嫌うのは、右と表裏の関係の伝承であろう（ただし、往時のイヌはろくな餌を与えられず、味噌汁をかけた麦飯などは上等中の上等であった）。

◎『呪咀《まじない》調法記』（元禄）には、「犬にかまれたる大事。なもみの葉を酒にてのみてよし。又、しそのはをかみくだきぬるべし」とある。傷口に塗付するものとしては、ニラとカエルツボとを揉んでつける（福島県相馬市）。アサガオの葉を揉んだ汁をつける（和歌山）。杏仁を擂ってつける（岩手）。黒砂糖をつける（岐阜・福井・京都・徳島）。岐阜県稲葉郡では砂糖の代りにアマボシ（甘柿）を使った。毎日マチン（馬銭）を煎じて用いる（福井）という例もある。猛毒の植物だから、服用ではなく外用である。八重山列島では、傷口を酢と塩で洗うという、これなら理解できる。

○服用では、アズキが効くという。煮て食べる（滋賀県高島郡）、アズキの粉を飲み、ネギの白根の汁を傷口につけるとよく効く（山口）。後者はネコにかまれた時も同じとする。山梨県西八代郡では、下肥を飲むとよいという。もし飲まぬと山イヌの鳴き声をしながら死んでしまうと。人糞は人中黄といって、古来狂犬や毒蛇にかまれた時の解毒薬として効能があるといわれ、それも新しいものほど効くともいう。建部由正（清庵）の『民間備荒録』（宝暦十年板）に、「風犬に咬まれたる者あらば、急に鍼を用ひて其瘡口の四辺を刺して血を出し、人二三人も呼集め、手先ならば肘、足先ならば膝の辺より、熱人尿をもつて上より下へ尿し淋《そそ》がしめ、瘡口の辺へかはるがはる尿し淋ぎ洗ひ、のち胡桃か桃核を二つにわり、うちの肉を去り半辺を取り、其内へ人糞を一ぱいに入れ、瘡口へ人糞の方を付けておほひかぶせ、殻の上より艾《もぐさ》をもつて大灸百壮すべし。もし人糞かはき、殻も焦げば又別に右のごとくし、百壮までする也。かくのごとくすれば瘡口より血水、又あぶらのやうなるも流出るもの也。其血水出る程は五三日も、一日に百壮づつ毎日すべし。あとを酒にて洗ひて後、能くのごひ、瘡口へは胆礬《たんばん》を細末にして塗付け、布か木綿にてくくり置くべし。灸する時には又酒にて胆礬を洗ひ落し、血水出るうちは灸すべし。血水止りたらば胆礬・雄黄等分にして付けおくべし。又、天南星・防風等分、細末にして付けるもよし。内服には韮を搗き、しぼり汁を取り、一盞づつ七日七日に飲み、七々四十九日までに七盞を飲めば、毒内へ入ることなし」とある。民間知識に当時の医学的知識を加えた療法なのであろう。

犬《いぬ》

(2)犬・猫の駆け込み、もらい犬と迷い犬、犬の出産

○イヌの駆け込みは縁起がよいが、ネコの駆け込みは悪い（秋田・宮城・福島）という。反対に、初午《はつうま》前のイヌの駆け込みは不吉（秋田県仙北郡）という例もある。長野県松本地方で、野良ネコを飼えば、その家の主人が死ぬといっているのも、ネコの駆け込みのケースであろう。

○飼いイヌの死後、一年後に次のイヌを飼わぬと、また死ぬ（愛知）。引き続いてすぐ後継ぎのイヌを飼うものではないという意味であろう。

○イヌの子（ネコの子の場合も同じ）を他家からもらって来て養う時は、初めて飯を食わせる際、自家の床下の土を少しだけ混ぜて食わせると、家に居つく（熊本）。山形県庄内地方でも同じことをいう。奥三河で、イヌをよそからもらって来たら黒砂糖一袋食べさせよというのも、なつけるためであろう（ただし、犬に砂糖をなめさせると、しとならん〈成長しない〉という例（飛騨高山）もある）。群馬県利根郡では、イヌ・ネコをもらった時は、家の周囲を三回廻らせて、お稲荷様にお祈りすると、その家に早くなつき、丈夫に育つという。同じ県では、イヌを神様の使と考え、毎日稲荷様に炊きたての御飯を供え、イヌにも食べさせるという所があるから、イヌと稲荷の関係は他地方におけるキツネに相当するような感じがするが、実はキツネの敵であるからイヌが強持《こわもて》しているらしい。これと関連のある事例として、長野県更埴市《こうしょく》〈千曲市〉などでは、お稲荷様の周りを三度廻れば狂人になるという。その時は、犬という字を紙に書き、背へ逆さに貼れば治るという。

○イヌの子やネコの子は、ただもらうものでない。昔から、針三本に茶一服といって、何かやらなければならぬものとされていた（熊本）。

○イヌ・ネコを桝に入れると大きくならない（奈良）。桝で量ると大きくならない（鳥取・岡山）。イヌが桝をかぶると、それ以上大きくならない（愛知）。愛玩用としては、小さい方が可愛いので、この俗信を利用する。即ち、イヌ・ネコの子がいつまでも小柄であることを望む時は、桝で量っておく（播磨）。

○イヌが行方不明になった時は、竈屋《かまや》に茶碗を伏せる（日向）。それと同様な作法は、ネコの場合にも行われ、分布の広さからいっても、ネコが本来だったと思われる。昔から、失せネコや、ネコ盗みの話は多いが、イヌにはあまり聞くことがない。堺市では、迷いイヌになったら、家の入口に「立別れいなばの山の峯に生ふる」と書いた札を三枚逆さに貼り付けておく。そしてイヌが帰って来ると、「待つとしきかば今帰りこむ」と口ずさむとよいという。愛媛県上浮穴郡でも、イヌ・ネコが帰って来ない時、「立ち別れ」の歌を唱え、アビラウンケンソワカヒトイキテと三回繰り返す。土佐でも、「立別れいなばの山の峯におるまつとしきかば今帰りくる」と書いた紙を戸口へ逆さに貼り、帰って来たら元へ戻す。
○同じ年のものはイヌ・ネコでも置くな（秋田）、子供と同年のイヌ・ネコを飼うことを忌む（福島・高知）。イヌやブタなどが、家の子供と同じ年なら、どっちかが死ぬ（鹿児島）。産の時にイヌ・ネコをもらうと勝ち負けができる（群馬・東京・千葉）。家人が孕んでいる中に、イヌやネコの子が先に生まれたら寿命を食うから捨てるものだ（愛知県渥美地方）。一つの棟に二つの孕みものがおれば一方が負けるといい、広島県山県郡加計町〈安芸太田町〉では、早く生んだ方が勝つから、先に産をする妊みウシやイヌ・ネコを家から出す。また一家に妊婦が二人いるのもいけないという（安芸）。妊娠中に子イヌや子ネコをもらうと死産をする（佐賀）。一つ棟に妊娠中の者が複数いると勝ち負けができて悪い、たとえイヌやネコでも捨てるものだ（福島）。家に飼ったイヌ・ネコ・ウシ・ウマなどが、人の子と同年中に産をすると、生まれた子が互いにショウクラベをして、どっちかが負けて必ず死ぬ。それを避けるためには、その家畜を他家に移して産ませればよい（熊本）。その後に引き取るのは差支えないというから、生む時さえ同じ家でなければ、同齢の人畜がいても支障がないことになる。
○イヌの子は糞を食い、人の子は味噌を食うと、目が明るくなるという。これは、クソとミソとの語呂合せにとどまらず、イヌの習性に根ざしている。ことわざに「イヌもくわぬ」というが、夫婦喧嘩に限らず、自慢のくそ（うぬぼれ）、三月ヒラメ等々その対象とする種目は実に多い。イヌもくわぬは、最低で誰も相手にせぬことのたとえだが、それほど昔のイヌの食物は悪かったのである。中国にも、「狗《く》猪《ちょ》（イヌやブタ）も余《よ》（たべ残し）を食わず」という言葉があるが、ろくな餌を与えられない日本のイヌも、人糞を食って腹を満たした。人の説を受け売りして、自説のように得々としゃべる坊主を「犬の糞説経」といったが、『宇治拾遺物語』にこの言葉を釈して、「犬は人の糞を喰ひて糞をするなり」と説明してある。イヌの子は母イヌの乳房を離れると、きょうだいの糞を食べて次第に成長して目が明くようになり、野糞まであさり歩いたのである。沖縄の諺に、「ユタ（巫女）のよこし物言い（うそ）とイヌの糞喰いとは直らぬ」というのがある。イヌの食生活が向上したのは、ごく近年のことなのである。

○奈良県吉野郡で、イヌに糞を食われると、その子は弱くなるという。その児は痩せる（埼玉）ともいう。和歌山県東牟婁郡では、目が見えなくなるといい、愛知県では、出世できぬという。赤児に限らぬものと思われる。食われる方の精力を分け取られるという考え方であろう。

○胞衣《えな》や後産《あとざん》をイヌに食われても、同様の不祥が起こる。福島県では、後産を墓地に埋《い》ける風があるが、これをイヌが掘り起こして食うと、子が夜泣きするという。奈良県吉野地方では、胞衣を埋めるには深く掘り、板で蓋をし、その上に石をのせる。そうせぬとイヌ・ネコに掘り返されて、その児は必ず夜泣きするといっている。群馬県群馬郡では、後産は必ず自分の持山に深く埋《い》ける。もしイヌなどに掘られると子供が弱くなる。また、胞衣を埋めた上を最初に通った動物（ヘビなど）を、その子供はこわがるようになるという。摂津地方で、子がイヌをこわがって泣くと、イヌはその涙を欲しがって来るから、早く泣きやませなければならぬといっているのも、先の事例と関連があろう。なお、小児の夜泣きを治すには、イヌの毛をつんで紙に包み、児の寝床に入れておけばよいという（美作）。

○襁褓《おむつ》を夜干しておいてはいけない。イヌ（またはキツネ）がくわえて行くと、赤ん坊が夜泣きする（秋田・群馬・茨城・石川）という。

○イヌを大切に飼うと、飼主が妊娠して子が産まれる（摂津・紀伊）。古来日本人がイヌを羨んだ焦点は、産の安さという一事であった。イヌ或いはブタなどの家畜に難産があった年には、人間の産も重いといわれる。関東各地で見られる犬卒塔婆の風習もそうした信仰の一例である。茨城・栃木などで、イヌが難産で死ぬと、女たちは三日目ごろに犬供養をする。これをせぬと自分も難産するという。安産が当然と考えられているイヌでさえ、産で死ぬことがあるという事実は、女にはショックだったはずである。犬卒塔婆はY字形の木（一尺五寸ぐらい。ザクマタ、犬塔婆などと呼ぶ）で、これに寺で経文を書いてもらい、三本辻などに立てて拝む。その時に上げる握り飯を妊婦が食べると産が軽いという。毎年の二月十五日または二月の十九夜様に、恒例行事として行う例も多い。七観音巡りをする仕来りも行われ、会場に妊婦のある家をあてる所もある。これと同様に猫供養も行われる。特に茨城県下で盛んであるが、利根川をはさんで千葉県香取郡でも、「犬の供養は難産除け」という言葉があり、Y字形の塔婆を墓地に立てて犬猫の供養をする風は福島県にも及んでいる。

○長野県では、犬の子、犬の子と呼べば、子供が達者に育つ、という。幼児が夢におそわれておびえる時、安眠させるために、インノコ、インノコと唱えることは近世初期以来の文献に見るところであるが、また初歩きや宮詣りの際に、幼児の額に犬の字を書く風習も江戸をはじめ各地で行われていた。これもインノコと呼んだ。犬の字の代りに大の字、宝珠の印など、土地による変化があり、もとは×のしるしをかいたのが、次第に犬、大の字などに変ったものといわれているが、イヌにあやかるという心理に発していることがわかる。

○野良イヌが縁の下で子を産むと、その家は縁起がよいといって、赤飯を炊いて祝うものだといわれている。岩田帯を付けるのも戌の日に行い、産婆を頼むにも戌の日を選ぶなど、戌と安産は関連づけて考えられた（東京都江東区）。
○イヌの糞を拾って来て、妊婦の腰の上で二、三回振り、「イヌのように早う丈夫に生ませてやんなはいアビラウンケンソワカ」と三回唱えると、産が軽い（愛媛）。
○イヌは産が軽いものの代表であるから、これにあやかって安産するように、産屋にイヌの絵を掛けたり、小児の初宮詣りに、児の額に紅で「犬」の字を書いたり、犬張子を贈ったりする風が古くからあった。奈良の法華寺では、後山の土を採って造った土製の犬に彩色したものを、妊婦に分ける。守犬という。寺伝によれば、光明皇后の祈願によるという。
○小児の枕もとに犬張子を置くとよく育つというのは一般的だが、京都地方では児の疳の虫に、伏見人形の一文犬を買って来て三個積み重ね、白紙で包んだ上に水引をかけて祈る。こうすれば治るという。
○高知県長岡郡で、妊婦が三か月にかかったら、イヌやウサギを身につけてはならぬという。妊婦はイヌやウサギの好き嫌いを言ってはならぬ。これを言うと、あざのある子が生まれる（高知）。
○白イヌを愛すれば、死して後、灯火の橋を負うて渡してくれるという（奈良）。仏説とイヌとの関係はあまり多くない、その少ない例の一つであるが、どのような拠り所があるのか、覚束ない。いま一つ。壱岐では、旧二月十四日は涅槃で、この日は洗濯を忌む風習がある。この日すべての動物がこぞって仏の死を悼んだのに、ヒラクチ（マムシ）はその仲間に加わらず、イヌは頬冠りして、知らぬ顔で洗濯をしていた。それで、今でもこの日は洗濯をしない。
○イヌと人間とは、生活の上で密着しており、感情的にも通ずるものが多かったからであろうか、人間が怪我をして出した血を見たイヌは、死ぬという（鹿児島県国分市）。イヌが汽車に轢かれると人も轢かれるという（秋田）のも、同じ一連の考え方であろうか。三河では、怪我をした時の血をイヌがなめると、傷がうむといっているが、関連があるかも知れない。佐賀県では、人間が飯を食べている時、イヌが見ていると病気になるという。

犬　いぬ

(3)犬の遠吠え、霊魂との遭遇・火災の前兆、天候の予知・犬の夢

○イヌの遠吠え七不思議（福島県須賀川市）、イヌの遠吠え村に騒動（山口）、イヌの遠吠えケチのもと（香川県大川郡）などという言葉がある。イヌの遠吠えは天災地異を知らす前兆（千葉県東葛飾郡）といい、また変事の兆（宮城・福島・群馬・茨城・新潟・熊本・鹿児島）、凶事がある（広島）、不吉（秋田・千葉・神奈川・徳島・大分・沖縄）などという。夜更けて遠くでイヌが長く声を引いてなくと不気味な感を与えるのは事実である。イヌが遠くで長吠えすると、何事か起きる（東京）、イヌが悪い声でなけば変り事がある（岩手）、ボウーとサイレンのようななき方をすると、悪い事がある（愛媛）など、いずれも不気味さを表現している。

○イヌの不気味ななき声を、狼鳴きともいい（奈良県吉野郡）、熊本県では、オオカミの声に似ているから凶事が起こると説明する。岡吠え（高知）、立ち吠えの名もある。佐賀県東松浦郡では、立ち吠えすると悪い事がある、それは夜中にイヌがキツネを呼ぶような、いつもと違った声で吠えることだという。

○福島県耶麻郡では、イヌの窪掻《くぼか》きは凶の兆で、その方向に不幸があるという。宮城県本吉郡でも、イヌのクビカキ（遠吠え）は、人の死ぬ知らせという。イヌが首を掻く意味に誤解する向きもあるが、新潟県では、イヌがクボイをかいたら人が死ぬというように、クボイ（狗吠え）の変化した語である。そのことは茨城県鹿島地方で、イヌのクボイをカケル時は死ぬ人ができるという事例からも立証できる。秋田県ではそれをさらに雲掻きと訛り、山形県庄内地方では、クモイカグといって、クモイカグ（遠吠えする）のは、イヌが幽霊を見るからだという。同じ秋田県の山本郡などでは、イヌが雲掻く時は、霊が歩いているのだといっている。また、青森県三戸郡では、イヌが下に向かってひどく吠えると、タマシが来たという。秋田県下でも、イヌが悲しげになくのは、死霊を発見した時（南秋田郡）、または人魂を見た時（鹿本郡）だといっている。これと同様の俗信は沖縄にもあって、イヌの長鳴き、すなわち普通のなき方とは違い、いかにも悲しげになくのは、死霊を見た時にすることで、イヌが立ち止まってなくと、その前方の家から死人が出るという（国頭《くにがみ》郡）。

○右のような伝承は、イヌが霊魂の存在を認識できる、賢い動物であるとの俗信から生まれたものであろう。嘔吐物を犬悦《けんえつ》といったほどで、昔からイヌは、ろくな餌も当てがわれずに、餌をあさってぶらぶらと歩き廻るのが常で、「イヌの川端歩き」とか、「イヌも歩けば棒に当たる」などのことわざがあるが、そうした彷徨の間にも、凡人には感得しえない魂魄に、時として遭遇し識別する能力があると考えたわけであるが、これをやや合理的に引直した説明として、新潟県では、イヌには七里四方が見えるから、どこかで死人ができたことをすぐ知って、遠吠えにより、それを知らせるのだといっている。高知県では、イヌが吉野川をないて通ると、流行病がはやり出すといい、イヌを霊的動物と考えている。

○福井県大野郡では、イヌのアオボエということをいう。それはオオカミが来た時、恐ろしがってイヌがなくことだという。イヌが一種の霊感で、変異を感知して吠えるという考え方と、害敵且つ、村の平和の破壊者の襲来をイヌが告げるという考え方との二通りがあったと考えることができよう。

○不詳の具体的なものの第一は人の死で、青森・千葉・新潟・富山・石川・三重・大阪・隠岐・福岡・佐賀・宮崎・大分・沖縄など各地でいう。青森県三戸郡で、葬式を見てイヌが吠えると、相次いで死人があるというのは、遠吠えや夜鳴きではないが、具体的な説明といえる。その他、イヌの遠吠えの方向にザランベエ（葬式）が出る（福島）。遠吠えすれば人が死ぬ（和歌山）、イヌが四回なくのを聞いたら、または、追い鳴きすれば人が死ぬ（富山）、イヌのおくれ吠えは死人のある前兆（香川）、立ち吠えすると三日のうちに死人がある（熊本）、遠吠えすると女の人が死ぬ（栃木・茨城）などといい、広島県甲奴郡では、遠吠えは女の死、長鳴きは縁者の死という。沖縄の伊平屋《いへや》島では、イヌが数匹集まり家の門でなくと、その家から死人が出るという。また、長野県では、イヌが人間のなきまねをしたら、人が死ぬといって忌む。

○死の次には、火災である。イヌがクモカク（サイレンのようななき声）をすると火事がある（新潟県三島郡）、岡吠えは火事の兆（福井）、遠吠えすると火が立つ（栃木）などという他、津軽・福島・群馬・千葉・愛媛・高知・佐賀・熊本などでも、火事の知らせという。特殊の例では、高知県幡多郡で、イヌの岡吠えは大潮（津波）の前兆といっている。

○イヌが井戸をのぞいたり、鏡を見るのは、女房が密通しているしるし（広島県三原市）。間男の姿がイヌの眼には見えるというのであろう。

○イヌが青草をかむと、晴れる（広島・岐阜・愛知）、晴天が続く（高知）、晴天のしるし（長崎）。逆に、イヌが草を食べると雨が降る（和歌山・岩手・秋田）と判ずる所もある。天気が変る（長野）、といっている所もあり、イヌばかりでなくネコも青草をかむと、大風が吹くという（宮城）。草を食うのは、嘔吐する目的だと、幼時から教えられてきたが、それを天候現象に結びつける見方もあったのである。もっとも、イヌが土を掻くは陰雨（飛騨）ともいって嘔吐とは無関係な例もある。
○イヌがまるくなって寝ると雨が降る（奈良）、ネコについても同じ（大阪）。長野県では、イヌが尻《けつ》まきゃ天気が変る、という。
○また、イヌが土の高い所に上がって眠るのは、雨が降る前兆だという。ヘビが木に登るのと同様な理由であろうか。沖縄の竹富島では、イヌが道の中央に糞をたれれば雨が近いという（山形県最上郡では、ネコが道なかに糞をすると三日のうちに雨が降るという）。
○イヌの夢を見ると悪い（和歌山）。イヌに追われる夢は悪い（新潟）。イヌに吠えられた夢を見ると、友達に別れる（秋田）、喧嘩する、或いは口喧嘩が起こりやすい（群馬）、他人に悪口される（長野）。それとは反対に、沖縄では、犬の夢は吉という。

犬《いぬ》

(4)屋上の犬、犬の死、犬を飼わぬ村、犬の祟り

○イヌを屋根に上げると、火に祟る（広島）。ことわざにも「イヌころを屋根に上げたよう」というが、子イヌはもちろん親イヌでも高い所へ上げると、まったく手の施しようもなくて悲しげになく。イヌをいじめることの戒めである。イヌが屋根の上に上がると、火事が起こる（秋田・薩摩）というのも、同じことのようだが、別に、イヌが屋根に上がって見ている方向に火事がある（秋田）ともいうから、この方は自発的に屋上に上がる場合であろう（ネコも、屋根に上がると火事があるというが、ネコならば異とすべきではない）。イヌの場合、普通は滅多にないことであるが、そういう異常の場合をさすものであろうか。別項のように、イヌの遠吠えを火事の知らせと受け取っている土地が少なくないから、それと一連の俗信と考えられる。
○屋上へイヌを上げていじめるわるさなら、制してやめさせれば済むが、イヌがひとりで屋根に上がるのは異常であり、昔から不吉とされた。

『呪詛《まじない》調法記』(元禄)に、「屋の上へ犬登りたるに立てよ」として、次のような符を掲げてある。

天□□	天□□	天□□

福来神　喼急如律令

昔のイヌは座敷で飼う家畜ではなかった。それが高上がりも甚だしい屋根に登るのは、異変の兆だという考え方であろうか。

○イヌやネコが死んだら、旅行や神詣ではできない(秋田県仙北郡)。中世の公家社会には、犬死の穢《え》、犬産《けんざん》の穢というのがあって、きびしく守られていた。そうした規制が生まれた基盤が民間にも民俗として古くからあったか、公家の習慣が庶民の間にひろまったものかは明らかでないが、身近な家畜の死の忌は家人にも及ぶという考え方は、感覚的にも素朴に受け入れられていたのであろう。山形県では、イヌ・ネコの死体を屋敷内に埋めると病人が絶えないという(この条、猫の項を参照)。

○日向の東米良《めら》(西都市)の狩猟習俗では、九百九十九匹の獲物をとった狩人は、千匹目に自分のイヌに命を取られるという。それで狩人はどんな事があっても、最後の弾一発は必ず残しておく。千匹目には、イヌを殺さねば自分が危険だから、大事のイヌでも殺す。その殺したイヌはコウザケとして祭る。コウザケとはコウザキの訛りで、猪の心臓を串に刺して山の神の供物として供えるもの。狩人によっては、供物ではなく、コウザキマツリはイヌの死霊の祭だと理会していた。

○同地で、誤ってイヌを殺した場合は、地上三尺の高さに七尺四方ほどの棚をつけ、それにイヌの屍をのせて野ざらしにし、その後は祭をしない。もし祭をすると、イヌの魂が災いをするといわれている。

○イヌが死んだら、棚をつくる。また、成り木の下に埋めると、よく実がなる(宮崎県東臼杵郡）。なにやら花咲爺の話を聞く思いがする。
○イヌが死ぬと、那智山に詣り、明きの方の鐘をつく（三重県熊野市）。
○イヌがいらなくなると、横槌をぬくめて頭をくらわした。こうすると、あとはオオカミにとられてしまうという。また廃犬は、イヌマクリという所からイヌをマクッた。それでイヌマクリという地名もある（奈良県吉野郡）。マクルは捨てる意味の方言であるが、イヌマクリはイヌを崖などの上から投げ殺す所のように想像される。
○イヌを忌んで飼わない村というのがある。宮城県で網地島《あじしま》（牡鹿《おしか》郡牡鹿町〈石巻市〉）・田代島（石巻市）の二例が報告されている。群馬県富岡市岡本の山際にある十軒家ではイヌを飼わない。山に稲荷様があり、飼うと火事があるという。蜀山人の『一話一言』にも、群馬県邑楽郡邑楽町貍塚《むじな》では、一村イヌを飼うことを禁じているとの記事を載せている。秋田県男鹿市船川港及川では、八幡の氏子はイヌとハトを飼わない。同県大館市十二所と葛原《くずわら》では、イヌを飼うことはおろか、もちろん肉を食わず、イヌの毛皮さえ着用することを禁じている。産土神《うぶすながみ》の老犬神社を憚るからだという。秋田県角館町〈仙北市〉では、八幡神社はイヌが嫌いだといい、雄勝・南秋田・北秋田・平鹿・河辺・山本郡などでは、稲荷様のある村はイヌを飼われないという。稲荷の使者であるキツネの敵という意味であろう。その他、秋田県にはイヌに関する禁忌が多く、平鹿郡大雄村阿気《あげ》〈横手市〉では、明神様のある家でイヌを飼うと破産するという。同じ郡では、寺院の傍ではイヌは飼ってはならぬとする。由利郡矢島町〈由利本荘市〉の白滝神社では、獅子・狛を忌む。北秋田郡の阿仁《あに》鉱山〈北秋田市〉では、鉱山に入る人はイヌの皮を着てはならぬといわれた。これは鍛冶の守神を稲荷とする信仰につながるのであろう。
○白いイヌ・ウマ・鳥は神の使であるから食べ

てはいけない、赤いのはよい（北海道）。埼玉県では、イヌやウサギの肉を食べると出世しないという。島根県安来市などで、イヌの乳を飲むと目が見えなくなるというが、理由は別であるかも知れない。

○イヌはネコほど執念ぶかい動物とは考えられていなかったが、それでも、イヌ・ネコを殺せば祟る（佐渡）、イヌを殺せば七代祟る（広島）、馬に祟る（秋田）、イヌのような目になる（富山）などといい、怪談めいた話も伝わっている。中国・四国に多い犬神の信仰も、こうしたイヌの怨霊との関係を無視しては考えられない。また、孕んだイヌを傷つけると、お産にさわりがあるともいった（同上）。イヌ・ネコを併称した報告では、屋敷内でイヌ・ネコを殺すと家が栄えぬ（大分）、イヌ・ネコ・ヘビを半殺しにすると祟られる（秋田）などという例が少なくない。

○イヌに水をかけると貧乏になる（播磨）、罰が当たる（大和）、祟る（広島）、天気が変る（山形）。奈良県吉野地方では、イヌ・ネコに水をかけると、腹のコナレが悪くなる、という。また、イヌが交尾している時、灰をかけると難産する（栃木）、睦みイヌをなぶれば寝小便する（奈良）というのは、別項に記するようにイヌが人間の育児に深い心理的関連をもつことと関係している。水をかけるという事例の多くも、暗に交尾の時を意味し、平常の状態ではなかろう。

○イヌをしんばり棒や天秤棒で打つと、棒が折れる（奈良）という。打つべからざるものを打つから、その罰として折れるという考え方であり、単なる動物愛護の教訓ではない。

犬《いぬ》

(5)犬と戌の日、犬になるという制禁、犬という語を口にせず

○戌の日の禁忌。実際にイヌと関連づけて説明されている例として、群馬県群馬郡では、六月の戌の日に田植をしないのは、イヌがなくからだとも、イヌがこねる（泥をこねる意か。愛知・岐阜などでは、苦情をいう意）からだともいう。また、同県邑楽郡・千葉県東葛飾郡では、戌の日に麦蒔きをせぬ所がある。群馬県利根郡でも戌の日の田植を嫌ったが、その理由はイヌは一升飯を食っても一升の米が運べない、つまり仕事の役に立たぬからだという。長野県北安曇郡では、戌の日に種を蒔けばイヌの毛のようになるという。

○長野県北安曇郡で行われている言い伝えに、イヌは冬至が嫌いだという。それで戌の日が廻ってくると帰って行く。もし冬至の当日が戌の日だったら日帰りになるから悪い。また、十日目あたりに戌の日が来るようだと長過ぎていけない。四、五日ぐらいがちょうどよいといっている。気分的には分るようでも明確な意味が分らないが、とにかく田植に戌の日を嫌う理由もこの辺にあるのかも知れない。

○俗に、「冬至からイヌの節だけ日のあしが延びる」といった。これは畳の藺《いぐさ》の節だけ一日一日と日あしが延びるということを誤ったものだとされている。『近代世事談』には、「犬のふしだけ」を否定し、常香盤の長い方の隅を陽、短い方を陰とし、その短い所が一節ずつ延びるという意味であるとの説と、畳の藺の節説とを併記している。

○一般的な禁忌の制裁の一つとして、イヌに吠えられるというのがある。ヤキヅケ御飯（おこげ）を食べると（福島）、コビ（飯のおこげ）を食べると婚礼の時（津軽）、アズキ飯に汁をかけると婚礼の時（山形・群馬）、イゾクを食べると婿に行く時（飛驒）、男がこげ飯を食べると舅入りの時（山口）、朝こげた飯を食べて外に出ると（富山）、女がカンバイ粉（寒梅粉か）を食べると嫁入りの時（広島・岡山）、女が杓子に口をつけたら嫁入りの時（愛媛）、それぞれの制裁としてイヌに吠えられる。草履を夜おろすとイヌに吠えられる（山口）、お茶から（午後四時以後）草履をおろしたら（奈良）、などともいう。なお、右と矛盾する感があるのは、山口県で、飯櫃の底を食べれば、舅入りにイヌが吠えないという例である。

○からだに糊がついていると、イヌが追う（愛知）、秋田県では、食後に口を拭かぬとイヌに吠えられるという。夜口笛を吹くと山イヌ（または魔物）が入る（愛媛）ともいう。

○着物の仕付けを取らずに着て歩くと、イヌに吠えられる（茨城県新治郡）。

○さらに厳しい制裁は、イヌになるというものである。因果応報の理で、悪業の結果、畜生になるということをイヌになるといったに過ぎないのであろうが、この場合のイヌは、密偵をイヌというと同様に、極度の侮蔑のたとえになる。例えば、ひとの用便しているところを見ると、イヌになる（香川県三豊郡）の類である。

○イヌに食わせるというまじないの仕方も、結局は、イヌを最低位の動物とみての処置である。例えば、わいご（腋臭）の人は、麦飯の握り飯をこしらえて腋の下にはさんだのち、イヌに食わせるとよい（和歌山）、という類である。

○眼病の人に会った時は、「マナグヤミダガドモタヤア（眼病の人だと思ったら）犬の糞だ」といって、トッと唾を吐く。こうすれば伝染しない（青森県三戸郡）。高知県でも、ヤンメ（はやり目）がうつらぬように、眼病の人に向かって、「ヤンメイヌの糞、ツーツー」と唱えて唾をかける真似をする。鹿児島県では、イヌの糞を踏めば、イヌモレ（ものもらい）になるともいう。対馬でも、ものもらいのことをインノクソとも、メボともいい、イヌの糞を見たら、上に三べん下に三べん唾をかける。

○鼻血をイヌになめられると、気がふれる（長野県小県《ちいさがた》郡）、母親が死ぬ（群馬県利根郡）ともいう。長野県更埴市では鼻血を拭いた紙をイヌになめられると気がふれるというが、鼻血のついた紙を捨てておかぬようにとの戒めらしい。襁褓《おむつ》の夜干しについても同じことが言える。
○山口県大島郡で、「イヌサルひけ」と言うと漁がないという。秋田県河辺郡の漁師は、イヌ・サル・ネコ及び「畜生」などの語を忌む。由利郡では、それらの他、ヘビ・鬼なども忌む。イヌ・サルは婚礼の席でも厳禁の言葉であるが、これを忌むことは狩猟者の間でひろく行われていた。福島県相馬郡でも、猟師はイヌ・ネコ・サルの話をしない。群馬県でも、朝の出がけにサルやイヌの話をしてはならぬ、山で怪我をするといって、職人は特に嫌った。漁師も、船の中でイヌ・サルの話をすると、海の神様のご機嫌をそこねるという。徳島県那賀郡では、狩の時、山犬のなくまねをしてはならぬという。鹿児島でも、イヌ・ネコなどは漁船に乗せてはならぬという。
○葬式の棺にイヌが吠えかかると、不幸が続く（秋田県鹿角郡）。葬式の時にイヌが吠えるのは、また家に死人が出る兆（同南秋田郡）、その村でまた人が死ぬ（同山本郡）。
○死人を一人で寝かせておくと、山イヌが食いにくる（愛媛県上浮穴郡）。
○仏様に供えた飯をイヌに食わせると、狂犬になる（愛知）。
○墓地をイヌが掘るとその家は大尽になる（埼玉県熊谷市）。
○イヌや人間、その他の動物が、表から裏へ家の中を通り抜けたのち、その反対にまた通り抜けると、その家に悪い事が起こる（鳥取県八頭《やず》郡）。
○火事の際、イヌ・ネコ・ニワトリなどを助け出すと、再び火災にあう（山形県西村山郡）。
○夜爪を忌む風は各地にあるが、奈良では、夜爪を切るとイヌのような爪が生えるという。どうしても夜爪を切らねばならぬ時は「イヌの爪、ネコの爪」とまじなってから切る（宇都宮市）。
○着物の焼穴は、イヌの吠える度に大きくなる

（愛知県北設楽郡・広島）。飛び火で着物に焼穴ができた時は、イヌの鳴き声を三度すれば広がらない（三重県四日市地方）。
○イヌが竹やぶに糞をすると、竹の子の出来がよい（愛知）。
○イヌやネコにアズキを食べさせると、耳が遠くなる（佐賀）。孕みイヌにスルメを食べさせると流産する（愛知）。
○イヌの頭の上に足をのせると、馬鹿になる（河内）。
○良犬の尾は切っておくものだ（愛知）。
○鼻毛の長い人が、転んでイヌの糞を鼻毛につければ死ぬ（秋田県仙北郡）。
○イヌは人糞を食わぬと、腹の中が焼ける（相模）。人糞がイヌの餌だった時代の名残である。
○イヌは一日に食うだけの量を背負えない（相模）。
○風邪が流行する時は、はやり餅というのを搗いて門口に吊しておく。これをイヌが食べると風邪にかからない（宮城）。
○送り狼にはふんどし、または帯を解いて垂らすとよい（神奈川）。
○元旦にイヌが早く吠えると米価が低く、カラスが早く鳴けば米価が上がる（秋田県山本郡）。
○小刀の先で犬という字を書くと、タムシが治る（岩手）。
○袖がぼっつり取れると縁起が悪いといって、いったんイヌの首にかけてから縫い付ける（長崎県西彼杵郡）。
○憑き物がした時は、イヌの鳴くまねをすればよい。イヌを飼うのもよい（愛知県南設楽郡）。山犬の毛皮を床に敷くとよい（同）。
○イヌの頭を三本の藁スベでなでると、咬むイヌになる（鳥取県八頭郡）。
○魔物はすべて、イヌ・女・ブタに化けるという（鹿児島県大島郡）。
○山イヌを見たことがないと言えば、一本橋の上で出合う（愛知県南設楽郡）。

○コックリさんをやる時、天婦羅が好物だといって供えるが、イヌがいると嫌って来ない（青森）。

○淋病はイヌと交わると治る（奈良）。梅毒にも同じことをいう（滋賀）。

犬《いぬ》

(6)犬の肉の薬効、犬のいろいろ、犬の治療

○羊頭狗肉という中国の言葉のように、わが国でもイヌの肉はもともとあまり上等の食料ではなかったろう。肉食が忌まれるようになると、一般には薬用として食べることに限定された。『日用諸疾宜禁集』という養生書によると、狗の肉は虚損・脹満・水腫・泄瀉《せっしゃ》に宜しく、懐妊・臨産・癰疽《ようそ》・丹毒などに禁物とある。報告の多いのは、夜尿症の薬とするもので、青森・秋田・山形・宮城・福島・栃木・埼玉・山梨・長野・石川・岐阜・鳥取・熊本・鹿児島などだが、やや東日本に偏っている観がある。特に赤イヌの肉が効くという所が多いが、青森県では、白イヌの肉が寝小便によく、赤イヌの肝は婦人病に効くというが、宮城県名取郡では黒イヌが効くという。群馬県吾妻郡でも、赤イヌの胆を薬用にするが、婦人病ではなしに、疳の薬だという。冷え薬、即ち体が温まるといわれ、それが夜尿症に直結したものと思われる。婦人病、血の道に効くというのも、同じ理由によるものであろう。

○群馬県利根郡では、イヌの胃を飲むと安産するという。奈良県吉野郡では、イヌの胆やカラスの黒焼きを麦粉に混ぜて丸薬にしたものを飲むと、血の道に効くという。鹿児島では、肺結核の薬に食べる。

○火傷にはイヌの脂を塗ればよいと、北海道のアイヌはいう。或いはムラサキの根を乾燥して細かくし、これにイヌ・ウマ・クマの脂を混ぜて塗る。イヌの脂には限らぬらしい。

○沖縄では、イヌの肉は皮膚病の薬、浄血剤によいという。また、婦人病にはクワの若葉とイ

ヌの肉を煮て食べる。丹毒には、イヌの肝を生のまま酢で煎じたのを摺って、丹毒のひろがる先を錐の尖端で突いて血を出し、その傷口に口をあてて毒を吸い出し、そこへ右のイヌの肝の摺ったのをつける。四、五日続けて次々と同様の療治を施せば、きれいに治癒するという（毒を吸い出した口中は泡盛で漱ぐ）。また、病人にはイヌの肉を煮て食べさせ、乳児の場合だったら母親がイヌの肉を煮て食べればよい。
○同県国頭郡では薬用にイヌを殺す時は、「惜しいイヌだ」と言ってはならない。薬として効かなくなるという。ネコについても同様の俗信があるから、この点イヌ・ネコ共通である。
○反対に、妊婦がイヌの肉を食べると、子供に黒ほくろができるという例もある（宮城）。愛媛県上浮穴郡では、妊娠三か月まではイヌを見てはいけないというくらいであるから、当然の禁忌であろう。
○イヌの肉とアズキは食合せで、腹痛を起こす。理由は、イヌの傷にはアズキが妙薬だから、腹の中で、イヌが生き返って暴れるからだという（秋田）。また、イヌの肉と山ゴボウの食合せは死ぬという（同上）。沖縄では、ヒル・ウシワタ・鯉・ウミヘビ・山羊肉・鶏肉のそれぞれとイヌの肉は禁忌であると、『国膳本草』という書物に出ている由である。
○イヌにかまれたら、カニの黄色のはらわたをつける。明礬《みょうばん》・石膏もよいという（岩手）。
○イヌのいろいろ。喰いつくイヌは吠えない。能なしイヌは昼吠える。旅のイヌ（よそもののイヌ）は尾を立てる。尾を立てるのは緊張しているしるしである。上顎の黒いイヌは利口（愛知）。顎の下の毛が一本あるイヌは強い（同上）。養生書『食性能毒』には、「黄犬を上とす。くろ犬白犬是につぐ」とある。
○尾先四つ白（尾と四つ足の先が白いイヌ）は飼わない（広島）。四本足の白いイヌを飼うと、大黒柱が倒れる（群馬）。四つ目のイヌを飼えば家に不幸がある（奈良）。鼻筋の白く通っているのを八割れといって、飼わない（神奈川）。ハチワレはゲンが悪い（三重）。頭に筋（頭の毛の斑紋）が通っているイヌを飼うと、まん（運）が悪い（山口）。大阪府枚方市では、イヌとネコとを飼えば家が滅びるという。
○イヌがテンパ（けいれんを起こして泡を吹く）にかかったら、銅貨を削って飲ませればよい（山梨）。
○イヌに体力をつけるためには、油を煮て飯にかけて食わせる（山梨県南巨摩《みなみこま》郡）。マムシを食わせると強くなる（福島）。
○イヌ・ネコの駆虫にはザクロの根や海人草を煎じて飲ませる。これはブタ・ウマ・ニワトリにもよい（山口）。⇩猫《ねこ》

猪　いのしし

○イノシシを獲った時は、その場で耳を切って串に刺して立てておくか、蔓に通して木の枝に掛け、山の神にお供えする（徳島）。イノシシの猟には、その両耳か片耳かを山の神への供物として木の枝に挿して帰るもので、もしそうしないと、山の神様が怒る（高知）。イノシシを百頭獲ったら、猪塚を建てぬと山神が祟る（宮崎県西諸県郡）。イノシシの猟のない時は、山の神様の前で大火を焚いてお祈りをするとよい（徳島）。狩の獲物の膝の毛、耳の毛、耳などを山の神に供えること（毛祭）は、広く行われた狩猟信仰の祭事である。イノシシなどの千匹祝いや、センゴシ・マンゴシの大漁祝、クジラの位牌など、いずれも海山の猟で命を絶たれた生き物の霊を供養するために、供養塔や塔婆を建てる点で共通した行事であるが、特にイノシシの場合は千匹イノシシといわれ、千匹獲ると怪異にあうとされていた。
○妻の妊娠中に夫が殺生に出ることを忌む。もし、この禁を破ってイノシシなどを撃つと、イノシシが撃たれた傷と同じ所に痣ができたり、イノシシの毛に似たものが生えた子供が生まれ

てくるが、これを「猪の弾《たま》撃ち」という（高知）。宮崎県西都市では、家内が妊娠している狩人はイノシシ狩りにきわめて幸運をもたらすが、あまりに強運すぎるので、その行動を慎まなければならないとの禁忌伝承がある。例えば、ニゾボク（妊婦）を妻に持つ狩人が狩猟に行くと非常に猟があるが、撃ち殺したイノシシや、料理場のイノシシの切り肉に、その狩人が近づくとイノシシが蘇生し、切り身でさえも動き出す（近づいても声を出さなければよい、という伝承もある）、また狩人の家内が妊娠している時は、その家の付近にイノシシが現れて、その人が一頭仕留めると次々と猟があるが、もし撃ち損ずれば、その猟師の家内に次の子供が生まれるまで不猟が続く、という。やはり宮崎県西都市で、不浄の身で猟に出るとイノシシが避けて通り、また何か不吉なことが起こるからと、これを忌む。

○イノシシは鎮守の神明様のホシミ（惜しみか）で食べない（神奈川県横須賀市秋谷）、妊婦がイノシシを食べてはいけない（山口）、十月（旧暦）にイノシシの肉を食べると気鬱病になる（『極奥秘伝』）などの禁忌があるが、その反面で肉は古くからヤマクジラ（山鯨）と呼ばれて賞味されていた。そのためか、イノシシの各部はクマなどと共に、民間療法に盛んに使われた。胃を干したものを煎じて飲むと胃痛（山梨）や腹痛によく効き（茨城・滋賀）、また心臓の悪い人にもよい（滋賀）。子宮を黒焼きにして飲むと血の道（月経時、または出産時の時などに起こる全身的、局部的異常症状の俗称）に効く（富山）。肉は、冷え症によく、また強壮剤ともなり（山梨）、煎じたり味噌汁にして婦人薬・腹薬として服用（高知）し、また癲《てん》癇《かん》・痔病にもこれを食べ（沖縄）、釘を踏み抜いたり怪我をした時には、マキジシ（イノシシを肉幅一〇センチ、長さ二〇センチくらいに薄く切り、塩を厚く塗って巻き、藁で包んで縄を巻き付け、囲炉裏の上の梁に吊り下げて保存しておく）を切って、湯炊きした猪汁を飲むと治りが早い（大分）。胆は、強壮剤であり（山梨）、寒気を取り、便通をよくし、腹痛にも効き（山梨・岐阜）、胃病・赤痢・食あたりに薬効があり（高知）、中耳炎には干した胆を少し切り、湯に溶かして紙捻《こよ》りでつける（長野）。油はしもやけ・中耳炎によく効く（愛知）。茨城県那珂郡の家伝薬、岩瀬万応膏《まんのうこう》は、麻油、イノシシやシカの油を原料とするもので、切り傷・腫物、その他の諸瘡毒の痛みを止め、膿を吸い出すに効果が大であるという。富山県では禿げた女性が毛髪を生やす方法として、師走のイノシシの油二両（十匁くらい）に、生鉄（鍛えてない鉄）の粉末少々と油を混ぜ合わせ、酢で禿げた所を洗い、そこに布切れですりつける。煮沸すれば、なお効果があると説く。沖縄では、オモサ（イノシシ）のンゴリナ（胆嚢）や肝臓を蒸し、煎じて胃腸薬とする。下脚を煎じて風邪薬とする。ウムザヌパン（足）の爪を火で焼き、それを煎じて飲むと子供の胎毒によいという。

○イノシシとショウガ（栃木）、イノシシとカラシ・ナマコ（沖縄）は食合せである。「猪に雉子こそやがて吐き下せ鮒と芥子は黄に腫るるなり」「蘇香円に鰯を忌めば猪に夏菜を添へて食ふ人や有る」と見える。このようにイノシシが警戒されたのは、脂肪が強く、胃腸障害を起こしやすかったからであろう。

○宮城県宮城郡では、イノシシが畑を荒らすのを防ぐための呪術として、イノシシが寄りつけないよう、畑の周りに火縄を下げておく。富山県東礪波郡では、山中でイノシシ・オオカミに合わないために、儀唐という二文字を朱色で書いて懐に入れておくとよい、こうするとイノシシ・オオカミが恐れて近づかないことは不思議なほどだという。沖縄県八重山諸島では、田にイノシシの被害を受けることなく、思う存分米の収穫ができるようにと、呪術を行い、呪文を唱える。七本のススキを一束にして先の方を五合結びにし、二本は頭、二本は前足、二本は後足、一本は尾として犬の形を作り、イノシシのよく通る道に置く。その時「まるてぃぬ神《かん》ぬ、乗《ぬー》りおうる、黒者《くるむぬ》、赤者《あかむぬ》や、底《すく》ぬ七底《ななすく》、頂《しじ》ぬ七《なな》頂《しじ》にどぅ居《びい》る、此所来《こうりやくう》らし、たぽんな」という呪文を一息で唱え、息を三回吹きかけておけば、田にイノシシは来なくなるという。イノシシは雑食性であり、生息地の餌が不足すると人里に下り、畑などで餌をあさるが、伴猪《ともい》といって親子を単位とする群居性があるため、農作物に与える被害は甚大である。

○以上の他、次のような俗信・俚諺がいわれる。イノシシが深山を出るのが早ければ雪が多い（岐阜）。イノシシは木の芽立に孕んでナカシ（長雨）に産む（高知）。ヤマノイモを食うとイノシシが太る（大分）とは、イノシシは嗅覚でヤマノイモのある場所を知り掘って食うが、その頃の肉が最もうまい、との意である。イノシシがたくさん群れをなして通る時は、山の神様が乗りまわしているのだ（沖縄）。イノシシの毛を財布に入れておくと、お金がたまる（広島）。イノシシの足を馬小屋や鶏小屋に吊しておくと魔除けになる、イノシシの夢は吉兆（共に大分）。

井守《いもり》

○イモリの黒焼きはほれ薬になる（埼玉県大宮市〈さいたま市〉）とか、イモリのつがいの黒焼きを半分持ち、半分を女にかけると、その女がほれてくる（愛知）という。西鶴の『好色五人女』巻二の一節に「これは、ただ今汲み上げし井守といへるものなり。そなたは知らずや、この虫竹の筒に籠めて煙となし、恋ふる人の黒髪にふりかくれば、あなたより思ひ付く事ぞ」と見え、古来媚薬として効ありとされていた。また、雌雄一対のイモリの血を女の肌に塗っておけば、他の男に接するとその血が消え失せるというところから、秦の始皇帝の時以来、貞操のしるしとされた。そのため守宮をイモリと読むことが古くから行われたが、守宮はトカゲをさす（『和名抄』）、或いはヤモリである（『三養雑記』）という。

○イモリに食いつかれると、雷が鳴るまで離れない（秋田・栃木・神奈川・山梨・新潟・富山・愛知）といわれる。イモリを捕ると産が重い（新潟県佐渡郡）。殺すと、寝小便をする（山口）、腹が赤くなる、頭が痛くなる（京都府北桑田郡）などという。

○イモリを殺すと雨が降る（秋田・鳥取）、イモリの赤腹を見ると雨が降る（秋田県雄勝郡）。腹を上にしておくと雨になる（同県平鹿・雄勝郡）。イモリが腹を返して死ぬと夕立が来る（広島県山県郡）。山でイモリが道に出るような時は天気が悪くなる、また水たまりや沼のような所にいる時は天気が続く（山形県最上郡）。イモリが水から出る年は洪水がある（群馬県利根郡）、ともいう。『酉陽雑俎』巻十一には、イモリを甕に閉じ込めたものを子供らが小青竹で打って責めて雨を降らせる事が見えている。

○民間療法。寝小便にはイモリの黒焼きを食べる（愛知県南設楽郡）。焼いて食べると、婦人の血の薬になる（長野県飯田市）。足痛にはイモリを焼いて塗る（北海道アイヌの伝承）。脚気にはイモリの黒焼きを食べる（福島）。子供の胃薬にイモリの黒焼きを用いる（岡山）。生乾きにして心臓病の時に煎じて飲む（兵庫）。

いらむし

○イラガ（刺蛾）のこと。神奈川県津久井郡では、突き目には、巣（まゆ）の中にいるイラムシを人乳に混ぜて、たびたび点ずるとよいという。また、この地方では、スズメの卵に似たイラムシの巣をスズメノカロウトと呼んでいる。

鰯《いわし》

○節分の夜に、ヒイラギにイワシの頭を刺して戸口に挿す土地は広い。節分の夜に、イワシの頭を焼いたものをヒイラギに刺して「何焼く、か焼く、イワシのかぶ焼く」と唱え、入口に置くと厄病除けになる（愛知）。節分の晩、ヒイラギの枝の二股に、イワシの頭を二つ刺して火にあぶり、ムシの口やきをする。「茶のムシの口やきトットッ、大根のムシの…、豆のムシの…」と作物の名をあげ、唾をかけて、囲炉裏で焼き、家の入口に挿しておくと虫がつかない（群馬県利根郡）。節分の歳とりには、正月に上げたイワシの頭と尾を串に刺し「大根にたかるアブラムシの口を焼く」と言って唾をかけて焼く。これを戸の上に挿しておき、ムシの出る時に畑へ持って行く（同県群馬郡）。節分にイワシの頭を表口に、尾を裏口にヒイラギと共に挿しておくと悪魔が入らない（大阪府三島郡）。節分の夜にイワシを食えば、物怖じしない（和歌山）、魔除けになる（広島県山県郡）。鳥取県八頭郡ではこれをエゴサシといって、やはり魔除けの効果が信じられていた。歳の晩にイワシ・餅・酒を食べると、ムシがつくといって午後零時を過ぎてから焼いて食べる（佐賀県東松浦郡）。資料は枚挙にいとまないほど多いが、いずれもイワシを焼いた匂いで疫神を防ごうとするものである。長野県下伊那地方で、以前に、重い皮膚病で死ぬとイワシを口にくわえさせて埋めたというのは、イワシに魔除けの呪力を信じていたことによるであろう。新築の家の門口にイワシを吊しておけば、天狗に見舞われることがない（石川県鹿島郡）。イワシの頭を門口に立てておくと悪病神が来ない（愛知）。イワシの頭を戸口に挿しておくと、魔除けになる（鳥取県八頭郡）、鬼が来ない（奈良）、というのも同じことである。

○南の方があきの年はイワシの豊漁である（新潟県三島郡）。一月より六月までに閏月のある年はイワシが豊漁、七月後ならサンマ・タイが豊漁（採集地不明）。イワシが春にとれると秋にも大漁（宮城）。綱引きで上の町が勝てばイワシは大漁（秋田県能代市）。尻がかゆいとイワシの大漁（三陸地方）。雨の年はイワシの豊漁。西が焼ける（夕焼け）とイワシがとれる（採集地不明）。森立峠（新潟県古志郡）のつくねの雪が消えればイワシがとれる。残雪がまばらになればイワシがとれる（新潟県栃尾市〈長岡市〉）という。
○イワシの豊漁の時は火災がある（石川県珠洲《すず》市）。イワシの多くとれる年は、悪いことがある（奈良）、逆に豊年になる（三重県名賀郡）ともいう。
○西海岸で、アキイワシ（秋鰯）の豊漁は大雪のない前兆（山形県庄内地方）。土用の大イワシは冷害の前兆（同）。イワシの不漁の年は天候が悪いともいう。
○民間療法。妊娠中は青物（イワシ・サバ）を食べてはいけない（滋賀・長崎）。妊婦がイワシを食べると流産する（新潟県栃尾市〈長岡市〉）。産後三週間は、イワシなど脂の強い魚を食べるとよくない（青森県三戸郡）。乳児が種痘した時は、母はイワシを食べてはならぬ（秋田県平鹿郡）。
○産後三日のうちにイワシを食べねばならぬようにして（必ず食べるものとして）いる（富山県氷見郡）。イワシの頭を黒焼きにして耳の下へつけると耳だれが治る（岩手・新潟・長野）。節分のイワシの頭に耳を覗かせると耳の病が治る（愛知）。空耳の病む時は、イワシの頭に耳を覗かせる（岐阜県武儀郡）。耳やめには節分のイワシで頭をなでるとよい（愛知）。喉がつかえた時は年越しに上げたイワシの頭で咽をなでる（群馬県邑楽郡）。
○愛知で、風邪をひいた時はイワシの頭を燻《いぶ》すとよいというのは、焼いた匂いで風邪の神を追い出そうとするもので、スルメを用いることも多い。大晦日に塩イワシを焼いて串に通し、戸口に挿すが、これを元旦に人に見られぬように食べると風邪をひかない（岡山県邑久《おく》郡）。膝がしらのできものには、イワシの頭の黒焼きと御飯をつければよい（富山県氷見郡）。大晦日と元日に戸口に挿した焼イワシを食べると中風にかからない（広島）。夏の土用の丑の日に塩イワシを煎じ、この汁を鳥の羽で手足の甲に塗っておくと、その年の冬はヒビが切れない（香川県観音寺市《かんおんじし》）。疣《いぼ》には、イワシの皮を貼りつける（愛知県南設楽郡）。イワシは脳病に良く、また産婦の後腹の痛みを治し、補血薬となる（新潟県佐渡郡）。
○その他の俗信。イワシの頭を燃やすとヘビが来ない（群馬県利根郡）。結納にイワシを使うのを忌む（高知県土佐清水市）。イワシの頭のまる食いは酒に悪い（愛知）。イワシ漁の時、生味噌をお菜に持っていってはいけない（北海道）。イワシとアズキを食うとあたる（新潟県西頸城郡）。
○『身自鏡』（天正五年）に「蘇香円に鰯を忌めば猪に夏菜を添へて食ふ人や有る」と見える。駆虫剤の蘇香円とイワシ、イノシシと夏菜は差合いの意。

岩燕　いわつばめ

○一足鳥（イワツバメ）が朝群れて洞を出ると、その日のうちに雨が降り、夕方群れて出れば翌日は晴天になる（熊本県球磨郡球磨村神瀬《こうせ》鍾乳洞付近）。神瀬のイワツバメは、橘南谿《たちばなんけい》の『西遊記』に次のように神秘化した記述がある。「肥後の国八ツ代の求麻川をさかのぼる事八里にして、神瀬《かうのせ》の岩戸といふ所あり、天下の奇所なり、（中略）其石鍾乳の間に鳥有りて飛ありく、背中黒く腹白し、尾みじかくて、全体燕に似たり、此鳥只一足なり、世界の中に、只此岩戸の中ばかりに生ずる鳥なりといふ」
○イワツバメが来ると雪が降らなくなる（福島県会津地方）。イワツバメは三月上旬の頃から渡来し、亜高山帯・高山帯に多く生息する。会津地方では、降雪の終る時期が、イワツバメが渡って来る頃と一致するという意味で、生活の中から生まれたことわざであろう。⇩燕《つばめ》

岩魚《いわな》

○福島県南会津郡檜枝岐《ひのえまた》村では「釣り船の清次宿」と書いて門口に貼っておくと厄病が来ないという。その由来は、昔、清次という男が、伝染病の神の化身した老爺にイワナを乞われ、与えたお礼に「清次宿」と書いておけば、家に入らないと約束したためという。

○滋賀県高島郡で、イワナは子供の疳《かん》に効くといい、岐阜県では肝を干したものを水に溶かして飲むと目によく、干した胆を煮つめてつけると目薬となり、煎じて飲むと胃腸によいという。イワナは痔の薬にもなる（新潟県佐渡郡）。

【う】

鵜《う》

○喉につかえた魚などの骨を取るために、「天竺の竜たち渡るウののどを通れや通れタイのひら骨アビラウンケンソワカ」と唱えながら、喉をなでる、「天竺の竜蛇川の渡し舟ウののど通せタイのひら骨」と三べん唱えながら、喉を三度なで、盃に水を入れて指で「月山」と書き、ふだん信仰している神を祈りながら、口を上向きにして盃の水を飲ませる（共に山形）、ウの喉を三回なでる、「ウガラスが柳の下で昼寝した」と三回唱えながら、喉を三回なで下ろす、「ウガラスがウの木の下で昼寝してウののど通るタイの骨かな、あぶらけんそわか」と三べん唱える（いずれも群馬）、「ウののど」と三度言う、或いは「お伊勢のウの鳥、わが親さま、天が地にかえれ、アビラウンケンソワカ」と唱え、御飯を供える（愛媛）、ウの喉笛を用い、その管で水を飲む（福岡）などの呪文や呪術がある。長崎県対馬では、骨が刺さった時は、麦飯・黒砂糖・クモの巣の三つを練り合わせたもので額をなでながら、「ウノトリの羽交いに歯をたてて伊勢の御風で吹き通せ」と唱える、というが、『耳袋』にも「小児抔咽へ魚の骨を立て難儀の時、鵜の鳥の羽がひの上に嘴置て骨かみ流せ伊勢の神風、と三遍唱へて撫れば、抜る事奇々妙々の由」と、同様の呪文がある。『食物和歌本草』にも、「鵜の鳥を黒焼にして用ゆれば咽に鯁の立たるをぬく」の記述がある。鵜飼は今と違って諸方の河川で行われていたが、その時、ウは一度喉まで入れた魚を簡単に吐き出す。それにあやかろうとの呪法である。兵庫県養父《やぶ》郡では、子供が食べすぎて腹病を起こした時は「ウになれ、ぽんになれ、ばばの手はにがいぞ」と唱えながらなでてやる、という。

○ウが高飛びすると三日もたない（三日以内に雨となる）（長崎）。ウの巣が高ければ、その年は洪水がある（熊本県八代地方）。樹上に営巣するのはカワウである。

○仕付け頃（サツキ頃）、ウは岸壁に出入し、その雛鳥はそこから顔を出している、と佐渡の猟師がいう。仕付けとは、早苗の植付けの意で、五月下旬より六月上旬にかけてである。岸壁に営巣するのはウミウであり、鵜飼に使われるのはほとんどがこの種類である。

○ウの糞を布の袋に入れ、湯をさして洗うと痔が治る（岐阜県稲葉郡）。

鯎　うぐい

○宮城県玉造郡鳴子町鬼首《おにこうべ》〈大崎市〉で、フジの花が咲くとウグイが子を持つという。春から夏にかけて産卵し、この頃が味もよい。隠岐でサクラウグイ（桜鯎）といい、筑後でサクライダ（イダはウグイの地方名）というのも、この魚の旬《しゅん》による名である。土佐ではイダと呼び、腫物のできた時は、内臓を塩漬にして患部に貼ると効くという。

鶯　うぐいす

○ウグイスは古来、鳴禽として珍重され、春に先駆けてさえずるが、ウグイスの初聞きで運がわかる（群馬）、ウグイスの初声の方向によって吉凶がある（長崎県壱岐）という。ウグイスの初音を右耳で聞くか左耳で聞くかによって吉凶を占う俗信があって、宮城では、初音を右の耳で聞くと、その年は収入が多く、左で聞くと出費が多い、長野でも、右耳で聞くと縁起が良く、左で聞くと縁起が悪い、と、共に右で聞くを吉兆、左で聞くのを凶兆とする。だが、左右どちらを吉兆とするかは所に一定せず、初音を右の耳から聞くと運が良い（新潟）という反面で、初音を左の耳で聞くと運が良い（宮城・福島県相馬市・白河市・和歌山・広島）、ともいう。また、一定の限られた地域内でも、同様の対立があって、左の耳で聞くと縁起が良い、左で聞くと悪い（岐阜県恵那郡）、初音を右で聞くと良い、左で聞くと悪い（愛知県南設楽郡）、と一様でない。福島県南会津郡南郷村山口（南会津町）では、ウグイスの初音を、男性は左で、女性は右で聞くとその年は運勢が良い、と性によって吉凶を分ける。長崎県対馬では、ウグイスが便所の中や、家と家との間など、狭苦しい場所で鳴くのは縁起が悪いから、その時は、「ウグイスよウグイスよ初声と思うなよ今日も聞きゃ昨日も聞く」と唱えるという。同様のことはホトトギスについても広くいわれる俗信である。

○ウグイスの声を聞く前に、ヘビの姿を見ると運が悪い（岐阜）、正月元旦に便所でウグイスを聞くと死ぬ（三重）。正月元旦に便所で鳴き声を聞くことを忌むのは、ホトトギスの場合とも共通である。

○晩春から初夏にかけて、ウグイスが軒端に来て鳴くと天気が変る（寒くなる）（山形）、夏にウグイスが鳴くと洪水がある（群馬）。ウグイスの巣が南を向いていると風が吹かない、高所にあるとなお吹かない（高知）、ウグイスが遅く鳴くと大水がある（大分）、などと、鳴き声や営巣による天候占いがある。ウグイスが人里に下って来るのは秋から冬にかけてであり、晩春から初夏にかけては繁殖期になるため山地に生息し、人家近くで鳴くことは稀になる。また、ウグイス音を入る、の言葉があるように、繁殖期を過ぎた晩夏には、ウグイスはさえずりをやめてしまう。

○土用にウグイスが早く鳴くと不作（群馬）、という反面で、ウグイスが早く鳴く年は豊作（広島）、ウグイスの早く鳴く年は豊作で、遅い年は凶作（大分）、というように、ウグイスの鳴き出す遅速によって作柄を占う俗信にも対立がある。

○ウグイスには、経読鳥、人来鳥《ひとく》などの異名がある。鳴き声の終りにヒトクヒトクと鳴くように聞こえるからだとされる（『月庵酔醒記』）。また同書に、その鳴き声はキリキリテウテウとなくという人もある、と記してある。

○ウグイスに関しての民間療法としては、次のようなものがある。卵は目薬になり、ヤニ目・眼病に効く（埼玉）、突き目にはウグイスの卵の白身をつける（山梨）。ウグイスの卵は吸い出しとしてよく効き、また盲腸を散らす（岐阜）。

○以上の他、次のような俗信が言われる。ウグイスの糞で顔を洗うと美人になる（秋田・福島・岐阜・奈良）、鶯糠と呼ばれる化粧品は、ウグイスの糞を用いて作ったもので、肌のきめを細かくするといわれている。

○神奈川では、ウグイスはホーホケキョと鳴き、常に法華経を唱えているから死骸が軟らかい、という。

○ウグイスが鳴かないうちに草餅を食べると中風にならない（群馬）、とは、冬季期間中、新鮮な野菜が欠乏することから言われたものであろうか。秋田では、ホトトギスが鳴くと氷餅を食べてもよい、という。やはり秋田で、ウグイスを捕ると、その家の人がその年のうちに死ぬ、イネも不作になる、とウグイスの捕獲を忌む。

兎《うさぎ》

○妊婦がウサギの肉を食べると三つ口の子供が生まれる、とは全国的（秋田・山形・宮城・福島・群馬・栃木・茨城・埼玉・千葉・神奈川・山梨・新潟・富山・岐阜・長野・静岡・愛知・石川・福井・滋賀・三重・京都・和歌山・大阪・兵庫・鳥取・島根・岡山・広島・山口・徳島・高知・愛媛・福岡・佐賀・熊本・大分・鹿児島）であるが、同じ理由から、女性がウサギを食べてはいけないという（石川県鳳至《ふげし》・珠洲郡、奈良県吉野・北葛城郡、大阪府三島郡）。

○宮城県・三重県度会郡・奈良県吉野郡・香川県三豊郡では、妊婦はウサギを見るさえもいけない、と厳しい禁忌がある。新潟県佐渡では、妊娠中にウサギを食べると三つ子を生む、という。香川県三豊郡では、ウサギの絵のついた茶碗で幼児に御飯を食べさせるのを忌む。妊婦がウサギを食べると手が四本ある子供が生まれる（岡山県川上郡）。同様のことは他の獣類についても一般にいうところである。『論衡』に「妊婦兎子ヲ食シテ欠脣ヲ生ム」とあるから、この俗信は中国にも古くから行われていたものである。

○前項とは逆に、ウサギを安産に結びつけた俗信もある。秋田県鹿角郡・山本郡・南秋田郡・仙北郡では、妊婦がウサギの肉を食べると安産する、と食するように奨励する。安産の理由を、仙北郡では、ウサギは山の神の使いであり、山の神はいつも安産するからだという。富山県小《お》矢部《やべ》市では、難産にはウサギの頭を黒焼きにし、ネギの白根を煎じて服用し、石川県石川郡では、ウサギの塩まきを小さく刻んで飲むと安産の薬である、という。福井県今立郡では、お産の時にウサギの肉を傍に置いたり食べたりするとお産が軽い、と呪術的効果を期待している。

○ウサギを撃つと、その日は猟がない（三重県度会郡）。ウサギを獲ったら、必ずその両耳（高知県高岡郡）か片耳（土佐郡）かを山の神への供物として木の枝に挿して帰るものであり、そうしないと山の神が怒る（高知）。狩の後、獲物の膝の毛、耳の毛、耳などを山の神に供える毛祭の祭事は、狩猟信仰として広く行われた。
○高知県香美郡・吾川郡・高岡郡では、ウサギを捕獲した時、三本の足を縛って、必ず左前足を外して持ち帰らなければいけないといわれている。昔ウサギが左前足を撃たれて倒れているのを山の神が憐れみ、その足を継ぎ足されたので、この足はウサギのものではなく、山の神様のものだから（吾川郡）、ウサギの左前足はお月さんにもらったものだ、左前足は七匹の友を招く、左前足を外して縛らないと煮えにくい（いずれも高岡郡）、などがその理由である。
○ウサギは山の神の使者（青森）、白いウサギは山の神の使い（福井）、という。福井県三方《みかた》郡では、四月二十三日と十二月二十三日（または、正月九日と十二月九日）は山の神様の日で、山へは行かぬ日としている。もしその日山に入り、山の神様の使いである白いウサギに遭うと、悪いことがある（または、その人は死ぬ）、という。
○ウサギによる気象の予報としては、野ウサギの雪中の川越えは必ず雨となる、寒中に野ウサギが田や川端に出ると厳寒がゆるんで雨となる、山ウサギが騒ぐと空が荒れる、ウサギが顔をこすると雨が降る（以上、山形）、ウサギが山から下りると地震になる（愛知・富山県下新川郡）、などという。
○ウサギを捕らえ、臼に入れておいても、月夜には必ず逃げ去る（茨城県鹿島郡・石川県能登地方）。和歌山県西牟婁郡では、籠に入れておいても必ず逃げるという。ウサギを捕って来てもお月様が連れて行ってしまう（新潟県西頸城郡）。月とウサギの関係については、「月ノ中ニ有レ兎云々、就レ之其ノ義オホケレ共、唯ダ過去ノ霊兎ノ白骨ヲ取リテ帝釈月中置キ給フ故ト云々」（『塵添壒嚢鈔』）、「兎ハ明月ノ精ナリ、月ヲ視テ孕ム」(『埤雅』)、「兎雄無シ。故ニ月ヲ望ミテ孕ム」(『琅邪代酔編』)などの記述がある。
○野ウサギは周年増殖であり、農林業の被害は大である。マメ・ムギなどを食って田畑を荒らす。それを防ぐためには次のような呪文を書いた立札をしておくと、ウサギの害は無いという。このマメは誰が食うた、キツネが食うたとウサギが言った(採集地不明)、キツネがムギを食べたとウサギが言った(愛知県南設楽郡)、キツネが食うたとウサギが言うた(兵庫)、ウサギが食ったとキツネが言うた(兵庫県多可郡)。また、石川県石川郡では、柴を伐って上をまるめておくと枯れて赤くなるので、それをウサギ除けとして畑に立てておく。長野県飯山市では、三尺くらいの葉のついたぼや(柴)を丸く曲げ、ウサギの通路にいくつも挿しておく、という。
○ウサギの足を持っていると金銭がたまる(千葉県市川市)、とは、ウサギの手と関係があるか。ウサギの手とは、ウサギの前足を乾燥させたもので、金粉を取り扱う人が、金粉のこぼれを掃き集めるために用いた道具である。『万金産業袋』には、「金は陰精にして重し。兎また陰分を司どる獣なれば、金をはくには、兎の手を好む事、みじんにても金気を他に遯ず、よく寄するの妙有ゆゑ、金商売の家にては、皆兎の手を用ゆるとぞ」と記されている。
○ウサギの尻の穴は毎年ふえる(広島)。『倭訓栞後編』に「兎は、年毎に尻の穴ますもの也、よて、古書に、尻に九孔ありといへり」とあるが、『本朝食鑑』には「九孔有リト雖モ、但ダ糞溺ノ二孔ヲ見ルノミ」と、実証的(?)な記述が見られる。
○その他。商家では、朝、ウサギの話をすることを忌む(福島)。山で弁当を食べたあとで箸を捨て、それをウサギになめられると貧乏する(高知県南国市)。木の芽ウサギ(広島)は、ウサギの最も味のよい旬が木の芽時、との意である。ワラビの出る頃にウサギの子が多く産まれる（福岡）。枕もとにウサギの絵を貼っておくと子供が夜泣きをしない（新潟）。月読神社のウサギの小絵馬は眼病によい（福岡）。
○民間薬としては、ウサギの肉は解熱にすぐれており（岐阜）、胸が痛む時には頭骨の煮汁を飲み、また火傷には糞を黒焼きにして塗る（アイヌ）。痲疹《はしか》にはエ（肢か胞か、不明）が良い（群馬）、塩漬にして、その塩水を飲むと風邪によく効き（滋賀）、また、保存のため塩漬にしたものを水炊きにして食べると、体内の毒素を取る（兵庫）。肝は目によく（岐阜）、かすみ目を治し（愛知）、胃病・腹痛（新潟・高知）の薬となる。冬のウサギのヒャクヒロ（腸）の藁巻き（塩漬）を少し煎じて腹下りに用いる（石川）。火傷にはウサギの毛をつける（奈良・長崎）。ウサギの足で疱瘡をなでれば治る（広島）。婦人病には野ウサギの胎児か、獣の脳の黒焼きが効く（熊本）。
○宮城では、死んだウサギの肉を食べるとバセドウ病になる、とこれを忌む。また、ウサギとショウガは悪い（秋田・新潟）、ウサギとカラシは胃病になる、ウサギとスッポンは嘔吐を催す（以上秋田）、ウサギとニンジンは中毒する（秋田・大阪）、ウサギとカワウソは頓死する（栃木）、と、ウサギとの合食を禁ずる。

牛　うし

(1) 牛の雌雄、牛の鑑定

○産まれるウシが雄であるか牝であるかは採算上大問題だが、これに関し、広島県では、左腹は牝で、右腹は牡のウシが産まれるという。これは人間の胎児についての左孕みは男の子、右孕みは女の子、という俗信とは逆である。他に産まれる牛の雌雄を占う俗信・俚諺では、にびりウシは夜コットイ（牡牛）を産む（産が長引く場合は夜に牡を産む）（広島）、元旦に最初に訪れた人が女性の時は、ウシが牝ウシを産む（兵庫）、ウシが子を産む日に男の人が来れば牡ウシを産む（香川）、やせウシはよくウノー（牝ウシ）を産む、出産日の遅れるのは牡ウシが産まれる、親ウシの乳が早く張るのは牡ウシが産まれる（共に長崎）、などがある。このように、産まれてくるウシの雌雄をあれこれ判断し、牝ウシが産まれることを喜び（兵庫）、バーメ（牝ウシ）が産まれると、ちょっとしたお祝いをした（東京都八丈島）。特に牝ウシを歓迎したのは、繁殖用として有利であり、役畜としても牝を多く飼ったためであろうか。広島県神石郡では、産まれたウシに対して二日目に三日祭をするが、この三日の間に鳴いた子ウシは早死にをする、といわれている。

○福井県では、ウシがお産をしたのち、後産がおりない時は臍帯などにおもりを吊しておくとすぐおりる、という。後産を親ウシに食わせると次の産が軽い（八丈島）。山形県では、産後は母ウシに味噌汁を飲ませると、産後の肥立ちに特効があるという。これは、「ウシの子に味噌」（好物のたとえの意。ウシの子が産まれた時、その皮膚に味噌を塗って親ウシになめさせる風習に基づくという）のたとえ通り、好物を与えるというのであろうか。

○カモタ（不妊症）のウシは手当てのしようがない（鳥取）。ウシの種つけは、分娩後七日目にすればよい（広島）。ウマは分娩七、八日頃に第一回目の発情があるが、ウシは、分娩後四十五日から六十五日ぐらいたたないと第一回目の発情が見られない。

○ウシの売買について、ウシやウマを買ったら味噌をなめさせる（宮城）、ウシを売買したり預かるのは申の日がよい（岡山）、ウシがかんざしを差すと良い値で売れる、よく寝るウシを見て買え（いずれも広島）、などの俗信・俚諺がある。ウシのかんざしとは角のことで、ウシの角は生後三か月ぐらいでかなり発育し、この角の発育を一つの目安として販売の時期を判断する。よく寝るとは、横臥するという意味である。ウシは警戒を要しない時には横臥して食物を反芻することが多いので、よく横臥するようなウシは環境への順応性があって育成もしやすく、使役も容易であるという。

○ウシは角を見て買え、人は言を聞きて用う、というが、相牛の法として、「天を衝き地を見つつ涕《はな》たれて一黒陸頭耳小歯《いっこくろくとうにしょうは》違《ちが》う」という詞がある。角は上を向き（天を衝き）、目は下向き、鼻が乾かず、毛色は純黒（一黒）で、頭は平（陸頭）、耳は小さく、歯は上下が食い違うのが良いウシということを、数量に擬して一石六斗二升八合といったもので、「天角地眼一黒直《ろく》頭耳小歯違う」「天角地目鼻水黒舌一黒陸頭耳小歯違う」ともいう。

牛　うし

(2) 逃げ牛、牛の毒

○ウシの誕生で鼻をあけるという諺はあるが、実際に鼻さし（ウシを制御するための環を鼻に通すこと）をするのは二、三歳になってからである。環を通した跡に味噌を塗る風は広く行われる。長崎県壱岐では、ウシが三歳の八月には鼻さしをするが、その痕に味噌を塗ると塩気が傷にしみて痛むので舌でなめるため、血も止まり傷も早くよくなる、と説明する。大阪府枚方市では、ウシの鼻へ環をさした日はよいことがあるといい、中国地方では、ウシのハナグリを申の日にさすと血が出ない、と売買同様に申の日を縁起日とする。和歌山県では、ウシの鼻の縄が切れると贈り物が来る、といってこれを吉兆とする。ハナグリはハナギともいい、金属を使うが、古くはネズやグミの木を用い、また縄を通す所も少なくなかった。

○ウシを飼育するには、小屋で飼料を与えるだけではなく、草地で草を食べさせることも大切である。その際、沖縄県八重山ではウシ・ウマつなぎの次の呪文を唱える。「此牛馬《くぬうしんま》やいちゅむるは―　前《まい》ぬ牛馬《うしんま》　いちゅむるは―　前《まい》ぬ見《みち》舞《やい》なおーる間《あい》や　縄《しな》かい　―みな　足《ばん》かい　―

みな　赤《あか》はんたりし待《ま》ち　白《しろ》はんたりし待《ま》ち　待《ま》ち　待《ま》ち　待《ま》ち」。こうすると、ウシ・ウマは木や石、縄などにもつれることなく、よく草を食い、飼い主が来るまでおとなしくつないだ場所にいるという。

○ウシやウマが逃げた時は、捜す際の呪文として「東西南北に向かいマセはめて中にたたずむ駒とまる」（群馬）と唱える。見当たらなくなってしまったウシを捜す時には、天井に吊した節供の粽《ちまき》かまたはオコゼを持って行くと見つかる（島根県隠岐島）、放れウシは風に向いて行くものだから、その方向を捜せばよい（長崎県壱岐島）という。香川県三豊郡では、ウシの失踪には組内・講中総出で捜す。牛疫専門の神々も多く、あの手この手を尽くしてウシの息災延命を念じる営みは、農家の信仰行事の一つになっていた。徳島県那賀郡では、夏の夕焼けに川端にウシをつなぐな、とこれを忌む。『和漢三才図会』には、「牛馬風を見れば則ち走る、牛は順風を喜び、馬は逆風を喜ぶ」とある。

○ウシにダイコンを食わせると毛が伸びる、カマを食わせると病気にならない（共に広島）。カマとは草のことで、草類を十分に与えると便通もよくなり、消化器病にもかからない、というのであろう。

○草類の中でも、屋根に生えた草をウシに食わすと家族の一人が死ぬとこれを忌む（沖縄）。また、孕みウシにソバの茹で汁を食わせると流産する（島根）、孕みウシにアズキの新穀をやると流産する（熊本）、といって与えることを避ける。ウシは比較的病気の少ない動物であるが、クワの葉やサツマイモの蔓などを多量に与えると腹が詰まるので、このようなものを飼料とする時には、水を十分に飲ませなければいけない（山形）。ウシにアセビ・ミツマタの花を与えると中毒で死ぬ（山梨）。ウシは辛いものを嫌うから、飼料として与えてはいけない（富山）。チシャの葉を食わせるとウシの歯が抜ける（山口）。ウシにはカンテツという寄生虫がつくが、この寄生虫は川端の草にいるので、川端の草はなるべく与えない方がよい（長野）。以上、飼料についての禁忌である。カンテツは、卵が動物の糞便とともに排出され、水中で幼生となり、水辺の草などに付着し、ヤギ・ウシなどの肝臓に寄生して成虫となり、牧畜上大害を及ぼす。時には人間にも寄生する。「ウマは立つ程飼え、ウシは寝る程飼え」とは、ウシには晩に餌を与えろ、という意のことわざだという。○ウシに与えるムギを煮る時に、鍋に蓋をして煮ると口のきけない子や袋児（羊膜に包まれて、袋に入ったような状態のまま生まれた胎児）が生まれる（岡山）、ウシに搗臼を洗った汁を飲ませると、火事になった時に臼を外に出さなければウシも外に出ない、ウシやウマの飼料を鍋に蓋をしたままで煮てはいけない（共に広島）、ウシのはみ（牛馬の飼料）を揉んだ手をそのまま雑水釜で洗うものではない（長崎）、などは飼料を作る時の禁忌である。

(3)猿と牛、牛の病気まじない

○広島県神石郡では、ウシとサルは縁起物であり、駄屋（畜舎）も申（西南西）の方向に建てるのが一番良いとされ、これをサルマヤと呼ぶ。京都府北桑田郡では、牛舎の戸のところに「申」と書いて下げておくとウシは病気しない。和歌山県西牟婁郡では、ウシの小屋にはサルの頭を埋めると良いなどと、サルを縁起物としているのは、ウマの場合と共通である（ウマの項参照）。○ウシを疾病や災害から守るために牛舎に掲げる護符には、次のようなものがある。正月八日にウシの守護神井内大日壺様に詣り、ウシのお守り札を戴き、小屋の入口に貼っておく（新潟県佐渡郡）。ウシやウマの無病息災は、人間と同じように寺社に祈ったり、村々の馬頭観世音の前にウシ・ウマを連れて行って無病を祈念したが、岐阜県飛騨地方では松倉山（高山市）から、八月十日の獣魂供養祭や正月に絵馬を受け、それを小屋に吊しておくと病気にかからないといった。

○「ばさばえんてん」または「しい」と紙に書いて小屋に貼っておくが、「しい」と書く訳は、ウシの最も嫌いな畜類が「しい」と言われるものだからという（兵庫県武庫郡）。大日如来の御札を小屋の前の柱に貼っておく（兵庫県多紀郡）。ウシの護符は正月に宮か寺かで書いてもらうが、それには「高木有馬神」「牛馬安全」などと書いてある（長崎県壱岐郡）。えびの高原の六観音はウシ・ウマの神として県内北部の信仰を集め、五月八日の例祭にはゲバ（絵馬）を奉納し、他人の納めたゲバと交換して持ち帰り、小屋の梁に貼りつけてウシ・ウマの健康を祈願した（鹿児島）。

○福井県三方郡美浜町では、ウシの病害予防の呪術として「ウシの毛ヤズリ」をする。「ウシの毛ヤズリ」とは、正月十五日のドンド焼きの時に、各家からウシを連れ出し、その火の中を跳ばせたり、燃えている藁でウシの背や腹の毛をこすって焼くことである。これをすることにより、ウシは病気にかからず、しかも丈夫に育つと信じられてきた。兵庫県武庫郡では、五月五日を「牛節供」と呼ぶ。この日、朝の間に露に濡れた草をウシに食わせると病気にならないと信じられたもので、野辺や畔で草を食わせた。茨城県では、コンフリー（ヒレハリソウ）を与えるとウシやブタは食欲が出て病気を防ぐ、という。コンフリーは、ヨーロッパでは「奇跡の草」といわれ、万病の薬とされている。

○ウシの鼻がイラク（乾く）時は病気（熊本）。ことわざに「ウシの身分は鼻でわかる」というように、ウシの鼻は常に湿った状態にあるのが健康のしるしで、乾いているのは病気の徴候、の意味である。同様のことは富山県でも言い、ウシの病気は鼻の部分が乾いてくるので、ウマよりも早く治療できた、という。
○ウシの病気を治療する民間呪術としては、角や小屋に赤土を塗る（島根・長崎県壱岐）、角や小屋の柱に紅を塗る（宮崎）、などがある。また、壱岐ではウシの病気を治すために、竹箒に人間の小便をつけてウシの体を逆になでてやることや、小屋の入口にササを立てたり、笈を吊すこともする。これらの方法は、病気を治療するのみならず、流行病を防ぐ効果もあるとされ、予防の呪術ともなっている。静岡県では、御殿場市在の新柴《あらしば》の鬼鹿毛馬頭観音、円通寺の大祭（四月十八日）で御祈禱したササを頒けてもらったり、境内のササを取って来て、ウシやウマが病気をした時に、そのササを食べさせればよく効く、と、ここでもササの効用を説いている。福井県遠敷郡では、サルの頭はウシの病気一切に効くといわれ、昔はウシを飼う家には必ず必要なものとされていたという。廏におけると同様、牛小屋においてもサルが小屋の守りだったのである。

牛《うし》

⑷疾病と民間療法、行逢神と被害、牛を使わぬ日、女と牛

○ウシの各部の病気、各症状に対する民間療法。目に星が出たら、布田の薬師（千葉県山武郡山武町〈山武市〉）の眼薬を用いる。舌の病気には、ドクダミを用い（三重）、また、舌を口脇へ引っ張って塩でこする（滋賀）。物が喉に詰まった時、ウシの口中のつかえた物をタケの棒で突いて腹へ入れる（兵庫）。胸のつかえは、タケの中にカクマグサを煎じたものを入れて飲ます（兵庫）。風邪で鼻汁を垂らしたり咳をする時には、ドクダミの煎汁を飲ます（三重・滋賀）か、シラメシバの葉や実を煎じて与える（福岡）。また、富山の売薬（風邪薬）を用いる場合は、人間の三倍の量を与える（福井）。腹痛や下痢には、富山の売薬は人間の五倍の量を飲ませる（福井）。また、下痢止めには、炭を

粉にしたもの（栃木・鳥取）、ゲンノショウコの煎汁（福井・富山・鳥取・徳島）、カンゾウ・キハダ・梅干しを細かくしてムギを混ぜたもの（三重）、カシの葉の煎汁（滋賀）、米糠（三升ぐらい）を真っ黒に焼いたもの（鳥取）、梅酢五勺を水五合で薄めたもの（島根）、生きているドジョウやエノキの葉（岡山）、阿片末（山口）などが特効薬とされ、竹筒に入れて飲ませたり、食わせたりした。胃腸病には、タケの節の中へセンブリを煎じて入れ、それをウシの口に突っ込んで飲ます（兵庫）。ウシがムギやイモを食いすぎて腹にガスがたまったりすることがある（鼓腸病という）。その時ウシは動かなくなるが、症状の軽い時は藁で腹をこすってガスを出す。重くて生死にかかわる時は、竹で腹を突きながらガスを出す（兵庫）。サツマイモが喉につかえて苦しむ時は、フジカズラの茎をたたいて細い半繊維にし、口から挿し入れ、つついて嚥下させる（徳島）。ウシが水を飲みすぎて水の中毒にかかるとポックリ倒れてしまうが、その時は鞍を外さないで、そのまま体を木に吊り下げ、四、五時間そうしておくと治る（東京都八丈島）。エモタレ（食欲減退）の時は、ビールを飲ませて藁などで横腹をこすると放屁があって回復が早い。また、マムシの黒焼きもよい（滋賀）。ウシのモノクイが悪くなった（食欲減退）時に、岡山県では、囲炉裏の熱い灰を水に入れて、そのアクを飲ませ、広島県ではベラ（舌）に針をした。総じて、ウシ・ウマに元気がない時は塩を与えると元気が良くなるといわれ、これをウシノクイジオと呼んだ（広島）。

○ブタリ（ウシの貧血症で、首を垂れる）の時は、マムシの黒焼き（滋賀）やアルコール類（三重）を与える。解熱剤としては、キハダの皮を粉にして水に溶かしたもの（島根）、モグラをたたき潰したものや梅酢、また、梅酢に黒焼きにしたモグラを混ぜたもの、刻んだネギを梅酢に混ぜてすったもの（いずれも岡山）などを飲ませたり、口の奥に塩をすりこむ（広島）。日射病には、ゲンノショウコで茎葉に毛のあるものがよい（福井）。熱射病には、尾や尻に針を刺して刺激を与える（兵庫）。
○傷には小便をすぐかける（岩手）。怪我をして膿が出ると、塩と味噌を塗って繃帯《ほうたい》をする（岡山）。鞍ずれで背中に瘤のできた時には、藁の束でこするが、これがひどくなると死ぬこともあるという（滋賀）。火傷には、生石灰に水を注いでその水を捨て、残った石灰をゴマ油で練り、患部につける。これはウシ・ウマだけではなく、イヌ・ネコはもちろん、人間にもよく効くという（栃木）。ウシ・ウマの皮膚病には、キハダの皮を煎じて粉にしたものを水に入れ、直接患部に塗りつける（島根）。乳房がからからになってヒビ乳になると種油を塗る（岡山）。打撲症を受けた時は、ネコヤナギの茎と皮を煎じて、その液を患部に塗布する（徳島）。スゲの根を煮出したぬるま湯で洗うと、アシクジリ（捻挫）の肉脹れも治る（滋賀）。
○ウシにシラミがついた時には、シタスクシを煎じてタケに入れて飲ませる（兵庫）。陰干しにしたクサナギの煎じ汁で体を拭くと、ウシ・ウマのノミ・シラミ・ダニの退治に効を発揮する（山口）。
○山梨県西八代郡では、ウシが釘・針金・ブリキ板などを飲んだ場合には磁石を飲ませるがウシは釘・針金などを飲むと胃の内壁に刺さって消化力が衰え、体力が弱り、また肝臓や心臓にも刺さるので、磁石によって金物を胃の内部に静止させておくと、胃壁の荒れることもなく、相当期間永らえる、といわれている。
○秋田県では、ウシ・ウマの病気は骨軟とナイラに大別されていた。骨軟は老化現象の症状とみられ、青笹などを与えたが、これはカルシウム分が多量に含まれているためという。また、ナイラは内臓病の一種とされ、人間の咳薬のようなものを飲ませ、塩と小糠をふだんの倍ほど与えて病気を見守った。

○ウシ・ウマにつく怪異に、イキアイ・ムチ・ダイバなどがある。広島県山県郡では、ウシがイキアイにあうと、腹が膨れたり足が挫けたりする、という。それを治すには、ウメの木の一年だちを三尺三寸に切り、「八坂が坂の下にて風邪をひいたというがうそかまことか、アビラオンケンソワカ」という呪文を三唱しながら、そのウメの木でウシの各部を軽くたたき、鼻ぐりをとらえてウシの鼻に自分の息を吹きかける。山口県萩市では、ウシがイキアイにあうと加減が悪くなるので、その時には、折掛樽に酒を入れてことわりを唱え、またウシの尾先を少し切って血を出す、という。イキアイとは、ユキアイ・ユキアイガミともいい、神霊にいきあたることで、人間も急に発熱して気分が悪くなったり、怪我をしたりするといわれている。ムチは、ウシ・ウマを曳いて夜道を行く時に、鞭のような音を幾回も鳴らしていく怪異で、これに会うと殺されるが、ウシ・ウマの目を隠してやるとよい、という（高知県土佐郡土佐山村・鏡村〈高知市〉）。（ダイバについてはウマの項参照）

○ウシの使役を忌む日の伝えがある。以前は端午の節句に「ウシの藪入り」という行事があり、ウシを飾って遊ばせた（大阪）、端午の節句をウシの節句という（兵庫県武庫郡）、端午の節句にウシを使うな（広島）、五月節句にウシを使うと、その年は旱害に遭う（広島県神石郡・香川県三豊郡・愛媛）、五月節句にウシを田に入れると病気になる（徳島）、などという。高知県幡多郡では、五月十六日はウシに鞍を置かない日（昔は五月五日・十六日・二十八日の三日間）とし、この日にウシを使うと雨がもらえないとか、さだち雨（夕立）がもらえない（旱魃になる）、と伝える。長崎県壱岐郡では、旧五月十二日は、山の神の田植だからとウシの使役を忌む。また、盆の十五日にはウシを使うのを忌む（高知県幡多郡）。丑の日にはウシを使うと罰が当たる（宮崎）。坎日《かん》にウシを使うとウシが荒くなる（山口県阿武郡）、などの禁忌もある。坎日は、陰陽道で万事に凶であるとして、外出や諸行事を見合せる日である。

○使役の禁忌を直接いわなくとも、端午の節句やまたは特定の日に、ウシに対する特別の節句をしたり、河海で遊ばせる風習は、西日本にはまま見られる。端午の節句をウシの菖蒲といい、ウシを川へ連れて行き、菖蒲を束ねたものでウシの体を洗い、健康を祈る（岡山）、ウシが病気になったり、小屋に魔物が入ったりせぬようにと、端午に小屋の入口にセンダンの木の枝、またはアワビの貝殻を吊す（香川）、ウシに粽を与えたり、浜辺に連れて行く（香川県丸亀市）、鯖を一尾、ウシの角に掛け、それを他の餌とともに与える（香川県三豊郡）。高知県南国市では、五月十五日を牛馬の節句といい、藁の輪と草束三束を祭る風習があった、という。

○ウシを河海で遊ばせる俗信では、土用の丑の日にウシに海水を浴びせると病気にかからない（広島県豊田郡）、土用の丑の日にウシを海で泳がせると夏負けしない（香川県三豊郡）、七夕の日に、タデの葉でウシの身体を洗うと寄生虫がわかない（広島県備後地方）、などがある。長崎県壱岐では、旧六月二十九日にウシを海で泳がせる風習があり、この日はウシの泳ぎ日だからと、人は泳ぐことを忌んだ（ただし、これとは逆に、河童の出ぬ日だから人は終日泳いでよい、という伝承もあった）。山口県大島郡では、旧七月一日をウシの節句といい、ウシに潮を浴びさせる。この日はエンコ（河童）がウシのダニを食いに来ているから、人間が潮を浴びるとエンコに曳かれるので浴びてはいけない、とやはり人の泳ぎを忌む。香川県三豊郡では、ウシを海で泳がせる土用の丑の日の潮は、住吉神社から流れて来ていたものだとして、トオノシオと呼んでいた。

○女がウシを使うと七村枯れる（広島）、女がウシを使うと天気がかたむく（広島・山口）、などといって、女性がウシを使役することを忌む。また、女がウシの綱をまたげば罰が当たる（岡山）とか、ウシ・ウマが荒くなる（山口）、ともいう。

○特に妊婦の場合は胎児との関係を云々し、妊婦が黒ウシを見ると黒い痣《あざ》のある子供を生む（岡山）、妊婦はウシを殺すところを見てはいけない（沖縄）、殺されるウシを見、びっくりして手を当てると、その部分に黒いホヤケ（あざ）のある子供が生まれるから、妊婦はウシが殺されるのを見てはいけない（山口）。また、妊婦が寝ているウシをまたぐと十二か月体にさわる（滋賀）、という。

○ウシの道具類についてもまたぐことを忌む。妊娠中にません棒（小屋の入口に渡してある横木）をまたぐと、額につむじのある子供を生む（愛知）。ウシの横がせをまたぐと、カセゴ（弱い子）を生む（香川）。ウシの鞍をまたぐと、月が満ちても子供が生まれない（福井）。道具をまたぐと障害のある子が生まれる（広島）。妊婦がウシの道具に触れると十二か月の子供を生む（奈良）。妊婦が道具をまたぐと子供が十二か月間腹の中にいる（和歌山）。妊婦がウシの引き綱をまたぐと、難産したり（高知・福岡・沖縄）、十二か月の胎児を出産する（新潟・福井・和歌山・香川・徳島・沖縄）。兵庫県でも、綱や道具をまたぐと難産するというが、ウシに本膳をすえ、軽くしてくれと頼むとお産は軽くて済むという。ウシの引き綱については、和歌山県では、お産の際にウシの追い綱を天井から下げ、その一端を持つとお産が軽い、とその呪術的効果を伝える。十二か月間の胎児を生むとは、ウシの妊娠期間は十二か月という俗信（ホルスタイン種では、子ウシが牝の場合は二百八十日、牡で二百八十二日）からいわれたものであろうが、ウシが殺される場面を見るな、ということとともに、妊婦のデリケートな心身に衝撃を与えぬための、現実的な戒めといえようか。

○ウシは家族に愛され、同時に役畜として無くてはならない財産であるから、その死は大きな事件であった。ウシ・ウマの死は百五十日の忌穢がある（秋田）、というのは、中世の犬死《けんし》の穢《え》などに比べると非常に長期で、人間に次ぐものといえる。その他、ウシ・ウマを飼い殺しにすると七代祟る（茨城）、ウシを殺すと七代祟る（新潟）、ウシが死ぬと、後でその家の人が死ぬ（奈良）などという。特にウシの焼死はウマと同様に忌まれ、ウシに火を見せると主人を恨む（福井）、火事でウシやウマを焼き殺すと、その家は栄えない（山口）、ウシを火事で焼き殺すと七代祟る（静岡・福井・和歌山・広島・長崎）、などといわれる（ウマについても同様のことを伝える所がある）。火事があったら一番先にウシを出せ（奈良）、といわれるゆえんである。ところが、火事に驚いたウシやウマは小屋から出そうとしても出ず、動きもしない。だから、ウシを出入口につなぐと火事の時に人間が出られない（兵庫）、とこれを忌む。火に驚いたウシを小屋から出すには、マセギ（小屋の入口に渡してある横棒）でたたくと逃げ出す（宮城）、湯文字で頭を覆って、目が見えないようにすると出る（福島）、箒で尻をたたくと出る（広島）、といわれている。岐阜県では、火事の時に仏様（位牌）を出さないとウシやウマが出ない、と、ウシを出すためには、まず位牌を運び出すという。

牛《うし》

(5)神の乗り物、葬家の牛

○祇園様はウシを嫌う（秋田）、ウシは氏神八坂神社の祭神の乗り物（千葉県山武郡）、コッテウシ（雄ウシ）や赤ウシは氏神さんの使い（滋賀県甲賀郡）、という理由によって、それぞれウシを飼うことを忌む。香川では、ハチワレウシを飼わない、という。ハチワレとは、ウシやイヌ・ネコの斑毛が顔の真ん中で左右に分かれ、鼻筋の白く通っているものであり、不吉とされてきた。『本朝食鑑』には、「凡そ牛の旋毛に拠りて、養家の吉凶有り。旋毛は俗豆之《ツジ》と謂ふなり」とあり、大吉の相から大凶の相までをあげてある。

○京都府天田郡三和《みわ》町〈福知山市〉では、氏神大原神社の前にあるみなとの淵の岩に点々と小さいへこみがあるが、これは昔、大原神社の祭神が降臨した時に乗って来た赤ウシの足跡と伝え、ためにこの町では赤ウシは飼わず、またウシの肉も食べない、という。鹿児島県姶良《あいら》郡では、ウシを飼うことを忌む由来譚がある。大昔、大穴持神社の御神が道をお通りの時、ウシが出て突こうとしたので、驚いて道の傍のアサ畑へ逃げたところ、その畑にマムシがいて神様の足をかんだ。だから、そこにはアサも無く、マムシもいず、ウシも飼わない、という。ある地域や家で、特定の家畜や作物を飼育・栽培しないことは多い。特にウシの場合は、天神様の使いとされたり（菅公は九州左遷の時、船も馬も使用を禁じられたので、やむをえずウシに乗って下ったといわれ、天神様の乗り物はウシに限られるようになった）、牛祭（お田植神事や牛供養、また、祭神がその地にウシに乗って来たという伝承などに基づく祭礼）の神事があるため、それらと結びついた禁忌が生まれやすかったことは十分に考えられる。

○死人が出た家では家畜類を買い替えるが、特にウシは替えなければいけない（三重県熊野市）、戸主が死んだら必ずウシ・ウマを売り替える（沖縄）。このような場合に買い替えることを、毛替えというが、香川県三豊郡では、主人が死んだ時にウシの毛替えをしないと、ウシが病気になるか、またはその家が衰えていく、と伝える。和歌山県有田郡では、毛替えはしないが、葬家ではウシを他所の家に持って行って預かってもらう、という。ウシは食べ残しの御飯を望むが、これは葬式を望むと同じことなので縁起が悪いから、というのがその理由である。妊婦のいる家では、ウシを替えることはいけない、伝染病のある時にはウシを替える、とは共に兵庫県加東郡でいう。（ウマの項参照）

○ウシの飼育や使役に関する俗信では、以上の他に次のようなものがある。ウシ・ウマを酷使すると、来世はウシやウマになる（秋田）。ウシに乗ると、死んだ時に尻が焼けない、シュロ綱はウシを痩せさせる（共に広島）。正月のウシの追い初め（追い出し）は申・寅の日に限る（鳥取）。ウシが暴れる時は、米と塩と焼酎をウシの背中に投げるとおとなしくなる（鹿児島）。

牛《うし》

(6)民間薬の材料、まじないの材料、牛神

○ウシの身体の各部はそれぞれ民間薬として利用された。角は、削って煎じると解熱剤となり（栃木・山梨・福井・鳥取・徳島）、風邪（神奈川・静岡・愛知）や痲疹《はしか》（福島・奈良）の熱を下げる。角を鮫の皮ですり、粉にして飲むと喉の痛みやリュウマチに効く（茨城）。骨は、熱を下げ（福島）、神経痛・リュウマチに効く（富山）。舌は、痔疾（大阪）、子供の夜尿症（岡山）の薬。生血は肺病の妙薬（京都）。宮城・長野・愛知県では、酒飲みにウシのよだれを飲ませると酒を飲まなくなるとされている。ただし、福島県では、よだれを飲めば酒飲みは治るが馬鹿になるという。

○肝は胃腸に効き、乾燥させたり（山形・鳥取）、麦粉で丸薬にして飲む（奈良）。また、肝の黒焼きはリュウマチの薬（岡山）、という。大分では、鳥目・かすみ目には生の肝を飲み、沖縄では、鳥目に、内臓をヨシススキの葉の根もとの白い部分と共に煮て食する、という。夜盲症（鳥目）はビタミンAの欠乏が原因の一つであり、ビタミンAを多量に含む内臓は効き目があるのであろう。胆汁は水に溶かして飲むと

胃病によい（沖縄）。腎臓を煮て食べると夜尿症が治る（滋賀）。胃の茹で汁は腹痛に効く（岐阜）。肉は、砂糖を入れずに煮て食べると瘡の薬となり（岡山）、夜尿症にもよく（石川）、諸白で煮ると黄疸によく効く（沖縄）。脂肪はヒビ（滋賀）・アカギレ（香川）の妙薬であり、神経痛に効く（香川）。

○ウシの糞尿も、民間療法に広く使われた。岐阜県では火傷にウシの糞を塗り、翌日また新しい糞と取り替えると、大火傷でも二日くらいで治るという。和歌山でもウシの糞は火傷の特効薬とされる。脚気には、ウシの糞を温かいうちにとり、痛む箇所に塗って布などで包んでおく（富山）。打ち傷・切り傷にはウシの糞がよい（長崎）。赤いウシの糞は、天然痘には黒焼きにして服用し（福井）、煎じて痲疹の薬とする。沖縄県八重山では、赤ウシの糞が温かみのあるうちにその中へ手を入れるとクサバ（タムシ）が治る、という。牛小屋の小便を絞り取り、それで湿布をするか、少量飲むと肺炎が治る（岐阜）。

○ウシの身体、ウシの道具、またはそれに因んだものに呪術的効果を期待して行われる民間療法には、次のようなものがある。痲疹には、飼葉桶をかぶるとよい（滋賀・兵庫・広島）。山口県では、痲疹や伝染病が流行したら、桶をかぶるとうつらない。兵庫県では、赤いウシの飼葉桶をかぶると眼病が治る、という。めぼいと（ものもらい）を治すには、障子の組子（桟）へウシをやって（？）おき、総領娘にウシをたたかせるまねをして、そのウシをさっと引くとよい（岡山）。ウシに乗せて行くとフグの中毒が治る（香川）。爪《ちみ》マーヤー（瘭疽《ひょうそ》）は、患部をウシの鼻に差し入れるとよい（沖縄）。歯が抜けて生えない時は、ウシの睾丸を拝む（福井）、よだれを塗る（和歌山）、赤いウシの尻をなめる（岡山）。喉に骨が刺さった時には、牛小屋のませ棒に喉を当て「モウモウモウ」と三回鳴くと取れる（京都）。知らない所の水を飲む時には「モウ」とウシのまねをして飲むとあたらない（群馬）。
○産児の夜泣きは、ウシの絵を天井に貼るとよい。目に入ったごみを取るには、ごみの入った方の肩を三度舌でなめて上に向き、「ウシの目にごみが入った」と唱え、唾を三回吐き出す。土踏まずが痛む時は、その所に味噌を塗りつけ、これを赤いウシになめさせると治る（共に山口）。また盂蘭盆に作って供えたナスのウシとキュウリのウマの苧殻《おがら》をとっておき、歯の痛い時は、それで三回なでると治る（千葉）。盆のウシ・ウマのナスで疣《いぼ》をこすって、そのナスを地中に埋めておけば、それが腐る時に治る、またものもらいやその他の患部をこすってから流すと病気が軽くなる（共に神奈川）。
○クサ（瘡。吹き出物や皮膚病の総称）ができた時のまじないには、ウシになでさせる（群馬）、クサの上にウシという字を書く、ウシの絵を壁に貼る（京都）、ウシという字をクサの上に書いて黒く塗り潰す、「ウシ・ウマ草食う」と患部に書く、クサにウシの字を書き、「ウシウシ草食ってくれ草食ってくれ、あびらうんけんそばか」と唱える、「セングワン（千貫？）のウシ、この草みな取ってくれ、アベラウンケンソワカ」と唱えて、患部に息を吹きかけることを三回繰り返す（すべて奈良）。これらの呪術・呪文はすべて、瘡（クサ）の音が草（クサ）に通じ、ウシは草を食するところから、ウシに瘡（クサ）を食い取ってもらう、という考え方であろう。
○また、特定の寺社・行事・物などがウシの信仰と結びつき、子供の病気や瘡などの治癒に効果があるとされた事例も少なくない。伏見の土人形の中に、一文牛とも幸右衛門とも称し、側面に⊕印があって腹部に小穴のあるウシの小像があるが、この腹部の穴に飯粒を詰めて川に流せば子供の疱瘡除けとなり、神棚に祀って祈れば瘡を治す（京都）。興福寺南円堂横の観音堂は一言観音と呼ばれ、一言、即ち一事だけは願をかなえてくれるといい、子供がクサができた時には、ウシの絵馬を奉納した（奈良）。五幸の神は瘡神として有名であり、毎年六月十五・十六日が縁日であり、胎毒や瘡病の子がウシの絵馬を奉納して祈願した。梅田堤では、昔、端午の節句に「ウシの藪入り」という行事が行われ、ウシを飾って遊ばせたが、その際に見物人に投げた粽を拾って食べると疱瘡除けとなった。四天王寺境内には石神堂という、石のウシを祀る堂があり、クサ・吹き出物・たむしや、その他の皮膚病に霊験あらたかであった。藤井寺市土師神社・大阪天満宮・堺市菅原神社をはじめ、天満宮にはウシの像が祀ってあり、一般にウシ神様と呼ばれて子供の病を治す神とされ、饅頭・米・菓子などを供え、子供を連れて祈願すると霊験があるといい、奉賽物には絵馬を供える（いずれも大阪）。身体に吹き出物のできた人は、コージン様に小さな束にした草を持って詣る。そうすると、ウシがクサを食ってくれて治る（山口県大島郡）。

牛《うし》

(7)牛を食う禁忌、食合せ

○ウシは役畜として飼われた。仏教を信じた天武天皇はすでに肉食を禁じており、これを食料としないのが古来の習慣で、牛肉・牛乳の飲食の風は一般には明治以降というのが建前であるが、俗信にはウシを食することの禁忌がある。このことは、実際には食べる者が昔からあったことの証拠であろう。大日堂の氏子はウシを食べない（秋田）、京都府天田郡三和町〈福知山市〉の氏神大原神社の前にある、みなとの淵辺のケヤキの古木の下の岩に、点々と小さいへこみがあり、昔、大原神社の祭神が赤いウシに乗って降臨した時のウシの足跡といい、ためにこの村では赤いウシは飼わず、またウシを食べない。また荒神の当屋は一年中ウシを食べない

(山口)。山にウシの肉を持って行くと祟りがある(奈良)。農家はウシを食べることを嫌う(山口)。ウシのいる家では獣肉類を食べてはいけない(宮崎)。ウシの肉は竈で煮るものではない(奈良)。日常の食事を作る台所の火で煮るのを忌むわけである。同じ禁忌の理由を、広島県では、家の中ですき焼きをすると、その匂いで病人が出たり、主人が死ぬ、という。

○妊婦がウシを食べることについては、胎児との関係でこれを忌む。ウシを食べると、四つ足の子が生まれる(岐阜・広島)、角が生えた子が生まれる(長野)、ウシの鳴き声をするようになる(広島)。これらは、ウシの形態からいわれだしたものであろう。ウシを食べると、身体に水が廻って難産する(愛媛)、生まれた子供にほくろができる(鹿児島)、などともいう。石川県では、ウシの乳を飲むと獣類の子を生む、ウシの乳では寿命が短い、という。ウシの寿命は約二十年とされているので、それを慮って牛乳を与えない時代もあった、と伝えられている。

○牛肉・牛乳に関する食合せは、肉とナマズ(大阪・沖縄)、肉とナマズは命危うし(秋田)、肉とホウレンソウ(大阪・愛媛・佐賀)、肉とホウレンソウはサナダムシがわく(秋田)、肉とイノシシ・キビ・白酒・ニラ・アユ・生魚・ショウガ・酢の物(沖縄)、乳とホウレンソウは腹痛を起こす(秋田・大阪)、乳とミカンは腹痛になる(秋田)、乳と酢の物、なまず(鹿児島)を嫌う。

牛《うし》

(8)牛の侵入

○ウシが座敷に上がってくるのは縁起が悪いという人が多いが、逆に良いと言う人もいる(広島県神石郡)、放れウシが屋敷内に入って来ることを吉兆とするか凶兆とするかは、所による。ウシが家に入ると金持になる(青森)、他人のウシが屋敷内に入ったら味噌を食わすと金持になる(秋田)、ウシが家に上がるは吉(秋田・

和歌山）、家の中にウシが入って来るとめでたい事がある（山口）、夜、屋敷内に入って来たウシは神の使い（沖縄）、といずれも吉兆とする。逆に凶兆とする例は、路傍のウシが家の中に入るのは不吉（秋田）、ウシが家に入ると不時が来る（奈良）、ウシが家に突入したり駆け抜けるとよくない事があり、その家が滅亡したり死人が出る（和歌山）、ウシの飛び込みは年間を通じて悪い（山口）、他人のウシやウマが屋敷内に入ったら尾を切って返す（沖縄）、などである。また香川県では、他人のウシが家に入るのは凶（角があるので鬼になぞらえる）であり、火事になる、特に正月・五月・九月は（正月・五月・九月を凶とするのは愛媛も同様である）悪い、と、これを忌み、ウシの持ち主は、ウシが暴れ込んだ家に不吉を送り込んだとしていたく恐縮し、お神酒持参で詫びに行く習があるという。（家畜が屋敷や家屋内に入った際の吉凶の兆占は、ウマについても同様の俗信が行われている）

牛《うし》

⑼動作と吉凶・晴雨、牛の玉、牛の糞

○ウシやウマはすべて災害を予知する（広島）といわれ、ウシが小屋に入るのをいやがれば火事になる、ウシが小屋の中で暴れる時は地震・火災などがあるといわれる（共に広島）。また気象急変の徴としては、ウシが暴れると天候が悪くなる（岐阜）、とされ、また、向山のウシが鳴くとカタの風になる（東京都新島）、ウシが角で草をつみ出す時は暴風となる（広島）、牧場のウシやウマが林の側に集まると、反対の方向から大風が吹く（沖縄県八重山郡）、など風の予報とされる。雪占いでは、ウシが跳ねると雪（鳥取）、ウシやウマが水を飲まないと雪（島根）、などがある。また、雨の予報では、ウシの鼻に藁が刺さると雨（徳島県那賀郡）という。

○ウシが丸くなって寝ると雨が降る（京都）、

ウシが寝ると雨、巽の方に向いて寝ると雨（共に奈良）、体を輪のようにして寝ると雨になる（兵庫）、というような寝方や、小屋の中で暴れると嵐になる（広島）という。他にもウシがよだれを続けて垂らすと雨（岐阜）、ウシが板壁や柱をなめると雨が降る（京都）、ウシが温まってくると雨（奈良）、ウシの目が光って見えると雨が近い（大阪）、と、共に雨の徴とされている。

○ウシが鳴くと雨、ウシがしきりに鳴くと雨（山形）、ウシが力なく鳴くと雨（新潟）、ウシの夜鳴きがひどければ嵐（広島）。逆にウシが鳴くと天気が良い（新潟）、と天気良好の徴とする俗信もある。他に、ウシが三匹並んで通れば晴れ（長野）、牧場のウシやウマが山林中から出て来れば天気がよくなる（沖縄県竹富島）、などともいう。

○ウシの皮を積み出すと暴風起こる。出穂の頃にウシやウマの皮を水の中につけると大暴風雨になり、その年は不作である、ウシやウマにまいが（馬鍬）をつけたままで溝を越えたり川を渡ったりすると大暴風雨になる（共に山口）。群馬県利根郡では、ウシの餌を煮る時、釜や鍋のきわが煮え立つ時は雨であり、真ん中で煮え立つと天気が良い、と、煮え立ちぐあいから天気の好悪を占う。

○ウシの夜鳴きは嵐となる（広島）、旧正月の夜にウシが鳴くと旱魃になる（岡山）。一般に、ウシの夜鳴きは凶兆（和歌山・兵庫）、とされ、夜中にしきりに鳴くと火事がある（群馬・広島）、夜間に鳴いたら不幸がある（奈良）、ウシの夜鳴きがひどいと地震になる（広島）、などという。また、午前中にウシの鳴き声を聞くと仲の良い友達に会う（群馬）、とこれを吉兆とする。

○また、吉兆とされるウシの所作としては、ウシが鼻に藁を刺しているのを見ると吉であり、また来客がある（兵庫）、ウシの鼻に木や草が刺さっていると、他家からごちそうをもらう（広島）など、前記の雨兆とは別な俗信もある。その他、雌ウシが足を痛がると長者になる（福岡）、という。

○和歌山県有田郡ではウシの吐いた玉を拾うと富貴になるという。ウシの玉と呼ばれるものは古来二種類ある。一つはウシの額に生じる玉状のかたまりで牛玉（ごおう）と呼ばれて寺院などで宝物とするものであり、他の一つはウシの腹中にできる、いわば胆石で、牛玉・牛黄（ごおう・うしのたま）と呼ばれ、一切の病魔を除くものとされている。この二種類の玉の区別については「牛黄ハ船来アリ（中略）今和産アリ、亦用ベシ、薬舗ニテ真ノ牛黄ト呼ブ、船来ヨリ大ニシテ一二寸ナル者モアリ、色微黒ヲ帯ル者モアリ、破レバ層次白点香気アリテ軽ク、船来ニ異ナラズ、外ニ皮アリテ大小数箇ヲ包ム故、円アリ、匾アリ、稜アル者アリテ、皆犛牛ノ肝胆中ニアリ、和ニテハ死牛ヨリ取ル、ソノ初ハ皆黄水ニシテ乾テ塊ヲナスナリ、本邦ニテ昔ヨリ牛ノ額上ヨリ出ル毛塊ヲ貴テ浮屠家ニ霊宝トス、ソノ形円ニシテ大サ一寸余、長毛塊ヲナシテ内ニ小硬心アリ、白色褐色数品アリ、牛ノ毛色ニ随フ、コレヲウシノタマト呼ブ、転ジテ牛玉ト云、古来牛黄ヲウシノタマト訓ズ、故ニ世医モ亦二名ノ同キニ惑ヒ、遂ニ毛塊ヲ認テ牛黄ト為シ用ルモノアリ、甚誤レリ、其毛塊ハ牛贅ニシテ水牛《くるまうし》ノ額ヨリ出テ落ルモノナリ」とある（『重修本草綱目啓蒙』）。

○ウシの糞を踏むと、髪が短くなる（岩手）、丈夫になる（奈良）、知らずに踏むと力が強くなる（大阪・山口）、足が重くなる（富山・愛媛）、走るのが遅くなる（富山・愛媛）、とは、ウシの性質や形態からの連想であろう。群馬・埼玉・富山・長野・愛知・滋賀・京都・岡山・広島では、ウシの糞を踏むと背が低くなる（背が伸びない）、というが、福井県では、ウシの糞を踏むと丈が伸びる、と逆である。ウシの糞を踏むと、お金を儲ける（山口）、お金を拾う（和歌山・広島）といい、知らずに踏んだその結果については、お金が儲かり（新潟）、お金を拾う（広島・和歌山）、運がよくなる（山口）、などのように、知るか知らざるかはともかく、ウシの糞を踏むことを吉兆とする一方で、同じ広島県でも、ウシの糞を踏むと歩行が不自由になる、とこれを凶兆とする土地もある（同じことは、ウマについても広くいわれる）。

○ウシは、足を保護するのに、ウマのように蹄鉄を打ちつけることをせず、特性のワラジを履かせるが、このワラジについて、次のような俗信がある。登り坂の時にウシのワラジを拾うと、その年は大変な金儲けをする（群馬）。ウシのワラジを拾うと金持になる（石川・和歌山）。ウシのワラジを拾うと縁起がよく、大事にしまっておくと幸運が訪れる（愛知・兵庫）。福井県遠敷郡では、ウシのワラジを神棚へ祀る家があるという。

牛　うし

⑽牛の夢

○ウシの夢の夢占には、吉凶二様がある。ウシの夢を見ると、よいことがある（岩手・秋田・宮城・奈良・広島）、祝い事がある（宮城）、お金が入る（福島）、クマが捕れる（新潟）、運が開ける、冬に見ると運が開ける（共に広島）、もうわい（頼母子講）に当たる（鹿児島）。ウシに追われた夢は縁起が良い、吉事がある（群馬・岡山・兵庫・広島・鹿児島）、ウシに追われた夢はお金が入る（宮城）、ウシに追われる夢を見る時は体が大きくなる（宮崎）。ウシに角で突かれた夢は吉夢（兵庫・岡山・宮崎・鹿児島）。ウシに角で突かれた夢は運が開ける（広島）。ウシの荒れる夢は吉、白ウシ・赤ウシの夢は吉（共に岡山）。ウシが荷物を運んで玄関の前で止まった夢は非常に良い（新潟）、ウシが千両箱を背負い込んで潰れた夢は大吉（長野）。ただし、なかなか見そうもない夢ではある。広島県比婆郡では、ウシの夢は大変良く、突かれた夢ならなお良い。一般に凶兆とされる田植の夢でも、ウシがいれば差支えない、という。

○これに対し凶兆とするのは、ウシの夢は悪い（宮城・滋賀・奈良・山口・愛媛）、初夢にウシの夢を見ると、その年は骨折りが多い（山口）。ウシの夢は火事の兆（愛媛）、ウシに突かれる夢は凶（広島）、ウシが家に入る夢は悪い（岡山）、などである。ウシの夢を見ると風邪をひく（青森・秋田・千葉・新潟・富山・奈良・和歌山・広島）、ウシに追いかけられた夢を見ると風邪をひく（新潟・静岡・愛知・奈良・和歌山）。ウシの夢を見た時、風邪をひかないようにするには、ウシをたたいておく（愛知）、夢を見た翌朝、他人に知られないように、ナンテンの木を三回揺り動かしておく（和歌山）、手をたたいておけばよい（香川）、などの対応策がある。

○ウシに追われた夢は人が死ぬ（愛知）、突かれた夢は人が死ぬ（広島）。愛媛では、ウシの夢を見るのは、先祖や親の墓参りを怠ったからだという。富山・広島では、ウシの夢を見ると人が死ぬといい、先祖の墓を洗う。また、ウシに追われる夢は神罰のしるし（山口・宮崎）、であるから、その神罰を除くために、その日のうちに神社にお詣りしなければならない（岐阜）、ウシの夢は翌朝お宮詣りをせよ（和歌山）というのもうなずける。

○ウシの夢を見るのは、天神様を信じないから（福井・大阪・広島・愛媛）、荒神様の祟り（滋賀・大分）なので、荒神様に早速お詫びをしないと瘧《おこり》を病む（滋賀）、三宝荒神様のおとがめだから、おくどさん（囲炉裏・かまど）をきれいにする、不動様や囲炉裏の神様が不潔なことをされて怒っているから、朝起きたらすぐ「おことわりします」と言って塩をまく（共に滋賀）、氏神様にお詣りが足りないのだから、早速お詣りしなければいけないとも、また、金比羅様にお詣りせよというお告げである（共に愛媛）、などの俗信もある。ウシに追われる夢を見たら、氏神様に詣らなければならない（奈良）、庚申さんへ塩をあげる（佐賀）、などともいっている。

牛《うし》

⑾食って寝れば牛になる、牛のことわざ、俗信一束

○横になって食事をしたり、食後すぐに寝るとウシになる（または角が生える）という俗信は全国的にいわれている（岩手・秋田・宮城・山形・福島・群馬・栃木・茨城・埼玉・千葉・神奈川・山梨・新潟・富山・岐阜・長野・静岡・愛知・石川・福井・三重・京都・奈良・和歌山・大阪・鳥取・島根・岡山・広島・山口・香川・徳島・高知・愛媛・福岡・佐賀・熊本・大分・宮崎・鹿児島）。群馬県富岡市では、「ウマの立ちウマ、ウシの寝ウシ」だから、寝ながら食べるとウシになる、と理由を説明するが、要するに、子供などの躾の意味でいわれたものであろう。道草を食うとウシになる（愛知）、他人を足蹴にするとウシの足になる（京都）、という俗信も、子供たちへの生活的戒めであろう。ウシの鼻息を吸うと腹が痛んだり病気になったりし、また、気がふれる（広島）、ウシの尾にたたかれると盲目になる、ウシに頭をなめられると頭髪が逆さに向く（共に岡山）、とは危険ゆえ不用意にあまり傍まで近寄るな、ということか。

○夜爪を切るとウシの足になる（ウシのような爪になる）（愛知）。夜爪を嫌う風習は一般的である。丑の日に爪を切ると、ウシの爪みたいになる（三重・和歌山）。他人の爪を踏むとウシの爪になる（三重）。他人から足を踏まれるとウシの爪になるから、踏み返さなければならない（和歌山）。

○広島では、ウシは坊主の生まれ変りであり、ウシにお経を戴かせると早く人間に生まれ変る。

それで、寺への納経にはウシに負わせるものだと、前世・現世・来世にわたるウシと人間との関係を説明する。奈良県宇陀郡では、白い首のウシは人間の生まれ変ったものといい、大阪府枚方市では、ウシが死ぬと人間に生まれ変るという。奈良では、赤いウシを見て睨まなければウシに生まれ変るという。ウシは坊主の生まれ変り、ということわざは、ウシが肉食しないこと、の意で、餌の中に魚の骨が入っていてもウシは食わない、ということから生まれた俗信であるとも、インドでウシを尊ぶ信仰がわが国に入ってきたもの、とも考えられている。『譬喩尽』には、「牛は坊主の生れ変り故、魚類を食はず、故に亦骨有れば雑汁も飲まざるなり」とある。

○下駄のおろしだちは、牛小屋に行ってウシに草をやると、下駄が丈夫になる（愛媛）。草履をおろす時は「ウマになれウシになれ」と言う（愛知）。「牛」という字を千字書くと天気になる（石川）。葬式の時に雨が降ると「牛」（丑）を九十九字書いて天気を祈り、晴れると百字にして川へ流す。「牛」という字を九十九書いた紙を柱に貼っておくとヘビが入って来ない（共に愛知）。丑の刻の百日詣りをすると、満願の日に、大きなウシが道の真ん中に寝ている（千葉）。丑の刻にお宮に行くとウシが寝ている（愛知）。

○ウシに関する忌み言葉・俚諺には次のようなものがある。漁夫は海上ではウシという語を忌み（和歌山）、海ではウシをオカフネという（三重県熊野市）。雨乞いに、四尾連湖の子安神社に祈り、湖水にウシの頭を入れると雨が降る（山梨県西八代郡）。ウシを飼っている家では、竹をたくのは悪い（和歌山県東牟婁郡）。ウシ小屋のクモの巣を取ると家が壊れる、牛姦するとクダン（人の顔に牛の体で、人語を解するもの）を生む（共に広島）。ウシに赤い物を見せると怒る（福島・愛知）、というが、ウシは色盲である。ウシに追われた時は竹藪に入れ（福島・広島）、とは、ウシは角が邪魔で自由が利かないからである。年寄りの言う事とウシの鞦《しりがい》は外れそうで外れないとは、経験を積んだ人の意見は常に正しいとの意である。年寄りの言う事とウシの鞦とに直い（まっすぐ）のはない（和歌山）とは、前のことわざを茶化したもの。

○七歯のウシは門にも立たすな（鳥取・広島）。ウシの下歯は八枚あるのが普通であり、稀に七枚歯のものがいるが、こういうウシは不吉であるとされている。春正月にはウシを売って木をカコえ（蓄えること）（山口）。木を買えともいい、立春過ぎに正月のある年は木の値が上がる、という意である。

○料理屋・旅館など客商売の玄関に盛り塩をするのは、ウシが塩を好むのでなめに寄り、そのために客が来るからである（長野）。ウシが塩を好むことについては、『播磨風土記』に「塩《しほ》阜《をかこ》惟の阜の南に鹹《から》き水あり。（中略）牛馬鹿等嗜《この》みて飲めり」「塩の村　処々に鹹水《しほみづ》出づ。故、塩の村と曰《い》ひき。牛馬等、嗜みて飲めり」、などの記述がある。

蛆《うじ》

○五月節供に、ヤマイモを食べないとウジになる（青森・岩手）とか、ヤマイモとフキを食べないとウジになる（宮城・福島）という。端午の節供は、本来、田植に従事する女性が、田の神の奉仕者として忌籠りする日であったといわれ、節供の日の食物であるヤマイモを食べぬと、最も嫌われるウジになると言いだしたものであろう。他にも、正月十三日の餅を食べないとウジになる（群馬県利根郡）とか、七か日に酒を飲まないとウジになる（岩手県遠野市）という。福島では、土用の丑の日にウの字のついたものを食べると病気しない、食べないとウジになるという。

○ウジムシのわかないまじないに、長野県北安曇郡では「千早振る卯月八日は吉日よ神さけ虫を成敗する」とか、「あさき降る四月八日の吉日に神長虫を成敗する」と書いて便所の壁に貼る。ウジを殺すには、ウズコロシ（ツツジの一種）、またはヘビノダイモズ（ヘビのだいはち）の根塊を刻んで便壺へ入れる（山形県西村山郡）。ヘビノダイハチ・セイキ・ゴウジゴロシの小枝を便所に入れて駆除する（長野県北安曇郡）。

○民間療法。舌の荒れた時は、ウジムシを黒焼きにして患部に塗るか、飯の粒に混ぜて練ったものを足の裏へ貼る（東京都多摩地方）。風邪には、便所のウジムシを乾かし煎じて飲む。大熱には焼いて飲む（秋田県仙北郡）。熱冷ましには、ウジに熱湯を注いで飲む（岩手）。殻を飲むと、さしこみが治る（福井）。虫歯には抜け殻をつける（群馬県邑楽郡）。ウジムシ三升ぐらいを黒焼きにして飲むと結核に効く（岡山県岡山市）。結核には、ウジの黒焼きを飲む（栃木県宇都宮市）、ウジを洗って食べる（石川）。ひきつけには、潰れた汁を吸わす（滋賀県高島郡）。子供の唇の痛む時は、ウジの殻を粉にしてつける（秋田県仙北郡）。ソウマカン（疳《かん》が出て歯が抜けること）の時は、ウジを黒焼きにして歯茎にかける（新潟県栃尾市〈長岡市〉）。扁桃腺炎の時は、ウジムシの抜け殻と、正月に便所に挿した団子とを砕いて黒焼きにして飲む（福島）。オナガウジを生で飲むと淋病・消渇によい（山梨）。

鶉《うずら》

○西風の強く吹いた翌日はウズラの猟獲が多い（宮崎）。熊本県阿蘇郡の猟師仲間のことわざに、花盛りのダイズ畑の中からウズラの子が飛び出す、という。沖縄県竹富島では、荒れた畑はウズラの巣となる、という。ウズラは、北海道、本州中部以北の草むらの浅いくぼみに枯れ草を敷いて営巣して初夏から秋頃まで繁殖し、冬には本州中部以南で見られる。

○ウズラに血を見せると親が死ぬ、ウズラの鳴き声で産まれたか死んだかがわかる（共に大阪）。
○ウズラを食べると踵のない子供が生まれる（鹿児島）。沖縄県では、ウズラを粘土で包み、黒焼きして飲むと肺結核に効くというが、その反面、ウズラの卵を女性は食べてはいけない、とこれを忌む。
○沖縄県では、クカル（アカショウビン）やウズラが屋敷内に入ったり屋敷内の人目につく場所にとどまったりすることを忌む。それは家族全員か、或いはその一員に災厄がふりかかる前兆とされているからであり、その災厄を払うために浜下《お》りをする。伊平屋島での浜下りは次のような方法である。かまどの前に椀に盛った灰を置き、その上に笊をかぶせておく。次にアダンの葉を取って来て門の両側に置き、家族全員で浜に行き、持ってきたごちそうを食べ、遊んで帰る。帰る時までに、灰に鳥の足跡がついていなければよいが、もし足跡が残っている場合は、厄神が侵入したということで、ユタを頼んで災厄を払い清める。

鷽 うそ

○雪が深い年にはウソが多く来る（石川）。木の芽が出始めるとウソが来る（大分）。ウソは、夏季に北海道の山地や本州亜高山帯の針葉樹林内で繁殖し、秋には南へ移り、また山麓に下る。木の芽や蕾はウソの好餌であり、桃鳥（三重県多気郡で、モモの花が咲き出そうとする頃にウソが一時に現れることから呼ばれたウソの異名）の名もあるように、越冬期には、ウメ・モモ・サクラの花蕾を食い荒らす。ウソが天神様の御使鳥といわれているのも、天満宮の境内にはウメなどの木が多く、その蕾や新芽を餌とするためにウソが集まって来るからである。
○ウソが里に下ると嵐になる（山形）。テリウソ（雄のウソ）が鳴くと雨が降る（福島）。
○ウソが多く来ると疱瘡が流行する（採集地不

明）。ウソをヒンヒョンまたはホトケドリと呼び、これが鳴いたり、掛け合いで鳴くと人が死ぬ（群馬）。死人のある家の付近にウソが寄る（福岡）。
○ウソは口笛を意味する古語で、この鳥の鳴き声は口笛にそっくりであるところから生じた名。

鱓《うつぼ》

○ウツボは凶暴で、歯が強大である。高知県高岡郡中土佐町で、ウツボがかみつくと雷が鳴るまで離れないという。

鰻《うなぎ》

○土用の丑の日にウナギを食べれば、夏痩せしない（岩手・秋田・茨城・埼玉・兵庫・岡山・愛媛）、夏病をしない（富山・愛媛・広島・山口）、病気にかからない（山梨・石川・富山・岐阜・愛知）、冬病にかからない（愛知）、流行病にかからない（山口県大島郡）、伝染病にかからない（滋賀県伊香郡）、長生きする（岩手・千葉・石川・富山・静岡・愛知）、万病が治る（神奈川・広島）、薬になる（神奈川・香川・大分・鹿児島）、精がつく（兵庫）、無病息災（石川）、元気になる（島根・徳島・福岡・佐賀・宮崎）、まめになる（秋田県平鹿郡）。風邪をひかない（富山・愛知）、腹痛をしない（富山・大阪）、目の中に汗が入らない（愛知）、腹の虫が死ぬ（愛知・島根）などといい、土用の丑の日にウナギを食わぬとウジになる（愛知）ともいう。
○『万葉集』巻十六に「石麻呂《いはまろ》に吾物申《われものまを》す夏痩に良《よし》といふ物ぞ鰻《むなぎ》漁《と》り食《め》せ」という歌が見える。大伴家持が痩身の石麻呂を笑って詠んだものだが、当時すでに夏場のウナギはスタミナ食として知られていたことがわかる。土用ウナギの起源については諸説あって定かでないが、この日に食べるとよいとする習慣が生まれたのは江戸時代のようで、『明和志』に「近きころ、寒中丑の日に紅をはき、土用に入り丑の日に鰻を食す。寒暑とも家ごとになす。安永・天明のころより始まる」と記されている。平賀源内が鰻屋に看板を書くように頼まれ、「今日は丑」と書いて大評判になったのが始めだともいう。ウナギとは別に、土用丑の日に海水を浴びたり、入湯したり、牛馬にも水を浴びせたりする行事が各地にあり、それにちなんで、精力のつくウナギを結びつけたものと考えられる。

○ウナギの夢は、良い（大分県南海部郡）という反面で、縁起が悪い（栃木県芳賀郡）、不吉（佐賀・宮崎）、という。

○ウナギを禁食とする例は各地に見られる。ウナギを食べると、目がつぶれる（栃木県上都賀郡）といい、その理由には、ウナギは神の使いであるからという土地が多い。宮城県黒川郡大郷町粕川・石原《いしばら》地区では、ウナギは運南様の使いだからといって食べない。もし、娘が食べると嫁に行ってウナギを産むという。（ウンナン様は、東北地方に多い小祠で、水の神らしい。語源はウナギであるともいう）。栃木県芳賀郡では、星野宮神社の乗馬はウナギであるから、ウナギを食べると盲目になるといって、物堅い家では食べなかったという。京都市下京区艮《うしとら》町《ちょう》の三島神社では、ウナギを神の使いだといって、氏子は禁食し、祈願の時にはウナギの絵馬を奉納する習わしとなっている。その他、ウナギは秋葉様のホシミ（惜しみ）の魚で、食べてはならぬ、目がつぶれる（神奈川）。ウナギを食べると虚空蔵様の罰を受ける（栃木）。岡山県和気郡日生《ひなせ》町〈備前市〉では昔、琴比羅さんが海から渡って上陸された時、カニに乗ってウナギを杖にされたために、ウナギを食うと罰が当たる、といって食べない。千葉県安房郡天津小湊町〈鴨川市〉の一部では、ウナギを虚空蔵菩薩のお使いと信じて食べない。長野県諏訪郡の御射山《みさやま》祭にも、ウナギを放生して子供の健康を祈るが、ここでも虚空蔵菩薩の信仰を説く。静岡県賀茂郡河津町を流れる佐野川の深淵にすむ巨大なウナギは、神の使いと信じられている。

○寅年生まれはウナギを食べてはいけない（埼玉県越谷市）とか、丑年・寅年生まれの人は食べてはいけない（福島・栃木）、という。『物類称呼』に「又世俗に、丑寅の年の生れの人は一代の守本尊虚空蔵菩薩にて、生涯うなぎを食ふ事を禁ずと云り」と見え、群馬県利根郡でも、寅年生まれについて同様の伝承がある。
○片目のウナギにまつわる伝承もある。岡山県吉野村（英田郡か？）の白壁の池にすむウナギは片目であるという。その由来譚として、片目の男がウマに茶臼をつけて、この池に落ちて死んだ因縁で、ウナギも目が一つになったと伝えている。司馬江漢の『春波楼筆記』にも、静岡県藤枝の川上では、片目のウナギを神の使いと信じ、恐れて食べないことが記されている。（昭和初年頃、大井川上流地方では、ウナギを食する習慣がなかったのは事実だが、片目うんぬんは聞かなかった）
○民間療法。結核には、ウナギの肝臓の黒焼き（山口県阿武郡）、骨の黒焼き（新潟県佐渡郡）、黒焼きをして採った油（岡山）が効く。生血・肝を服用する（鳥取）。ウナギの油は肺炎によい（栃木・熊本・鹿児島）。油をとるには、ウナギを徳利の中に入れ、徳利を湯煎にすると油が採取できる。生きているウナギを用いないと効果がない（栃木）。ウナギの肝は、眼のかすんだのが治る（佐賀）、鳥目によい（福島・愛知・岡山）、眼痛によい（奈良）、眼病によい（長崎）。夜盲症には肝を生のまま飲む（奈良・和歌山）、肝臓か筋肉を焼いて食す（香川）、イトウナギを腹に這わせる（鹿児島県日置郡）。
○ターウナギの生血を飲み、また煮て食し、その尾で患部を打てば中風が治る（沖縄県八重山郡）。丑の日のウナギも中風に効く（大分県南海部郡）。百日咳にはウナギがよい（群馬県邑楽郡）。小児の疳《かん》の虫には、ウナギの骨を焼いて食すれば治る（岐阜県稲葉郡）、付け焼きを食べる（岡山）。強精にはウナギがよい（茨城・石川)、肝を食す(北海道・千葉・徳島・高知)。心臓病に肝を食べる(広島)。産婦がウナギを食べると髪が抜けない(佐賀)。ウナギは中耳炎に効く(静岡)。胃病には胆囊を食べる(鹿児島)。はやり目の時は、茨城県古河市の虚空蔵様に申し上げ、治ったらウナギを上げる(群馬県邑楽郡)。宮城県名取市館腰《たてこし》の温南《うんなん》社の傍の清水で眼を洗うと眼病に験があるとされ、この社にはウナギの絵馬が納められている。○結核にかかると、ウナギの頭を燻《くゆ》らせて病魔退散の祈願をした(大阪)。腹痛の時は、「天竺のウナマが池のクロウナギ、上りをせくとも下りをせくな。あぶらうんけんそわか」と三回唱える(高知県土佐市)。○食合せ。ウナギと梅干しは、よくない(岩手・秋田・栃木・千葉・山梨・新潟・大阪・岡山・山口・愛媛・福岡・大分・佐賀・熊本)、命にかかわる(秋田・富山・愛知)、死ぬほどの病気になる(山口)、腹痛の原因になる(富山・愛知・三重・和歌山)、死ぬ(三重・大分)。梅干しをウナギの上にのせておくと二つに切れる(熊本県玉名郡)。ウナギとギンナンはあたる(秋田・新潟・大阪・沖縄)、スモモは悪い(佐賀)、ミカンは命にかかわる(秋田)、牛乳は中毒する(同県)、酢は中毒する(秋田・岩手・茨城・鹿児島)、ウナギと牝ウシは腹痛を起こす(富山)、生水は悪い(鹿児島)。○その他の俗信。焼ウナギに酢をかけると泳ぎだす(和歌山市内原地方)。ウナギ釣りに梅干しを持って行くと釣れない(愛知県南設楽郡)。ウナギを多く捕った者には馬鹿息子が生まれる(青森県三戸郡)。ウナギを食うと体毒の多い子が生まれる(広島)。ウナギはヤマイモから生まれる(福岡県北九州市)。○和歌山県西牟婁郡で、「闇夜に夜釣り」というのは、ウナギ・ナマズは夏季の闇夜にかかりやすいことをいったもの。肥前川棚(長崎県東彼杵郡川棚町)付近で、ウナギ釣りならレンゲの花盛りに来いというのも、その頃に多く釣れることをいう。ウナギの川上りはセンダンの花盛り（熊本）、ともいう。

馬《うま》

(1)二代馬と毛替、飼主に祟る馬、馬糧の禁忌

○ウマは、出産後五、六か月は母乳で育ち、その後一、二年して競り市にかけられるが、その時に玄関から曳き出して行くと高値に売れない（秋田県由利郡）。ウマを買う時には、獅子舞が家に来れば悪いウマが手に入る（秋田県雄勝郡）。戊の日に売買したウマは死ぬ（秋田県南秋田郡）。

○ウマを買ったら土間に臼を伏せる（秋田県鹿角郡）。また、ウマはいろいろの癖があるが、家に帰りたがるウマは高値で売れる（秋田県由利郡）、歯ぎしりする馬は買うな（広島）、という。

○二代ウマ（自家で飼っていたウマから産まれたウマ）は飼うな（秋田・山形・広島）とこれを忌み、秋田県由利郡では、後嗣ぎが早く死ぬ、山形県東田川郡では、家内に不幸なことが起きるから、という。新潟県新発田市でも、二代ウマは飼うな、という。この地での二代ウマとは、二代の主人に飼われるウマをさし、家の主人が死ぬとウマは取り替えなければならないといわれている。滋賀県高島郡でも、ウマを飼っている家では主人が死ぬと毛替えをする（今まで飼っていたものと違う毛色のウマに買い替えること）ものだといっており、沖縄県国頭村《くにがみそん》でも、主人が死んだ時はウマを、主婦が死んだ時はウシを売り替える、という。逆に、秋田県では、一家に飼うウマの毛色は一色でなければいけない（山本郡）、ウマの毛色は家によって一定しており、他の毛色のウマは生育しない（河辺郡・鹿角郡）、と伝える。

○山形県東田川郡では、自分の家の子供と同じ歳のウマを飼っているとどちらかが死ぬといい、茨城県でも、わが子と同じ歳のウマは成長に勝

ち負けができるといって相歳の飼育を嫌う。また、アトジロ（後脚の白いウマ）は飼うな（新潟・広島）、アトジロに蹴られると三日生きない（熊本県玉名郡）、ヨツジロウマに蹴られると負傷するから飼うな（新潟県新発田市）、後肢一本白いウマは飼うな、蹴られると死ぬ（秋田県南秋田郡）、後肢の股に旋毛のあるウマから落ちると死ぬ（秋田県平鹿郡）、など、毛色や巻毛の種類によって飼育を忌む風がある。奈良県宇陀郡では、鼻の上に白毛のあるウマは人の生まれ変りだといい、ダイシャクウマ（前額に流れ星のあるウマ）は家の主人を睨み殺す（熊本県玉名市）といってこれを嫌う。秋田県では、胸に旋毛のあるウマは長男を覗う（平鹿郡）、双門（巻毛の一種）のウマは惣領を覗う（仙北郡）と、いずれも長男に祟るとして飼育を忌む。福島県大沼郡でも、額に白紋があるウマは総領に祟るとする。

○埼玉県越谷市の口碑に久伊豆神社の彫刻のウマが夜になると飛び出し、ムギ畑を荒らした。そこで、伊三郎という人が手綱を加えると、ウマは暴れなくなった。この時のウマが白かったので、白い生き物を飼ってはいけないし、特に白いウマはいけない。このように、白いウマを飼育することの禁忌は所々にあった。白いウマは家によっては飼えない（秋田県南秋田郡）、八幡様の信者は白いウマを飼えない（秋田県平鹿郡）、白いウマは氏神の乗るウマだから飼わない（千葉県印旛《いんば》郡）、白いウマは神の使徒だから飼うと罰が当たる（山梨県東山梨郡）、白いウマは人間の生まれ変りだから飼わない（広島）という。この点、『和漢三才図会』は、「馬の旋毛《ツジ》の吉凶の事、和漢古今其の沙汰有る事なれども、物いまひにて云ふ事也、馬は足はやくして、何もくせなきは吉なり、足おそくして色々くせあるは凶なり、此の外に吉凶あるべからず、しかれども人のもとへ進物にするには、旋毛の凶なるはおくるべからず、我が乗料には旋毛にか、はるべからず」と甚だ現実的に割り切っている。

○ウマの飼料を煮る時は鍋蓋を嫌う（山梨県南都留郡）。蓋をして煮ると、火事の時にウマが廏から出ない（栃木県芳賀郡・長野県下伊那郡）、蓋をしないで煮ればウマが負傷しない（栃木県那須郡）、ウマの飲水を沸かすとき蓋をすると、火事の時にウマが小屋から出ない（栃木県佐野市）、という。長野県下伊那郡では、ウマの飼料を煮る時に火箸でかきまわすとウマが痩せる、といって忌む。

○餌については、ウマは妊娠中にネギ・ニラを食うと流産する（福島）、ウマにアシビは大毒（山梨）、ナンバン・ショウガなどの辛いものはいけない（富山）という。また、女性の髪の毛が飼料に入ると、ウマは腹痛を起こす（富山）、といわれている。

馬《うま》

(2)馬の悪癖、馬を使わぬ日、廏の火事

○跳ねるウマは死ぬまで跳ねる（死んでも跳ねる、ともいう）とは、癖は抜けにくいことのたとえだが、まことにウマにはさまざまの癖がある。農具を仕掛くるときに糞たるるウマは癖もん（肥後）、とは、鞍を置いたり腹帯を締めたりする時に糞をする癖のウマで、こういうウマには、糞をしようとする時、掌に円形を描いて中に十字を切り、その交叉点を強く指先で押しつけるとよい（熊本県玉名市）という。このように、ウマの癖を抑える呪術として、ウマが荒れた時は、ウマの額に卍を描く（岩手）、ウシやウマが川を渡ろうとしない時は、紙に「賦」の字を書いて川に投げ込む（富山）、ウマが尻跳ね（ウマが夜間に、急に何かに驚いて後脚で壁や柱を蹴飛ばし、前立ちして暴れること）するのは水神様の祟りだから祈禱する（鹿児島）。

○山形県新庄市では、駆け出しウマを止める法として、「西東北に南にまぜさして中にたちたる駒ぞとどめる」と詠み、八幡大菩薩を祈りな

がら「天地天門」と三度唱えたのち「アビラウンケンソワカ」と三唱する。同じ章句を群馬県邑楽郡では、ウシ・ウマに逃げられた時の呪文「西東北と南にませはめて中にたたずむ駒止まる」といい、『極奥秘伝まじない大全集』には、ウマが狂って暴れた時は、「西東北や南にませぬきて中に立ちたる駒ぞとどむる」と息をつかずに三唱すれば、ウマは直ちに暴れなくなる、とある。（沖縄県八重山の、ウシ・ウマをつなぐ際の呪文はウシの項参照）
○五月の節供にはウマを田に入れない（岩手県遠野市）。五月の節供に沢渡《きわど》沖《おき》を鞍をつけたウマを曳いて通ると、しょん（旬）の水がおりない（水不足）（長野県安曇地方）、五月の節供にウマを使うと雨が降る（徳島）、といい、ウシと同じように、端午の節供にはウマを使役せぬ風習がある。
○端午の他にも、入梅にはウマを田に入れるな（岩手）、月の九の日にはウマを出さない（秋田）、丑の日にはウマを使わない（宮崎）、五月十六日はトキと称して田植をすることを忌み、ウマに鞍などを置かない、盆の十五日にはウシ・ウマを出すのを忌む（共に高知県幡多郡）、などの伝承がある。
○ウマの飼育には、駄送や農耕と共に、廏肥の生産もまた重要視される。新年になって初めて廏肥を出すのは申の日で、この日に出すとウマが病気にならない（群馬県勢多郡。申の日に出すのは利根郡も同様）、土用中は廏肥を出してはいけないが、間日《まび》にならば出してもよい（神奈川）という。
○ウシ・ウマの死は百五十日の忌穢れがある（秋田）。ウシ・ウマを飼い殺しにすると七代祟る（茨城）、といわれ、ウマが死んだのは主人の身代り（秋田県仙北郡・千葉）、農家でウマが死ぬと悪い（岐阜県高山市）、ウマが死ぬとその年は悪いことがある（鹿児島県国分市〈霧島市〉）、という。秋田県平鹿郡・福島・千葉県では、ウマの死んだ時は「死んだ」と言わずに「落ちた」と忌み言葉を使う。熊本県では「流れた」という。

○牛馬の死の中でも、特に嫌われるのは焼死であり、火事でウマを焼き殺すと、その家は栄えない（山口）、ウマを焼き殺すと三代祟る（千葉・神奈川・愛知）、七代祟る（山形・福島・群馬・静岡・福井・広島）、といって忌むことはウシと同様である。従って、火事の時は何を出さずともウマと神棚を出さなければいけない（秋田）のであるが、ウマは動物一般の習性として火を恐れ、火事の時、火を見ると小屋から出なくなる（山形・福島・新潟）ので、焼死させることが多かった。

○栃木では、火事の時には仏様を出さないうちはウマが出ない、位牌を先に出さないとウマが焼け死ぬという。その時には、ウマをませ木でたたくと逃げ出す（宮城・福島）、ウマの顔に腰巻をかぶらせる（愛知・石川）、赤い腰巻をかぶらせる（ウマに火を見せるな）（福島・群馬）、鍋を先にして出す（秋田）など、火を見せないことを主眼とするらしい呪術が行われた。

○また、臼を転がすと、その後について出る（栃木・千葉・新潟）という。千葉県印旛郡では、そのために、どこでも廏の入口に臼を置く、という。

馬《うま》

(3)馬の諸病、治療法のいろいろ

○秋田県雄勝郡では、ウマの頭が朝日に向くように建てた廏で飼うと、ウマが良くなるというが、秋田県南秋田郡では、逆に、東向きの廏ではウマが荒くなるといっている。鳥取県西伯郡では、母屋の入口と廏の入口を向い合せにするな、廏を母屋より高くしてはいけない、といい、秋田県山本郡では、廏に檜を用いるとウマが痩せるという。付属建物が母屋と対抗することを嫌うことは、廏においても同じである。

○愛知県北設楽郡では、空廏《からまや》にません棒をかう

な、という。死人が起きて、そのません棒をまたぐと生き返るから、というのがその理由である。
○以上の他、廏に関する俗信として、女の人は月の忌み（生理）があるからウマの小屋に入ってはいけない（青森）、子ウマが廏に寝ると死霊が来る（秋田県仙北郡）、子供が廏の前に行くとジフテリアになる（宮城）。ジフテリアを漢医は馬脾風《ばびふ》といったので、そのちなみであろう。
○ウマを飼っていた所を若夫婦の部屋にしてはいけない（愛知）という。
○「馬に人のごとく五労・七傷・四肢・疼痛等の病あり」（『私家農業談』）、五労は筋労・骨労・皮労・気労・血労、七傷は寒傷・熱傷・水傷・飢傷・飽傷・肥傷・走傷をいう。ウマの厄除けや病気の予防・治療にはサルノコシカケを廏に打ちつけておけば病気をしない（福島）、ウマが病んだ時は小屋にサルの頭を吊しておけば治る（石川）、ウマの腹掛けは紺地で作るが、白字で家紋・苗字の他に「大津東町」と染め抜くと、大津市の東町にある観音様の力でウマの厄除けになる（群馬）という。近江の大津は中世、馬借《ばしやく》の根拠地で知られた所である。
○ウマの疫病を払うには南の方角にあるモモの木の枝を切って、ウマの体を藁でなで、その枝は後で捨てるとよい（山梨）という。
○サルの頭を小屋に下げて病魔を避けること、農事を起こすなどにも申の日を選び、サルを縁起物とするのはウシ・ウマ共通の俗信であり、また、ウマヤマツリ（毎年正月など、日を定めて廏舎の祭をして悪魔を払う）にサルヤ（猿回しを業とする人）が関与したり、廏の戸口にウシ・ウマをサルが曳いて歩く姿を描いた絵馬を貼る、などの信仰がある。サルを廏の守護とするのは、かなり時代が遡るものらしく、『嬉遊笑覧』に「さるを馬の祈禱にする故、廏に猴木《サルギ》とてさるをつなぐ木あり。『稗海』の中に収めたる『独異志』上に（中略）如今以二獼猴一置二馬廐一、此其義也。こゝのみにもあらず、漢土にも是を本拠としたり」と見え、『類聚名物考』には『万物古事要決』を引いて「猿を馬の守りとて、馬屋に掛くるは如何、猿をば山父と称し馬をば山子と云へば、父子の義を以て守りとするか」とある。

○ウマの病気の軽重を判断する方法やその治療について、ウマの耳が温いか冷たいかで判断し、梅酢を、タケを斜めに切った筒に入れて飲ます（群馬）、ウマが弱ったり病気の時は、黒い色をした水飴や茶の葉（枝ごと）を与えた。茶の葉を進んで食うようなら大丈夫、もし食わないようなら、よほどの重病である（栃木）、ウマは体が悪いと白眼をむいて転がってしまうので、体をよくこすり、熊の胆《い》やゲンノショウコを与え、また人間の風邪薬を使う時は人間の三倍から五倍くらいを飲ませる（富山）。

○ウマの各部の外傷や内部疾患には、それぞれの民間療法が伝えられている。ウマが血を流したら、人の尿をつければ治る（秋田）。皮膚病（ただれて毛が抜ける）や擦り傷には、塩湯に浸した布で患部を洗う（北海道）、線香の灰をつける、お盆の蓮の葉を黒焼きにしたものと、囲炉裏の中の焼土と油とをよく混ぜて傷につける（共に福島）。ウマについたシラミを駆除するには、サラボ（馬酔木）の葉の煮汁をごく薄めて背筋にだけつける。サラボは毒が強いから十分注意しないと、シラミはよく抜けるが、ウマが気抜けになってしまうことがあるという（福島）。福島県下では、ネソクネタ（ウマが小屋の隅などに寝て起き上がれなくなること）は早く見つけてやらないと腰を悪くしたり、足を痛めたりする、と警戒する。ウマが足を痛めたらカーボ（屠畜場）行きだ（福島）というほど、足の負傷はウマにとって致命的である。これには、ひづめの付け根が腐ったら、ヨモギ・ドクダミをすってつける（北海道）、ソコズ・ダイオウの葉の煮汁で足を洗う（福島）、ダイコンの干葉の煮汁で患部を洗う（福島・石川）、石菖《せきしょう》の煮汁で傷を洗う（山梨）、といった療法がある。また、ウマの腰が立たなくなったら、塩を溶かした湯、またはダイコンの干葉か、古い暦を入れた湯でウマの腰を温める（青森）。肉離れは、前足の時は肩に、後足の悪い時は内股に鍼をし、塩と酢を混ぜて鍼跡に塗る（北海道）。

○眼の疾病には、青森では、トチの実を刻んで潰し、その汁を目につけるが、石川では、濃い茶を口に含んで吹きかけると治るという。

○ウマが風邪をひいた時は、ニンニクに黒砂糖・味噌を混ぜたもの（北海道）、ニンニクに酒を加えてすり潰したもの、スギの若芽に酒を加えてすり潰したもの、または食塩（石川）、などを飲ませる。ウマが日射病にかかったら、日陰に移動させて、水を何回もかけて体温を下げる（北海道）。熱病には、チャの木（ソウジンボク）から製する清明茶を煎じて飲ませる（沖縄）。ウマがナノレ（咳をして喉に膿を持ち、しまいに穴があく病気）になったら、ヘビノダイマツやウツギの青皮をすって飲ませるとよい（青森）。

○ウマが毒草中毒にかかり、口中に泡を吹いてもだえ苦しみ、死にそうな場合は、白及《しらん》五匁、塩十匁を粉末にしてかき混ぜ、ウマの舌の上に塗り、しばらくしてから甘草二十匁を二升の水に入れ、一升になるまで煎じて飲ませればたちどころに治る（富山）。ウマの下痢や腹痛には、ニンニクをすったもの（岩手）、炭のかけらを食わせる（岩手・栃木）。ゲンノショウコを煎じたもの（栃木・富山・福井）や塩で揉んだニラを食わせる（栃木）、センブリを飲ませる（千葉）、卵酒、またはモグラを蒸焼きにし、酒を加えてすったものや、富山薬の熊の胆を与える（石川）、ハブ草の実とハコベの葉を煎じて飲ませる（徳島）、などの療法が伝わる。また、ウシやウマの腹痛や下痢に人間の薬を使う時は五倍の量を飲ませる（福井）、という。
○ウマの食あたりには、背骨と足の爪のきわに鍼をすると血が集まり、即刻、効き目が出てくる、消化不良の時は、大根おろしの汁を飲ませると通じがよくなり、元気になる（共に北海道）。ウマの食い過ぎには、お茶と梅干しと炭酸を煮て飲ませるとすぐ通じがある（群馬）。ウマのガス詰まりには、岩手では、肩を切って穴あき竹を入れるとガスが抜ける、といい、栃木では、ウマの腹が張った時は、左縄をもって腹を揉んでやるとよい、という。山口では、ウマは腸の働きが低下して疝痛《せんつう》にかかりやすい動物であるが、その時は首の付け根から背中にかけて十分に揉んでやると、きわめて効果がある、といっている。寄生虫を駆除するには、煤藁を与えると虫下しになる（栃木）。ウマが脾臓を患い、上唇が痙攣して飼料を食わない時は、ホウの木の樹皮・ショウガ・ナツメの三種を煎じて飲ませる（富山）。
○ウマの腹痛を治すまじない歌として、土佐で「大坂八坂、坂なかさば一つ、行き来にくれて駒の腹病むアブラウンケンソワカ」を三度繰り返し唱える。
○秋田では、ウシ・ウマの病気は骨軟とナイラ（ネレヤ）に大別されるとし、ウマの骨軟には、田代山（雄勝郡羽後町）のササに生ずる馬尾毛様の長さ一尺くらいの寄生植物が薬になる、と伝える。山形では、ウマの病気で最も恐ろしいのは骨軟症で、これは骨が砕ける病気であるという。原因は、冬期間の運動不足や飼料の偏りにある。この病気になると、自力で立っていられなくなるので、縄で作った腹帯を当て、それを天井に吊ってウマが倒れないようにし、センブリの煎じ湯を飲ませた、という。また、ウマの骨軟症には鍼で悪い血を出す（石川）、という療法も伝えられている。ウマのナイラ（ナエラ）は、ウマの風邪のようなもので、鼻汁を垂らして咳をし、元気が衰えて食欲がなくなる、腰がヨロヨロして食欲がなくなる（群馬）などの症状が現れる。その治療は、砂ベコ（アリジゴク）をクズの葉に包んで食わせる、ボクリョウ（アカマツの根につく菌類）を与える（共に福島）、糯米で粥を炊いて食わせる（群馬）、など。また、予防（ナイラヨケ）としては、焼いた鉄棒で尻尾の先を焼きつける（静岡）とよい。

馬《うま》

(4)頽馬の怪、馬と怪異、馬糞と俗信

○ウマが進まない時は幽霊がいるからだ（沖縄）というが、ウシ・ウマの憑き物に、ユキァイ・ムチ（ウシの項参照）・ダイバなどがある。ダイバ（頽馬）とは、アブより小さく尻尾の長いダイバムシという虫で、これが耳に入るとウマは狂ったようになる、風もない時、一種の魔風が渦巻くような感じがするのだといわれ、ダイバ神に取り憑かれたウマは大きな身震いを始めてそのまま斃死する（共に群馬）といい、ウマをコロリと殺してしまう妖怪（福島）だともされる。またダイバは、ウマを曳いて夜道を行く時についてきて災いをする怪異で、大砲のような音を立ててウマの肛門を抜く（高知県土佐郡土佐山村〈高知市〉）、とも伝えられている（高知ではウシについても同様のことをいう）。

○ダイバ除けの呪術としては、葬式の棺の天蓋にした紅絹や赤い布をウマの轡の目の横にあたる辺へ縛りつけておく、またはたてがみに巻く（群馬）、葬式の棺の棒巻きや天蓋の布で作った口縄をする（高知）。ウマの耳を切って血を出せば、稀には命をとりとめることができる（群馬）、頸にナリ（鈴）やシマダ（鳴輪）をつける（福島）、などの伝承がある。赤い色の布を縛ったり血を出すのは、ダイバ神は赤い色を恐れるから（群馬）だといい、鈴を付けるのは、ウマにダイバの声を聞かせないため（福島）、といわれる。長野県北安曇郡では、ウマが歩きながら急に寝込んで動かなくなったら、それは

神に遭ったのだから、褌で祓ってやると動き出す、という。
○また、ウマを曳いて行く道で怪異に遭い、ウマがつきすわったりした時、その怪異の本性を見極めるには、手綱の先に作った小さい輪の小口からのぞくとわかる、という（高知県室戸市・吾川郡）。ダイバの怪と、それを防ぐ法は『想山著聞奇集』に詳説する。（近江の大津東町の娘が死してギバとなり、ギバは）「玉虫の如きこがね色の小き馬に乗りたる女にて、猩々緋の衣服を着て、金の瓔珞《ようらく》を冠り、紙鳶のきれたるやうに、天よりひらひらと降り来ると、馬は忽ち喉綱（股綱ともいふ、こゞめ綱とも云ふ）を切り、首を上げ、只事ならぬ声して嘶き申候、其の時ギバの乗りたる妖馬の前足を、我が馬の口の方へあて、跡足を我が馬の耳より鬣の方へ踏みて、馬の面にひしと懐抱申候、此の時彼のギバの怪女、必ずにっこりと笑ふと等しく、姿は消え失せ申候、さすれば馬は右の方へ三度廻りて斃れて、夫成りに即死する物に御座候、不案内の馬士は、多くはかけられて仕舞申候、此の故に常に馬士《まご》半纏と申すを着て居り申候、此の馬士半纏と申し候は、羽織にてもあれ、襦袢にてもあれ、或は風呂鋪《ふろしき》、又は布団・薦莚やうのもの、何にても衣服の上に帯なしに羽織居候を申し候、是はギバの防ぎの為にて御座候、扨ギバ空より来たりて、馬の頭に取付く時、左の手にて口を取り居て、彼の馬士半纏の右の袖斗りをぬぎ、左の袖は口綱へ通せしまゝ、彼の魔物とともに、馬の首にかぶせて、馬は右へ廻らんとするを、馬の首を強く左りへ向けて、直に尾の上の背筋に穴御座候（百会の事なり）是れへ針を打ち候へば、夫れ切りにて助かり申し候、かの魔物、馬の鼻より入りて、尻の穴へ出ると申す事故、左りへ廻せば勝手違ひて、又もとの鼻へ出て行くと申し伝へ候へども、其の時は馬を殺しては成り申さずと周章居る故、鼻より出て行く所を見たる者は承り申さずと答へて、はなはだ慥成る事なり」うんぬん。これは美濃の伝承であるが、要するに、濃尾地方ではギバという魔物がウマの鼻から入って尻に抜けると、ウマはそのままカケラレる（斃死する）と信じられていた。

○ウマが歩かないとき、歩くようにするまじないとして、土佐では「天竺のおろが谷からホイ（猿）がひきだすかげの駒、我もゆくから、ろ《（ママ）》うもゆこうぞほいほいアブラウンケンソワカ」と唱える。サルの霊力でウマを従順にさせる呪歌であった。

○以上の他、ウマの飼育や使役、ウマの動作に関して、次のような俗信がある。ウシやウマを酷使すると来世はウシやウマになる、ウマに乗っていて放屁をするとネブト（おできの一種）ができる（共に秋田）、ウマを粗末にすると午年に悪事がある（山形）。ウマの手綱を担いで曳くと病気をする（秋田）、ウマの手綱を肩に掛けて引いて歩くとウマが死ぬ、ウマの手綱の下をくぐるとウマが死ぬ（以上、沖縄）。

○代掻きの日の禁忌では、当日には代掻きウマに乗らない（岩手）、九歳の子にウマの鼻取りをさせるな（福島）、などがある。

○福島県会津地方では、春に初めてウマを出す時には暦を戴かせる、ウマに暦を戴かせて山に登れば怪我をしない、という。ウマの見える所にウサギを飼うとウマが痩せる、餅を結んだり編んだりした藁を廏に入れるとウマがネレヤという病気になる（共に秋田）、廏へカシワの葉を入れておくとウマの足が腐る（広島）。

○乗馬がつまずくのは家人に思われる兆、とは新潟県佐渡の俗信であるが、『倭訓栞』にも「人に恋ひらるれば乗りたる駒の爪衝くもの也といへり」とある。

○ウマがアラシをフク（ウマが大きく鼻で息を吹き払って、小屋の中を往来して堂々巡りをすること）と、何か大きな災いがあったり死者が出る（群馬県利根郡）。ウマが前足で土を蹴れば敷草が乾いている（広島）。ウマの寝言を聞くと長生きする、ウマの息を吸うと病気になる、または馬脾風（ジフテリア）にかかる（共に秋田）。

○ウシの糞を踏んだ時と同じように、ウマの糞を踏んだ結果についてもさまざまな俗信がある。ウマの糞を踏むと背が高くなる、とは広く言うところである（福島・群馬・栃木・埼玉・千葉・神奈川・新潟・富山・岐阜・長野・愛知・滋賀・鳥取・島根・岡山・広島）。また、糞をまたぐと背が伸びる（愛知・富山）、裸足でウマの糞の上を歩くと背丈が長くなる（長野・三重）、ウマの糞を知らずに踏めば背が伸びる（秋田・広島）、という所もある。京都府北桑田郡では、ウシの糞を踏むと背が伸びなくなり、ウマの糞を踏めば背が高くなる、という。ウマの糞を踏むと、髪が長くなる（岩手・秋田・福島・長野・富山・石川・鹿児島）、髪が赤くなる（秋田・富山）、黒くなる（石川・宮崎）、という。

○ウマの糞を踏むと脚が軽くなる、また速く走れる（茨城・富山・長野・愛知・和歌山・島根・広島・愛媛・佐賀・鹿児島）、知らずに踏むと足が軽くなる（愛知・山口）、裸足で踏むと徒歩が強くなる（富山）、裸足で踏むと速く走れる（山口）、などという。また、ウマの糞を踏むと速く走れ、ウシの糞を踏むと遅くなる（愛媛県西宇和郡）のように、ウシ・ウマの性質に対比させていう所もあるが、富山県氷見郡では、ウマの糞を知りながら踏むと、ウマの走る速さだけ遅くなる、と嫌う。

○新潟では、ウマの糞を知らずに踏むと力持ちになる、というが、山口では、ウシの糞を知らずに踏むと力が強くなるが、ウマの糞は力が弱くなる、と逆のことを伝える。愛知では、ウマの糞を踏むと貧乏になる、とこれを忌むが、知らずに踏んだ時は、お金を拾う（秋田）、出世する（千葉）、身代を興す（静岡）、足の病気が治る（山口）、といずれも吉兆とする。ウマに糞尿をかけられた場合では、小便をかけられると丈夫になる（秋田）、糞をかけられると幸運がある（石川）、と、共に吉兆とされている。

馬《うま》

(5)民間薬としての馬、馬の字の呪法、馬のまじない、馬肉の禁

○ウマの身体の各部は、民間薬として広く利用された。ウマの爪の削って煎じたものは解熱剤（山梨・新潟・岐阜・石川）、感冒（静岡）、痲疹《はしか》（愛知・三重）の薬となり、粉にして飲むと虫下し（三重）に効く。喘息には、ウマの爪とミミズにナンテンの葉一つかみを水三合で煎じ、半分ほどになったものを三、四回に分けて飲む（栃木）。骨も、削ったものを煎じて飲むと、爪同様に解熱剤となる（群馬・栃木・茨城・神奈川・新潟）。茨城県では、骨をリュウマチの薬にするが、その骨は古いほど良い、という。

○白ウマの生血は性病の薬（岡山）。茨城県筑波地方では、肺炎には、ウマの肉を薄く切って胸や背に貼ると熱が取れて特効がある、といい、北海道・山形・宮城・福島・栃木・神奈川・山梨・静岡などでも同じ方法を用いる。肺炎以外の薬としては、葦毛のウマの肉を食べると血道に効く（青森）、バヒカゼ（ジフテリア）には肉を臍に貼る。とりせき（百日咳）には肉の味噌煮を食う（共に群馬）。筋離れには肉と酢と小麦粉を混ぜて貼る（山梨）。

○ウマの油は火傷の特効薬（北海道・宮城・福島・群馬・茨城・埼玉・新潟・岐阜・富山・熊本・鹿児島）。乳は結核に効く（長野）。また、ウマの糞尿も民間療法には広く利用された。新潟県栃尾市〈長岡市〉では、糞の汁をつけると皮膚の熱を取り、痛みを和らげる（岡山も同様）。青森でも、小便・糞の黄色な汁は火傷の薬によく効く。毒虫などに刺された時はウマの糞をつける（広島）。切り傷にはウマの糞をつける、底まめができた時は糞を焼石の上にのせて底まめのところに当てる（共に福島）。白いウマの小便を頭につけると白癬は治る（秋田）。ウマの糞を焚き、その煙を嗅がせると鼻血が止まる（沖縄）。脱肛の時は、白いウマの糞を塩で煎じたものを布に包み、それでたたくとよく（岐阜）。痔には、ウマの糞を燃やして尻を燻すとよい（宮崎）、という。群馬県勢多郡では、中耳炎には、ウマの糞を絞った汁を布でこして耳に入れると熱が取れる（糞の絞り汁を中耳炎に用いるのは新潟・鳥取・島根も同様）という。新潟・山梨・長野では、特に白ウマの糞を中耳炎の特効薬とする。

○茨城県猿島郡では、ウマの新しい糞の絞り汁を飲むとバヒフウ（ジフテリア）が治ることは不思議なほどであるといい、群馬県でも新しい糞をバヒカゼ（ジフテリア）の妙薬とする。やはり群馬県では、とりせき（百日咳）にも糞の絞り汁を用いる。

○その他、石川県では、淋病にウマの糞を煎じて飲み、栃木県では、糞の乾かしたものを煎じて解熱剤とし、また、ウマの糞を紙に包んでくわえていると齲歯《むしば》が治るという。愛知県丹羽郡では、白いウマの糞を飲ませるとひきつけがすぐに治る、と、これを特効薬とする。やはり愛知県下で、馬糞湯を飲むと長生きする、という。

○カサ（梅毒）には、テンセキ（人・ウマの頭骨、または脳味噌の黒焼き）をなめるか、テンセキに水銀を混ぜたものを薄い紙に包み、口中や歯にさわらないように飲み込む（山梨）。

○ウマの身体や馬具、その他ウマにちなんだものによる呪術的民間療法も多い。歯痛には「馬千匹」と書いた紙でなでると治る（秋田）。ウマの歯を口に含んでいると歯痛が止まる（岐阜）。疣には、ウマの毛で疣を縛るか、ウマの足跡にたまった夕立の水をつける（群馬）が、神奈川県では、お精霊さまのウマでこすると治る、という。メカゴ（ものもらい）はウマの鞦でこする（群馬）。また、尾の毛を涙腺にさしてよじって引くと、ものもらいが治る（長野・鹿児島）。
○銭虫《ぜにむし》には、患部に「黒」と書いて、その上に墨を塗り（奈良）、京都では、「馬」と書き、その周囲に円を描いて囲っておけば広がらない、という。馬の字を書く例としては、くさ（瘡）ができた時は、患部に「馬」という字を墨で書く（群馬・富山・長野・奈良）、酢を入れてすった墨で「馬」という字を書く（富山）、瘡の上に「馬」の字を三つ書く（愛知・石川）、「ウマ草食え」と言って瘡に墨を塗る、「ウマ草食え」と三度書く、「千匹のウマ草を食う」と三度瘡の上に書く、患部に「馬」の字を三十三字と「草」の字を十字書いて「この草食って走れ」と言えば治る（いずれも長野）、というような俗信がある。
○栃木では、刈った草で患部をなでてから、その草をウマに食わせるが、長野では、握り飯に「草」の字を書いてウマに食わせ、石川県鹿島郡では、餅で患部をなでて、その餅をウマに食わせる。顔の水疱瘡を治す法として、山形県新庄市では「日日日馬」と三回横に書き、「アビラウンケンソワカ」を三唱する。富山県小矢部市では、患部に墨で「馬」と書くが、それは、ウマが水を飲み、草を食うから治る、のだと説明している。草と瘡《くさ》の言い掛けによるまじないは、ウマ形の奉納にしろ、患部に「馬」の字を書く方法にせよ、瘡の民間療法では広く言うところであり（青森・千葉・富山・長野・石川・和歌山）、このことはウシについても同様である。
○ウマが食うという意味では肉刺《まめ》の治療も同様であり、肉刺の上に「馬」と書く（福井・愛知）、手の肉刺には「馬」と九つ書く（福井）、手足の肉刺の部分に「馬食う」と三回書く（石川）、足の肉刺は「白馬・赤馬・黒馬・豆かめ豆かめ」と三唱する（兵庫）、というような呪術・呪文が伝えられている。

○疱瘡は、群馬では疱瘡神を送り出すといって麦藁でウマを作り、治ると藁で御強《おこわ》を包み、赤い紙で作った御幣束をウマに背負わせ、辻に持って行って置いた。

○銭虫や疱瘡の他にも、吹き出物や疥癬《かいせん》などの皮膚病（瘡）には、患部に「馬」の字を書いたり、藁や土の馬を特定の神社に奉納する俗信は多い。山形県西置賜郡では、白山様の縁日（旧九月十八日）に、子供が藁で小さなウマを作り、赤飯と共に納めるが、この神は湿疹を治す神だから、という。和歌山市でも、二、三の寺に小児の瘡を治す祈願として土のウマを奉納する。千葉県長生郡では、某家にある赤いウマの絵の団扇であおぐと瘡が治るという。

○群馬県下では、瘡・はたけ（湿疹の一つ）の療法は、ウマの油肉で患部をさするか、またはウマの口から出すあぶくをつけたり、ウマになめさせたりするが、文字通りウマにクサ（瘡）を食わせる、の謂である。

○悪疫が流行した時は、秋田ではウマの髑頂骨《ろちようこつ》を門に掛けておく。高知では、ウマの轡をかむと流行病がうつらない、という。愛媛・島根の両県では、おたふく風邪にウマの轡をかませる。新潟・長野の両県には、風邪の神除けや風邪の神送りが伝わるが、それは、飯杓子に「馬」という字を五文字或いは七文字書いて風邪の神除けとするもの（新潟）、「馬」の字を三字書いて入口に貼っておけば、疫病にかからない（静岡）、「馬」という文字やウマの絵をかいた紙をタケに付け、道や土手、道祖神の所や辻に立てておくと、ウマが風邪を背負って行ってしまい、風邪の神送りになる（長野）、というようなものである。

○ウマの飼葉桶をかぶると痲疹がうつらない（愛知）、痲疹にかかっていない子や赤子に飼葉桶をかぶせると痲疹がうつらず、うつっても軽くて済む（岐阜・新潟）。群馬・栃木の両県では、それぞれ、北向きの馬小屋の飼葉桶をかぶる、北向きの廏で飼われている黒いウマの飼葉桶を痲疹の子にかぶせると軽くて済む、と、特定の条件を付する所もある。

○百日咳の予防や治療については、馬頭観音にウマのわらじを供える、北向きになっている二頭立ての廏の飼葉桶をかぶると、百日咳にかからない、または治る（共に宮城）、とりせき（百日咳）には「馬」の字を逆に三文字書いて戸口に貼る、北向きの馬小屋の飼葉桶をかぶせる、ウマの神様に申し上げる（共に群馬）、「大津東町馬頭観世音壱歳クツメキ御無用」と書くと百日咳の咳が止まる（新潟）、「子ども留守中」と書いて貼る（高知）、などの俗信がある。

○バヒカゼ・バヒフ（ジフテリア）の予防には、赤い紙に「馬」という字を三文字書き（驫）、入口に逆さに貼ると、かかっても軽くて済むという（群馬・栃木）。その他ジフテリアの予防や治療に関しては、北向きの馬小屋の飼葉桶をかぶる（群馬）、ウマの面繋《おもづら》をかけて御飯を食べるとうつらない（長野）、蹄跡にたまった水が効く（新潟）、ウマの子の面繋《おもがい》を顔に当てる（愛媛）、などがある。

○瘧《おこり》を治すには、ウマの腹の下をくぐり抜ける（新潟）、ウマのたてご（轡）を首に掛けて、他人に知られないように家の周りを三度這い廻る（長野）。

○小児の夜尿症や夜泣きを止める呪術にも、ウマにちなんだ物が使われる。小児の寝小便を治すには、「馬」という文字を書き、寝ている子供の寝床の下に逆さに入れる（群馬）、ウマの形をかいて床の下に入れておく（長野）、赤い紙でウマの形を切り、蒲団の下へ敷く（岩手）、紅紙でウマの形を四つに切り、それを子供の寝床の下に毎夜敷く（奈良・香川）。また、夜泣きを止めるには、岡山では、その子を仰向けにして、天井を指さして「馬」の字を三度書かせるが、愛媛県上浮穴郡では、「馬」という文字を書いた紙を柱に逆さに貼っておくと泣かぬようになる、という。

○また、ウマの糞や沓を使って夜泣きを治す呪術も各地にあり、マグツを赤ん坊に背負わせる（青森）、ウマの糞を子供の枕の下に置く（栃木）、マグツを家の表から棟越しに裏の方へ一気に投げる（山梨・富山）、マグツを屋根越しに投げ上げてうまく越せばよい（新潟）、ウマの草履を作ってお月様に上げる（愛知）、などの伝承がそれである。山口では、藁のウマを作って氏神に供えると夜泣きが治るとする。これは絵馬の原始的な形とみることができるであろう。

○その他のまじない。子供の歯ぎしりは、お宮様の神馬の豆を食べさせると治る（愛知）、歯ぎしりをする人はウマが食った後のまぐさを食べると治る（福井）、しおで（鞍の前輪・後輪の左右につけた、胸繋《むながい》・鞦《しりがい》をとめる紐）を両の耳に当て「ええごと聞け」と唱えると耳がよく聞こえる（山形）、藁で作ったウマを塞の神に上げると耳がよく聞こえるようになる（島根）、「馬」という文字を三字書き、入口に貼っておけば疫病にかからない（静岡）、七夕のウマを焼いて、溺死した人をあぶれば生き返る（千葉）、客の見えない所にウマの絵本を貼っておくと子供が火傷をしない（群馬）。

○ウマの肉は罰が当たるので食べられない（栃木）、観音様や大日様を信ずる者はウシ・ウマの肉を食べない（秋田県仙北郡）、馬頭観世音信心の人はウマの肉を食べない（秋田県雄勝郡）。

○青森では、ウシ・ウマを飼う人は四つ足を食べてはいけない、愛知では、ウマを使う人はウマの肉を食べてはいけない、といい、秋田県鹿角郡ではその理由を、ウマを飼う家でウマの肉を食べると、人かウマかのどちらかが災難に遭う、という。群馬県下では、妊婦がウマの肉を食べると四つ足の子供が生まれる、と、他の四つ足同様にこれを禁ずるが、逆に、妊婦がウマの肉を食べると風邪をひかない、とこれを奨励する所もある。

馬《うま》

(6)馬の走り込み、沓と蹄鉄、馬のいななき

○香川県三豊郡では、放れウシが家の中に走り込むのは凶であるが、ウマが入るのは吉事として飼い主の家へ酒一升を持って行く。このように、ウマが家に飛び込んで来ることを、福があるなどといって吉事とする所は多い（岩手・秋田・宮城・栃木・静岡・富山・岐阜・愛知・和歌山・山口・香川）。特におめでたい時期の駆け込みウマは喜ばれ、年明け早々にウマが軒下に入ると縁起がよい（青森県三戸市）、春に飛び込むと春駒といってよい（山口県豊浦郡）、正月に飛び込むと縁起がよい（愛媛）、供日の流鏑馬のウマが門口に入るとその家は栄える（佐賀県武雄市）、という。岐阜県吉城《よしき》郡では、夜、ウマが座敷に上がって歩くと、その年は蚕が上等であり、かつ繭がたくさんとれる。秋田県角館郡では、ウマが台所に上がるのは縁起がよく、餅を搗いて祝う。

○これとは反対に、凶として嫌う所も少なくない。秋田県南秋田郡・山本郡では、座敷に上がると凶事がある、餅を搗かねばならぬ事（葬式）が起きるといって甚だ忌む。長野県木曽郡では、座敷に上がると罰が当たる、といってやはりこれを嫌う。沖縄県国頭郡では、ウシやウマが台所や家に入ったら尾を切って返す（同県島尻郡伊平屋島も同様）というばかりでなく、ウマを庭先へ連れ込むことも、家の主人が死ぬから、といって忌む。

○ウマのひづめは割れたり、すり減ったりして傷つきやすいので、それを防ぐために蹄鉄を打ちつけるとか、藁製の履物を履かせる。この金具については、ウマの金具を拾うと縁起がよく、しまっておくと金持ちになる（愛知）、蹄鉄を出入口の柱に掛けておくと家が繁昌する（鳥取県八頭郡)、蹄鉄を懐にして賭けや博奕をすると大当たりする(宮城)、と来福の徴とする。藁製の履物についても、ウマの沓を拾うと良い事がある(秋田県雄勝郡・平鹿郡)、と吉兆とする。また、同じ吉兆にしても、その条件を言う所もある。ウマの新しい沓を拾うと縁起がよい、坂道を登る時にウマの沓を拾うと縁起がよく、これを軒に吊すと魔除けになる(共に群馬)、ウマの新しいわらじを拾うと金持ちになる(富山)、ウマの沓を片方だけ拾うと金儲けができる(新潟)、沓を一足拾えば福を得る、沓を倉の下に吊しておくとよい(共に和歌山)、沓を拾って神棚へ上げると身代がよくなる、恵比寿棚に祀ると身体がよくなる、沓を拾ったらツバメの巣にするとよい(いずれも愛知)、などがそれである。

○以上がいずれも吉兆を語るに対し、寒にウマの沓を拾うと厄病神がついて来る(愛知県北設楽郡)、と、これを忌む。

○山梨県北都留郡では、観音様に上げてあるウマの沓を借りると蚕が当たる、といい、群馬県群馬郡でも、春一番目の蚕を始める時に、近くの山の祠からウマの沓の片方をもらってきて養蚕室に吊しておき、翌年一足にして返し、また片方を持ち帰るが、そうするとカイコが病気にならない、といってウマの沓をカイコの守護にする。やはり群馬県群馬郡では、お雷電様にウマのわらじを進ぜると雷除けになる、蓮華院(倉淵村〈高崎市〉)は以前雷が落ちて焼けたので、四月一日にウマのわらじを供えて、先に上げてあるわらじと交換してくると、これが雷除けになる、という。

○宮城県黒川郡では、ウマに葬式を見せるな、死人が出たらウマを出すなと、これを忌む。葬式を出した家でウマの鳴き声を聞くと、その家からまた葬式が出るから、というのがその理由である。同様のことは、葬列が来た時ウマが鳴くと、遠からずその家にも不幸がある(北海道)、葬列の出る時にウマが鳴くと、その家に不幸がある(栃木県芳賀郡・山梨県南都留郡)、ともいう。宮崎県西諸県郡では、葬式の時嘶いたウマは早く死ぬ、という。葬式ならずとも、嘶きは凶兆とされ、朝早くウマが家の前で鳴くと、三日以内にその家に不幸がある(秋田)、ウマが嘶くと人が死ぬ(静岡県藤枝市)、ウマの声が悪いと親類の者の病気が重い(群馬県利根郡)、ウマが夜鳴きをする時は火の用心(岐阜)、などの俗信がある。

馬《うま》

(7)馬と晴雨

○ウマが嘶くと晴れ(山形・新潟・愛知・奈良)、ウマが嘶けば天気の徴(岩手)、夕焼けの方を向いて嘶くと明日は晴れ(広島)、ウマが頭を振ると雨がやむ(長野)、牧のウシ・ウマが山林中より出て来れば天気がよくなる(沖縄県竹富島)、と、共に晴天とするのに対して雨と占うのは、ウマがよく眠ると雨(宮城)、ウマが頭をベタリとつけて寝ると雨降り(群馬)、ウマの耳が鳴ると雨(愛知)、ウマが水泳ぎすると翌日は雨(岐阜)、ウマが跳ねると明日雨が降る(新潟)、ウマが南に跳ぶと雨が近い(群馬)、ウマが西へ行くと雨が降る(栃木)、子ウマが通ると翌日は雨、子ウマがたくさん通ると雨(共に栃木)、ウマが三匹並んで通れば雨(長野)、繋ぎウマが通れば雨が降る(茨城・埼玉)、繋ぎウマを数えると雨(栃木)、などがある。

○長野県安曇地方では、ウマの糧を煮る時に真ん中で煮え立てば天気、と餌の煮え具合によって占い、福島県南会津郡では、コマウマ(牡)が多く産まれる年は日照り、と牝牡による年占をする。

○山口では、ウシやウマの皮を水の中に漬けると大暴風雨となり、その年は不作といい、またウシやウマにまんが(馬鍬)をつけたままで溝を越えたり川を渡ったりすると大暴風雨になると、これらの所為を忌む。雨の降っている時、「馬」の字を百書いて表に貼っておくと間もなく晴れる、とは愛知県に伝わる晴天祈願の俗信であり、青森県下北郡では、雨乞いに、沼の中にウマの頭の形のものを作って投げ入れた、という。

馬《うま》

⑻馬の夢

○ウマの夢は良い、良い事や喜び事がある（岩手・秋田・宮城・福島・千葉・富山・長野・滋賀・奈良・岡山・愛媛・鹿児島）。これに対し、ウマの夢は縁起が悪い（秋田・新潟）。このように、ウマに関する夢占には吉凶二相がある。具体的には、ウマの夢はお金が入る（富山）、ウマの夢を見てから三日後にそこへ行くと何かがある（石川）、ウマの夢は蚕が良い（長野・愛知）、などが吉兆を語るに対し、凶兆では、ウマの夢を見るとお金がなくなる（宮城・福島）、ウマの夢を見ると喧嘩をする（秋田・長野）、家内と喧嘩をする（長野）、ウマの夢は家族の者が発熱（沖縄）、馬の夢は風邪の兆（秋田・宮城・福島・新潟・富山・岐阜・長野・愛知・三重・奈良・和歌山・広島）、ウマの夢を見ると人が死ぬ（広島・沖縄）、身内の者が死ぬ（沖縄）、ウマの夢は火事に遭う（秋田・和歌山・広島・愛媛）、赤いウマの夢は火事に遭う（長野）、などの俗信がある。和歌山県有田市では、ウマの夢を見ると火事に遭うので、その難を避けるには観音様にお詣りする、と伝える。

○気象との関係を語るものでは、ウマの夢を見ると大水になる（秋田）、ウマの夢は雷で、黒いウマの夢は雪になる（長野）、ウマの跳ねた夢は天気が良くなる（新潟）、などがある。ウマに追われる夢については、縁起が良い（福井・岡山）、土蔵の前に物が落ちている（石川）、と吉兆を語るに対し、風邪をひく（青森・静岡・愛知）、病気になる前兆（新潟）、と凶の判断をする。ウマにかまれた夢は、秋田では早死にをするというが、長野では反対に病が治る、という。ウマが家屋内に入る夢では、ウマが飛び込んだ夢はお金が入る（群馬）、自分の家に入った夢はお金が入る（富山）、台所へ上がった夢は良い（長野）、といずれも吉兆を語る。
○その他の夢占では、馬糞を踏んだ夢ではお金を拾う、ウマの穀物の夢を見ると良い事がある（共に秋田）、はねた夢は縁起が良い（新潟・広島）、と、いずれも吉兆とする。宮城県栗原郡でも、ウマの夢は一般的に良いが、ウマが暴れる夢は家の中にもめ事が起こる兆、という。一匹のウマの夢は良いが三匹の夢は悪い、とは、群馬県利根郡でいう。
○和歌山県東牟婁郡では、ウマに乗った夢は出世する、秋田県鹿角郡では、神馬に乗って富士山のような高い山を越える夢を見れば家は必ず繁昌する、と、共に吉夢とする。岩手県陸前高田市では、春のウマの夢は春駒といって良い事がある、愛媛県郡部では、春の夢は縁起が良い、秋田・宮城の両県でも、春駒の夢、春駒の駆ける夢は縁起が良い、という。春駒を吉とする俗信は『堀河百首題狂歌』にも「あづまより夜ふけてのぼる駒迎へ夢に見ただに物はよく候」とある。長野県北安曇郡・宮城・富山県で初夢にウマの夢を見るとその年は良い、群馬県利根郡でも、正月中にウマの飛び込んだ夢は蚕が当たる、という。
○白いウマの夢を見るとお金がたまる（富山）、東枕で白いウマの夢は悪い（秋田・宮城）、白いウマの夢を見ると人が死ぬ（秋田）、と、白ウマについては吉凶二様の夢占をする。
○ウマを夢見る原因として、仏様への信仰が足りない（群馬）、観音様に不信心の証、観音様のおとがめだから観音様へ参詣する（新潟・長野・和歌山）、ウマに追われた夢は観音様のお叱りだからお詣りする（広島）、ウマの夢を見るのは金比羅様へお詣りをしろというお告げ

（愛媛）、などの俗信がある。

馬《うま》

(9) 女と馬、歯を見せるな

○ウマの鞍をまたぐと瘧《おこり》を患う（茨城）、ウマの道具をまたげば足が曲がる（佐賀）、ウマの綱をまたぐと髪の毛が伸びる（鹿児島）、女性がウマの面掛や口籠《くつご》をまたぐと月経が重い（愛知）、というように、馬具類をまたいだりすることを禁ずるが、特に妊婦の場合は、胎児との関係で重い禁忌となることが多い。妊婦はウマの道具をまたいではいけない（秋田・岐阜）、ウマの端綱をまたいで渡ってはいけない（福井・愛媛・大分・鹿児島）、廏のません棒をまたいではいけない（宮城・群馬・静岡）。これらの禁忌はウシと同様である。また、馬具をまたぐと十二か月の子（富山・石川・山口）や十三か月の子を生む（愛知）、端綱をまたぐと十二か月（福島・群馬・新潟・長野・石川・高知・大分・鹿児島・沖縄）、または十三か月で出産する（愛知・香川）、端綱をまたぐと難産する（青森・福島・千葉・新潟・岐阜・長野・愛知・石川・愛媛・高知・沖縄）、ません棒をまたぐと十二か月の子を生む（宮城・静岡）。これまたウシと同様である。妊娠期間が十二か月という理由を宮城・福島では、ウマの妊娠期間は十二か月だから、という。福島県会津地方では、十二か月の妊娠をウマ腹と呼び、香川では、十三か月で生まれた子供をウマ子と呼んで嫌ったという。愛知では、妊婦がウマの道具を持つと出産が十三日遅れる、という。また妊娠中にウマの手綱をまたぐと額に旋毛のある子供が生まれる（青森県三戸郡・群馬県利根郡・吾妻郡、長野県北安曇郡）、ません棒をまたぐと眉間につむじのある子を生む（愛知県南設楽郡）、ウマの道具をまたぐと逆児ができる（富山県東礪波郡）、引き綱をまたぐと三つ口の子供が生まれる（群馬県利根郡・高知県幡多郡）、などの理由でこれを忌む所もある。高知県幡多郡では、へその緒が胎児の首に巻きつくからと妊婦がウマの引き綱を肩へかけたりまたいだりすることを禁忌とする（引き綱をまたぐことでは、新潟県東蒲原郡でも同様のことをいう）。千葉県館山市では、ウマの手綱はもちろんのこと、他の長い物でもまたいだ時は一度強く踏みつける。そうしないと胞衣《えな》が子供の首に引っかかるから、という。また、妊婦自身ならずとも、その夫や父親の所為が妊婦に及ぶことがあり、夫が死んだウマを担ぐと十二か月の子を生む（福島県白河市）、妊娠中に父親がウマの引き綱をまたぐと難産する（千葉県市川市）、などの俗信がある。

○以上のように、難産のもととされるウマの道具類であるが、逆に群馬県勢多郡では、難産の時にウマの桶をかぶせると早く生まれる、とこれを奨める。

○岩手県遠野市では、小正月にウマの小屋に立てた水木団子を女性が食べると子供を生む、という。これは人によって吉凶二様のとられ方をしたであろうが、一般的には凶である。また、妊婦や一般の女性の禁忌として、妊婦が葦毛のウマを見ると白っ子を生む（栃木県宇都宮市）、妊婦がウマの耳を引っ張ると馬面の子供が生まれる（千葉県東葛飾郡）、女性が種ウマを見ると夫と早く別れる（秋田県角館郡）、女性がウマに秘所を見せると、ウマはマメ好きだからどこまでも追いかけてくるから、決して見せてはいけない（岡山県勝田郡）、などの俗信がある。

○秋田県角館郡。富山県小矢部市では、白いウマに歯を見せるな、とこれを忌む。他にも、同様の禁忌を言う所があるが、その理由は、ウマ歯といって大きな門歯が生える、齲歯になる（共に栃木）、味噌歯になる（長野）、歯が腐る（新潟・愛知・石川）、歯が欠ける（秋田）、歯がみな抜ける、歯が生えない（共に鹿児島）、おはぐろがよくつかない（茨城・千葉）、歯が黒くなる（栃木・奈良）、と、見せた人自身の歯についての禁忌が多い。愛知・石川県七尾市では、白ウマならずとも、ウマに歯を見せると歯が腐る、とこれを忌むが、愛知県下には、白いウマに歯を見せると歯が白くなる、と逆の俗信も伝わる。また、白いウマに歯を見せると親が死ぬ（秋田・千葉・愛知）、白いウマが通った時に歯を隠さないと親の死に目に会えない（群馬）、白いウマのいる所を通る時は、口を結んで通らないと病気になる（鹿児島）、ウマに歯を見せると嫁入りしてから屁をこく（愛知）、などともいう。

○歯以外にも、白いウマに親指を見せると親が死ぬ（秋田・千葉・愛知）、白いウマに親指を見せると凶事がある、指が腐る、指が黒くなる、指が抜ける（以上、愛知）、白いウマに爪を見せると爪が腐る（愛知）、白いウマを指さすと、その人は死ぬ（秋田県雄勝郡）、などという。つまり、手を握っていればよいわけなのであろう。

○ウマの屁を笑うと、晴の場で恥をかく（茨城）、人前で恥をかく（千葉・富山・長野・石川・広島）、ウマの屁を笑うと自分が屁をするようになる（富山）、ウマの屁を笑うと口もとに腫物ができる（福井）、と、いずれもウマの屁を笑うことを忌む。

○ウマの身体の各部に関しては、以上の他、次のような俗信がある。島根県浜田市では、ウマの爪を地に埋めておくとオグロ（モグラ）がもぐらない、と、モグラの害から畑などを守る呪物にする。骨については、ウマの骨を踏むと足が腐る、また、その骨の部分の病気になる（秋田）、ウマの骨をまたぐと脚を折る（千葉）、と、踏んだりまたいだりすることを忌む。秋田県平鹿郡では、ウマの尻をなめると声がよくなる、という。ウマの毛に関しては、兵隊さんの袂にウマの毛が入っていると戦争がある（愛知）、在郷軍人の奉公袋にウマの毛が偶然入っていると戦争が起こる（富山県魚津市）、と、往時は戦争勃発に結びつけられた。

○以上の他に、記しのこしたものを一括して掲げると、神のウマが死ぬと伝染病が流行する（愛知）。八幡様のウマの足をなでて自分の患部をなでると治る（香川）。白いウマは魔を払う（埼玉）。白いウマは神様の前に行くと死ぬ（宮崎）。白いウマに投げつけた毬はよくはずむ（千葉）。おかしくて困る時は白いウマの顔を考えるとよい（長野）。

○ウマの足跡を踏むと背が伸びる（京都）。広島では、ウマのひづめの跡には河童が千匹すむ、といい、宮崎では、梅雨時のウマの足跡には河童が千匹、白いウマの足跡には河童が千匹、という。同じ氏子の同年配の者が死んだ時、ウマの糞を紙に包んで耳の傍に持って行き、「見ず聞かず」と三回言ってから捨てる、または、ウマの糞で耳をふさいで「悪いこと聞くな」と三回繰り返す（群馬）。

○ウマの面繋や鞦にシカの角をつけておくと、ウマを川に入れても猿猴（カッパ）除けになる（高知）。

○ウマには所有者を表す焼き金を当てるが、その当てる所がウマの後足になると跡目無し、四つ足になれば嫁無し、という（群馬）。

○六月十四日はギオン様がウマをつないでおり、ウマに蹴られるからキュウリのヤズ（支え竹）に入ってはならない（岡山）。

○ウマの墓地に物を作ってはいけない（秋田）、ウマのお墓の下を通ると背が高くなる（群馬）。

○ウマにかまれた時は、すぐに一升枡で水を傷口にかけると傷が早く治る（岐阜）。ウマにかまれた傷は、黒砂糖を溶いて塗れば痛みが取れる（福井）。後産は廏のウマの踏む所に埋《い》けるとよい（青森）。頭につむじの二つある人はウマ好き（群馬）。頭の毛をウマが踏めば毛が伸びる（石川）。初午に、「午」という字を千字書いて稲荷様に上げると字が上手になり、ウマの絵を千匹描いて上げると絵が上手になる（新潟県加茂市)。

馬《うま》

⑽蚕神の伝承、馬と養蚕

○ウマに関する民話として重要なものに蚕の由来を説く説話がある。ウマが美しい長者の姫と契ったため、長者は怒ってその首を斬り、皮を河原に乾しておいた。姫が三月十六日に供養に行くと、その皮が姫を巻き込んで天空高く飛去ってしまう。翌年の三月十六日に、空から白い虫と黒い虫とが降って来て、桑の木にとまり葉を食べて育った。白い虫は姫、黒い虫は馬の化身で、これが蚕の始めである。長者はこれから糸を取って大いに富む。東北地方のイタコがおしら様を遊ばせる祭文で語る説話で、おしらさまの神体は馬首、姫頭などである。『蚕の草子』や、『庭訓往来抄』に記されている話も、おしら祭文と同系のものだが、中国の『捜神記』、或いは『太古蚕馬記』『神女伝』などに記すところと共通点が多く、もとは中国伝来の説話であろうといわれている。

○各地の俗信に養蚕の豊凶とウマとの関係が説かれているゆえんは、右の説話の伝播に基づくものである。おしら信仰の存しない地方にも、右の禁忌俗信が見られるのは、『庭訓往来抄』などの普及と、口碑的伝播との両者によるものであろう。

白蠟虫《うんか》

○麦田が乾燥するとウンカが発生する（大分県西国東郡)。米糠肥料をするとツクアシ（ウンカ）が発生する（新潟)、という。愛知県南設楽郡鳳来町《ほうらい》〈新城市〉では、稲光がするとウンカが落ちる、という。

○一般にウンカと呼ばれているのは、農作物に害を及ぼすウンカ・ヨコバイ類の俗称で、時に大発生をしてイネに大きな被害を与えるため、土地によっては虫送りの行事をウンカ送りとかウンカ祭と呼ぶ。

○ツマグロヨコバイやウンカが電灯に集まるの

は雨の前兆（熊本）、ともいう。

【え】

鱏《えい》

○岡山県倉敷市藤戸の廣田神社では、脳病の祈願にエイの絵馬を奉納する。これは、昔、脳病にかかった漁師が当社へエイを供えたところ治ったためという。

○東京ではコブタイ（エイ）が上ってくると時化になるという。

○民間療法。アカエイの味噌汁は腹薬になる（新潟県佐渡郡）。かすみ目にはアカエイを食べる（愛知県南設楽郡）。鳥目にはエイの肝を飲むか塩漬にして食べる。水と一緒に飲むか焼いて食べてもよい（同県）。

○エイを食べると流産する（島根県邑智《おおち》郡）。

鱭魚《えつ》

○福岡県三《み》潴《ずま》郡若津（大川市向島）付近で、アシの葉の芽ぐむ頃からエツが盛んに捕れそめるという。昔、弘法大師がここの渡しに来た時、渡銭を持たぬ大師を快く舟に乗せた礼に、別れに臨んでアシの葉をちぎって川に投じ、窮すればこれを捕って暮らせ、と言い残して去った。その葉が化してエツになったと伝えている。エツは九州の有明海に多産し、ここに注ぐ筑後川のエツ料理は有名。

海老《えび》

○愛知県で祝い事の時には長生きするように、との心持ちから、エビを出す。長崎県壱岐島では、腰が曲がるまでといって、婚礼にはイセエビを用いるという。エビは、その腰を曲げた形や長いひげから、老人に似ているとされ、また殻を抜けるのが生命の更新とみなされ、古来賀寿饗宴の席に用いられることが多い。しかし、一方では、祝言の時はエビをつけるな、腰が曲がる（青森）、跳ねるといってよくない（長崎）、とか、エビが後にはねかえるように帰される（沖縄）、といって、婚礼の席に上げることを嫌う土地もある。
○秋田県北秋田郡で、妊婦がエビを食べると猫背になるというのは、エビの形状から連想したもので、カニを食べると毛深い子が生まれる、というのと同様であろう。他にも、井戸のエビを取って食べると毛が禿げる（沖縄県国頭郡）。エビはあずきとぎ（妖怪の名）に化ける（秋田県平鹿・雄勝郡）。小さなエビを生きたまま飲めば泳げるようになる（和歌山県西牟婁郡）などという。
○二百十日にエビを食べるな（秋田県山本郡）。エビが潟に一匹もいない時は台風が来る（長崎県北高来郡）、という。
○民間療法。痲疹《はしか》には、エビを食べる（愛知県南設楽郡）、エビの皮の煎じ汁がよい（岡山・山口・香川・高知）、イセエビの殻を煎じて飲むと早く発疹する（岡山・香川・徳島・愛媛・福岡）、イセエビの殻を煎じて飲むとエビ色に赤くなって発疹を促進する（鹿児島）、エビの茹で汁を盃に半分ぐらいを一日量として飲む（山口）、粥をどろどろに煮て、その中にエビの茹で汁を入れて飲む（同上）、イセエビの殻を干したものとキンカン・角砂糖を一緒に煮て、その汁を飲むと軽くて済む（広島）、イセエビの殻を煮出し、少量の塩を加えて飲む。山村では急には入手困難なため、旧家はいくつも軒先へ吊り下げておいて近隣の急に備えた（徳島）。イセエビの殻を戸口に下げておくと痲疹が家に入らない（和歌山・宮崎）。エビの殻の科学的な効用は定かでないが、疫病などを防ぐまじないとして、戸口にエビの殻を下げる俗信から派生したとも考えられる。
○腫物・できものには、イセエビの殻を黒焼きにし、その粉末を小麦粉と混ぜて練り合せたものを患部に塗る（鹿児島）。破傷風には、イセエビの殻の黒焼きを粉末にして服用する（鹿児島）、イセエビの黒焼きに、麦の粉を少し混ぜ、傷口をよけて塗ると妙効がある（福岡）。

○ひぜん（疥癬）には正月の飾りエビを煎じて飲む（富山県新川《にいかわ》地方）。禿頭病にはクルマエビの黒焼きを油と混ぜて塗る（熊本）。腎臓病にはイセエビの煮汁を飲む（鹿児島）。鏡餅の上にのせるイセエビを茹でた汁は熱冷ましになる（大分県南海部郡）。イセエビの殻を煎じたものは百日咳に効く（愛媛）。

○生のエビを食べるには、ホーと言うとあたらない（兵庫）。イセエビの殻をはまどうるめの天井に下げておいて、ヒエが入った時に飲んだり、酒を混ぜ、粉にしてつける（鹿児島県沖永良部島）。茨城県石岡市華園寺の海老地蔵堂に祈願すると、エビのようにはねて早く安産するという。お礼にはエビを入れた藁づとをお堂に供える。

○食合せ。エビと、ナツメはよくない（千葉・愛媛）。糖蜜は腹を下す（栃木）。エビとキノコは胃病になる（茨城県猿島郡）。

【お】

狼　おおかみ

○送りオオカミには二通りある。一つは道行く人について来て群狼から人を守ってくれる、いま一つは、人が倒れると襲いかかって人を食うというものである。前者については問題がないが、後者については、和歌山県東牟婁郡では、送りオオカミがいるとチンチンと音がするけれども振り向くといけない。送りオオカミの難から逃れる禁呪では、送りオオカミがついて来た時は、ころんだり尻餅をついても「休む」と声をかけないと襲われるから、必ず声に出し、家に着いたら草履を片方投げてやる（奈良県吉野郡）、送りオオカミには褌や帯を解いて長く垂らすと襲われない（神奈川県津久井郡）、オオカミには帯でも縄でも引きずって逃げれば、オオカミはその縄の先よりも近づいて来ない（新潟）、送りオオカミには人間が途中で足を洗うとオオカミは逃げる（兵庫県養父郡）、などが伝わる。

○送りオオカミを避ける呪文では、「四国の国のシンコもち、あわがら足を忘れたか、ナムアビラウンケンソワカ（三唱）」（和歌山県西牟婁郡）を唱え、また、オオカミにつけられない呪文として、道中では、「天竺の三ツ目の駒につけられて、さしやふさぐぞアラズバ」と唱え、門を入る時は「天竺の三ッ目の駒につけられて、さしやひらくぞアラズバ」と唱える（高知）。朱色で「儀唐」という二字を書いて懐に入れておくと、山中でイノシシやオオカミに遭わない、とは富山県東礪波郡でいう。

○夕方塩を買いに行くとオオカミにつけられる（三重県名張市）との俗信が示すように、オオカミは塩を好むものといわれる。オオカミが人の家までついて来た時は何もやらずに帰すといけないから、塩などを与えると喜んで帰るが、いじめると仇をする（和歌山）、オオカミに出合ったら「お前の好きな塩をやるから助けてくれ」と言うとよい（神奈川県津久井郡）、などが伝わる。オオカミが塩を好むという口碑では、『耳袋』に「狼をとる甚奇法……。狼は至て生塩を好むもの故、生塩の中へまちんを隠し入て（中略）ある医師の、神奈川辺の者に聞し由、狼は塩水を好、折節里方へ出候由聞しと云々」とある。

○送りオオカミについて『本朝食鑑』には、「人讎せざれば則ち狼害せず、人善く彼を遇すれば則ち狼亦報ゆるに善を以てす。もし人夜独り山野の幽蹊を行きて狼人を見れば、或は後に列を成して随行す。此れ俚俗送り狼と謂ふ。人彼に敵せず、粛み懼れて命を請へば則ち狼亦首を低くして伏し、反って其の人を護り、盗豺狐狸の害を拒む」と記し、『和漢三才図会』には、「或は炮火縄の気を齅げば則ち遠く避け去る。夜行人有れば其の首上を跳越すること数回、人もし恐れて転倒すれば則ち噬み食ふ。之を送り狼と称す。(人怖れず、又敵せざれば害無し)故に山野を行く人、常に火縄を携ふるなり」とある。

○和歌山県伊都郡では、人を送って行って再び送り返される事をオオカミ送りというが、オオカミ送りをするとオオカミが怒る、とこれを忌む。

○兵庫県宍粟《しそう》郡では、送りオオカミは後からついて来るばかりで別段害は加えないが、人が倒れると飛び越し、飛び越されると、死後に墓を掘り起こして食われるという。オオカミが頭上を飛び越えると死ぬ、オオカミが頭の上を飛び越えながら小便をかけられるとその人は命を落とすと、オオカミに飛び越されることを忌む。それを避けるためには、女性は頭の上に簪を立て、男性は煙管でも何でも金物を頭の上に立てる恰好をして歩く(共に兵庫県城崎郡)、女性が山路をする時は銀の簪を挿していないとオオカミに頭の上を飛び越される(栃木県足利市)。宮城県白石市では、オオカミが死人の上を飛び越すと死人が起き上がるから、死人の胸に刀を置くのはそれを避けるためである、と、やはり金属類を呪物とする。『和漢三才図会』には、「狼人の屍を見れば必ず其の上を跳び超し、之に尿して後に之を食ふ」とある。

○オオカミに関する民間療法や呪術では、次のような伝承がある。山形では、オオカミの頭骨は肺結核に偉効があるといい、埼玉では、熱病には、オオカミの頭骨を枕元に置くか、または削ったものを煎じて飲むと効く、という。長野県木曾郡では、オオカミの糞を煎じて飲むとコレラにならない、とこれを予防薬とする。

○「狼」という文字を書く呪術は、山形県置賜《おきたま》郡では、エネゴ（リンパ腺）が腫れたら墨で「狼」の字を三度書くとよい、福島県信夫郡でも、リンパ腺が腫れたら、その部分に「狼」という字を三度書いて塗り潰せば治る、岡山県勝田郡では、タムシには「狼」の字を書いて塗り潰せばよいという。

○広島県比婆郡では、山で箸を捨てるとオオカミがつけて来る、と、これを忌む。特に山でこしらえた箸をそのまま捨てることは嫌われ、捨てる場合は必ず折って捨てるものというが、その理由は、野箸を折らずにそのまま捨てると、オオカミが舌を比べよう、雪隠で逢おうと言って来る（三重県名張市）、山で作った箸は折って捨てると、オオカミが俺より大きな口のものがいると思って怖じる（奈良県吉野郡）、などといわれている。オオカミの口が大きいという件では、『倭訓栞後編』に「おほかみ　倭名抄に狼をよめり。大嚙の義なるべし」とある。

○以上の他、オオカミに関して次のような俗信がある。盗賊除けには南宮様のヤマイヌの姿を印した御符を貼っておく（岐阜県稲葉郡）。六月に植付け休みをするとオオカミが出る（三重県名張市）。オオカミを見たことがないという人に、それでは見せてやると言うと本当にオオカミが出て来る、高野山の護摩谷は昔、護摩を焚いた所なのでオオカミが来ない（共に和歌山）。

虎魚　おこぜ

○一般にはオニオコゼをさす。イラムシ・ウニ・マムシなどをオコゼと呼ぶ土地もあるが、それらは容姿が醜い、棘がある、有毒である、という共通点を持つ。山の神が魚のオコゼを好む、という伝承は各地に多く、山猟にオコゼを持って行くと山の神が喜ぶ（高知県土佐郡）。オコゼは山の神に上げる、身は食って頭だけ上げる者もある（長崎県壱岐郡）、という。宮崎県西臼杵郡では、狩の前にオコゼを手に持ち、「オコゼ殿、オコゼ殿、今日は一頭の猪を捕らせて下され、その御礼にあなたにこの世の光を見せましょう」と言って清浄な紙でオコゼを包み、願い通りイノシシの捕れた時には、さらにまた一枚の紙でその上から包み、「今一つイノシシを捕らせて下さればこの世の光を見せましょう」と言って毎回これを繰り返す。何のことはない、次々にオコゼを欺すわけである。和歌山県有田郡金屋町〈有田川町〉でも、イリコの中の小さいシャチ（オコゼ）を紙に包んで山の神へ「狩をさせたらいいもの見せる」と、もったいぶって出し、少し開き、また懐へ入れて帰る。山の神はシャチを見たがるものだ、と伝えている（この種の狩猟関係の資料は、柳田国男『山神とオコゼ』に詳しいので省略に従う）。
○オコゼを山の神の妻とか、山の神の使いと説く伝承は、山の神と海の神が結ばれることによって、人間に生産の豊饒をもたらすその仲介者がオコゼであると考えられたことに基づく（『日本民俗事典』）。文献にもはやくから登場し、山の神がオコゼ姫に求婚する説話は御伽草子にも綴られている。『大和本草』には「フクニ似テカドアリ、背ニハリアリ、赤色マタラナリ、其ノ長サ一寸ハカリナルヲ、海人用テ山神ヲ祭リ、日和ト得モノアラン事ヲ祈ル」と記す。
○民間療法。オコゼに刺された時は、黒砂糖を湯に溶かして飲むか湿布をする（石川県輪島市）。酢か海水を温めてたでる（患部を蒸すこと）（広島）、地面に十字を書いて、その中心の土を塗るとよい（愛知）、何でもよいから倒すは陰毛を抜いてなでると治る（新潟県佐渡郡）。（山口県大島郡）、女陰部にすりつけるか、また
○百日咳は、山の神にオコゼを供えて祈願すれば治る（愛媛）。大仙山上の地蔵にオコゼを供えると腹痛・百日咳が治る（香川県木田郡）。山の神に「百日咳を治してもらえばオコゼを供える」と誓い、治ると供える（同県讃岐平野）。
○山の神に酒、洗米、特にオコゼを供えると幼児の夜泣きが治る（同県小豆島）。神戸市須磨

区多井畑《たいのはた》にある猿田彦神社は山の神で、子供のいむしを治して下さるといい、お礼にはオコゼを描いた絵馬を奉納する。隠岐の知夫村では、流行病がはやると木之山神社にオコゼを上げて願掛けする。
○オコゼを味噌汁にして食すると乳がよく出る（新潟・神奈川）。妊婦に味噌の吸い物にして食べさせると精がつくといって、オコゼを持って見舞いに行く（山口県大島郡）。乳腫物にオコゼの黒焼きをつけると治る（新潟）。
○オコゼは腹薬・虫薬になる（同県）。腰痛には黒焼きを食べる（島根）。
○山口県大島郡で、オコゼにはワンビキ（ヒキガエル）がなるといい、以前、大時化の時にヒキともオコゼともつかぬものが流れ着いたことがあった、と伝えている。門口に吊して魔除けのまじないとする土地もある。

御玉杓子　おたまじゃくし

○オタマジャクシを殺すと目がつぶれる（栃木県芳賀郡）。
○オタマジャクシのたくさん生まれた年は陽気がよい（長野県北安曇郡）。
○民間薬。子供の咳止めには、オタマジャクシを煎じて飲むとよい（沖縄県八重山郡）。オタマジャクシの粘液は火傷に妙効がある（宮城・香川）。⇩蛙《かえる》

尾長　おなが

○オナガの名は、『重修本草綱目啓蒙』によれば、関東が中心で、通名はサンジャクとある。
○三年飼うと盲目になるといい、昔は飼う者はいなかった。飼育に手数がかかるので参ってしまうところから、そういわれたとの説もある。
○オナガが鳴くと天気が悪くなり（群馬・埼玉）、雨が降る（宮城・千葉・山梨）。オナガが里に下りて来ると雨が降る（宮城・福岡・佐賀）。オナガが山で鳴くと大風、川の岸で鳴くと雨になり、群がって里に下りて来ると山が荒れる（千葉）。冬にオナガが集まって来ると雪

が降る（埼玉）。オナガはギャアギャアドリ（山梨）などとも呼ばれるように、ギューイキユッキユッと甲高い声で鳴く。鳴き声が天候のくずれる兆とされたのは、森から森へ、甲高い声で鳴きながら高い所を波状的に飛ぶのを見て、山が荒れる前にはオナガが避難して来る（千葉）、と考えたものであろうか。

○『和漢三才図会』に「将レ雨時群飛、（中略）関東山中多有レ之、畿内曾不レ見レ之」と見え、『飼籠鳥』に「江戸には秋春に群を為して鳴きて山林を渡る。（中略）多く群りて飛鳴する時は、三日の中必ず雨あり。余曾て試み真に然り」とある。

○オナガは、月・日・星と鳴くので三光鳥、ツキヒホシドリと呼ばれる。春山の頃に、ジザ、ヒイチキンチャク、オトサンカと鳴く（新潟）。オナガの鳴き声が、マイヌイ、ヘヘ、メヒン、ヘヘ、と聞こえる時は豊年、マイヌイ、スイ、スリ、ヘヘ、と聞こえる時は凶年（沖縄県竹富島）。

【か】

蚊　か

○蚊柱が立つと不思議が起こる（栃木県芳賀郡）。蚊柱の崩れた方に火事がある（秋田県仙北郡）。蚊柱が立つと雨が近い（宮城・福島・長野・岐阜・広島・愛媛）。蚊柱の立つ年は風が強い（山口県阿武郡）という。大宝三年（一三六三）五月に西楼の上に蚊柱が現れたので吉瑞として、年号を「慶雲」に改めたという故事がある。『煙霞綺談』（安永二年刊）に、蚊柱を火事と見誤った話が見えている。

○地方によっては、カの餅搗きとも呼ぶ。ユスリカの集団交尾であるが、雨の前兆とみたのは、むし暑く湿度の高い夕方に出るためであろうか。

他にも天候予知に関して、カが群れると、雨になる（山形・岐阜・佐賀・長崎・熊本・鹿児島・沖縄）。天気が荒れる（新潟県東蒲原郡）。カの多い晩の翌日は雨になる（岐阜）。カのせわしき時は雨が近い（岐阜）。カの多い年は、暴風がある（群馬県利根郡）、旱《ひでり》になる（山口県阿武郡）、豊作になる（広島）。刺し方がひどい時は雨が近い（宮城・愛知）という。

○小正月の晩に、粥を食べるとカに刺されない（岩手県遠野市）。とんどで焼いた餅を食べれば刺された痕がすぐ治る（奈良）。カヤ（榧）をくべると、カがつかない（長野県北安曇郡）。福井市で、カ除けにはカヤノキを焚くとよいといい、長野県飯田市では、モチグサを揉み手首や足に塗っておくと喰われないという。小正月には年占や害獣を追い払う行事が多い。カヤを用いるのは蚊遣りの意味があるのかも知れない。『大和本草』に「榧ノ木或楠ノ屑ヲタクベシ」と見え、『耳袋』巻之十には「五月節句に棗を焚候得ば、蚊不出事奇妙の由。或人之を伝授なして焚しに、軒端にむれても其家へ不入由」と記されている。モグラの生血に糸を浸け張り廻しておくとカが近づかない（山形県新庄市）、ともいう。

○カに喰われた時には、ハッカを塗る（新潟県東蒲原郡）。ハブ草の葉を揉んだ汁を塗るとかゆみが失せ、化膿することがない。カキドオシの葉でも効がある（秋田県平鹿郡）。アサガオの葉を塩で揉んでつけるとよい（新潟県佐渡郡）。梅干しの皮を貼る（新潟・愛知）。かまれた時は、カを殺して傷の上にのせ「カヨキケカヨキケ」と言う（兵庫）。

○二百十日で、カの口まがる（山形県米沢市）、口が八裂きになる（秋田県雄勝郡）、脛は八裂きになる（同県平鹿郡）。二百十日を過ぎる頃からカが減るのでいう。

○旱年にはカが多い（愛媛県北宇和郡）。カはヨモギを嫌う（新潟県西頸城郡）。

○正月に羽子突き遊びをすると、カに食われぬまじないになるという説があり、一条兼良の『世諺問答』に記されたので一般にも信じられた。羽子（胡鬼《こぎ》の子《こ》）には、ムクロジの実を付けてあり、高く上げるととんぼ返りして落ちてくる。トンボは秋、カを食うものと信じられていたので、羽子を突けばカが恐れて寄りつかなくなるという論理で、これを拡大解釈して江戸時代には宝引（福引）や、かるたなどの遊びも羽子突き同様の効果があると考えられた（『半日閑話』）。

蛾　が

○天井にガの卵があると善悪どちらかが来る（愛知）。眠っているところにガが舞い込んで来て目を覚ました時は人が死ぬ（福島県耶麻郡）。夜雀（ガの一種という）が鳴くと人が死ぬ（高知県幡多郡）。千葉県で夜のガは仏様の使いといわれるように、ガを死者の魂の化身と考えたらしい。

○ガの移動は大雨の兆（鹿児島県川内川《せんだいがわ》流域）。ヌカガが群れて飛ぶと雨（山形県最上郡）。ドクガが多く出ると天気が変る（新潟県東蒲原郡）。

○耳くそがたまるとガになって飛んで出る（神戸市）。千葉県で、ガが灯火に飛び込むのは、苛酷な継母に従っているのだという。⇩三光《さんこう》鳥《ちょう》

貝　かい

○妊婦が貝を食べると舌を出した子が生まれる（兵庫・岡山）という。千葉県東葛飾郡では、貝類を食すると鼻の下の長い子ができるという。器に入れたアサリなどが水管を出している姿が舌を出しているように見えるための連想であろうか。

○沖縄では、三月三日は家に居てはいけない。浜に出て遊び、魚や貝を食べないと斑蛇《アカマタ》を産むといわれている。大阪府では、妊娠中または産後すぐに貝を食べると陰部が鳴るといい、和歌

山県東牟婁郡では、赤い貝を母親に見せると乳が腫れると伝えている。石川県珠洲《すず》市では、出産後は貝類を断つ風もあった。
○岩手県遠野市では、五月貝は食うものでないという。北九州市では貝掘りの夢を凶と伝えている。
○和歌山県有田市で、ツバメが巣に持って来た小貝で水を飲むと腹痛が治まるという。新潟県では、貝汁は煙草の毒消しになるという。
○同県白根市戸頭〈新潟市〉では、九穴の貝で祝い日に酒を飲むと病気にならないと伝えている。（九穴の貝は、アワビについていう。穴が九つあるもの。人間および哺乳動物には両眼・両耳・両鼻孔・口・前陰・後陰の九竅《きゅうきょう》がある。これから、九穴の貝は霊的なものと考えられたのであろう）⇩赤貝《あかがい》・浅蜊《あさり》・貝殻《かいがら》

貝殻　かいがら

○富山県氷見市で、貝殻を置けばムカデが来るといい、沖縄県国頭《くにがみ》郡では、夫婦の寝る床下に貝殻があると三つ口の子供が生まれるという。
○麦粒腫になった時は、貝殻をブタ小屋に吊り下げると治る（沖縄県国頭郡）とか、百日咳には入口に吊す（群馬県邑楽郡）とよいという。しゃっくりを止めるには、牡蠣の貝殻をよく焼いて粉にし、白湯で飲めば治まる（富山県下新川郡）という。『魚鑑』に「煮食ふて中《うち》を調へ、よく盗《ね》汗《あせ》をとどむ、生にて食へば酒後の渇きをとどむ」と見える。⇩鮑《あわび》

蚕　かいこ

(1)蚕の豊凶、養蚕禁忌、蛇と蚕、馬と蚕

○妊婦のいる家ではカイコを飼ってはならない（秋田県山本郡）。上蔟（カイコが繭をつくること）の時に女が汚れていると赤い繭ができる（東京都八王子市付近）。カイコを飼う人は喪家に出入りしない（福島県郡山市）。死ぬという言葉を忌み、ねぶらっしゃった、という。蚕室で屁をひると形の整わない繭ができる（長崎県壱岐郡）。カイコが死んだと言ってはならぬ、

ころんだという（宮城県刈田郡）。カイコは神聖なものであるから、忌みを嫌ったのである。
○カイコにはスギの青葉の煙、魚を焼いた生ぐさい匂い、蠟燭を消した匂いがよくない（富山県東礪波郡）。煙草の煙はよくない、どうしても飲む時は口を漱ぎ、手をヨモギでこする（富山市）。カイコは悪臭を嫌うので天井にサンショウの木を吊す（兵庫県養父郡）。三時の煙が入ってくるような時は蚕室の四方を閉め、風口の窓にサンショウの枝を置くとよい（富山県東礪波郡）。『和漢三才図会』に「臭穢ノ気、脳麝ノ香、煙草ノ煙共ニ之レヲ忌ム」と見える。サンショウは、芳香が強く、魔除けになるといわれるところから用いられたものであろう。
○養蚕中は、ネズミの話をしてはいけない。必要な時にはヨメゴ（群馬県利根郡）とかオフクサマ（福島県信夫郡）、ヨルノモノ・ヨメサン（兵庫県養父郡）という。ネズミは、カイコの大敵として恐れられ、その排除には苦労が多かった。愛媛県大洲市では、カイコを飼えばネコを飼えという。富山県東礪波郡で夏蚕の時にはホタルを紙袋に入れてネズミの通り道に置くと来ないと伝えている。『大和本草』にも「蚕に鼠ツケハ防キカタシ。螢ヲ紙ニ包ミ傍ニヲケハ近ツカス」と記されている。また同郡では、ノビル（野蒜）の根をすり潰し、ネズミの通り道に置くとよいとも伝えている。
○ヘビに縁のある弁天様をはじめ養蚕にご利益のあるという神様は多く、山梨県中巨摩《なかこま》郡で、赤坂稲荷の水を拝めばネズミ除けに効があるといい、群馬県利根郡では、お諏訪様から青大将をネズミ除けに借りてくる。これは、神主さんに紙に書いてもらうのだが、途中で休むとそこからヘビがついてこないから効かぬという。
○養蚕中にヘビやヒルが入れば凶作（秋田県仙北郡）。蚕室でヘビの話をするとよい繭ができない（石川県鳳至《ふげし》郡）。ヘビの話をすると、そのカイコは当たらない（長野県北安曇郡）。へビという語を忌んでナガムシ（秋田）とか、ナワ（兵庫県養父郡）といい、マムシはシマムシ（秋田県仙北郡）という。ヘビを殺すとカイコが死ぬ（同県由利郡）。ヘビはネズミ除けとして信仰される反面、実際にはカイコに害を与えるため忌まれた。

○鹿児島県沖永良部島で、ウナギを家に入れるとカイコが死ぬというのは、その形からヘビを連想したものであろう。奄美大島では、ハブはウナギから生まれたという伝説がある。ウナギをヘビと同じく水の神の象徴とする信仰は広い。

○その他の忌む行為。カイコを一匹二匹と数えるとはずれる（栃木県芳賀郡）。養蚕をやっている家に、フジやヤマブキを持ち込むな（秋田県北秋田郡）、キリの花やフジの花を入れるな（宮城県気仙沼市）。スズタケを燃やすとフシッコになる（群馬県勢多郡）。繭を茹でる時タケを使うと糸が取りにくい。オカイコのこぐそを踏むと小さくなる。カイコを飼っている前でサナギを焼くとカイコが悪くなる（山口県大島郡）。不幸のあった家では養蚕は必ず失敗する（福島）。太鼓や鉦を叩いてはいけない（富山県東礪波郡）。カイコを飼っている時には、客は裏へは抜けられんといい、表口から入った客を裏口から出してはいけない（兵庫県朝来郡）。

○オカイコはウマと仲がよい（新潟・愛知）。午の日にカイコを掃けば繭がよくとれる（長野・愛知）。蚕種を止めおく夜にウマの夢を見るとカイコが当たる（長野県南安曇郡）。午年の人はオカイコを飼うと調子がよい（愛知県南設楽郡）。カイコの由来譚に、ウマと娘が結婚し、のちにカイコになったと説く話は、東北地方ではオシラ神信仰と結びついて語られ、古くは中国の説話集『捜神記』にも見える。以前は、正月にカイコの豊作を願って木造の馬の背にまたがり、各家を廻る門付け芸（春駒）も行われた。

蚕　かいこ

⑵豊蚕祈願、豊凶予兆、蚕による民間療法、その他

○カイコはウンムシ（運虫）とも呼ばれるように、飼育が不安定でむつかしく、神仏に頼むことが盛んであった。上蔟の時、弁天様から石を三つ借りて来て目棚に置くと出来がよい（岐阜県武儀郡）。蔵原観音（山梨県高根町〈北杜市〉）にウマで参詣し、絵馬を借りてきてカイコを飼うと大当たりする（山梨県北巨摩郡）。岐阜市美江寺のカイコ祭の時に売られる土鈴を、蚕室で鳴らせば成育がよいという。

○どんど（左義長）の火に蚕種をあぶると豊作、節分の夜に氏神社の籠り（参籠。祭礼）で焼く火に種紙をあぶるとよい（兵庫県養父郡）。建前の棟餅《ぐしもち》投げに用いた草履をはいて蚕飼いに当たると収穫が多い（福島県南会津郡）。立春の日、空に陰風なければ多くとれる（岩手県遠野市）。酉の日にカイコを掃くと繭がたくさんとれる、丑年生れの人が掃きたてると多くとれる（長野県北安曇郡）。初午の日に繭団子をつくるとカイコの大繭がとれる（福島県郡山市）。嫁・子供などができて家族が増えた年にカイコが当たると、その後幾代も当たる（福島県南会津郡）。上蔟の前後に選ばれた男女二人が蚕室に入り抱擁しあったという（秋田県）。小正月につくられる繭玉団子も豊作を願ってのものである。

○宮城県や福島県で、正月納豆がよくできるとカイコが当たるという。長野県北安曇郡で、川にアオミドロが多くできれば豊作というのは、糸を多く引くことからの連想であろうか。蚕児に白殭《はつきよう》病が出る時は豊作（奈良県山辺郡）。コージムシ（シラコ）ができると豊作（熊本県玉名郡）。

○悪い例としては、旧暦三月三日に天候が悪いと養蚕も悪い（秋田）。赤い物を蚕室に持ち込むとよくない、笛を吹くのは悪い（兵庫県養父郡）。カイコを飼っている時に雷が鳴るとよくない（富山県東礪波郡）。初午に髪を梳くとカ

イコがひかりっこになって繭をつくらぬ（福島県南会津郡）という。
○カキの若葉のスズメ隠れにカイコを掃く、フジの花ざかりにカイコ出る（新潟県栃尾市〈長岡市〉）。ジクシン（イヌビワ）実れば晩春蚕の掃きたて（和歌山県北部）。
○民間療法。糞は解熱剤として有効（香川県）。病蚕は熱冷ましに特効がある（熊本県玉名郡）。かぶれにはカイコを潰してつける（愛知県南設楽郡）。カイコの糞を飲むと中風に効く（岩手・石川・長野・岐阜・愛知）。腎臓病にはカイコの糞を陰干しにしたものを袋に入れ煎じて飲む（沖縄）。淋病にはカイコの糞を煎じて飲む（山口県大島郡）。乳腺炎には干して粉末にしたカイコの糞を飲む（山口）。バイブ（ジフテリア）にはヤマカイコを食べさせる（奈良県五條市）。子供のひきつけにはヤマカイコの繭を黒焼きにして中の蛹を飲む（長野県上水内郡）。腫物にはヤママユの皮を飯で練って貼るとよい（愛知県北設楽郡）。カイコの蛹をつけ焼きにして与えると小児の疳虫によい（和歌山）。高血圧には、二・三眠の蚕糞を用いる（群馬）、糞を陰干しにして飲む（埼玉）。にきび、その他すべて顔に小さい吹き出物ができた時は、カイコの蛾を干し、粉にしてつければ治るともいう（福井）。消渇にはカイコの糞を飲む（愛知県南設楽郡）。便所のちょうず場神様に上げた繭を食べると虫歯が治る（群馬県勢多郡）。
○その他カイコが病気にかかったのではないかと疑わしい時には、サンショウの葉を刻み、クワの葉に混ぜて与える。カイコがサンショウの葉を少しでも食べればよく、食べなければ病気（富山県東礪波郡）。カイコがつり繭すると家族の中の誰かが死ぬ（愛知）。カイコをひっくり返すと牡丹餅をつかねばならぬ（福島）。
○カイコを火に投じ、パチパチと音すれば晴れ、音のせぬ時は雨になる（徳島県板野郡）。

鸊鷉　かいつぶり

○新潟では、カイツブリが鳴くと雨が降る、といい、和歌山では、カイツブリが舞い上がれば、晴れという。カイツブリは鳰《にお》の浮巣といわれるように水上に営巣し、水中を泳ぐことは上手でも、飛び立つことは得意ではない。

○越後でカイツブリの方言を、ミオサイ・ツレカモ・イッチョウモグリなどと呼ぶ。本妻の他に女をこしらえて蒸発状態を続ける男性をミオサイにたとえたり、ムグリ、イッチョウの旦那などと悪口した。

○カイツブリの羽毛を患部にあてると痔が治る、という民間療法が伝わるが、痔薬として、「此鳥功能は痔の大妙薬也」(『飼鳥必用』)、「痔を病ム人ハ、寒中ニ腸ト血トヲ避テ治シ食フ」(『重修本草綱目啓蒙』)、などの記述がある。

蛙　かえる

⑴神のお使い、田の神・守護神、蛙と小便・蛙の小便、蛙禁忌・虐待の祟り

○オヒキガエルは神様のお使いである（群馬）。オオガマガエルは天神様のお使いだから殺してはならない（千葉県市川市）。ヒキガエルは、稲荷様の乗り馬（千葉）、三宝様の使者（岡山）、庚申様の乗馬だから捕らない（千葉県山武・印旛郡）。アオガエルは神様のお使い（秋田・広島）。アマガエルは、神様のお使いだから手をかけない（福島県大沼郡）、殺さない（東京・千葉・福井・和歌山等）。熊本県玉名郡南関町では、アオビキ（雨蛙）は一名ホトキサンビキといい、仏様を背負っていらっしゃるから殺してはならぬという。

○カエルを神の使者とする信仰は広く、古くは『古事記』上巻の少名毘古那神の条に登場する多邇具久《たにぐく》（ヒキガエル）を田の神の使いとする説もある。磐城地方では、十月九日に刈上げ餅を搗き、神棚に藁座をこしらえて、二重の餅を供え、田の神を祭る。カエルは田の神の使いで、この餅を背負って行くと伝えている。

○ヒキガエルは、福の神（和歌山）、殺すと家運衰う（和歌山県御坊市）。ガマは銭神様だといって殺さない（和歌山県東牟婁郡）。フクガエルが家にいると福がある（愛知）。
○家の中に、ヒキガエルがいると火事にならない（愛媛・佐賀）。フクダカビッキという大きなカエルが家の中に入ると、その家はいつも平和である（秋田・三重）。
○ヒキガエルはその家を守るから殺してはいけない（山口）、ガマは家の守り神なので殺さないで保護する（島根）、ガマを殺すことを忌む。禁を破ると疣《いぼ》ができる（高知）。ヒキまたはヘビの雌雄二匹が家の近所にいるとその家の守り神となる（宮城県本吉郡・石川）。カエルは火事の時手伝ってくれるので、殺したり小便をひっかけてはいけない（愛媛県上浮穴郡）。カエルを田の神等の使令とするところから、農家の福の神や守護神として信仰されたものであろう。各地に伝承される昔話にもカエルの登場する話は多く、「蛙女房」「蛙報恩」「蛙聟入」などがよく知られている。
○宮城県刈田郡で、子供たちがカエルを地面にたたきつけてビッキ草（オオバコ）をかぶせ「ビッキモサ、ビッキモサ、なんですんだ（何故死んだ）、昨夜《ゆうべ》のおがね食って今朝すんだ、お医者さんが来たから戸あけろ、カラトンカラトンスットン」と三回唱えると、カエルが生き返るという。兵庫県では、アマガエルが死んだ時、その周りに石十個を置いて「アマガエルどのが昨日のばんげ酒のんで死んじゃった」とうたいながら、石を一つずつ取ってゆくと、石がなくなるまでには生き返るという。奈良や広島県でも、カエルが死にかけた時はオオバコの葉をかぶせると生き返るといい、長崎県壱岐島でも、カエルを半殺しにしてオオバコの葉を揉んでかぶせ、蘇生させる子供遊びがある。
○カエルの蘇生にオオバコの霊力を認めていたことは、『蜻蛉日記』に道綱母が「おほばこの神のたすけやなかりけんちぎりしことをおもひかへるは」と詠んだ歌があり、『松屋筆記』にも「蟇を打ち殺して車前《おおばこ》の葉に包みおけばやがて蘇ることは世人の知れるがことし」と見えている。

○ヒキガエルに触れると疣ができる（栃木・群馬・奈良・三重・岡山・広島・山口・高知・大分等）、いじめると疣ができる（愛知・福岡・宮崎）、殺すと疣ができる（山口・高知）、ヒキガエルの後を歩けば疣ができる（大阪府枚方《ひらかた》市）。カエルに、小便をかけられると疣ができる（群馬・新潟・和歌山・山口）。小便をかけると、疣ができる（宮城県気仙沼市）、目の上にたんこぶができる（群馬県利根郡）。ヒキガエルに小便をかけると、疣ができる（同県）。小便かけられると、疣ができる（山口県玖珂《くが》郡）。ヒキガエルを指さすと疣ができる（広島）。イボガエルをつかむと手に疣ができる（栃木）。カエルの体表が疣状をしていることから連想したものであろう。

○反対に、愛知県南設楽郡鳳来町で、疣はヒキガエルに移して取るとか、尾張地方で、アマガエルの腹でできものをなでると治るといい、群馬県利根郡では疣を取るにはオカマガエルを洗うという。栃木や群馬では、ヒキガエルのことをエボガエルとかエボガチゲーロと呼んでいる。

○ヒキに小便をかけられると、かけられたところから腐る（大阪）。

○カエルの小便が目に入ると、片目になる（秋田県平鹿郡）、目がつぶれる（山梨）。アマガエルの小便が目に入るとつぶれる（愛知県北設楽郡・南設楽郡）、カエルの小便で眼をこすれば眼病む（長野）。

○カエルに小便かけるとちんこが腫れる（山口）、ヒキに小便をかければ気がふれる（岡山県久米郡）、罰が当たる（栃木）、乞食になる（岡山県勝田郡）、手が腐る（新潟県西頸城郡）。アマガエルの小便がかかると指が腐る（鳥取県東伯郡)、ヒキガエルを指さすと指が腐る(島根・広島)。木に挿してあるカエル(モズの早《はや》贄《にえ》の類か)をなぶると指病《や》めになる(愛知県丹羽郡)。

○カエルを殺すと、雨になる(北海道・岩手・秋田・山形・福島・千葉・新潟・富山・石川・福井)。殺して仰向けにしておくと雨になる(秋田・山形)。カエルの卵にいたずらすると雨が降る(新潟県東蒲原郡)。殺したカエルが手を伸ばした方向の縁組その他に不幸がある(北海道)、カエルを殺すと、勉強ができなくなる(福井・和歌山)、夜血を吸いに来る(愛知)、産婦が難産する(秋田県由利郡)、顔にできものができる(佐賀)、立山に登れない、登る途中に大きなカエルが手をつないで道をさえぎるからだ(富山県氷見郡)、橋が渡れなくなる(香川県三豊郡)。女の子がカエルを殺すと美しい夫を持てない(岐阜県大野郡)。ヒキガエルを殺すと、火事になる(山口)、火をくわえてくる(香川)、夜大石を腹の上にあげられる(大分)、夜寝ている時おさえられる(鹿児島)、夜寝床に入ってくる(岩手県陸前高田市)、祟る(熊本県玉名郡)、神様の罰が当たる(千葉県東葛飾郡)、喘息になる(高知)。カサワクド(ヒキガエル)をいびると夜石臼を持って来ておさえられる(大分県宇佐地方)、ヒキガエルを生殺しにすると、その夜化けて来る(長野県北安曇郡)、生血を吸われる(愛知)。ヒキガエルをいじめると飯が腐る(岐阜県高山地方)。トノサマガエルを殺すと化けてくる(同県)。アマガエルを殺すと雨が降る(山形・宮城)。アオガエルを殺すと雨が降る(秋田)、いじめると雨になる(群馬県利根郡)という。

○山口県大島郡で、カエルに熱湯をかけるとカエルのような皮膚の子ができるというのは、カエルの体表からの連想と、神の使令として殺すことを忌むところから言うのであろう。

○新潟県佐渡郡で、カエルを海に入れるとはちめ（赤魚・鯛のことか）になるといい、岡山県では、アカガエルは海に入ってメバルになると伝えているが、『和漢三才図会』にも「蟾蜍《ひきがえる》海に入りて眼張魚《メバル》に成る」と見え、興味深い。

○カエルがウシに屁をひりかけるとウシが患う（広島県比婆郡）。カエルを食べると六本足の子が生まれる（愛知県南設楽郡）。縁の下のヒキガエルは人の血を吸う（愛知）。井戸のヒキガエルをとって食うと毛が禿げる（沖縄）。ヒキガエルは鉢を吸い込む（長野県更級・埴科《はにしな》郡）という。

○家の中にカエルが入ると、悪いことがある（秋田）。カエルは盗人の先生（福井）。結婚式の座敷に入るのは不吉（秋田県秋田市）。カエルが家に入った時は「一昨日《おととい》来い」と言って外に投げ出すと入らない（長野県北安曇郡）。

蛙《かえる》

(2) 蛙と占候、蛙と伝承、民間療法、蛙の俗信くさぐさ

○カエルが鳴くと雨が降る（秋田・山形・岩手・群馬・千葉・山梨・新潟・富山・福井・岐阜・奈良・鳥取・島根・香川・徳島・愛媛・福岡・長崎・大分・佐賀・鹿児島等）。鳴き声がはげしいと雨が近い（山形・福島・富山・愛知・愛媛等）、多く鳴くのは雨の兆（山形・富山・愛知・三重）。二匹くらいまとまって鳴くと雨が曇になる（山形県西村山郡）。早鳴きすると雨が降る（岐阜）。木の上に登って鳴けば雨が近い（長野・岐阜）。朝、カエルが鳴くと雨になる（山形）。昼鳴くと雨になる（同県西村山郡）、夜鳴くと翌日は雨になる（富山県東礪波郡）、夜ゴトゴト鳴くと雨になる（和歌山県東牟婁郡）。南に向かって鳴く時は長雨になる（岐阜）。

○アマガエルが鳴くと雨になるとは全国的にいう（山形・宮城・栃木・群馬・茨城・千葉・埼玉・神奈川・新潟・富山・長野・岐阜・愛知・奈良・三重・兵庫・鳥取・島根・山口・徳島・

香川・愛媛・長崎・熊本・鹿児島等)。『和漢三才図会』には、「将ニ雨フラントスルニ則鳴ク故雨蛙ト名ヅク」と見える通りである。しきりに鳴く時は雨が近い(埼玉・奈良・和歌山)、木の上で鳴くと雨になる(千葉・愛知・奈良)、木に登ってしきりに鳴くのは雨の兆(奈良県吉野郡)、急に鳴きだすと雨になる(山口県阿武郡)、夕方鳴くと雨が近い(山形県村山市)、アマガエルの鳴き合いは翌日雨(同県飽海《あくみ》郡)。アマガエルが鳴くと、三十分から一時間で雨が降る(群馬県利根郡)、十時間以内に雨になる(山形県山形市)。アマガエルの鳴く時は天気変る(愛知)。

○アオガエルが鳴きだすと、雨になる(秋田・宮城・高知)、天気がくずれる(山形県最上市)、翌日雨になる(山形県西置賜《おきたま》郡)、夏の日アオガエルが鳴くと雨が近い(青森・栃木)。

○長崎県壱岐で、雨が降りだしそうになるとカエルが鳴くのは、親の墓が流れはしないかと心配して鳴くのだという。各地に伝えられる昔話「雨蛙不孝」は、カエルが鳴くと雨になるという雨天予知の由来を説くもので、これらの俗信とも関係があろう。

○カエルが家に入ると雨が降る(山形・新潟・富山・愛知・和歌山等)、水が出る(福井)。ヒキガエルが家に入ると雨が降る(岐阜)、アマガエルが家に入ると雨が近い(秋田・愛知・熊本)。アオガエルが流しに入ってくると雨降りになる(山形県最上郡)。アカガエルが座敷に上がれば雨になる(和歌山)。ヒキガエルの、這い出る時は雨が降る(長野・和歌山・愛媛・佐賀等)、たくさん這い出してくると雨になる(山形・富山・愛知・奈良等)。

○カエルが木から落ちると雨になる(佐賀県武雄《たけお》市)、アマガエルが木から落ちると雨になる(愛知)。入梅の時に、モリアオガエルが高い木の枝に卵を吊す時は雨が多く、低く吊す時は雨が少ない(長野県下伊那郡)。カエルが高い所に登るとと洪水になる（宮城）。
○カエルが浅い所に冬籠りすると、冬が暖かい（宮城・広島）とか、雪が少ない（山形・群馬・新潟・福井）という土地が多いが、山形県南陽市では深雪になるという。反対にカエルが深くもぐると大雪になる（山形・新潟・島根）とか、寒気が厳しい（山形県南陽市）、冬が長い（同県）という。同県東置賜郡では、カエルが地中深く冬眠する年は雪少なく寒さが厳しいという。カエルが早くかくれると雪が多い（新潟）ともいう。雪に関する俗信は、当然の事ながら、降雪量の多い日本海側に多くみられる。カエルが寒暖を予知するというよりも、冬眠に入るころの気候が寒ければ地中深くもぐり、暖かい年には浅い所で越年するゆえであろう。
○十一月に入って田圃にカエルの鳴き声がする間は雪が降らない（山形県東置賜郡）というのも、冬の入りが暖かいことを意味している。カエルの冬籠りが早いと根雪も早い（同県最上郡）。土用三番（土用に入って三日目）にカエルが鳴けば霜や雪が延びる。冬鳴けば雪が降る（長野県北安曇郡）。ヒキガエルが冬に池に入ると、ドンコが入ったといい、きっと暖かくなる（熊本県玉名郡）。秋過ぎにカエルを稲束に挟んである時は雪が少なく、高い木の枝に刺してある時は大雪になる（福井県鯖江市）と伝えているのは、モズの早贄《はやにえ》の状態による占候であろう。熊本県玉名郡南関町でワクド（ヒキガエル）が水に入っとるけん温くなる、出てくっと（来ると）寒くなるという。春に水がぬるむと、眠っていたワクドが土中から這い出て、産卵のため水に入るためだと伝えている。ゴトトン（カエル）が鳴くと温くなる（和歌山）。カエルが家に入ると長時化《しけ》になる（宮城）、土間に入る時は長い時化の前兆（茨城県久慈郡）。ヒキガエルが家の中に入ってくると台風が来る（高知県長岡郡）。また逆に、天気になるともいう。カエルのよく鳴く時は天気（長野県北安曇郡）。

アマガエルが鳴くと翌日は天気になる、低い所にいるのは晴れの前兆（奈良）。晴天の日中にカエルが鳴けば翌日は天気が変る（山形県西田川郡）。
○カエルが土中浅く冬籠りする時に不作なし（山形県村山市）。秋カエルが浅く土に入ると来年世の中がよい（岩手県遠野市）。山形県米沢市で館山寺のガマの産卵期が早い年は豊作というのは、七百年前からの伝承という。アマガエルが戸を登れば米価騰貴し、登ることができなければ下落する（石川県鹿島郡）。春の彼岸三、四日前に苗代にカエルの卵が見えない年は冷害になる（山形県村山市）。三月三日の夜、カワズしきりに鳴けば旱《ひでり》ともいう。
○紙でカエルを折り、待ち人の名を書いて針で刺し、待ち人来れば針を抜き、酒をかけて川へ流す。このまじないは古く花柳界で行われたもので、「待ちかねて女郎蛙へはりをさし」（『柳多留』五七）、「待人の蟇おかしな形《なり》に出来」（同五八）などの句がある。
○熊本県玉名郡南関町で、ヒキガエルはどんな遠方へ連れて行っても、きっと元の居所に戻って来るというのは、カエルと帰るの同音のみでなく、生き返る習性も一因であろう。奈良県吉野郡でもゴトウビキを捨てる時は必ず上に捨てること、下へ捨てれば戻って来ると伝えている。
○長崎県壱岐で、子供たちは夏の夕方シソの葉を糸に結んでジョークォー（ヒキガエル）釣りをして遊ぶ。奈良では、カエルを釣る時の唄に「カエルさん、カエルさん、これを食わねば病にかかる、カエルさん、カエルさん、この菜食わなきゃ腹病起きる」とうたうという。また、カエルに向かって「キュッ、キュッのキュウベエさん、カエル踏んでキュッキュ。カエル、カエル、なぜ泣くの、お前がなくと雨が降る」とうたう（奈良）。
○春先の眠たい頃を「カエルの目借り時」という。大和地方で交尾期のことを「めかりどき」

といい、カエルがめすを求める妻狩（めかる）に基づくといわれる。俗説ではカエルに目を借りられるためといい、『醒睡笑』にその笑話がある。岡山県でも春のカエルは「眼をくれえ、眼をくれえ」と鳴くという。山形県最上郡真室川町では、ビッキ（カエル）が鳴くと眠たくなるという。

○カエルのすまぬ池。『甲子夜話』巻五十四に、「府城（静岡市）の御堀には蛙居ず。俗伝ふ。神君（家康）御在城の砌り、騒々鋪《そうぞうしき》ゆゑ蛙居ずはよかるべしと仰ありしより、其以来一疋も居ずとなり」と見える。その他、カエルの鳴かぬ池や鳴かぬ川の伝説も各地に伝えられている。

○民間療法。寝小便には、カエルを食べる（群馬県利根郡）、アカガエルを焼いて食べる（栃木・群馬・茨城・埼玉・神奈川・新潟・石川・富山・愛知）、ガマガエルを焼いて食べる（群馬県利根郡）。ヒキタ（ヒキガエル）を食べると小便の近い者は遠くなる（長野県飯田市）。子供の疳《かん》の虫には、アカガエルを焼いて食べる（栃木・茨城・埼玉・新潟・長野・愛知・奈良・香川・高知・福岡・熊本・宮崎）、アカガエルの後脚を焼いて小児の疳の薬とする（千葉）、アカガエルの皮をむき、丸焼きにして食べると治る（栃木県芳賀郡）、アカガエルをつけ焼きにして一日一匹ずつ食べさせる。粉末にして用いてもよい（大阪）。結核にはアマガエルを丸呑みにするとよい（新潟・愛知・奈良）。ヒキガエルは肋膜炎の妙薬（栃木・京都）、アマガエルを一度に歳の数だけ呑むと肋膜が治る（愛知）。カエルの生血を飲むと赤痢に特効がある（香川）。下痢には、ガマの味噌汁か肝臓を食すとよい、子供の下痢にはガマの胃を用いる。冷え込みで下痢する時は肉を焼いて食す（岐阜）。ガマの全身を干して食べる（岐阜）、ドスガエルの黒焼きを食べる（福島）。腹痛にはヒキガエルを黒焼きにして飲む（愛知県南設楽郡）。アカガエルは肝臓の薬になる（群馬・鹿児島）。ババガエルを煎じて飲むと腎臓病に効く（愛知）。ワクド（ヒキガエル）の肉を煮たものは梅毒の妙薬である（熊本県玉名郡）。胃腸病には、カエルの胃を呑むとよい（秋田県仙北郡）、アマガエルをそのまま呑む（岡山）、アマガエルの黒焼きを用いる（鳥取）。
○血の出る時はオンビキショ（ヒキガエル）のヅワタを出して上酒を加え、ところてんのようになったのをつける（山口県大島郡）。火傷にはカエルの卵を瓶に入れ、土中に埋めた液を用いる（徳島・香川・長崎）。ヒキガエルの卵は火傷に効く（愛知県南設楽郡）。
○痰を止めるにはアオガエルを生きたまま呑むとよい。カエルが喉を通る時、手をまくって痰をとってくれるという（山口県大島郡）。アマガエルを呑むと咳に効く（愛知県南設楽郡）。アオガエルの生きているのを酒で呑めば喘息が治る（秋田県山本郡）。カアラ（涎《よだれ》を多量に垂らす病）にはアカガエルかイボヒキガエルを焼いて食う（山梨県西八代郡）。アカガエルを焼いて食すると、冷え・涎垂らしに効く（山梨県）。
○熱が出るとツチガエルの皮をはがし煎じて飲む（三重県鈴鹿市）、ババガエルを煎じて飲むと腎臓病によい（愛知県西加茂郡）。アカガエルを食べると精がつく（山口県阿武郡）。強壮薬、虫気の薬としてヌマガエルに味をつけ煎じた汁を飲む（沖縄）。
○ほくろにはガマの油をつける（群馬県邑楽郡）。腫物には、ガマガエルを黒焼きにした粉末をゴマ油で練ってつける（大分）。口中の出ものには、アカガエルを蒸焼きにし、その粉をつける（山梨）。切り傷にはガマの油をつける（大阪）。アカガエルの皮をむいて焼いて食べると癲癇が治る（栃木）。
○虫下しにはカエルを煎じて飲む（沖縄）。心臓病にはアカガエルを生食する（熊本）。肺炎の高熱が下がらない時はカエルを捕らえてきて足の裏にはりつける（神奈川県秦野市）。瘧《おこり》の時はカエルを捕らえて茶碗を伏せておくとよい（福井）。産後にカエルは大毒である（長野）。
○山形県西村山郡で、子供の夜泣きには、「猿沢の池のほとりになくカワズ昼はなくとも夜はなかさず」と大奉紙に三度書いて、子供の枕の下に入れておくとよい、群馬県邑楽郡では「柳の下になくカワズ、あの子泣かすなこの子泣かすな」と書き、枕の下に入れるという。
○福井県足羽《あすわ》郡で、疣を取るにはカエルの皮を剝いでつけるとよいといい、愛知県南設楽郡では疣をなでてヒキガエルにうつすという。広島県山県郡では「イボイボ移れカエルの橋を渡れ」と言いながら他の人へ疣をうつすと取れる、と伝えている。
○アマガエルの腹で、できものをなでると治る（愛知）とか、目をなでると眼病が治る（鹿児島県国分市〈霧島市〉）ともいう。カエルの体表が疣状であるところから、疣を移すというのであろう。前出の、ヒキガエルに触れると疣ができるという言い伝えとは逆方向の連想である。
○カエルの体表の独特の色や形状から生まれたと考えられる俗信は他にもある。痣を取るにはアオガエルの腹で患部をさする。早期に行えばそれだけよく効く（大阪）。田虫・ぜにがさができた時は、アオガエルを殺さぬようにそっと手に持ち患部をさする（香川県観音寺市）。はたけの場合はアオガエルの腹でこする（群馬県邑楽郡）。ぜに田虫は、患部の上に蛙という字を書き、「田虫田の虫たべてくれ」と唱えながら餅でなでて、カエルのいる所へ捨てればよくなる（岐阜県稲葉郡）。田虫ができたら蛙という字を三つその上に書くとよい（愛知）。
○五月五日の早朝に、雪焼けする手足にアオガエルをころがすと、その年の冬から雪焼けをしない（秋田県平鹿郡）。五月五日か六月の丑の日にアオガエルを手足にころがせるとしもやけにならない（同県雄勝郡・平鹿郡）、という。

○その他の俗信。ビッキは八十八夜から鳴きだし、日が長くなる（山形県最上郡）。彼岸が来るとギャグ（カエル）が鳴く（新潟県栃尾市〈長岡市〉）。苗代にミカンの皮を入れるとカエルの卵が死ぬ（岐阜）。流し場で転ぶとカエルになって生まれかわる（秋田県角館地方）。ヒキガエルが床下にいると、繭が腐る（岐阜県高山地方）、生血を吸われる（愛知）。
○ガマの皮を三年むいてやる（?）と忍術を教えてくれる（岐阜県高山地方）。どうやら歌舞伎の蟇仙人・天竺徳兵衛などの知識が混入したもののように思われるが、或いはこうした民間の信仰を基盤にして芝居の筋が作られたのであったかも知れない。
○カエルを箱に入れて置くと消え失せるとか、カエルの脂で火をともして見ると人の顔が長く見えるともいう。火伏せには、夜床につく時、炉端で「ねるぞネダ、たのむぞハシラ、きけよハリ、まさかのときは起こせオオビキ」と三度唱えておくとよい（山形県西村山郡）。
○カエルが鳴いてうるさい時は、ノギクの花を粉にしてカエルの中に投じれば、ただちに鳴きやんで、その夜は再び騒がないともいう。⇩御《お》玉杓子《たまじゃくし》

牡蠣　かき

○厄神除けにカキの貝殻を用いる（新潟県南魚沼郡）。耳病の時は、静岡県田方郡大見（伊豆市）の櫨神社境内の第六天祠に祈り、カキ殻のついた石を奉賽する。これを耳石という。
○しゃっくりを止めるには、カキの貝殻をよく焼いて粉にし白湯で飲めば止まる（富山県下新川郡）。乳のしこりができて痛む時は、カキの殻を粉にしたものを醸造酢で練り、油紙の上に延ばして貼る。何回も取り替えると効く（徳島県）。
○カキをあぶって粉にし、酒で飲むと夢精に効く（同県那賀郡）。
○しもやけにはカキを白焼きにした粉をゴマ油

に溶いてつける（富山県小矢部市）。疥癬《かいせん》にはカキ・アワビの殻を焼き砕いて篩《ふるい》にかけたのち、白絞油《しらしめ》で練ってつける（北海道）。

懸巣《かけす》

○千葉県山武郡では、カケスは赤ん坊の泣き声をまねし、赤ん坊をだまして連れていく、という。カケスは春先の繁殖期に数羽から十数羽が一か所に集まり、普段の鳴き声とは違う、赤ん坊かネコのような声で鳴き合う。

○カケスは日本産の鳥類中、最も物まねが上手で、他鳥の鳴声やネコなどの声を上手にまねる。鳥の鳴声ではカラスのまねが特にうまいのでヤマガラスの異名があり、ネコのまねは飼育すると最初に覚える。それで、カケスの方言名を越後でネコマネという。「能く諸鳥の声を為し、又人言を為す。唱名僧或は衒人〈経を読む僧や行商人〉の声を聞けば則ち囀る。亦其の声の如し」（『和漢三才図会』）、「動物に限らずすべての声をよく学び似せる鳥也」（『倭訓栞後編』）に記されている通りである。

○それで、言語能力の遅れた小児などは、カケスの巣の枝を取って、これで打てば発達するといわれた（『広倭本草』）。

○山形県最上郡では、カケスが土用に里に出て来ると冷害になるといい、広島でも、カケスの多い年は凶作、という。カケスが人里に現れるのは秋から冬にかけてであり、夏は深林の中にすむ。また、稲刈時のカケスは荒れの知らせ（山形）、カケスが鳴くと晴れ（群馬）、カシドリ（カケス）の谷渡りは雨となる（奈良）、などの気象俚諺の他、秋期にカシドリが耕地付近に来て鳴くと翌年は大風が吹かない、土用にカシドリが出ると大風が吹かない（飛騨地方）、カケスがトビの鳴き声をまねると風が吹く（宮城県刈田郡）、などと風に関する占いが伝わる。

○山梨では「カケス」と書いて門口に貼ると風邪の予防になり、カケスを黒焼きにした粉を飲むと百日咳・風邪に効くという。北海道では、足痛にはカケスを焼いて塗る。

蜉蝣　かげろう

○岐阜県吉城郡で、カゲロウが群がり飛ぶと雨になるという。岡山県川上郡では、ナツカジ（カゲロウの一種）が多く発生すると洪水があると伝え、これをミズカジと呼び、尻に細いけんが三本あるという。秋の彼岸にもカジが発生するが、尻のけんが二本で、これが発生すると魚がたくさんとれるので、ミズカジと区別してウオカジと呼んでいる。カゲロウが出るとナマズが上る（福岡県八女《やめ》郡）ともいう。

○クサカゲロウの卵をウドンゲといい、瑞祥の兆（千葉県房総地方）。⇩優曇華《うどんげ》（植物編）

鵲　かささぎ

○カササギが高く巣くえばその年は暴風がない、低く巣くえば必ず荒れる兆。『松亭漫筆』に、「鵲高き梢に巣を営むときは究めて大風なし、低き枝に巣くふときは必ず大風ありといへり、これ禽鳥といへどもその変を知る」とある。

○チシャの若葉が広がる頃にコウゲガラス（カササギ）の子が巣を出る。共に北九州の俚諺である。カササギは朝鮮から渡来した鳥で、現在は北九州の一部にだけ生息し、天然記念物となっている。朝鮮烏、勝烏の名で呼ばれる。

鰍　かじか

○山形県で、カジカが砂や石を食うと大水になるといい、福島県南会津郡でも、カジカが砂をいっぱい含んでいると大水が出る、と伝えている。

○長野県南佐久郡では、カジカをとる夢は悪いという。

蝸牛　かたつむり

○カタツムリが、木に登るのは雨の兆（岐阜）、殻を負うて歩けば雨になる（鹿児島県大島郡）。熊本でもデンデンムシが這い出ると雨になる。マイマイを捕らえると夕立が来る（愛知）。カタツムリが木から下りるは晴れの兆（岐阜）という。カタツムリは湿気の多いところに生息しており、雨の前後は、野菜や木の葉などを這う。

○カタツムリをはやす詞は各地に多い。京都の子供たちは「角出せ槍出せかたつむり、出なかったらうち破るど」とうたい、和歌山でも「でんでん虫々、出にゃ尻抓《つ》めろ」とか「でんでん虫々、角出せ槍出せ」とうたう。狂言『蝸牛』では「でんでん虫々でんでんむしむし雨も風も吹かぬに出なから打ち割ろう」といい、『嬉遊笑覧』巻十二には「蝸牛人を見れば、すなわち蝟縮《いしゅく》す。児童相聚《つど》ひて謂う。出々虫々《でんでんむしむし》出でずば、すなわち打を行ない、釜を破らんと、しか言ふ」と見える。デンデンムシ系の方言名、このはやし言葉に基づく。マイマイは舞え舞え。

○民間療法。寝小便にはカタツムリを焼いて食べる（山梨・愛知・岡山・鹿児島）。焼いたものは虫薬にもなる（群馬県新田郡）。痔には、カタツムリの黒焼きを粉にして種油で溶いて塗るとよい（神奈川県津久井郡）、身をすり潰し患部に塗る（山口）、生で呑む（石川）。腫物にはカタツムリと麦飯を練ってつける（愛知県南設楽郡）。咳や痰には焼いて食べる（山梨・岡山）。百日咳には、焼いて食べる（石川）、縞のあるデンデンムシを十能の上で焼いて食べる（群馬県勢多郡）。疳《かん》の強い子には、カタツムリを食べさせるとよい（愛知・滋賀）、黒焼きを食べるとよい（新潟・鹿児島）。湿瘡にはカタツムリとクカル貝のふたを焼いて灰にし、油と塩とを混ぜ煮沸して塗る（沖縄県国頭郡）。

○黒焼きは喘息に効く（群馬県群馬郡）。喘息には、蒸焼きにして食べる（石川）。腹をこわした時は、デンデンムシ二匹を身串に刺して焼いて食べる（宮城県栗原郡）。デンデンムシの身を出して、それに豆の粉をつけて飲むと何の病気でも治る（愛媛県上浮穴郡）。高熱にはカタツムリの黒焼きがよい（大分）。喉の病気にはカタツムリを焼いて食べる（石川）。腎臓炎には、カタツムリがよい（岡山・高知）、カタツムリをすり潰して麝香《じゃこう》を入れ、紙に延ばして臍の下に貼ると効く（和歌山）。淋病には殻を取り、身だけを呑む（岡山）。下痢にはカタツムリを煎じて飲む（山口）。眼病にはカタツムリ五、六匹を黒焼きの粉にして一日三回食後に白湯で飲む（熊本）。耳だれには焼いた粉をつける（秋田・愛知）。殻を粉末にして羊脂で練ったものを塗ると脱肛が治る（愛知）。虫下しには黒い筋の入ったカタツムリを塩焼きにして食べる（福岡）。婦人病にはカタツムリをトリクサに包んで呑む（三重県松阪市）。喉の腫れにはカタツムリの身を足の裏にはる（同県）。生焼きして食べると心臓病によい（兵庫）。

鰹　かつお

○高知県土佐市で、盆の十六日に出漁すると、無数の位牌が沖に向けて飛んでいく。漁師の目にはそれがカツオの群れに見えるという。神奈川県では、オブリを見つけた人には良いことがあるけれども、決してそれを身につけてはならぬと伝えている。オブリというのは、一月から五月にかけてはカツオが一尾も泳いでいない時期であるのに、その頃相模湾のどこかに、必ず一度カツオが打ち上げられていることをいい、この魚は神様に仕えるために、沖からまっすぐに海岸にかけつけてくるもので、こういう不思議のある魚は決して身につけてはならないという。

○高知県土佐清水市や幡多郡大月町では、漁船にカツオなどの死んで腐ったものがあるとシキウオと呼んで、漁の仕合せがなくなるといって忌む。沖縄県国頭《くにがみ》郡では、カツオ工場に朝早く女が行くと、魚がとれないといって忌む。

○カツオ捕りの記事は古くは、『日本書紀』に見える。戦国時代には戦に勝つ魚として縁起がよいとされ、近世に入ると大きな需要が生じ、初鰹は初夏の味覚として欠かせないものとなった。江戸時代に土佐で鰹節の生産が盛んになり、さらに用途は広がった。民間では食に用い、その際に鰹節の削り具合によって晴雨を占うこともあったようで、鰹節が軟らかく削れると雨が近い（新潟・愛知・奈良・鳥取）という。

○民間療法。妊婦は、昔はすまし汁に、鰹節をかけた御飯を食べた（宮城）。鰹節は、妊婦が食べるとよい（秋田県雄勝・平鹿郡）、産後の食物としてよい（同県北秋田郡）。産後すぐに鰹節の湯を飲ませる（神奈川県津久井郡）。胸やけには鰹節を小さくかいて食べる（茨城県猿島郡）。鳥目《とりめ》には生カツオを食べるとよい（岡山）。熱冷ましには、鰹節とネギを刻んだものに味噌を入れ、煮え湯をさしたものを飲む（長野）。『魚鑑』に「中を温《あたため》、腸胃を調へ、久痢下瀉をとゞむ。過食すべからず。又生のかつをの頭へ人参を入れ、黒焼にするときは、労症《ろうしょう》の妙薬也」と見え、寛政元年の『私家農業談』には、手足にそこまめができた時は、鰹節を黒焼きにして飯粒と練り合せて貼っておけば、一晩でよくなると記されている。

郭公　かっこう

○カッコウが鳴けば種を蒔け（北海道・群馬・山口）。アズキ・ダイズ・アワ・ヒエ・キビ等の春蒔きの種（群馬）やモミ（山口）は、カッコウの鳴き始めの頃（渡って来る頃）を蒔き時期とする。同様のことは各地に広く言われていて、「カッコウの口にマメ」（青森県下北郡）、「マメマキカッコウ」（山形）とは、共にカッコウが鳴き始めたらマメを蒔く適期の意。カッコウの鳴き声でマメ蒔きの時期を知ることは、秋田・山形・群馬・新潟・長野・近畿地方一帯、鳥取も同様であり、カッコウをマメマキドリ（新潟・近畿地方）と呼ぶのもこれに由来する。長野県安曇地方では、五月にカッコウが鳴くと、マメがふえるという。カッコウをシロカッコ（宮城）・タウエドリ（新潟）と呼ぶのも、それぞれ、カッコウが鳴き出したら田の代掻きや田植をする、の意である（鳴き声を田植の合図とするのは青森も同様）。ガッポードリ（カッコウ）が鳴き始めたらフルコを切る（福岡）というのも、カッコウの鳴き声を聞くと、山焼きの時に特に刈り残しておいたフルコ（古草）を刈り取って田に入れ、田植の用意をするとの意味。越後では、サツキ鳥と呼び、五月の田植時期にカッコウが渡って来て鳴く。カッコウが鳴くから、アワを蒔け（青森・秋田・群馬・新潟）、ヒエを蒔け（岩手・群馬）、ともいわれ、新潟県栃尾市〈長岡市〉ではアワマキドリと呼ぶ。高知では、ガッポウが鳴くとキビの植え付けがおくれた、と時期の遅いことを知る。カッコウは夏鳥として飛来するが、その頃は霜の心配もなく、種を蒔くには好期であり、また渡りの時期が比較的一定しているところから生活の中に入ってきたものであろう。『重修本草綱目啓蒙』に「農夫此鳥ノ鳴ヲ聞テ、豇豆《ササゲ》粟等ヲ下種スルノ候トス」とある。

○カッコウ渡来の頃の農事に関して次のようにいわれている。カッコウが鳴けばジャガイモが急に生長する（青森）。カッコウがさかる（鳴く）とトロロが芽を出す（岩手・宮城）。イワナシの実が弾けるとカッコウが鳴き始める（京都）。イチゴが熟れる頃カッコウが鳴く（広島・長崎）。カッポウが出るとタケノコが生える（広島・山口）。アワの穂の出る頃にカッコウは鳴かない（青森）。

○カッコウの渡来時期や鳴き声で、豊凶や天候を占う。青森県三戸郡では、カッコウは百五（冬至より百五日目、清明節の前二日）に来るものとし、それより三日前に来れば豊年で、三日おくれれば凶年といい、岩手では、四月八日にカッコウが鳴くと世並みが良い、と、それぞれ渡来の日によって吉凶を占う。群馬県利根郡では、カッコウのかまびすしく鳴く年は豊作、とこれを吉兆とする（広島も同様）。

○青森では、カッコウが里に来れば荒れる、大分では、雨カッポー（カッコウ）日コーズ（フクロウ）と、カッコウの鳴き声は雨の兆でフクロウの鳴き声は晴れの兆とする（カッコウが鳴くと雨というのは新潟・山梨も同様）、逆に、カッコウが鳴くと晴れ（青森・富山）、細雨中にカッコウがさかんに鳴くとやがて晴れ（青森）、と、カッコウの鳴き声を晴れの兆とする所もある。福島県南会津郡では、オッタカショよりカッポウ鳥が早く来ると年中天気が悪く、逆の場合は良い、と飛来の時期によって年間の天候占いをする。

○山形県最上郡では、カッコウ一声、蚊一升吐く、という。カッコウは蚊母鳥とも書き、『物類称呼』に、「蚊母鳥、かっこうとり〈俗、かんこ鳥共いふ〉甲州にて、豆うえどりと云、東国にて、豆まき鳥ともいふ」と見え、また蚊母鳥の声は「人ノ嘔吐スルガ如ク、毎ニ蚊一二升ヲ吐出ス」（『本草』）、「俗説、此ノ鳥常ニ蚊ヲ吐ク、故ニ以テ名トスト云フ」（『爾雅』）ともある。

○秋田ではカッコウの鳴きまねを忌む俗信がある。カンコドリの鳴きまねをすると鼻血が出る（平鹿郡）、カンコドリは八千八声鳴かねばならないが、人がそのまねをするとカッコウは数を忘れてしまうから罪である（雄勝郡・平鹿郡）、カッコウは一日に千声鳴かねばならないが、人がそのまねをするとカッコウは吃るか数を間違うので、鳴きまねをしてはいけない（山本郡・雄勝郡）、などがその理由である。

○滋賀県甲賀郡信楽町〈甲賀市〉では、カッコウは血を吐いて八千八声鳴かないとその日の虫一匹もとれないのでしきりに鳴くのだ、その鳴き声は「ホッチョントケタカ」「ホッチョントケタカ餅三ツ」「ホッチョントケタカ餅三ツ、コブシノ花ガ咲イタゾ」と鳴くという。

○同様のことは、秋田・滋賀の例と共にホトトギスについても伝えられるところであり、カッコウとホトトギスが混同されていたらしいことは、『新撰字鏡』に「郭公鳥（保止々支須）」とあり、『大和本草』に「蚊母鳥《カツコウトリ》（ツ、ドリ）俗ニカンコドリト云、又カッコウドリト云、山中ノ木ニ止リテナク、其声カッコウト云、春夏ナク、予（貝原篤信）処々民族ノ言ヲ聞シニ杜鵑ノ雌也ト云ヘリ」とある。

○以上の他、次のような伝承がある。カッコウの寒み（青森・秋田）、とは、カッコウが渡って来る頃は、一時的に急に寒くなる、という意味でいわれる。カッコウが鳴けば氷餅を食べられる（秋田県角館町〈仙北市〉）。カッコウ鳴いたらダンゴカザリ（繭玉）の稲穂を食べるもの（新潟県栃尾市〈長岡市〉）。ソッコドリ（カッコウ）の鳴く頃磯のヒナ（ニナ）の尻が痩せる（鹿児島県甑島《こしきしま》）。カッコウの羽を持って籤を引くと必ず一等になる（秋田県仙北郡）。カッコウの羽でカイコを掃くと良質の繭ができる（岐阜県郡上郡）。

蟹　かに

(1)蟹と誕生、水神の威力

○沖縄で子供の生まれた時、当日か翌日に、赤子に里経（沖縄固有の礼服）を被せ、その上にカニを這わせる。もしカニが手に入らぬ時はバッタを用いる。強い子に育つようにとのまじないで、カニが脱皮することから生命の更新・再生力にちなむものであろうといわれる。

○妊婦がカニを食べると、六本指の子が生まれる（宮城・大分）、毛深い子ができる（大分・高知）、生まれた子が横に這う（秋田・岡山・広島）、足の先が内側へ曲がった子が生まれる（岡山・広島）、ガサガサした子ができる（岡山・広島）、カニのような手の子が生まれる（山口）、ぶつぶつの子ができる（滋賀県伊香郡）、あやかる（似る）ことがあるからいけない（北海道三石・上道郡）。ツガニを食べると毛の生えた子ができる（佐賀）。いずれもカニの形状や動作から連想した禁忌である。他にも、胎児の性質が悪くなる（秋田県山本・由利郡）、聾者が生まれる（石川県鹿島郡）とか、妊娠中にカニを捕らえると青い痣の子が生まれる（和歌山県有田郡）。山の神の祠より奥に入ってカニを食べてはならない、食べるとムカデが来る（高知県幡多郡）。土用後のサワガニは食べてはならない（秋田県鹿角郡）。カニを食べると火事になる（長野県更級・埴科郡）という。
○カニは霊力ある動物とされ、「蟹の甲石」や「蟹淵」の伝説など水神的性格を帯びた伝説も多く、説話にも多く登場する。高知県高岡郡・幡多郡で、田植の頃生まれるツガニの子をオサバイサマ（田の神）の乗り馬といい、殺すのを忌む。岡山県や徳島県でも、カニは神様のお使いだから殺してはいけないという。宮城県栗原郡花山村〈栗原市〉では、金毘羅様がいる家ではカニは食べない。新潟県栃尾市〈長岡市〉でも、白山様はカニの使いだから氏子はカニを食べるなとか、白山様はカニが嫌いなので食べないという。
○カニをいじめると、字を覚えない（山口・大分）、字が下手になる（広島・山口）、罰が当たる（奈良）、妊婦がいじめるとその子がカニのようになる（香川）。カニを捕らえると頭が痛くなる（愛知）。
○カニを殺すと、目が悪くなる、目が見えなくなる（山口県大島郡）、字が下手になる（広島・山口・香川）、手がふるえる（山口県玖珂郡）、歯が痛くなる（鹿児島県国分市〈霧島市〉）、金毘羅詣の海上で難船する（和歌山）。カニは神の使令、或いは水神であるとの信仰からの禁忌で、目を病むとか、字の上達を妨げられるとの制裁は、カニの独特の形から生まれたものであろうか。
○秋田県山本郡で、悪疫流行の時はカニの甲とタマネギ・ニラを入口に吊すという。
○金沢市では、邪鬼を避けるまじないにカニの甲に目鼻をつけたものを門に吊したといい、京都市上京区の西陣辺りでは風邪流行の折には、カニの甲に墨で子供の名を書き連ね、家の廂にかけておく風習があったという。山梨県では、疱瘡の予防にカニの甲を門口にかけたという。

『本草綱目』に「筆談にいわく、関中に蟹なし、土人その形状を怪しむ。乾せしものを収め、門の上に懸けて瘧《おこり》を辟《さ》く」と見える。紀伊・駿河・三河等の人家でも、戸口にヘイケガニ等をかけて邪鬼を禦《ふせ》ぐ信仰があった。『耽奇漫録』には、安房の漁民が疫病を防ぐに、門戸に蟹殻をかけることを記している。

○カニが縁の下に入ると、縁起が悪い（鳥取県東伯郡）、病人が絶えない（鳥取県気高《けたか》郡）、病気が治らぬ（秋田市）、土台石を背負って動かす（秋田県北秋田郡）。

○カニが家の中へ這い入るとカニ（金）がはいると祝い、桝に入れて大黒様に供える（和歌山県有田郡）。

蟹　かに

(2)月夜の蟹、天候判断、合食禁、民俗療法

○月夜のカニには身がない（富山・愛知・広島・愛媛）という。和歌山県や高知県でミガニというのは、月明の時期のカニは痩せて肉少なく、闇夜の時のは肥えてうまいという意味だという。転じて、頭のからっぽな人の意にもいう。『魚鑑』に「凡そ蟹月夜には肉少く、闇夜には充満す」と見える。

○カニが川から上がると雨になる（熊本）、大雨出水あり（長野県北安曇郡）、カニが道へ出ると、雨が降る（愛知県南設楽郡）、大水が出るか雨が降る（山梨）。コガニ（小蟹）が道に多く上がってくると大雨になる（山口県佐波郡）。カニが高い所に上がると、雨が降る（香川・福岡）、大水が出る（和歌山）。カニの木登りは大雨の前兆（群馬・高知）。カニが家に入ると、雨が降る（大分県南海部郡）、大降りがする（愛知・高知）。座敷の上を這うと、大雨大嵐が近い（香川県観音寺市）、その日は雨が降る（大阪府枚方市）。床に上がる時は大雨（宮城）。朝、カニが騒ぐと雨が降る（高知県長岡郡）。泡を吹くと雨になる（福岡県北九州市）。

○三陸地方で、カニが陸に這い上がると二、三日後に時化が来るというのは、台風の前など海が荒れ始めるとカニが陸に上がるためだという。カニが陸の方へ穴を掘ると時化が近い（千葉）。同じ習性を捉えて、大雨中にカニが高所に上る時は大風になる（宮城）、ハマガニが上がったら海が荒れる（鹿児島県喜界島）という。
○カニが、家の中に入ってくるようになると梅雨が明ける（福岡・長崎）。座敷の上に這い上がると梅雨が晴れる（福岡県甘木市）。床上に上がると梅雨が晴れる（山口県大島郡）。
○カニが家に這い込むと地震がある（群馬県利根郡）。
○食合せ。カニと水はいけない（神奈川・福岡）。カニと氷を忌む（岩手・栃木・富山・大阪・愛媛・佐賀・宮崎）。カニと氷水は、中毒する（秋田）、下痢する、腹痛を起こす（富山・鹿児島）、あたる（新潟県西頸城郡）。カニと赤飯を食べ合すと死ぬ（秋田県仙北・由利郡）。タニシは中毒する（同県平鹿郡）。てんぷらは中毒する（秋田・新潟・福岡）。フキは合食する（佐賀県小城郡）、胃痛を起こす（秋田県北秋田郡）。灰酒《あくざけ》は血を吐く（栃木）。エビは腹痛を起こす（神奈川）。炒りマメは腹が痛む（茨城）。他にも、ナス（秋田・大阪）、梅干し（佐賀県小城郡）、強飯《おこわ》（同県）、ミカン・ナツメ（沖縄）、カキ（愛媛）を忌む。川のカニとナツメも悪い（鹿児島県国分市〈霧島市〉）。『月庵酔醒記』には、「かにと灰酒吐血する」、また十二月にカニとカメは食うべからず、と見えている。
○民間療法。漆かぶれには、カニを潰した汁をつける（山形・群馬・神奈川・山梨・新潟・長野・愛媛・大分）、サワガニを潰した汁をつけると効力がある（秋田・宮城・千葉・群馬・埼玉・神奈川・新潟・石川・福井・長野・岐阜・静岡・愛知・京都・岡山・香川・福岡等）、アカガニを潰してつける（岡山・徳島）、カニを煎じた汁で洗う（山形・富山）、カワガニのみそをつける（青森県津軽地方）、淡水産のカニの卵巣を煮てつける（沖縄）。カニと生ゴメを潰してつける。カニをかぶれたところへ這わせる（愛知県南設楽郡）。「蟹」と書いておけば治る（富山県氷見郡）ともいう。
○子供の瘡には小ガニをたたき潰してつけるとよい（奈良）。胎毒には、サワガニを潰した汁をつける（岡山）、カニを潰し、かた味噌と共に貼る（茨城県猿島郡）。サワガニを潰して食すと肺炎大熱に有効（香川）。肺炎には、サワガニを潰した汁を飲む（埼玉・岡山）。血の道にはツガニを食す（神奈川県津久井郡）。下痢止めには、カニの味噌汁がよい（岐阜）、清流にいるカニを潰して煎じたり黒焼きにした粉を用いる（高知）。血圧を下げるにはカニの新しい糞を用いる（愛知県西加茂郡）。カブトガニは脚気の薬（岡山）。サワガニを潰した汁を耳に入れると耳だれが治る（新潟・長野・愛知）。体の腫れる時はハルマーガニを臼で搗き、生煮にした汁を飲む（沖縄県八重山郡）。あせもには、カニを潰した汁をつける（愛知県南設楽郡）、サワガニを潰した汁をつける（岡山）。カニの汁は火傷に効く（愛知）。熱冷ましには、サワガニを潰した汁を飲む（兵庫）、淡水産のカニで爪に毛の生えた種類のものを煎服する（沖縄）。驚風（脳膜炎）には山のアカガニの黒焼きを飲むとよい（岡山）。腸チブスには生ガニを潰した汁を煮つめて服用する（熊本）。神経痛にはサワガニを生のまますり潰したものを飲む（福岡）。百日咳にはサワガニを焙烙で炒って粉末にし少しずつ飲む（山口）。虫下しにはサワガニをすり、タケの串につけ醬油に浸しながら焼いたものを食べる（島根）。ズンゴガニを焼いて干したものを煎用すると頭痛止めになる（和歌山）。しもやけには小ガニの汁とジュウネをつける。犬に咬まれた時はカニの腹の黄色のところをつける（岩手）。皮癬《ひぜん》にはサワガニを潰して塗る（山形県新庄市）。寝冷えにはカニの味噌汁を飲む（奈良）。帯状ヘルペスにはサワガニを生のまますり潰し患部に塗る（鹿児島）。破傷風やできものには清流のカニを潰してつける（高知）。痲疹《はしか》にはカニを潰した汁が効く。腫物の出ている時にカニを食べるとたくさん出るので食べてはならない（岡山）。妊婦が畦などにあるカニの穴を塞ぐと難産をする（鹿児島県大島郡）。『魚鑑』には「よく酒毒を解し筋骨を続《つ》く、生にて搗き漆瘡《うるしかぶれ》、および皮癬《ひぜん》に塗る」と記されている。

○その他の俗信。初夢にカニを見るのは吉（金沢市）。正月に蟹神様にお供え物をするとその年はカニの害がない（三重県熊野市荒坂地区）。シブガニを持つと手が腐る（広島）。カニに挟まれたら「サルの毛を三本呉れ」と言えば離す（宮崎県西諸県郡）。カニの甲に爪形のあるのはサルと喧嘩したあと（福岡県北九州市）。サワガニを捕ってきて家に置くと夜に火を吹いて火事になる（秋田）。カニの泡や海水の泡にさわると疣《いぼ》ができる（山口県大島郡）。カニを捕った手はカニの這うようにして水で洗うと臭みがとれる（名古屋地方）。

○長崎県壱岐島では、子供たちはカニツリ草の穂をカニの穴に入れてカニ釣りをし、糸でつないでおもちゃにする。カニが泡を出すのを、カニが飯を炊くという。島根県美濃郡では、人がワサビを食べ始めたのは、サワガニがワサビを食っているのに気付いたからだと伝えている。

蟷螂《かまきり》

○オガミダララ（カマキリ）が拝めばその人は死ぬ（長崎）。カマキリをオガミ、オガミムシ、オガマッショなどと呼ぶ地方がある。これは、鎌の形をした前足を胸に合わせた様が神仏を拝す姿に似ているところから名づけられたもので、英語でも praying mantis（祈り虫）とよばれ、この虫独特の姿からの命名は広いようである。壱岐ではホトケノウマ、宮崎市付近ではショウロウマと呼び、精霊の乗り物であるという。これについて柳田国男は「たゞ盆の頃に出て来るといふだけでなしに、蟷螂の挙動が遅鈍で、いつ迄も一つ処にじっとして居るのを、盆の瓜茄子の苧稈を脚とする馬の少しも歩まぬのによそへたものではないか」、「即ち動き出さぬ馬といふ意味から、ホトケノウマなど、名づけたのかも知れぬ」（蟷螂考）と書いている。カマキリが家に入ると不吉（愛媛県西宇和郡）とか、カマキリに拝まれると死ぬという俗信は、死者を乗せる虫であると信じた人々の信仰と関係があろう。しかし、これとは別に「拝め拝め拝まんと殺す」というように拝礼を要求する文句のうたも、奈良・愛媛・和歌山で採集されている。カマキリを殺した時には「とうろ、とうろ、おい（おれ）じゃないど、三年前のカラスだ」と言う（群馬）。

○福井県遠敷《おにゅう》郡名田庄村〈大飯《おおい》郡おおい町〉で、堅い約束をする時は、指切りといって、その両人が小指を組み合せて振りながら「指切りカマキリうそついた者は、地獄の釜へ、パッチャリー」と唱え、堅い約束をしたという。

○新潟県下で、カマキリの巣が木の上にあるとその年は大雪になり、下の方にあると雪が少ないという。広島ではカマキリが卵を高い所につければ大雪、低い所につければ小雪と伝えている。卵というのは、卵塊のことでオオジガフグリとかカラスノヨダレと呼ばれるもののことである。

○民間療法。カマキリに疣《いぼ》を食わせると取れる（岩手・群馬・富山・島根）。カマキリの古名はイボムシリである。『倭名鈔《わみょうしょう》』に以保無之利と見え、『物類称呼』には相撲の方言としてイボシリ、奥州ではイボ虫とある。古くは、京都付近の方言であったといわれるが、現在では東北から中部地方にかけて、イボキリ、イボカンズリ、エボムシ等の名が多く残っており、山陰・四国にも残っている。実際に疣を取り去るほどこの虫に力はないと考えられるので、恐らくは、疣を取るまじないにこの虫を用いたことに由来する名前であろう。『重修本草綱目啓蒙』には「今の人疣を病む者、往々此を捕へて之を食はしむ」とある。
○カマキリや卵塊は、とげの吸い出しやマムシにかまれた時に効があるといわれ、脚気や小児の咳止めとしても利用される。脚気にはカマキリを焼いて食べると再発しない。重症の時は三匹ほど食べる（滋賀県高島郡）。涎の出る子供には、カマキリの巣をなめさす（山形）、卵塊をつける（福島）、カマキリの子を焼いて食べる（石川県江沼郡）。
○カマキリの雌を食用油に一年ほど漬けたものは切り傷に効く（長野県木曾郡）。喘息にはカマキリの巣五、六個を五、六合の水で煎じて飲む（山口）。気管支喘息にはカマキリの巣を煎じて飲む（同県）。できものを取るにはカマキリをたたき、麦飯を練ってつけるとよい（山口県大島郡）。『耳袋』巻之七に針や釘を踏んだ時には「かまきりを押潰し付ればとれる、鉄気《てつ》を呼出し奇々妙々快よし」と見える。
○カマキリに小便をかけると変事がある（鹿児島）。指さすとその指は腐る（群馬）。静岡県天竜市〈浜松市〉では、秋の結婚式は、オンガメ（カマキリ）を見る季節だからといって嫌ったという。

竈馬　かまどうま

○竈の周りでよく見られ、姿がウマに似ているところからの命名。カマドウマが多い家は金持になる（岡山）という。『和漢三才図会』にも「竈ニ竈馬有レバ食ヲ足スノ兆《キザシ》ナリ」と見える。

髪切虫　かみきりむし

○福島県須賀川市で、ナラやクヌギの木にいるカミキリムシの幼虫を焼いて食べると夜泣きをしないと伝えている。幼虫は、古くより疳《かん》の薬として用いる他、食用にも利用される。『和漢三才図会』には「夏月之レ有リ、出ルトキハ則チ雨ヲ主《つかさど》ル」と見え、『酉陽雑俎』にも「天牛出レバ必ズ雨フル」と記されている。名の起こりは、髪や竹木をよくかみ切るためであろうという（『重修本草綱目啓蒙』）。

亀《かめ》

○漁師は網にカメが入ると酒を飲ませて放す（秋田・和歌山・高知）という。千葉県東葛飾郡では、ウミガメを捕獲した時は、カメを車にのせて市中を巡り、酒を飲ませ御馳走を与えて帰し、金銭に換えることはしないという。漁民の間では酒を飲ませて帰すと、御礼の意味で三べん上がってくる（愛知）、大漁する（宮城・島根）、その年は魚が多くとれる（長崎）、運がよくなる（愛知）、長生きできる（大分県南海部郡）と信じられている。和歌山県では、カメを捕らえたら、酒を飲まし、梯子の上で踊らせてから放すとか、腹に「南無阿弥陀仏〇年〇月〇日某々これを放つ」と朱書し、酒を飲ませて送り出すという。

○カメを助けてのちに恩をうける報恩譚をはじめ、カメの登場する説話は数多くある。殺されようとしていたカメを買い取って海に放した男が、地蔵の化身であるカメの力で生き返った話が『今昔物語集』巻十七に見え、『東鑑』には、陸に上がった大ガメを源氏方が吉兆としたと記されている。浦島の伝承にみられるように、異郷と現世を結ぶ使者としての信仰があったと思われる。

○カメが浮くと、天気が悪くなる（香川県三豊郡）、雨になる（大分県南海部郡）。カメが、木に巣をつくると大水（愛知）、山へ登ると大水（岐阜県加茂郡）、岩に登ると雨（岐阜県高山地方）、背中を干すと雨（愛知県南設楽郡）。陸に上がって卵を産むのは、時化の兆（和歌山県由良地方）、八十八夜の台風が吹く（香川県三豊郡）、大出水あり（岐阜県高山地方）。海ぎわで卵を産む時は台風が来ない（千葉）。白浜に産卵すれば、その年は大風が吹かず、叢中に産卵する時は大風がある（沖縄県八重山郡）。いずれも、カメの行動から天候を予知したものだが、その科学的な根拠は定かでない。むしろ、結果から解釈し、高い場所に移動するのは大水を逃れるためとみたものであろう。記録では『三宝絵詞』にカメの言によって洪水を予言した男が大臣に出世した話が見えている。

○カメを殺すと、罰が当たる（新潟県西頸城郡）、その家は絶える（富山・愛知）、背が丸くなる（富山県氷見郡）。カメを虐待すると、病気になる（愛知）、一族が難船する（和歌山県西牟婁郡）。甲羅を割ると長生きできぬ（京都府北桑田郡）。カメの肉を食べるとカメと似た肌の子が生まれる（鹿児島県大島郡）。湖水の主の大ガメをとると死ぬ（福島県郡山市）。カメが屁をひると化けて出る（愛知）というのも、捕らえた時のことであろう。

○カメの子が縁の下に入れば、その家は火事になる（茨城・岐阜）。カメを家の中に入れると火事になる（愛知県南設楽郡）。縁の下に入るとその家の人が死ぬ（島根）と、凶兆とされるが、壱岐島では、カメが家の中に歩み込むのは吉兆と伝えている。

○カメの夢は富貴を得る（広島県比婆郡）。寝る時にカメの泳ぐまねをして寝ると竜宮へ行った夢を見る（新潟県西頸城郡）。

○鶴は千年、亀は万年といわれるように、古来長寿でめでたいものとされている。愛知県丹羽郡では、カメの夢を見ると長生きするといい、高知県幡多郡では双子の生まれた時はツルとカメの名を命名するという。

○カメを食べると、目がつぶれる（愛知）、妊婦が食べると歩けない子が生まれる（岡山・広島）。カメに唾を吐きかけるとできものが生ずる（愛知）。群馬県佐波《さわ》郡では、カメを飼うと子ができないといい、捕らえてきても川に放す。和歌山県東牟婁郡でも、ウミガメを飼うと、その家に病人が絶えないと伝えている。

○カメが食いつくと雷が鳴るまで離れない（新

潟・宮崎・鹿児島・沖縄）という（これは普通は、スッポンについていわれるもの）。

○カメの背に自分の名を書いて逃がしてやると字が上手になる（奈良）。腹に名前を書くと勉強ができるようになる（兵庫県養父郡）。『大和本草』には「亀尿ヲ用テ石ニ文字ヲ書ケバ墨石中ニ深ク入リテ数百年ヲ歴テモ滅《キエ》ズ」と見えている。

○民間療法。蒸焼きは寝小便によい（愛知）。下痢にはウミガメの塩漬を食べる（鹿児島）。産婦に生血を飲ませると血のめぐりがよくなる（佐賀）。あかぎれにはカメの脂をつける（北海道アイヌの伝承）。ものもらいの時はカメに将棋を半分見せる（群馬県利根郡）。腹痛を治すにはカメを放してやる時「助けてやるから俺の病気を治してくれ」と言う（奈良）。沖縄では、肉を浄血剤として食べる。カメは海人草を常食とするので薬になるのだという。

亀虫　かめむし

○独特の臭いにおいを出すのでヘクサムシとかヘッピリムシの名で呼ぶ地方が多い。秋にカメムシが多いと冬は大雪になる（山形・石川）。ヘクサムシの多い年は大雪（同県西置賜郡・新潟）、少ない年は浅雪（山形県西置賜郡）という。

○臭気のあるムシを手でさわる時は「お嫁様、お嫁様、御立派なお嫁様」と言う（栃木県宇都宮市）。長野県では「お女郎虫、お女郎虫」と三度言ってつかめば臭くないといい、神奈川県津久井郡では、「小僧、小僧」と言ってつかむとよいという。臭い虫をつかむ時は、三回手を嗅いでつかむと臭くない。ジョロムシをつかむ時、手を嗅いでつかめば臭くない（長野・神奈川）。

○家にクサムシがいると栄える（石川県七尾市）ともいう。

鴨　かも

○カモは、マガモ・コガモなど水鳥の総称で、冬鳥として群飛する。渡りや帰りについての自然暦では、コウナゴが来るとカモが来る（青森）、ゴウマス（白鳥座の星）が夕暮れに山から三、四間（五間未満）に見える頃がカモの来る盛りである（福岡県八女郡）、霜月の西風が吹いて寒さが厳しくなるとカモが群れて来る（佐賀）、イネの穂が出たらカモが渡って来る（隠岐）、カモはイネの刈入れ前に来て害をするが、ヤマシチメンチョウ（ノガモ）は取入れの後に来るから稲作に被害がない（長崎県五島福江島）、ウメが満開になるとカモがいなくなる（福岡県八女郡）、などの俚言がある。また、カモがたくさん飛んで行くと大風になる（愛知）、カモの大群が早く来れば霜が早い（広島）、と占候の目安にもされている。

○はらおっき（妊婦）がカモやアヒルを食べると手足にカモリ（水掻き）の張った子を生む（岩手）、カモやアヒルを食べると指の粘り着いている子を生む（長野）、と妊婦がカモの肉を食べることを忌むが、逆に、秋田県仙北郡では、カモの肉は水鳥で汚れがないから神社参拝にも食べてよい、という。

○カモと納豆（岩手）、カモとクラゲ（山形）は、共に食合せとしてこれを忌む。『月庵酔醒記』に、「六月鴨のにく鴈のにく食べからず」「十一月かも食べからず」、と月の食合せがある。

○秋田県下では、元日の朝に足を炉に入れるとカモが苗代をかきまわす（北秋田・南秋田・山本郡）、小正月の晩に足を炉に入れるとカモが苗代のモミを食う（北秋田・山本郡）小正月に干物を神棚に置けば苗代にカモが降りる（仙北郡）、と共にこれらの動作を忌む。

○しもやけにカモの一ケツ（肛門辺より尾端まで）をあぶって出た脂をつけるとよい（滋賀県高島郡）。

羚羊　かもしか

○カモシカはシシ・クラシシと呼ばれるが、正月はシ（死）の音を避けてアッツと忌詞を使う

（新潟県中魚沼郡）。
○新潟県新発田市では、カモシカのよくとれる日は、中暦（一月遅れ）の三月十五日・二十八日、四月三日（二王子神社春祭）といわれているが、いずれも神を祭る日であるという。
○長野では、ニク（カモシカ）の角は熱冷ましに効くので風邪には角を削って煎じて飲んだ。富山でも、カモシカの角を削って飲むと汗が出て風邪が治る、という。また、富山では、ヨワミ（肺結核）にはカモシカの胆を食べるとよい、と肺結核の薬に用い、福井では、肝は雪目に効き、爪を削ったものは石や岩の切り傷につけ、下剤にもよいという。
○群馬では、カモシカ捕りに来る人はヤマネに合うことを嫌ったという。

鷗　かもめ

○クキ（魚群）の前にカモメが来る、とは北海道小樽市付近の諺で、ニシンの押し寄せて来ることをクキという。他に漁に関する俚諺では、カモメが高く飛ぶとゴリ、低く飛ぶとサバかイワシかフクライがとれる（岩手県気仙郡）、引き釣りの時にカモメが多くいると漁が多い（東京都江戸川区）、沖の舟にカモメの集まっているのは漁獲のあるしるし（新潟県西頸城郡）、カモメが飛び立つと大漁（富山県氷見郡）、などの伝えがある。
○カモメの高鳴き時化のもと（対馬）、とは、カモメが鳴き騒いでいると時化が近い、という意。他にも、カモメが里近く来て鳴けば海が荒れる（青森・広島）、海岸で多く鳴いたり陸上《おか》りするのは海が時化る兆（宮城）、山間部に飛来すると海が荒れる（奈良）、などといわれている。それは、カモメが魚捕りに出ている日は海が荒れない（隠岐）、ともいわれるように、海が荒れ始めるとカモメが海から陸地の方へ避難してくるためだ（青森）、という。同様の天候占いでは、カモメが海から多数上がって来ると雨が降る（岩手）、カモメが飛んで来ると庄内地方は大荒れ（山形）、カモメが山の中に入れば陸が荒れる（広島）、などという。また、カモメが高く群れて飛び回ると風が来る（青森）、流木にとまっていると大風の兆（神奈川）、と風の予報もする。
○アビの浮く所にカモメが来る、とは熊本県宇土郡の漁師に伝わる諺である。カモメの声を聞くと寒の空にも春の近寄ったことを知る（島根県日御碕《ひのみさき》地方）。
○タイラギ化してカモメとなる（岡山）。
○船乗りあがりはカモメが畔に上がったようなものだ（新潟県佐渡）。
○カモメとウミネコはよく似ているので、混同している所が多く、方言名も入り混じっている。
○カモメは潮の来る時群飛して鳴く。その鳴き声は、コブコブと聞こえ、潮を呼ぶ意であるというので潮恋鳥の名がある（『重修本草綱目啓蒙』）。

烏　からす

(1)烏鳴きが悪い、烏の夜鳴き

○カラス鳴きが悪いという言葉がある。朝か夕方、あるいは夜に、カラスの鳴き声が、ある時に忙し気だったり、騒々しかったり、哀愁を帯びていたり、とにかく何となく平常とは違う感じに聞こえるのをいうので、それを何事か変異の前兆と受け取る。アイヌから沖縄をも含めて全国的な、いわば日本人共通の心情的習慣といってよいであろう。多くの報告の中には、「カラスが鳴くと人が死ぬ」（福島・茨城・千葉・東京・山梨・静岡・愛知・長野・岐阜・石川・福井・三重・兵庫・鳥取・徳島・愛媛・高知・熊本等）といった、しごく簡単な形が少なくないのは、それで十分に意味が通じるほど、この俗信が広く根深く行われていたことを示している。
○カラス鳴きが悪いと（カラスの鳴き声が悪いと）、人が死ぬ（青森・秋田・宮城・山形・福島・群馬・栃木・茨城・埼玉・千葉・東京・神

奈川・山梨・長野・岐阜・新潟・静岡・愛知・京都・和歌山・奈良・兵庫・鳥取・島根・山口・愛媛・香川・福岡・宮崎・大分・佐賀・長崎・鹿児島）。

○死の次に重いのは火災である。ことわざに「月夜のカラスは火に祟る」といい、夜ガラスが鳴くと火が危い（会津・因幡）、闇夜ガラスは夢にも見な（広島県比婆郡）ともいって、火事の多い時間帯、すなわち夜のカラスが問題とされる。その一つは、夜ガラスは火事の兆（茨城・鳥取）というように、夜鳴くということのみを取り上げるもの（津軽・千葉・長野）と、騒ぎガラスがあると火事がある（茨城県高萩市）といって、夜、カラスが群れをなして騒ぐことを問題にするもの（新潟）とがある。秋田県山本郡では、旧暦十二日の晩に飛ぶカラスが鳴けば火事があると、月齢を限定するもの、また夜、カラスの鳴きまねをすると火事になる（三河・下野）という例もある。

○死人・火事という具体的な事象をあげず、カラスの鳴き方が異常だと、或いはカラスが騒げば、或いはカラスが夜鳴けば、という前提のもとに、不吉・凶事あり、不思議がある、変事がある、災難が起きる、あやまちがある、縁起が悪い、という形の俗信は実に多い。鳥取県八頭郡で、家に飼っているカラスが夜間に鳴き出すと、その家に必ず不祥事があるといっているのは、特殊な事例といえる。（神奈川県三浦地方では、飼って悪いものに、ネコ・フクロウ・カラスを挙げる）

○島根県大原郡では、カラスがやかましく鳴くと、かわき病になるという。かわきの病は、食っても食っても空腹を訴える病症で、糖尿病がそれに当たるといわれる。とにかく、カラスが病気の予兆をするという例は珍しい。

○カラスの夜鳴きは凶事の兆（青森・岩手・秋田・福島・群馬・佐渡・福井・名古屋・和歌山・奈良・兵庫・島根・香川・大分）。対馬では夜ガラスは縁起が悪いから、願をかけて難を免れる。会津の檜枝岐《ひのえまた》では、夜ガラスといえば非常に不吉なものとし、禍をはらうため以前は盛んな日待をやり、一年間に十回も二十回も行うことがあったという。
○夜、カラスが鳴き渡るのは死人の前兆（沖縄）、夜ガラスが鳴けば、病人が死ぬ（長野）、その近所に死人がある（富山）、村内の誰かが死ぬ（新潟）、女が死ぬ、女が倒れる（栃木）。夜ガラスが鳴き始めた下の家または近所から必ず死人が出る（沖縄）。
○夜ガラスが鳴くと、火事がある（北海道・青森・宮城・福島・茨城・千葉・山梨・沖縄）。夕《ゆう》ガラスが鳴けば火事（宮城）。沖縄八重山地方でも、ユガラシャー（夜ガラス）が鳴くのは火事の起きるしるしという。福島県耶麻郡では、カラスが騒々しく区切って鳴くのを騒ぎガラスといって、火事、嵐の兆とする。特に十三夜ガラスを火難の兆とする所もある（広島・秋田）。また月夜ガラスは火元を知らせる（宮城）、火元になる（栃木）、火事がある（兵庫）などという。これに反し山梨県都留市のように、夜ガラスは火事だが、月夜のカラスは気にかけないという例もある。また、闇夜ガラスが鳴くと火事がある（岡山）ともいう。
○青森県三戸郡では、熊野神社でカラスが鳴くと火事があるという。カラスは熊野の使者という信仰に基づく。なお、火事との関係では、カラスが水に入ると火事になる（秋田）、騒ぎガラスは火の元に気をつける（新潟）、という所もある。
○カラスの夜鳴きを不吉として神経をとがらす者は多く、火難のほかにも、いろいろな不祥事が起こる前兆と考えられた。すなわち、夜ガラスが鳴けば、部落に変事がある（宮城）、逃げ人がある（山形）、駆け落ち（夜逃げ）がある（宮城・岡山）、女の騒ぎ（喧嘩）がある（青森・岩手・秋田）、憂いが起こる（京都）といった。

○闇夜にカラスが鳴くと、盗人が入る（茨城・兵庫）、闇夜ガラスは逃げ人を知らせる（行方不明者ができる）（宮城）。月夜に鳴くのは、盗難のあるしるし（岡山）、夫婦喧嘩が起きる（岩手）、近所に葬式がある（群馬）などという。また、月夜に鳴くと女が死ぬ、闇夜のカラス鳴きは男が死ぬ、忙しく鳴くと若い人が死ぬ（栃木）、という例もある。

○月夜ガラスは大名に祟る、闇のカラスは火にあたる（若狭・近江）という。群馬県では、月夜カラスは千人の足跡を見るという。その意味は、必ず人寄せがある、即ち不幸で親類縁者近隣など大勢の人が集まるような事件が起きるというのである。また同じ地方で、闇夜カラスは女騒動があるという。津軽でも、月夜か闇夜か不明だが、夜ガラス鳴けば女の喧嘩がある、新潟県栃尾市〈長岡市〉で、夜ガラスが鳴けば女がもめるという。

○『看聞御記』応永三十一年（一四二四）九月十八日の条には、「今夜自㆓丑刻㆒至㆑暁、村烏東西ニ飛亘鳴事数声也。やもめ烏月夜鳴事、雖㆓常事㆒、是者以外也。大略終夜鳴明了。怪異歟、不審之間、占文披見。従者口舌事云々。有㆓何事㆒乎、恐怖也」とある。やもめガラスは平安時代から歌にも詠まれているが、それは連れ無しのはぐれガラスである。群をなして月夜の空を東西に飛び交い、明け方近くまで鳴き続けたのであるから、もの悲しいというより騒がしく、いわゆる騒ぎガラスの部に入る。占文によって見たら、下部《しもべ》が喧嘩を起こす前兆だとあった。「わざわいは下から」という諺どおり、下部がしでかす災は、自戒によって防げず、しかも主人のうえに降りかかるから恐ろしい。

○朝のカラスも縁起がよくない。特に夜明けや朝早く鳴くのを嫌った（岐阜・広島）。朝ナギにカラスが鳴くと、その日人が死ぬ（青森）。夜明けに鳴くと近所の男が死に、夜に鳴くと近所の女が死ぬ（群馬）。

烏　からす

(2) 一口烏・三口烏・四羽烏、悪い鳴き方、鳴く場所と姿勢

○カラスは普通、カアカアと二声鳴くものというのが常識と思われるが、二声も悪く、それ以外の鳴き方も異常のうちに数えられた。沖縄の多良間島《たらまじま》で、ユガラス（夜ガラス）が一声だけ人家の上を鳴いて飛んで行くと、間もなく人が死ぬという。このように一声鳴くことを忌む風は広い。愛知でも、家の上を一声鳴いて飛んで行くとその家は火事になるという（大黒柱に水をかければよい）。その他、一口カラス（一声カラス）が鳴けば葬式がある（秋田・新潟・山梨・愛知）。これをカラスの一声鳴きともいって嫌う（山梨）。愛知では、晩に一声鳴くと人が死ぬという。飛騨では、一声鳴くと死人が出る、三声鳴くと赤ん坊が生まれるといい、伊予でも、一口鳴いたら死、二口鳴いたら火事が起きるという。長野県飯田市の西境にある大平集落には、もとカラスは一組しかいなかったといい、そのカラスがお宮で鳴くと誰かが赤ん坊を生み、一声鳴きすると人が死ぬといった。

○二声も必ずしもよくはなかった。二声カラスが鳴くと死人が出る（千葉）、二声鳴くと天気が悪くなる（滋賀）ともいう。

○カラスが三度鳴けば、下にいる者が死ぬ（広島）、三口鳴くと、近所に不吉がある（熊本）。愛知県西加茂郡では三口カラスと呼んで、同じことをいい、その他でも三声カラスや三回鳴きを死の前兆とする（岐阜・滋賀・奈良・兵庫）。二声または三声鳴きは死（富山）。群馬県勢多郡でも二声三声は死にガラスと、ややあいまいな例も見られる。

○四声二声の鳴き方（シーニシーニ）をすると誰か死ぬ（群馬）、四声二声に鳴くと人が死ぬ（栃木）、四声鳴いてからまた二声鳴くと四二ガラス（佐渡）という。（他の地方で死にガラスが鳴くと人が死ぬといっている例の中にも、四声二声を指しているものが混じっていることが考えられる)。四六の鳴きといって、四声または六声に鳴くと悪い事が起こる(神奈川県足柄上郡)。カラスが、三回鳴くのは何でもないが、四、六回繰り返し鳴くとよくない事が起きる、その場合はカラスに向かって歌を掛ける(呪歌を唱える)とよい(岩手県東磐井郡)。
○一羽ガラスが鳴くと人が死ぬ(高知)、三羽ガラスはフが悪い(縁起がわるい)という(佐賀)。四羽ガラスが鳴くと人が死ぬ(和歌山・徳島)、四羽ガラスは火事騒ぎがある(津軽)、四羽ガラスを見ると人が死ぬ(和歌山)。また、同じ県で、騒ぎガラスの中でも特に四羽ガラスを嫌い、「四羽ガラスは不幸、三羽のタカ、三匹クマうつな」といった。
○カラスの鳴き方が悪いといっても、それは主観的な感じ方だといってしまえばそれまでであり、無関心に聞き流してしまう者も少なくないわけである。しかし、一個人の耳にいやな鳴き方と聞こえるばかりでなく、近隣の者も一様に同じ受け取り方をする場合は多い。そこで、カラスが変な鳴き方をすると思ったら、やっぱり……という感想が期せずして同音に発せられることになる。
○個人の主観ばかりでないとしたら、共通に感じる悪い鳴き方というのは、どのようなものか。それは、気の抜けたように鳴く(群馬)、長く身の入らないような弱い鳴き方(長野)、間が抜けたような声で鳴く(青森)、悲しそうに引っ張って鳴く(長野)、声が悲しい時(徳島)、変な声でゆっくりと鳴く(新潟)、長く鳴く(長崎)、長く尾を引いて鳴く(宮城)、長くしつこく鳴く(長野)、鳴き声のはげしい時(千葉)、力なく鳴く(秋田)、あわれっぽく鳴く(茨城)、あわれに鳴く(福島・千葉)、さびしく聞こえる時(山形)、鳴き声が悲しい時(香川)、妙な声で鳴く(島根)、などは、人が死ぬ前兆だというのであるが、それも聞く者の感情に左右される点が多く、具体的でない。或いは、カラスがしげく鳴く（壱岐）、幾度も鳴く（熊本）、鳴きながら食い合う（宮崎）、地上に落ち落ち鳴く（和歌山）、群れ鳴きする（和歌山）、三日ぐらい続けて鳴く（千葉）等も、死人の前兆だという。しかし、これとても特に稀な現象ともいえない。

○カァエー（福井）、アクゥアフゥ（群馬）、カワイカワイ（兵庫・広島）、オアー（三重）、カッカッとうるさく鳴く（青森）、カーカポと鳴く（愛媛）、大きな木にとまってカオカオカオと鳴く（同上）のは、人の死ぬ兆だという。またカーカーはよく、アオーアはよくない（山形県飽海郡）、アオ、アオは悪い（静岡）、カォーッカォーッとさみしく鳴く（愛知）と悪い、カーア、カーアと長く尾を引くように鳴くと縁起が悪い（大分）、カフカフ、カグウカグウは人が死に、コカコカ、コガウコガウなら子が生まれる（愛知県西加茂郡）という。その他、悲しく鳴くと死、忙しく鳴くのはややなし（出産）のしるし（福島県須賀川市）というように、死にガラスと子産みガラスとは鳴き方が違う（新潟県中頸城郡）といわれる。（同じことは岐阜県揖斐郡でもいっている）。木曽地方では強く鳴くと人が生まれ、静かに鳴くと人が死ぬという。

○その他、ガオガオと鳴くのは死にガラス、ガアガアガアと早く鳴くのは騒ぎガラスで嵐が来る前兆（群馬）、ガーカォと鳴くと風が吹き、ガーガー鳴くと雨が降る（秋田県仙北郡）、カアカアは死、ガアガアは騒ぎの起こる前兆（青森県三戸郡）、カラカラと忙しく鳴くと子供が生まれる（宮城県白石市）という。また八重山地方では、オッカーオッカーと鳴くのは旅人が来る知らせ、ガクララーなら旅先から小包が届く、ガッファガッファは旅先から吉報で、悪いのはガラガラガラガラで近々悪い知らせがある、ンナティンナティと鳴くのは、ほかから請求されるものがある知らせと、区別が微妙になる。
○カラスが鳴き騒ぐのは、人の死ぬ前ぶれ（埼玉・千葉・長野・愛知・岡山・愛媛）。カラスが騒ぐと悪い事がある（秋田・富山）。長患いの病人の死期が近づくと、カラスは家の周りに集まって来て騒ぐ（群馬）。
○カラスが近くで鳴くと、不幸がある（群馬・愛媛・熊本）。自宅の近くで鳴くのは、親類に死人がある知らせ（香川）。頭の上で鳴くと、身内の者が死ぬ知らせ（新潟）、不吉（鹿児島）。家の周りで鳴く声が悪いと災難がある（新潟）。
○カラスが屋根（棟）の上にとまって鳴くと、人が死ぬ（青森・栃木・千葉・福井・岐阜・奈良・和歌山・広島）。その家の者が死ぬ（長野・新潟・愛知・山口）、その家の病人が死ぬ（津軽・隠岐）、その病人は三日の間に死ぬ（奈良）、親類に死人がある（宮崎）、心配事がある（岡山）。家の上で鳴くと悪い兆（富山）。アイヌの風習でも、屋根でカラスが鳴くのは凶といった。また屋根の上で鳴く時向いた方向に不幸がある（栃木・大阪）といい、家の屋根にとまれば、その家の人が死ぬ（長野・愛知・岡山）、その家が崩れる（奈良）。青森県三戸郡では、元日の朝屋根にカラスがとまると、年内に家人が死ぬといった。とまるだけのようだが、やはり鳴くことも条件に入っていよう。
○高い木にとまると、その木の下の家の人が死ぬ（愛媛・埼玉）。或いは、縁者に不幸がある（埼玉）。宮城では船の帆柱でカラスが鳴くと悪い事が起こるという。
○家の上を鳴いて通ると、その家に死人が出る（鹿児島）。家の上または周囲を廻って鳴くと、人が死ぬ（栃木・福井・滋賀・大阪・広島）。家の周りを廻って飛べば（青森・静岡）、家の周りを二回廻れば（長野）、三回廻ると（静岡・愛知・福井・兵庫・広島・佐賀・宮崎・鹿児島）、夕方家の周りで鳴くと（佐賀）、庭でたくさん鳴いたら（富山）、いずれも不幸がある。輪をつくって廻ると、子供が死ぬ（長野）。家のぐるわを五回廻るとその家の者が死ぬ（長野）、夕カラスが部落を廻って飛んだら怪我人が出る（沖縄）。

○カラス鳴きには昼夜の別のほか、鳴く場所、姿勢についても注意される。お宮の森はカラスの巣窟だから当然対象になる。お宮で鳴くと若い人が死ぬ（愛知）、神社の森で鳴けば近く死人あり（青森）、神社の屋根で鳴くと火事か大風がある（新潟）。お宮の杉と杉を行ったり来たりしているのは縁起が悪い（岐阜）。その他、村の熊野神社で（青森）、天神様で（愛知）、山の神の杉の木の頭で（栃木）鳴けば、人が死ぬという。宮城県刈田郡では、変事のある時は、熊野様が黒いカラスを鳴かせて教えてくれるのだという。熊野神社とカラスの結びつきはいうまでもないが、天神様はたまたま村の鎮守だからであろう。

○墓（ラントウ）で鳴くと人が死ぬ（青森・秋田・長野・愛知・愛媛）。寺で鳴くのも忌まれる。寺の本堂の屋根で鳴く（宮城・愛知）、寺の木で一声鳴く（山梨）のは死者の知らせ。特定の寺院を目標にする所も多い。秋田県鹿角市尾《お》去沢《さりざわ》の寺の三本杉、青森県三戸郡田子《たっこ》町《まち》の洞円寺の杉の木の上で、上を向いて鳴けば、熊原川の北岸で、下の方を向いて鳴けば南岸で死人が出る。同じ郡で、三本杉の最も大きい木で鳴く時は部落内に、二番目の杉だったら他部落に死者があるという例もある。

○神と仏で吉凶の区別をする例もある。岐阜県恵那郡では宮の方で鳴くのはめでたく、墓だと縁起が悪いという（愛知県北設楽郡でも、お宮の上で鳴くと子が生まれるという）。広島県でも、住吉さんの上で鳴けば出産、観音様の上なら死人、また寺の上なら死、宮の上なら吉事と判ずる。

○兵庫県城崎郡竹野町〈豊岡市〉の伝承では、

昔昆山和尚という名僧が中国から渡って来て、竹野の切浜の月旦が島へ着いた。この和尚は、三原で入寂したが、その場所に大きな松が生長した。この松にカラスがとまって鳴くと、必ず人が死ぬのだと伝えている。このような特別の伝承を伴わない場合でも、人が死ぬ時、カラスがその家に向かって鳴く（石川・新潟）という。

○カラスがくちばしを上の方へ向けて鳴けば、近親に死人が出る（青森）。カラスが自分の方へ尾を向けて鳴くと身内の者が死ぬ（群馬）。尾の向いた方向に死者が出る（岐阜）、背の方向に悪い事が起こる（群馬・石川）。尻を向けて鳴くと人が死に、くちばしを向けて鳴くと子供が生まれる（福島）。北に向いて鳴くと死人がある（宮城・秋田）。カラスが尾じりをピコピコさせると、人が怪我をしたり死ぬ（愛媛）。

○カラスが西に鳴けば、不幸事がある（熊本）、戌亥（北西）の方で鳴くと不吉（宮城）という。鳥取県八頭郡若桜町では、鳴く山の方向によって、対象の部落が違うという。方角を一定せずに、鳴いた方向の親しい親類に災難がある（新潟）、という例もある。

○いわゆる騒ぎガラスもよくない。カラス特有の物寂しい鳴き方や、無気味な感じはないが、カラスに限らず無数の鳥が集まって騒ぎ立てるのは、自然の暴威のような感さえして、ものすごいものである。それで、不吉・禍・災難・変事などの前兆とし、或いは風が吹く（福井）、大風になる（群馬・広島）、などともいう。

○群れをなして鳴く時は、荒れガラスといって天気が悪くなる（出雲）。南向きにとまって鳴くと大荒れがする（丹波）。クチボソガラスが群れをなして移動すると、飛んで来た方角から風が吹く（アイヌ）。夜にカラスが鳴き騒げば大風になる（青森）、夜よく鳴く時は天気が大きく変る（出雲）。

○長野県北安曇郡では、カラスが山裾で騒げば村に騒ぎがある、山の中で騒げば上に騒ぎがあるという。新潟県東蒲原郡では、騒ぎガラスは事故が起きるか、子供が怪我をする。秋田県平鹿郡では、山神社の方で鳴くと怪我人が出るという。同県雄勝郡で、カラスが鳴いた時溝側に行くと落ちるといっているのも、怪我の種類を限定したにすぎない。

○大分県南海部郡では、カラス鳴きが悪いと、不漁だという。

○鹿児島県の竹島〈鹿児島郡三島村〉では、カラスが鳴くと船が来るといった。平家の落人村であるため、追討の源氏の船が来ることを恐れていたからだという。宝島（鹿児島郡）でも、同様にいう。

○鹿児島県黒島〈鹿児島郡三島村〉では、カラスが苦しそうに鳴くのは、病人の容体が急変した知らせだというが、家の傍に来てクァークァーとほがらかに鳴くのは吉報で、大風が去ったり、島外に出ている者から贈り物などが来る前兆だという。

烏　からす

(3) 烏鳴きの古い例、まじないの歌、烏とたましい

○いわゆるカラス鳴きによって吉凶を判ずることについて、先人は中国の先例に注意している。貝原好古は『諺草』（元禄一二十年版）で、宋人の随筆『容斎随筆』に「北人以二烏声一為レ喜、鵲声為レ悲。南人聞二鵲噪一則喜、聞二烏声一則唾而逐レ之。至レ於弦レ弩挟レ弾、撃使二遠去一」とある記事を引用している。北支ではカラスは吉、鵲（コウライガラス）は凶とするが、南支ではその正反対である。いやな鳴き声を聞くまいとして、唾を吐いたり、手荒なやり方で追い払うというのである。（同じ記述は『事文類聚』にも引かれている）。谷川士清も『倭訓栞』の中に、黄山谷の「慈母毎占烏鵲喜」の詩句や、『群談採余』の「鵲噪未レ為レ吉、鴉啼豈是凶、人間凶与レ吉、不レ在二鳥音中一」（鵲の鳴き声が吉兆とは限らぬように、烏《カラス》の声も凶とは限らぬ。鳥《トリ》の声に吉凶があるわけではない）の詩を示し

ている。中国におけるカラス鳴きの俗信が宋代に始まったものか、さらにさかのぼるものかを明らかにしないが、わが国では、カラス鳴きの俗信が生じたのは、中世以後と思われる（『古今著聞集』に、柳の下に巣を作っていたカラスが、その木が伐り倒されるのを予知して、他の木に巣を移したという説話が載っているが、カラスの予知能力にふれているものとしては、これが初見であろう）。近世のカラス鳴き伝承は、読書人によって輸入された中国の知識から影響を受けていないとは言い難いように思われる。

○『看聞御記』永享十年（一四三八）八月六日の条に、「烏一羽、会所ニ飛入、友烏ニ被二追入一、恠歟如何、令レ祓」と見え、カラスが仲間に追われて屋内に飛び入ったのは、怪事の前兆かと疑い、祓をしている。

○中国では喜鵲《きじやく》という語があって、カササギの鳴くのを聞けば喜び事があるといって、カササギの別名になっており、ことわざにも「乾鵲（カササギ）噪ぎて行人至る（遠方に行っている人が帰ってくる）」という。わが国でも、朝自分の家の方を向いてカラカラカラと鳴くのを喜びガラスといって吉事の前兆とする（金沢市）。また、カラスが陽気に鳴くのは珍客の知らせ（秋田）といい、屋根の上を歩くと、「荷をおろす」といい、来客の前ぶれとした（同上）。その他の地方でも、おおむね来客の知らせと受け取っている。カラス鳴きがよいとお客さまが来る（青森）。カラスがガアガア鳴いて家の辺を通って行けば、カラスの来た方向から客が来る（富山県氷見市）、朝ショウレイ（カラス）鳴きがよいと、熊が捕れる（新潟県新発田市）。これに関連して秋田県北秋田郡阿仁〈北秋田市〉のマタギの間でも、朝カラスが鳴く時、或いは狩山でカラスが鳴いて飛んでいるのは、熊のあとを飛んでいるのだといわれ、猟がある前兆とする。木曽では、喜びガラスといって、カラス鳴きがよいと良い知らせがあるという。長崎県五島では、カラスが喜ぶと良い事があるという。喜ぶとは、特殊な鳴き声のことだというのみで、具体的な説明を欠くが、金沢で喜びガラスとは、カラカラと鳴くことである。○新潟県東蒲原郡では、カラス鳴きに死にガラス・騒ぎガラス・お産ガラスの三種があり、どれもよくないというが、普通に出産は吉事である。茨城県久慈郡では、おとなしガラスが鳴くと子供が生まれるという。富山県氷見市でも、無常ガラスで人が死ぬという一方で、カラスの鳴くのは子供が生まれる知らせとも言った。その他、さわやかに鳴く時は吉事、悲しく鳴く時は火事か怪我（栃木）、明るく鳴くと良い事があるか、赤子が生まれる（木曾）。沖縄では夜ガラスが南から来るのを祥瑞とし、秋田県雄勝郡では北に向かって鳴くとどこかで子供が生まれるという。昼カラスが人の前を飛んで鳴くのはお産の知らせ（福井）、お宮で鳴くのは出産（長野）、軒下で鳴くと女児が出生（愛知）、東から西に飛ぶと安産（沖縄本島）。屋の棟で鳴くと珍しい人が来る（青森県下北郡）。朝カラスが家に向かって鳴いたら、その家に手紙が来たり、遠方から人が来たりする知らせ、午後鳴く時は必ず口論が起こったり、怪我人が出たりする（沖縄本島）、などといっている。

○カラス鳴きが悪い時、難をのがれるための唱え言がある。「あほうあほうと鳴くは吉野の森ガラス、聞く人栄えカラス喜び」と三回言う（佐渡）、「闇の夜になかぬカラスの声きけば、生まれぬさきの父ぞ恋しき」という歌も用いられ、知っている人が多いが、熊本県阿蘇郡では、特に正月の夜明け前にカラスの鳴くのを聞いた時の歌詠みにこの歌をよめば、災難をのがれるという。福島県大沼郡では、夜ガラスが鳴くと村が火事になるといい、流しに水をかけて右の歌を三度唱える。この歌の作者は足利義政であるという（松永貞徳『長頭丸随筆』）。『生下未分』という書には、下句を「母ぞ恋しき」としてあると、山崎美成はその随筆『三養雑記』に述べている。義政作という根拠はもちろん無い。また謡曲『花月』の「生れぬ先の身を知れば〱、憐れむべき親もなし」うんぬんの典拠をこの歌とする説にも、にわかに左袒し難いように思える。しかし近世は甚だ人気のあった歌で、浄瑠璃その他にも使われている。これで効き目があるというのは、いわゆる「名歌の徳」というものか。

○『山科家礼記』寛正六年（一四六五）三月十二日の条に、「からすなきわろきときの文、これはゑきより出候。しりんかうきにあり。乾《ケン》元《ケン》亨《クワウ》利《リ》貞《テイ》　三反トナヘテ、ハヲ七度ナラス。タンシ三度なり」とある。ゑきは易経、しりんかうきは詞林広記。ハは歯、タンシは、弾指であろう。

○大分県南海部郡では、「月夜ガラスの声きけど、闇夜ガラスの声きかず、生まれぬ先のキチの恋しさ、アビラオンケンソワカ」と三度唱える。愛媛県上浮穴郡では、「カアカアと鳴くカラスは厄の知らせかアブランケンサアサ」と三回唱えると、不吉な事も起こらずにすむ、また、「カラス鳴く、ヨイスの神の使かや」と唱えれば、災難がかからないともいう。群馬県多野郡では、「カラス鳴くその木の下はヒイラギの里、アビラウンケンソワカ」と唱える。対馬では、「カラス鳴く鳴く天は喜ぶ地は固まる、鳴こうカラスの身のため」「東山こうさか谷に鳴くカラス、今日も鳴きや明日も聞く」「よろこぶ、よろこぶ」などのまじないを唱える。

○「カラス鳴くその木の下は枯れるとも、わが行く先は花が咲く」と三回歌詠みをするとよいともいった。『咒咀《まじない》調法記』（元禄）に載っている歌は、「ちはやふる神代の烏つげをして、いつしかはらん本のウンケン」というもので、金剛合掌して手を合せて拝み、右の歌を三べん唱え、さらに「七難即滅、七福即生、寿命長遠、唸急如律令」と唱えよ、とある。同書は元禄の板行であるから、この時代には既にカラス鳴きを気にする人が一般的だったことを示している。

○「カラス鳴きよろずの神の違いかよ、悪運不浄われは福徳、ナムアビラウンケンソワカ」（奈良県吉野郡）。熊本県阿蘇郡では闇夜にカラス鳴きを聞けば、悪難が一身に降りかかるといい、それを避けるには、「闇夜ガラスの鳴く声（時トモ）きけば、月夜カラスはいつも聞く」、と三度唱えればよいといった。また「闇夜ガラスの声きかず、月夜ガラスはいつも鳴く」とも唱えた。

○右の呪歌は、既に呪歌としての意味を忘れられて、一種の諺化している地方もある。「月夜ガラスはいつも鳴く、やみ夜ガラスは気にかかる」というくらいだから、闇夜ガラスは忌むべきであるというふうに説明し（岡山県川上郡）、同様のことを神奈川県津久井郡でもいった。或いは「闇夜のカラスはいつも鳴く、月夜のカラスが気（火）にかかる」（広島）と、火事に結びつける。

○和歌山県西牟婁郡では、四羽ガラスを見ると人が死ぬ、といって一般には嫌うが、「カラス鳴く鳴く口で鳴く、尻で鳴いたら不思議よ」と一蹴する人もあった。「カラス鳴いてもなな気にかけど（気にかけそ）、カラスはその日の役で鳴く」という俗謡と同趣である。

○和歌山県西牟婁郡では、カラス鳴きが悪いときは、「ケンバイソワカ（七里の間安全）」と唱えた。高知県幡多郡では、「糞ガラス、ツーツッ」と唱える。ツーツッは唾を吐くこと、或いはそのまねであろう。沖縄県八重山地方では、ユガラシャー（夜ガラス）が鳴いて火難の怖れがある時は、臼を前庭に持出して杵で三回叩き、「ナーマンヤー」と三唱すればよいといった。

○福島県耶麻郡では、魂離《たまばな》れということが信じられている。人が死に臨んで近親や友人に別れの挨拶をすることをいうが、この方法は本人が家の表戸を叩くとか、夢に出たりする。また寺に行くと、死者が男の場合なら本堂を、女なら庫裏の流し元をがたがたさせたりする。この魂離れのいま一つの方法は、カラス鳴きとされている。人の死を告げるとされるカラスの鳴き声を、死者自身の意志による告別だと考えるのである。

○カラスは狡智にたけた鳥である。カラスに出し抜かれることの多かった人間は、かれらを霊的な動物として畏敬した。熊野権現の使わしめとしての信仰がそれである。しかもカラスの鳴き声はいかにも無気味に聞こえることがあり、霊的能力を信じさせる原因をなした。人の死や火災を予知する霊力をそなえているとの信仰が、その主なるものであるが、広島ではカラスは三年以前に既に、不吉な事の起こるのを予知しているという。愛媛県上浮穴郡でも同じことをいい、その不吉な家がカラスには赤く見えるのだといわれる。青森県三戸郡では、カラスは死者の家の屋根に何かが見えるので、うるさく鳴くといい、或いは山の神の使いだともいう。福島県須賀川市では、人の死ぬとき、カラスの目には幡《はた》が見えるので鳴くのだと説明する。カラス鳴きとは、かれらが予知した異変を人間に告げる行為であると解しているのである。

○千葉県長生郡では、カラスは三日以前、或いは百日以前から、先のことを知るという。宮城県刈田郡・福島県南会津郡・新潟県東蒲原郡では、七里四方の不幸を知って鳴くという。また上記の愛媛県上浮穴郡では、カラスには人の死ぬのがわかるので、墓に供えるお団子がもらえるのがうれしくて鳴くのだといっている。霊力評価の下降に伴う童話化といえよう。

○岩手県遠野地方では、カラス鳴きのシルマシ（前兆。知らせ）も否定できないといった。或老婆が谷川の橋から落ちて死んだ際のこと、一羽のカラスが老婆の家の方角からけたたましく鳴いて、その親類の家へ飛び来り、ばさりと翼を障子に打ちつけて去った。家の人たちが驚いて、何事もなければよいがと、話し合っているところへ、親類からこの老婆の死を知らせて来たという。人が死ぬと、その霊魂がカラスに移ると信じられていたのだという説は、以上挙げた諸例によって、或程度まで立証されるようである。

烏　からす

(4) 死の知らせ、鳥ばみ

○死の知らせであるカラスの鳴き声は、死んでいく本人の耳には聞こえない（栃木県上都賀郡・新潟県三島郡）。滋賀県高島郡では、人の死が近づくと、カラスが群がってその家の近くで鳴く。すると、いよいよあの人ももうあかんのかなァ、などと噂する。しかし、その鳴き声はその家の人には聞こえないという。同じことは、宮城・茨城・埼玉・和歌山・岡山・広島・佐賀などからも報告されている。福島県須賀川市では、わが身にかかる人には、そのカラスの鳴く声が聞こえないのだという。三重県度会郡では、親戚の者には聞こえるが、家族には聞こえないといい、群馬県利根郡では、身内の人が死んだ時には、死にガラスの声は聞こえないという。

○それを裏返しにすれば、カラスの聞こえない人は近いうちに死ぬ（愛知）、ということにもなる。福井県今立郡では、カラスが鳴くとき、その声が聞こえない家は災難が起きるという。

○愛媛県上浮穴郡では、カラスがひどく鳴き騒ぐと人が死ぬと信じられているが、それが気になる人は死なないという。つまり、カラス鳴きが聞こえるのだから、死なないという理屈であろう。同じ所で、カラスの鳴いたのが、自分で気にかかる時は悪い事は起こらないともいう。これは前条に対し明らかに矛盾である。

○新潟県栃尾市〈長岡市〉では、サクギガラスが聞こえない人はよくないという。サクギの意味が不明だが、やはりカラス鳴きが聞こえない人をさすと思われる。

○愛知県西加茂郡で、カラスの鳴き方が気になるときは、身内でなく脇の人が死ぬというのも、「気になる」とはカラス鳴きが聞こえる意味であると考えれば理解ができる。
○カラスの鳴き声で年占をする例は報告が少ないが、鳥取県八頭郡では、元日にスズメが鳴けば豊年、カラスなら凶年と占う。
○埋葬の時、或いは火葬の際に、カラスに団子を食べさせ、それを食べる時はよいが、さもないと不幸がまたあるといって気にする風習がある。長野県飯山市では、火葬に行く際にカラス団子といって、米の粉を湯で練っただけの直径一寸ほどの団子七個をこしらえ、皿に紙を敷いてのせ、紙をひねって包んで持って行く。火葬場に置いてこれをカラスがついばめばよいが、食べない時は死人が続くといって心配する。愛知県丹羽郡でも、葬式の団子をカラスが食わないとまた死人があるといい、青森県三戸郡では、墓穴のアラネ団子（枕団子）をカラスが食わぬと不幸が続くといって嫌う。新潟県中魚沼郡では、葬儀場にカラスが来なければ、また人が死ぬとか、葬式の時カラスがいないと、その家にまた近く葬式があるという。広島県庄原市では、葬式の団子をカラスがよく食っていれば、死体がよく焼けている、残してあるようだと焼けていないという。火葬の制が導入されると共に、墓に供える団子も火葬場でカラスに食わすように変ったものに相違ない。
○岡山県川上郡では、墓の供え物をカラスなどが来て食べずそのまま残っている時は、水呑みが上がらぬといって忌む。イヌも来て食べないという場合もあって、そういう時は仏様のご機嫌が悪いしるしであるから、大塔婆を建て直したりする。そうしてカラスが来るようだと、仏様は喜んでいるとする。
○壱岐では、墓に上げた供物をカラスなどが来て取ると、「仏様が取らしゃった」といって喜ぶ。

○高知県長岡郡では、墓の供物をカラスが食べると、きれいに成仏したという。会津地方でも、カラスが新墓の団子を食えば、死者は成仏するという。愛知では、葬式に供えた団子をカラスが早く食わぬと、近いうちに死人があるといい、カラスが墓の団子を食えば、魂が家に帰るという。岐阜では、葬式団子をカラスがくわえて落とした所に死者が出るという。これもすっかり食べてしまわぬことを意味するのであろう。
○カラスに神饌を食べさせる神事は鳥喰《とりくい》神事の名で呼ばれ、全国に類例が多くてあげるにたえない程である。これと同じ趣旨で農家が各個に行うものが、正月に餅を高く投げてカラスに食わせるカラス勧請の行事である。或いは、これが年占と結びついた例もある。福島県郡山市では、正月十一日の農始めに、早稲・中稲・晩稲の米を別々に盛って戸外に置き、カラスが最初につついた品種を、その年の豊作の品種と判ずる。栃木県那須郡でも鍬入れの時、早中晩の三種になぞらえた神供のどれを最初にカラスがついばむかにより、栽培品種を決めた。農神の使いであるカラスが食べた物が、神のお気にかなった作物であるとの考えである。
○諸社のいわゆる鳥喰神事においては、カラスが神供を食べないと、神事を再三やり直すことになっている。どうしてもカラスに食べてもらい、そのことによって神慮にかなう状態をつくり出さねば安心ができないからである。そんな神秘の例を挙げるまでもない、また東北地方の小正月のカラス勧請の行事を特異な風習とみるのも当たらない。岩手県では、流行餅といって、疫病除けのために、野外でカラスを呼んで杉の葉に餅を付けたものを食べさせる。カラスが寄って来て食べれば祈願成就である。安芸の宮島では島廻りといって、祈願のある者は島のカラスに神饌を食べてもらうために、わざわざ船を仕立てて島を一周した。以前、日光東照宮では仁王門のところに二羽のカラスがすみついていて、参詣者が茶店で売る団子を、一つずつ串から抜いて高く投げると、このカラスがさっと飛んで来て空中でついばみ、一つも落とすことがないと、『嬉遊笑覧』にも記されている。ゴルフボールを略奪する近代のカラスと、同じ習性による行動であるが、これによって参拝者は、神納受のしるしと考えて安堵したのである。

○平安時代、宮廷では大饗の終った後、料理の残り物を庭に投げて下衆《げす》に拾わせるのを、鳥食《とりばみ》と称した。『枕草子』には、男でもいやがる事なのに、女も混じって拾ったことを記し、『今昔物語集』には、下衆を入れさせず、侍たちだけで独占したことを載す。本来は、残り物の処分ではなく、お初穂を以て神意を確かめることに趣旨があったものであろう。カラスの代役をするのだから、いやがるのももっともだが、後にはお余り頂戴の行事と化し、役得にさえなったのである。

○『続咒咀調法記』（元禄）に、「子をやしなひ其子の命長き短きをしる事」と題して、次のように記されている。これも鳥喰神事の応用である。「洗米を東の方のたかき所にそなへ、その前にむかふて、南無八まん大ぼさつと廿一へんとなふべし。さて長命の子なれば、烏来てかの洗米をくらふなり。短命なる子は烏きたらず」

烏　からす

(5) 烏の口まね、烏の邪視、烏の霊力

○カラスの鳴きまねをすると、口角に瘡あるいは腫れ物（口角炎）ができるから、まねするものではない。この禁忌の分布は近畿以東に片寄り、特に中部・関東に多く、中国・四国は少なく、九州の例がほとんど見られなかった。地方により呼び方を異にする。ゴキズレができる（長野・山梨）、カラスに口の端に灸をすえられる（福島・栃木・群馬・千葉・神奈川・新潟・長野）、灸焼かれる（会津・栃木）。灸たてる（新潟）、ヤイトをすえる（福井・鳥取）、ヤイヒを焼かれる（茨城・新潟）、もぐさを焼かれ

る（千葉）、唇を焼かれる（同上）、口が切れる（奈良・香川）、アイクチが切れる（岡山）、アクチが切れる（奈良・大阪）、カラスグチを病む（沖縄本島）など種々で、その他に、腫れ物ができる（静岡・長野・京都）、クチクサが出る（津軽・安房）、水クサができる（山口）、クチガサが出る（青森・秋田・宮城・千葉・愛知・高知）、口のまわりにクサができる（岩手）、口にたむしができる（愛知）、口のまわりがただれる（岩手・茨城・千葉）などもある。群馬県利根郡で、イボができるというのは、口角炎をさすのか、本物の疣か、いずれか。同じ郡で、便所でカラスと一緒に鳴きまねをすると、おできができるという。

○広島県比婆郡で、カラスの鳴きまね競争をすると負けた方が死ぬというのは、もちろんカラスを相手に負ける意味であろう。

○これを治すためのまじないとしては、「カラスカラス、カラスの口まね返した」と唱える（長野県更埴市・北安曇郡）、「カラスあくちかやそ」、「カラスカラス、昨日のあくち直してんか」、「カラスカラス、おれのあくち直さな、われ（汝）の子三匹取るぞ」（奈良）、「カラスわれ（汝）おん（おれ）のあくち直してんな、わんの（汝の）子取るぞ」と三べん言う（同上）、「カラスの口割れ（又は、くちばし）戻いたる」（兵庫）、と唱える。懐柔型では、「カラスさんくちがさ治してくれたら甘酒やる」という（愛知）。

○ちなみに、口角炎を治すには、粗朶《そだ》を燃すとき、その切り口から出る泡をつけるとよい（神奈川・長野・静岡）。手水場（便所）の神様に向かって、便所で唾を吐かない願をかけるとよい（長野県安曇地方）、鍋の墨を指先で三度つける（同上）、などという。

○口まねでなく、カラスの悪口を言うと、この症状になる（栃木・奈良）、という例もある。

○口角炎以外に、カラスのまねをすると、頭に瘡ができる（宮城）、皮膚病になる（秋田）ともいい、群馬県では、鳥獣を軽蔑するとカラスに灸をすえられるという。

○カラスの巣を取ると、火事になる（愛知）、屋根のカヤを抜いて復讐する（秋田）。

○カラスの巣を燃して飯を炊いて食べると、子供を産めなくなる（宮城）。

○カラスの交尾を見れば、死ぬ（秋田・福島）、大怪我をする。その時は女なら櫛を投げ捨て、男なら片袖もぎ取って捨てればよい（青森）。神の使者と考えられている聖なる鳥に対する冒瀆行為だからである。

○カラスの巣を取ると、寝つきが悪くなる（奈良県山辺郡）。

○カラスノマンマという木の枝を折れば、カラスに頭をつつかれる（津軽）。

○カラスの実（カラスウリ?）を取れば口瘡が出る（津軽）。

○カラスに糞をかけられると、悪いという。頭からかけられると、その人は三日のうちに死ぬ（秋田）、早死する（栃木）、怪我をする（青森）、家族か近親に不幸がある（青森）。渡り鳥やカラスの糞が頭上に落ちた時は、不幸の知らせ（福島市）。夜、物干ざおに乾しておいた着物にカラスが糞をかけると、持ち主は死ぬ（長野）。禍をはらうためには、樽の尻に水を汲んで洗い落とせば死なずにすむ（秋田）、御飯にその糞をなすりつけてカラスに与えればよい（青森）という。

○カラスに糞をかけられると、運がよいという所（山口・広島）もあるが、古くは不吉として忌んだのであろう。元禄の『咒咀《まじない》調法記』に「鳥の糞のかかりたる時の符」として、
「口左口舌天下鬼
口右口舌天下鬼　喼急如律令」とある。
『極奥秘伝まじない秘法大全集』には、
「顔戸口
顔口×喼　急如律令」とあり、同系統の変化であることが知られる。

○血を流したところをカラスに見られると悪い。

傷の痛みが激しくなる（山口）、その人は死ぬ（秋田・大阪）、その家の者が旅先で死ぬ（愛知）、人が死ぬ（同上）。
○鼻血をカラスに見られると、その人は死ぬ（愛知）。鼻血をカラスに見せた者の母親が死ぬ（愛知・兵庫）、親が死ぬ（広島）。
○秋田県仙北郡では、血を出した時カラスに見られると、血が止まらぬから、穴を掘って血を埋める。
○愛知県では、石を割ったところをカラスに見られると、その人は死ぬ、或いは命が短いといい、或いは鉢巻石を割ったのをカラスに見られると、母親が死ぬという。
○髪の毛をカラスにくわえて持って行かれると、その人は気がふれて早く死ぬ（栃木県宇都宮市・島根県安来市）。女の解髪をカラスにくわえられたら長病にかかる（和歌山県東牟婁郡）。道に捨てた髪の毛をカラスがつまんで行くと腹が痛くなる（愛知）。カラスがくわえて行った髪の毛でお宮の屋根に巣をかけると、頭が病める（同上）。
○青森県五所川原市では、髪一筋焼けば命焼くといい、またカラスの巣の中に髪が入れば、その人は高い所から落ちる夢を見るという。
○雪の上で転んだ跡をカラスに見つけられるとその人は死ぬ（秋田県平鹿郡）。
○火熨斗をカラスに見られると、効かなくなる（秋田県平鹿郡・雄勝郡、青森県弘前市・三戸郡）。
○歯の抜けたのをカラスに見つけられると、歯が黒くなる（新潟県西頸城郡）。
○乾しっ放しの着物の上をカラスが飛んで通れば、その主は死ぬ（奈良）。
○家を出る時、カラスが頭の上を横切るのは不吉（秋田県仙北郡）。
○カラスを撃つと鉄砲が曲がる（神奈川）。
○カチガラス（鵲）はとってはならぬ（佐賀県小城郡）。

○据えた舟にはカラスも乗すな（安芸）。
○仕事場でカラスが鳴くと怪我をする（熊本）。
○正月中囲炉裏に足を入れると、カラスに苗代を荒らされる（福島県郡山市）。一月十五日の朝、囲炉裏に足を出して足を温めると、苗代にカラスが入る（富山県氷見市・石川県鳳至《ふげし》郡）。同じ能登の七尾市では、囲炉裏に足跡をつけると、鹿島郡では正月十四日の宵皐月《よいざつき》の朝、子供が囲炉裏に足を入れると、同様にカラスに苗代を荒らされるという。正月元日とする所も、同じ鹿島郡のうちや、加賀の江沼郡のうちにある。囲炉裏で年占を行う仕来りは各地で見られ、囲炉裏を神の田と見なすのである。

烏　からす

(6) 烏の水浴び、烏の動きと天候の変化

○カラスが水を浴びる（行水する）と雨が降るといっている地域は広い（青森・秋田・山形・岩手・福島・新潟・富山・石川・岐阜・愛知・岡山・山口・大分・長崎・沖縄）。カラスが行水すると洪水になる（山形）ともいう。カラスに限らずスズメも同様（広島）。福井県今立郡では、カラスが仏様の方に半シリを向けて水浴びをすると雨が降るといい、また北向きで水浴びすれば雨で、南向きなら晴れるともいっている。沖縄の竹富島でも、カラスやスズメなどが水浴びすれば雨が降るという。これに反して、カラスの水浴びは晴れと占う地方もある（新潟・富山・鹿児島）。種子島では、カラスが水を浴びるから明日は晴れという。なお、天気が変る（富山・茨城）といっている例も、晴雨両様を含むのではなく、悪くなる意味であろう。要するに、こうした判断も文字通りの天気予報的なものではなく、吉凶のいずれかを占うのがその本質で、吉を天候で換言すれば晴れ、凶は雨となるにすぎない。
○カラスが水を浴びると風（富山）。そういう時は生暖かい南風が吹いて、空が変るという。群馬県でも、騒ぎガラスは大風が来るという。

○カラスが水浴びすると隣人が死ぬ（『諺語大辞典』）、という。浴びる時向いた方の人が死ぬ（長野）、川で水を浴びると人が死ぬ前兆（兵庫）、川向うで水浴びをするとこちら側で人が死ぬ（三河）。栃木県上都賀郡では、ボンデンにカラスがとまると、カラスの向いた方向に不幸があるという。

○カラスが鳴くと（騒ぐと）、天気が変る（千葉・長野）、陽気が変る（神奈川）、雨が降る（千葉・愛知・和歌山）、カアーと鳴くと雨が降る（福井）。カアオーと鳴くと雨（富山）、スズメよりカラスが早起きすれば雨天となる（岐阜）。同じ岐阜県でも、朝カラスが鳴く時は天気がよいという所もあり、三河の山間部では、おくんぼカラスが北で鳴くと日照りになるという、青森県三戸郡では、夕方騒ぐと天気になる。尾張では雨降りにカラスが鳴くと天気になるという。単に「カラスが鳴くと」というのみで、条件が付随していないのは、凶事に関するもののように深刻でないためであろう。

○飛驒では朝カラスが鳴くと雨という所と、天気がよいと判ずる所とある。新潟では「コウガラスの朝鳴きは雨、夕鳴きは晴れ」という。鳩についていうことわざと同軌である。

○冬季ミヤマガラスが群れをなして飛び渡ると雪が降る（福岡）。

○カワガラスがテギゴシしたら（高く飛んだら）水が出る（奈良県吉野郡）。低く飛んで鳴くと雨が降る（秋田県平鹿郡）。西の方へ飛んで行くと天気が悪くなる（福井）。雨ガラスが飛ぶと明日雨（同上）。南から北へ向かって飛んできたら天気がよい（滋賀）。夜カラスが南から来れば吉（広島）。

○カラスが南から北へ飛ぶと天気がよい（岐阜）。カラスが飛びながら三べん鳴くと翌日は晴天（新潟）。

○カラスが木の高い枝に巣をかけるか、低いところに作るかによって、その年の天候を占うことも広く行われた。村にはきまった大杉など高い木があって、その木の何段目の枝というふうに年ごとの比較ができたのである。普通には、高い所に巣をかけるのは、大風が無いと予知するからで、低い所だとその年は暴風の襲来があると知っての行動だと解釈した。このようにいっているのは、山形・秋田・福島・長野・富山・石川・岐阜・愛知・岡山・山口・長崎・佐賀等の諸県である。

○カラスの巣が高いか低いかにより、洪水に関する占候も行われる。高い木に巣を作るのは大水の出る予兆、根元近くに作るのは大水の恐れがない年、或いは日照り年と判断する。山形・宮城・福島・栃木・埼玉・新潟・愛知・和歌山の諸県でいう。

○以上の二項を組み合せて、巣が高い時は大水が出る、下の方なら大風という所もある（山形・愛知・島根）。

○これと同様の占候はハチの巣などについても行われ、動物にそなわった一種の自己防衛の本能と見る説もある。しかし、以上のような一応は理にかなった解釈とは正反対の場合もある。カラスが高い所に巣を作ると日照り年（山形）、巣を高くかける年は風が強い（青森）、カラスが巣を下に作る年は日照り、また風多く、上に作る年は雨が多い（山形県新庄市）、巣が高ければ大風あり、低ければ大水（同上）、ともいう。新潟県南魚沼郡でも、同じことをいうが、その由来譚として、昔、カラスが天地の神秘に精通している天《あま》の邪《じゃく》鬼にその年の天候をたずねて巣を作った。ひねくれ者の天の邪鬼は、わざと大風の吹く年には、「今年は大水の心配があるから巣を高い所に作れ」と教えた。正直者のカラスは、幾度欺されても、天の邪鬼の言う通り、大風の年には高い枝に、大水の年には低い所に巣をかけるのだという。理屈に合わぬ俚諺の説明に天の邪鬼が利用された感が深い。

○カラスが田の中に巣を作れば、晴天が多い

（広島）というのも理にかなっている。佐賀県で、カラスが畦道を歩くと、天気がよいというのも、同じであろう。またカラスが高くに巣を作ると大雪という所もある。大水の代りに、雪国にふさわしく大雪の予兆としたものである。

○カラスが俄かに子を運べば、近くに火事がある（奈良県大和高田市）というのも、キジと同様な自己防衛本能を認める側に立った民間知識である。その他、軒下に巣を作ると地震があるという（愛知）例があるが、果して防衛策として有効かどうか疑わしい。

○カラスが夕方ねぐらに急いで帰るようだと雨が降る、引揚げが遅いのは明日晴れ（山形・愛知・岐阜・奈良・熊本）。ニワトリの場合だと、普通は翌日が雨なら餌に不自由するので、日の暮れまで食いだめをするのだと説明し、この方が多少合理的のように思われる。

○カラスが夕方に騒ぎ鳴くと明日は雨（山形市）、夕方暗くなるまで川に数百羽も集合した時は翌日雨（天童市）と、山形県でいう。同県の一部では、夕帰りが早く、しかも高く飛ぶ時は晴れ、反対なら雨といい、神奈川県では、ねぐらに帰るカラスが、上《かみ》に向かって高く飛べば明日は晴天、下《しも》へ低く飛べば雨と占う。「カラスの上り、夜上り天気よく、下り、夜上り雨となる」（山形県最上郡）という言葉も、明日の天気を占うもので、内容的にも近いようである。

○冬カラスの群れが田圃で餌をあさっているのは、近く雪が降る前兆（島根）、カラスが柿の実を早く食べると、雪が早く降る（新潟）。

○カラスが地震の直後に鳴けば、地震はやむ。鳴いた後は、揺り返しがない（青森県三戸郡）。

烏　からす

(7)呪詞に登場する烏、民俗療法と烏、烏になるという制裁

○目の中にごみなど異物が入った時の唱え言。顔を上に向けて、「トンボとカラスと取っておくれ」といって唾を吐く（福井県鯖江市）。息

を吹きかけて、「お前のこぶでない、カラスのこぶになれ」といって撫でる（群馬県邑楽郡）。空へ向けて目を明け、「（自分の名）の目からカラスの目へ飛んでいけ」と三度唱えて唾を吐く（石川県石川郡）。「カラスの目にごみいっぱい、……さんの目にはなんにもない」といって、三度息を吹きかける（群馬県利根郡）。傍にいる人に頼んで、「（ごみの入った人の名）の目、何へった、カラスの棒でつっつき出せ〳〵」と唱えながら、瞼を返し吹いてもらう（長野県更埴市）。

◯「カラスカラス、目のぼり取ってくれ、取ってくれたら、皿も御器もみな洗うてやる、アビラオンケンソワカ」と三回言う（愛媛）。「コンガラスコンガラス、（名前）の目のごみ取ってやってくれ、わが（汝が）子を産んだときはゴキ（食器）も箸も皆洗ってやるけえ」と言って、アブラオンケンソワカを三回唱え、目を三度拭くと出る（岡山県川上郡）。「カラスよ、この目のモノ取ってくれたらお前の子どもを洗うてやる」、「カラスよカラスよ、目のモノを取ってくれえ、赤ちゃんできたら、しめし（おむつ）替えてやる」と唱える（徳島）。手で押さえ、「カラスカラス、川のメメンゴ（目のごみ）を取ってくれろ、川神様のダゴ（団子）はお前ひとりに食わせるけ、アビラオンケンソワカ、アビラオンケンソワカ」と唱える（佐賀県東松浦郡）。

◯「お前の目には何もない。カラスの目には土一杯、爺と婆とごみ掻きでかき出せかき出せ」と言ってこする（長野県北安曇郡）。「カラスカラス、目のごみを取ってくれ、塩を一升撒いちゃろー」（広島県比婆郡）。「カラスカラス、めえもん（美味の物）取ってくいしゃいよ、石の箸で鰯の頭ば上げとっけん、酒五合上げとっけん、ぐるぐるっとゆうなせ」と三回唱えながら、上まぶたを引っ張って下のまぶたにビッチャビッチャとかぶせる（長崎県西彼杵郡）。「カラスカラス、眼の物とれよ」、「カラスカラス、眼のぼくとってくれ」と唱えるほか、「この池はちりなし池と聞いたけど、ちりの住み家は無用なりけりアビラオンケンソワカ」と呪歌を唱える方法もある（愛媛）。

○転んだ時など、瘤にならぬようにやるまじない。会津地方では、「こぶこぶ、家のこぶになんなよ（なるなよ）、カラスのこぶになあれ」と唱える。群馬では、「チンパイパイ、ちいちゃんの瘤ンなんねェでカラスの瘤ンなってとんでいけ」という唱え言が行われていた。新潟県栃尾市〈長岡市〉では、「カラスのこぶになれ、カラスのこぶになれ」、「イコイコ、お前のこぶなんな、カラスのこぶになれ」、「（人の名）のこぶになんな、カラスのこぶになれなれ」と唱える。

○群馬県邑楽郡では、カラスにお祈りするという。そのお祈りが、右のような唱え言であるかどうか明らかでない。

○たむしを治すまじないには、「烏」と書けば治る（愛知・富山）、墨で「田の虫は烏が拾う」と書けばよい（静岡）。

○これと関連があるか不明だが、カラスの鳴かぬうちにタミナ（タニシ）を三つ食べれば、はやり病にかからぬという（長崎県西彼杵郡）。

○毛虫にたかられた時は、カラスの羽で落とすとよい（群馬）。

○とげを刺した場合は、カラスの羽根を焼いて飯と練り合せたものを塗布すると抜ける（千葉県山武郡）。

○『山科家礼記』に、虫歯の薬にカラスの羽の黒焼きを使用することが出ている。「むしくひはのくすり、からすのはをくろやきにして、そくひにてかためてくわゆればよし。のみこみ候へばわろく候也」（康正三年八月五日条）。

○カラスの黒焼きまたは煮た肉は、痰の妙薬（熊本県玉名市）。

○喘息には、寒ガラス（寒中のカラス）の肉が妙薬（飛騨）。黒焼きにして食べる。同地方ではズイタン（喘息）の妙薬といっている。
○カラスの黒焼きは、血の道の薬（福島・和歌山）、川ガラスは血の薬（長野）。
○遺尿の薬として、カラスの肉の黒焼きを服用する。ニワトリ・ムササビの黒焼きもよい（熊本）。
○川ガラスの黒焼きは、冷え・疝気《せんき》によい（山梨・岐阜）。飛驒では、川ガラスを冷え性の人が冬の滋養に食べた。夜尿症に効く（岐阜・滋賀・広島）。
○癇の虫に、川ガラスの黒焼きを粉にして飲ませる（愛知）、川ガラスの生肉を食べさせる（滋賀）。
○ひきつけには、カラスの羽を焼いてその匂いをかがせると、生き返る（福井）。
○陽春の木の芽が萌え出る頃のカラスの肉を木の芽ガラスといい、眼病の薬である（神奈川）。鳥目には、カラスの肝が効く。ただ食べるのもよいが、ダイツボ（肥壺）に浸しておいて、その身を取って食べるのもよい（山口）。寒九《かんく》（寒の九日目）のカラスの目玉を食えば眼病が治る。案山子に使うカラス（苗代カラス）にも寒九のカラスが最も効果があるので、鉄砲打ちに頼んで撃ってもらう（福島）。
○岡山県上道北方（岡山市）で、カラスノヨダレ（カマキリの卵）は涎くりの妙薬だという。
○井戸を新しく掘る時には、候補地の地上にカラスの羽一枚を立てる。地下に水脈があれば、羽に露が宿るからわかる（高知県土佐郡）。
○カラスが水を浴びたあとで目を洗うと眼病を患わぬ（越中）。
○用便（大便）をしているところをのぞく者は、カラスになる（静岡県遠江地方・石川県七尾市・和歌山県東牟婁郡・香川県三豊郡）、カラスの子が生まれる（三重県名張市）。
○二人で火を吹くと乞食になる、カラスになる。その時は「カラスとトンビ」と唱えればよい（福井県小浜市）。火鉢の火を二人一緒に吹くと、火事がある。その時は一人はカラス、一人はトンビといって吹けばよい（名古屋地方）。大阪でも、二人で火を吹くとカラスになるという。
○越後では、眼を細くあけて寝入ることを、カラス寝入りといい、これをするとカラスになるという（新潟）。
○着物をうしろ前に着ればカラスになる（津軽）。

烏　からす

(8) 午王の烏、魔性の烏、烏の俗信種々

○カラスは、熊野山の使（和歌山）、権現様の使（福岡）である。午王《ごおう》（牛王）札には多数のカラスの図が描かれ、これに起請を書いて取り交わし、もし偽りを言えば熊野でカラスが三羽死ぬといった。『心中天の網島』に、「午王の裏に誓紙一枚書くたびに、熊野の烏がお山にて三羽づつ死ぬると、昔よりいひ伝へしが」とある通りである。この午王札はお守りにもされた。カラスの紙がたといって、これを少し切って袋に入れてお守りにしたり、廏の梁に貼って魔除けにした。またカラスの絵の部分を切取って飲むと、腹痛その他の病気に効き目があるといった（青森）。群馬県吾妻郡では、この札を戸口に貼り、また病気や出産の時は、下向きに飛んでいるカラス（絵）を切り抜いて飲んだ。
○香川県三豊郡伊吹島では、人が一人死ぬとカラスが必ず一羽死ぬという。
○カラスは神様のお使いだから殺さない（福井）という例もある。沖縄本島でも、神の使者という。八重山地方では、昔からカラスは物知りだといった。物知りとは単なる博識の意味ではなく、霊界の事情に通じていることを意味する。その鳴き声はカラスの言葉であるから、これによって吉凶を占うことができるとした。
○福島県南会津郡では、カラスは魔性の鳥とする。家の内から火をくわえて出るものだから、その予防として屋上の両端にカラスの止まり木を立てるのだという（カラスが燠《おき》など恐れず、

こたつの灰で砂浴びをし、燠を座敷中にちらかし、羽を焦がして異臭を発し、危うく火事騒ぎとなろうとした経験を、筆者も持っている）。
○カラスが屋根の萱《かや》を抜いていると、その家に病み患いがある（新潟県西頸城郡）。
○壱岐では、芋を鋤いた折に、収穫の芋を煮てカラスに供えるのをカラス祭という。こうしておけば、春になり種芋を伏せた時にカラスがつかぬという。神とするも魔と受け取るも、紙一重の差というか、楯の両面とさえいえる。
○越後の狩人の忌詞で、カラスをクロハオリという。すべてカの字のつく言葉を嫌い、カンジキをスゲッツル、狩をトリという（群馬）。
○正月の朝、カラスが先に鳴けば、大きい作が当たる（長野県飯山市）。元日の朝のカラスの鳴き声は、その年の収穫一俵の価値がある（徳島県板野郡）という。
○乙子朔日（十二月一日）の朝、カラスの鳴かぬ間にアズキを食うと川へはまらない（兵庫県加東郡）。
○正月十六日に屋根で鳴くカラスの向いている方角に不幸が多い（秋田県北秋田郡）。
○卯の日、種を蒔く時は、カラスに拾われてしまう（和歌山県南部地方）。
○「誰かカラスの雌雄を知らんや」という言葉があるが、鳥はすべて右の翼で左の翼を覆うのが雄で、左で右を覆うのは雌であると。このことは『爾雅』その他に見えており、『荏野草稿』という書物には「諸鳥の翼のさきのみぎりもて左おほふぞ雄鳥にはある」とある。羽を重ねるとき右翼の端を上にし、左翼の端を下に重ねているのが雄、その反対が雌だと飛驒でもいう。
○クワの木の枝を切ってカラスの肉を煮ると、臭味がとれる（飛驒）。
○ヤナギの芽が出ねばカラスの子は生まれない（青森）。クリの生いがが食えるようになると、カラスは子別れすると、南飛驒その他でいう。

○カラスとトンビは仲が悪く、出合うごとにカラスはトンビをいじめる。これは昔、カラスが紺屋だったころ、トンビが羽の染め代を支払わなかったため、それを責められるのだという。愛知県で、トビの羽にカラスがさわると腐るというのも、これと関係があるか。烏賊の口をカラスとトンビと名づけるのも、このような知識に基づくのであろう。

○カラスは日中はフクロウをいじめるので、夜はフクロウに苦しめられる（飛驒）。

烏貝　からすがい

○カラスガイを焼いて粉末とし、酢で練ったものは腫物によい（香川）という。古く中国では、この貝に鉛の仏像を入れ、真珠層でおおわせて殻に付着させる技術があった。『大和本草』には「犬猫コレヲ食ヘハ耳ノ輪縮リ小ニナル」と見える。

鰈　かれい

○親をにらむと、カレイになる（富山・岐阜・愛知・鳥取）、カレイのような目になる（北海道・京都）。親に上目遣いするとカレイになる（富山県氷見市）。年上の者を上目でにらむとカレイになる（宮城）。カレイは二つの大きな目が体の右側にあり、異様に見えるところから親が、子供をしつける時などにいったのであろう。昔、カレイは親の言うことを聞かず、にらんだため罰が当たって目が片方に寄ってしまった、という由来譚は各地で語られている。『夏祭浪花鑑』（延享二年）には「おのれは親を睨めおるか、親を睨むと平目になるぞよ」と見える。ヒラメもカレイも目が体の一方に寄っているため同様の俗信がある。

○妊婦が、カレイを食べると藪睨みの子が生まれる（秋田県雄勝郡）、カレイの子を食べると背中に目のある子を産む（同県山本郡）。カレイを食べると目の寄った子ができる（新潟県佐渡郡）。いずれもカレイの姿からの連想である。他にも妊婦がこの魚を食することを忌む俗信は多い。妊婦がカレイを食べると、胎児が横腹につく（秋田県由利郡）、胎児が背にまわって産が重い（同県）、子供の口が曲がる（富山）。カレイの卵を食べると出産の時背病みする（同県）。カレイを食べると、骨がらみになり、産が重い（秋田・新潟）、障害をもった子が生まれる（鹿児島県大島郡）。

○その他の俗信。婚礼にカレイを用いるのは枯れるに通ずるため忌む（秋田県仙北郡）。カレイの骨が喉に立つと喉が腐る（新潟県佐渡郡）。カレイと氷水は悪い（秋田県南秋田郡）。カレイの胃は夏のあたり腹に効く（長崎県西彼杵郡）。

獺　かわうそ

○カワウソは人を欺すとは各地でいい、岐阜県郡上郡では、カワウソが美人に化けて川へ入って行ったなどという。島根では、水泳するとカワウソが尻を抜く、とカッパ同様の俗信がある。両者は同じものと考えられたようである。十五世紀半ばに成った『下学集』にも「獺《カワウソ》老いて河童と成る者なり」とある。

○カワウソが里に出てモモなど食う年は奥山に雪降る（和歌山）。カワウソが高い岸に巣くう年は大水（不明）。

○産後の悪いときはカワウソの腸を煎じて飲む、あかぎれにカワウソの脂をつける（共に北海道）、虫歯にはカワウソのひげを挿し入れる（岩手）、などの民間療法が伝わる。『和漢三才図会』には、カワウソの皮を帯にするとお産が軽い、とある。

○「寝るぞネコ頼むぞタヌキシシウサギ何事あらば起こせカワウソ」と三度唱えて床につけば決して夢を見ない（熊本）。

川真珠貝　かわしんじゅがい

○北海道で、クマがカワシンジュガイを食べないのは、雷神の爪がこの貝になったためであると伝えている。

翡翠　かわせみ

○スナコドリ（カワセミ）が高い所に巣を営めばその年は雨年で、低い所に営めば雨が少ない（山形県最上郡）。宮崎県串間市でも、カワセミの巣が高ければ大雨で、低ければその憂なし、と、巣処の高低によってその年の雨の降り具合を占う。カワセミは、水べりの土手の崖などに穴を掘り、土中に営巣する鳥である。神奈川県津久井郡では、カワセミが鳴くと干し物をするな、と雨の占いをする。

○カワセミの黒焼きは、中気や婦人の血の道（千葉）、また、乳幼児の疳の虫（広島）に効く。カワガラス（カワセミ）の丸焼きは夜尿症に効く（埼玉・広島も同様）。鹿児島県指宿《いぶすき》郡では、カワセミを食べると腹痛を起こす、とこれを忌む。

雁　がん

○ガンは冬鳥として渡って来るが、群馬県利根郡では、蚊帳の中でガンの声を聞くとよくない、とこれを忌み、そのために、九月（旧暦）には蚊帳をつらない、という。山口では、ガンの鳴き声を蚊帳の中で聞くとガンが帰ったのち雁瘡《がんがさ》ができる、といって、この頃まで蚊帳をつることを嫌う。和歌山では、雁瘡がかゆくなるとガンが渡って来る（ガンが渡って来ると雁瘡がかゆくなる）、という。雁瘡とは湿疹・痒疹性の皮膚病で、非常にかゆく、ガンが渡って来る頃にできて、帰る頃に治ることからの名という。

○駒ヶ岳に雪が降ったらガンが来る（秋田県仙北郡）。ガンの目隠し（秋田）とは、ガンが帰る頃に目を開けて飛べない程に大雪が降る意で、春先に吹雪が起こりがちなことをいう。ガンの腹雲三日と続かぬ、とは山形の俚諺《りげん》で、ガンの飛来の際にガンの腹の下にあるような低い雲の状態の時はやがて天候がくずれるという意である。他に天候占いでは、ガンが鳴くと雨が降る（新潟）、ガンが北へ行くと雨が降る（長野）、ガンが渡って三日たつと天気が荒れる（宮城）、ガンが飛ぶと大風が吹く（和歌山）、ガンが早く渡って来ると雪が早く降る（新潟）、などという。広島では、ガンが早く来る年は豊作と、渡来の遅速によって作柄を占う。

○青森県外ヶ浜に雁供養の伝説がある。ガンは羽を休めるために木片をくわえて渡って来、それをこの浜辺に落として行く。春、北に帰る時には再びその木を拾って行くが、冬の間に落命したガンの分は渚に残される。浜人がその木を拾い集め、死んだガンの供養のために風呂をたて、諸人にふるまったというもので俳句の季題にも雁風呂があるが、あわれ深い物語というにすぎない。

【き】

雉《きじ》

○キジは地震を知るもの（愛媛）、キジのケンケン地震の前ぶれ（山形県最上郡）、などという。キジの鳴き声を地震の予兆とする俗信は、全国的に広くいわれている（青森・秋田・宮城・茨城・千葉・神奈川・富山・岐阜・長野・静岡・愛知・福井・三重・奈良・和歌山・香川・高知・愛媛・福岡・熊本・鹿児島）。また、夜にキジが鳴けば地震がある（秋田・長野・大阪）、曇りにキジが鳴き騒ぐと地震がある（群馬）、キジが思いがけないような時に鳴くと地震がある（熊本）、地震の後でキジが鳴くと後揺れがする（和歌山）、などといい、特定条件下ではあるが、いずれもキジの鳴き声を地震の予兆とする。地震にキジが鳴く理由を、『塵袋』には、「一雷鳴ト地震トニハ雉ナク事アリ、其ノ心如何。雉洪範五行云、正月雷微動而雉雊、雷ハ諸侯之象也、雉モ亦人君の類也ト云ヘリ、コレニテ思ニハ、同類ヲ感ジテナク心ナリ、地震ニハカナラズナク、是ハヲソレオドロク歟、伯耆国ノ風土記ニ云ク、震動の時ハ、鶏雉悚懼《ショウク》シテ則鳴、山鶏ハ踰二嶺谷一、即樹羽蹬踊也ト云ヘリ、鶏雉ヤマトリ、コレラハミナ陽ノ気ヲウケタルトナリ。地震ハ陰陽フサガルトキ、必ズアル事ナリ、サレバ陽ノ精ナルニヨリテ、イタミオドロク歟」と述べる。

○長野県安曇地方では、キジが東の方で鳴くと天気が変るという。その他、鳴くと雨（青森・愛媛・大分）、朝方に鳴けば雨（和歌山）、キジが夕方鳴いたら雨（愛媛）、キジが羽音を立てると雨（山形・愛知）、早く田圃へ出る時は大雪（岐阜・広島）、夕方遅くまで餌をあされば春中大雨大雪が続く（広島）、と、いずれも悪天候の兆とするが、これとは逆に和歌山県日高郡では、キジが夕方鳴くと晴れ、と晴天の予報を立てる。

○キジが人里近く飛来するのは災害の予報（鹿児島）、と、キジが人家に近寄ることを忌む。家内に入ることはなお忌み嫌われ、キジが屋内に入るは不吉、屋上にとまるは不吉（共に秋田）、キジなど種類の良い鳥が家の中に飛び込んでくるとよい事はない（愛知）、屋敷内からキジが飛び立つのは不吉（宮崎）、という。

○キジの夢については、キジの夢を見るとよい（和歌山）、キジの夢を見ると宝を得る（広島）、キジの夢を見ると傷をする（青森）、と吉凶二相の占いをする。

○癲癇にはキジの黒焼きが効く（山形）、軽い癲癇にはキジの黒焼きに白砂糖を混ぜて飲む（富山）、キジの羽根を焼いて塗ると耳の痛みがとれる（愛知）、と、キジの肉や羽根を民間薬として利用するが、キジの卵を食べると薬を飲んでも効かない（福岡）、と、卵を食料とすることは嫌う。

○産後の女性には、キジの肉は産後の古血を下すのによく効き、強壮剤ともなる（岐阜）、とこれを薦めるが、逆に出産前にキジを食べるとけんの強い子供が生まれる（群馬）、と、産前婦には禁じ、宮城では、キジの肉を食べると血の道にさわる、とやはりこれを忌む。

○群馬県利根郡では、怪我をした時にキジを食べると治らないから食べてはいけない、と禁ずるばかりでなく、キジを食べると三年傷もほころぶ（三年も経た古傷も痛み出す）（青森・秋田・宮城・熊本）、キジを食べると七年傷が起こる（福岡）、矢筈模様（不整の尾）のあるキジやヤマドリを食べると七年瘡《かさ》（梅毒）も出る（広島）、と古傷にもキジを避ける俗信がある。これは、ウナギを食えば三年の古傷が出る、というのと同様に、キジは脂肪食で強すぎることをいったのであるが、青森県三戸郡では、その理由を、キジはヘビを食うからだ、と伝える。茨城県多賀郡では、白山神社の氏子はキジを食べると口が曲がり目もつぶれる、とこれを忌む。キジは白山神社の神様のノリウマだからという理由であり、キジの羽根を拾っただけでも祈禱してもらう人さえもいたという。

○キジと茸を食合せると病気になる（秋田・栃木）、キジとナマズを食合せると病気になる（栃木）。子年の人はキジを食べてはいけない（福島）という。キジの食合せは文献にも散見し、「きじとそば、どうしょくすればすんばのむしこそおこれ。つゝしみてよし」「きじにたゞくるみ木くらげくさびらをどうしょくすれば下《げ》けつ痔をやむ」「きじをたゞ冬ばかり食へよの月はしょくすべからずかさおこるもの」（共に『歌摘録』寛永版）、「雉子とくさびらくひ合は痔おこる」「雉子と猪くひ合すれば吐瀉する」「四月ひともじ雉子のにく食べからず」（共に『月庵酔醒記』）、などとある。

○キジの習性・生態に関する俚言・俗信には次のようなものがある。雪が消えたらキジが帰って来る、奥に雪が積ったらキジが海岸に下り、雪の解けるにつれて山に登って行く（共に伯耆大山地方）。キジはムギの熟れる頃からさかり、刈り収めの終る頃に産卵する（高知県幡多郡）。

ナシの花盛りにはキジは笛にかかる、とは福岡県八女郡の老猟師間の諺で、既に笛についたなら此方からは徒らに吹くな、頰を打って響かせてみよ、枯草などをプチリプチリ折ってみよ、そうすれば寄って来る、という。ワラビの大部分が三叉になった頃にキジが最も騒ぐ（大分県玖珠《くす》郡）。霧がかかるとキジが鳴く（鹿児島）。秋ソバの熟れる頃キジは毛替をする（対馬の猟師の諺）。

○キジに関する諺で代表的なものは、「キジも鳴かずばうたれまじ」であろうか。「焼野の雉子」「山は焼けても鳥立たぬ」といって、抱卵中は巣を動こうとしない母性愛でも有名。また「一山に二羽のキジなし」といって、テリトリーを守る。「キジがタカを生む」（長野）は、トビがタカを生む、と同義。

○キジは寒中、ヤマドリは木の芽頃が旬《しゅん》（広島）というが、秋田では、キジはヘビを体中に絡ませ、一気に羽ばたいてヘビをズタズタに切ってそれを食うから、ヘビが出始めてからはキジを食べてはいけない、という。群馬では、キジは祝儀・不祝儀のどちらにも使うというが、青森では、結婚式にキジを使うと離別となる、といってキジを膳に供えるのを忌む。

○キジやサギは夜、火玉になって飛ぶ（秋田）。キジの卵をとると不時が来る（奈良）。山にキジがいなくなると必ず山火事がある（鳥取）。キジの多い年は凶作（広島）。キジを殺すと足だけキジのような子が生まれる（三重）。喉に骨が刺さった時はキジの足で喉をなでると取れる（鹿児島）。香川県小豆《しょうず》郡には、「シキミ育つなキジ鳴くな」、という諺があり、次のような口碑がある。南北朝時代、義兵を挙げた勤王の士、小豆島《しょうど》星ヶ城主佐々木信胤は、足利に与する細川氏に攻められ、シキミの木の下に隠れているのを、キジが飛び立ったため、発見され殺された。以来、この諺が伝えられるに至った、という。

啄木鳥　きつつき

○トチコロバシ（キツツキ）が来ると荒れる前兆である（岩手）、ケラ（キツツキ）が頭をやむ（鳴く）と天気が悪くなる（群馬）、といい、青森・秋田・岐阜・福井・和歌山でも、キツツキが鳴くと雨が降る、と天気占いをする。また、「啄木鳥《けらつつき》の子は卵からうなずく」との諺があるように、樹幹に穴をあけて虫をとる鳥であるが、この動作についても、キツツキがガラガラをやると天気が悪くなる（青森）、キツツキの音高く聞こえると天気が変る（山形）、コトクシ（キツツキ）のつつく音が違ったら雨が降る（高知）、キツツキがトチガリする（木の穴へくちばしを入れてたたく）時は雨となる（岐阜）。以上、雨の兆とするが、宮城では、キツツキが木をつつくと晴れ、と晴天を占う。

○テラツツキ（キツツキ）を赤土で包んで焼くと中で黒い粉になるから、それを一週間程飲むと頭痛が治る（石川）、キツツキを黒焼きにして粉末にしたものは肺結核の特効薬（高知）、あかぎれには脂をつける（北海道）。また、キツツキのくちばしで痛いところをつければ治る（青森）、虫歯の痛い時は痛む方の頰にキツツキと書けば治る（新潟）、歯痛にはキツツキと書いた紙をかむ、また、患部の上にキツツキと書く（共に石川）。その理由を、新潟県中頸城郡では、キツツキが虫をとってくれるから治るのだと説明している。

○デデッコッコ（キツツキ）は井戸神様の御使だから中に入れるものだ（青森県三戸郡）。冬から初春にかけてテラソ（キツツキ）が家近く寄り来ることの多い年は養蚕の成績がよい（岐阜県飛驒地方）。テラソは冬季でも餌をよくあさるが、積雪のため食物不自由になると人家近くまであさる。この移動によって、養蚕の豊凶を知る。すなわち、蚕種は冬中寒冷であるほど春になってから発育がよく、なまじ暖かいと蚕種は発育の萌を起こす。従ってテラソが人里に近く来る年は豊蚕と予測する。

狐　きつね

⑴霊狐の信仰、狐と狸

○稲荷の社前に、狛犬の姿宜しく向き合っている石のキツネを見るまでもなく、昔からキツネは稲荷の使であると信じられてきた。大阪市東区玉造の豊津稲荷神社は、玉造稲荷の名で知られているが、応神天皇の代に天竺から背に三寸の玉を負った白狐が飛び来り、玉の中から童子三体が出現し、我は神の神体なり、四月初卯に祭れば万民国土安全なるべしといった。それから玉造の名が生まれたと云える。川崎市多摩区生田《いくた》の安立寺境内の長森稲荷（廃）は、渡一銀狐神と称した。東京隅田川畔にあった真先稲荷（荒川区南千住三丁目へ移転）の神体は、千葉家に伝世した霊珠だといわれ、千葉守胤がこの珠を以て稲荷に勧請した。社の後ろから老狐が出て来ることもあって、油揚などを供え、おいでおいでと呼べば近づいて来たという。鹿児島ではオナリ（稲荷）様の宮を三度廻ればキツネが出てくるという。稲荷といえばキツネを連想するのが、通常の思考形式だといってもよい。広島県山県郡大朝町〈北広島町〉新庄に、吉川興経の像を祭った社があったが、オキツネ様と呼ぶところから土地の者は油揚を供えて願をかけるなどしたという。キツネと稲荷の関係を示す資料はおびただしいが、本書の領域ではないので深く立入らぬことにする。

○稲荷様の前に小便すると必ずキツネにだまされる（秋田）、稲荷参詣にキツネの首巻を使用してはならぬ（同上）、稲荷を信仰している人はキツネを捕らない（滋賀）。稲荷信仰の人でなくとも、キツネを捕ると、なにか不吉なことが起こる（静岡県磐田郡）、祟りがある（愛知）から捕ってはならない。兵庫県朝来郡では、キツネを夜切って（殺して）はならないという。どうしても切る場合には「犬のキツネ、犬のキツネ」と唱えればよいという。また、正月七日の七草の汁をキツネにつければ、いつ切ってもかまわないという。
○新潟県中頸城郡吉川町〈上越市〉の、ほうべん様という神様は、キツネを使う神だといわれ、そのキツネをほうべんギツネと呼んでいる。
○静岡県浜名郡で、地の神をオココン様と呼ぶ。毎年十一月十五日の夕方、仮の祠を造り、赤飯の三角結びを十二個、藁の皿に盛って供える。それを近所の子供たちが、オココンコンとキツネの鳴き声をしながら下げて行く。同県小笠郡で地の神の祭を十二月十五日に行うのは、多分月遅れでやるのであろうが、この夜はキツネが出るといわれている。
○福井県大野郡では、初午の日の朝、イの一番に神社に参って、白いキツネを見た人は富み栄えるという。色のついたキツネでは駄目。雪が積もっているので先に参詣者があるかどうかすぐわかる。既に人の足跡が付いているとがっかりする。
○山の中によくある平らな所を、キツネの巣と呼んでいる。そこでキツネはオトナシ（出産）するから、オボタテ（産立て）といってぼた餅を置いてやる。こうしたキツネの巣に対し、ムジナ窪と呼ぶ場所もある（茨城県久慈郡）。
○キツネは疑いぶかく執念ぶかい動物で、仇を報いることが多いとは、古い書物にも記すところである。キツネは恨みを絶対忘れない（宮城）、かまうとあたん（あだ）する（山口）、殺すと祟る（滋賀・岐阜）、殺すと火事になる（岐阜）、殺すとその子供に祟られる（栃木）、撃つと七代祟る（愛知）、などという。殺しそこねると人に憑《つ》く（広島）、子持ちギツネは相手にならぬこと（滋賀）、鉄砲で撃つと、それから一生何も撃てなくなる（奈良）、などといっている。夜大きな声でキツネの悪口を言うと、寝床のまわりでキツネが鳴く（鳥取）という。
○キツネを忌詞でヨルノトノ・ヨルノヒトなどと呼んだ。『物類称呼』に、「関西にて昼はきつね、夜はよるのとのと呼ぶ、西国にてはよるのひとといふ。……又東国にては昼はきつね、夜はとうかと呼ぶ。常陸の国にては、白狐をとうかといふ。是は世俗きつねを稲荷の神使なりといふ、故に稲荷の二字を音にとなへて稲荷《とうか》と称するなるべし」とある。ヨルノトノは仙台でもいった（『浜荻』）。ヨモンサン（静岡）、ヨモノ（福井）ともいう（ヨモノはタヌキも含む）。ヨルノヒトの方はネズミの忌詞とする地方（八丈島・高知）もあり、むしろこの方が有名かも知れない。トウカは茨城の他、千葉・埼玉でも採集されている。夜、キツネという名を口にすると、その場へキツネが現れたり、いたずらをしたりする。どうしてもキツネとかネズミの名を言わなければならぬ場合、異名を以て呼んだのである。キツネを霊獣として畏怖した現れであった。

○「狐能ク妖怪ヲ為ス」とは、古くから物の本にも記されているが、『本草綱目』やその系統の書物に記すところでは、キツネは媚珠を有するとか、百歳になると北斗を礼して変化《へんげ》自在となって人を惑わすというのが主である。（『抱朴子』によれば、キツネの寿命は三百年。三百歳を越えると人間の形になり、夜、尾を撃って火を出し、髑髏をいただいて北斗を拝む。それが落ちないようになれば人間に変化するとある）。民間伝承では、キツネは宝珠をもっているので人をだませる（青森県三戸郡）のだという。またキツネは稲荷の鳥居を三度越えると白狐になるとか、何度も飛び越える度に位が高くなり、通力を増すという。宮崎県西諸県郡では、死人の着物を洗濯せぬ前にキツネがこれを越えると化けるという。人の死または葬式とキツネとの間に、古人は関係を認めていたのである。

○「四国にキツネ無く、佐渡にタヌキ無し」といって、四国にはキツネはいないということになっていた。阿波の狸は有名だが、讃岐も最近までキツネはいなかった。この頃いるようになったのは、電線というかねの橋が瀬戸内海にかかったからだなどという。もとキツネがいなかったいわれとして、弘法大師が、「四国にはキツネはいるな、かねの橋がかかるまでキツネは渡ってくるな」といったからだということである。佐渡にタヌキ無しというと、その代りにキツネがいるように聞こえるが、この意味は、佐渡にはムジナはいるが、タヌキはいないという意味で（佐渡では、タヌキとムジナは断然別種の動物と信じていた）、それならキツネはというと、昔、キツネはムジナと化けくらべをして負けたため、島を退散したのでいないのだという昔話がある。

○キツネのいない島は、他にもあり、対馬にもいない。それで稲荷の社も無かった。壱岐にもおらず五島にもいないという。全国的に分布していると思われがちなキツネの俗信についても、こうした除外例がある。

○人を化かす点で、キツネとタヌキは伯仲の間にあるといってよかろうが、両者の間には自ら径庭があるようである。キツネは七いろ、タヌキは八いろに化ける（和歌山県日高郡印《い》南《なみ》町切目川地方など）というが、ではタヌキの方が一枚上手《うわて》かといえば、そういうわけでもないらしい。伊賀ではキツネ七化け、タヌキ八化け、テンの九《ここの》化け、やれ恐ろしやという。奈良県宇陀郡でも、キツネは七化けタヌキは八化けというが、両者の違いは、キツネはよく人を化かすが、タヌキは自分が化けて人をおどかすのが違いだという。キツネが心理的、暗示的な化かし方とすれば、タヌキは変装的、自演型ということになるのであろう。

○また、キツネは美人に化け、タヌキは青坊主（広島）や高坊主（奈良）に化ける、キツネは提灯をともして川沿いに移動する、タヌキは大坊主に化けたり、夜なかに大工仕事のような音を出す（三重）などという。キツネ話の方がタヌキより色気があるのは事実といえようが、中国の伝奇小説に多い狐媚・狐妖の説話に比べると、日本のキツネ話は農村的で笑話型のものが多いようである。キツネは人をだましても家に帰す（秋田県雄勝郡）というように、日本のキツネ話は罪の軽いものが多く、命にかかわるような深刻な話はほとんどない。キツネがだます時は、その人の鼻の上にとまっている（岡山）、袂の下に来ていてだます（和歌山）などは、いかにも日本的である。長野県北安曇郡では、キツネは尾の先へ人の魂をのせて化かすが、ムジナは舌の先で人を化かすという。またキツネが人を化かすには先になって歩み、ムジナは後にいて化かす（秋田県平鹿郡）、キツネは人を化かすが、ムジナはそれができぬので自ら化ける（同県由利郡大内町松本〈由利本荘市〉）というように、自動・他動がはっきり違うように説くものもある。しかし、岡山県川上郡では、キツネは人をだますが、タヌキがだますということはいわないといっている。タヌキは勝手にひとりでショーを演じるにすぎぬというのであろうか。キツネが女に化ける前に、まずアオミドロをかぶるとは、各地でいうところだが、石川県石川郡では、道ばたの草の葉や、畑のタバコの葉を頭にのせて人間に化けるという。化けようとしている最中を人に見られ、そろそろ化けるぞなどと私語するのも知らず、扮装が完成するまで観察され、正体を暴露されて逃げたなどという間の抜けた話があるのは、やはり日本のキツネらしいおかしみといえよう。

○キツネにだまされた人はキツネの尾を振る方へ動く。だから、反対の方へ行けばだまされない（紀州北部）。

○キツネが女に化ける時は、二匹共同でやる（神奈川県津久井郡）、雨の降る時四、五間先を行く女は、キツネだと思え（山口県豊浦郡）。

狐　きつね

(2)狐に化かされる、狐が来る

○キツネにだまされる時には、ぼんのくぼが寒くなり、あたりが真っ暗になり、今まで聞こえていた人声なども聞こえなくなる（神奈川）。キツネにつかれた（化かされた）時は、ムズッコ（襟元）がぞくぞくする（同上）。また化かされると、いくら一生懸命に歩いても少しも前へ進まないという（和歌山）。
○キツネは蠟燭を好く。提灯をともして歩くと、風もないのに火が下手へ吹きつけられて消えることがあり、その時うっかりして蠟燭を取られてしまう。この場合、提灯を左手に持てばよいという。キツネは人間が右手が利くのを知っているから、右手があいているとキツネは警戒して手を出さない。提灯の火をつける際、蠟燭から蠟燭につけると、キツネにだまされる（鳥取県八頭郡）という説もあって、好物は好物でも条件があるらしい。夜、油揚を煮ればキツネにだまされる（三重県阿山郡）。油揚や魚などキツネの好物を持つ時は、付木を添えるとよい。キツネは硫黄が嫌いであるから（同右）。埼玉県大宮市〈さいたま市〉では、生姜《しようが》を添えてあれば取られないという。
○旅立ちの際クマオウジ（九魔王神。その日その日の悪い方角）に向かって行くと、キツネが女房に化けて出る。日帰りにするか、前日に出発のまねをしておけばよい（広島県神石郡）。
○山小屋に泊まっていると、狸のカラキガエシ、天狗倒しなどにあうことがある。キツネのカラキガエシというのもある。その時は燃えさしの木をぶつければ消える。キツネが木のまわりを廻って、尻尾で木をパカッパカッとたたく。それを半日も仕事をやめて見ていたという人がある（福島県信夫郡）。
○三重県熊野市では、キツネに化かされるというのが、単に笑話的な失敗譚にとどまらない場合がある。キツネにはらわたを食われるという。キツネに栄養を取られてしまって死ぬのである。そのキツネをのかすためには行者を頼む。行者は滝で水垢離をとり、拝みを立てて追い出す。

○キツネにだまされる危険な条件は何か。最も多いのは、油揚を持って夜道をしたり、人の通らぬ道を行くことで、その報告が多い。これにアズキ飯を添えれば最高である。その他、魚も危ない。肉を持って歩く（三河）、生臭い物を持つ（奈良）、もその一類で、『釣狐』の狂言でも白蔵主はネズミの油揚を使用する。壱岐では、火事跡へキツネが焼けたネズミを食いに来るといっている（奈良で火事があるとキツネが来るというのも、理由は同じか）。いずれにしても、提灯の蠟燭を取るというのと同じく、脂肪質のものを好物にするとの共通認識から出ている。

○キツネグサ（ヒガンバナ）を取ると、キツネに化かされる（広島）という。ヒガンバナはキツネの好きな花、或いはキツネの管理に属する花という俗信があったのであろうか。或いはヒガンバナで子供が葬式の鉦のまねをして遊ぶので、そのちなみであるかも知れない。例えば、葬式に拾った銭を持っていると、キツネが化かす（愛知）という例がある（葬式に使った銭を持っていれば、化かされないという裏返しの俗信もある）。

○キツネを捕るとキツネに化かされる（愛知）、キツネを食うと神罰がある（秋田）、などという反面、後述するようにキツネを食えば化かされないという。表面的には両者は矛盾するが、前者は信仰の残存とキツネの復讐、後者はキツネを上廻る威力を示すことによる圧服である。

○山で弁当を食べた箸は折って捨てぬと、キツネに化かされる（福島・群馬・長野）。奥三河では、弁当箱に飯粒を一粒でも残しておけば化かされないという。これから推すと、箸を折るのはもう食べないとの意思表示で、残りをキツネに与える意思を伝えるためであるらしいが、或いは、同じ釜の飯をキツネと共食しないことを明示するためであろうか。なお愛知県南設楽郡で、一本箸で食べると、キツネに出合うという。東北などで常の日に一本箸で食べるのを嫌う風習の一環で、前の箸折りとは由来が違うらしい。
○鼻血が出たとき、キツネがこれをなめると、気がふれる（石川県鹿島郡）、痰火（喘息、その他、咳と共に痰が出る病）になる（七尾市）。鼻血のついた紙や布を道などに捨てると、それをキツネがなめるとその人は死ぬ（佐賀県武雄市）。
○岡山県児島地方では、子供を逆さまに負うたキツネに合うと、病気になるという。
○なすべからざることをなした時の禁忌の制裁の一つが、キツネに化かされることで、その種類は少なくない。例えば、夜、口笛を吹くとキツネに化かされる（愛知）という。同じ禁忌を犯した場合、鬼が来る、ヘビが来るという例は多く、キツネというのは少ない例である。即ち、キツネでなくても、忌むべき結果が起こることを具体的な例として示したにすぎない。
○能登では、山へ行って歌を歌えばキツネが出るという。制裁されるべき禁忌事項とも思えないが、山でこだまするのを神霊の出現と考える古い信仰の断片であるのか、夜の口笛の演繹であるか、決めがたい。
○この類で最も報告の多いのは、着物の仕付け糸を取らずに着て歩くと、キツネにだまされる（青森・秋田・宮城・千葉・富山・愛知・岐阜・新潟・京都・大阪・奈良・兵庫）というもので、群馬県利根郡では、仕付けをしたまま橋を渡るとだまされる、という。
○着物をかえさまに着れば、キツネに化かされる（能登・広島）。左前に着ていると化かされる（秋田・広島）。
○新しい履物（下駄・草履）を夕方または夜おろして履くと、キツネに化かされる（福島・神奈川・長野・愛知・岐阜・三重・京都・奈良・和歌山・鳥取・島根・岡山・広島・福岡）。喪にあう、病気になるともいう（鳥取）。広島では、腫物ができるといい、福井県小浜市では履物に限らず、何でも新しい物を夜おろすとだまされるというが、この例は稀少例に属する。
○出雲の安来市や会津地方では、午後におろせば化かされるという。その理由として、京都府北桑田郡では、葬式はたいてい午後に行われ、新しい草履やわらじを履く。午後に履物をおろすのは葬式の型になるから忌むのであって、新しい履物をおろす時には、午前中にちょっと履き初めをするものだという。一種の合理的解釈といえようが、これではますますキツネは引き合いに出されたにすぎないことになる。
○なお、右の禁を犯さねばならぬ場合には、履物の裏へ鍋尻の煤を塗る（会津・長野）、鍋ずみを緒に塗る（鳥取）、履物の裏を火にあてる（和歌山）、唾をつけるとよい、などという。
○和歌山県日高郡切目川地方では、紙付草履を履いて山に行けば、キツネにだまされるといい、愛知県南設楽郡では、下駄と草履を片方ずつ履くと、化かされるという。
○御飯をお鉢に移す時、杓子でお鉢をたたくと、キツネが来る（栃木・山梨・神奈川・岡山）。静岡では、夜茶碗をたたくとキツネが寄ってくるという。
○夜、爪を切ると、キツネにだまされる（千葉）、通りギツネにあう（長野）、キツネが宿る（愛知）。一方では、爪を長くのばしていると、キツネにだまされる（岩手県一関市・兵庫県加東郡）という。千葉県茂原市では、爪が長くのびれば、そこからキツネがはいるという。
○腕や脛の毛を剃ると、キツネに化かされる（福島県南会津郡）、頸の毛を小刀で剃ると、キツネにだまされる（鹿児島県国分市）。
○おむつを夜干しにするか、または風で吹き飛んだおむつの上にキツネが寝たりすると、その子は夜泣きする（神奈川県津久井郡）。
○女の野小便は顔をゆがめてせぬとキツネがつく（福岡県北九州市）。
○夜、女の腰巻を干しておいて、キツネにそれをかぶられると、気がふれる（福島県相馬市）。
○夜、キリキット（かくれんぼ）すると、野狐の仲間にされる（佐賀県佐賀郡）。
○花かんざしを夜挿すとキツネにつままれる（兵庫県多可郡）。
○鎌を担ぐとキツネが化かす（広島県比婆郡）。
○日没後に塩を買うと、キツネに化かされる（千葉県君津市）。

狐　きつね

⑶狐の鳴き声、その吉凶

○キツネはコンコンと鳴くというのが、普通の認識だが、群馬では、コンコンと鳴くのではないという。傍で鳴く時はケンケンとちょっと雉子に似た鳴き方をする。非常に悔しげに鳴くという。遠くで聞けばケンケンとも、コンコンとも聞こえるといっている。この鳴き方をめぐって、吉凶の判断や予占が行われてきた。
○キツネが鳴くと、凶事（禍・天災・不幸）が起こるとは各地でいっているところである（青森・宮城・岐阜・三重・広島その他）。特に、夜鳴きを問題にする（岐阜）所や、青稲の時期に鳴くのを嫌い（広島）、飛騨高山地方では、青田で鳴くと変事があるという。
○鳴き方によって判断する例では、コンコンは吉、ギャアギャアと鳴くのは不吉（山形）、コンコン鳴きは吉兆、クヮイクヮイは凶兆（新潟）、クヮイクヮイと鳴いて下ると、下の方にフジ（不祥事）がくる、或いは火事がある（奈良）。キャンキャンと叫んで通ると、その付近に災禍が起こる（同上）。愛知県北設楽郡では、その年に疫病がはやるという。島根県安来市でも、愛宕山の稲荷さんがキャンキャン鳴く時は凶、コンコン鳴く時は吉という。福島県信夫郡では、夜キツネの鳴き声を聞いたら翌朝アズキ飯を炊いて稲荷様に供える。つまり、凶と感ずるのである。
○キツネの鳴くのは、火災のしらせという例も多い（青森・岩手・福島・長野・福井・静岡・

岐阜・奈良・宮崎・鹿児島）。特に夜鳴く場合をいうものもある（岐阜・秋田）。秋田県平鹿郡では、明神様のキツネが夜鳴くと、近い中に火事か変事があるという。夜、村中をキツネが鳴いて歩くと火事ともいう。石川県鳳至郡・金沢市では、クヮンクヮンと鳴く時は火事、コンコンなら平穏という。京都府北桑田郡では、春の山でキツネが鳴くと火早いといって、火の用心に気を配る。

○死人のしらせだという例はさらに多い。コンコンと鳴くと人が死ぬ（富山県下新川郡・岐阜県郡上郡・愛知）。クヮンクヮン鳴けば死人（富山県氷見市）、雌ギツネがワリョウ（悪い）と鳴くは死人の兆（和歌山県南部）、夜中に鳴けば死人（秋田県鹿角郡）等。また、鳴く場所がきまっている土地もあって、井溝の川をキツネが鳴いて歩いて、人の亡くなる前に知らせる（和歌山）。寺の境内で鳴けば（富山県氷見市）、台ノ山で鳴けば（宮城県牡鹿郡女川《おながわ》町）死人があるという。

○新潟県栃尾市〈長岡市〉では、夜キツネが鳴けば女がもめるという。

○漁の豊漁、不漁もキツネの鳴き声でわかった。ワイワイ鳴くときは大漁、コンコンなら不漁（和歌山県日高郡）、また雄ギツネが鳴く時は大漁（紀南地方）、西方で三声鳴けば必ず豊漁（宮城県本吉郡）、氏神の稲荷神社近くで鳴けば大漁（同県牡鹿郡女川町）、家の裏手で鳴くと漁あり、表の方で鳴くと火事あり（青森県下北郡）おいなりさん（キツネ）が恵比須様の前で鳴くと大漁、氏神様の前で鳴くと死人が出る、或いはアマガ峠のキツネが鳴くと大漁（大分県南海部《みなみあまべ》郡）、といった。和歌山県日高郡では、磯釣りの途中、キツネに合うと漁があるが、他の獣に合えば不漁という。

○出産の予兆をキツネの鳴き声によって知ることも行われた。ワャーワャーと鳴くと赤ん坊が生まれる、コンコンと鳴くと男の子が生まれる

（愛知）、コンコンは出産、ワイワイと鳴けば火事（岐阜）、コンコンで出生、クヮイクヮイで火事（奈良）という類である。京都府の口丹波《くちたんば》地方では、雄ギツネがコンコンと鳴けば男児出生、雌ギツネがカイカイと鳴けば女児が生まれるという。兵庫県飾磨《しかま》郡では、西へ向かって鳴いて行けば死亡、東なら子が生まれるといった。

○キツネが鳴くと、三日のうちに雨が降る（広島）（『諺語大辞典』）、コンコンと鳴くと、よい天気になるが、ケーンケーンと叫べば雨が降る（秋田）、コンコンという鳴き方はキツネの機嫌がよいしるしだといって喜ぶが、グヮイグヮイ（或いはゲァゲァ）と鳴くのは凶事の前兆として喜ばれない（福島県南会津郡）。甲高い声で鳴くと天気がよくなり、キャンキャンと鳴くと時化がくる（北海道）。山形県でもコンコンは天気快晴だが、ガイガイと鳴くと天気悪く吹雪になるか、或いは雨という。「キツネの困快、馬の止動」という言葉がある。キツネが困ってコンカイと鳴くのに天気は快晴、快々と鳴くのに雨が降るのは、鳴き声と反対だというのである。（馬の止動は、止止《しし》と声をかけて歩かせ、動々といって停まらせ、言葉と動作が反対だということ）

○コンコンまたはカォカォと鳴けば、その辺りの家が繁昌するが、クヮンクヮンは棺桶を呼ぶのだといわれ、近所に死人が出る（富山県氷見市）。コンコンと鳴けば豊作、キャッキャッと鳴けば不作（石川県輪島市）。

○ほとんどコンコンの鳴き声を吉とするが、富山県下新川郡宇奈月町（黒部市）では、キツネがコンコン鳴くと人が死ぬという。また京都口丹波地方では、女ギツネが鳴くと雪が降るといい、飛騨高山地方では、寒中にキツネが鳴くと大雪が降るといった。

○「月夜ギツネは打っても鳴かせ」という諺がある。広島県では、「月夜のキツネは打ってもなかせえ」という。キツネは元来夜行性の動物だから、昼間出てくるのは場違いで、間が抜ける。源頼朝が狩の時、キツネが野を走るのを見かけて、「しらけて見ゆる昼狐哉」と詠みかけると、梶原景時が「契あらば夜こそこうというべきに」と付けた（米沢本『沙石集』五）との逸話があり、また或時、小田原城中で昼狐の鳴いたのを、人々が「これはよからず。忌む事なるに」と言った時、北条氏康が「昼はきつねに鳴く蟬のから衣おのれおのれが身の上にきよ」と詠んで縁起を直した（『醒睡笑』八）という逸話も伝わっている。昼狐は不吉、月夜狐は吉というパターンが早くから成立していたものらしい。「打っても鳴かせ」とは、月夜狐は吉であるから無理にも鳴かせよ、というのである。これに対し「師走狐は打っても鳴かせ」ともいい（宮城・京都）、同じ言葉は滋賀・福岡でも採集されており、ゲンのよいもののたとえとされている。師走の寒さで、キツネの声がコンコンと冴えて聞えるところから師走狐の称があって、「寒狐の鳴き声を聞くと幸福になる」（山口）という。兵庫県城崎郡では、十一月にキツネが鳴くのはよくないが、十二月のは「師走狐は打ってでも鳴かせ」といってよいとする。福井県遠敷郡では、寒の間にキツネが鳴くと金が入るといって喜ばれ、やはり「寒狐打ってでも鳴かせ」という。

○福岡県北九州市では、正月のキツネは尾も見るなといって、凶兆とする。前条と総合すると、十一月と正月は悪く、十二月のキツネだけがよいということになるが、そうした総合的なつながりがあるか否かは明らかでない。

○このように、キツネの鳴き方によって吉凶を判ずることは、既に『拾芥抄《しゅうがいしょう》』（鎌倉末期に成ったとされる故実書）に「野干鳴吉凶」の題下に、十二支の各日に分けた記載がある。例えば、寅の日に東で鳴けば人が死ぬ、南で鳴けば財が儲かる、西なら口舌即ちもめ事が起こる、北で鳴けば客人があるといった具合である。また別に簡単なもので、子日は官口舌事、丑日は病事、寅日も同じ、卯日馬牛死、辰日火失事、巳日財物得、申日子死大凶、酉日病事、戌日水流死、亥日同上というのもある。こうした知識がどの程度民間に流布したものか明らかでないが、その一部は影響したであろう。

狐　きつね

(4) 狐火、狐の嫁入り

○キツネが火をとぼす（三重・奈良）。これを狐火と呼んで、この火が遠くに見える時は、実はキツネは近くにいるのだという（兵庫県養父郡）。同じことは神奈川県津久井郡でもいった。夜のキツネの嫁入りは、この狐火に相当する。三重県度会郡では、キツネが川向うを提灯つけて歩く時、見ている者の方で四つになると思えば灯も四つになり、五つと思えば五つになるものだという。この方式でいくと人間が行列と思うからその通りに見えるのだといえそうである。紀州北部でも、キツネがともす火は、大きな一つの火が二つになり三つになり、ついには無数になって動くという。秋、栗拾いが始まり、けだものがひっこむ時期になると、向うの山にポポポと赤い明りが見え、また違う方向にポポポと見える。キツネの通り火である（群馬県多野郡）。三重県鈴鹿市では四辻の辺りに赤や青の火が続いて点《つ》くことがあると、キツネの嫁入りだといった。

○狐火の原因として、古来いろいろな説明がなされていた。『本朝食鑑』に「若シ夜行スレバ忽チ野火ヲ見ル。其ノ青ク燃ユル者ハ、狐ノ尾、火ヲ放ツナリ。或ハ謂フ、人ノ髑髏、馬ノ枯骨、及ビ土中ノ朽木ヲ取リ、以テ火光ヲ作《ナ》ス」とある。愛知県などで、キツネがウマの骨を口にくわえて振ると火がともるといっているのは、これである。

○『越後名寄』（宝暦六年）には、静かな晩にどこということなく提灯または松明のような火が、凡そ一里余も引き続いて遠方に見えるのを蒲原《かんばら》地方でキツネの嫁入りというが、同書は「狐鼬之属、口より気を吐けば、その先、光るが如し、常にある事なり」と断定している。
○狐火は小雨の降る夜などによく見ることがあるが、色は青くて、はじめに一つ見えたかと思うと、見る間に数多く分かれて明滅する（和歌山県伊都郡）。ここではキツネのよだれが光るのだとされるが、それらしく上下に細長い火だという（よだれといわず、息が光って見えるのだとした書物もある）。なお、狐火を見た時に屁をひると、正体が見える（青森県三戸郡）という。小便をかければ魔力は消えるというのと一軌であろうか。
○尾を撃って光を出すということは、伝承には例を見ないが、キツネの尾先にできるホタと称するものを拾うと栄えるという（福井県今立郡）。憑くキツネの一種に関東で御先（御前）ギツネというのがある。カラスにミサキガラスがあるのと同様、神の使者を意味する語であるが、これを尾崎村という土地から広まったとする伝承がある一方で、尾が裂けているので尾裂ギツネだともいう。九尾のキツネと称する妖狐のパターンだろうが、キツネの尻尾に霊力があると信じられたが故に、こうした語源説も生まれたのであろう。
○キツネの嫁入り（嫁取り・祝儀）といわれているものに少なくとも四通りある。一つは普通にいう照降り雨のことで、昼間の現象である（千葉・東京・静岡・石川・福井・愛知・三重・和歌山・兵庫・鳥取・香川・福岡）。報告数が思ったより少ないのは、報告するまでもないと考えて記載しないものが多いためと考えられ、実際の県数は右の二、三倍は優にあるものと考えられる。日がさしながら雨がうそのように降る、何か化かされているような軽い戯れを感じての命名であろう。壱岐では、キツネの嫁入りは袖をかぶって見ると見えるという。岐阜県加茂郡では、日が照って雨が降ると、赤石の下でキツネが嫁入りをするといい、金沢市では太陽のあたっているところの石をめくると、キツネの嫁取りの影が映るという。千葉県茂原市では、キツネの嫁取りの時、柱に耳をつけると、その行列の声が聞こえるという。愛知では、天気のよい日に井戸へアズキを落とすと、キツネの嫁入りがあるという。キツネの好物を使って、人為的に現出させることができるというわけであろう。

○第二のキツネの嫁入りは、夜間の発光現象である。雨降りの夜という報告は一つも見えないから、快晴ではないまでも薄曇りぐらいの気象状況と考えられる。新潟県中頸城郡のキツネの嫁取りに関する説明では、キツネは提灯をつけたり消したりしてくるものだという、その火がついたり消えたりするのは、キツネがよだれ垂らしだからと説明している。岐阜県郡上郡では、村の水車のある細い道に、二、三人の人が深夜に提灯を二つか三つともして歩いているのをよく見かけた。水車小屋には搗き具合を見るために深夜でも人が出入りすることがある。しかし、その人とは明りの様子などが違うと感ずるところから、キツネの嫁入りと解されたのである。鳥取県八頭郡では、照降り雨もキツネの嫁入りだが、また火が点々と見えるのをも同じ名で呼んでいる。新潟県魚沼地方では、夜、田畑や野原などにキツネが点々と連なるのを、キツネの嫁取りと呼ぶ。嫁入り行列の提灯という見立てである。埼玉県越谷市でも、土手などに点々ときれいな火が見えることが以前はよくあって、キツネの嫁入りと呼んでいた。何かの骨の燐が光って見えるのだろうというが、そんなに骨が処々に散らばっているものか、この解説は安易すぎるようである。佐賀県三養基《みやき》郡では、暗夜にキツネの行列が行進するのを、キツネの御前《ごぜ》迎えと呼んでいた。発光現象については、この地方でもキツネのよだれが光るのが、遠くから見ると提灯行列のように美しく見えるのだといっている。静岡県磐田郡では、キツネが嫁入りする時は、とんでもない所に火がつくといわれており、わらじをぬいで伏せてかぶれば逃げて行くといい、そうしたらキツネの歩く音がしなくなったという体験譚もあった。駿河では、夜の光の行列はキツネの嫁入りとは呼ばなかったが、筆者も少年時代にこの現象を実見したことがある。ミカン山の稜線の辺を赤味を帯びた明りが幾つも、歩くよりはやい速度で一定コースを往復するように行ったり来たりするのが見えた。そこは道路など無く、ミカン畑の中しか歩けないのだから、その灯は当然、木の幹や葉で遮られて明滅するはずなのに、そういうこともなかった。第一、十二時頃の夜更けに、そんな所で何人もの人間が灯をつけて歩き廻ることなどありえないし、もしあれば狭い村の中ですぐ話題になるはずであったが、それを見た者は私と同行者との二人だけで、ついに誰も噂しなかった、よだれならいざ知らず、骨ならば動かないであろう。その時は直ちに狐火だと私は感じた。

○その他、三重・群馬などで狐火をキツネの嫁入りと呼んでいる。

○第三のキツネの嫁入りは、虹の異名である。熊本では、虹が天にかかると、キツネが嫁入りするという。夕方のキツネの嫁入りは晴天のしるしである。

○愛知県で、霰が降るとキツネが嫁入りするという所がある。霰は晴天に突然降ることが多いから、照降り雨に準じていうのであろう。その他会津では、釜の底の煤に火がついたり消えたりする現象を、キツネの嫁入りと呼ぶ。雨の前兆だという。

狐　きつね

(5) 狐に化かされぬ法

○よくキツネにだまされる場所というのが、土地土地できまっていた。例えば、鳥取県八頭郡八東町《はっとう》〈八頭町《やず》〉では、皆原坂の辺りでは昼夜を問わずだます、搗屋の近辺は夜だます、才代《さいたい》の荒神様の所でだます、などといった。
○時間的には、夜なかという例が多いのはいうまでもないが、八東町〈八頭町《やず》〉では、昼寝の間に田圃に出るとキツネがだますという。これは、共同体の掟を守らぬ者に対する罰として、こういわれたのであろう。
○季節では、辛子の花盛りによく人をだますという（紀伊・肥前）。この時節になると、キツネは里に来て、ニワトリなどを狙って荒らし廻る（筑前）。
○ソバの花盛りもキツネにだまされやすい。ソバの花で畑一面が白の洪水のように見えるので、人はそれにだまされるのだという（佐賀県三養基郡）。
○キツネにだまされぬ用心には、眉を唾でぬらせばよいという。怪しげな話を聞く前などに、眉毛に唾をつけてかかるのは、地方的習俗ではない。化かされぬよう眉毛をぬらすとは、狂言記の『狐塚』にもある言葉である。眉毛をよまれる（数えられる）も、近世語であった。能登の七尾市では、山へ行く時、眉毛をよんで行かねばキツネにだまされるという。岡山県児島地方では、キツネに眉毛を数えられたら、だまされるというが、自分で眉毛を数えるのであろうか。やはり濡らすという方が自然の気がする。長野県更埴市では、キツネは眉毛の数によって人を化かすといい、野原へ行く時には眉毛に唾をつけて毛を固めて行くと、化かされないという。なお、愛知で、眉毛に長い毛が一本あると、キツネに化かされないというのも、右と関係があるらしい。
○魔物は親指の爪の間から入り込むとも考えられた。紀州北部では、親指を中にして手を握っていればキツネにだまされぬという。秋田でも、夜山道を歩くときには親指を手の中に隠していればよいという。夜、爪を切るのを忌むのも同じ考え方らしいが、また親指だけ危険だというのも考えにくい点がある。仏教の印相などの形か、或いはヘビに対するマムシ指のような威力を拳に認めるのであろうか。
○キツネにだまされた時は、手を輪形にしてその中から見ればよい（鹿児島）という。信州や三河では狐の窓と呼んでいて、この窓から三度息を吹きかければだまされないという。またこの窓から人を吹くと、大分では吹かれた人が死ぬという。恐らくこれは印を結ぶことを意味するのであろう。狐戸・狐格子・狐窓の名も、内部から外は見えるが、外部からは窺われない装置である故に、この名を得た。
○狐火を見た時、両手の指で遠眼鏡をつくって見れば真相がわかる（千葉）という。これも狐の窓の一種といえる。眉毛に唾をつけるのも、狐の窓を略式に行うことではないかと考えることもできよう。
○キツネに化かされて向うが見えなくなるのは、キツネが目隠しをするからだといい、その時は肩をたたけばよい（秋田）、紀州北部では背中をたたいてやると気がつくという。肩の上に乗っているキツネを追い払う意味であろう（貧乏神も肩の上に乗っていると信じられ、運の悪い人のことを「肩が悪い」といった）。秋田県の鹿角郡で、キツネにだまされたら背中を火であぶれば、キツネは逃げるという。
○左右の眉毛の間に産毛《うぶげ》が連続して生えていると、キツネに化かされる（長野県北安曇郡）という。
○キツネに化かされぬためには、着物の裾を縛って旅をすればよい（三河）。生後一か月ぐらいの赤子を夜連れて歩くには、おでこにオキッテ（ヤツコの類か）を付けて歩くと、キツネに化かされない（福島）。
○キツネにあったら、草履をぬいで頭にのせれば化かされない（愛知）。その時、ナムアミダブツと唱える（鹿児島）。和歌山県でも、野宿する時には、草履をぬがぬとキツネに化かされるといっている。履物を頭にいただく作法は頭を地につけるかたちで、聖域などに心なく踏み入れた者などが、おそれかしこんで退去する際にとる行為である。なお、秋田県では、両手で頭の後ろから髪を逆さになで上げるとよいといっている。これも、跪拝の作法の一つであったのだろうか。
○御仏飯のお下がりを食べると、キツネにだまされない（大阪・広島・福岡・佐賀）。キツネは仏飯を恐れるから、キツネ憑きに仏飯を食べさせても食べようとしない（広島県三次《みよし》市）。
○その他、キツネに化かされぬ用心には、種々の法があった。「キツネを食ったらうまかった、まんだ奥歯にはさがっている」と言えば、キツネが恐れて逃げる（東三河）。
○キツネ・タヌキに呼ばれた時には、それに負けないように呼び返せば、化かされない（和歌山）、どなり散らすとよいという所もある。負けずに逆襲するのも、一つの方法と考えられていた。化かされそうな時は、「ああ、たまげた」と言うと化かされぬ（山口）。山で化かされたと思ったら、「尻尾が見えるぞ」と言うと、性《しょう》がつく（長野）。このように、キツネの威力を容認するポーズをとったり、または相手に言い勝つやり方の反面に、キツネがだましに来たと思ったら、黙っていればよい（奈良）とする、無抵抗主義的対応もある。だが、これでは、やや心許ない方法と感ずる者が多かったのではあるまいか。この他にも、「アブラオンケンソワカ」を何回も唱える（兵庫）方法もあった。大日如来を祈る時の呪文「阿毘羅吽欠」の訛だが、たいがいの地方で、油と発音している。油揚好きのキツネには似合わしく、実際にも油のことだと誤解した者もあったかも知れぬが、キツネ以外にもアブラウンケンと訛って唱える例が、各地方におびただしく見られる。キツネ除けのまじないには、「このウリは誰が食うた、オオカミが食うたとキツネがいうた」という、訳のわからぬ呪文がある。夜鳴いたら、軒下へ「信《しの》太《だ》の森の白狐、昼は鳴いても寄るな（夜寄るな、の誤りか）」と書いた紙を貼り出す（奈良）。群馬県利根郡では、キツネにまやされた時は、百人一首をよむといいという。名歌の徳に対する過信だろう。

○大年の晩に風呂へ入ると、キツネに化かされぬ（新潟県西頸城郡）という。当時入浴の平均回数がいかに少なかったかを示す資料だとの見方もあろうが、この日は必ず入浴すべしという仕来りを語るものであろう。

○北三河では、五月節供のショウブ、九月節供のキクを浸した酒を飲めばキツネに化かされないという。

○キツネにだまされた時の即座の対応策としては、一つはまわりに小便をすること（栃木・神奈川・長野・岡山）。小便には消毒の効能があると考えられていたからである。第二には煙草をのむことである（千葉・山梨・岡山・香川）。キツネには煙草が敵と考えられた（岡山）。化かされそうになったら煙草を吸うと恐れて逃げる（山口）、夜山道を通る時は煙草をくゆらせて行けば、キツネは出ない（富山・愛知・長野）。化かされたら、じっとしていて煙草をのむ（奈良）、座って煙草をのめ（愛知）、などという。煙草を駆除剤として利用するのは、田能久の笑話と同軌だが、また硫黄をかがせれば逃げるともいう（栃木）。魚や油揚を持って歩くと化かされるから、マッチの穂を添えて持つとよい（駿河）というのも、同じである。『燕石雑志』五にも、魚鳥を獲て夜行するとき、付木《つけぎ》を籠の中に入れておけば、硫黄を恐れて奪われぬとある。そうした効果も否定できないが、むしろこの場合、あたふたせずに、ゆっくりしゃがんで煙草を吸うことによって気を落ち着ける意味も大きいであろう。

○三河では、夜道の提灯の火が片方へ溶けるのは、キツネがなめるからだという。また、提灯の火が急に消えてしまうことなどあり、それをキツネに蠟燭を取られるといった。田宮仲宣（橘庵）はその随筆『橘庵漫筆』の中で、日頃から世間の人がよく蠟燭の尻を吹くので、不思議に思っていたが、その後夜道をして提灯の蠟燭を取られることを何度も経験した。或人の教えにより蠟燭の尻を吹いたところ、その後は野狐に取られることがなくなった。キツネは人の息のかかった物を食わない、人の食い余りも食わない、それで蠟燭にもこうすればよいのだと述べている。人の食い余りを食わないという条《くだ》りは信じ難いが、蠟燭の元の方に息を吹きかけてから使うことは、文化以前から大阪地方で普通に行われていたものと認めてよいであろう。

○キツネにだまされた時は、地にかがんで棒で薙ぎ払えばよい（鹿児島）。これは呪術的なものではなく、実力による駆逐であろう。なお、同じ県で、キツネの肉を食えば、キツネに化かされないというのがある。キツネを殺せば七代祟るなどというのに、肉まで食うのだから、恨まれ方は想像を絶することになるわけだが、人盛んにして神祟らずといった強気の逆手なのであろう。しかし、キツネの肉を食うとだまされる（大分・広島・岡山）という例の方が、本来の考え方だったのかも知れない。

○あらかじめ一種の呪具を持つのも、有力な方法である。千葉県長生郡では、象牙の骰《さい》と美しい小石とを持っていれば、化かされぬという。静岡県藤枝市では、石を三つ持って歩けば、野道でも化かされないという。『俚諺大辞典』に、二股茯苣《おおばこ》を持っているとキツネに化かされぬとあるが、採集地の記入がない。奈良県では、白レンゲを持っていればよい、和歌山県では、常時紫雲英《れんげ》の花を袂または縫揚げに入れていればよいといっている。タンポポの白い花も有効だという。白い色或いは毛状のものに呪力を認めるのであろうか。同じ地方で、伊勢の太神楽の紙毛、或いは獅子のたてがみを抜いて身につけていればよいという。また、三つ角銀杏を持っていれば化かされぬという例（『俚諺大辞典』）もある。長野県安曇地方では、スズメバチの頭を持っていれば、山に行ってもキツネに化かされぬといい、山口ではマッチを持って歩けば夜道でも化かされぬという。香川県三豊郡では、お金を持っていると化かされぬという。また、葬儀に供えた餅を持っていれば化かされず、これを食えば病気が全快する（茨城）。葬式に使った蠟燭をともして歩けば出てこない、ともいう（福井）。ただし、キツネは蠟燭を好んで取るともいうから、葬式に使ったものでないと、効力がないわけなのであろう。能登では、涅槃の日に拾ったイヌの子を連れて山に入れば、キツネに化かされることはないという。

○鳥取市では、ヨモノ（キツネ・タヌキ）の類が産屋に害をしないためのまじないに、瓢簞を吊す。

○赤子の額にヤツコを朱でかく風俗はひろく行われたが、これをキツネから守るために行うといっている所がある。山梨県南都留郡では、エーツッコ（鍋底の煤）を赤子の額につければ、その子はキツネにくびり殺されることがない。歯が生えるまでは、エーツッコをしておかぬと、キツネにくびり殺されることがあったという。

狐《きつね》

(6) 狐憑き、狐つかい

○兵庫県三木市では、食物を夜持ち運ぶとキツネがつくという。これは、化かされるという一時的現象でなく、取り憑かれる場合であろう。キツネが憑く原因として、キツネの恨みをかい、仇をされる場合が、最も自然な説明である。例えば、キツネを狙って射ったが、弾丸が当たらなかった場合、そのキツネがとりつく（鳥取県八頭郡）、という。キツネの穴をつつくと、キツネがつくともいう（同東伯郡）。

○原因がまったく思い当たらない場合も少なくなかった。また、取り憑いた瞬間について、あとからあの時だったと思い当たる場合もあった。筆者の知り合いの家の主婦は、山から荷物を背負って来て、路傍の大きな石に腰掛けて休んだ。さて出掛けようとして、背負籠を肩にして立上がろうとすると、非常に重く感じた。ようやく家に帰ったが、間もなくキツネ憑きになった。治療してから、石に腰掛けた時、キツネに取り憑かれたに相違ない、それで背負籠が急に重くなったのだと、語っていた。

○憑き物については本書では主題から外す方針であったが、集まったカードを整理するために、掲げておく。まず、キツネ憑きになったら、どんな状態になるかという点について、年寄りが何もしないで炉辺にいると、キツネに憑かれたという（岩手県東磐井郡）。憑かれるとぼうっとなる。体がキツネのようになる。アズキ飯・卵・ニワトリなどを食べたがる。キツネのような飛び方で飛び出し、帰って来ると、だんだん元に戻る（大分県日田郡）。魂が抜けたようになり、変なことを口走り、どこでもかまわず歩き廻り、馬鹿食いをしたりする（神奈川）。人が見ていないと家の中をキツネのような飛び方ではねまわる（岐阜県揖斐郡）。ヤコが憑くと、キツネの様態をしたり、有ること無いことを口走ったり、病気になったりする。肩にキツネの足跡がついていることもある（長崎県西彼杵郡）。キツネは病気の人や気の弱い人に憑く。その人は油揚や魚などを好むようになり、大食になるが、次第に衰弱してしまう。そうして死んだ人の寝床にはキツネの毛がいっぱいあった。キツネ憑きは目つきが違い、床の上でむこう向きに寝ていながら、目はこっちへ向いていて、遠くにある物が見えたり、誰それが何々を持っているからもらって来いなど、透視まがいのことを言う（和歌山県西牟婁郡）。長く病気で寝ているとキツネにとりつかれる（愛知県南設楽郡）。産後の肥立ちが悪く、神経がたかぶったりするのを血ヤンマイといい、キツネが憑いたといって祈禱師を呼んで拝んでもらう（栃木）。ノドウカ（野狐）がつくと、堤でドジョウなどを食うことがある（群馬県北群馬郡）。キツネ憑きは蒲団の三角の端をかぶって寝たりして、人が来ると隠れる、誰もいないと生臭い物を食う（茨城県久慈郡）。はだしのまま、どかどか上り込んだり、物を二倍も食べるなど行動が異常になる（埼玉県越谷市）。食事が偏るから、キツネ憑きかどうかを調べるには、ないしょでネズミのてんぷらをつくり、家内のどこかに隠しておく。キツネ憑きなら必ず探し出す（新潟県南魚沼郡）。

○キツネの飼主の家（キツネ憑きの家）の恨みをかうと憑かれて病気になる（山梨県北都留郡）。憑くキツネをもっている家で炉ぶちをたたけば、キツネが出てくる（青森県三戸郡）。飯櫃の蓋をたたくと、クダギツネが出てくるからたたくな（愛知県南設楽郡）。キツネが憑いた場合、ひどいのになると、手や足の指をキツネに食われたものまである（山口県大島郡）。キツネ憑きになると、狂乱してキツネ同様の動きをし、平常嫌いだった物でもキツネの好物なら大食し、平常ならできない危険な行為も平気でやる。イヌを恐れること一方でなく、その狂態はものすごい。治癒するためには、稲荷神社の神霊によるか、ゴゼを通じて、憑いているキツネの希望を聞き、その通りにしてやると、本心に復する（秋田県雄勝郡）。

○右のキツネ憑きを落とすには、油揚と赤飯を卵大に握ってエジコに入れ、十字路や三つ叉の所に置き、後を見ないで帰る（岩手県東磐井郡）。道の辻に油揚とアズキ団子を皿にのせておく（和歌山県西牟婁郡）。病人の背中に犬という字を書いてたたく（愛知）。行者を頼んでオタキアゲをしてもらう。その方法は、病人の目を縛り、その前に線香を組んだものを置く。病人にサカキを持たせ、キツネがサカキにのり移った頃を見はからい、サカキを火にくべて燃やす（千葉県東葛飾郡浦安町〈浦安市〉）。栃木県の古峰神社に参詣し、イヌの絵をかいたお札をいただいて来て家の軒下に貼っておく（同上）。ヒキメ（ガマの目のような目をした悪狐）がつく（キツネが憑くこと）と、行者を頼む。行者は箱にクダ（クダギツネ）を集め、天竜川にしょって行き、河中に入って箱を流し、自身は水を潜って帰ってくる（長野県下伊那郡）。岩手県遠野地方では、クダギツネを落とすには、さとられぬように無念無想の状態で川へ行く。必ず笠をかぶって行かねばならない。だんだん深みへ入ると、キツネは上へ上へと逃げ、最後に笠の上に避難する。顔まで水が来たところで、そっと笠の紐を解き静かに流してやると、キツネは笠の上に乗って流れて行ってしまう。キツネは人の心を読むから、感づかれぬことが肝腎であるという。武州御岳神社から狼のお姿をもらって来て病人の枕の下におけばよい（神奈川県茅ヶ崎市）。病人が稲荷さまに供えた油揚をキツネが食べれば病気は平癒する（山梨県西八代郡）。祈禱師を頼み、辛子をたいて家の中からいぶし出す（和歌山県田辺市）。不動様・稲荷様の行者を頼むが、キツネ憑きは行者が読む経文の先を取って読むものである（大分県日田市）。鳥取県八頭郡八東町用呂〈八頭町〉のお大師様は、キツネを落として下さるといわれる。

○遠州の秋葉山を迎えてくる。お迎えに行った人が戻ってくると、キツネ憑きは騒ぎだしたりする。必ず落ちるが、その代り病人も助からないといい、最後の手段として行うことが多かった（東三河）。遠州の山住神社も信仰された。同社へオイヌ（お札）を受けに行く際、部落内のイヌとニワトリの数を報告しておく。もし数が正確でないと、誤りの分だけ、オイヌ（山犬）に食べられてしまうという。また帰り道には一切後を振り向かない。振り向けば山犬は帰ってしまうといわれている。その他、御岳行者を呼ぶ所もあった。供物をして、憑き物をその供物にしてとじこめてしまい、刀で斬るまねをしたのち、川に流したり焼いたりした。
○産婦と子がキツネに取り憑かれぬためには、寝ている座敷の裏に、蓑笠を掛けておくとよい（福島県白河市）。
○クダギツネというのは、もと信州飯綱《いいづな》山から出たと考えられている、小さな想像上のキツネである。形はネズミに似ているという（長野県下伊那郡）。信州はもちろん、東海地方にはこの伝承が多かった。桶屋に注文した桶に入って来て、そのまま飼っているという家もあり、これを飼うと金が鼠算式にふえるという。クダは飯櫃をたたくと寄ってくるともいう（同上）。クダギツネはクダショウともいって、魔物だからいじわるをすると、取り憑かれて命まで取られる（静岡県磐田郡）。クダショウに憑かれた病人はたわごとを言い、食べた物はみな喉元で取られてしまう。クダショウ持ちの家では、祠を設けて祭り納める。クダショウ持ちの家から物を貰うと、クダショウが惜しんでその人に取り憑き、ひどい目にあわされる。クダショウ持ちの家とは縁組することを嫌う（同上）。病気で熱にうなされたり、病人が魚を食いたがったりすると、クダギツネが憑いたのだといった（愛知県西加茂郡）。キツネ憑きの家の主人は、しょっちゅう肩や袖を払う動作をする。憑かれた病人が死ぬと、体には穴があいているという（同上）。キツネの憑いている商人から買物をすると、品物にのって重くし、こちらから売る時には秤にのって軽くするから、客は損をするので嫌う。タマリや米を売る時も同じで、量を大きく見せ、家へ帰って量ると少ない。小さな管に入ったクダギツネをもらい、儲けさせてくれたら封を切ってやると約束すると、どんどん儲かる。そこで封を切ってやると、辺りの魔物と一緒になって子がふえ、食うに困ったクダギツネは別の家へ行き、こうして核分裂をやる（同上）。キツネを飼っている家では、他所の人には言えないが、炉端にキツネが座っていて、寄れ寄れといって囲炉裏端をなでるという（同上）。嫁をもらうとついて来る（同上）。ふえすぎて困ると、御岳講の行者を頼む。壺にキツネの子を入れて祭り込む、山へ持って行って埋める（同上）。クダギツネは普通のキツネより小さい。キツネが憑くというのは、人間の腹の中に入ってしまうことで、皮をぬいで入るのだという。岐阜県のおイヌさまを借りてくるとキツネは離れる。山犬の皮を寝床の下に敷いてもよい（愛知県東加茂郡）。

○横浜市に伝わるクダギツネの由来は、那須の殺生石の伝説に結びついている。殺生石の成り立ちは普通と同じであるが、玄翁和尚が退治するまでのいきさつが変っている。永平寺のドウゲン和尚が、諸民難渋の噂を聞いて弟子のカサゴ和尚に退治を命ずる。そして座敷で法術を授けていると、亡者の子の玄翁和尚が縁の下に隠れて法術を盗んでしまった。カサゴ和尚の先廻りをして那須の原に行って待ち伏せしており、後から来たカサゴ和尚に「もう俺が退治したから行かなくてもよい」と欺き追い返し、自分が盗み覚えた法を掛けた。石は割れ、そこから目には見えないクダのキツネが幾千となく天に散り、日本国中に広がって、行く先々で人に憑くようになったという。

○キツネをつかう人は、占いなどをしながらも袂や襟元をたたく動作をする。懐からキツネを防ぐ（出るのを？）ためだという（横浜市）。キツネ憑きを見分けるには、そっと唾などを吐きかけた飯を病人に渡す。キツネ憑きなら決して食べない（同上）。ハツカネズミのような小さいキツネで、飼主は餌をやらないから、人に憑くのだという（同上）。クダギツネは行者が管に入れて飼っており、弟子は師匠から分けてもらう。子がふえすぎて困った時に落とすには、七か所の墓石を欠いて来て、半紙に包んで持っていれば落ちるという（同上）。クダギツネは風が吹くと飛んで来て、ぶらぶら病人の肛門から入って憑くのだという。富士講の行者でも、よほど通力のある先達でないと落ちにくい。行者が拝みを上げていると急に体中が重くなる。これはキツネがのり移ったからだが、ようやくキツネが負けて病人から離れたら、ダキダシといって抱くような格好をして家の中から出し、赤飯や油揚を持って辻へ行って放す（同上）。

○神奈川県で憑くキツネの大部分はクダギツネで、わずかに川崎市多摩区にオサキキツネの伝承が見られるが、これは甲州の方から来たらしいという。たちが悪く、なかなか落ちにくい。ネズミより少し大きく、夜なべ仕事の邪魔をしにくることもあるといった。

○イズナは祈禱者などがつかう。昔は飼っている家もあったという（茨城）。キツネを落とすには、赤飯を炊いて送り出すと抜ける。大病人が急にとっとと歩いて、途中でぶっくり返ると、その時キツネは抜けたのだという（同上）。

○埼玉地方のオサキは、尾の裂けた小さなキツネであるという。オサキ持ちの家ではこれを使って自分の欲しい物を他家から持って来させるという。

○オトウカというのもキツネかキツネの仲間らしいという。人間がいじめると仇返《あだかえ》しに人を化かす（群馬）。

○宮城県岩沼市の稲荷社のミコドノには、白いキツネが見えるといわれ、憎い人にキツネを憑けてもらう時にはそこへ頼むという（岩手県気仙郡）。のろいかけたい時は、悪狐に頼む。山奥の木の根株にボール箱を観音開きにして据えてアズキ飯を盛ったのを供え、鯛二枚を枝にかけて祈りをする。山中でそのようなボール箱を見かけることがあり、傍にはキツネの毛がたくさんあったという（佐賀県東松浦郡）。

○いわゆるキツネつかいの活動は、十五世紀の初め頃から活発化したらしく、日記類に散見する。一例をあげると、『看聞御記』応永二十三年（一四一六）十月十四日の条に、桂地蔵に仕えていた阿波法師という者とその一類七人が公方の手で召捕り禁獄された。この法師は阿波の人間ではなく近郷の者であった。仲間の者数人と種々謀計を回らし、地蔵幷びにキツネに付けて奇特を顕わし、諸病を治し、盲人の目を明けるなど効き目が多いということから、召捕り後も貴賤の参詣者は後を絶たない、との記事がある。同二十六年三月五日の条には、「病気数日、祈師付レ狐」など見え、同二十七年十月二十三日にも「今日又狐仕僧両人被召捕」とある。（この月の九日には、室町殿の医師高天と藤原俊経が狐仕《きつねつかい》の罪で讃岐へ流罪になったことが、『康富記』に見えている。その事件のあらましは、前々から高天はキツネを仕うとの風聞があったところ、この日、将軍御台所が験者に加持をさせている最中、二匹のキツネが御所から逃げ出したので、つかまえて打殺した。このキツネは高天が付けたものであると露顕し、陰陽助定棟朝臣も召捕られたというものである）。永享五年（一四三三）二月十七日の条には、将軍の侍女五人にキツネが付いて邪気病悩とあるなど、拾えば数多く、一種の社会問題化していたさまが窺われる。もちろん、キツネ仕《つかい》の歴史はさらに古く、正平十六年（一三六一）将軍義詮に叛した細川清氏が義詮と足利基氏との調伏を、鎌倉から上洛した志一上人という僧に依頼した（『太平記』三十六）が、この志一と同一人と考えられるのが、仁和寺の志一房という外法成就の僧である。この志一房は吒祇尼天の法を得ていた（同書二十六）。鎌倉の志一稲荷の由来も、キツネ仕の志一上人が、忠死したキツネを祀ったものである。キツネ仕の歴史は、少なくとも十四世紀半ばまでは遡る。近世の祈禱者において見られたことであるが、キツネをつけて病人を悩まし、治癒を頼まれると今度はそのキツネを放して効をあげるという、マッチポンプ的やり方が古来から行われたことは、『安斎随筆』などに指摘されている通りであろう。

○元禄十四年十月版の『陰陽師調法記』には、「狐の通ひ道をとゞむる符」が出ている。欸という字を書いて、キツネの通る道に埋めておけば、再び通ることはないとある。

狐　きつね

(7)夜泣きと狐、狐のしわざと病気

○赤子の夜泣きはキツネのしわざである（山梨県南都留郡）。夜泣きする子の母親が朝早く起きて家の背戸を見たら、キツネがいたことがあった。もっとも、古ネコやイタチも夜泣きの犯人だといわれた。夜なか、刀を抜いて家の周りをめぐるとか、またはツチボウ（藁打ち槌）を持って屋敷内をめぐる。また、背戸には馬沓を拾って来て吊し、枕の下には曲尺を置くなどすると、効き目があるといわれた（福島）。夜泣きする子の枕元にキツネの絵を逆さに貼る（秋田）。狐という字を書いて梅の木の枝に下げて枕元に置く（静岡）、キツネの歯を置く（長野）、などの方法もあった。愛知県東加茂郡では、自在かぎをはずすとキツネが来ないという。

○山梨県南都留郡忍野《おしの》村三ツ井戸の稲荷様は白狐で、子供の夜泣きに効験があり、近村の子供はこの稲荷の厄介になった者ばかりだという。

○キツネに向かって、夜泣きをやめさせるためのまじないの歌が各地で行われている。茨城県久慈郡では、蓑笠を軒にさげ、また五色の幣束を作って、それに「猿沢の池のほとりになくキツネあのキツネなくともこの子泣かすな」と書いた紙を吊り下げ、赤飯を添えて十字路に供え、後ろを見ずに帰ってくれば、虫は切れるという。神戸市では、「猿沢の池のほとりの古狐昼はないても夜はなかず、ナムアビラウンケンソワカ」と書いた紙を枕の下に敷いて寝さす。或いは、「奈良の猿沢の池の白狐、昼なくキツネが夜ないて、昼はなくとも夜はなくな、ナムアビラウンケンソワカ〳〵」（和歌山県西牟婁

郡）という念入りのものもあるが、冒頭が「猿沢の池のほとり」（群馬・神奈川・山口）うんぬんとなっているのが多い（これを訛って「サルサが池の京狐」〈鳥取〉という例もある）。猿沢の池のヘビを呪歌にしたまじないも別にあって、とにかく人気のある地名である。
○その他、「天竺の猿沢の池の子狐は、昼は鳴くとも夜は鳴くな」と唱えながら家の周囲を廻り、ウブ神さんが戻ったら、「ただ今帰りました」といって家に入る、という例（愛媛）もある。或いは「天竺のかる沢の池のほとりにすむキツネ、キツネ鳴いて赤子泣かす」と書いて枕にかぶせて寝る（群馬）、また「天竺の阿弥陀ヶ池に鳴くキツネ、昼は鳴くとも夜は鳴くなよアブラワケンソワカ」と唱える（大分）、愛媛県上浮穴郡では「天竺の古竹やぶの古狐、昼は鳴くとも夜泣くな」と書いた紙を頭に貼っておく。
○泣く子にまたがり、「浅間山の白ギツネ、昼は鳴いても夜は泣くまい」と一息のうちに三回唱える（群馬）。「奥山の池のほとりになくキツネ、おのれ鳴くともこの子泣かすな」と書いた紙を床の間の天井板に貼り、丑寅の方角に曲尺をはさむ（山形）。「奥山の池のほとり」は栃木・愛媛でもいう。愛媛には「千里奥山の古狐」もある。なお栃木では、この歌を唱えて、なるべく遠くの神社へお詣りすると治るという。また「奥山のたまるが池の古狐」という例もある（群馬）。鳥取県八頭郡では、「ゴンズの山の白狐、昼は鳴いても夜泣くなアビラオンケンソアカ」と唱えながら、刀物をもって家のまわりを三周する。「奥山のつつじが森の白狐」（岐阜）、「遠山の古狐」（愛媛）、「野山の奥の白狐」（滋賀）、「野中のキツネ昼はなけども夜は鳴かず」（奈良）と書いて枕元に貼る、ともいう。「コウカチ山の白狐、昼鳴いて夜泣くな、アビラウンケンソワカ」と書いた紙を枕の下に置き、泣かなくなったら川へ流す（群馬）。

○「信田の森の白狐、昼はなくとも夜はなくな」と書いた紙を行灯につける（奈良）という古めかしい例もある。現在、呪歌を書いて枕元に貼ると報告されている例でも、古い時代には行灯に貼ったものであろう。「信田の森の白狐」は群馬にもあるが、「信田の森の古狐さまよ」（広島）、「信田の白狐」（和歌山。枕の下に入れる）など、さすがにこの型は近畿地方の西部に分布している。
○どこのキツネか指定せず、「キツネなく、キツネなくともこの子泣かすな」（宮城）という型もあるが、脱落型であろう。
○下句は、「昼は鳴いても夜は泣くな（泣かすな）」が多く、その他は、「わが子（キツネの子）鳴くとも、この子泣かすな」「あの子鳴かせてこの子泣かすな」「キツネ鳴けどもこの子泣かすな」「親は泣くとも子供泣かすな」に分かれる。要するに主旨は、夜泣きするこの子を泣かせぬようにしてくれとの願意である。

○『続咒咀調法記』（元禄）によると、「夜なきする子のまじなひ」として、「あしはらやちはらのさとのひるぎつね、ひるはなくとも夜はななきそ」また「ひとよるはなくともひるななきそと、よみがへるなりけいなりとのへ」と二首の呪歌を挙げ、「右の哥をよみよみ、男子はひだりのみみより吹入べし。女子は右のみみよりふきいれべし」とある。一首目の「あしはらや」の歌とそっくりのまじないが広島県深安郡神辺町〈福山市〉で行われている（第三句「古狐」）。山形県新庄市の『かつろく風土記』にも、新景流棒術の伝書にある歌として載っており（下句は「昼はなかせど夜はなかすな」と小異あり）、これを紙に書き、家の中に貼っておく、とある。
○調法記第二首の「ひとよるは」の歌は、採集例を見ないが、愛媛では、別の歌が伝わっている。「夜泣きする子は天竺の枯れ竹藪の古狐、昼は鳴いても夜はなくな」というもので、類例は見つかっていない。
○キツネが夜泣きの仕掛け人にされた原因は、鳴く声が子の鳴き声に似ていたからであろう。『本草綱目』時珍の説に「声、嬰児ノ如シ」とある。『本朝食鑑』にも、「声ノ患ヘルハ児啼ガ如ク、声ノ喜ベルハ打壺ノ如シ。故ニ民間、其ノ鳴声ヲ聞キテ吉凶ヲトス」とあり、『和漢三才図会』にも「凡ソ狐患ヘバ則チ声、児啼ノ如ク、喜べハ則チ声、壺ノ如シ」とある。コンコンは喜ぶ声、グヮイグヮイやクヮンクヮンじゃ患《うれ》える声ということになろう。
○大分県竹田市宮城の風俗で、胞衣《えな》を産部屋の床下に埋ける習わしがあった。埋け方が悪いと産婦や生児に障りがあるという。キツネやタヌキは胞衣を食べるとカンショクスル（官職が上がる）といわれ、これを食べたがるので、食われぬように特に深く埋けるように注意した。どういう障りか報告にないが、夜泣きのように思われる。
○夜泣きの他にも、ソラデ（はげしい労働をした後などに、手や指が痛むもの）が痛む時にも、遠山を眺めつつ「向う小山の野狐よ、そら手で痛くて招かれぬ」というと、すぐ治る（栃木県芳賀郡）。百日咳にもキツネが一枚かんでいるらしい。橋の下のコンコンさんに詣り、橋を渡って戻りぎわに後を見ずに「束焼香をたいてお礼をする」といって走って帰る（広島県深安郡）。また、大便をがまんするまじないに、「キツネがくるから戸をしめろ」といって尻をたたけば効くという（茨城）。
○疱瘡は、キツネが憑くからかかる（長崎県北高来郡）のだと信じられていた。キツネがカサをなめるから、疱瘡子は眠らせてはならぬ。キツネを防ぐには座敷に畳を敷いておく。こうすればキツネは入れない（壱岐）。（北高来郡では、疱瘡のあとをなめると元気がよくなるといっているが、この場合は親がなめてやる意味であろう）。福岡県三井郡では、疱瘡のカサブタを食ったキツネは千年生き、食われた人は直ぐに死ぬという。山口では疱瘡をつけた赤子を連れて山に行くと、キツネがだますといった。

○子供が痲疹《はしか》にかかると、治る時分にさんだわらの上へ、ニゴシ（米のとぎ汁）をかけたアズキをのせ、これを木の枝に吊しておく。こうするとキツネが食べ、その子の痲疹をキツネが受けてくれるのだという（新潟県西頸城郡）。

○キツネの生胆は疱瘡の薬だといわれ、豊後の岡藩主中川家ではその薬を家伝としていた。延宝の頃、藩主が参勤から帰国したら早速生胆を捕る計画であったが、いちはやく藩内にデマが広がった。今度藩命で十五歳以上の子の生胆を取るそうだという噂で、このため領民は他領へ逃げ出す者も多く、大騒ぎになった。ついに藩では計画を取りやめたが、このデマをはやらせたのはキツネのしわざだったという（松崎観瀾『窓のすさみ』上）。また、小児の熱冷ましとして知られる烏犀円《うさいえん》の調合に、キツネの生胆を使用することが、『新著聞集』に見える。

○キツネの胃（胆汁）または舌は、中風によく効く（飛騨）。キツネの舌を食べると内攻《ないこ》（瘡《くさ》が治りかけたころ急に体が腫れる病気）に効く（奈良）。キツネの胆を飲むと、妊娠中絶の効あり（山梨）。

○『耳袋』の有馬家蓄犬奇説の事の条に、有馬藩家中に伝わっている金瘡（外科）の奇薬について記してある。キツネを薬で飼い立て、生きながら薬に和して、油で煎りたてた薬だとあり、俗に手を引かぬうちに平癒する、速効薬だとある。

○キツネの肉は以前は一部では食用だったようで、「今人狐肉ヲ食フヲ好マズ」と『本朝食鑑』には記す。さらに「惟脂《タダ》ヲ取リ膏ニ煉り、瘡腫ニ博シ、以テ奇効ヲ得」と述べている。民間では、キツネの舌を干して保存しておき、発熱の際に少し切って湯に入れて飲む（長野県下伊那郡）、或いは胎毒に舌を削って煎じて飲ます（滋賀県高島郡）。また、中風には舌を生のまま砂糖をつけて食うとよい（和歌山）といった。
○大阪市のもと市電偕行社前停留所付近の歯神大明神は、明治初年に祭ったものだが、この辺の溝の中にいるキツネが歯痛を治すというので、参詣者が多かった。例月二十一日に歯止めの箸と称する杉木製の箸を白紙に包んだものを授与し、これで一週間食事をすると歯痛が治るといった。

狐　きつね

(8)俗信一束

○失踪者の原因、当時の状況などがどうも腑におちない場合、キツネに化かされたのであろうと考える。これを狐隠しといった。その行方をたずねるには、村中の者が隊をつくり、先頭の者は篩《ふるい》を顔にかぶり、次の者は一生桝の底をたたいて調子を取り、「返せ返せ、元の誰々を返せ」など呼ばって歩く（河内）。山口県でも、桝を逆さに持ち、底をたたきながら、「返せ、戻せ」と呼んで歩く。こうすると、化かされた者の方で気がついて戻ってくるという（山口）。神隠しと似たようなものだから、作法も共通している。器物を逆さにするのは、ネコの失踪の際などにも見られる仕方である。その他、家出人があった時、稲荷様のキツネの足をくくる。お礼には狐ズボンというのを納める（香川）。
○キツネが逃げて最初に入った家は貧乏になる（秋田県雄勝郡）。これはどういうことかはっきりしないが、キツネが命を助けられた人に礼をしたという話は少なくない、もし助命者に仇をするというなら異例といえる。愛知県南設楽郡では、自家より山奥から嫁をもらう場合は、門口で空鉄砲を撃ってキツネがついて来ないように追い払う。クダギツネなどの俗信との関連も考えられるが、明らかでない。
○宮城県栗原郡では、朝ギツネといって、朝のうちキツネというのを嫌う。これとは反対に夜、

「キツネを見たことがない」と言うと、「みてくれえ」といって出る（広島）ということもある。キツネを見たことがないと夜いえば、見てくれといってキツネがやってくると、島根県石見《いわみ》地方でもいう。ただし、これは怪談の型の一つである。

○キツネが、村の下から上の方へ鳴きながら行くと、子供が生まれる。逆ならば死ぬ（因幡）。

○キツネの夢を見ると漁がある、と三陸地方ではいっている。反対に長野県南佐久郡では、キツネの夢を見ればいけないという。鳴き声によっても漁の判断をするが、吉・凶とはいっても、背中合せなのが、こうした俗信の常である。

○白狐の夢は、出世する（三重県阿山郡）。東枕に寝てキツネの夢を見ると死ぬ（栃木県芳賀郡）。

○晩に、新しい履物をおろすと、キツネが来る。鳥取県八頭郡では、キツネが憑くという。

○山口市秋穂《あいお》二島《ふたじま》の小字仁光寺の権現社に、十三歳以上の月経中の女、または喪中の者が詣ると、キツネが来て災をする。

○夜、物を屋根にもたせかけておくと、家の上へキツネが上る（愛知）。

○キツネの子は、ニワトリを食わねば目が明かぬ（広島・福岡県三井郡）という。昔のニワトリは、放し飼いに近いような飼い方が多かったから、親ギツネはわが子のために、成功しやすいニワトリに狙いをつけるわけである。キツネがニワトリを取ったら、釜屋に鎌を打ち込むと返してくる（宮崎県西諸県郡）。ただし、実際にはありそうもない話であるが、鎌の霊力をいうのであろう。

○キツネの鳴く時は寒うなる（佐賀県小城郡）。山形県の月山九合目の救助小屋では、夏が過ぎて参詣人が来なくなる頃、キツネが笹小屋の屋根をすべる。そうなったら小屋守は里に下りる時期である。

蟋蟀　きりぎりす

○群馬県北群馬郡で、キリギリスは、かまのくちあけ（盆の月の朔日）までに逃がせといい、愛知県でも、祇園の日からはギリッチョ（キリギリス）にうどんを食べさせて逃がさないとウジが湧くという。沖縄の多良間島では、ウンパガタ（キリギリス）が柱に逆さにとまり、北の方に向かって鳴くのを、死の予兆だと伝えている。

○名の起こりについては『和漢三才図会』に「其ノ声木里岐里須《キリギリス》ト言フガ如シ、故ニ之レヲ名トス」と見える。古くは、キリギリスといえば今のコオロギを指していうこともあった。百人一首にある「きりぎりす鳴くや霜夜のさむしろに衣かたしきひとりかも寝む」の歌は、ツヅレサセコオロギだとする説がある。⇩機織虫《はたおりむし》

金魚　きんぎょ

○キンギョが浮けば雨になる（長野・愛知）。池のキンギョが、跳ねると雨が近い（秋田県山本郡）、暴れると雨が降る（岩手県東磐井郡）、という。

○大阪府三島郡で、地震の起きるのは、地中に大きなキンギョがいて動くからだといい、大阪付近はキンギョの尾にあたるからよく揺れ、東京の方は頭にあたるので大きな地震が揺る、という。

○民間療法。キンギョの黒焼きは、結核に効く（岐阜・奈良）、肺炎によい（茨城・岐阜・岡山）、熱冷ましになる（長野）、百日咳によい（群馬県邑楽《おうら》郡）、飯粒で練って舌に貼るとじんましん・肺炎に効く（岐阜県揖斐郡）。キンギョを丸呑みすると肺炎の解熱に妙効あり（青森・香川）。熱冷ましには目玉を呑む（茨城）、心臓を煎用する（広島）。心臓の悪い人は生血を飲むとよい（岡山県高梁《たかはし》市）。乳腫れにはキンギョを割いて患部を湿布する（愛知県南設楽郡）。生血は小児のジフテリアによい（岐阜県稲葉郡）。薬師如来の池にキンギョをはなせば

無さすぎる。

眼病が治る（茨城）。『耳嚢』巻之七に「病犬に被喰し奇薬の事」として「金魚をすり潰し、其所へぬれば直に快験なす由。其証は金魚を犬猫も一切不喰也」と見えるが、どうも理由が他愛無さすぎる。

【く】

秧鶏　くいな

○千葉県下では、クイナの黒焼きは婦人血の道の妙薬（千葉市、山武・印旛・夷隅《いすみ》の各郡）、クイナの卵は脚気症の薬（千葉郡）、とする。その反面、女性がクイナの卵を食べるとお産が重い（印旛郡・栃木県那須郡）、クイナを食べると子供が口から生まれる（市川市）、クイナの卵を食べると子供が口から生まれる（君津郡・山武郡）、クイナの卵を食べるとクイナの卵が口から生まれる（市原市・千葉市）、と、これを忌む俗信がある。また、直接食べなくとも、クイナを捕らえると婦女が病む（山武郡）、クイナの卵をとるとお産が重い（千葉市・印旛郡・長生郡）、クイナの子鳥を捕ると難産する（栃木県佐野市）、と捕獲することを忌む。

○福島県下では、田の草取りの頃、クイナが畔近くに巣を作れば不作で、田の真ん中に作れば豊作、という。新潟県佐渡・長野県飯山市でも、同様に、クイナが稲田に巣を作るとそのイネは豊作、と伝える。

○クイナが鳴くとイカがとれる、とは、佐渡の漁師たちがいう。春蚕の頃にクイナの卵が見つかる、とは、新潟県三条市の俚言で、クイナの卵が見つかると吉兆として赤飯を炊いて祝う、という。

臭木の虫　くさぎのむし

○クサギにつく虫のことであろう。民間薬として用いる。子供の疳の虫には、クサギの虫を焼いて食べる（埼玉・愛知・徳島・福岡）、塩焼にしたものを用いる（滋賀）、生のまま呑む（埼玉）。福井県や京都府では、クサギの木の虫はセイグスリといって、子供に飲ませると丈夫になるという。

熊　くま

(1)熊の胆

○クマの胆嚢《たんのう》を乾燥したものはクマノイと呼ばれ、漢方でも健胃剤として珍重されたが、民間薬でも、クマノイは万病に効くとする（青森・秋田・群馬・岐阜・長野・滋賀）。具体的に病名をあげるものでは、心臓発作（北海道）、風邪などの解熱剤（群馬・岐阜・富山）、腹痛の鎮痛剤（北海道・富山・岐阜・長野・福井・滋賀・京都・鳥取・香川・徳島・高知）、胃痛（秋田・福島・埼玉・山梨・新潟・岐阜・長野・静岡・京都・和歌山・鳥取）や胃痙攣（長野・滋賀）、下痢（群馬）、虫下し（埼玉）、などの内服薬の他、打ち身（福島）・切り傷（岐阜・鳥取）・骨接ぎ（福井）、丹毒や眼病・耳病（共に岐阜）、などに水に溶いて外用薬とし、また、強精・強壮剤（三重）としても使用される。クマノイは『本草綱目』にも多くの病症に効があると記され、「気絶卒倒疼痛痙攣等ニハ必ズ熊胆ニ拠ラザレバ治癒セザルモノト盲信」（山形。『飽海郡衛生誌』）され、神様以上に効き目を信じ（新潟）、高貴薬として神聖視されている（岐阜）。とにかく「胆一匁米一俵」「米一俵イ一匁金一匁」（新潟）、といわれるほど高価な薬であり、かつ入手しにくいものなので、危急存亡の時にしか使わなかった（岐阜）、という。

○クマノイは胃病の特効薬ではあるが、これを用いると他の薬は効かなくなる（福島）、これを飲むと麻薬は効かなくなる（新潟）、ともいう。クマの胆は年寄ったクマほど大きいし効能も良く、雌と雄では雄の胆が大きさも効能も優る。特にナラの実のなった年の胆は固くて質も良く、ブナの実の多い年の胆は軟らかい（新潟）という。捕獲の時期については、夏とったクマからはクマノイはとれない（群馬）、胆は二、三月頃に大きくなるのでこの時に狩猟するとよく、夏から秋にかけては小さくて値打ちがない（岐阜）、冬眠からさめて青物を食うと、クマの胆は無くなってしまう（新潟）といわれ、冬の胆を上とする。『日本山海名産図会』に、「其性、其時節、其屠者の手練巧拙も有て一概には論じがたし。加賀に上品とするもの三種、黒様《くろで》・豆粉様《まめこのて》・琥珀様《こはくて》是なり。中にも琥珀様尤とも勝れり。是は夏胆《なつのい》・冬胆《ふゆのい》といひ、取る時節によりて名を異にす。夏の物は皮厚く胆汁少く下品《げぼん》とす。八月以後を冬胆とす。是、皮薄く胆汁満てり。上品《じょうぼん》とす。されども琥珀様は夏胆なれども冬の胆に勝る。黄赤色にて透明《すきとお》り、黒様はさにあらず、黒色光あるは是世に多し」とある。

○クマの膏薬とは、ひび・あかぎれに用いる膏薬で、クマの脂肪から造る。民間療法でも、クマの油はひび・あかぎれに塗り（北海道・福島・新潟・岐阜・長野・滋賀・香川・高知）、また、血止め（石川）、傷口（富山・高知）、火傷（北海道・山形・群馬・山梨・富山・石川。山梨では白粉に混ぜて塗る）・吹き出物（北海道）・痔（長野）、などの他、破傷風や風邪の薬としても用いる（高知）。胆・脂の他にも、クマの各部は民間療法に広く利用される。クマのキモ（肝臓）は、乾燥して粉末にし、心臓（秋田・富山）・肝臓（秋田）は結核の薬として飲む。陰干ししたものを煎じて、腹痛・風邪の解熱や夜尿症（富山）、また、胃腸病（埼玉・香川）や虫下し（埼玉）の妙薬とする。クマのキモを飲むと子供が早く生まれる（富山）、ともいう。

○新潟では、クマの手を茹でると指の一節一節がはなれるが、この皮や肉などは子供の虫抑えの薬であり、また、痲疹《はしか》は、クマの手でなでると軽くすむ、といい、山形では、クマの肉は夜尿症の特効薬、という。サヨ（舌）は乾燥させ粉末にして、解熱剤や傷薬にする（秋田）。クマの頭は、皮を剝いだ生のものを粘土で包み、米糠の中で蒸焼きにしたものは脳病の特効薬（秋田）。クマの頭を茹でてその脳を食べると頭の病に効く（新潟）、クマの頭を焼いて粉にしたものは下痢・頭痛に効く（青森）、クマのこうべ焼き（クマの頭に擂鉢をかぶせ、その上に薪を置いて真っ黒に焼いたもの）を粉にして飲むと頭痛が治る（鳥取）。クマの脳を生か、或いは煮て食べると頭痛によい（北海道）。

○滋賀では、クマの骨でも殊に頭蓋骨の黒焼きは万病の薬、という。クマの頭蓋骨をすって小麦粉と酢を混ぜて貼ると骨接ぎの特効薬（福島）、骨をすって酢か酒で練り合わせたのは、打撲傷の薬であり、焼いて粉末にしたものは血圧・頭痛・虚弱児の薬となる（秋田）。大骨を削ったものはリュウマチ・切り傷・神経痛に効き、大骨以外の骨でも切り傷・神経痛に効く（新潟）、などの療法が伝わる。クマの腸は、味噌煮や味噌汁にして、下痢・便秘・婦人病・腰痛の薬として用いる（鳥取）。雄のクマの生殖器を乾燥させたものを煎じて飲むと淋病に効く（秋田・新潟）。クマの血を器に入れて陰干しにしたもの（青森）、握り飯にしみこませたり腸詰めにして乾燥させた粉末としたもの（秋田）や生血を、血の病・心臓病（共に青森）・貧血（秋田・新潟・鳥取）・頭痛（秋田・新潟）、などの各症状に飲み、また、疲労回復・強壮剤として用い（秋田）、切り傷に塗る（鳥取）。

熊《くま》

⑵熊の腹帯、熊野信仰、熊荒れ、天候判断

○クマの腸を干したものを煎じて飲むと安産する（北海道・秋田・岐阜では小腸を用いる）、といわれたが、直接飲まなくとも、クマの腸を安産の呪具とする俗信がある。即ち、クマの干したヒャクヒロ（腸）を腹に巻くと安産する（山形・石川）、腸を岩田帯に入れておくとお産が軽い（秋田・新潟・鳥取・高知）、出産の時にクマのヒャクヒロを抱いていると安産できる（福島）、などで、これをクマの腹帯と呼ぶ。腸以外の内臓を腹帯とすることもあり、クマの膵臓を乾燥させて腹に巻くと安産する（群馬）ともいう。雌グマの腎臓の近くにある赤黒い帯状のものをタチと呼ぶが、これを干して妊婦の腰に巻くと産が軽くてすむからと珍重した。ただし雄グマのものは使用しない（新潟）。クマの腹の内側に、雌は幅三、四寸、雄はその半分ほどの、クジラの鬚に似た帯のようなものがあるが、これをクマの腹帯として安産のまじないとする（長野）、という。また、青森では、お産の後が痛まないようにと、クマの腸の干物を産婦の腰にあてる。

○クマの皮を身につけておく（岩手）、クマの毛皮を腹帯に縫い込んでおく（山形）、クマの皮で腹帯をする（島根・山口）、と安産するとされ、また出産時には、クマの手で産婦の腹をなでる（福島・岐阜。秋田でも同様であるが、クマの左手に限定）、産婦の腹をクマの皮でなでる（群馬）、クマの掌を産婦の枕の上に吊しておく、または産室に入れておく（石川）と、お産が軽くてすむ、といった。

○このように、クマを安産の呪具とする理由として、クマは産の軽い動物だからその腸を腹帯にすると産が軽い（山形県東田川郡）、クマは産が軽いのでクマの皮を身につけておくと安産する（岩手県岩手郡・気仙郡・島根）、クマは臨月でなくとも人の声を聞きつけるとすぐ産をするものだから（長野県上伊那郡）、などの伝承がある。

○秋田県北秋田郡では、クマの肉を食べるとお産が軽い、と妊産婦にこれを薦めるが、逆に、群馬県利根郡では、妊婦がクマの肉を食べると黒痣のある子を生む、といって嫌う。新潟県栃尾市〈長岡市〉でも、クマの肉を食べると九万日の穢れといっ親子何代もけがれる、として肉を食べることを忌む。また、宮城県白石市では、お産の時にクマの手をなでると楽にもつ（安産）、クマの頭の下を三回くぐるとお産が楽にもつ、という。鳥取県八頭郡では、山からとってきたクマをまたぐとお産が軽い、と、クマをなでたり。くぐったり、またいだりする。しかし、滋賀県伊香郡では、妊娠中に身辺の者がクマを殺したりすると体の不自由な子供が生まれる、と、クマの捕獲を厳重に禁ずる。

○クマ狩りに出発の際、新潟県新発田市では、出がけに坊主に会うとクマがとれる、朝出がけにゾヨ（蛇）を見るとクマがとれる、特にマムシを見るのはよい、と、坊主やヘビに会うことを喜ぶ。新潟県中魚沼郡では、出発の時に葬式は見ても苦にならないが、結婚式は招待された人を見ても悪く、見るとクマを追ってもとれない、といって忌む。山形県東田川郡・西田川郡でも、やはり、結婚早々の者や結婚式に連なった者は猟に加わるのを三日間遠慮した、といい、結婚式の料理を口にした者が仲間に入るとクマは容易に命《メイ》を落とさず、襲いかかってくることがある（東田川郡）、といった。

○クマを追っている時は他の動物を見ても鉄砲を向けない。鉄砲の音でクマが逃げるから（山形県東田川郡）、獲物に目がくらんでクマ以外のものを追うとまったく猟ができなくなってしまうから（山形県西田川郡）、というのがその理由である。

○山小屋では、鍋の鉉《つる》越しに御飯を盛るとクマが背屋根にまわる（新潟）。朝に「クマ」という言葉を口にすると猟がない（宮城）、とこれらの所作や言葉を忌む。

○猟師がクマを撃つと出世の始まり、また、出世の峠（愛知）、といった。

○とってはならぬクマがある。青森では、穴グマは人を助けるから捕らえるものではない、秋田では、コブグマ（後足にコブのあるクマ）はめったに発見できないが、撃ってもとることはできないし、またとってはいけないとされた。新潟では、ツマジロ・サンゴジシ・寒中のクマ・ナガレジジシ・カワナガレジジシをとることを忌む。ツマシロは爪が白いクマで、特別のクマとされている。サンゴジシは妊娠中のクマである。クマは冬籠りの寒のうちに子を産むから、小寒から大寒の間はクマをとらないようにする、という。ナガレジジシは雪崩に打たれ、谷に押し出されて流れて来るクマ、カワナガレジジシは川を流れて来たクマで、死んではいるが、これを見つけても、拾ってはいけないことになっていた。ツマジロやサンゴジシを間違って撃ってしまった時や、ナガレジジシ・カワナガレジジシを拾う時、また、それらのクマを食べる時は、山の神の許しを得るための呪文・呪術が伝承されていた。

○六日町大字山谷《やまや》〈新潟県南魚沼市〉では熊野神社があるのでクマに関するものは一切忌む。この他にも、熊野神社を信仰する地域では、クマの捕獲や食肉を忌む伝承がある。クマは熊野様の使いだからとってはならないし、居る所を教えてもならない（宮城）、熊野の氏子はクマをとってはいけない（群馬・新潟）、熊野神社の氏子はクマを食べない（秋田・新潟）、などがそれである。クマが一匹とれるごとに熊野権現社の屋根のよしが一本ずつ少なくなるという。それはクマは山神のものであるということの名残であろう（新潟県新発田市）。

○クマの捕獲を占う夢占がある。留守居の者が老人の夢を見ると家人がクマをとって帰る、他人から着物をもらった夢を見るとクマがとれる、珍しい魚を捕らえた夢や人を掘り出す夢を見るとクマに恵まれる（以上、北海道）、ゾヨ（蛇）やオビキ（馬）の夢を見るとクマがとれる（新潟）。逆に、山で女の夢を見るとクマにあっても一匹もとれない、青大将の夢を見るとクマに出合わない（共に北海道）、と、これを凶夢とする。

○くまがとれるとその後先は天候が荒れるが、これをクマアレという（岩手・新潟）。クマアレの俗信は広くいわれており、クマをとると三日間荒れる（山形）、冬にクマをとるとクマアレといって猛吹雪が二、三日中に起こる（宮城）、クマをとると山の神が怒って天気が荒れる（群馬）、クマをとると荒れるがこれをクマドリアレともいう（富山）、クマをとると暴風雨になる、クマの善光寺参りといってクマは善光寺へ参るものだが、善光寺へ参ったクマをとると霰が降る（共に石川）、クマを生捕りにすると日和が悪くなる（兵庫）、クマを殺せば必ず近日中に大雨（鳥取）、などといい、岐阜でも、冬にクマをとると近いうちに大雪になる、また、大吹雪になる、と伝え、猟人が山に入るのを村の女性たちは悲しんだものだという。『北越雪譜』に、山家の人の話に、「熊を殺すこと二三疋、或ひは年歴たる熊一疋を殺すも、其山かならず荒る事あり、山家の人これを熊荒といふ、このゆゑに山村の農夫は、需めて熊を捕事なしといへり、熊に霊ありし事、古書にも見えたり」とあり、クマの霊のなせる業とする。○これらに対し、春、熊狩りの頃、ダシ（東南風）などが吹いて雨が降りそうになると、クマがとれたなあと山を仰ぐ習わしであり、この頃の荒れをクマアレ・クマノアトガクシ・サンジラカグシ・などと呼び、また、山が荒れるような前日あたりは奇妙にクマがとれるといった（新潟県新発田市）。また春の彼岸の頃の雨をクマアレと呼び、クマの穴に水がたまって穴の中にいられなくなったクマが出て来る（新潟県北魚沼郡）。石川県河北郡では、春の彼岸に霰の降るのをクマアレと呼ぶ。長野県安曇郡では、冬吹雪の暴風あればクマがとれる、という。○クマの生態について、次のような俗信・俚言が伝えられている。クマのイチゴ放し（青森）とは、子を産んでから二年目のイチゴの熟する頃、母グマはその子をそこに連れて食べに行き、子グマが夢中になって食べている隙に置き去りにして子別れをするという意である。クリの実の落ちる頃にクマが出て来る（岩手）とは、ちょうどその頃、冬眠前のクマが餌を求めて人目につくことが多くなることからいわれたものという。クマがホン（朴）の木の実を食い始めると、やがて洞穴にはいって冬籠りする（秋田）、クマがミガキの実を食ったら必ず冬籠りする（福島）などというのは、冬眠前の習性をとらえたもの。バッケ花が咲くとクマが出る（新潟）とは、フキノトウが出る頃にクマが冬眠から覚める、の意。雌グマ一頭雄グマ千頭（秋田）とは、雌のクマが一匹山に現れると必ず雄のクマ五、六匹はその近くにいる、というたとえである。クマは人の近寄る音を聞くと受胎後二、三か月でも流産する、とは岐阜県大野郡でいう。

○クマが山を出て人里に近づく時は大雪になる（秋田・山形・広島・島根・山口）、秋早くクマの騒ぐときは雪が早く降る（新潟）、穴グマが柴をかき出していると天気が良い（大分）、などの天候占いがある。

○クマの肉と海苔は中毒する（秋田）、カズノコとクマの胃は食合せする（大阪）、山形では、クマの肉を煮る時は家の台所で煮ることを嫌い、外で煮て鍋からホオの葉に盛って食べる。

○以上の他、次のような俗信がある。クマの夢を見ると良いことがある、タカが飛んでいる山にはクマがいる（共に秋田）。クマを撃つと縁起が良くないと猟師はいやがった（長野）。クマは時々ケダマというものを生む。これは毛のかたまりであるが、拾うと運が良く、また薬にもなる（奈良県吉野郡）。クマに引っかかれて治癒すれば一生病気はしない（和歌山）。

蜘蛛《くも》

(1) 朝蜘蛛、夕蜘蛛、昼蜘蛛

○家の中にクモが下がると、客が来る（岩手・宮城・千葉・三重・岡山・広島・福岡・熊本等）、お客が土産を持たないで来る。軒下に下がると客人が来る（千葉上総地方）。広間へ下がれば乞食、座敷に下がればお客が来る（広島）。たて座（囲炉裏端の客座）に下がると客が来る、鍋座（女房座）に下がると女が来る（兵庫県養父郡）。クモが巣を作ると客が来る（新潟）。天井から巣が落ちてくると思わぬ客がくる（秋田県平鹿郡）。いずれもクモの動作から人の訪れを占うもので古くから知られているが、とりわけ次に記す朝グモについていう場合が多い。

○朝グモが下がれば、客が来る（岩手・茨城・栃木・千葉・岐阜・神奈川・山梨・愛知・奈良・和歌山・島根・広島・山口・香川・高知・福岡等）、逢いたい人が来る（埼玉県大宮市〈さいたま市〉）。朝クモが天井から下りると、来客の前兆（千葉県房総一帯）、その火の訪問客が多い（岡山）。朝クモが来ればその日一日客が多い（宮城）。朝クモに合うと待ち人が来る（群馬・富山・愛知・山口）。朝八時前に来たクモはお客で、大事にせねばならない（千葉県長生郡）。クモが朝、座敷に入ってくるとその日に客人がある（茨城県新治郡）。朝の十時前にクモが家に入ってくると誰か良い物を持って来る（石川県江沼郡）。『日本書紀』の允恭天皇八年二月には、衣通郎姫《そとおりのいらつめ》が天皇をしのんで「我が夫子《せこ》が来べき夕《よひ》なりささがねの蜘蛛の行ひ是夕《こよひ》著《しる》しも」と詠んでいる。同様の歌は『古今和歌集』にも見え、下って江戸時代の『秉穂録』には「下り蜘蛛あれば人の来る徴とすること和漢同様」と記されている。クモが下りてきて着物につくのは待ち人の来る前兆だとする俗信は中国にもあるという。

○朝のクモを吉兆とする例は枚挙にいとまがない。朝のクモはよいことがある（岩手・山形・宮城・福島・栃木・群馬・埼玉・千葉・神奈川・山梨・新潟・富山・長崎・岐阜・静岡・奈良・大阪・滋賀・三重・和歌山・山口・高知・

佐賀・長崎・宮崎等）、もらい物がある（滋賀）。朝クモが下がると、よいことがある（茨城・埼玉・三重・兵庫・鳥取・岡山・広島・山口・福岡・佐賀等）、めでたいことがある（富山県氷《ひ》見《み》市）。朝クモが巣を張るとよい（高知県長岡郡）。朝クモが這ってくるのは吉兆（岩手県一関市）、床の上を這っていればその日はよい事が起こる（山梨県都留市）。朝グモは親に似ているので吉（奈良）。

○朝のクモは、縁起がよい（青森・宮城・栃木・群馬・茨城・千葉・東京・神奈川・新潟・石川・富山・福井・長野・岐阜・愛知・滋賀・奈良・和歌山・兵庫・鳥取・島根・広島・香川・愛媛・高知・福岡・大分・鹿児島等）、朝グモが前方に下がって来た時は縁起がよい（群馬・埼玉・富山・兵庫）。朝起きた時クモが眼の前に下がってくると縁起がよい（佐賀県武雄市）。青グモが垂れるとゲンが良い（奈良県山辺郡）。朝のクモを、懐に入れると縁起がよい（新潟・滋賀・奈良・香川）。紙に包んで持っていると縁起がよい（愛知県北設楽郡）。朝のクモはゲンが良いので、白紙に包んで水引を掛け、懐に入れる（京都府北桑田郡）。朝のクモはお茶づかい（めでたいことの知らせ）に来たので縁起がよい（山形）。クモの下がりや巣作りを古くより吉兆として注意していたことは、長門本『平家物語』に「入道が家には蜘蛛だにもさがりぬれば昔より必ず悦を仕候、今朝の道に小蜘蛛の落かかり候つるに云々」とある一文からも知ることができる。

○朝のクモを福神として懐に入れたり神仏に供える地方も多い。朝、目の前にクモが下がるとその日よいことがあるので桝の中に入れて、神棚に飾る（福島・群馬・兵庫・山口）。朝グモは縁起がよいから、神棚に上げる（千葉県長生郡）。紙に包んで神棚に上げる（秋田県角館地方）。朝のクモはヨルコブといって瑞兆。郷ノ浦では神棚に上げる（長崎県壱岐郡）。「朝クモ千両」といって紙に包み仏壇に供える（宮城県刈田郡）。朝グモはよい、えびす様にしんぜる（群馬県利根郡）。桝・懐中に入れてから恵比須に供える（新潟県佐渡郡）。朝グモを簞笥の中へ入れておくとよいことがある（石川県七尾市）。朝食の時に下がってきたクモを懐や袂《たもと》に入れておくとよい（鳥取県八頭郡）。四つ前に下りてきたクモを右の袖に入れるとよいことがある（愛知）、財布に入れる（宮城・長野）。

○朝のクモは福の神という俗信。朝のクモは、福の神（群馬・岐阜・愛知・島根・高知）、福が来る（山形・埼玉・愛知・和歌山・島根・愛媛・高知）、懐に入れておくと福が来る（富山・福井・奈良）、天井から吊り下がったのを見ると福がある（兵庫県多可郡）。朝のクモは福グモ（長野・福井・徳島）、囲炉裏の自在鉤から下りてくるクモは福グモ（高知県幡多郡）。朝グモは福虫（滋賀県高島郡）。

○朝グモは金が入るという俗信。朝クモは、金が入る（山梨・新潟・福井・岐阜・愛知・広島・高知）、金クモだから懐へ入れろ（新潟）、懐へ入れるとお金が入る（新潟・静岡）、宝クモだから金が入る（岩手県陸前高田市）、朝グモは、金になる（新潟県佐渡郡）。金神だから財布に入れる（福島県大沼郡）。朝、家の中にクモが下りると金が入る（栃木・群馬・奈良・愛媛）。クモが朝下がると金グモといい、十時過ぎに下がるとお客グモという（群馬県北群馬郡）。朝早く下がると金が入る、クモは小さいほどよい（同県利根郡）。朝クモが懐に入るとお金がたまる（栃木県芳賀郡）。朝のクモを捕って蓋をし「クモよクモよ、お金持って来い」と言うと自然にお金がたまる（群馬県利根郡）。朝クモを見た時「金になれなれ」と言うと、その日金が入る（新潟県新津市）。

○クモが手を握って下りてくると、よい事がある（愛知・愛媛・大分）、御馳走が来る（広島）、土産をもらう（愛知・高知）、損をする（愛知）、良い客が来る（山梨）。朝クモが手を握って下がるとお土産を持ってくる（愛知県北設楽・南設楽郡）。手を開いていると、何かもらいに来る（同県西加茂郡）。朝の抱きクモは吉兆、物を持って来る（岡山県勝田郡）。朝クモは握っておれという。手足を握っているのはその日よいことがある（同県川上郡）。高知県幡多郡では、朝のクモが足を包むようにして下りてくると土産を持った客が訪れ、足を広げて下りると土産を持たない客が来るという。クモが足を広げて下りてくると、金が儲かる（群馬・愛知）、悪いことがある（愛知県丹羽郡）、岡山県勝田郡では、朝、脚を広げて垂れるクモは凶兆、家の物を捕りに来るといい、広島でも、手を広げておれば借金取りが来る、握っていれば近所からもらい物をするという。愛知県南設楽郡鳳来町では、朝、クモが足を伸ばしていれば吉、閉じていれば凶と伝えている。つまり、手（肢）を広げていれば吉兆とする所が多いが、これを凶とする所もあるのである。

○朝グモの殺生を忌む俗信。朝のクモは殺してはいけない（秋田・宮城・千葉・長野・和歌山・三重・愛媛・徳島・福岡等）、朝のクモは、鬼に似ていても殺すな（愛知・和歌山・山口・愛媛）、仇と思っても殺すな（山梨・愛知・山口・香川・高知）、親の仇に似ていても殺すな（鹿児島県串木野市〈いちき串木野市〉）。ヘビに似ていても殺すな（高知県幡多郡）、縁起がよいから殺すな（千葉県館山市）、金持ちグモだから殺すな（福島県耶麻郡）。朝クモを殺すと、罰が当たる（山口県大島郡）、人が死ぬ（岐阜県恵那郡）。

○朝グモを殺すことを忌む俗信の多い中で、高知県長岡郡本山町では、朝グモ・夕グモは鬼グモ、親に似ていても殺せといい、神奈川県平塚市でも十時前のクモは親と思っても殺せ、という。

○朝グモに関するその他の俗信。朝クモは御馳走の使い（秋田）。家に下がってきた時、それを「ほんげ、ほんげ」と言って、元の巣に戻った時は運がよい（鹿児島）。朝、クモのかかっているのを夢に見ると、良いことがある（富山県氷見市）。朝グモが下りると火事が起きる（京都府）。朝グモは催促グモ、借金取りが来る前兆（山形県西置賜《にしおきたま》郡飯豊《いいで》町）。栃木県上都賀郡では、朝グモは泥棒の入る前兆というが、一般的には夜グモについていうことが多い。

○夜、クモが出ると泥棒が入る（山形・宮城・福島・栃木・群馬・茨城・千葉・山梨・富山・福井・岐阜・愛媛・鹿児島）、盗賊が来る（岐阜県稲葉郡）。晩、クモが下がると泥棒が入る（茨城・栃木・富山・岐阜・愛知）。夜のクモは泥棒の先づかい（秋田・山形・群馬・新潟・福井・愛知）。秋田県仙北郡では、夜グモは強盗の先立といって紙に包んで神棚に上げておき、朝逃がすという。夜のクモは、泥棒（秋田・山形・新潟・岐阜・静岡・滋賀）、泥棒グモ（岩手・宮城・福島・群馬・埼玉・千葉・新潟・長野・愛知等）、泥棒の化身（福島県大沼郡）、夜盗の魁（栃木）などという。夕方天井から下がると盗難に遭う（千葉県房総一帯）。夜十時過ぎに天井から下りると盗難に遭う（愛知）。晩グモが入ってくると盗難がある（山形・愛知）。夜のクモは石川五右衛門がやってくる（岐阜県吉城郡）。朝のクモを客の訪れの前兆として喜ぶのに対し、夜のクモは泥棒が入ると嫌う伝承が多い。夜グモを凶兆とするのは外観の奇怪さとともに夜、出現する神を畏怖する心が恐怖に変化したため（『日本昔話事典』）ともいわれる。また、糸にぶらさがって降りてくる姿から盗人の忍び込みを連想したものであろうか。『隠語緝覧』に、クモは盗人仲間では盗賊を意味する隠語だと見える。

○夜、クモが下りてくると客が来る（岩手県一関市・陸前高田市）。夜、室内にコブ（クモ）が下がると客が来る（熊本県玉名郡）、家に入れば翌日客が来る（秋田・奈良）。夜、クモが巣を張ると訪れ人がある（鹿児島）。来客予知は朝グモについていうことが多いが、夜グモ来客の場合はおもに、東北と九州に残っている。もともとは、クモの動作から人の来訪を占ったので、朝グモ夜グモの対照させる伝承はのちの変化と考えられる。
○夜来るクモは、「あした来い」と言って外に出してやるとよい（秋田・奈良）、「よくも来た」と言って追い出す（新潟・群馬）、「夜グモよう来たおととい来い」と言って追い出す（新潟）。晩に下がってくるクモには「おととい来い」と三度言う（和歌山）。
○夜のクモは、殺せ（秋田・宮城・栃木・千葉・山梨・三重・兵庫・福岡等）、どこまで追いかけても殺さねばならぬ（奈良県吉野郡）。夜のクモは、親に似ていても殺せ（茨城・千葉・東京・神奈川・山梨・新潟・富山・石川・福井・岐阜・長野・愛知・京都・滋賀・奈良・和歌山・三重・兵庫・岡山・広島・山口・徳島・愛媛・香川・高知・福岡・長崎・佐賀・大分・宮崎・鹿児島等）、親の日でも殺せ（佐賀県小城郡・愛媛県北宇和郡）、親でも殺せ（富山・福井）、母に似ていても殺せ（和歌山県西牟婁郡）、親の仇だから殺せ（広島・山口）、親の命を取るから殺さねばならない（岡山・愛媛・香川・長崎）、悪魔だから殺す（千葉県長生郡）、貧乏虫だといって殺す（滋賀県高島郡）、貧乏するから殺す（埼玉）、縁起が悪いから殺す（山形・福島・群馬・千葉）、「おとつい来い」と言ってひねり殺す（岡山県勝田郡）。
○夕方から夜にかけてクモの現れるのは不吉な前兆、泥棒グモだといって必ず殺す（福島県安達郡）。夜に室の中へ入った場合は泥棒グモといって殺す（栃木県宇都宮市）。夜のクモは殺さないと悪いことが起きる（静岡県磐田郡）。奈良県吉野郡では、庭のクモは縁起が悪いから見つけ次第殺せという。夜グモは殺せという俗信の由来は、「喰わず女房」の昔話の結末と結びついて語られることが多い。男が、飯を食わぬという女を嫁にもらうが、実は夫に隠れて大飯を食う。この女の正体がクモであったと説く話は西日本に広く分布している。
○夜グモが出たら、尻を焼け（岐阜・愛知・三重）、ゲンが悪い、必ず焼け（奈良）。クモは「尻やけ尻やけ」と言うと逃げる（愛知）。隠岐では、テナガグモが夜出るのを嫌って、もし出て来ると大騒ぎをして殺し、必ず火にくべる。その時「おとちこ、せいちこ」と言って焼くものだという。「喰わず女房」譚でも、最後に囲炉裏の自在鉤から下りてきたらクモを火の中に入れて殺す話し方が多い。
○夜のクモは、縁起が悪い（青森・宮城・神奈川・山形・新潟・石川・富山・福井・長野・岐阜・滋賀・奈良・兵庫・岡山・島根・香川・愛媛・高知・長崎・大分・宮崎等）。夜のクモが家の中を歩くと縁起が悪い（青森・茨城・長野・大分）。夜の下がりグモは縁起が悪い（島根・鳥取）、アオグモが垂れるとゲンが悪い。
○夜グモが出ると、不吉（富山・石川・岐阜・三重・和歌山・兵庫・島根・岡山・広島・高知・佐賀・鹿児島等）、災いが起こる（福井県鯖江市）。夜のクモは、忌む（大阪府枚方市《ひらかた》）、ヌスットグモといって凶兆（群馬県利根郡）、鬼に似ているから凶（奈良）。夜、クモの巣が落ちるとよいことはない（富山県氷見市）。夜、クモが下りると悪いことがある（埼玉・岐阜・島根）。夜、クモが這ってくると不吉の兆（岩手県一関市）。
○熊本県八代郡では、夜分クモが出ると紙に包んで神棚に供えておけば慶び事があるという。コブ（クモの方言）の音がヨルコブ（喜ぶ）に通ずるからである。同じことは、同県玉名郡や鹿児島県串木野市〈いちき串木野市〉でも、よいことがあるから殺してはならぬといい、長崎県や佐賀県でも、夜グモは喜ぶで縁起がよいという。山形県新庄市で、夜グモは「よく来た」と言って紙に入れ神棚に上げる。宮城県白石市や長野県更級・埴科郡では夜グモを「よくも来た」と言って喜び、秋田県では、夜クモは「能クモ」で紙に包んで神棚に上げておくと翌日何かもらい物をするという。
○夜グモを吉とするその他の俗信。夜グモは金が入る（栃木県上都賀郡）。晩にクモを捕らえて袋に入れておくと宝をくれる（岡山）。夜グモを捕らえて白紙に包んで大黒様に上げておくと朝には金になっている（山形県西村山郡）。夜宵グモは懐中に入れる（長野県南安曇郡）。夜グモも茶碗をかぶせれば次の日もらい物がある（長野県飯山市）。
○昼グモの俗信は少ないが、長野県南安曇郡で、宵グモは懐中に入れるが昼グモは退けるといい、埼玉県の郡部では、朝グモは福があるから懐に入れ、昼グモは貧乏するから殺す、夜グモは食グモであるから殺すという。昼からのクモはゲンが悪い（和歌山・鹿児島）。晩のクモは乞食（長野）ともいう。
○愛知県北設楽・南設楽郡では昼グモを吉として昼グモが下がると来客があるという。昼のクモはよい知らせ（沖縄県八重山郡）、昼時分の前にクモが降りるとよい事がある（岐阜県吉城郡）、ともいい、青森県三戸郡では、昼グモはお客様、夜のクモは盗人という。右の如く、朝グモ・昼グモ・夜グモのいずれについても、吉とする所と凶とする所とがある。一般的には、朝グモは喜ばれ、夜グモを嫌うという型が多数派のようであるが、ここで注意されるのは、「親に似ていても殺せ」という表現であろう。これを単なる修辞的表現と見る見方もあろうが、クモが霊魂の化現である故に、親にも似る場合がありうるのであり、この言葉はわれわれ祖先の古風な心情が断片化して残ったものかも知れず興味がある。

蜘蛛《くも》

(2)蜘蛛の巣と晴雨、民俗療法、その他

○クモが巣を張ると、晴れになる（岩手・群馬・埼玉・富山・愛知・鹿児島等）、雨が降らない、ジグモが巣を張れば天気になる（長野県北安曇郡）。朝、クモが巣を張ると晴れ（群馬・茨城・岐阜・愛媛・熊本等）。クモが夕方巣を張れば翌日は好天（秋田・宮城・山形・長野・岐阜・広島等）。夕方軒下に張ると翌日晴天（山形県最上郡）。夕方高く張る時は晴れ（石川県珠洲郡）。クモが下りてきた時、さわってみてすうっと上に上ると天気がよい（新潟県長岡市）。クモは日中よりも夕刻の、やや湿度の高くなった時に巣を張る。夜間、風雨が強かったりすれば、巣は張らない。高気圧の中に入り、快晴な日には朝クモの巣の目立つことが多い。（『新説ことわざ辞典』）という。この俗信にはある程度の科学的な根拠があるようでクモが天候に関して敏感だとする伝承は他にも多い。クモが戸外に巣を張るのは天気の兆（秋田・山形・愛知）。雨中に巣を張れば晴天となる（宮城・山形・和歌山）。クモが巣を横に張れば天気（宮城・山形）。イネの葉にクモの巣が横にかかれば晴れ（山形県最上郡）。ジグモが平らに巣をかけると天気になる（群馬県吾妻郡）。クモの巣に朝露が多いと晴天（青森・山形・群馬・熊本）。巣に白く露がかかった時は必ず晴れ（採集地不明）。早朝、巣が白く見える時は晴れ（山形県山形市）、クモがはっきり見えると天気（群馬県北群馬郡）。藪道の路上に巣を張れば翌日晴天（山形県東田川郡）。ランの木へ巣をかける時は天気が続く（長野県下伊那郡）。小川に巣を張ると天気がよくなる（静岡県御殿場市）。クモが網を粗く編むと晴れ（山形県東田川郡）。クモの巣の多い朝は霧（または曇り）があがる（千葉県印旛郡）。春から夏にかけてタナクモの巣が多くかかる時は天気が続く（長野県下伊那郡）。

○クモが巣を張ると雨天になる（新潟・千葉）。夕方、縦に巣を作り替える時は雨（山形・広島）。巣を大きくかけたり、低くかけた時は雨（熊本）。軒下に巣をかける時は雨が降る（山梨県北都留郡）。細かくしっかりした網を張ると雨が近い（愛知）。クモが小さくても丈夫な網を張ると雨が降る（群馬県利根郡）。巣を多くつくるとその日は驟雨がある（岐阜）。クモが西へ走れば必ず雨（奈良県宇陀郡）。夜のクモは雨が降る（山梨県都留市）。巣を低く張る時は雨（石川県珠洲郡）。巣を垂直に張ると雨（宮城・山形）。イネの葉に縦に巣をかければ雨（山形県最上郡）。朝がけにクモが巣を張った日は天気が悪い（青森県三戸郡）。巣を上にかけると洪水が起こる（宮城）。

○クモが、巣を低くつくれば台風が多い（鹿児島・沖縄）。軒下に網を張ると大風が吹く（群馬県多野郡）。ジョロウグモが低く巣を張ると大風がある（山口）。クモが高いところに巣をつくる時は台風はないといい、低くつくる時は台風がある（群馬県北群馬郡）。クモが巣をつくり直せば大風が来る（鳥取県東伯郡）。丈夫な巣を張ると嵐が来る（富山・愛知）。丈夫な糸に張り替えると大風になる（富山県東礪波郡）。クモが巣の端へ行くと驟風が吹く（愛知県南設楽郡）。クモが下がれば風が吹く（長野県北安曇郡）。クモが忙しく這いまわるのは大風の前兆（秋田県北秋田郡）。山にクモの巣の多い時は大風はなく、少ない時は大風がある（茨城県久慈郡）。大風の吹く年はクモが巣をかけぬ（山梨・愛知）。クモは風雨の強い時には巣作りをしない。風の動きを敏感にうけとめることから大風の予知能力を認めたものであろう。『鳩翁道話』に「蜘蛛ハ大風吹ク前ニ巣ヲタタミ狐ハ雨フル前ニ穴ヲ塞グと申し伝えて未然に其禍を用心致します」と見える。千葉で、クモは風が三日なければ世界中を網だらけにする、という。

○民間療法。疣《いぼ》のできた時は、クモの糸を巻いておくと取れる（秋田・茨城・群馬・千葉・石川・福井・岐阜・長野・愛知・滋賀・大阪・和歌山・兵庫・鳥取・山口・愛媛・高知・福岡・長崎・大分・熊本等）、糸を年の数だけ巻きつけておく（長野）、巣にかかった露をつける（群馬県利根郡）。人のいないうちにクモの糸で巻いておくと取れる（富山県氷見郡）。雷鳴の時、人の見ぬ間にクモの巣をからめると取れる（秋田県平鹿郡）。愛知県西加茂郡では、オオグモの糸を巻きつけると取れるといい、その他、ジグモ（埼玉）、ジョロウグモ（福井）、オニグモ（長野）、マンザイグモ（群馬）、ジシングモ（栃木・群馬）の糸は疣取りに効があるという。秋田県雄勝郡・岐阜県高山地方・奈良では、魚の目を治すにクモの糸を巻きつける。各地に伝承される賢淵《かしこぶち》の伝説は水中から現れた一匹のクモが大木を糸で引き倒すという話で、クモは水界の霊と考えられたほか、糸には特別の力があると信じられていた。クモの糸の信仰的な力を疣取りの呪術に用いたものである。

○腫物には、クモをつぶしてつける（福島）、フクログモをつぶして貼る（愛知県南設楽郡）、クモのエヅ（巣）がよい（岩手県稗貫《ひえぬき》郡）、タイコグモの袋を患部にはると吸い出す（大分）、壁などに紙のように張られたクモの巣をはいで貼る（長野）、ハエトリグモと飯粒を練って貼る（大阪）、イエグモの腹を押し出し紙に張って膏薬に代用する（沖縄県国頭《くにがみ》郡）。血止めにはクモの巣を用いる（群馬・新潟）。

○突き目の薬はクモを原料にしてつくる（山形県西村山郡）。ツチグモをゴマ油で揚げて痔につける。生のまま呑むと毒を下し梅毒・淋病に効く（栃木）。女の下の病にはジョロウグモの巣を黒焼きにしたものがよい（茨城）。虫歯の痛みはクモを二、三匹とって飯と練り合わせて痛むところに貼る（山形県新庄市）。魚の目にはクモの糸をからめる（秋田県雄勝郡）。

○クモにかまれた時は、ハッカをつけるとよい（新潟県東蒲原郡）、傷口をウカバ樹皮の煎汁で洗う（沖縄県八重山郡）、サトイモの汁をつける（徳島県那賀郡）。石川県石川郡で、クモに刺された時に十の字を書けばよいという。十は九（苦）を制するまじないで、ハチに刺された時にもいうが、本来は十字の呪力に由来するのであろう。
○ムカデに咬まれた時は、クモをつぶした液を用いる（香川）。
○難産で特に重く、せめて母体だけでも助けてほしい時は、アシダカグモに祈る。まず、大幣の神に祈る。配下神のアシダカグモの女神が産褥に駆けつけ、火の神、産神を助け、前の高脚を神の刀槍、神の熊手として悪魔を曳き出して追放し、戸口の神に手渡して追いやろうとする祈りである（北海道アイヌの伝承）。
○星眼ができた時はクモを紙に包んで川に流す（福島県郡山市）。
○健忘症には七月七日にクモの巣をとり、着物の襟に入れておけば治る（岩手）。
○その他の俗信。妊婦はクモを見てはいけない（高知県幡多郡）。室にクモが巣をかけると病気になる（富山県氷見郡）、室内の巣は見つけ次第取らないと病人が出る（愛知）。イエグモが天井に白い巣をかけたら破らねばならない。家族の喪を受けることがある（沖縄）。淦《あか》の水（船底にたまった水）にクモが死んでいると誰かが死ぬ（愛知）。誤ってクモの巣にひっかかった時には「ガメヨ」と言う。その時一緒に歩いていた人が「うん」と答えれば格別のことはないが、もし「いやだ」と答えれば凶事がある。ガメはクモの巣の方言名である（山形県庄内地方）。クモを殺すと歯がうずく（富山県小矢部市）。クモに指さすといなくなる。クモがいる家には雷が落ちない（鹿児島県国分市〈霧島市〉）。
○イネの葉に多く巣を張る年は豊作（熊本）。

朝、草木に巣をかけると魚がよくとれる（広島県山県《やまがた》郡）。忘れ物をしないためには、七月七日にクモの網を取って着物の襟の中に縫い込んでおけばよい（奈良）。赤いクモが背中を這うと良いことがある（岐阜県大野郡）。

水母《くらげ》

○佐渡で、一尋くらいの大きなクラゲが来ると、アゴ（トビウオ）がとれるといい、東京ではクラゲの多い時は漁がないという。

○民間療法。クラゲ・エイに刺された時には小便をつける（千葉県銚子市）。『御膳本草』に、クラゲは疲れをとり、婦人のこしけ、小児の丹毒や風病を治す、と見える。

栗毛虫《くりけむし》

○ヤママユガ科クスサンの幼虫名。クリの木に多くつき、害を与えるところからの命名。白色の長毛を持つため、シラガタロウ・シナンタロウと呼ばれ、繭の中が見えるため、スカシダワラなどの名もある。秋田県仙北郡で、クリケムシが低く木に産卵するは小雪の前兆、高きは大雪という。同様の俗信はハチなどにもある。

栗の木虫《くりのきむし》

○クリの害虫のどれをさすか明らかでないが、クリの木を食う虫のことであろう。クリノキムシを焙《あぶ》ったものを扁桃腺で喉が痛む時に飲む（岡山）。喘息の時焙って食べる（同県）。肺炎にはクリの木を食うムシを生きたまますりつぶし、盃一杯の酒に混ぜて飲む（福岡）。

○虫歯が痛む時焼いて醤油に漬けたものをつける（同県）。疳の虫にはクリノキムシを焼いて食べる（愛知）。解熱にはクリノキムシをつぶして飲むか、焼いて食べるとよい（広島）。

【け】

鶏卵《けいらん》

(1) 鶏卵禁忌、卵の殻、女と卵

○山形県東置賜《おきたま》郡の一部では、鳥海山の罰が当たるといって鶏卵を食べない。宮城県栗原郡花山村〈栗原市〉にも、ニワトリや卵を食べない家があり、また同村の白鳥大明神を家に祭っている家でも、神様が白い鳥を嫌うので卵を食べない。青森県にも、家の中で四本足の動物とニワトリの卵の類を食べないという例がある。岐阜県吉城郡上宝村〈高山市〉にも、ニワトリを飼わず、卵を食わないという集落がある。ここには金鶏伝説があるが、それと禁忌との関係は明らかでない。滋賀県でも、湖東・湖南に、昔、氏神様に事情があって、以来ニワトリ・卵を食べない村がある。富山県東礪波郡では、昔精進日には鶏肉はもちろん卵も食べなかった。鶏肉や鶏卵を食べるとアレルギー症状を起こす人が都会人にもしばしばあるが、そういう人が出た家では、禁忌として食べぬようになったことが考えられる。いま一つの理由としては、神がうしはく神聖な物だから、常人は口にすべきではないとの考えもあって、その説明としての伝説がこれに伴うようになったと思われる。

○鶏卵に関する禁忌のうちで最も採集例の多いのは、卵の殻をまたいだり踏んだりしてはいけないというものである。またぐも踏むも、所詮は同じ事といえるが、踏む方では特に女と断らない場合は男女別のない場合が多く、またぐ方は女性にほぼ限られているようである。

○卵の殻を踏む（踏みつぶす、のぼるとも）のはいけない（悪い事がある）、という（千葉・愛知・佐賀）。病気になる（秋田・奈良・佐賀）、病気が絶えない（群馬）、長患いする（福岡）、淋病になる（宮城）。女が踏んだりまたぐと、婦人病になる（青森・福島・茨城・神奈川・愛知・奈良・大阪・兵庫・岡山・広島・徳島・佐賀）、不妊になる（長野・和歌山・島根）、産が重い（秋田・福島・栃木・茨城・千葉・愛知・福井・三重・京都・奈良・福岡・佐賀）。双子を生む（愛知・和歌山）、乳が出なくなる（岩手県陸前高田市）、という。

○その他、足が太くなる（和歌山県東牟婁郡）、足に腫物ができる（山口市）、足が大きく腫れる（鹿児島県大島郡）、底まめができる等、踏んだ足に直接罰が当たるとする例もある。また、中気になる（群馬・岐阜・広島）、腎臓が悪くなる（愛知）、というもの、眼がつぶれる（広島県山県郡・鹿児島県国分市（霧島市））、なまずができる（和歌山県東牟婁郡）、などもある。

○山口市で、卵の殻を踏むことを、燠《おき》を踏むのと同じだといっているように、卵は神聖であった。現実に生命が宿っているが、古い信仰では入口も出口もない卵は霊物がこもっている入れ物と考えられた。卵の殻を焼くと、子宮を病む（山口）、病気になる（愛知）、眼を患う（千葉）、ニワトリが病気になる（能登）、卵や獣肉を煮た火を囲炉裏に入れるな（秋田県仙北郡角館地方）といい、また卵の殻に小便すると淋病になる（秋田県雄勝・平鹿郡）、膀胱を患う（宮城県桃生《ものう》郡）、卵の殻を粗末にすると病気が絶えない（群馬県利根郡）、卵の殻は川に投げないと病気になる（秋田県由利郡）、卵を焼いたり煮たりすると、灰地獄に落ちる（広島）、と戒める。福島県相馬地方では、卵の殻は不動様が非常に嫌いなので、火にくべると罰が当たるといっている。

○千葉県東葛飾郡では、卵で髪を洗えば産が重いという。富山県下新川郡で、ニキビやソバカスは卵の殻の甲（表面の意か）で洗えばとれる、群馬県邑楽郡で、痔をとるには卵の殻でこする、などいうのは、洗髪を禁ずるのと一見矛盾するようだが、神聖な容器なるが故の効能と考えたものであろう。

○鶏卵と婦人病・妊娠との関係には下《お》り物の形状への連想も加わっていたことが考えられる。もちろん、踏むことはいうまでもなく、またぐことも、釣竿や砥石をまたぐことと同様な禁忌で、単なる不作法というのみではなかった。
○兵庫県では、安産のまじないに、卵を入れて米一合を炊き、それを誰にも分けずに食べた後、「ニワトリのように安産しますように」と三べん唱える。安産祈願にイヌを対象とするのと同軌である。
○食物としての鶏卵も妊婦には要注意だった。二つ玉の卵を食べると双児を生む（秋田・宮城・岐阜・岡山・大分・宮崎・鹿児島）、鳥肌の子ができる（新潟県栃尾市〈長岡市〉）、目鼻や口のない子が生まれる（宮城・大分）、羽根のある子を生む（岡山県久米郡）、指のフ（間）の切れぬ子を生む（福島）、ともいった。新潟県栃尾市〈長岡市〉では産が重くなるからといって、卵を食べなかった。新潟県上越市では身持ちの時に卵を食べると、生児がシラクモになるという。愛知県では、卵をたくさん食べると鳥目になるという。これは男女通じていうのであろう。
○妊婦が卵を食べると、嬰児に毛が生えない（岡山県阿哲郡・広島・山口）。宮城県でも、毛の薄い子が生まれるという。秋田県鹿角郡で、生卵を多く食べると、頭がはやく禿げるというのは、精分が強すぎるという意味であろうか。沖縄の国頭《くにがみ》郡で、鶏卵を盗んだ者は禿頭の子を産むとか、子孫が絶えてしまうというのは、神聖な物を盗んだ罰であるが、卵だから、禿頭、或いは毛のない嬰児へと思考が連絡するのであろう。
○女が水鳥の卵を食うと産が重いともいう（千葉県千葉郡）。
○岡山・広島県では、アヤカリ日といって、妊婦が特に警戒すべき日があり、妊娠中してはならぬといわれる行為をこの日にすると、胎児に影響が強く現れると信じられている。土地により指定の日や日数が異なるが、妊娠何か月の何日というふうに決まっている。岡山県吉備郡では、二か月目の二日と、五か月目の五日であり、この日に卵を食べると、毛髪の生えぬ児が生まれるという。広島県でも、アヤカリ日に卵を食べると、腹を下すという。

○産後も、卵を食べてはいけない。乳が止まる（広島）といわれた。その理由は、ニワトリは雛を乳で育てないから、というのである。この論理で行けば、哺乳類以外は全部食べられないことになり、哺乳類なら何でも食べてよいことになりかねない。卵を忌む理由は、他にあったのである。

○子の無い女がニワトリの変形卵を食べると、子が出来る（秋田県雄勝郡）。

○妊婦が鶏卵を懐に入れると、鳥目になる（土佐）。

○風呂桶を新調したとき、ニワトリの初卵を入れれば安産する（栃木県安蘇郡）。

○妊娠を促進するための呪法として、卵を多産するニワトリ（またはオシドリ）の卵を脚にのせ、古老に火の神と産神に祈ってもらう（北海道アイヌ）。お供えした卵は割って飲ませるか、その女の胸に打ちつけてこわす。こうして女の体内に卵が宿るようにする（同上）。

○宮城県桃生郡河南町前谷地《まえやち》〈石巻市〉の石神の石の上に、寝小便をする子の歳の数だけ卵をのせると治る。

○卵の夢は、損をする（群馬県多野郡）。卵の夢を見ると風邪をひく（千葉）。

○和歌山県田辺市では、巳年の者が卵を巣に入れないと孵化しないという。主人が巳年の場合、その妻が代りに入れても駄目だといわれる。ヘビは卵を飲むからというのが理由である。

鶏卵　けいらん

(2)食合せ、初卵の効能、民俗療法、まじない

○卵とニンニクを食べると中毒する（岐阜・広島・愛媛・福岡・鹿児島）、卵と干魚を同食すると、子供に痣ができる（秋田県雄勝郡）。柿と卵は腹痛（岐阜・広島）、卵とカボチャ（佐賀）、カニと卵（宮崎）の合食はそれぞれ悪い。

『延寿撮要』に、「鶏卵と魚肉と同食すれば心中に瘕《か》を生ず」とあるが、精が強い食物が重なる点で禁じたものであろう。
○茨城県猿島郡で、卵にキノコは大毒という。群馬では、タマゴ・キナコ・キノコなど、下にコのつく食物を三つ食べると、死ぬという。
○卵とトコロテンも悪い（埼玉）。茨城では、胸痛を発するという。
○若鶏が最初に生んだいわゆる初卵を食べると中風にかからない（福島・新潟・福井・岐阜・愛知・三重・大阪・広島・周防・伊予・筑前・佐賀・熊本）。特に黒鶏の初卵（佐賀）、チャボの初卵（熊本）がよいといい、また初産の血のついている卵がよい（和泉・河内）、ともいう。東京都町田市で、寒のうちに生んだ寒卵を食べるとよいというのも、右の延長であろう。
○初卵を食べると、産が軽いともいう（栃木・群馬・愛知・滋賀・三重・奈良・岡山・広島）。奈良県下では、初卵と正月の鏡餅とは安産の薬という。群馬では、女が初卵を食べると子ができるようになるという。新潟県中頸城郡では、初卵十個を好みの調理法で料理し、それをその女性が一人だけで食べ、他人には汁も分けないなら、その女は必ず妊娠するという。三河でことわざに、初卵は嫁に食わすなというのは、美味だからというのか、妊娠するからという意味か、恐らく前者であろう。その初卵を食べると七十五日長生きする（広島）という例もある。長野県北安曇郡では、ニワトリの初産（卵）を八幡様に上げれば、そのニワトリはまめだという。
○鶏卵の白身は、火傷の薬（富山・長野・岐阜・愛知・香川）。福島ではカンカジ（火傷）には卵の油をつけよという。白身は切り傷にも効く（山梨・愛知）。山梨では、切り落とした指でさえ白身でつながるという。骨折（福井）、打ち傷で腫れた時（滋賀）、いずれも白身を塗布すればよい。白身に他の物を混ぜる方法もある。火傷に、酒を混ぜて塗る（奈良）、植物性の油と練り合わせてつける（石川・広島）、うどん粉・芥子と練る（香川）、白身とカボチャをどろどろにしたのを塗る（沖縄本島）。挫骨には、卵に酢を混ぜ小麦粉と混ぜて練る（鹿児島）。打ち身・くじきに白身と小麦粉を酢で練ったものを塗る（福岡）。打ち身に鶏卵と小麦粉、アワビ貝の粉末を練り合す（静岡）。白身にうどん粉（茨城）、卵とクチナシを酢で練る（愛知）、白身と小麦粉を酒か酢で練る（岡山・大分）。その他、白身を墨で練る方法もある。香川では、切り傷に塩水と松脂を白身か黄身と練る。山形では、踏み抜きに、白身を傷口に入れ焼明礬《やきみようばん》を塗りつける。茨城では、白身を傷に塗れば消毒になるといい、切り傷に卵黄をつければよいともいう。栃木では、白身にニワトコの炭を粉にしたものと小麦粉を合せ、酢で延ばしたものを貼る。

○火傷に、卵の殻の薄皮を貼る（福岡）、富山・愛知県では、傷には白身のほか皮も効くという。栃木県では、頭部の火傷に、卵殻の黒焼きを胡麻油で溶いたものをつけると、毛髪も生えてくるといっている。

○『耳袋』八に、火傷の奇法として、「鶏卵の油を付けるに即効有り。右油のとり様は、玉子二つ程、玉子ふわふわ（かきまわした卵を汁にいれて煮たもの）をこしらへ候通り、焼鍋の内へ入れかきまわし、扨胡麻の油を小茶碗に半分程さして煎り候得ば、少しく色黒く成るを、小《こ》蓋《ぶた》様のものをして押せば油たるるなり。右油を付けて治する事、奇妙なり。右胡麻油をさすは、玉子の気をとる事故、玉子の油といふ由」とある。

○茨城県では、お産に道具（陰部）腫れざる妙薬として、生卵を割って紙か綿の上に塗り、そのまま局部にあてて安静にしていれば、腫れないとある。

○風邪の治療に卵酒をのむことは、全国的である。その効果の主眼は熱を取ること（神奈川・長野）にある。酒は風邪薬といわれたが、それは卵酒をさす。鹿児島県では、酒の代りに焼酎が使用される。ショウガを加える（大阪）のもよい。

○鹿児島県大島郡徳之島では、卵にコショウを混ぜて風邪薬に飲む。長崎県対馬では、卵を熱湯で溶き、これに砂糖を加えた湯卵を咳止めに飲む。

○胸痛に、卵一個と酢五勺をかきまぜ、火で温めて、連用する（奈良）。

○高血圧に、卵を酢につけて飲む（宮城）。卵を米酢一合に入れ、十日ほどしてからこれを飲む（富山）。動脈硬化・中風に、酢卵がよい。酢に卵を入れておくと四十時間で溶けるから、これに砂糖・蜂蜜を入れるのもよい（茨城）。

○心臓病には、卵の黒焼きが効く（宮城）、卵黄を蒸焼きにして油をとり、服用する（岡山・愛媛）。胸のつかえに、卵を飲ます（群馬）。

○黄疸《おうだん》に、卵を黒焼きにし酢を加えてかきまぜ、温めて飲むとよい（岩手・徳島）。

○痔には、卵の油が効く（岡山）。これには黄身を黒焼きにして出る脂をつける（北海道・大阪）、黄身を油で炒る（長野）、黄身を鍋で煎る（岐阜）、卵の油をつける（福井）などの方法がある。

○卵の脂をつくるには、黄身を鍋に入れ、強い火にかけてかきまわしていると、最後に黒くなり、はじめて油が鍋の底に出てくる。これは肺結核（鹿児島）、喘息十二指腸潰瘍（山形）に効く。

○小便の通じない時、白身を生で飲めばたちまち通ずる（富山県東礪波郡）。

○淋巴腺には、卵の黄身に食塩を混ぜて塗る（沖縄）。

○下痢には、卵を青竹に入れ、ほど蒸しにして食う（岩手）物。生卵をラムネで飲む（広島）。

○淋病には、卵にコショウ三分入れて蒸焼きにして用いる（山形）。
○神経性の禿に、卵黄を黒役にしてその時出る油を禿にすりこむと、毛が生える（宮城）。
○汗疹《あせも》・にきびに卵の白身をつける（山形）。にきび・そばかすには、卵の皮の甲《こう》（殻のことか殻の表面か）で洗う（富山）。
○喉に魚の骨が刺さった時、固いものを飲み込んだ時、卵を飲ませると通りがよくなる（北海道）。
○山仕事をする人は、朝食に卵を食わない（福島県いわき市）。山へ行く時、「子供が生まれた」とか、「卵」とか言うと、必ず怪我をする（秋田県由利郡）。津軽地方では、浜に出る時、肉や卵を食うなという。
○登山や山稼ぎに卵やとろろを食べると怪我をする（秋田県鹿角市）。
○メッパ（麦粒腫）には、隣の家の卵を盗んで患部をなでるとよい（長野県北安曇郡）
○ガッチャキ（肛門周囲炎）の人は鶏卵を食べてはならない（秋田県山本郡）。
○痲疹の病人に卵をのませると、かいかい（疥癬）になる（福島県相馬市）。
○庚申の日に卵を焼いて食うと火難に遭う（北九州市）。
○昔は、産婦は出産後一週間は味噌汁のほか、何も食べさせなかった。卵はオド（次の子との間）が近くなるといって食べさせなかった（宮城県黒川郡）。初卵を食べると子ができるという群馬の例（前出）も、忌避すべき行為であったことがわかる。
○二月（旧暦）、鶏卵を食べると、記憶力が衰える（『まじない秘法大全集』）。いわゆる食合せの俗信が盛んになる以前、月食禁、即ち月ごとの禁食品目が医家（或いは陰陽師）によって説かれた。例えば、「正月は生蓼・生葱・梨子、二月は蓼子・梨子・兎肉、三月は蓼子・百草・小蒜」（『延寿類要』）の如くで、多分に易占的なものである。『衛生秘要抄』に『養生要集』

を引いて「三月不食雛子小蒜」とある。
○卵にオバコの実を入れ…焼いて食えば、根《こん》がつく（大分…）。…の勢いがよくなる頃、ニワト…が盛んになる。…れをチシャ卵という…県南海部郡）

○鶏卵を供え物にする神は、例が少ないようである。名古屋市熱田神宮境内の楠御前社（お楠さま）は安産の神として信仰され、祈願者は小さい木の鳥居に干支と姓名を記して奉納するが、そのほかに千羽鶴や鶏卵なども奉納する。ニワトリが卵を産む時のようにやすやすと誕生しますように、ということであろう。あまり古い風習ではないかも知れない。鎌倉の銭洗弁天にも卵を供えるが、そのいわれはヘビは生卵を好むというところから、近年に始まったもので、本元の江ノ島弁天にはこのような風俗は見られない。

○群馬県邑楽郡では、トリセキにかかると、オワシ様（板倉町の逆川神社境内の鷲宮神社の祠）に申上げて（祈願をかけて）、治れば卵を二つ上げる。栃木県安蘇郡田沼町〈佐野市〉では、作原のボヤマ様へ生卵を持ってお参りする。

○宮城県桃生郡河南町〈石巻市〉では、石神の石に子供の年と同数の卵を上げると、寝小便が治るという。

○福島県会津郡では、一家の大事な人が危篤などの際には、屋根のグシ（家の棟）に白紙を敷いて卵三つを供え、「自分の命を三日縮めても病人を助けて下さい」と願をかける。

○宮城県宮城郡では、吹き出物を治すまじないとして、入口の敷居の下に卵を埋めるとよいという。群馬県邑楽郡では百日咳（トリセキ）の治療まじないに、敷居の下に穴を掘り卵を埋める。同じ県で、瘧《おこり》を治すには、茹で卵をシキに腰かけて食べるとよいという。このシキも敷居のことらしい。⇩鶏《にわとり》

蚰蜒《げじ》

○ゲジゲジに、這われると頭が禿げる（秋田・新潟・長野・愛知・山口・福岡・熊本）、頭を這われると、禿になる（奈良・島根・広島・福岡）、毛が抜ける（愛知県北設楽郡）、毛が生えない（岐阜県加茂郡）。頭を舐《な》められると禿げる（神奈川・長崎・宮崎）。足の裏を舐められると頭が禿げる（愛知）。額を舐められるとそこだけ禿げる（長崎県壱岐郡）。ゲジゲジは髪の毛を舐め取ってしまう（奈良）。ゲジゲジがさわると毛が抜ける（愛知県南設楽郡）。足の先から頭の先まで上ったら禿になる（大阪府枚方市）という。この虫は敵に襲われた時など、簡単に歩脚を脱落するところから脱毛を連想したものであろうか。異様に長い足で走る姿が不[illegible]めに、嫌われることが多く、人から忌[illegible]にもつかわれる。『海鋸』に「俗間に頭のふと脹く、銭の大さ或は指のはらの大さ程はげだるを、げぢに舐られしと云て、げぢげぢ虫の事とせり」とあり、俳諧『鷹筑波』にも「げぢげぢにどこねぶられてよめがはげ」の句が見える。

○名の起こりは、ゲジキジ（下食時）の転、下食時に髪を洗うと髪が抜け落ちるという陰陽道の説と、ゲジゲジに頭を舐められると髪が抜けるという俗信が結びついたものという（『大言海』）。ちなみに、下食《げじき》とは、天狗星が下界に下って人間の食を求めることをいう、古暦上の用語。

○雨の日に髪を洗ってはいけない、洗うとゲジゲジが頭を舐める（群馬・愛知）。ゲジに頭をさわられると死ぬ、または白髪になる（愛知）、ゲジの足を落とすと祟られて病気になる（長崎県壱岐郡）。ゲジゲジを殺すと、朝食の中に足が入っている（愛知）。なお、ゲジゲジを殺せば、伊勢参りの代りになる（静岡県藤枝市）という。それほどゲジゲジは嫌われ物だったわけである。

○ゲジの前で十文字を書くと止まる（愛知）。
○ゲジゲジが出たらよい物をくれる（岡山）。
○ゲジゲジが出るのは雨の降る前兆（千葉・長野）。
○消渇《しょうかち》にはゲジを飴に包んで飲むとよい（大阪）。

毛虫　けむし

○ガの幼虫で毛の長いものの総称。ケムシをさせば指が腐る（青森・秋田・長野）といい、さす時は手を握ったまま出さねばならない（青森県三戸郡・秋田県南秋田郡）。ケムシを踏むと疣《いぼ》が出る（秋田県雄勝郡）。ケムシに刺された餅を食うと死ぬ（秋田県平鹿郡）。
○ゲエダカ（毛虫）の出る年はヨナガ（作柄）がよい（青森県三戸郡）。春ケムシが多く出るとその夏は日照りがつづく（新潟）。
○ケムシにたかられた時はカラスの羽根で落とすとよい（群馬）、という。
○ケムシの中には毒毛を持つものもいる。秋田県平鹿郡・山本郡では、刺された時はその場所を年齢の数だけ叩いて、最後に「痛い」と言えばケムシに負けないといい、宮城県気仙沼市では、ケムシをいじって手が腫れた時はたんべん（唾を吐きかけることか）すると治る、と伝えている。他にも、ケムシにかぶれたらクワの木の汁を塗るとかゆみが治る（富山・愛知）。刺された時は、藁を左縄になって患部をこすり、梁を三回くぐし（潜らせ）てから燃すとよい（群馬県新田郡）。藁の茎のねばり液をこすりつけるとよい（石川・愛知）。ダイズの葉かハブソウの葉をすりこむと治る（兵庫県氷上《ひかみ》郡）、モモの葉をつける（大分県日田郡）、という。
○ケムシの類をオコゼと呼ぶ地方がある。

螻蛄　けら

○オケラが、家の中に飛び込んでくると雨になる（千葉・熊本）、床に上る時は大雨（宮城）。トチコロ（ケラ）が鳴くと雨が降る（福島県南会津郡）という。新潟県長岡市では、ケラが鳴くと晴れと占う。

○和歌山県西牟婁郡で、ケラは仏の使者で御器洗うといい、愛知では、お月様のお使い者だと伝えている。

○民間療法。オケラを焼いて食うと瘧《おこり》が落ちる（愛知）。子供の癇には、ケラの黒焼きを食べる（岡山）、蒸焼きにして飲ませる（栃木県宇都宮市）。生きたまま呑むと淋病薬として有効（岡山・香川）。消渇《しょうかち》にはケラを飴に包んで飲む（大阪）。火で炒って百日咳の子に食わせる。悪性のものにも効く（長野）。

○オケラを炬燵にくべていぶすと家の者の風邪が逃げ出す（長野県小県郡）。

○秋田県角館地方では、子供たちがこの虫の横腹を押さえ、「ケラ虫ケラ虫汝《んな》睾丸なんぼ大き」と言い、苦しさのあまりケラが足を左右に開くと、それを見て「こんけゃ大き、こんけゃ大き」と言って喜ぶという。

源五郎　げんごろう

○秋田県平鹿郡で、一生のうちに媒酌をせぬ人はゲンゴロウになるという。

○ひきつけには、ゲンゴロウを煎じて飲む（長野県小県郡）。つわりには、塩または醤油で蒸したものを食べると吐き気がなくなるともいう。

【こ】

鯉　こい

○薬師様のコイを食べると障害のある子ができる（茨城）。京都府亀岡市の並河では、村の氏神大井神社の祭神、もと大堰川をコイの背にのって遡来鎮座されたからと伝えてコイを食べないという。古来、コイは魚の主とされ、また一面では神の使令とも考えられてきた。『諸国里人談』に「丹波国并河村鯉大明神の仕者は鯉なり。土俗云、此鯉二献《こん》毎月大堰川をくだりて、松尾明神へ仕者に通ふと云へり。また鯉大明神の産子、鯉をくらへば、立所に口中腫れ病む事神変なり」と見える。

○千葉県東葛飾郡の八幡神社の境内にある弁財天池にすむコイは悉く片目であるといい、もし捕らえて食う者あれば一眼を失うという。滋賀県伊香郡にも同様の伝承があり、コイに限らず各地に多い。片目の魚伝承は、神祭に供せられる生贄を、他の魚と区別するため片目を取り、神社の池に放しておいた信仰習俗の名残だといわれている。

○コイは「竜門を上れば化して竜になる」という伝説から、縁起の良い魚とされ、祝宴にコイを用いたり、コイの夢見を吉とする土地も広い。秋田県由利郡では、コイの滝登りの夢は出世するといい、宮城県や岐阜県では、コイの滝登りの初夢はその年、良い事があるという。コイの夢を見ると、吉事が多い（栃木・岐阜・岡山・高知・宮崎）、恵比須様へご飯を上げる（長野）。コイをつかんだ夢を見ると妊娠する（秋田県南秋田郡）、という。

○反対に、コイの夢は悪い（山形・宮城・長野）とする伝承もある。コイの夢を見ると、風邪をひく（新潟・長野）、近親者から死者が出る（静岡県藤枝市）。コイの泳いでいる夢を見るとその年のうちに葬式を出す（香川県大川郡）。死んだコイを捕った夢を見ると近親者が死ぬ（長野県北安曇郡）。コイを切った夢は近親者と死別する（広島）、という。

○コイは跳ねると天気が変る（福島県白河市）。天気の変る時は池のコイが浮き上がる（長野・愛知）。池のコイが腹を返したり、飛び上がると天気が悪くなる（山形・新潟）。天気の悪くなる前兆は、夕方跳ねる（静岡県御殿場市）、多く浮かび上がる時（大阪府枚方市）、たくさん餌を食べる時（鳥取県八頭郡）などといわれるが、とりわけ雨天予知に関するものが多い。コイが跳ねると、雨が近い（青森・秋田・山形・宮城・福島・千葉・新潟・富山・福井・岐阜・静岡・愛知・京都・奈良・滋賀・広島・鳥取・佐賀・熊本等)、翌日雨(新潟県西頸城郡)。夕方跳ねると近いうちに雨(千葉県長生郡)。コイが騒ぐと雨になる(岩手・山形・新潟・長野・和歌山)。夕方騒ぐと翌日は雨(山形県村山市)。コイが浮かぶと雨になる(奈良・鳥取・広島・愛媛・佐賀・長崎等)。卵を産むとその日は雨が降る(新潟県栃尾市〈長岡市〉)。コイが滝登りをすると雨が近い(兵庫県養父郡)。コイが池の北側に集まる時は雨が近い(岐阜)。晴天を占うものは少ないが、山形県西村山郡朝日村〈朝日町〉や岐阜県加茂郡で、池の中のコイが水面をはなれるほど飛び上がる時は晴れになるという。コイが池の南側に集まるときは晴天(岐阜)、朝コイが浮くと翌日は晴天(新潟県西頸城郡)、ともいう。

○茨城県勝田市〈ひたちなか市〉では、コイが一度水面上に飛び上がる時は地震の前兆と伝えている。

○秋田県北秋田郡では、コイにシソの食合せは腹痛を起こすといい、大分県日田郡でも、ギンナンとコイを一緒に食することを嫌う。『本朝食鑑』には、イヌの肉およびフユアオイ(葵菜)と合せ食べることを忌み、コショウと一緒に食べると死ぬ、とある。

○民間療法。乳の出をよくするには、コイを食べる(埼玉・山梨・新潟・石川・長野・岐阜・岡山・佐賀)、コイの両眼の中間を刺して採った生血を飲む(山梨)、コイの味噌汁が効く(福井・大阪・岡山・広島・佐賀)、丸煮を食す(岡山)、コイの鱗の干したものを乳房に貼る(広島)。

○乳の腫れた時には、コイの鱗を貼る(岩手・福島・新潟・奈良・大阪・香川)。皮を貼る(福井)、乳の上に鯉という字を書き(群馬・石川・奈良)、その上に墨を塗っておく(奈良)。患部にコイ・フナ・コイ・フナと書く(群馬県勢多郡)、アビラウンと唱えながら鯉の字を患部に書く(茨城県猿島郡)。墨で鯉と書き、墨で塗る。その時は外から内に向けて塗ることが大切(高知)。コイの胆を白紙に塗り、これを乾かして乳房に貼る(奈良)。乳房に傷ができた時にはコイの鱗を貼る(兵庫県神戸市)。
○コイは栄養食とされていたので、呼吸器など衰弱の甚だしい病気の薬食いに用いられた。そして、それを延長拡大して他の病気にも効くとされた。またこれに伴って、まじないにも使われるようになった。肺炎には、コイの生血を飲む(秋田・福島・茨城・栃木・新潟・長野・岐阜・和歌山・鳥取・山口・高知・福岡・大分)、黒コイを塩で洗い、頭を切り酒に混ぜて飲む(愛知県南設楽郡)。肺炎の解熱剤として用いる(神奈川・長野・岐阜・岡山・香川・長崎)。結核には、コイの生血を飲む(栃木・埼玉・石川・福井・広島・山口・香川・福岡・宮崎)肋膜炎には、ヒゴイが効く(京都府北桑田郡)、ヒゴイ(三年内)を五歳の女の子の小便で茹でて、蒸焼きして真っ黒になったものを砕いて飲むと治る。生血を飲んでも効く(福井県今立郡)。
○熱冷ましには、コイに酒を飲ませ、腹をあけないで煎じる(沖縄県国頭《くにがみ》郡)、四、五寸のものを二枚におろし、足の裏に貼る(神奈川)、コイとフナの身をたたいて土踏まずに貼る(北海道)。
○百日咳にはコイの生血を飲ませ、そのコイは親は食べてはならぬ(福井県足羽郡)。淋病にはコイの黒焼きを湯で飲む(岐阜)。コイの皮は暑気あたりに足の裏に貼るとよい(愛知)。起死回生にコイの生血を飲む(岡山)。
○コイの胆は、胃病の薬(新潟県佐渡郡)、腹痛に効く(滋賀県高島郡)。胆は腹痛によい(奈良)。コイの胃を呑むと胃腸によい(山梨)。
○破傷風・腎臓病にはコイの黒焼きを粉末にして服用する(鹿児島)。コイの生血は貧血に良い。心臓の悪い人にはよい（岡山）。脚気にはヒゴイの黒焼きがよい（大阪府）。咽喉にはコイの鱗を乾かして粉にしたものを、アシの先にのせ、痛むところに吹き込む（山形県新庄市）、丹毒にはコイの血を飲む（岐阜）。喉に骨が刺さった時はコイの鱗をよくあぶり、粉にして飲む（岩手）。

○妊婦に疲労回復・精力増強のためコイを届ける（茨城県猿島郡）。強精にはコイの血が効く（北海道・新潟・長野）。

○みずむし・苦虫（？）を患っている時は悪い手に墨でコイの字を書く（高知県幡多郡）。腫物の膿の出ないのにはヒゴイの純なものを食べる（神奈川）。腫物には鯉という字を三つ書いて九字の法を行う「りん、ひょう、とう、しゃあ、かい、じん、れつ、ざい、ぜん」と唱える（群馬）。

○産後ヒゴイを食べると悪い（秋田県仙北郡）。ヒゴイを焼いて食べるとよくない（兵庫県加東郡）、打ち身が治らない、ともいう。精が強すぎるという考え方であろう。『徒然草』に「鯉のあつものを食ひたる日は、鬢そそけずとなん。膠にも作るものなれば、ねばりたるものにこそ」と見える。コイの鱗を煮つめて造る髪油の一種に膠鯉煎《きょうりせん》というのがあった。烏帽子などをかぶる時に髪を固めるチックのような役に使われた。

○その他の俗信。川にコイが出たら人が死ぬ、ヒゴイが浮いて出たら人のはま子（溺死者か）知らせ（奈良）。コイが水面に浮かべば身内に不幸がある（広島）。コイを焼いて食べると出世しない（奈良県吉野郡）。嫁や婿をもらう家ではコイを用い、出す家では用いない（秋田県仙北・平鹿郡）。コイを指さすとコイが死ぬ（三重県名張市）。コイやフナの弱った時には煤《すす》を飲ませれば治る（岡山）。コイが鼻を打ったら煤を飲ませると治る（京都府北桑田郡）。コイの尾を家の入口に貼ると厄除けになる（群馬県邑楽郡）。

小女子　こうなご

[illegible]。福島県相馬郡鹿島町（南相

○イカナゴウナゴが海岸に回遊して来た年は

になるという。青森県下北郡では、コウナコが来るとカモがついてくるという。

蝙蝠　こうもり

○夕暮にコウモリが飛びまわると明日は雨（秋田）。

○コウモリが家の中に入ると凶（福岡）。

○コウモリの黒焼きは血の薬になる（長野）、脊髄にはコウモリの黒焼きがよい（和歌山）、コウモリの生血をたびたび塗ると毛生薬として効能がある（高知）、コウモリの糞は眼病に効く（新潟）、血止めにはコウモリの巣をつけると治る（秋田）、難産の時はコウモリで腹をなでると早く産む（北海道）、などの民間療法がある。

蟋蟀　こおろぎ

○佐渡では、盆がすむとコオロギは放してやるものだという。三重県一志郡で、オカマゴサン（カマドコオロギ）を殺してはいけないというのは、この虫がかまどを守る神と信じられていたためである。（和名にオカマコオロギ、漢名に竈馬がある）

○コオロギが頭にのると禿になる（埼玉県熊谷市）、ともいう。和歌山では「鮓食て餅食て酒飲んで綴れ刺せ夜具刺せ」と鳴く、と伝えている。

○コオロギが鳴きだすと、大雨がやむ（愛知県南設楽郡）、時化がやむ（愛媛県上浮穴郡）、風がやむ（和歌山県東牟婁郡）という。

○民間療法。腸チブスによい（和歌山）。腹痛・百日咳・下痢止め・赤痢・チフスなどに薬効があるという。服用法には、黒焼きにして粉末にするものと生食とがある。高知県香美郡香北町日《ひ》ノ御子《みこ》（香美《かみ》市）・南国市三和などでは、赤痢薬として酢漬にして服用した。

黄金虫《こがねむし》

○群馬県利根郡では、家のつぶれる前には、かまどのまわりのコガネムシがいなくなるという。

○植物の葉を食う害虫で、それを防ぐため秋田県仙北郡では、祇園神社のお札を受けて立てておけばよいといい、徳島県那賀郡では、ダイコンおとしの呪詛に「コガネムシよく名を持ちながら、四季の青葉なぜ食うか」と二十一回唱えたのち「アビラウンソワカ」と三度言う。

○奈良県の方言でカネカネムシという。人魂が落ちる所にはカネカネムシがたくさんいるといわれる。

○民間療法。吸い出しにはノサケ（コガネムシの幼虫）をつぶしてつける（長野）。ブドウムシ（コガネムシ）を食べると子供の疳が止まる[illegible]）。

○愛知で、アブラ[illegible]（ゴキブリ）が多くいると金がたまるといい、「油虫売ります」という貼紙をしておくと、それを最初に見た人の家へ移ってゆくという。岡山でも、家に多いと財産ができるという。

○隠岐では、ゴキブリムシを殺すと目がよくなるという。アブラムシを殺すとお伊勢参りをしたほどの値打ちがある（愛知）といい、和歌山では、熊野（伊勢ともいう）の神はアブラムシを忌むため、三匹殺した者は参詣せずともそれだけの神助あり、という。

○御器にかぶりつくところからの命名だといわれ、ゴキクライ、ゴキカブロウなどと呼ぶ土地もある。

○民間療法。小児の虫にはゴキブリを焼いて、ブタの肝を裂いた間に入れ、イトバショウの葉に包み、これを湯気で蒸して出た汁を飲ませ、肉は味をつけて食べる（沖縄県国頭《くにがみ》郡）。高知県吾川郡春野町〈高知市〉や高知市長浜では、黒焼きにし粉末にして下痢止めに服用していた。

穀象虫　こくぞうむし

○コクゾウムシを食うと力が強くなる（愛知）という。『和漢三才図会』に「米ヲ菩薩ト称フ、随ヒテ此ノ虫ヲ虚空蔵ト曰フ」と見える。

ごくろう虫　ごくろうむし

○大分県で、ゴクロウムシ（不明。ゴキブリか）を殺すと伊勢参り一回の価値があるという。同様の俗信はアリにもある。

鯒　こち

○岡山県都窪《つくぼ》郡で、産後コチを食べると嬰児に虫がわくという。福岡県や佐賀県で、コチの頭は嫁に食べさせるな、というのは、美味だからという意である。

鰶　このしろ

○高知県の土佐郡や土佐清水市では、コノシロを祝い事のさかなに使うのを忌む。群馬県利根郡旧川田村〈沼田市〉でもコノシロを食べなかったという。コノシロを焼くと、死人を焼いた匂いがするといわれる（『和漢三才図会』その他）。娘の身代りにツナシを焼いて難を逃れたので、以来ツナシをコノシロ（子の代）と呼ぶようになったとの、有名な説話がある（『牛馬問』その他）。コノシロを子供の代りとして成長を祈願し、またコノシロを身代りに葬式をすることもあったといわれ、岡山でも安産を願って、ヘーシ祈禱をしてコノシロを身代りにたてることが行われたという。『物類称呼』には「或人の云、世間に子生れて死し又生れては死す事有、其家にては子生るゝ時胞衣《えな》と鰶《このしろ》とを一所に地中に蔵《をさむ》れば其子成長す、尤其子一生このしろを食せざらしむ、このしろは子の代《しろ》なりといひつたへたり」と記す。

○いま一つは、コノシロは此の城に通ずるので、此の城を食うといって、江戸時代の武士は食用を忌んだといわれる。

○子供の夜泣きには、コノシロを神社に供えて拝んでもらい、一生コノシロを食べないと心にきめると泣きやむ（香川県三豊郡）。金沢市山の上町の小坂神社境内の富士社は、昔から脚気および腰から下の病気を治す神として信心され、早朝はだしで参り、コノシロを奉献し、また本殿床下の砂をいただいて、これに火をかけ細かくつぶしてお守り袋に入れ、患部をさすると治るという。和歌山県有田《ありだ》郡広川町中野の梅本家には、コノシロによる神経痛、リュウマチの療法がある。病人のために呪法を施し、コノシロを竹の筒に入れて蒸焼きにしたものを病人に食べさす。

○佐渡では光る着物を好く人はコハダの性だという。

○諺に、秋のコノシロは嫁に食わすなとか、春のコノシロ嫁に食わせたら七里追え、という。

叩頭虫　こめつきむし

○新潟県長岡市で、コメツキムシが騒ぐと雨になるといい、山形県西村山郡でも、軒端で騒ぐと雨が近いという。

子安貝　こやすがい

○岡山県で、お産の時に産婦がコヤスガイを握って（或いは懐中に入れて）いると安産するといい、安産したあとは子安神にお礼参りをする。同県ではこのほか、この貝を持っていると、きれいな賢い子が生まれるとか、悪魔除け、災難除けになる、お金ができる、割れた方を表にして店頭に飾っておくとお客が多い、などという。旅館などは殊に利益があるといって喜ぶ。西鶴の『男色大鑑』巻四に「取揚げ祖母《ばば》、玉襷《たまだすき》かけて御腰を抱く。役人、右の御手に子安貝、左の御手に海馬《たつのおとしご》をにぎらせ参らせ」とあり、古くから産婦の難を防ぐ信仰のあったことがわかる。

○女性の性器に似ているところから屋久島では安産の守りとする俗信からの命名である。

○女性の性器に似ているところから屋久島ではウマノクボ（女性器の方言名）とよぶ。簞笥の中に入れておくと衣類がふえるともいう。

○岡山県真庭郡では、ツバメの巣の中には、遠くから運んで来た子安貝の小片があるといわれた。⇩燕《つばめ》

鮴《ごり》

○秋田県平鹿郡で、ゴリが網に入ると不漁という。ゴリはカジカの方言名。

【さ】

魚《さかな》

(1)魚と精進、魚の夢、魚と予兆

○盆には魚を獲るな（山形・愛知・京都・愛媛・山口）。盆の十三日には漁に出ない（香川県三豊郡）、十四日に魚を獲ったり生き物を殺してはいけない（山口県阿武郡）。十五日には泳いだり魚を釣るな（和歌山県東牟婁郡）。盆に魚とりをすると、怪我をする（山形県新庄市）、一年目に死ぬ（京都）。盆の十六日に漁に出ると精霊にとりつかれる（山口県阿武郡）。七月七日に魚とりに行くと悪事がある（秋田県平鹿郡）という。盆には漁を忌むと同様に、この期間は魚を食べない（青森・群馬・埼玉・山口）。食うと親の死に目に会えぬ（京都）、精霊迎えの日に魚を食べると精霊に口を吸われる（愛知県北設楽郡）とか、盆のサシサバは両親存命の者しか食べられない（栃木・島根）といった風習も広い。いずれも仏教の影響で、殺生を忌み、魚肉・獣肉を排するようになったためとされる。

○同様の俗信は他にも多い。放生会には魚をとるな（島根県安来市）。彼岸の中日に伐採・魚とりをするな（宮城）。忌中の者は漁に出てはいけない（和歌山県西牟婁郡）。親の命日に魚釣りに行くと川に落ちる（広島県山県郡）。田植の間は川魚は獲られぬ（鳥取・愛媛）。人が死んでから、四十九日間は魚を食べない（秋田県雄勝郡）、三十五日間は食べない（長野県木曾郡）、七日間食べない（宮城・福井）。命日には魚を食べない（宮城・新潟・富山・福井・岐

阜）。親の命日に魚を食べると口がゆがむ（新潟・富山・鹿児島）。精進日に魚を食べると口が曲がる（青森・秋田・福井）仏様のお下がりを食べて魚を食べると口がゆがむ（富山県氷見郡）。朝に生臭い物を食べると口が大きくなるか曲がる（秋田）。朝食に魚を食べるものではない（秋田）。特に二十八日に食べると目がつぶれる（富山）。親の祭日に魚を食べると喉に骨が立つ（奈良県山辺郡）。子を産んだ人が産屋の中で魚を食べると火が出る（長野県北安曇郡）。

○月の二十一日は魚を食べない（和歌山県西牟婁郡大塔村〈田辺市〉）。正月には魚を食べられない（宮城）。庚申の日には魚を食べてはならぬ（秋田県由利郡）。食べると口がゆがむ（愛知県北設楽郡）。庚申の日に魚を食べてお参りに行くと上から物が落ちて怪我をする（新潟県新発田市）。

○魚の夢は吉（群馬・岐阜・鹿児島）。生きた魚の夢は吉（宮城・長野）。死んだ魚の夢は金運がよい（群馬県吾妻郡嬬恋村）。鱗のある魚の夢はよい（群馬・新潟・兵庫）。鱗のない魚の夢は吉（広島県賀茂郡高屋町〈東広島市〉）。魚の上る夢を見ると仕事が進む（長野県南佐久郡）。魚を積んだ入船の夢はよい（新潟県三島郡）。

○これに対し、凶とする所の方が多い（福島・群馬・長野・静岡・島根・山口・愛媛・大分・鹿児島）。魚の夢を見ると、風邪をひく（福島・新潟・富山・愛知・兵庫）、人が死ぬ（山梨・新潟・静岡・山口）。川魚の夢を見ると三日以内に人が死ぬ（京都府北桑田郡）。魚獲りの夢は、不吉（宮崎）、運が悪い（鳥取県日野郡）、風邪をひく（新潟・宮崎）、人が死ぬ（秋田）。川の魚を獲る夢は、親類に不幸がある（静岡県志太郡）、死人の話を聞く（秋田）。魚を獲った夢は、不吉（秋田・群馬・静岡・京都・山口・高知）、水に落ちる（秋田）、風邪をひく（岐阜県吉城郡）、血を見る（岐阜）、人が死ぬ（秋田・新潟・長野）。川魚を獲った夢は、風邪をひく（長野県飯田市）、死人が出る（秋田・山形）。川の中に入って魚を獲る夢はよくない（山梨県北巨摩郡）。魚の多く獲れる夢は、不吉（兵庫・広島・山口）、死人が出る（静岡・鳥取・愛媛）、身内に不幸がある（秋田・宮城・群馬）、火に気をつけろ（長野県北安曇郡）。魚を釣る夢は、よくない（秋田・岩手・兵庫）、病気の前兆（沖縄県国頭《くにがみ》郡）、知り合いに不幸が起きる（秋田）。魚を釣ったり獲ったりする夢を見た時は、神様が怒っている時である（鹿児島県国分市〈霧島市〉）。獲った魚を串に刺して焼く夢は特に悪い（神奈川県津久井郡）。鱗の無い魚の夢は、悪い（群馬・新潟・兵庫）、腹具合が悪くなる、人が死ぬ（群馬県富岡市）、火事になる（栃木県芳賀郡）。鱗のある魚を獲る夢は不吉（秋田）。死んだ魚の夢は、凶（秋田・宮城・群馬）、葬式がある（長野県北安曇郡）。死んだ魚を獲る夢を見ると死ぬ（宮城県栗原郡）。魚の腐った夢は身内に不幸がある（長野県北安曇郡）。魚が死んで流れる夢を見ると人が死ぬ（群馬）。魚を食べた夢は凶事があり（兵庫・岡山・愛媛・宮崎）。魚を拾った夢は人が死ぬ（長野県北安曇郡）。魚の泳いでいる夢は不吉（山形県新庄市）。魚の夢を凶とする。特に死の予兆とみなす事例の多いことは、葬送から、忌明けまで魚肉を断って精進を守らせた仏教の指導とも関係があろう。

○魚の夢を見たら産土《うぶすな》様にお参りしろ（長野県北安曇郡）とか、魚を獲った夢は子供が生まれる（同）。魚の夢は天気が悪くなる（福島・沖縄）などの事例はやや異色あるものといえる。

○日暮に魚が跳ねると天気が変る（千葉・長野・愛知）。魚が釣れる時は天気が変る（千葉県印旛郡）。魚が水面に浮かび出すと雨が近い（山形・宮城・石川・岐阜・愛知・奈良・和歌山・兵庫・広島・愛媛・福岡・大分）。水面で跳ねると雨が降る（山形・宮城・茨城・栃木・群馬・新潟・富山・岐阜・長野・愛知・和歌山・山口・熊本）。魚が水面で呼吸すると雨が近い（富山・愛知・徳島）。川魚がよく釣れる時は雨になる（山形・長野・富山・愛知・奈良・和歌山）。魚の餌つきが悪いと雨（宮城）。夕方魚が川をのぼると雨が降る（愛知）。魚が水底でヒラヒラする（腹をかえす）と雨（岐阜）。川の魚が岸に寄ってくると雨になる（愛知県南設楽郡）。魚が腹を見せて泳いでいると雨が降る（愛知）。川魚が腹に砂を蓄える時は大雨の前兆（山形・福井・岐阜・鳥取）。魚が跳ねると時化《しけ》が来る（富山・愛媛）。魚が磯に寄る時は大風、魚が川などで深所を求める時は大風（宮城）。

○川干しして魚を獲ると雨が降る（福井県大野郡）。

○地震の前には魚が多く浮き上がるとか、異なる魚が獲れる（茨城県勝田市）。他にも、コイが一度に水面に跳び上がるとか、魚が池の真ん中に集まるのは地震の前兆という。

○トラネコを舟に乗せていけば漁がある（宮城）。魚を取りに行ってヘビを見ると獲物がある（新潟県新発田市）。七夕には七瀬の魚が一瀬に集まるので、この日その瀬に出合わすと、たくさんの魚を捕ることができる。（福島県南会津郡）。

○妻が孕んでいる時や、出産の直後に夫が漁に出ると、すばえるとかなぶらといって多くの魚が寄ってくることがある。すばえた子（夫が漁に出て多くの魚が寄ってきた時に妻が生んだ子）の将来はろくなことがないというので、お産の時は出漁を慎む（高知県幡多郡大月町）。妻の妊娠中に魚が多くとれると子に魚がついとるという（新潟県佐渡郡）。

○棺が家を出る時に撒く一文銭を拾って買った釣針には魚がよくかかる（佐賀県東松浦郡鎮西町〈唐津市〉）。身投げした遺体を見つけた時、拾ってくるとよく魚がとれる。土左衛門を拾う時は、船で死体のまわりを一回まわり、拾い上げる時「魚をとらせてくれ、いじをかんじゃってくれ（気をつけてやってくれ）」という。決して無言では拾わない（千葉県館山市）。
○引き釣りの時にカモメが多くいると漁が多い（東京都江戸川区）、こけら雲の出る時は大漁（愛知県南設楽郡）。時化《しけ》の前には魚がよく釣れ、時化の後もあらなぎといってまたよく釣れる（東京都八丈島）。雨降りの前日魚はよくはみ（餌を食い）にくるからよく釣れる（和歌山）。魚は夕方に釣るとよくとれる（富山・愛知）。卯の年および前後の年は豊漁ともいう。

魚《さかな》

(2)漁と禁忌、魚の蘇生、喉に骨が立った時

○釣竿をまたぐと魚が獲れない（愛知・高知）。女が釣竿をまたぐと魚が釣れない（長野・三重・岡山・高知）。途中で坊さんに会うと釣れない（新潟・愛知）。魚を獲りに行ってヘビを見ると漁がない（愛知県北設楽郡・新潟県上越市）、生き物を見るとよい（同上）。魚釣りに梅干を持って行くと不漁（東京・新潟・山口）。魚釣りに行って魚に指をさすと逃げる（鹿児島県大島郡）。海へ金物を落とすと魚が獲れなくなる（千葉県館山市）。出がけに下駄の鼻緒が切れると漁がない（山口）。動物の名を言うと魚がとれぬ（同県）。朝、魚釣りに出かける時に人が来てサルの話をするのは縁起が悪い。その日は、魚が一匹も獲れないといって釣に行くのをやめる（群馬県新田郡）。一艘の舟で二人が同時に小便をしたら魚が釣れなくなる（新潟県西頸城郡）。
○お産のあった家族の者が漁船に乗り込むと、魚が血を感じて逃げてしまう（富山県魚津市）。身投げした遺体を見つけた時、見逃すと後が悪い（千葉県館山市）。
○秋の末に出水があればその年の冬は不漁（千葉県旭市）。

○海で魚貝が多く獲れると陸は凶作（福岡県北九州市）、雑魚群多ければ凶作年（鹿児島県喜界島）。夏釣る魚が冷たい時は凶作の兆（山形県置賜地方）。魚ふえれば世の中がよくなる（長野県北安曇郡）。

○魚が死にかけたら、ヨモギの葉をしぼって口に入れてやるとよい（岩手・奈良）、フキの搾り汁を与えると生き返る（岐阜）、涎を飲ますと生きる（秋田県南秋田郡）、竈の煤を口に入れると息がもどる（和歌山）。尾を持って逆さにし「さかさ水飲め飲め、あたりが火事だからさかさ水飲め」と言うと生き返る（栃木県宇都宮市）。魚の死にかけている時「いけいけどんどん、本の川へ流いてやる」または「いきいきごんぼ、さくらのごんぼ」と唱えると蘇生する。コイが死にかけている時は、尾を持って「コイコイ生きれ、生きたら逃がしてやるぞ」というと生き返る（兵庫）。小魚を生き返らせるのに、ヨモギの葉を石で叩いてのせ、尾を持って前後にひっぱりながら「生き生きもどれ、親の所へつれていってやろう」とか「いざこの川に帰れ、元の川にかえしてやる」と唱えて放す（広島）。瀕死の魚を放す時は「生け生けごんぼ、生けたらすっと帰れ」という（奈良）。

○喉へ魚の骨を立てた時「うののど」と三度唱えるとよい（茨城・福井・香川・熊本）という。うのみにするという言葉があるように、ウ（鵜）は相当大きな魚を飲み込むところからいうのであろうか。他にもさまざまな方法が伝承されている。「天竺のごんの河原のアイの骨、ウののど通れタイの骨」と三度唱える（静岡）。茶碗に水を入れて箸でかき回しながら、息をつかずに「天竺の天の河原の川上の、ウののど通るタイの骨かな」と声を出さないで三回唱え、三回吹く、これを何回も繰り返してから、ぐっと一息に飲み込めば喉の骨が取れる（山梨県南巨摩《こま》郡）。「天竺うるわんの草、根を絶ち草を枯らすぞ、あぶらおんけんそばか」と七回唱える

（高知県香美郡）。「伊勢の海千尋の底の一つ石、袖をぬらさず取るよしもがな。あぶらうんけんそばか」と唱える（同県土佐市）。「ほのぼのと明石の浦の朝霧に、島がくれゆく舟をしぞ思う」という歌をホの字とネの字を抜いて三回唱え、一唱えごとに象牙で喉をなでる（奈良県吉野郡）。「天竺の竜三川のタイの骨、七瀬落ちる間にはやぬけた」という（愛媛県上浮穴郡）。竜三川は竜沙川の誤解であろう。「また立ちかえるハギの古里、なむあびらうんけんそわか」と三回唱える（同県）。西の方に向かって喉をなでながら「沖ばらの腮なし地蔵さま」と祈る（山口）。「タイの骨、タイの骨」と唱える（三重・山口）。廏の口をのぞいてモーといわせる（兵庫県宍粟郡）。

○小さなサカナを食する時「ウの笛タイのウオ」と言ったら骨が立つようなことはない（山口）。『耳袋』巻之七に「老人小児魚肉を喰ふ時、右魚の尖《とげ》不立には、左の真言をとのふれば尖たつことなし。ドウキセウコンバンブツイッタイ」と見え、同書巻之八にも「肴の尖不立呪文の事」と題して「魚肴に不限、尖の不立、またたち候ても抜る呪成とて、トウキセウコン万物一体、かく唱ふれば奇験有と伝授なしけり」と再度記している。

○喉へ魚の骨が立った時は、象牙のもので撫でると取れる（山形・福島・群馬・東京・神奈川・新潟・福井・岐阜・静岡・愛知・滋賀・和歌山・兵庫）。象牙かシカの角で喉をさする（福島）、サイの角でなでる（同県東白川郡）。牛屋のませで「ウののどウののど」と言いながらこする（和歌山県西牟婁郡）。廏の門《かんぬき》で喉をなでる（兵庫県多可郡）。仏様のお椀で三回なでる（福島県耶麻郡）。えびす講に上げた魚を焼いておいてそれで喉をこする（群馬県邑楽郡）。正月に歳神さまに供えた松葉の束で喉をなでるとすぐ治る（栃木県下都賀・安蘇郡）。唾をつけた指で三度なでる（長野県更級・埴科郡)。「ほうせんこ、ほうせんこ」と言って喉をなでる(新潟県中頸城郡)。

○魚の骨の刺さった時は飯を丸呑みにする(滋賀・広島・愛媛・高知・福岡・佐賀)。骨を頭の上にのせて飯を呑みこむ(福岡)。御飯の上に峠という字を書いて呑みこむ(同県)。箸を逆さにして食物を口に入れれば抜ける(和歌山県西牟婁郡)。口をあけずにものを食べればよい(長野)。ホウセンカの花を呑みこむ(広島)。仏様に上げた水を飲むとよい(宮城・山形・愛媛)。花立ての水を飲めばよい(和歌山・島根)。荒神様の水を飲む(福岡県博多市)。大石を動かす際に水を飲む(岡山)。エノキの実を陰干ししたものを水で飲む(福岡県北九州市)。ウの喉笛を用いて、その管から水を飲む(同)。酒盃の中に九龍化骨神侵骨と書き、左手にその盃をとり、酒を飲む(和歌山)。生卵を呑む(福島・茨城)。障子の桟のほこりをなめる(島根県浜田市・安来市)。牛小屋のかんの木をなめる(兵庫県神戸市)。茶碗の上に箸を十時に渡し四隅から飲むとよい(愛知・沖縄)。茶碗に水を入れ、南無阿弥陀仏を三回唱え、箸を十字に渡して四隅から飲む(福岡県北九州市)。茶碗に水を入れて箸を十字に置き、光明真言を三回唱えて一隅ずつから水を飲み、ふっと吹くと治る(香川)。茶碗に水を入れて箸を十字に置き「村松の五左衛門さま」と唱えて飲むと取れる。五左衛門とは愛媛県伊予三島市〈四国中央市〉に祭られている村松大師のことで、のぎとりの五左衛門さまともいわれ、庶民の信仰を得ている。

○魚の骨を立てた時は、網をかぶせればよい(長野・滋賀)。水飴を飲み、漁の網を頭からかぶる(北海道)。自分の食べている魚の骨を頭の上にのせるととれる(群馬・福井・長野・大阪・和歌山・広島・山口)。骨を人に見られぬように頭にのせる(広島)。頭の上に魚の親骨を置く(秋田)。骨の一部を頭のおどりこにのせる（滋賀県高島郡）。骨を頭の上にのせ唱え言をする（秋田県角館地方）。その魚の頭を当人の頭にのせ、御飯を呑みこむと治る（香川県三豊郡）。別の魚の骨を頭にのせる（広島県山県郡）。イリコを頭上にのせる（愛媛）。別の魚の骨を人にわからないように耳の後ろにはさむ（愛媛県西宇和郡）。霊元天皇は『乙夜随筆』に、「魚ノ骨ノ立タル時……則、其魚ノ別ノ骨ヲトリテ髪ニ挿メバ、其儘骨ヌクル也」と記し、鷹司関白からの聞書である旨を注されている。同類相集まる、の思想によるまじないといえよう。

○梅干を頭にのせておくとよい（福井）。オモトの根に、針を刺す（福井）、使針を刺すとよい（長野）、人知れず針を刺せば治る（石川県金沢市）。オモトの葉に針を刺す（静岡県藤枝市）。便所の前の小石を裏返すとよい（広島）。仏前に線香を上げて拝む（愛媛）。ミカンの皮をかむと治る（福井）。

○魚の骨が喉に立った時は、次の呪文の○に魚の名前を入れて唱え、さらに、クワズイモの葉に清水を一合ほど入れ、底に針の先ほどの穴をあけ、そこからもれてくる水を上向きになって飲む。飲み終わったら、その葉を足で強く踏みつぶす。〈呪文〉北ぬ浪《なは》　まんだろう　あんま取ったる　○○○魚《いず》や　あたふぬ食《ほ》う魚どやんすが　人　人間《にんきん》ぬ食うたー　ぬどぅにんかかりくちにんかかり　大川《ふうかあ》らぬ水《みじ》ぬ引《ひき》すうぬようし引落《ひきうとう》し　あたふ　あたふ（沖縄県八重山郡）。『歌摘録』（寛永版本）下之巻に「あめ（飴）こそはうをの骨などののどにたちぬけざるときに多く食ふべし」とある。

魚　さかな

(3)魚の禁食、民間療法、俗信一束

○魚の目玉を食べると、魚の目ができる（青森・岩手・秋田・宮城・群馬・茨城・神奈川・新潟・岐阜・愛知・岡山・広島・高知・福岡・鹿児島）、疣《いぼ》ができる（群馬・石川・静岡・和歌山）、黒子《ほくろ》ができる（山形）、目がよく見えるようになる（岡山・広島）。これらは、形状や言葉の類似からの連想であろう。

○仏様に供えた魚を添えて食べると魚の目ができる（岡山）。

○魚の頭を食べると賢くなる（広島）。

○妊婦が、鱗のない魚を食べると、流産する（高知）、毛のない子を産む（秋田・岡山）。魚を食べると鱗のある子を産む（長野県小県郡）、腫物のできた子が生まれる（同県諏訪郡）。川魚を食べると胎毒ができる（岡山）。

○妊婦は、背の青い魚を食べてはいけない（兵庫・愛媛）。青身の魚は産後百日まで食べてはいけない。乳児が下痢を起こしたり、産婦の血の道がくるう（愛媛）。脂の多い魚を食べるとお産が重い（奈良県吉野郡）。

○妊婦は小魚を食べよ（秋田・静岡）。魚好きの女は子をよく産む（広島）。魚の卵を女が食べれば子を多く産む（秋田県山本郡）。

○産後は、魚を食べてはいけない（愛媛県上浮穴郡）。川魚を食べてはいけない（秋田）、三十日間は川魚を食べてはいけない（秋田・和歌山）。

○妊婦の家族が魚の目を串に通すと、目が見えない子が生まれる（宮城）。

○除夜の晩、お宮で魚をいただくと、安産する（岐阜）。

○子供が「とと」と言えないうちに魚を食べさすと、吃音になる（秋田・長野・静岡・和歌山）、骨が喉に刺さる（群馬県利根郡）。幼児に魚を食わせると吃音になる（青森県三戸郡）。赤子が魚を欲しがる前に無理に食べさせると吃音になる（新潟県栃尾市〈長岡市〉）。赤子には「とと」と言うまで魚を食べさせるものではない。初めて「とと」と言った時にオコゼを食わせると舟に酔わなくなる（三重県熊野市）。子供が「お父さん」と言えないうちに魚を食べさせるとますます言えなくなる（愛知）。赤ん坊が「ぜぜ」と言えないうちに魚を食べさせると喘息になる（新潟県佐渡郡）。（ゼゼは方言。幼児語で魚）。「しっこ」と言えないうちに子に魚を食べさせてはいけない。また、しゃべらないうちに鏡を見せると次には双子が生まれる（鳥取県八頭郡）。
○土用の丑の日に、魚を食べると薬になる（大分県宇佐地方）、川魚を食べると、夏病をしない（山口・高知）、力がつく（奈良県山辺郡）。節分の歳取りに焦がした魚の頭を食べると夏病みしない（愛知県南設楽郡）。
○魚の中毒には、葉の青汁を飲む（沖縄）、ナンテンの葉をかんで飲む（京都府北桑田郡）、ホウセンカがよい（愛媛）、ササの黒焼きが効く（新潟県西頸城郡）、その魚を黒焼きにして食べる（秋田県由利郡）、魚の骨を黒焼きにした粉を飲む（山口）、赤土を水に溶かして飲む（高知県高岡・幡多郡）、寒天を煮てまだ固まらない汁を飲むと治る（新潟県西頸城郡）、蠟を削って飲む（同）、ダイダイの皮またはキンカンを煎じて用いる（奈良県添上郡《そえがみ》）、サツマイモの煮汁のなかに患部を浸し、冷えたらとりかえる（鹿児島）。
○魚を食べたあとで茶を飲むとあたらない（新潟県西頸城郡）。鳥目には魚の肝を生で食べる（福岡）。眼病になったら魚の目を撫で自分の眼を撫でれば治る（秋田県山本郡）。虫下しには魚の肝を飲む（群馬県邑楽郡）。寝汗をかく時には魚の刺身とか生《いき》のよい魚を食べると治る（岡山）。咳止めには谷の石の上にいる魚を頭を下にして呑む（石川）。消渇《しょうかち》には魚を丸呑みにする（愛知県南設楽郡）。強精には魚類の胃を食べる（北海道）。脚気には魚の骨の黒焼きを粉にして飲む（山口）。血の病には塩魚にトウガラシが効く（茨城県猿島郡）。茸中毒には魚を食べるとよい（岐阜）。火傷には小魚をつぶして布に延ばし患部に貼りつける（広島）。瘡には魚の皮を黒焼きにし、油で練ってつける（同県）。魚で疣をなでて、その魚をネコに食わせると取れる（長野）。じんましんの出た時には、食べた魚の骨を黒焼きにして飲むと治る（山口）。

○お茶漬に魚を食べると難産する（佐賀）。腎臓病には赤肉の魚は不可（秋田県北秋田郡）。魚を包んだ紙で鼻をかむと鼻茸を生ずる（福島県会津地方）。食い初めに大きな魚を食べると長生きする（秋田県雄勝郡）。青魚を食べると乳が腐る（佐賀）。魚のひれを食べると髪が美しくなる（秋田県仙北郡）。法事の日に魚を食べると背が伸びない（愛知）。彼岸の中日に釣った魚を食べると、中気にならない（広島）。砂魚を食べると中気にならない（香川県三豊郡）。禁鯉の宮として名高い小山市絹の高橋神社では、昔は旧十二月二十九日にお絵馬焼きをしていたが、その火で干魚をあぶって参拝者に配った。この魚を子供に食べさせると疱瘡にかからないと信じられていた。（栃木）。西讃岐に、青い色の魚を食べてはいけないという家がある。食べると赤痢のような病気になるという（香川）。痳疹《はしか》が治った時は、桟俵《さんだわら》に赤飯や魚をのせ赤紙の幣を立て、夜、人に見られぬように村境の流れに病の神を一緒に乗せて流してやる（秋田県由利郡）。歳神様に上げた歳取魚の一のひげを保存しておき、春田打ちの鍬下ろしに食べるといきどり（肩が重く、呼吸が困難で田打ちのできない症状）をしない（新潟県長岡市）。生きている魚を流しに流してはいけない、目が見えなくなる（栃木）。下水の中へ生きた魚を入れると病人が絶えない（新潟）。お宮の池で魚を釣ると、針がひっかかったところに腫物ができる（愛知）。

○魚とダイコンおよび嫩葉《わかば》は中毒する（秋田）。餅と魚を食べるとあたる（新潟県西頸城郡）。

○その他の俗信。小さな雑魚を丸呑みすると泳ぎが上手になる（愛知・奈良・広島）。魚の頭はおかしらといって家の主人の膳につける（山口）。家を留守にして旅行する時は頭付きの魚を食べる（東京）。頭を取った魚を三匹食膳につけない（秋田県南秋田郡）。頭のない干魚を膳先につけて食事することを忌む。これは、江戸時代に罪人を死刑にする朝の膳に、飯と塩と頭の無い干魚を付けて出したからだという（三重）。大晦日に頭付きの魚を稲荷様に上げると泥棒除けになる（群馬県新田郡）。魚の頭を食べると賢くなる（岡山）。頭のついた魚を食べると記憶力を増す（石川県鳳至郡）。産婦のある家では出漁しない（秋田）。男の子に魚の尾を食べさせるとその子は出世しない（静岡県磐田郡）。舟の中へ魚が飛び込めば福が授かる（新潟）。正月三か日は米を炊かずに大きい魚を食べねばならない（高知県長岡郡）。にがての者が魚をつかむと魚が赤くなる。しかし、釣りに行くと釣れない（岡山県川上郡備中町〈高梁市〉）。初雪のあとには魚を食べるもの（新潟県岩船郡）。魚・貝・赤飯の贈り物にはナンテンの葉を付ける（福岡県北九州市）。漁労者は口笛を吹かないし、ヘビ類の薬を舟にのせない（宮城）。出漁中に「また魚がきた」とまたをつけてはならない（新潟県西頸城郡）。谷川などで一匹だけ遊んでいる魚は獲るな（広島）。川魚を食べて泳ぎに行くものでない（群馬県利根郡）。

○大きな魚を見た時「大きなもんじゃ」とは言わぬ。大きななぶら（魚群）でも「ええなぶらじゃ」という（三重県熊野市）。王子神社の川上に行って魚を見るとあいまち（あやまち）をするという（新潟県新発田市）。王子岳七滝沢魚止より上で魚を見ると死ぬ（同）。初漁の魚は川にそのまま帰すもの（同）。石碑を刻んで運搬する時は、魚を添えて持たぬと餓鬼がついて重くて持てぬ（和歌山県有田郡）。鉄炙の前でかぶりを振れば魚の身が鉄炙につかない（岡山県上道郡）。参詣に行く途中で魚を食べたくなった時は「沖のあら潮六石六斗ずつ七度垢離、沖の荒川でわが身を洗い、はらい清め給え」と三回唱え「伊勢の二見ヶ浦で買った塩で、わが身の罪けがれを払いたまえ清めたまえ」と唱える（青森県三戸郡）。軒下に山の神の錫杖《しゃくじょう》・猿の腰掛け・魚の尾を吊って病除けとする（和歌山県西牟婁郡）。井戸の中へ魚を入れておくと虫が湧かぬ（愛知）。

○夜、魚を持って歩くとオオカミがついてくる（和歌山県東牟婁郡）。魚に付け木を添えておけば取られない（同県西牟婁郡）。魚を携えて山路を通行する時は、硫黄をつけておかないとキツネに奪われる（同県）。

○魚に熱湯をかけるとおしゃべりになる（島根県安来市）。魚を焼く時に火を吹くと人中で赤恥をかく（大分県大野郡）。さかなを生き埋めにするとその家は絶える（愛知）。焼き魚の頭を北の方へ向けると悪い。煮魚であればどちらへ向けてもよい（新潟県三島郡）。仏様の御仏飯を炊いた小鍋で魚御飯を炊くと罰が当たり口がきけなくなる（岐阜県郡上郡）。女はサカナの頭の方とか美味そうなところを食べるものではない（富山県東礪波郡）。

○生魚が縁の下に入ると病人ができる（鳥取）。串刺のまま魚を食べれば死んでから喉を串刺にされる（秋田県角館地方）。

○最初に獲った魚をおでのいをと呼び、これを逃がすとその日はまやいが悪いといって忌む（静岡）。

○漁船の生贄に死んだ魚があると寝魚《ねいよ》といって忌む（高知県高岡郡）。

○同じ年の人が死んだ時には、魚を食べて歳取りをする（長野）。頭のついた魚を食べる（秋田県仙北郡）。川向こうの家から魚をもらって食べる（同県由利・南秋田郡）。

○月の七日と二十日に初めて漁に出るのはいけない（大分）。

鷺《さぎ》

○サギが鳴けば雨が降る（青森）、サギが海に出る時は晴れる（石川）と、天気の好悪を占う。

愛知では、ゴイサギが朝鳴くと雨が降り、夜鳴くと天気がよい、という。ゴイサギは夜活動し、飛びながらクヮークヮーと鳴く。長崎県壱岐では、ゴイサギが鳴いて通ると三日のうちにアオギタが吹く、といい、そのためにゴイサギをキタドリと呼ぶ。アオギタとは、八月（旧暦）頃の晴天に吹く涼気を追ってくる北風で、数日間続くのが普通であり、これが吹くと急に夏が去り、海も空も青む、といわれている。
○宮城では、サギが海や川辺にしおれているのは大風の兆という。シラサギが多く現れる年は大水がある（大阪）、シラサギが民家の近くに来れば洪水となる（広島）、共に水害の兆とする。
○呼吸器系の病気にゴイサギの黒焼きを飲む（山梨）。赤痢などの下痢にはアオサギの黒焼きを飲む（岡山）。彼岸の中日にはサギの卵を食べると中風にならない、などの民間療法が伝わる。アオサギは日本産のサギ類中最大のものである。
○以上の他、サギに関する俚言・俗信には次のようなものがある。シラサギが飛んでくると漁がある（愛知）、シラサギが飛び廻れば不時の事あり（大阪）と、吉凶二相を占う。田植シラサギ（広島・長崎）とは、田植時期にシラサギが時に多く現れるところからの呼び名という。シラサギの立つ所には清水が出る（千葉）。シラサギとはコサギ・チュウサギ・ダイサギなど体が純白に近いサギの総称である。
○ゴイサギに「ゴイ、おしまい」（さようなら、という意味）と言うと、これに対して必ずクヮークヮーと答える（奈良）。ゴイサギはタニヤキ米をコッテウシ（ウシ）に乗せて甥の家に持って行くため、それでワーッワーッと鳴いている（長崎）。「ハヤイモとゴイサギ」（長崎）、ということは、ハヤイモの初出来とゴイサギとを煮て食べると肉の味がうまい、との意である。
○帯を結んだ後にたたいておかないとアオサギ

におどされる（愛知）。その理由がはっきりしないが、サギを妖怪として怖れることはあったようである。ただし、それはゴイサギが夜間に飛び、月明の夜など火のように光るとか、岸辺に立っている姿が巨人のようだったので、これを見て驚きの余り斃れる者さえあったという（『本朝食鑑』）。

鮭《さけ》

○十一月十五日（旧暦）、もしくは十二月二十日の恵比須講の晩に、サケの大助《おおすけ》・小助《こすけ》が「サケの大助いま上る」と大声をたて川を上るという。この伝承は東北地方に広く、この声を耳にした者は命を失うといわれ、そのために耳塞ぎ餅を搗く地方もあるという。（鮭の大介の語は、室町期に成った『鳥鷺合戦物語』にすでに見えている）。サケは古くから重要な食物であったことは『延喜式』の諸国輸調にもうかがえるし、歳魚として現在でも広く用いられる。また時期を定めて川に遡って来る回帰性は、不思議で神秘的なものと考えられ、この魚を神の使令として禁食する民族もある。陸中遠野の宮熊氏は旧家であるが、この家の祖先は同国気仙からサケに乗ってこの地に到着したので、子孫代々サケを食べない。もし食べれば咎めがあるという（『日本民俗学辞典』）。千葉県山武郡松尾町（山武市）では、稀に小川へサケが上ってくることがあるが、このサケを食べるとヤク痛になると恐れられ、捕ったサケは松山（八日市場市〈匝《そう》瑳《さ》市〉）の大六天様に供えることになっていた。羽前の小国（山形県最上郡最上町）では、お大日様に供えるサケは、他のサケと違って背中に十字のたすきをかけているという。群馬県利根郡片品村では、正月三が日サケを食べてはいけない、と伝えている。この類のサケにまつわる伝承は枚挙にいとまがない。

○サケが多く上る年は凶作（山形・茨城・新潟）という。それで貧乏ザケともいう。サケのよくとれる年は、寒流である親潮の勢力が例年より強い時で、このような時はオホーツク海方面の水温も低く、この方面に高気圧が発達して寒冷な空気がやませ（北東風）となって北日本へ流れてくるため、冷害を受けて不作となりやすいためだという（『新説ことわざ辞典』）。
○民間療法。妊婦がサケ・マスを食べると子供の頭にかさぶたができやすい（長野県木曾郡）。秋田県平鹿郡山内《さんない》村〈横手市〉の仙人様へサケを上げ、自分はサケを断てば腹痛が起こらない。首から上の腫物にサケとクルミの皮を貼ると治る（新潟県西頸城郡）。サケとクルミは腹が痛む（富山）。『歌摘録』に、「さけをただ多く食すな、はれものや、かさをしょうずるものと知るべし」と見える。「干《から》鮭は霜先の薬食い」（『好色一代男』）といわれたほどで、サケは栄養食であり、さらに古くは精分が強過ぎる食品に数えられていた。
○その他の俗信。シオザケの一ひげ（鰭）を食べると売れ残る（新潟）。青森県八戸市湊町では、サケの頭を恵比須槌で打ちながら「千魚又次郎八百長才」と唱え、大漁を願ったという。

栄螺《さざえ》

○静岡県御殿場市で、サザエの殻を棒にさして畑に立てるとヘビが来ないといい、神奈川県では、サザエが釣れると、ろくなことはないという。
○民間療法。サザエの焼汁は毛生え薬（新潟県佐渡郡）。喘息には殻を焼いて粉にして飲む（山口県豊浦郡）。百日咳にかかったらサザエの蓋三つを病人の頭にのせ、貝一つにつき灸を三つずつすえれば咳が遠のく（神奈川県三浦地方）。寛政年間の『私家農業談』には、目を突いた場合には、サザエの蓋貝の雨ざらしになったものを白焼きし、焼明礬《やきみょうばん》を少し加え粉にしたものを、少しずつ麦がらなどの管で吹き入れてやればよい、と見えている。

さずかり

○サズカリ（甲虫の幼虫）は半夏生を過ぎると背で歩く（神奈川県津久井郡）といわれる。指の病にはサズカリの頭部を切り取り、内臓を取り出した皮を被せておくとよい（東京多摩地方）という。

鯖《さば》

○熊本県阿蘇谷の辺りでは、ウマの腹が痛む時のまじないに「大阪の八坂の坂の坂中で、虚無僧に逢うて、サバ三匹もろうて、此虫はやせきやませ」という文句を唱えて、ササの葉でウマの腹を撫でてから、そのササの葉をウマに食わせるという。旅僧に塩サバを乞われた男が、惜しんで承知しなかったばかりに馬が腹痛を起こし動けなくなったという「鯖大師」の昔話は、四国を中心に各地に分布しており、『雲錦随筆』巻五にも見えている。天文年間に成ったという『勝薬集』には、ウマの腹痛のまじないとして「馬の耳に口あて、歌に曰く、大阪屋八阪阪中鯵一つ、きやうきにくれて駒ぞ腹やむ、と七返よみ、我手にてはなきぞ、おうたせんの御手なり、とて背を撫づべし」と記されているそうで、ここではサバがアジに変っている。土地によっては、サバを食べてすぐ湯に入ると背中がわれる（栃木県芳賀郡）といい、また、天狗にさらわれた子を捜すのに「サバ喰た何某」と呼ぶ（石川）、などの風習がある。

○民間療法。妊婦はサバを食べてはいけない（山梨・岡山）。食べると、流産する（静岡・山口）、瘡ができる（長野・和歌山）。出産後七十五日間はオブヤノウチとかアカビといってサバ・エビの類は食べなかった（滋賀県甲賀郡）。半夏生にサバを食べると精がつく（石川）。

○食合せはサバとスモモは、よくない（愛媛・佐賀）、あたる（新潟）、胃を害する（富山）。サバと梅干はあたる（新潟・愛媛）。サバと芋がらは、目を病む（茨城）、腹痛を起こす（神奈川）。

鮫《さめ》

○三重県熊野市荒坂地区では、エビスザメは伊勢参りに行く、と伝えている。伊勢国磯部大明神は、エビスと名づけるサメを神令とし、厚く信じる者は、海に溺れんとする時サメが来て助けるという。参詣の徒が、神木のクスノキの皮を受けて日常所持し、サメが船を襲う時これを投げるとたちまち去るともいう。

○船にサメがついたら海に灰をまくとよい（神奈川）。赤い褌をしめているとサメに食われない（高知県高岡郡中土佐町久礼《くれ》）。赤い縞のついているサメを山の神と呼ぶ。赤い色は山の神の色であり、山の神は大漁を導く（岩手県気仙郡）。六月十六日は海女が仕事を休む日で、サメが出るといって子供も海に入らない（三重県熊野市）。盆に海で泳ぐとサメに食われる（愛知）。正月元日・五節供に生まれた子は紫胆《ぎも》といって、サメにとられるというので船に乗らない（福島）。大きい魚（サメなど）を切り売りする時には、臓腑まで全部処理しないと以後捕れなくなる（新潟県西頸城郡）。火事の夢を見るとサメになる（愛知）。

○民間療法。妊婦がサメを食べるとさめ肌の子が生まれる（青森・宮城）というのは、サメの体表からの連想であろう。妊婦が食べると中毒や難産をする（秋田）。痳疹《はしか》の時サメを食べるとさめ肌になる（同県）。性病にはコバンザメを干して食べるとよい（三重）。寒の入りに油揚・サメ・コンニャクを食べると病気にかからない（福岡）。ウバザメの皮ですって粉にしたものをなめる（山形）。

猿　さる

(1) サルは禁句、忌詞・山言葉・沖言葉

○サルということばを禁句とするのは婚礼の席ばかりではない。日常生活の中でも、タブーとする風は広く見られた。中でも、一日一日が勝負の商人や人気商売、水商売の人、或いは博打（広島県比婆郡）の間に強く行われた。特に一日の運勢を決定する朝の間（水商売では夕方）は嫌った。朝のサル話はせぬもの（悪い事がある、災難にあう、気にかかる事が起こる）

などという土地は、秋田・宮城・福島・栃木・千葉・静岡・愛知・長野・富山・福井・奈良・三重・和歌山・広島・山口・愛媛・香川・大分・対馬等の諸地域に及んでいる。また、朝サルというを口にしてはならぬ（その日一日よくない、悪運）という土地も、秋田・宮城・群馬・長野・三重・大阪・和歌山・奈良・鳥取・鹿児島等、東西にひろがっている。兵庫県多可郡では、朝サル廻しに出会うとか、サルの話を聞くと、その日は不吉という。福井県三方郡・小浜市では朝サルと言うと、来かけた幸せまで去るといって嫌う。和歌山県西牟婁郡では、朝の出がけに「お早うござる」と言われても、縁起が悪いといって家へ戻ってしまうほどであった。三重県度会郡では、「朝ザル朝坊主」は縁起が悪いという。
○商家では朝、サルと言うことを忌む（岐阜市）。朝サルという事を聞くと、その日は商売が思うように行かぬ（京都市）。商人はサルの悪口を言うな（山形市）。勝負事や商家などはサルを嫌う（愛知）。朝サルを見れば終日利益なし（兵庫県飾磨郡）。鉱山師や山商売の人にはサルは忌物でサルとはいわない（和歌山県東牟婁郡）。申の日には商人は特にサルの話を忌む（秋田県仙北・平鹿郡）。職人はサルの話を聞けばその日仕事をせず（和歌山）。車夫はサルの話を嫌い、猿股もキャル股という（岡山県上道郡）。工場ではサルという言葉を使うと怪我をする（秋田県平鹿郡）。
○実物のサルだと、なお悪い。朝サルに会えば悪いことがある（秋田県南秋田郡）、朝サルが来ると縁起が悪い（愛知県丹羽郡）、サルに合うと機嫌が悪い（三重県度会郡）、などという。
○商人や水商売の場合は損得の問題だが、農山村では肉体上の安危がかかっている。特に危険な仕事をする日や、仕事の取掛りにはサルは禁物であった。和歌山県西牟婁郡では、サルは赤いものを嫌うから、仕事の前にサルを見れば血を見るといって嫌った。めでたい座敷では、サルと言わず、山のトッツァと言え（越後）。
○山でサルの話をすると不吉な事がある（熊本県球磨《くま》郡）。山で仕事をする前にサルと言ってはいけない（木曾地方）、朝山仕事に出かける前にサルの話をすると、よく怪我をする（災いが起こる）（栃木県上都賀郡・岐阜県吉城郡・和歌山県東牟婁郡）、朝食の時サルの話をすると、その日必ず血を見る（千葉県印旛郡）。山師はお昼前はサルと言うものではない（群馬県吾妻郡）。山へ行く時サルということばを言わない（鳥取県八頭郡・徳島県那賀郡）、山師は仕事始めにサルと言ってはいけない（愛媛県上浮穴郡）。サルの話をしたらその日は山へ行かない（福島県白河市）。朝サルの話が出るとその日は木橇曳き（木材搬出）を止める（山梨県南都留郡）。朝山へ登る時サルを見たり、サルの話をすると、山に去ってしまう（二度と山から戻れない）という（兵庫県朝来郡）。山仕事をする時や夜などにはサルと言うな（秋田市）。こうした夜の禁は、山小屋へ泊まる時を主としている。
○サルといわねばならぬ場合、例えば十二支の申という時、山中ではソレといって申に代える（和歌山県西牟婁郡）。このような緊急避難型の替え言葉の他に、いわゆる山言葉をもって代用する場合が多い。特にマタギと呼ばれる狩猟者集団の中ではこの禁が厳重に守られた。マタギの民俗については、本書では触れないが、一例をあげると、越後中魚沼郡赤谷郷（新潟県新発田市）では、シシヤマに入ってから里の言葉を話すと、山が汚れるので、怪我をするとか、獲物がないといって、禁を犯した者には水垢離をとらせて浄めた。石川県石川郡では、サルという語を朝口にするのは大禁物だが、もし誤って言ってしまった場合は、「クロマメナンキン」と唱えればよいといった。これなどは最も手軽な祓い方である。奈良県吉野郡では、朝サルと言ったら、すぐイヌと言い返さないと縁起が悪いといい、どうしてもサルのことを話さねばならぬ時は、エテキチという。群馬県勢多郡では、朝はサルと言わず、ヤエンと言えばかまわない。秋田県鹿角郡などでも、狩人はサルを忌んでヤエンという。

○山言葉でサルはマヤのルサさん・モンキ・キムラ・キムラサン・ヤエン・ヤンシュウ・若い衆・青年などという（愛媛県上浮穴郡）。高知県土佐郡・香美郡でもモンキー・キムラ・オキヤクという。ヤンシュウは明らかではないが、若い衆などと同義らしく思われる。キムラは気分がむらなもの、気分屋だから油断はできないものといった意味であろう。お客は敬意を表した語である。九州南部では、山では必ずヨモといわねばならぬ（里ではヨモザルといった）。ヨモはヨモノの略で、語源は忌物である。（ネズミの忌詞もヨモノで、また夜の君ともいうところから、夜物の意と誤解されることが多い）。新潟県西頸城郡ではヤマノアニといわぬと、サルが怒るという。同県中魚沼郡津南町の秋成郷の狩人の忌詞ではエテコウ、ヤマノオジサン。エテコウは一般にも広く行われるが、去ルを祝い直して得手といったもの。鹿児島市の接客業者は、サルを避けてヨテコ・ヨモという。ヨテコはエテコとヨモの混じった語であろう。岡山県川上郡成羽町〈高梁《たかはし》市〉の坂本銅山で働く人も、特に朝はサルと言うのを嫌うが、一般人も山ではヤインボウといって、サルとはいわない。和歌山県西牟婁郡ではエンコ。大分県南海部郡では、山仕事をする人たちはサルと呼び捨てにせず、サルドンと敬語で言う。サルドンやモンキーは零落した忌詞の末期の姿といえよう。三重県度会郡では、エテとか坊主とか朝言ってはならぬという。エテならば差支えないはずであるが、既に普通語化してしまい、忌詞としての特殊性を失ってしまったのである。エテは、文政頃には既に「例の物」の意味に使われ、そのため、酒をエテ・エテキチ・エテモノなどと呼ぶことも多かった。

○なお、早朝嫌われるものにはサル以外に、産の話（秋田県仙北郡）、ネコの話（兵庫・山口・高知）、イタチ（秋田・奈良）、坊主（三重・高知）などがある。

○船上でも、サルはヘビと共に嫌い（伊豆三宅島・相模佐島・三河佐久島等）、船に乗せたり、その話をすることを忌む。漁師は海上でサルという語を口にすれば、魚群が去るといって大いに嫌う。広島県三原市幸崎《さいざき》では、魚網をつくるにも申の日につくると網を破るといって、酉の日を選ぶというふうに気をつかった。サルの話をすると漁がない（和歌山県熊野地方・山口県大島郡）。船中ではサルの話をしない（富山県下新川郡・山口県大島郡・薩摩）、サルという語は絶対に口に出さない（宮城・広島・愛媛・薩摩）、という例はまだ他にも少なくない。船の中でイヌ・サルの話をすると、海の神様のご機嫌をそこねる（福島）、金毘羅さんとサルは不仲で、サルの話をしたら顚覆した（佐賀）、船玉様が嫌う（愛知）、などの説明もあるが、要するに、去ルの語呂合せにに尽きる。

○宮城県牡鹿郡の江島《えのしま》では、サルという語は絶対に使わない。もし不用意に使った時は、味噌に塩を混ぜてその者の口に突っ込む、などの制裁を科した。

○漁業者の忌詞を沖言葉というが、その語彙は狩人のそれと大同小異である。エテ（千葉その他）、エテコー（愛媛）、エテテ（三重）、ヤマノオジ（福島）、ヤマノオッサン（香川）、ヤマノジイサン（鹿児島）、オンツァ（宮城）などは共通といってよい。ハヤモノ（岩手・福島）は行動の軽捷なのを、アカ（五島）、アカドン（鹿児島）は赤面の特徴をとったもの。ヨボ・ヨーボー（岩手・宮城）は、エンボウ（福井）の訛か。野猿坊であろう。ボーズ（三重）もそれであろうが、他の土地では坊主を忌むから、混乱しているわけである。モンキー（五島）も、山言葉にある。トクマツ（大分県南海部郡）は擬人名だが由来不明。ゲドウ（同上）は、同じ地方で動物全般を畜生というので、その一類。ヨモ（鹿児島）も陸上のそれと共通である。

○船出・綱引の時にサル・畜生などの語を口にした場合は、酒を買って縁起直しをする（秋田県由利郡）。船中では、サル・ヘビの話をしない（富山県下新川郡・山口県大島郡・鹿児島県薩摩地方）。宮城県の漁業者は、船ではサル・ヘビ・ブンマケル（ひっくり返す）の語を禁忌とする。鹿児島県国分市（霧島市）では、舟にサルを乗せると、海が時化るという。広島県豊田郡の豊島でも、沖でサル、クチナワの二語は絶対に使わない。舟玉の好きな動物だからという。そして二つともエテモンといって嫌う。舟玉が好きだからいけないという複雑な論理である。以上の他、フカ（香川）・イルカ（佐渡）も忌まれる。

○漁師は出漁前にサル・ヘビ等を見たり聞いたりすると、その日は出漁しないというほど嫌うので、これを逆手にとった嫌がらせも行われた。三宅島では、漁師に向かって子供らが「トビを呉れ」と言ってねだってもくれぬ時は、「サルカケ、サルカケ」と悪態を言った。漁師は縁起が悪いのですぐに投げ与えた。愛媛県越智郡では、船持と喧嘩した時は、「サルを釣れ」と言うと、嫌がる。広島県豊田郡の豊島で、下手な漁師をあいつはサルだという。そして「サルを釣れ」は最高の罵語である。

○海のない群馬県でも、朝魚釣りに出かける前に、サルの話を聞くと、その日は一匹もとれないといって、釣りに行くのを中止するほどであった（新田郡）。

○以上の禁忌と矛盾するような慣行もあり、愛媛県伊予郡松前町では、サルは掻き取るだから嫌わないという。昔、ある船頭が宮城県の金華山の傍を通ると、サルが磯へ下って来てシウリ貝（貽貝）をとって食べようとしたが、手をはさまれて困っていた。船頭が船を寄せてサルを助けてやったところ、大漁に恵まれた。それ以後、その船頭をザル船頭と呼ぶようになったという（宮城県牡鹿郡女川町）。この地方では、サルの沖言葉はオンツァで、笊《ざる》のことまでハヤモノと言い換える。ザル船頭のザルは猿の変形語か、笊ですくうように大漁したという意か明らかでないが、前者らしい。岩手の三陸海岸でサルの沖言葉をヨボ・イビス・ハヤモノと呼ぶが、イビスは夷の訛であるから、右の説話と相まってサルが時に豊漁を授ける、との信仰があったことが裏付けられる。

○赤谷の猟師は、シシヤマでサルがとれると、マサルといって縁起がよい、と喜ぶ。シシヤマの登りなしにサルをとると、一年中シシがとれるともいう（新潟県新発田市赤谷地方）。伝統的にはサルの話は悪くても、実物をとるのは、やはりうれしいということになるのだろうか。サルの禁忌もどこかで一つ屈折すると、反対になるという例の一つであろう。

猿　さる

(2)猿の夢、猿神、猿奉納と猿の頭

○サルの夢は凶（宮城・秋田・対馬）。朝方、サルにあう夢を見るとゲンが悪い（兵庫県養父郡）。サルの夢を見ると、人が死ぬ（福島県南会津郡）、家族の一人が死ぬ（秋田県平鹿郡）、三日後に必ず死人がある（福島県耶麻郡）、その日怪我をする（和歌山県東牟婁郡）。梁の下に寝て白猿の夢を見ると死ぬ（栃木県芳賀郡）。足袋をはいて寝てサルの夢を見ると死ぬ（岡山県白石島）。東向きに寝てサルの夢を見ると三年しか生きられない（栃木県宇都宮市）。西枕に寝てサルの夢を見ると、寿命が短い（群馬県利根郡）。南向きに寝て白いサルの夢を見ると、近いうちに死ぬ（秋田県鹿角郡）。東枕に寝てサルの夢を見ると死ぬ（同平鹿郡）。正月元旦にサルの夢を見たら死ぬ（沖縄県国頭《くにがみ》郡）。十五夜に東枕に寝てサルの夢を見れば死ぬ（福島県喜多方市）。

○大多数がサルの夢は悪夢だといっているが、その反対も無いわけではない。サルの夢を見ると良い事がある（秋田県山本郡）という。

○サルを捕らえると三代祟る（広島県山県郡）。サルを殺したり食ったりすると死ぬ（秋田県能代市）。サルを殺すと連れ合いに早く死別する（兵庫県城崎郡）。サルばかりでなく動物の雌を撃ってはいけない（愛媛県上浮穴郡）。身持ちのサルを打つと、その人の妻が流産する（同上）。妊婦がサルなどの山の生き物を殺すと、口がきけない子を生む（同上・大分県南海部郡）。

○サルは人間より三本毛が足りないので人間になれないといわれる。愛媛県上浮穴郡では、だからサルは人間の生れ変りであるから殺してはならぬという。

○サルは血をこわがる（宮城県牡鹿半島地方）。『本草綱目』に「又触穢ヲ忌ミ、血ヲ見レバ則チ愁フ」とある。「猩々は血を惜しむ」（『義経記』）という言葉もある。

○サルは庚申様のお使という（京都）。サルは山王の使というのが常識だが、徳島県海部《かいふ》郡宍《しし》喰《くい》町〈海陽町〉では、庚申さんにお願いすれば失せ物が出る、小遣いに不自由しない、との信仰があり、失せ物が出た時は、必ずおつかいのサルの人形をつくって祭る。庚申様のサルはカノエサルの日を祭る故に、サルを使わしめと誤解したものであろう。

○道を行く時サルが憑くと、手に米の字を書いて、それをなめると治る（和歌山県西牟婁郡）。サルが憑くということは、あまり耳にしないが、この例でみると、ヒダル神類似のものらしい。

○ウマは途中で歩かなくなった時は、「天竺のオロが谷からホイ（サル）が曳出す鹿毛の駒、われも行くからオロも行こうぞホイホイ」と言うと歩き出すという。オロはウマのことだと説明されている（高知）。
○子供の夜泣きのまじないには、「サルしまやサルを泣かすとも、この子供泣かすな」と書いた紙を蒲団の下に入れておけばよい（群馬県邑楽郡）。
○火傷には、「猿沢の池のおろちが手を焼きて、腫れずただれずひりつきもせず」と三回唱えて吹くと、火ぶくれや病めるのがとれる（岐阜県揖斐郡）。
○痲疹《はしか》には、「猿殿は生れぬ先に痲疹して又する人は者《ママ》なりけり」と漢字で書いて、その者の体に貼っておくとかからない（福井）。
○サルの手を手首のところから切って、家の軒端に吊しておくと、悪病除けになる（徳島県三好郡）。こういうグロテスクな慣習は次第に改められていった。佐渡で、疱瘡除けの守りとして、くくりザルの毛を紙に包んで軒に吊すとか、神棚に供える風があるのは、改良の一例である。
○廏や牛小屋の正面や軒にサルの頭蓋骨を箱に入れてかける風が各地に見られたのは、古来サルを廏の守りとした風習の現れで、この信仰は中国の古文献にも見られる。我国では、サルを廏の傍らで飼ったり、廏の祈禱を猿曳きにさせるなどした。美作国一宮の中山神社（岡山県津山市）の猿神が牛馬の守護神として県外でも信仰されたのは、同地方の畜産業の反映である。
○サルの頭は牛の病気一切に効くといわれ、往時は牛の居る家には絶対必要なものであった（福井県遠敷郡）。サルの頭や彫刻をダヤ（廏舎）にかける（岡山県川上郡）、サルの頭や手を小箱に入れて廏の正面に祭る（福島）、近い昔までサルの頭蓋骨を箱に入れ牛小屋にかけた。こうすれば家畜が健康で安産すると信じられた（出雲地方）。そのため、サルの骨を売りに歩く者もあったという。こうした風習は、生きたサルを飼うことの簡易化でもあったが、実物の骨や手首の代りに面や縫いぐるみを用いるように、さらに簡易化した。また先の徳島や佐渡の事例は、本来家畜向けの信仰行為だったのが、人間向けに拡大解釈されたものであるから当然この面でも、実物からくくりザル等への変化が見られたのである。

○サルは魔除けになる。馬小屋の前にサルの面を貼っておくと病気にならぬ（北九州市）という。馬が無病というのか、人間なのかははっきりしない面もあるが、前者であろう。京都府の口丹波地方では、子供が痲疹にかからぬまじないに、家の入口に小ザルの彫物を吊り下げておく。兵庫県多紀郡篠山町〈丹波篠山《ささやま》市〉では、疣落とし祈願に、村の山上さんという神社に、サルの縫いぐるみをもってお参りする。鳥取市布勢では、子供の疳を癒すため、山王さん（日吉神社）にお参りし、神社からサルの縫いぐるみを戴いて帰り、願開きは倍にして返す。京都市下京区堀川五条下ル本圀寺の鬼子母神堂のくくりザルも、疳の虫に効くというので、子供の腰につける。和歌山市北郊の大阪街道路傍の小祠におびただしく供えてある土偶のサルは、妊婦が安産祈願に借り受けて行き、枕元に置く。安産すると、お礼に同じものを一つ加えて返納する。同県那賀郡粉河《こかわ》町〈紀の川市〉近在では、小児の瘡《くさ》を治すのに庚申さまに願をかけ、縫いぐるみの小ザルを受けて来て、小児の着物の背紋（糸でかがった紋）にこの小ザルをくくりつけておく。お礼参りに倍にして返納するのは他と同じである。岡山県で、痲疹にかからぬよう背守といって、子供の袖無しの背に、小布で小さい赤ザルを作って付けた。痲疹の流行する時、イナキビやソバをサルの中に入れると、近くまで流行ってきた病気にも、サルさん去りますといってかからないという。同様な風習は、関東にも見られる。埼玉県では、川越市の仙波神社、東松山市の吉見観音の山王様、比企郡都幾川村〈ときがわ町〉の日吉神社などが有名で、子宝を欲しい女性は、山王様の絵馬を抱いて寝ると子が授かるといわれ、或いは安産子育ての守護として、また婦人病治療に信仰される。右の山王様に奉納されている絵馬の絵柄は、赤い袖無しを着たサルが桃の実を持った姿で、その他、石造のサルには、ベベダシザルと称して陰部を赤く塗ったものがある。秩父郡大滝村〈秩父市〉の女観音にも、安産・婦人病平癒を祈るが、願果たしには、懐中鏡か縫いぐるみのサルを奉納する。このサルは、難が去る意味と説明されている。青森県では、サルをマス（マシラの訛）と呼び、旧南部領の村々では冬の間木伐りに山中に籠って働く父親が、夜の所在なさに家の子供のために、木の端を利用して素朴なサル玩具を作ったりした。それは亀のような形にも見えるが、マスと呼んでいた。縫いぐるみのサルも同じくマスと呼び、子供の魔除けに、チャンチャンコの襟首のところに縫いつけたり、病気平癒の祈願に地蔵堂に奉納した。
○福岡県粕屋《かすや》郡篠栗《ささぐり》町では、子供の病気には同町遍照院へ年の数だけのくくりザルを奉納祈願する同県田川郡香春町でも、疱瘡除けの祈願に、同町現人神社へくくりザルを奉納する。
○山の幸を享受しているお礼として、農家の人は正月に藁で若ザルを作って山へ持って行き、感謝の意を表した。もし若ザルを忘れて行った時には、「このたびはぬさも取りあえず手向山、もみじのにしき神のまにまに」という歌を詠めば許されるといった（山形県新庄市）。

猿　さる

⑶猿の行動と俗信

○サルが川渡りをすると不幸がある（鳥取県岩美郡）、サルが川や橋を渡るのは、火事の予兆である（島根県仁多《にた》郡）。サルは火に早い（群馬県利根郡）という。同郡で、猿田彦を祭るジコウジン（地荒神）の祭日の、サルがその家の真ん中を通ると火事が起きたという例もあるといわれる。
○庚申の夜にサルを見るのはよいらしい。新潟県加茂市（旧七谷村）では、昔は初庚申の晩にサルの大群が村の方へ渡ってくるのを見た人もある。この夜遅くまで起きていると福が授かるという。

○サルの群が山から出てくる時は、雨が降る（愛知県南設楽郡）。サルの群が出て来ると天気が変る（栃木県日光地方）。西山の細ナギ尻にサルが出たから天気が変る、雨になる（長野県下伊那郡南信濃村〈飯田市〉）。山でサルが騒ぐと天気が変る（愛知県南設楽郡）。サルが出て来て鳴くと、明日は雨が降る（岐阜県郡上郡その他）。雪の降る前ぶれとする所もある（滋賀・広島県山県郡）。富山県氷見市では大雪の前兆という。福岡県田川市の香春岳の付近で、サルが鳴くから籾でも取入れておけというのも、雨の前兆としていうのであろう。動物の本能的な知恵として、実際にそうした現象を起こすものだという。

○一匹ザルが出れば国難がある（広島県山県郡）。

○妊婦がサルの形の物を作ると、産児の手がサルの手に似る（山口）。

○サルを愛すれば夫婦和合する（岡山県勝田郡）。

○月経過量の人はサルを供えて祈願する（岡山）。

○子連れのサルを撃つと、馬鹿や障害のある子が生まれる（宮城県刈田郡）。

○土左衛門は、拾いザルをさせるといって、拾った当座はよいが、あとが悪い（神奈川県逗子市）。

○サルの体内にはサルノキンイという苦いものがあって、目薬になる（愛知県北設楽郡）。

○夜、サルの鳴きまねをすると火事になる（栃木県芳賀郡）。

○サルが出てくると火事が起こる（大分県日田郡）。

○サルが機《はた》にサルカセを織る（岩手県岩手郡）。

○新しい石碑の角にサルまたは猿と書いた小紙

片を貼りつけておけば、石碑の角を人に欠かれることがない（長野）。
○頭の毛を三本抜くとサルになる（愛知）。
○人まねするとサルになる（秋田・新潟その他）。
○年寄りをばかにするとサルになる（宮城）。
○兄弟で火を吹けばサルとなる（和歌山県山路地方）。
○巳・申の日に裁ち物をするな。巳は身を切り、サルは赤面で火が早い（会津）。
○クリの葉が落ち始めると野ザルが出て来る（福岡県筑紫郡）。
○秋田県では、猿手ということをいう。これに対し、犬手ということもあり、鹿角郡では、サル手は器用だが、イヌデは不器用だという。この猿手について、平鹿郡では、片手猿は手業がよく、両手猿は金持ちになるといい、仙北郡では、左猿は器用、右猿は盗賊という。
○サルとカニの取合せは、昔話以来の結びつきであるが、北九州市では、カニの甲にある、爪形のへこみは、昔サルと喧嘩した時の傷痕だという。宮崎県西諸県郡ではカニに挟まれたら「サルの毛を三本呉れ」といえば放すという。愛媛の魚島では、大玉様を祭っている所では、船にサルをのせることを嫌う。ただし、サルカニ合戦の話はしてもかまわぬという。
○サルに化かされるということもある。爺さんがナギ（遠くの山畑）で働いている間に、サルが蓑や笠を着て爺の家へ帰り、爺になりすましていた。爺さんはあとから家へ帰ってそれを見、葬式の着物を着、灯籠を持って泣きまねをすると、サルはぬけて行った。サルは葬式が嫌いなので、化かされた時は葬式のまねをすればよいという（石川県石川郡）。

猿　さる

(4) 民間薬として

○サルの頭の黒焼き乃至蒸焼きは、頭痛・精神病・婦人病その他の特効薬として、非常な貴重品であった。例えば、秋田県北秋田郡阿仁町〈北秋田市〉のマタギの間では、ミコウ焼きといって、サルのみでなくイタチ・テンの頭を甕で蒸焼きにするか、焼いて粉末にした。高血圧・神経症・婦人病、産後の血の病に卓効があるといわれた。狩猟者以外の者や、他の地方の人でも入手の機会あるごとに買い求めたもので、旧家の屋根替えをすると、ツシ（天井）からサルの蒸焼きが幾つも出てきたなどという話がよくあった。これを削って飲むと、どんな難産でもするすると生まれ、頭痛にもよいといった（福井県大野郡）。長野県飯田市では、粉末にして壺などにしまっておき、どえらい薬だといって秘蔵にした。産前産後に卓効があるといった。蒸焼きの仕方は、埼玉では壺に密閉したのち、囲炉裏の灰の中にいれて蒸焼きにした。山梨では、土に包んで蒸焼きにした。いずれも削っても粉末にし服用する。量は耳掻き一杯くらい（岐阜県揖斐郡）ともいう。粉末をそのまま飲むのと、さらに煎じて飲むのと二通りがあったのである。

○効能としては、頭痛・脳病・神経症・精神病・てんかんなどが第一に挙げられる（山形・群馬・埼玉・新潟・富山・岐阜・兵庫・香川・徳島等）。第二は血の道・婦人病・産後等である（埼玉・山梨・愛知・新潟・長野・岐阜・滋賀・香川・愛媛）。群馬県勢多郡でも、血の道・乳不足にサルの黒焼きが効くという。どの部分の黒焼きかはっきりせぬが、恐らく頭部であろう。埼玉では、サルの黒焼きは中風にも効くという。これも同前であろう。

○高知県安芸郡では、頭の黒焼きはチフスによく効くといった。栃木では頭蓋骨を煎じて飲めば、結核性の病気などの熱冷ましによく効くという（これにもましてよいのは人間の頭蓋骨だといわれ、土葬の墓から持ち去られることもあったという）。

○兵庫県養父郡では、サル、またはタヌキの骨を乾かしたものを煎じて飲めば、腹痛に効くという。

○サルの胎児の蒸焼きも、産後の悪い者が飲むと効くといった。越中の薬売りが売りに来たもので、大正時代、一日の日傭が六十五銭ぐらいの時、一つ三円五十銭もしたという。長野県下伊那郡では、妊娠しているサル・シカを獲ると、産子を土甕に入れて周りを粘土で固め、周囲から籾がらを燃して蒸焼きにした。婦人病・産後に珍重されたが、禁猟になって使用が止まったという。往時、奥羽・上越のマタギは、熊の胆《い》の乾燥したものや、サルの腹子の干したものを信州辺まで売りに来た。サルの腹子は煎じて婦人病の薬として飲んだが、非常な貴重薬とされた。胎児を乾物にしておき、削って粉にしたり、煎服すると、精神症・婦人血症に効があると、『飽海郡衛生誌』にある由。秋田の阿仁のマタギは、これをこまかく刻んで空炒《からえ》りしてから煎じて飲むと、婦人病・不妊症に効くといった。

○サルの内臓も薬効があるといわれた。報告では、胆と記したものと、胃と記したものとがある。いずれも発音はイであるが、前者は胆嚢《たんのう》であるから、部位が違う。しかし、実際にはさほど厳重な区別はなかったのではないかと思われる。また肝と書いたものもあるがこの場合も同様ではなかろうか。『秋田風俗問状答』に、山奥の村では女房が分娩すると、その夫が山へ行ってサル一匹とって来て食わせれば、諸々の血の病を患うことがないと記されており、どうやらサルのからだ全体を薬にしたようである。

○サルの胆は、産後の血の道などに飲む（長野・岐阜）、虫下しに効く（埼玉）。熊の胆の代用に、サル・イノシシの胆をのむ（和歌山）。サルの胃は、眼病の薬、食あたりに飲む（石川）、安産に飲む（同上）、子供の疳の虫に効く（愛媛）、猿の肝の丸焼きは、肺病に効く（津軽）、頭病みに効く（新潟）。

○サルの睾丸は、喘息の薬として食べる（三河）。

○その他、原因のわからぬ熱病の時にサルの脂を服用するという例がある（徳島）。

○サルの肉も薬用であった。常時あるわけではないので、塩漬にして蓄えておいた。土佐ではこれをサルノシオキと呼び、煎じたり味噌汁にして産後の婦人薬のほか、疫痢・赤痢・腰気・肺炎の薬にもした。もとは、熊の胆とともに、サルのシオキを売り歩く者もあった。丹波でも、昔、これを「エテのなしもの」と呼んでいた。兵かくらん・コレラに卓効があるといわれた。兵庫では、肉の塩漬けを保存しておき、下痢の時水炊にして食べた。伊予の上浮穴郡で、サルの塩辛《しおから》と呼んで、大怪我によく効くという。特に頭が効くというから、肉以外をも塩漬にするとみえる。同じ郡で、サルの塩辛は、夏に腹薬するという。

三光鳥　さんこうちょう

○サンコウチョウの糞が小児の目に入ると、恐るべき中毒を起こす（熊本）、サンコウチョウの糞が落ちると毒のためにその葉は枯れる（鹿児島）、といってサンコウチョウの糞を有毒とする。ただし、鹿児島では、生け捕りののち十日ほど経って人が与えた摺餌《すりえ》を食うまでになったものなら、その糞には毒は無くなる、という。

○長野では、サンコウチョウをとれば祟る、と捕獲を忌む。サンコウチョウは俗に月日星（つきひほし）と鳴くといわれ、『本朝食鑑』にも「其の声清越円囀、日日月星（ひひつきほし）と言ふが如し。故に俚俗三光鳥と号す」とある。

⇩尾長《おなが》

山椒魚　さんしょううお

○広島県佐伯郡では、ハンザキ（サンショウウオの地方名）が咬んだら雷が鳴るまで、または、宮の太鼓が鳴るまで放さぬという。『日本山海名産図会』巻二に「大なるものは三尺斗、甚山椒の気あり。又椒樹《さんしょうのき》に上り樹の皮を採り食う。此魚畜《やしない》おけば夜啼て小児の声のごとく、性至て強き物にて常に小池に畜い、用ゆべき時其半身を截断《たちきり》、其半を復《また》小池へ放ちおけば自ずから肉を生じ元の全身となる。故に作州（岡山県北半部）の方言にハンザキという」と見える。ちなみに、サンショウウオの名は山椒の気を持つところから名づけられたもの（『和漢三才図会』）という。

○民間療法。強壮剤として、サンショウウオを乾燥して粉末にしたり、付け焼きにして食べるが、若者が食べすぎると鼻血が出たり、劣情を起こすから悪いという。また生でも呑む。ハコネ（箱根）サンショウウオが効く（山梨）。肉を食べると体に精をつける（滋賀）。子供の疳の虫・喘息・痰には小さいサンショウウオを生きたまま呑むか、黒焼きにして食べる（茨城）。小さいものを生きたまま呑めば痰の妙薬（熊本）、焼いて食べると子供の疳薬になる（滋賀）。アンコウ（サンショウウオ）を土用の丑の日にとって食べると胃の悪い人でもよくなる（愛知）。心臓病にはオオサンショウウオの生血を飲むとよい（広島）。善通寺神社へ行き、幼魚を生で一呑みすれば腹痛は止まる（秋田県仙北郡）。サンショウウオを食べて中毒になった時はサンショウの実を食べる（岡山県新見市）。子供の胎毒にはサンショウウオがよい（滋賀）。食道癌に効くといわれていた（『和漢三才図会』）。

秋刀魚　さんま

○長野県北安曇郡では、サンマでは歳をとるものではないという。千葉県館山市では、エビス講が明けなければ一匹サンマは食べないといい、また俗に「イノコぼた餅シャッケなし」といって、頭付きのサンマと御飯を神棚に上げるという。埼玉県熊谷市には、魔除けにサンマの頭を門に挿す風習がある。

○山形県庄内地方では、貧乏サンマ、愛知で「貧乏サンマに福イワシ」というのは、サンマが多くとれる年は不作、イワシが豊漁なら農業も豊作の意味。サンマ・イカは西北風の吹く年は豊漁ともいう。

○民間療法。静岡県で、サンマは精が強く、三年前の古傷も起こるという。サンマとスイカの食合せはあたる（新潟・愛媛）。

【し】

鹿 しか

○タラの芽を食うとシカの角が落ちる（岩手・栃木・岐阜・島根・宮崎・長崎県五島）。タラの芽が出始めるとシカの角が落ちる（鹿児島県霧島）。四月頃のタラの芽が出る時分に雄シカの角が落ちる、との意である。シカがタラの芽を好んで食うことは事実という。同様のことを、奈良県吉野郡では、アザミの四、五寸伸びた新芽を食うとシカの角が落ちる、という。愛知で、シカは木の芽の吹き初め頃から田植の盛り頃までに鹿の子に着替えるというのは、冬季は灰褐色（冬毛）のシカの毛が、初夏に赤褐色に白い円の斑点のある、いわゆる鹿の子（夏毛）に毛替りするとの意味である。シカは紅葉の初めが鳴き始めでその盛りがシカのさかり、男体山の八合目で紅くなる頃にシカが鳴く（共に栃木県日光付近）、山が五色になるとシカが鳴く（山梨）、カシラギ刈る頃シカが子を産む（岩手）。シカの発情と出産に関する俚言で、シカは普段は雄だけで群をつくるが、秋季は発情期で雌を求めて鳴き、翌年の五～六月に子を産む。カシラギは刈敷、即ち稲田に入れるために刈る緑肥である。シカの子は産まれたあと、雨がかかると最早人手で捕らえられないと、宮崎・対馬でいう。生後まもなくは警戒心も鈍いが、一度雨滴を受けて忽ち野性を自覚する、という意味である。ケヤキの芽がほぐれるとシカのクリダシが盛んになる、栃木県日光付近の俚言で、クリタシは出没徘徊である。ツバキの花が落ちる頃にはシカが肥満している、とは宮崎でいう。シカは好んでツバキの花を食うため、花の散る頃は子[illegible]の採食に困らない時期なので自然と太る、というのである。角の生え替りは、『本朝綱目釈義』に、「其等ト長キ角モ毎年落ル、夏至ノ時分ヲツルト直ニ生ズ、鹿ハ陽物ニシテ陰気を生ズルニ感ジテ落ル、タラノ木ノ芽ヲ食故、楤木ノメノ名ヲ美濃デツノヲトシト云、又小薊ノ新葉ヲ食フト落ト云、皆俗説也、是ハ下カラフクロヅノ出ル故也、鹿茸ト云」、とあり、鳴くことは『和漢三才図会』に、「鹿多淫ニシテ、牡ハ夜鳴キテ牝ヲ喚ブ、秋夜最モ頻シ」の記述がある。

○サゴ（シカの胎児）は親のシカが脚に脛巾をはいた時期が最もよく効く（愛知）。シカの毛替りが蹄の際から始まって膝に及んだ頃は、遠くから見ると柿色の脛巾をはいたように見えるが、その頃の胎児が薬用として最も効がある、という意である。

○シカの身体の各部は民間薬として広く用いられた。角は、中耳炎（岐阜・福岡）、痲疹《はしか》（群馬）、解熱（栃木・茨城・山梨・岐阜・長野・滋賀・鹿児島）、頭痛（埼玉）、風邪の咳（奈良）、腹痛（愛知）、強壮強精（山口）、などの他、血の道で悩む女性には黒焼きにして飲ませる（山形・岐阜・愛知）。胎内で死んだ子供には、シカの角を黒焼きにして酒で用いるとそのままおりる（福井）といって角の黒焼き・粉末・煎じ汁などを用いる。角の中でも袋角は鹿《ろく》茸《じょう》と呼ばれて特に珍重された。『本草紀聞』に、「夏至ニ落チテ又生ズ、初生紫ニシテ、茄子ノ如シ、コレ鹿茸ナリ、和名フクロ角、此ノ角ヲ製シ末（粉）ニシタルヲ、鹿角霜ト云フ、和名角石、其ノ法、綱目ニ詳ナリ、尤モ嫩角ヲ用フルニ宜シ」とある。魚の骨が喉に刺さった時はシカの角で喉をさするととれる（福島）、とする呪術もある。

○角以外で、シカの骨を煎じたものは血の道の薬（栃木）。骨を削って飲むと解熱剤になる（埼玉）。肉は血を増すので貧血や冷え性に効く（埼玉・京都）。肉は気力を増し五臓を強め、血道を整える百病の薬（沖縄）。肉は中風や腰痛、また夜尿症にも効果がある（岐阜）。肝は腹痛の妙薬（山梨）。血は女性の冷え症や夜尿症に効く（静岡）。
○シカの体内にはシカの玉と呼ぶ鶏卵大の玉を生ずるが、シカの玉遊びといって、シカはその玉を角から角に渡す遊びをする（愛知）、という。これと同一の物かどうかは不明だが、シカの玉に関する俗信として、船主がシカ玉を持っていると大漁できるが、それはシカ玉へ漁がつくためである（高知県幡多郡）、狩に行く時、守りとしてシカの玉、シカの耳などを持って行くと猟があり、また護身にもなる、殊にニタ撃ちなどに行く時は必ず持って行くが、所持者は秘密にしておく（宮崎県西都市）、などと、獲物を呼ぶものとしての信仰がある。和歌山では、シカの角一対拾えば福を得る、熊本県葦北郡では、シカの脚は魔を払う、と、それぞれ招福や魔除けのお守りとする。
○水汲みのサスの鉤にシカの角をつけておくとエンコウ除けになる（高知）。エンコウ（カッパ）が悪戯をして捕らえられ、命を助けてもらったお礼に、毎日魚を届けて戸口の所に置いて行った。ある日、魚を掛けやすいようにと扉にシカの角をつけたら、カッパは魚を持って来なくなった、という昔話がある。
○シカに関する俗信・俚言では、次のようなこともいわれている。白いシカは神である（岩手）。四つの足を食べない人もシカだけは食べた（岩手）という。シカ肉とナマズは胸痛を起こす（秋田）。シカの雌を撃ってはいけない（愛媛）、シカの鳴くのが早くやんで再び鳴かなければ、大雪がある（滋賀）。ササが枯れるとシカが町近くに出て来る（和歌山）。山口県柳井市・長崎県壱岐では、二、三月頃吹く強い西風を、シカの角をも吹き落とすほど強い、という意味で、シカの角落としと呼ぶ。この季節が過ぎて間もなくシカの角は落ちるからであろうか。長崎県五島の中通島では、灌仏会の頃に降る雨をシカの血流しと呼ぶ。シカの出産後最初に降る雨の謂である。対馬の『楽郊紀聞』には「鹿の無き山野は、茅の育ち方宜しからず、と申伝へたり」とある。

鴫《しぎ》

○たむしができたら「鴫」という字を三つ書き、その上を墨で塗るとたむしは広がらない（山形・鹿児島）、たむしの上に「鴫」と三字書き、アビラウンケンを三度唱えながら墨で塗ると治る（茨城）、たむしに墨で「鴫」という字をたくさん書く、それを二回すると効く（群馬）。同様の呪法は『耳袋』にも「たむしといへる出来物に、鴫といふ文字三辺書て墨にて塗、呪ふに立所に癒しとかや。鴫は田の虫を食ふものなる故や。呪の類かゝる事多し。不思議なりと一笑なしぬ」とある。中耳炎・耳だれにはシギを焼いてその脂を脱脂綿に塗って貼る（北海道）。

○年越の晩に囲炉裏縁に足をのせた者があったら、火箸でその足を叩かなければいけない。そうしないと、シギが田へ下りる（秋田）。

○フウズウバナ（タンポポ）が四分通り咲くとハルシギが来る（高知・福岡）、モドリシギはスイカの種を狙って戻って来る（長崎）。ハルシギもモドリシギも共にチュウジャクシギの方言であり、四月中旬頃に渡来する。長崎でスイカの種を下ろすのは、やはり四月中旬頃で、モドリシギは虫類を好餌とするためスイカの苗代に下りて虫を漁り、スイカの種も食うらしく、また元来スイカを狙うのかも知れないが、とにかくモドリシギの来襲後はスイカが生えない、という。ムツゴロウが出ないとシギは帰って来ない（福岡）。ムツゴロウは晩秋に越冬に入り、春先に穴から出る。シャクナギは八朔の高潮につれて来る（長崎）。シャクナギはダイシャクシギ・ホウロクシギの方言で、ダイシャクシギは秋は八月上旬に渡来する。八朔の高潮につれて来るから遠方から来るに相違ない。と語り伝える。キアジシギが渡って来ているから白魚が上り始めるだろう（青森）。キアジシギは春は四月下旬から六月、秋は八月上旬から十月まで、日本を通過する渡りのシギ類では最も普通に見られる。クワの葉が黄ばみかかるとヤマシギはクワ畑に来る、ボリボリになる頃が最も多く来る、とは高知の俚諺《りげん》である。
○初夏の渡りシギが夜中に鳴き騒ぐと二、三日以内に雨が降る（長崎）。

蜆《しじみ》

○富山県氷見郡で、シジミガイの殻を捨てておけばヘビが来ないといい、山形県ではマメシジミが多数発生すると豊年になるという。
○民間療法。シジミの味噌汁は黄疸《おうだん》に効く（秋田・宮城・茨城・新潟・静岡・岐阜・愛知・大阪・奈良・和歌山・鳥取・岡山・山口・徳島・香川・鹿児島等）。スズメガイ（シジミ）は煮て食すると黄疸の妙薬（埼玉・熊本）。シジミの味噌汁は、目薬になる（新潟県佐渡郡）、鳥目に効く（愛知県南設楽郡）、流行性眼病によい（香川）。シジミは肝臓によい（群馬・静岡）。肝臓病にシジミの味噌汁を飲む（石川・鹿児島）。シジミは腎臓病によい（新潟）。夜盲症にはシジミとタニシを焼いて食べる（群馬県新田郡）。百日咳にはシジミの殻を黒焼きにし、粉末を少しずつ飲む（山口）。シジミ貝を汁にして飲むと乳がよく出る（山梨）。のぼせを下げるにはシジミ汁を飲む（沖縄）。肺炎にはシジミ貝やタニシの煮汁を飲む（鹿児島）。小便たれにはシジミがよい（石川県江沼郡）。シジミとうどんの食合せは悪い（新潟）、クリと食合すと不消化を起こす（秋田県北秋田郡）。
○耳に虫の入った時は香油をシジミの殻に少し

とって、耳の中に入れるとよい（富山県東礪波郡）。赤子の小便をシジミで三杯ずつ毎日飲むと、流産後の肥立ちに効く（新潟県佐渡郡）。

四十雀　しじゅうから

○シジュウカラを捕ると飯櫃が始終からになる（千葉）、シジュウカラを捕ればその家は貧しくなる（長野）、シジュウカラを殺すと家が貧しくなる（鹿児島）、シジュウカラを捕れば四十まで、ゴジュウカラを捕れば五十までしか生命はない（佐賀）と、共にシジュウカラの捕獲を忌む。ゴジュウカラは燕雀目ゴジュウカラ科の鳥であるが、一説にはシジュウカラの老いたるものといい、『和漢三才図会』の「四十雀」の項に「其の老いたる者、毛を換へ色稍異なり、形亦大なり、俗呼んで五十雀と曰ふ」とある。

○商人は始終空《から》に通ずるためシジュウカラを嫌う（千葉）。スルメをアタリメと呼ぶ類である。

○シジュウカラが騒ぐと雪が降る、シジュウカラがしきりに鳴く時は雨が近い（共に山形）、シジュウカラが群れて虫を追うと雨（宮城）という。

七面鳥　しちめんちょう

○福岡では、シチメンチョウは家に飼うものではない、と飼育を忌む。秋田では、シチメンチョウを飼うと、だんだん貧乏になる、病気が絶えないという。

尺取虫　しゃくとりむし

○シャクガ科の幼虫の俗称。シャクトリムシに尺を取られると死ぬ（宮城・茨城・栃木・石川・三重・和歌山等）、短命となる（石川県鹿島郡）。頭から爪先まで測られると死ぬ（秋田・千葉・富山・長野・岐阜・愛知・京都・佐賀・鹿児島等）。シャクトリムシが足の先から頭の上まであがると死ぬ（群馬・鹿児島）、背丈を下から上までのぼりきると死ぬ（愛知県南設楽郡）。エダシャクトリ（シャクトリムシ）に全身を測られると死ぬ（秋田県角館地方）。シャクトリムシに、七回測られたらその人は死ぬ（沖縄県国頭郡《くにがみ》）、尺を百ぺんとられると死ぬ（愛知）、十回測られるうちに逃げないとそばにいる人が死ぬ（鹿児島県国分市〈霧島市〉）。首のまわりを、一度しゃくられると死ぬ（長野県更級・埴科郡）、三べんまわると死ぬ（新潟県西頸城郡）。シャクトリムシが首を這いまわるとその人は死ぬ（奈良県山辺郡）。

○シャクトリムシに身体の尺をとられると、身長が伸びない（宮城・和歌山・高知）、大きくならない（熊本県玉名郡）、長生きしない（宮城）、ともいう。

麝香鼠　じゃこうねずみ

○夜、ジャコウネズミに道を横切られると用事がかなわないが、自分の前を真っ直ぐに走った時には思いが叶う、と、イタチと同様のことをいう。ジャコウネズミが七匹群れて家から出る時は福がその家を去り、入って来る時は福が来る。逆にジャコウネズミが床の上を走ったら不吉、ビーチャー（ジャコウネズミ）が床上を鳴きながら通る時は災厄があるから、家内を清めなければならない。ジャコウネズミが押入れや器具を荒らす時は、死者がある。チンチンと清々しく鳴いた時は翌日金が入ってくるが、ピチピチと鳴いたら不吉。以上、いずれも沖縄の俗信である。ジャコウネズミはインド原産の小形のネズミであるが、古くから移入し、長崎・鹿児島・沖縄などに分布している。

しゃこ貝　しゃこがい

○沖縄県国頭郡《くにがみ》今帰仁村《なきじんそん》で、シャコガイを埋めておくと生まれる子に障害がでるという。また、妊婦はアジガイ（シャコガイ）を食べてはならぬという（沖縄）。貝を地に埋める俗信には、長崎県対馬でアワビの中にいや（胎盤）を入れて道の角などに埋める例がある。

○のぼせには、赤色のシャコガイとニンジンを煎じて飲み、後で清明茶を飲むとよい（沖縄県八重山郡）。

虱　しらみ

○眉にシラミが生じたり、または着物の表を被うと家族内または親類内に忌を受ける（沖縄県国頭《くにがみ》郡）。眉毛にたかると死ぬ（群馬県利根郡）。シラミにまつわる話は多く、須佐能男命が大穴牟遅神を八田間《やたま》の大室《おおむろ》に呼び入れてその頭のシラミを取らした話（『古事記』）をはじめとして、話題にはこと欠かない。中国では、秦の強大化に功のあった王猛が、シラミをひねりつぶしながら政治を談じたという故事があり、帝王に至るまでシラミの被害は免れなかったらしい。埼玉県大宮市〈さいたま市〉で、病人からシラミがいなくなるのは、その人の死が近いからという。シラミの動作を凶兆として観察した歴史は古く『酉陽雑俎《ゆうようざっそ》』に、人のまさに死なんとする時は虱が身から離れることが記されている。『和漢三才図会』に、病者のシラミを取りて床に這わせ、もしシラミが病者の方に向って行くと必ず死ぬとある。『古今著聞集』に載っている話は、田舎人が京上りの際、宿の柱にシラミを閉じこめる。翌年再び宿を訪れ、痩せ衰えながらも生きのびているシラミを見て不思議を覚え、腕をかませるとそこから煩って死んだという。シラミの生命力の強靭さを描いたものだが、実際のシラミは寄生体から離れて血を吸わないと、数日の内に死んでしまう。

○石で潰すとよけいにわく（和歌山県東牟婁郡）。火にくべるとふえる（広島）。シラミを土に殺せば、一層多く出てくる（長崎）、というが、「爪の極楽火の地獄ひねり放しで目がまわる」ということわざもある。爪でつぶすぐらいではなかなか死なず、ひねったのではまた蘇生する。全滅するには焼くに限るとされる。

○生米を食べるとシラミがたかる（福島県大沼郡）。窓団子（正月に飾るもの）を食えばシラミがたかる（福島県会津地方）。シラミは繁殖力が旺盛で、頭にわいたシラミをつぶす行為を成年式と解釈する説もあるが、お互いの意志の疎通とを図る手段でもあったらしい。昔話の継子譚でも、継子が山中で出会った老婆の頭のシラミを取り除いてやることから福を授けられる話がある。シラミが多くたかると金持ちになる（青森）シラミのたかった夢を見ると金がたまる（群馬・長野）、ともいう。

○兄弟三人並んでシラミをとると翌日雨になる（新潟県西頸城郡）。青森県で、シラミを火にくべてドンとはねると翌日は天気がよいというが、この俗信は一般にノミについていわれることが多く、混同したものであろう。

○頭のケジラミをつぶして飲むと疳の薬になる（三重）。

○シラミ駆除の方法については、江戸時代には、大風子の脂を塗るとか、ニッケイとビンロウジを等量に混ぜた粉をすりこむことが行われた。福島県や群馬県では、錦木をシラミノキといい、実を煎じて夜、衣服を洗うとシラミがとれるといい、新潟県西頸城郡で、着物に石鹼を塗って着ているとシラミがたからないという。ほかにも、ケジラミは毛を刈り、またはすりゴマ油をつける（福井）。頭へシラミのたかった時は、自分の年の数だけウマの足跡へ埋めておくとなくなる（長野）。秋田県仙北郡角館町（仙北市）外《と》の山北はずれ狐森に稲荷の小祠があり、シラミ退治にお手上げの人は、こっそりと豆腐一丁を持って、シラミのいなくなるよう祈願すれば叶えてくれるという。シラミの語源は白虫からきているといわれる。

真珠《しんじゅ》

○高知県幡多郡で、眼にほこりが入った時はシンジュを入れると取れるといい、同様の俗信は沖縄県八重山郡にもある。『和漢三才図会』に「凡ソ蚌、雷ヲ聞クトキ則チ痳瘦其ノ珠ヲ孕ムコト懐孕ノ如クナル故、之レヲ珠胎ト謂フ。中秋ニ月無ケレバ則チ蚌胎無シト云ヘリ」と見える。殼は、熱冷ましになる（長崎県西彼杵郡）、という。

【す】

水字貝　すいじがい

○和歌山県で、スイジガイは水という字に似ているので、火難除けに軒に吊すという。鹿児島県奄美大島や沖縄県では、スイジガイを門口に下げて魔除けにする。

髄虫　ずいむし

○妙見杉を田にさすとズイムシが出ない（京都）。ズイムシの多く出る年は豊作（秋田県南秋田郡）。ニカメイガの幼虫で、イネの茎に食い込んで食害するのでこの名がある。

酢貝　すがい

○山口県阿武郡で、失せ物または犯人を捜すにはスガイ様にみてもらう。スガイを碗か丼に入れ酢を加えると泡を出して動きまわる（名はこれに由来している）。その止まった方角に失せ物または犯人がいるという。

雀　すずめ

○長崎県壱岐では、スズメの巣をとると、「親死ね子死ね四十九日の餅取っち食う」と言って詛《のろ》われる、という。また、スズメをとると夜盲症になる（大分）、スズメの巣をとると火難がある（広島）、ともいう。特に夜は忌まれ、夕方スズメを殺すと夜盲症になる（愛知）、夜スズメを捕れば夜盲症になる（福島・新潟・長野・愛知・和歌山・広島・山口）、目を病む（愛知・奈良）、盲目になる（秋田・愛知・山口）、スズメの巣を夜にとると盲目になる（宮城）、夜スズメをとると自分が旅先で宿が無くて困る（長野）、泊まりスズメを追ったり捕ったりすると自分が旅で宿に迷う（長野・広島）、鳥目になる（新潟）、盲目になって苦しい目にあう（青森）、夕方に泊まりスズメをとると夜に仲間がムシにくる（うなされる）（鳥取）。山口では、スズメをとると字を習うことができなくなる（目が見えなくなる、の意か）、などといって忌む。

○スズメは田植時になるとよく家に入って来る（新潟）という。スズメが家の中に飛び込んでくると、不吉な事がある（岩手・宮城）、父が死んだという知らせ（長野）。これに対し、山口では、家の中にスズメが入ると良い事がある、と吉兆とする。屋内にまで飛び込んで来なくとも、軒近くに飛来するスズメについては、静岡では、雨垂れより中側までも入って来て遊ぶスズメはその家の故人の生れ変りだから、追ったりいじわるするな、という。一条天皇の時、陸奥に配流されて、その地で果てた藤原実方中将の亡魂が化して、ニュウナイスズメになったという伝説があるが、スズメに限らず鳥は魂の変形と考えられた。

○天気の朝にスズメが影をうつせば人が来る（岩手）、スズメの影が障子にさすとその日のうちに往復が舞い込む（千葉）、軒下でスズメが鳴くと男が生まれる（愛知）、と来福の兆とする。

○スズメが家屋に営巣することについては、屋根にたくさん巣をかけるとお金がたまる（長野）、軒先に巣をつくると家運日増しに隆盛（愛知）、巣をかけると家は隆盛になる（岡山）。これに対し逆に、茨城では、軒の下へ巣をつくると貧乏になる。山口ではスズメが巣をかけると火事になる、といって忌む。

○千葉県印旛郡では、スズメが騒ぐ時は天気が変る、また広島では、スズメが鳴き出せば雨がやむ、和歌山でも、長雨の時、群スズメが高く上って鳴き渡ると晴天が近い、と鳴き声で天気の変化を占う。

○スズメの鳴き方のみでなく動作・営巣などによる天候占いは各地に多い。スズメの鳴き方がおかしいと雨が降る（岩手）、スズメが騒ぐと雨の兆（秋田・群馬・山梨・愛知）、翌日荒れる（宮城）、長雨や洪水になる（広島）、スズメがさえずると嵐が来る（秋田）。スズメが屋根を葺く（屋根の上で騒ぐ）と雨（岐阜）、蔵の屋根で騒ぐと嵐が来る（石川）、スズメの群がやかましいと天気は荒れる（新潟）、群れをなして鳴くと雨（山梨）、群をなして飛べば雪の前兆（岐阜・愛媛）、草叢や木・竹に群がり、また鳴き合うと雪（宮城・神奈川・静岡・高知）。稲刈の時分にスズメが竹藪で騒ぐと雨（群馬）、十二月にスズメがさえずると雪が早い（福井）、などと多くはスズメのさえずりを荒天の兆とするのに対し、山形では、スズメが鳴くと晴れ、東京でもスズメが鳴くと明日は天気、とそれぞれ晴天の予兆とする。

○また、朝早くからスズメの鳴く日は天気が良い（山形・新潟・岐阜・滋賀）。山形では朝のスズメチュンチュンは晴れ、チュッチュッは雨、と、鳴き声の違いで晴雨を占い、福島では、朝鳴きスズメは雨の兆、長野では、スズメが朝早くから鳴くと霜が来たり雪が降る、福井でも、朝スズメが鳴くと天気がくずれる、という。夕方の鳴き声では、スズメが夕方さえずると天気が変る（福島・兵庫）、という。

○餌をついばむ動作に関しては、スズメが軒先で餌を拾うと雨になる（山梨）、夕方餌を集めに来たら雨（奈良）、よく餌を食う時は冬なら雪、夏なら雨（和歌山）、遅くまで餌を拾うと大雪が降る（福岡）、と、いずれも雨や雪の兆とする。

○熊本では、スズメや小鳥の水浴びや砂浴びの状態でよく天候を予察したという。スズメの水浴びは晴れ（秋田・山形・宮城・新潟・富山・長野・愛知・福井・奈良・和歌山）、早朝の水浴びは晴れ（熊本）。これとは逆に、スズメが水浴びをすれば雨（秋田・山形・宮城・富山・岐阜・愛知・岡山・香川・鹿児島）、砂浴びをすると翌日は大雪（福岡）、砂浴びをすると雨（宮城）、天気が悪い（愛知）、と悪天の予兆とする例も多い。
○以上の他、スズメが梢に巣を作ると大水が出る（秋田）、スズメより烏が早起きすれば雨天となる（岐阜）、スズメが地べたに下りると雨が降る、スズメの羽音がすれば雪が降ってくる（共に長野）。スズメが樋《とい》に巣を作れば日照りが続く（和歌山）、などという。
○スズメの黒焼きは、百日咳（群馬）、夜盲症（埼玉）、小便の近い症状（大分）、心臓病（熊本。スズメ五、六羽とウナギ一匹を瓶に入れて黒焼きにしたもの）、脳膜炎（沖縄。スズメを粘土で包んで黒焼きにする）、などの民間療法が伝わる。
○寒スズメはうまい。（岐阜・愛知）といわれて珍重されるが、民間療法の面では、下痢には寒スズメに塩をつけ味噌汁にして用いる（岩手）、腹痛には寒の丑の日にとったスズメを食べる（鳥取）、夜尿症には寒スズメを焼いたものを食べる（長野）、などという他、寒スズメを焼いて一匹全部を食べればその年中マラリヤにかからない（岐阜）、寒スズメを食べると夏病みしない（愛知）、と予防薬ともされた。
○また、スズメの糞を酢に溶いて乳腫につける（岩手・奈良）、禿頭病にはスズメの生血を患部に塗る（沖縄）、スズメの卵は強精剤（岐阜）という。岡山では徳利の中にスズメの卵を入れておくと酒が嫌いになる。鹿児島では、スズメの頭を食べると早起きするという。
○スズメの黒焼きは民間薬として珍重されるが、その反面で、焼いて食べると、がめ（頭部の頑強な腫物）になる（新潟）、女性が食べるとスズメの子を生む（岡山）、という例もある。
○正月の朝スズメが先に鳴くと稲がよい（長野）、白いスズメが見つかれば豊年（福岡）、元日の朝早く白いスズメを見ると身上が良くなる（岐阜）、スズメの歩くところを見ると長者になる（愛知）、というのに対し、髪の毛をスズメにつつかれると気がふれる（長野）、女性がスズメの巣を覗くとヘビが入る、スズメに糞をかけられると出世できない（愛知）、スズメが女性の髪で巣をつくるとその女性は死ぬ。神社や寺院に巣をつくった時は特にすごい（共に愛知）、と、吉凶がある。なお白いスズメを来福の兆とすることは、『和漢三才図会』に「本綱云フ、白雀有リ、緯書ニ以テ瑞応ノ感ズル所ナリト為ス」とある。

○以上の他、スズメに関する俗信・俚言として次のようなものがある。和歌山では、スズメ送りと呼ぶ怪があり、夜行の際に灯影を見てついてきたり、またチンチンと鳴いてついてきたりすると、オオカミが後からその人をねらって追っている、という。高知でも、夜道を行く時にその前後をチッチチッと鳴きながらついてくる夜スズメの怪があり、これにつかれたときに唱え言として、「チッチチッチと鳴く鳥はシチギの棒が恋しいか、恋しくんばパンとひと撃ち」「チッチチッと鳴く鳥をはよ吹きたまえ伊勢の神風」などの呪歌が伝わる。

○くずや（草葺き屋根）を葺き上げた時、棟の両端と真ん中に正方形の和紙を三角に折って竹串にさし、これを三本ずつ三か所に立てる。これをスズメと呼び、スズメのとまらぬ前に立てる（高知）。歯が抜けた時、下歯は上へ、上歯は下へ、「スズメの歯より私の歯が先に生え」と言って捨てる（徳島）。下の歯なら「スズメの歯とかえてくれ」と言って屋根へ投げる（山口）。

○鳥目を雀目《じゃくもく》という。スズメの目は日暮れになると見えなくなるからだという。スズメに限らず、一般に鳥類はいわゆる鳥目であるが、古代の中国では特にスズメを代表したようである。

○九月にスズメは大海に入ってハマグリなるとか、十月海中に入って魚となるなどの話は、日本でも「山の芋がウナギになる」などの類諺を生んだが、要するに中国人のロマンを見るべきであろう。

○スズメの子が若葉に半ば隠れるくらいになると種蒔きをしなければいけない（島根県隠岐）。

鼈《すっぽん》

○精霊流しの日に水浴びするとトチ（スッポン）がノコ（尻の玉）をひく（愛知）、精霊流しは、家々に迎えた祖霊を送り出す行事で、盆の期間中は川や海に入ることを忌む土地が多い。愛知では、祇園の日に川へ入るとトチに食われるという。それは、トチがノコを取って竜宮へ年貢を納めるためだと伝えている。

○スッポンに食いつかれると雷が鳴るまで離さない（神奈川・広島・長崎）、食いつくと死ぬまではなさない（奈良）。

○長崎県壱岐では、クシズ（スッポン）が家の中に歩み込んでくるのは瑞相という。

○民間療法。増血に効果があるといわれ、結核にはスッポンの首を切り、血を飲めばよい（栃木・石川・岐阜・和歌山・岡山・香川・鹿児島）とか、生血は病人の精をつける（北海道・熊本・沖縄）という。スッポンは万病に効く、慢性病や肺などには特に効く、精を強くする（滋賀県高島郡）。スッポンの生血は、心臓によい（栃木）、貧血に効く（岡山・鹿児島）、中風によい（福岡）、婦人病に効く（大分）、コレラにかかった時に飲む（岡山）。寛政元年の『私家農業談』に「痔を煩ふには川鼈を味噌汁にて煮て服してよし」と見える。

すんばく

○条虫などの寄生虫。これにより下腹部が痛む病気をも寸白と呼んだ。長崎県壱岐では、これに小便をしかけると小便を伝って体内に入るといい、塩をかけて殺す。『今昔物語集』には、腹の中に寸白《すばく》のいる女から生まれた男が国守に出世したが、任地でクルミの入った酒を飲まされ、体が解けて水になった、という奇話が載っている。

【せ】

鶺鴒　せきれい

○宮城県刈田郡では、イシタタキ（セキレイ）を捕らえるな、とセキレイの捕獲を忌む。セキレイやその巣・卵に危害を加えると、必ず災難や被害を受けるという俗信は多い。セキレイを殺すと火事になる（栃木・広島）、セキレイをとると火事になる（長野・鳥取・島根）、巣をとると火事にあう（宮城・長野・島根）、殺したりいじめたりすると家に火をつけられる（秋田・広島・鳥取）、巣をとると家に火をつける（鳥取）、卵をつぶすと火事になる（秋田）、と火難を説く。セキレイを捕らえると親子が死に絶える、いじめると七代祟る（共に岐阜）、セキレイをとると親が死ぬか家の周りが海となる（長野）、ともいう。

○セキレイの子をとると目がつぶれる。セキレイは「父《とと》死ね母《かか》死ね、その子の眼《まなく》突っつぶせ」と鳴いて呪う（福島）、チチンドリ（セキレイ）の子をとると「親死ね子死ね、鍋釜こわれ、家のぐるり海になれ」、「親死ね子死ね、味噌やなに糞になれ」と鳴く（長野）、巣をとると「父母《ととかか》死」、「鍋釜割れろ」と鳴く（長野・愛知）、と聞きなす。

○人間の身体の一部や家畜・家財に災をなすという例では、オショウデン（セキレイ）を殺すと目がつぶれる（栃木・富山）、オヒンドリ（セキレイ。シリフリともいう）に石を放ったら親の眼がつぶれる（奈良）、巣を取ると目の見えない子が生まれる（群馬）、セキレイを捕ると生殖器が不能になる（千葉）、シリフリを殺すと手が歪む（奈良）、チチン（セキレイ）をとるとツマンバレになる（群馬）、いじめるとウマに祟りがある（宮城・愛知）、殺すと蔵がつぶれる（富山）、などがある。
○青森県三戸郡では、カワスズメ（セキレイ）は神様がこの土地をかためた時に功労があったから捕っては悪い、といい、群馬では、天の神様の使いだから殺すと罰が当たる、という。静岡・宮崎でも、神様のお使いだから、と殺すことを忌む。また、静岡・愛媛は、セキレイは木の害虫を殺すから捕ってはいけない、と益鳥としての観点から保護する。
○セキレイが屋敷内に営巣することについては、吉凶二相の占いをする。屋敷内に巣を作れば火事がない（宮城）、家に巣を作ると慶びあり（福島）、庭に巣を作ると子福者になる（群馬）、母屋に巣を作ると家が富む（広島）、家に巣を作れば家畜の繁殖や健康の兆（宮崎）、などと瑞兆とするのは、生殖の道を教えたトツギオシエドリへの信仰に基づくものであろう。これに対し、庭先に巣をかけると不幸がある、家に巣を作るとその家は貧乏する（共に栃木）、屋根の上に巣をかけると家では夫人が腹を病む（岐阜）、と凶事の兆とする例もある。愛知では、イシタタキ（セキレイ）が庭に来ると誰かが死ぬ、と営巣どころか庭先に飛来することさえをも忌む。
○セキレイが河原より離れた所に巣を作る年は洪水がある（広島・大分）、といい、奈良でも、イセスズメ（セキレイ）が人家に巣をかける年は水が多く、河原に巣を作れば水が少ない、という。水鳥が陸上に巣を作れば水害あり、とは一般的にいうところである。
○野分後にイシタタキが出ると最早大きな南風は吹かない（福岡）、秋季セキレイが鳴けば雪（島根・広島）。セキレイの中にはハクのように南日本で越冬する漂鳥もいる。長崎でセキレイの腹が赤くなれば麦を蒔くのによいという。茨城・千葉・静岡ではセキレイをムギマキドリというが、麦蒔きの頃に多く見え始めるところからの呼び名。栃木県日光付近では八汐ヶ山一面にサクラが咲くとセキレイが大谷川辺に多くなるという。
○セキレイが卵を四つ産むと人が死ぬか、病気になる（栃木）。イッタタビ（セキレイ）を三日飼うとその鳥は死ぬ（鹿児島）、セキレイは病気に効く（岐阜）。

蟬　せみ

○盆にセミを捕るものではない（愛知）。捕ると口がきけなくなる（秋田県平鹿郡）、先祖の祟りがある、夏病する（愛知）、頭が病める（愛知・奈良）、腹痛を起こす（大阪府三島郡）、瘧《おこり》をふるう（富山・愛知）。殺すとはやて（疫痢）にかかる（愛知）という。群馬県北群馬郡では、セミは人間が生まれ変ってきたのだから、盆前には殺すなといい、壱岐でも、盆の仏様がセミに乗ってくる、セミの足に乗ってくる、セミの足に赤い小さいものが付着しているのが仏様だという。いずれも、盆の頃に鳴くセミを精霊の乗り物とか、魂自身の姿と考えたもので、同様の俗信はトンボにもある。
○セミの前世は人であったと説く説話は、この虫を魂の化身とする信仰から生まれたものであろう。新潟県中蒲原郡と南蒲原郡の境の山地にすむセミは、炭焼きの霊魂の化したものだといい、俳文『鶉衣』には、ツクツクボウシを「筑紫の人の旅に死しを此物になりと世の諺にいへりけり」と見えている。また、狂言『蟬』は、セミの亡魂がその最期の業苦を語る内容である。
○夏の土用入（七月二十日頃）から三日のうちにミンミンゼミの声が聞こえれば豊作（山形・福島・新潟）で、土用入より遅れる年は冷害である（山形県西村山郡）。セミの多い年は作が良い（岩手・山形）という。
○セミが季節を的確に伝えることは、古くから知られている。これは、鳴き初めの時期が毎年ほぼ定まっているためである。新潟県栃尾市〈長岡市〉では、ハルゼミが鳴くと田植といい、このためタウエゼミとかサツキゼミの名がある。

山形県最上郡ではアワビゼミと呼んでいる。カナカナゼミが鳴くのは梅雨明け（福井県鯖江市）。梅雨が過ぎてもチーセミが鳴かなゃ晴ときまらぬ（福岡県高良山麓）、カタカタキーヨウス（ツクツクホウシ）が鳴けば柿が甘くなる（和歌山・大阪でも同様にいう）。ミンミンゼミが鳴くとイネが穂孕する（新潟県栃尾市〈長岡市〉）。ミンミンを聞いてから二十日経つと新米が食える（岡山）。ツクツクホウシが鳴くと秋の節に入る（新潟・愛媛・福岡）。カナカナが鳴くと日のつまったのを知る（千葉県印旛郡）。また、このセミをユウハンゼミというのは夕飯時を知らせるからだ（新潟県栃尾市〈長岡市〉・西頸城郡）という。

○雨が降っているのにセミが鳴き始めるとやがて晴（宮城・山形・愛知・長野等）。長雨のあとでホウシゼミが鳴くと晴（熊本）。朝セミが鳴くと日和（大阪府枚方市）。朝からセミが鳴くと晴（奈良）。ユウゼミは晴（新潟・岐阜）。夕方遅くまで鳴く時は晴（岐阜県益田《ました》郡）。カナカナがばかに鳴くと天気になる（群馬県勢多郡）。セミが鳴くと日和になる（広島県山県郡）。

○セミがやたら小便すると翌日天気が悪い（愛知）。鳴くと雨が降る（新潟県長岡市）、鳴き方が少ないと長雨が続く（同県南蒲原郡）。ヒグラシが鳴くと、天気が悪くなる（岐阜）。朝鳴くと必ず雨になる（石川県石川郡）。ミンミンゼミが鳴くと雨（山形県西村山郡）。

○セミが家に飛び込むのは大風の兆（佐賀県武雄市）。カンカンゼミが鳴くと冷えたってくる（山形県最上郡）。ミンミンゼミが早く鳴く年は雪が早い（広島）。これを、霜が早いという土地もある。

○民間療法。耳だれには、セミのぬけがらを粉にして耳に入れる（群馬・埼玉・神奈川・長野・岐阜・京都・大阪・岡山・福岡・大分）、ぬけがらの煎じ湯をこよりにつけて耳にさしこむ（山形・富山・愛知）、ぬけがらをゴマ油で練ってつける（群馬・長野・愛知・和歌山・高知・大分）。耳痛にはセミのぬけがらを粉にして耳に入れる（大阪）。痔にはセミを焼いてつくったセミ油がよい（香川）。咳にはぬけがらを黒焼きにし、白砂糖と一緒に飲む（愛知県南設楽郡）。ぬけがらを煎じて飲むと、解熱剤になる（長崎）、幼児の痙攣に効く（鹿児島）。頭痛にはぬけがらを粉にして、水で飲む（山口）、ダイコンの汁で鼻の中へ入れる（岩手）。新潟県岩船地方では、耳の神様の石祠にセミのぬけがらを年齢の数だけ上げたり、千枚通しや針を供えて耳病の治療を祈願する。耳の遠い人にも、喧しいほどの蟬時雨は聞こえるものであるから、それと同じに耳がよく聞こえるように、との願意であろうか。

○その他の俗信。セミの小便が眼に入ると見えなくなる（愛知）。髪の中にぬけがらを入れておけば髪の毛がよくなる（青森県三戸郡）。ぬけがらを枕に入れると声が太くなる。ツクツクホウシの鳴く節《せつ》が多いほどコメの値が上がる（福岡・長崎）。土用が終わって立秋の頃にはセミは一番よく鳴く（愛媛県上浮穴郡）。日が強ければセミの声が高い（同県北宇和郡）。岐阜県加茂郡では、セミが七日七夜鳴いて死ぬのは、幼虫の時芋を食べた罰が当たって、物を食べることができなくなったためだと伝えている。『和漢三才図会』には「飲食セズ但シ風ヲ吸ヒ露ヲ飲ム」とある。

【そ】

象《ぞう》

○喉に骨などが刺さった時、象牙で喉を下へ向けてこする、また、象牙の箸で、「ここ打つ象牙」といって喉を三回たたく（石川）。奈良では、象牙で喉を撫で上げると骨がとれる、という。使用する象牙は、パイプ・箸・印材・根付など何でもよい、とされている（秋田・福島・群馬・茨城・山梨・新潟・長野・兵庫）。群馬県邑楽郡では、象牙で喉をこすると胸のつかえが治る、という。

○象牙のものを藪へ持って行くと割れる（愛知）。

○愛知・富山では、白いゾウの夢を見ると出世するという。

○『遠野物語』に「和野にジョウヅカ森と云ふ所あり。象を埋めし場所なりと云へり。此所だけには地震なしとて、近辺にては地震の折はジヨウヅカ森へ遁げよと昔より言ひ伝へたり（略）之を掘れば祟ありと云ふ」とある。

【た】

鯛《たい》

○タイの夢を見ると長者になる（栃木県芳賀郡）。干したタイの尾を目出度い印として贈り物につける（新潟県佐渡郡）。タイの眼球を衣服の中に入れておいてそれが亀裂すると吉事がある（名古屋地方）。赤ダイは色彩が赤みを帯び美味であることから、古くから親しまれた祝事などに用いられる。『魚鑑』に「尊貴《きにん》の膳にかくべからず、又上下ともに、冠《げんぷく》・婚《こんれい》・饗宴《きょうえん》の餽贈《つかいもの》、かならず用ゆ」と見える。正月の刺身のタイは、ニラメダイといって、睨むだけでその場では箸をつけない（奈良）という仕来りもある。

○兵庫県多紀郡篠山町〈丹波篠山市〉の波々伯部神社では、八月五日の祭りに出る操り人形の彩色を宮年奇の手で行うが、この彩色がすむと村の子供たちが各々半紙を二枚持参し、これにフジの花とタイの絵をかいてもらう。この絵を戸口に貼っておくと流行病が入ってこないという。
○長崎県壱岐では、麦の熟れる頃はタイの盛りで、これをムギワラダイといい、量も多い。タコの手を食いに上がってくるのだという。『物類称呼』に「麦藁鯛、中国四国ともに四月出る鯛を云」とある。讃岐の海浜一帯で、ヤマゼ（南風）はサクラダイ豊漁の前兆という。
○民間療法。産後三日以内に必ずタイを食え（岡山市）。産後タイは当分食べてはならぬ（同県赤磐郡高月村）。魚の骨が喉に刺さった時は、食べていた魚の骨を頭にのせて「タイの骨、タイの骨」と言うと骨がとれる（福井）。
○その他の俗信。群馬県吾妻郡六合村（中之条町）では、タイノヨウ（タイの魚）の形をした残雪を見て、その脚がもげ、へそももげると春いもん（アワ・ヒエ）の播種を始めたという。
○吉事に関する俗信の多い中で、秋田県由利郡では、田植中にタイ（赤色の魚の総称）を食うな、と伝えている。タイが絶えに通ずるためだという。⇩ちぬ

鷹　たか

○一富士二タカ三ナスビといい、タカの夢は吉夢だから人に話すな（山口）、という。タカの夢を見るとお金がもうかる、タカが飛んで行く夢は良いことがある（共に秋田）、タカの飛ぶ夢は三年長生きする、タカを捕った夢は吉（共に愛知）、タカが空高く飛ぶ夢は立身する（広島）、タカの夢を見たら位が上がる（沖縄）、という。逆に、福岡では、タカの三羽いる夢は凶、とする。
○タカの目を煎じて飲むと黄疸《おうだん》に効く（長野・愛知）、爪を煎じて飲むと黄疸や子供のひきつけに効く（長野）、糞を水で溶いて患部につけると白癬の妙薬となる（長崎県対馬）、などの民間療法が伝わる。
○師走のタカを落として食べると悪い（和歌山）。師走ならずとも、タカを撃ってはいけない（長野）、猟師がタカを撃つと出世が止まる

（愛知）、とタカの捕獲を忌んだ。
○「タカ飛び日高」とは、天気の良い日はタカが高く飛んで鳴く、の意。タカが飛ぶと天気になる（宮城）、天気が良くなる時はタカが「天気エエ、天気エエ」と鳴く（岐阜）。雨上がりの時タカがピーピー鳴くと天気が続く（愛媛）といい、山形でも、「朝タカ夕トビ」（朝タカが飛ぶのと夕方にトビが飛ぶのは晴れの前兆の意）というが、逆に岐阜ではヘビタカが鳴くと雨、奈良では、タカが空を低く飛ぶと雨、和歌山ではタカが平野を徐翔すると翌日は雨といい、和歌山ではその理由をタカが高山の頂上付近で獲物をあさるのは晴天の日に限り、霧風の時はいち早く山下に移ってしまう、と説明する。さらに、タカが鳴くと風が吹く（宮城）、寒露（太陽暦では十月八日ごろ）のタカの渡り高ければその冬は寒くないが、低ければ寒が強い（沖縄）、などの占候がある。
○秋田では、家の中にタカが入ると良い事がある、という。逆に静岡では、夏の頃タカが家の中へ飛び込んだり屋根の棟にとまったりするとその家に大災難が起こる、という。
○タカが飛んでいる山にはクマがいるといわれ、縁起が良いとされた（秋田）。狩ではタカの話をしてはいけない（徳島）。

蛸《たこ》

○妊婦にタコの食用を禁ずる俗信は各地にある。タコを食べると、骨無しの子ができる（秋田・福島・埼玉・新潟・広島等）、疣《いぼ》のある子が生まれる（秋田・新潟・岡山・広島・愛媛等）、手の八本ある子が生まれる（鹿児島県国分市〈霧島市〉）、禿頭の子ができる（岡山・広島）、赤ら顔の子ができる（沖縄県国頭《くにがみ》郡）などという。いずれもタコの姿や性質から連想したものである。他にも、妊婦がタコを食べると、難産する（青森・新潟）、後産が出ぬ（佐賀）、タコエナになる、エナが上へと動く（千葉）、という。

○京都府中京区新京極の蛸薬師は、何病にも霊験があるといわれるが、特に婦人病と小児病に霊験あらたかと信じられ、信心する人はタコを禁食し、タコの図を描いた絵馬を上げて祈願する。愛媛県上浮穴郡小田町〈喜多郡内子町〉でも、疣ができると薬師さんに行って「イボがなおったらタコの絵をかいてあげますからなおして下さい」と願掛けをする。疣を取るためタコの絵馬を奉納する例は、岩手・栃木・埼玉・静岡などにもある。疣と形状の似ている吸盤で疣を吸い取ってほしい、との願いであろう。松平定信の『花月草紙』には「めぐろと云ふ所に、たこ薬師と名づくる仏のあるを、人の教にまかせて信じて、たこくはじと誓ひて、夜ひとよ心をこらしてねぎごとしたり。夜あけて、手あらひかほなどあらふに随ひて、二つ三つづついぼのおちにければ」と見える。

○長崎県壱岐では、七本足のタコは化け物だといって食べない。また、タコはヘビが化生するのだと伝えている。タコにまつわる説話は豊富で、『兎園小説』に子供に追いかけられた五尺ばかりのヘビが海に飛び込み、老曾厳という岩に体を打ちつけた、これを殺して引き上げてみるとヘビはタコに変っていた、という話が載っている。類話は『閑田耕筆』にも見え、その他、『義残後覚』『笈挨随筆』などにも、この事を記している。また、タコがイモ畑に入ってイモを掘って食う、との俗説は、『本朝食鑑』などに載る。

○民間療法。子供の夜泣きには、足七本のタコの絵を貼って「タコさんタコさん、夜泣きを治してくれたら足一本たしてやる」と言う（福井）、タコの絵を寝間の戸に貼るとよい（同県三方郡）、タコの絵を逆さまに貼ったり枕の下へ入れておく（同県）。疣にはタコの茹で汁に麝香《じゃこう》を少し加えて塗る（岩手）。タコの茹で汁でめぼ（ものもらい）を洗う（広島県佐伯郡）。しもやけにはタコのゆがき汁を温めた湯を患部に浸す（山口）。
○子供の百日目の食べ初めにタコの煮た足を口の中へ入れて吸わせると歯痛を起こさない（大阪）。古いタコの手を焼いてつけると、とげが自然に抜ける（新潟県佐渡郡）。
○社日ダコは中気除け（福岡）。
○タコに中毒したら生のソラマメを食べる（和歌山）。タコにあたった時は紙をしがむ（噛む）か、藁を煎じて飲む（大阪）。
○半夏生にはタコを食べる（大阪府枚方市）。
○タコを軟らかく煮るには煎茶を少々混ぜて煮るとよい。
○食合せ。タコと柿（栃木・大阪・愛媛・鹿児島）、スイカ（茨城）、ウメボシ（富山・愛媛）、ナツメ（大阪）、タマゴ（富山）、ワラビ（秋田・神奈川）、ゴマ（秋田）、カニ（秋田・大阪）、氷（秋田）、天ぷら（佐賀）、イカ（秋田）、牡蠣《かき》（福井）、浅漬（茨城）、うどん（新潟）。
○熊本県天草地方で、タコの釣れる時は旱魃という。愛媛県松山市では、田植の終った日にタコを食べる。これはタコの疣ほど籾粒がつくように、との意であるという。

竜の落し子　たつのおとしご

○三重県二見地方で、妊娠のある家ではタツノオトシゴを門口に吊して安産を願うといい、沖縄では、タツノオトシゴの肉を食べると産が軽いという。和歌山県南部で、これを産婦が握ると産が軽いという。同様のことが『大和本草』に「乾シテ貯ヘ置テ婦人ノ産スル時是ヲ手裏ニ把《ト》レハ子ヲ産ヤスシ」と見える。タツノオトシゴは、雄の哺育囊で子魚に成長し、その出産の様子が安易に見えるため、安産の守りとする習慣が生まれたものという。
○高知県土佐郡本川村〈吾川郡いの町〉では、狩猟にタツノオトシゴを持って行き、山の神にちょっと見せて誓文をし、猟があると山の神に供えて願ほどきにする。これはオコゼと同様な祈願方式である。タツノオトシゴを鏡箱の中に入れておくと願いごとが成就する（岡山）、ともいう。
○民間療法。タツノオトシゴの黒焼きにした粉は下痢止めの妙薬（新潟県佐渡郡）。

田螺　たにし

○タニシを食べない土地は、多かった。新潟県栃尾市〈長岡市〉で、ツブ（タニシ）は不動様の使だから食べない、群馬県利根郡水上町〈みなかみ町〉では、酉歳の人の守り本尊は不動様だからタニシを食べてはいけない、という。宮城県栗原郡築館町〈栗原市〉周辺では、昔、杉薬師堂が火災の時、傍の池からツブが出て薬師堂を取り囲み、火から守ったと伝えている。この池をみたらしの池といい、古くより眼病に効くとされこの清水をいただく時には、池にツブを入れる。土地の人々は薬師のみたらしのツブといって食用にしない。
○金毘羅様の家では、タニシを食べてはいけない、（青森県三戸郡）。薬師様を祀る家ではタニシを食べない（茨城県新治郡）。新潟県新発田市菅谷の不動様の堂脇の池にタニシを放し、お願いすると眼病が治る。茨城県行方《なめがた》郡玉造町〈行方《なめがた》市〉の東福寺境内にある薬師如来は霊験あらたかで、タニシを断って信心すれば眼病が治るという。『甲子夜話』続篇十五に「信州に不動堂あり。須賀の不動と称して霊像なりとぞ。眼を患うる者、祈誓して田螺を食せざれば必ず験ありて平癒す」と見え、ここでも、堂が火災にあった時、タニシが像を囲んで助けた、との縁起が語られている。
○新春に初タニシを屋根越しに投げる。また、春祈禱の水も屋根に撒く、共に火難を逃れる（秋田県平鹿郡）。その初タニシが屋根を越せば火事にならない（同県雄勝・平鹿郡）。タニシの初物は十二個を取って家の屋根を投げ越させる（同県由利郡）。彼岸前にタニシを投げて屋根を越させると火伏《ひぶせ》になる（宮城県刈田郡）。タニシを水神、またはその使令とする信仰から、火を制する力を認めたものであろう。東北地方に伝承の濃い昔話「田螺長者」は貧しい夫婦が水神様に祈ってタニシの子を授かり、その子が奇瑞をあらわす話である。

○タニシを食べると、目が黒くなる（群馬県利根郡）とか、小さくなる（鹿児島県大島郡）というのは、タニシの色や形からの連想であろう。こうした信仰上の理由から食べることを忌む風は広い。タニシを食べると目がつぶれる（千葉県印旛郡）。眼を患っている者はタニシを食べてはならない（秋田・新潟・兵庫）。タニシを獲ると眼病になる（新潟県南蒲原郡）とか、ツブを殺すと目がつぶれる（長野県北安曇郡）という。目の悪い人は田からタニシを拾ってきて山の方に放し願掛けをする。放してから二、三年は食べない（青森県三戸郡）。タニシは田の主といわれ、百姓がタニシを獲って食べると米ができない（富山県氷見郡）。妊婦が食べると、目が悪くなる（愛知）、生まれてくる子に目が無い（栃木県芳賀郡）、双子や三つ子が生まれる（秋田県北秋田郡）、タニシの蓋に似た爪のある子ができる（長野）、流産する（岩手県東磐井郡）、という。『新編会津風土記』に「南会津郡二間在家端村（いま只見町）九々生《くぐりゅう》に若宮八幡の祠あり。祠の外に二つの沼あり、田嬴《たにし》沼と名づく。人この田嬴を取るあれば、すなはち、夜寝るに及んで、呼んでいはく、これを返せと。返さざればすなはち止まず。瘧《おこり》を患う者これを取り、祈っていはく、疾癒《い》ゆれば、すなはち倍にしてもってこれを返さん」と見える。

○ツブの夢は悪い（宮城県刈田郡）。正月二日の晩は悪い夢を見ないようにツブを食う（同県柴田郡）。

○ツブが水から上っていると雨になる（新潟県長岡市）。

○タニシのゴマあえを食べると腹痛になる（大阪府枚方市）。タニシのゴマあえはいくらでもふえる（新潟）。タニシのカラシあえは食べぬもの（奈良県山辺郡）。秋田県南秋田郡では、縮緬の褌をしてタニシを食べるなという。

○瘧にタニシが薬効があるか否か明らかでなく、専らまじないとして用いるようである。その一例は前に掲げたが、さらに次のような事例もある。タニシを敷居の下に埋め、治れば川に流す（群馬県邑楽郡）。瘧が出た時は、釜の上に桝を伏せ、その上に生きたタニシをのせ「早く落ちよ、落ちたら逃がす、落ちずば殺す」と言ってそのままにしておき、タニシが桝より落ちた時、逃がしてやれば瘧は落ちる（香川県観音寺市）とか、下の田のタニシに「治して下され」と言って上の田へ移してやると治る（和歌山）という。

○虫歯の時は、タニシを食べませんから天神様に申しあげて（祈願をして）、治ったらタニシを上げる（群馬県邑楽郡）。

○タニシの薬効では、醤油で煮て乾燥したタニシを毎朝二、三個食べれば水あたりしない、尿閉、急な腹痛によく、浮腫に効く、などが『重修本草綱目啓蒙』『本朝食鑑』に記されている。民間療法では、肺炎には、タニシを石の上でつぶして飲む（福島・茨城）、つぶしたものを胸に貼る（福島）、殻をとってつぶしたものを搾り、ブドウ酒に混ぜて飲む（和歌山）。結核にはタニシとニンニクを練りつぶして飲む（愛知県南設楽郡）。腫物には、タニシとソバ粉を練ってつける（茨城・群馬・神奈川・石川・愛知）、うどん粉で練ってつける（群馬・大分）、素飯で練ってつける（広島）。タニシとソバ粉の練ったものは、すばこに効く（長野県上伊那地方）、疔《ちょう》に効く（埼玉・山梨）、瘤につける（栃木県宇都宮地方）、タニシの黒焼きは瘡に妙効がある（香川）、熱冷ましには、タニシを煎服する（沖縄）、すりつぶして足の裏に貼る（大分）。

○脚気には、タニシを食す（愛知・岡山・高知）、タニシの煮しめを食べる（福岡）、黒焼きを一日三回食後に飲む（熊本）、タニシを飯粒で練り、土踏まずにつける（広島）、タニシとソバ粉を練って脚につける（千葉）。

○小便つまりにはタニシを殻とともにすり、麝《じゃ》香《こう》を三分の一加え、臍の中へ貼る（岩手）、女性の小便閉止にはタニシの肉を臍に貼る（岐阜県稲葉郡）。『魚鑑』に「胃を健にし、宿食《しゆくしよく》を消し、結熱《こゐねつ》を解《げ》し、小便を利《つう》し浮腫《むくみ》を去る。又、小便閉に大たにしと巴豆《はづ》と搗き、紙にのばし、臍の下に貼《つく》れば、即時《たちどころ》に通ず」と記されている。

○痔にはタニシの肉をあぶって粉にし白粉《おしろい》を少量加え唾でつける（岩手）、黒焼きにした粉をゴマ油で練って患部に貼ると痛みがとれる（大分）。痔や脱肛を治すには、タニシを焼いて粉にし、白粉と水少々で練り患部に塗る（山形県新庄市）。

○腹膜炎にはタニシをつぶしソバ粉と練って貼る（埼玉）。盲腸炎には、タニシをつぶしソバ粉と卵黄を混ぜて練り患部に貼る（栃木）。小児のひきつけにはタニシを割って汁を飲ませるとよい（大分）。火傷にはタニシをすりつぶして患部に塗る（秋田）。腋臭にはタニシをつぶした汁をつける。（三重・福岡）。タニシの身をとり出して乾燥したものは水変りなどの時に食べるとよい（兵庫）。下痢には北向きの川にすむタニシの味噌汁がよい（奈良）。疫痢にはタニシを酢味噌にして服用する。喉の病気にはタニシをつぶした汁を飲む（熊本）。

○眼病にはカワタニシの味噌汁を飲む（奈良）。タニシは目赤の薬（新潟）。黄疸《おうだん》にはタニシの煮汁を飲む（鹿児島）。流産の出血止めにタニシの殻を黒焼きにして、その灰を湯で飲む（沖繩）。強精にタニシが著効ある（大分）。吹出物ができたら増井の弥陀様の御手洗水で洗うと治る。お礼として自分の年だけタニシをあげる（栃木県芳賀郡）。夏のタニシは嫁に食わすな、子無しになる（山形）。

○食合せ。タニシとゴマはよくない（佐賀・沖縄）、胃病を起こす（秋田）。アズキはよくない（同県河辺郡）、てんぷらは悪い（大分）。トウモロコシは中毒する（秋田県北秋田郡）。ブタ肉は胃病になる（同県鹿角郡）、ソバは敵薬（茨城・新潟・愛媛・鹿児島・沖縄）。タニシとソバの食合せを忌むことは『魚鑑』に、タニシとゴマは『本草綱目啓蒙』に見えている。その他、トウガラシ（『食事戒』）、芥子（『本草綱目啓蒙』）、粟餅（『食禁便覧』）などがあげられる。

○その他の俗信。宮城県登米《とめ》郡では初タニシを食べた時、殻を自在鉤に吊せば家に悪い虫がわかないという。熊本県阿蘇郡で三月三日の女の節供にはタニシを食すといい、秋田県由利郡では、婚礼にはタニシとセリを用いないという。

○佐賀県北東部で、タニシの願立てというのは、三月節備前に天候の荒れることをいう。桃の節供には必ずタニシを雛に供え、また自らも食す。この節供前に天候が荒れて川が濁れば、タニシが拾い上げられることを免れるので、それは、タニシが念願して荒れるのだと伝えている。

狸　たぬき

(1) 狸と狢、狸の俗信・狐の俗信

○タヌキとムジナは純然たる別の動物であると信じられていた。動物学上は両者は同じ動物、裁判所の判決でも同物と決着しているが、民間の常識は大いにこれに反発した。三河の山村などでは、タヌキの毛は狸毛といって筆の原料になるので経済的価値があるが、ムジナは役に立たないといって、事は経済問題でもあった。

○佐渡にはムジナはいるが、タヌキはいない。以前、タヌキを捕獲してはならぬという農林省の立札を、山の中で見かけたことがあるが、島びとは、おらぬタヌキを捕るはずがないとあざ笑っていた。佐渡のムジナの大物は、相川御役所二ツ岩の段三郎だが、『燕石雑志《えんせきざっし》』には、狸と記している。対馬にタヌキがいないことは、平戸候松浦静山が『甲子夜話《かっしやわ》』に記している。

○タヌキの腹鼓については、『新撰犬筑波集』

の俳諧連歌に、「下手《へた》猿楽に似たる化け物」の句に「拍子にも合はぬ狸の腹鼓」と付けたのがある。岩手県遠野地方では、山中でどどどん、どどどんと太鼓のような音が聞こえてくるのをタヌキの太鼓ともいえば、天狗の太鼓だともいって、二、三日に必ず山が荒れるといった。タヌキに関する俗伝の大概は『本朝食鑑』に要領よく記してある。「子ヲ携ヘ穴ヲ出デ腹ヲ鼓シテ楽シム。故ニ俗、狸ノ腹鼓ト称ス。老者ハ変妖シテ人ヲ食フ。若シ化ケテ人ノ容ヲ作《ナ》ス者ハ、松杉ノ葉ヲ焼キテ之ヲ燻セバ、則チ本形ヲ露ハス。或ハ山家ニ入リ炉辺ニ坐シ、人ノ眼ヲ偸ミ火ニ向ヒ、暖ニ乗ジテ陰嚢ヲ展ブル者、広長四五尺、動《ヤヤモ》スレバ児女ヲ炰《あぶ》リテ（包ミテノ誤カ）之ヲ廷《あざむ》キ害ヲ作ス。或ハ能ク人ニ馴レテ人語ヲ作シ、陰晴ヲ卜シ、時変ヲ告グ。亦怪物也。」これには、後世のタヌキ憑き或いはムジナ憑きについては記すところがない。大阪府枚方《ひらかた》市では、狸に憑かれると室内をふすべる。これはキツネ憑きについても各地で行われた方法である。最後の、陰晴を卜し時変を告げるという箇条は、当時（近世初期）の俗を記したものであるが、タヌキに関しては、天気占いや吉凶の予断などの俗信は、明治以降の採集に出て来ない。

○タヌキに関する俗信は意外に少なく、そのうち大多数はキツネと共通している。タヌキもキツネと同様、化かされる恐れのある時は、眉毛に唾をつけてしめしておく（山口・群馬）。夜、履物をおろすとタヌキに化かされる（香川県三豊郡）。草履なら下側を焼くとよい（山口県大島郡）、鍋墨をつけておけば化かされぬ（愛媛県周桑郡）。タヌキもキツネも、殺す時にはしっかりとどめをささぬと憑かれる（秋田県由利・南秋田郡）。タヌキもキツネも老いると化ける（秋田県北秋田郡）。

○夜、鏡を見るとタヌキが出る（香川県三豊郡）。夜、口笛を吹くとタヌキが出る（愛媛県上浮穴郡）。一膳を食うとタヌキに化かされる

(愛媛県西条市)。タヌキになめられると死ぬ(秋田県雄勝郡)。タヌキの憑かぬ用心には、「おんくろだのおんじゃくソワカ」と唱える。小便をする時には、それに続けて「うすくさ御免」という(大阪府堺市)。

○ムジナは、人の舌を食うと化け方が上手になる、ムジナは死人の着物をとりにくる(青森県西津軽郡)。

○ムジナを防ぐには、人間の体臭のついたぼろきれをムジナの通路へ地上すれすれに下げる(長野県飯山市)。

○晩に山際が明るいのは、タヌキが日を明かすといって、タヌキが死ぬか、どこかよそへ行くのである。(愛媛県上浮穴郡)。

○紫のブドウはタヌキがなめたのだから、食わぬがよい(佐賀県佐賀郡)。

○ソバキリとタヌキは食禁(岩手)。ちなみにタヌキの肉は、宮中でも食用にしたことが中世の記録に見える。

○提灯の火を一回につけるとタヌキが化かす。一度消してからつけるとよい(高知)。

○古ダヌキが人を取って食った話は各地にあり、それをイヌが咬み殺した、などといった。タヌキにはイヌが苦手と考えられた。

○タヌキの金玉八畳敷と俗語にいうが、鳥取などでは、人をそれで取って食うのだといった。

○タヌキを殺すと祟ると考えられていた。そのことを示す例として、タヌキを殺した人の子がタヌキそっくりの顔をしていたという(和歌山県北部)。牛を殺した人の子が牛の顔をしていたため、産婆が驚いて逃げ帰ったという話も共に語られている。愛媛県上浮穴郡では、毛が立ったタヌキ、あるいは白い毛のタヌキを獲って食べると祟るという。

狸《たぬき》

(2)狸と狐の化け方、狸憑きと狐憑き

○「タヌキは入道、キツネは女」とことわざにいう。キツネは女に化け、タヌキはよく坊主に

化ける（山口県豊浦郡・愛媛県上浮穴郡・大分県宇佐地方）、青坊主に化ける（広島県沼隈郡）、白坊主に化ける（北九州市）、大入道に化ける（千葉）。大入道に化けても、闇の中で着物の縞目がはっきり見えるのが特徴（紀伊北部）。滋賀県高島郡では、タヌキはぼんさんより他にはならぬ、といっている。その他、白壁に化ける（宇佐地方）、砂まきタヌキといって砂を撒く（香川県三豊郡）。木を伐るような大きな音をたてる（鳥取県八頭郡）、これは男の人が煙草を吸うとやむ（同上）。尻尾で木をたたき、木樵のまねをしてコーンコーンと音をたてる（兵庫県養父郡）。飛騨では、山の中で木を伐る音、人の叫び声、焚き火などを演出する。これをムジナの仕業といっている。ムジナ岩といってムジナが出て人を化かす所があり、そこを避けるために別に新道をつけた所さえあった。

○赤子の泣声が非常に上手（紀州北部）。後産《あとざん》などを焼く不浄場で、手拭被りの若い嫁の姿で火を焚いていた（愛媛県上浮穴郡）。とにかくいろいろと迫真の演技をして驚かせるという。

○広島・香川では、アズキアライといって、川の中でアズキを洗う音をたてるのも、タヌキの仕業だという。

○タヌキがエン（煙）を吐くと、手足が動かなくなる、という（岐阜県揖斐郡）。自雷也のガマのような説であるが、タヌキにだまされるとダル（ヒダル神。これにつかれると飢餓感と無力感に支配される）に憑かれた時のように一歩も歩けなくなる、という例（和歌山県西牟婁郡）もある。

○ハンタ酒（ほろ酔いかげん）の時、化かされやすい（宮崎県東臼杵郡）。道を歩いているうち、淋しいと感じた時には既に足の間を横切っているのだという（石川県珠洲《すず》市）。

○タヌキに化かされて、うどんと思ってミミズを食わされたとか、糞壷へはまったとか、「まあ入れ、入れ」と座敷へ招ぜられたのが、井戸だったとか、タヌキが女に化けて男と契ったとか、人を殺したとかいう話は、キツネと同様である。タヌキが人を化かす話は、『宇治拾遺物語』『古今著聞集』などが古く、近世の随筆類に記すものは枚挙にいとまがない。

○『看聞御記《かんもんぎよき》』応永二十四年五月十日の条に記されているタヌキの話は、一条辺の酒屋に下女（下層の女）が一人でやって来て酒を飲んでいると、犬がむやみに吠えかかった。女が今まで被っていた頭巾がぬげたのを見ると、毛だらけで耳がとがっている。これで「化け物露顕」、群衆に縛り上げられ、忽ち古ダヌキの正体をあらわしたので、叩き殺した、とある。近世以降のタヌキの化け方とは、多少違っているようだ。

○福島県耶麻郡では、猿山へ枯松取りに行ったら穴があった。提灯をつけて入ろうとしたら火が消えた。中にはムジナがいたという。この辺では、囲炉裏にかけた鍋の煤に火がついて、消えたりついたりすると、ムジナの嫁入りだという。ずるい人のことを、「ムジナやっている」という。タヌキよりムジナが優勢な地域らしい。

○タヌキのいたずらは時に人を殺すが、キツネは人を殺すことはない（秋田県山本郡）。キツネの尾の先に人の心をのせるのだから、山に連れて行ったり、川を渡らせたり、食物を奪ったり等々、いろんないたずらをしても、自分の気が済めば、本心に返す。タヌキは舌の先に人の心をのせるので、散々だました後、本心に返さず死に至らしめることがあるという（同雄勝郡）。一般的にはタヌキの方が楽天的で陽気のように受け取られていると思われるのだが、右のように秋田県下では、タヌキの方が性が悪い、としている。

○タヌキは木に上って月を出して見せたり、また提灯を出したりする（千葉県香取郡）。タヌキ火の事は、『摂陽落穂集』に、摂津国川辺郡東多田村（兵庫県川西市）のうなぎ縄手に、狸火が現れる。人の形だったり、牛を曳いて火を持って行く形だったりする。本当の人間と思って火をもらい、煙草をのんで話をしたりした人もあるが、別段害があったということもない。特に雨夜に出現する、とある。

○タヌキの火と人間のつくった火とを見分けるには、薄目にして見ればよい。後光（光芒）のさしているのが人間の火で、ボーっと明るいだけなのが、怪火やタヌキの火である（高知県幡多郡）。着物の縞柄が闇でもはっきり見えるし、頭に手拭をのせ袖に手を入れてすれ違いざまに振り返って、その時白い歯を出せば、タヌキにきまっている（和歌山県北部）。

○或人が、おぼろ月夜の晩に提灯をつけて歩いていると、後からオーイオーイと声がするので、オーイと返事をすると、「どこへ行きや、どこへ行きや」ときく。人間の声とは少し違い、唇をふるわしているような声なので、「だれだ、だれだ」と聞き返したら、返事ができなかったという（高知県幡多郡）。年忌の御馳走を提げて夜更けに一人で歩いていると、向こうから墨染の衣の坊主が来た。どこのお寺さんだろうかと思っているうち、すぐ前まで来て大入道になった。驚いて後ろを振り向くと、そこにも寸分違わぬ大入道が立っている。右も左も大入道の人垣に囲まれてしまったので、道にうつ伏せになって般若心経を読んだ。すると、大入道たちも異口同音に読む。ただし、ギャーテーギャーテー、ハラソーギャーテーという有り難い文句まで来ると、まねることができず、異様な動物の声を出した。その男は、以後その部分だけ繰り出して、うつ伏せのまま夜を明かした、いつの間にか御馳走は取られて、無かった。そこは以前からタヌキが出るので有名な場所だった（静岡県清水市）。

○ヒトガクレはタヌキまたはキツネの仕業と信じられていた。人の通らぬ山道などで行方不明者が出るのがヒトガクレである（神奈川）。タヌキに連れて行かれると、探しに行かねば自分からは帰って来ないといった。それで鉦太鼓で探し歩いた。見付けたら、三尺もある金毘羅様のお札を背負っていた人もある。天狗やタヌキに連れて行かれると、タヌキはぼた餅やお茶をくれるのが普通だといった（三重県熊野市）。タヌキ・キツネに化かされて何日も迷って帰って来ない時は、男の場合ならその妻が（子供の時は父親が）屋根に上って、鉦や大太鼓をたたき、箕《み》で招くとよい（愛媛県上浮穴郡）。これは、魂が肉体を離れた時、招き返す作法として普通に行われたものである。

○食物を持って、夜道をする時、タヌキに取られぬためには、ホケシ（息）をかけておけばよい（徳島県鳴門市）。キツネ・タヌキに呼ばれた時は、それに負けないように呼び返せば化かされない（和歌山県熊野地方）。タヌキに化かされそうな時には、「誰ぞ?」と声をかける。タヌキはすると必ず「ウラじゃが」と答える。タヌキはオラの言葉が言えない。そこで、「ウラ（梢）なら本よ」と言い返せば、もう化かせない（高知県幡多郡）。煙草をのんで落ち着きを取り戻すとよい、とは各地でいう。火をたくとよい、ともいう（三重県度会郡）。キツネ・タヌキが目に映ったら三歩下がって棒でたたくとよい（岐阜県揖斐郡）。大きな声を出すのがよい、という所も多い。

○タヌキは、怒ると人に憑く。弱い人にとりつくという。或女がお産をした。オクの裏の軒下に肥桶を置いて用を足していたが、或晩、タヌキがその尻を見て、これはいいと思って取り付いたので、その人は非常に弱くなった。つまり産後が悪く、いつまでも寝ていて治らない。心経三十巻ほど申すと、病人がしゃべりだし、「いままで祀っていたのをやめたので腹が立つから出て行かない」という。「三千経上げるから」、というと、「それなら帰ってもよいが、祠をりっぱにして祀れ、アズキ飯をたいて、祠まで行列を作れ」という。その通りにしたら落ちたという（愛知県西加茂郡）。

○社日や山の神の祭り日に田や山へ入ると、地の神や山の神に行き合うというが、神ばかりでなく、タヌキについてもイキアイに合うことがある。この場合は、あまり大事にならないが、行者などに「みてもらう」場合もある（香川県大川郡）。

○越後では、キツネ憑きは長引いても結局は助かるが、ムジナ憑きは時間がたてば必ず死ぬ。ムジナが血を吸うからだという（新潟県南魚沼郡）。

○タヌキが憑くと、気がふれる（長野・徳島）。タヌキ・キツネに憑かれると走り廻る（香川）。タヌキに憑かれると、「病気になったさかい、塩浜へ行く」などと言い出す。祈禱者に拝んでもらうと、おかしな事や昔の事を話す。墓の祟りでタヌキに憑かれるのだという（徳島県海部《かいふ》郡）。

○香川県三豊郡高瀬町〈三豊市〉では、神にはカミ（善神）とガミ（邪神）があるという。ガミは犬神・トンボ神・タヌキ神・死神・疫病神など、すべて濁音のカミである。タヌキ神とはタヌキの強い霊魂で、それがその肉体から離れ、人間の霊魂を追い出して、人間にのり移ると、タヌキ憑きになる。タヌキの霊魂は時々自分の肉体に帰る時があり、その時はタヌキ憑きも常態に返る。タヌキの霊魂がついている間に、隠しておいたタヌキの肉体を他の動物に発見されて食われた場合、その霊魂は帰る所を失うので、永久に人体から離れなくなるという。

○岡山県川上郡備中町〈高梁市〉では、病人に憑く神に二種類あるという。高神というのは普通の神であり、いま一つの下等なイクレイジンというのはタヌキなどである。タヌキを飼う家筋というのがある。雌雄のタヌキが抱擁している像を祭るが、この像一つにタヌキが七十五匹いるといい、田を手伝ったりして家を栄えさせるけれども、大変な勢いで繁殖するので飼いきれなくなる。そこで隣近所へ出て悪さをするほか、人に憑く（タンキツキ）ので嫌われる。タヌキを飼っている家の人と結婚すると、タヌキがついてくる。一説に、そのタヌキはネズミの大きいようなもので、連れ立って歩いて憑くという。また、ゲドウとも呼んで、これが人に憑くのを人狸と呼ぶ、という。すべて、けものの霊が憑いた時は、法印などに祈禱してもらえば落ちるという。

○タヌキ落としには、行者などに拝んでもらう。行者が経を読んでいるうちに、「どこから来た」「どこどこのタヌキ」「何で来た」といった問答が始まる。「帰らなければ御幣でたたくぞ」と言われて、タヌキも承知し、すると行者の手から御幣が戸口へ飛んで行った。タヌキが帰る前には油揚やアズキ飯をくれというから、予め用意しておく（香川県大川郡）。

○腹痛にはタヌキの胃やオトユリソウが効く（岐阜県揖斐郡）。タヌキの胃を乾した物を煎じて飲む（茨城県久慈郡）。胃とあるのは、胆の誤り（以下、同じ）。陽気あたりや胃の痛い時。ムジナの胆を干したのを少し欠いて食べる（長野県下伊那郡）。タヌキの胆を干しておき、胃病の時、湯で溶かして盃で飲む（岡山県苫田《とまた》郡）。

○タヌキの胆は、痲疹《はしか》の熱を下げるのに効く（岐阜）、ムジナのイ（胆汁）を飲むと、痲疹がよく出て経過がよい（飛驒）。

○ムジナのイは子供の原因不明の熱を取るのに効く（飛驒）。ひきつけに効く（同上）。ムジナの胃に盃をとって食べさせる（福井）、虫おさえに効く（岐阜県揖斐郡）。疳の虫に効く（岐阜）。ムジナの胃は子供諸病の薬（岐阜）。

○ムジナの胃を飲むと産が安い（新潟県南魚沼郡）。産前産後にタヌキのイ（胆汁）がよい（飛驒）。

○黄疸《おうだん》には、シジミの味噌汁もよいが、ムジナの胆を水で飲むとよい（岐阜）。
○タヌキの胆の塩漬を塩水で飲めば、風邪ひきによい（滋賀県甲賀郡）。
○タヌキの肉は痔の薬という（岐阜）。タノキのシオキ（タヌキの肉の塩漬）を蓄えておき、煎服、或いは味噌汁にして、破傷風・打ち傷・切り傷・風邪・リュウマチスなどの薬とする（高知）。タヌキの肉は夜尿症の薬（埼玉）。
○タヌキの骨や肉は、傷の薬（愛媛県上浮穴郡）。
○タヌキの油をハンド（瓶）に入れ、塩を加えて保存しておき、打ち傷・切り傷につけると、すぐ治る。また解毒剤として服用する（高知）。あかぎれにムジナの脂をつける（アイヌ）。
○タヌキがタニシを食うと痩せる（鹿児島県大口市〈伊佐市〉）。タヌキがタニシをあさる頃は、交尾期で狂奔する。カンドウ（フキのとう）食うと馬鹿になる（福岡県八女郡）。フキノトウの出る頃のタヌキは神経が鈍化して敵にねらわれる。ビシャコ（ヒサカキ）の花が咲く頃は、タヌキが阿呆になる（和歌山県有田郡）。前と同様なことをいうものである。タヌキはフキノトウを食って酔って死ぬ（愛媛県上浮穴郡）。これもフキノトウを食うから神経が鈍くなるのではない。浮かれる季節をいうのである。
○ヤマキビ（トウモロコシを山地に植えたもの）の花が咲くのは里よりもやや遅いが、その頃に、子連れのタヌキが徘徊する（高知）。

玉虫《たまむし》

○女が着物の間にタマムシを入れておけば衣裳にことかかないとか、タマムシをしまっておけば着物がふえる（広島）。成虫は死んでもこわれにくく、縁起物として、箪笥などにしまっておくこともある。
○帽子にタマムシの羽をつけると帽子が飛ばない（鹿児島県国分市〈霧島市〉）という。
○『和漢三才図会』に「婦女鏡ノ奩《ハコ》ニ納《イレ》テ以ッ

テ媚薬ト為ス」と見える。古くから媚薬として信じられ、女子が身につけたり秘蔵したという。

鱈《たら》

○妊婦がタラを食べると、血が荒れる（新潟県長岡市・南蒲原郡）とか、しまりのない子を産む、子が育たない（秋田）、という。妊婦禁食の魚であったことは天保二年に成った武井周作の『魚鑑』に「頽る血を破る、妊娠五ヶ月まで忌む」と見えることからもわかる。

○福井県で、タラの子を煮る際に豆を三粒入れると砕けないといい、新潟県西頸城郡では、タラをウマの鼻呼吸で食うと格別味がいいという。活力がつよく新鮮なタラは美味で好んで料理に用いられるが、死後急速に味が落ちる欠点をもつ。「鱈腹食う」という言葉は、この魚の貪食なところからきているという。『耳袋』巻之四には、塩ぬきのまじないとして「鱈或は塩引其外塩肴塩ものの類汐を出し候に、紙を四角に切りて、おのへ〱〱〱、と書いて、右水の上に浮むれば立所に塩出候由」と見える。

○民間療法。タラ（特に寒ダラ）の胆は胃の薬になるのでとって干しておく（山形県庄内地方）。頭はロイマチスや脚気の薬（新潟県佐渡郡）。強精に腹や胆を食べる（北海道）。

【ち】

ちぬ

○クロダイの地方名。岡山県で、チヌの腹は食うものではないという。長崎県壱岐では、糞を食うといって嫌われるというが、同様のことが江戸時代の『大和本草』に「好ンデ人糞ヲ食フ故ニ人之レヲ賤ム」とあるのは興味深い。特に妊婦が食べることを忌む風が広く、妊婦がチヌを食うと、流産する（山口）、血が荒れる（岡山・佐賀）、腹を下す（岡山）、という。産後三月までは悪血がおりる作用があるからよいが、それ以後食べると血を荒らす（岡山・広島・香川）という。『魚鑑』には、「妊婦食ふときは堕《はん》胎《きん》す。蕨とともに食うことを忌む」と記されている。

○新潟県旧西頸城郡磯部村（名立町〈糸魚川市〉）で、クロダイ漁の縄を延べてから、「クロダイが食ってきた」と後ろ向くとクロダイは逃げてしまうという。鹿児島県甑島《こしきしま》では、海苔がたくさんついたからクロダイの大漁があろうという。⇩鯛《たい》

蝶　ちょう

○お盆の黒いチョウには仏様が乗ってくる（栃木県宇都宮市）。夜のチョウは仏様の使（千葉）。夜のチョウが屋内を飛びまわると不吉、後生の人がそこに来ている（沖縄県国頭郡《くにがみ》）。チョウが舞い込むと魂が帰ったという（神奈川県横須賀市）、夜中に来ると盗人が来る（富山・愛知）、病人のある家に入ると不吉なことが起きる（山口）。ヤンメチョウ（烏揚羽）が来れば眼を病む、唾を三度かければよい（長野県更級・埴科郡）。チョウを死霊の化身であると考えたためで、秋田県山本郡で、チョウ模様の着物を好む者は短命だというのも、こうした心意から出たものであろう。『和漢三才図会』巻六十八に「毎歳七月十五日ノ夜、胡蝶数《アマタ》出テ此ノ原に遊舞ス、呼テ生霊市ト曰フ」と見える。チョウの出現は凶兆とする場合が多いが、夜に出る黒いチョウは大吉（秋田県北秋田郡）、ゼニチョウが家の中に入るとお金が入ってくる（鹿児島県国分市〈霧島市〉）。サケノミジュチュケ（せせり蝶）が家の中に入ると来客あり（熊本県玉名郡）。若い娘のある家へチョウが舞い込むと二、三か月のうちに良い縁談がある（岐阜県大野郡）、という。

○大きなチョウを殺すとウマが死ぬ（鹿児島県国分市〈霧島市〉）。ミヤジマチョウを殺すと、宮島に参詣する時舟が沈む（山口県玖珂郡）。

オコリチョウコを捕らえると瘧《おこり》を患う（岡山市付近）。オコレヂュチュケを捕らえるとおこれ（瘧）にかかる（熊本県玉名郡）。
○天候予知に関するもの。チョウが家の中に舞い込むと雨（群馬県北群馬郡）。シモフリチョウが出ると翌日は雨（愛知）。ゴクラクチョウが早朝から出る時は晴れ（愛知県中島郡）。寒中の夕方白いチョウが飛んでくると雪になる（埼玉）。
○その他、春一番に、チョウを見ると健康、へビを見ると不健康（岐阜県恵那郡）。チョウの飛び舞う夢を見ると近日中に変事がある（和歌山県東牟婁郡）、という。
○民間療法。傷薬にはチョウのさなぎを種油へ漬けたものがよい（山口県大島郡）。流行目《はやりめ》の時は腹の赤い、白いチョウをおくり出す（群馬県邑楽郡）。正気でない人を治すにはチョウを日陰干しにして寝床の下へ敷いてやる（長野県安曇地方）。

【つ】

鶫　つぐみ

○ハラツグ（ツグミ）が去ったら雪が降る、とは伯耆大山山麓の俚言で、この地方では、ツグミは初冬に渡って来て留らずに去ってしまうらしい、といわれている。ツグミは冬鳥として渡来し、渡って来る時には大群をなして一斉に姿を見せるが、越冬や三～四月の渡去の際には小群に分かれ、また、人里近くでは渡りの時にしか姿を見せず、また山林に棲息する種類もいる。
○金沢地方の猟師は、南風が吹くとツグミが捕れるという。この地方でツグミは十一月上旬から中旬に渡来するが、この時期に南ヤマセ（南風）が吹けばツグミがよく捕れるので待ち受ける。この風は雪をつれるので、南やませも吹けば寒い（鳥取）、という言葉もある。

筒鳥　つつどり

○トド（ツツドリ）は八十八夜に来る（青森）、サクラが散ってスモモが盛んになるとポンポンドリ（ツツドリ）が鳴き始める（岐阜）、といわれるように、ツツドリは夏鳥として渡来し、森林に棲息する。カッコウより小形であるが、きわめて似ている鳥である。渡りの頃の農民暦として、トット（ツツドリ）が鳴くからアワを播け、トットが来たから豆を播け、トウトウ（ツツドリ）が鳴くからヒエを播け（共に青森）、トットにモミ播きカッコウにアワ播き、ホトトギスに田を植えよ（秋田）、トットの口さ種を播け、カッコウが鳴いたら豆を播け（東北地方。ツツドリが鳴いたらモミを播け、カッコウが鳴いたら豆を播け、の意）、などの俚言がある。

○ツツドリはポン、ポンと鳴くので、越後ではポンポンドリと呼ぶ所がある。また誤ってキツツキとも呼ぶ。キツツキの鳴き声のポンポンポポーを聞き誤ったもの。

○ホウホウドリ（ツツドリ）が出るとクマも洞穴から出る（福島）、若いクマは三月末頃に冬眠からさめるが、雄グマは出方が遅い。タイタイドリ（ツツドリ）が鳴けば周防灘でタイがとれ始める（福岡）。「ツツドリの寒み」（秋田）、とは「カッコウの寒み」と同様で、ツツドリが渡って来る頃は一時的に急に寒さがぶり返すとの謂である。

燕　つばめ

(1)大事にされる鳥、幸運の鳥、燕の賜物

○ツバメは縁起のよい鳥なので、巣をなぶってはいけない（愛知県西加茂郡）。ヒイゴ（ツバメ）を殺すと悪い事がある（鳥取）、ツバメを捕ったり（巣を取るのも含めて）、いじめたり、殺したり（食うという例もあり）すると、罰が当たる（秋田・熊本）、災難がふりかかる（群馬・大阪・岡山）、貧乏になる（山形）、七代貧乏する（広島）、よくない事がある（富山）、不

幸がある（千葉・広島）、死ぬ（千葉）、病気になる（千葉・富山・愛知）、目がつぶれる（群馬・広島）、眼病にかかる（千葉・佐賀）、耳が聞こえなくなる、瘧《おこり》になる（岐阜・鳥取・島根・広島）、牛馬が死ぬ（青森・鹿児島）、など、制裁も広範である。

○その中で最も目につくのは、火に祟る（火事になる、火元になる）というもので、津軽・秋田・福島・長野・新潟・石川・福井・名古屋・大阪・和歌山・岡山・広島・鳥取・島根・佐賀その他でいう。群馬県吾妻郡では、ツバメをとると蔵が焼ける、鳥取ではヒイゴ（ツバメ）の巣をつつくと火ごとに立つという。こうした思考法には、二つの通路があるようで、その一つは、ツバメの胸が赤いのは、そこが火であるから（石川県鹿島郡）、或いはツバメの喉から火を出して家を焼く（新潟県西頸城郡）のだという、ツバメ自身が火をつけるという考えであり、いま一つは、ツバメにいたずらをすると、もう巣をかけなくなる（島根県仁多《にた》郡）、そうするとその家は火事が見舞う（山口県阿武郡）、という三段論法式な思考である。青森県三戸郡でも、ツバメは不吉を予知し前以て去り、二度と来ないという。ツバメが巣を作らぬ家には火事があるという俗信を経由して、同じ制裁に結びつくのである。秋田県鹿角郡では、ツバメ・カラスにいたずらをすると、火をつけられるという。これは思考形式としては第一に属する。カラスは火を好む鳥のようだが、ツバメの場合、それとは理由が違うのである。

○特にツバメの雛を捕るのは制裁が重く、目がつぶれる（千葉県香取郡）という。目がつぶれるとは、勿体ない事の同義語であるから、前掲の眼病は、その言い替えとみてよい。千葉県山武郡で、ツバメを食うと死ぬといわれているのは、少ない例であるが、別に、ツバメを薬用に食う例もある。

○ツバメが巣をかける家は、縁起がよい（千葉・新潟・愛媛・宮崎等)、吉兆(大分・鹿児島)、キソウ(縁起)がいい(新潟)、吉事がある(茨城・愛知・香川)、繁昌する(青森・静岡・和歌山・山口・徳島)、お庄屋になる(佐渡)、運が向く(静岡・愛媛)、病人がない(栃木・千葉)、などといって喜ぶ。三度巣をかけると千万長者になる(愛知)、巣が多いほど繁昌する(栃木)ともいう。特に屋内・座敷に巣を作るのを最高にめでたい事とする所も多い(宮城・栃木・千葉・石川・香川・高知・福岡・壱岐)。カギツケ(自在かぎ)に巣をかけると金持になる(長野)ともいう。ツバメが家に入ったり(奈良・福岡市)、屋内を飛ぶだけでも縁起がよいといって喜ぶ(福島)。が、ニワ(土間)の梁に巣を営んだツバメが、開け広げた座敷を突き抜けて飛ぶ光景は、すでに過去の映像となりつつある。

○ツバメが家に巣を作ると、火災にかかることがない(宮城・千葉・長野・新潟・石川・岡山・愛媛・高知・熊本等)とは、各地で聞く。その理由として、家内の整理が悪く、雑然とがらくた類などの多い家にはエグチナワ(ヘビ)がいて、ツバメの雛を取るので、巣をかけない。それで整然とした家は火事を起こさない、との意味だろう(熊本)、という説明は説得力が不足。乾燥しすぎていると巣がくずれやすいので営巣しない。そういう家は火災を起こしやすい(愛媛)、というのも、合理的ではあるが如何なものか。

○ツバメの来ない家は、首尾が悪い(新潟)。例年来ていたツバメが来ず巣をかけないようなことがあると、何か変ったことがある(愛知・長野・新潟・福井)、悪い事がある(群馬・福井・愛知・奈良・兵庫)、凶事がある(神奈川・石川・奈良・和歌山・広島)、不思議が起きる(長野)、災難がある(三河)、不幸がある(千葉・岐阜)、悪い病気がその家に起きる(長野)、家の人が死ぬ(熊本)、などという。

○ツバメが巣を作らなくなると火事が出る（新潟）、ツバメが巣くわぬ年は火事にあう、火災に気をつけろ（会津）。ツバメの巣が落ちると火事がある（飛騨）、ツバメが巣に戻って来ないと、火災にあったり、死人が出たりする（山形）。ツバメがいなくなると、火事がある（長野・福井・山口）、人が死ぬ（津軽）。巣を作りかけてやめると禍がある（埼玉・愛知）、巣作りをやめるのは水火難の兆（福島）、巣作りの途中でツバメが逃げるのは不祥の前兆（鳥取）といって懸念もする。ツバメが巣をかけぬ年は凶作だともいう（北九州市）。
○ツバメが巣から落ちると縁起が悪い（愛知・愛媛）、ツバメが巣から落ちて死ぬと、その年は家に病人か死人が出る（岐阜）、不幸がある（広島）。ツバメの子が育たないと、その家の子供も育たない（長野）。ツバメの親子が無事に立って行かないと、その家に悪い事がある（愛知）、卵を産み、雛が孵り、日一日と成長する毎日の賑やかさに親しんだ家人にとって、つつがなく雛を育て上げるのを見ることは、縁起がよい（上総・三河）ばかりではなく、それは心からの喜びに通ずる。それだけに、ツバメの子が四羽生れると、その家に凶事がある、などとの縁起かつぎまでした。
○ツバメは幸運の象徴として喜ばれたが、それはツバメが幸福を護る守護神的役割を果たす、ということではなく、幸運の家でないとツバメは来ない、という考え方が元であったと思われる。ツバメは衰える家に巣を作らず（山形市）、不吉な家には巣をかけない（大分）。家に不幸のある年には予めツバメが来ない（山口）、火事を出す家には巣作りせぬ（秋田・山形・長野・愛知・山口）、火事になる年は巣をかけぬ（長野・三河）、死人のある家にはその年ツバメが来ぬ（広島）、などの事例は、その事を物語っている。こうして、ツバメは幸福をもたらす鳥として歓迎された。福島県耶麻郡では、ツバメは不幸とか火災のある家には入って来ないといい、巣を作ると、アズキ飯を炊いて祝った。

右のようなツバメ観は、中国の「鵓鴿（イエバト）只棟二旺処一、燕子不レ入二愁門一」（『通俗編』三八）という俗信と一致するが、『通俗編』が成ったのはわが国の江戸中期以後であるから、その直輸入とは考えにくい。

○香川県三豊郡で、巳年にはツバメは来ないという。その理由は明らかでないが、恐らく巣をねらうヘビへの連想であろう。家族に巳年生れの者がいれば、ツバメは巣をかけない（常陸・摂津）、或いはツバメが育たぬ（河内）、主人が巳年だと巣をかけぬ（三河）、ともいう。

○ツバメは、到る処で歓迎されたかというと、そうとは限らなかった。家の中に巣くうと、不慮の災厄にあう（奈良）、不吉（秋田）といい、群馬でもツバメの巣を作らせるな、という地方がある。初めて家の中に巣を作った年は、変事がある（富山・愛知）といい、また、巣作りを中止するとその家に禍が起こる、ともいう。

○ツバクロが一つ家に十年巣をかけると、その礼として巣の中へ貝を一つ入れて行く。その貝は薬だという（神奈川県津久井郡）。岡山県真庭郡では、ヒーゴの巣の中には子安貝の小片があって、黄疸《おうだん》の薬だという。子安貝は産婦が手に持ってお産をすると安産すると信じられた貝である。新潟県三条市では、巣立ちに当たって卵殻を土産に置いて行くという。それは驚風（脳膜炎）の薬といわれる。金の玉をのこして行く（愛知）という所もある。新潟県西頸城郡では、立って行く時に目薬を置いて行くという。ツバメだから目薬を連想したのであるかも知れない。栃尾市〈長岡市〉では、ツバメは三年目に、何病にもよく効く薬を土産に持ってくるという。

○ツバメは田の神様を負うてくる（広島）ともいっている。新潟県南魚沼郡で、ツバメは大神宮様のお使というのも、穀神の使わしめという意味である。中国では古来、ツバメは春の社日に来て、秋の社日に去る、というところから、社君の名があったが、農事に深い関係がある点は、我が国も同じである。岩手県遠野地方では、土《つち》土用になるとツバメが来るといっているが、飛騨では、秋の社日にツバメが帰って行かない時は大風が吹くという。ツバメが早く来る年は豊作（広島・愛媛）、四月早々渡ってくると夏暑くて豊年、下旬に来るようだと冷害（山形）、早く来て早く去るは早冷の兆（同上）、などいうのは、気候の進み方と関連することは勿論だが、「幸福の鳥」観に基づくところも多かったに相違ない。ツバメが巣をかけぬ年は凶年（福岡）といい、長野県小県郡では、ツバメが家の軒に巣をかけると豊年、かけぬとマグサレ（不運）だという。また、ツバメが早く来る年は雨が多い（大分）、という例もある。

○ツバメが卵を孵している時に、女が巣の中をのぞくと、いつの間にかヘビが巣の中に来ている（新潟県西頸城郡）。ツバメの育雛を保護するためのたとえ話でもあろうが、霊鳥として神聖視するゆえもあろう。愛知で、ツバメが死んだのを見た人は、三日のうちに死ぬ、というのも、ツバメを殺してはならぬ、との即物的教訓のみではないらしい。秋田県雄勝・平鹿両郡で、ツバメは地獄の使者といっているのも、祖霊の化した鳥という考え方であろう。北九州市では、ツバメはその家の精進日にかいわれ（殻が割れ、雛が孵る）、精進日に立つ、という。

○ツバメの子が孵った時、その殻を飲むとお産が軽い（富山県魚津市）。ツバメの卵の殻を蒲団の下に敷いておくと安産をする（愛知）。前出の、ツバメの巣の中に子安貝がある（岡山）という伝承と関連があろう。

燕　つばめ

(2)燕の巣、燕の飛び方、民俗治療

○ツバメについては、他の鳥類のように鳴き声による占候は無く、翔け方と巣の作り方との二

つによる占候が行われた。和歌山県有田郡では、ツバメの水ハチということわざがある。雨の降る前日あたりの蒸し暑い時に、ツバメが貯水池などの水面すれすれに反覆飛翔して虫を捕って食べるのをいう。一般に、ツバメが低く飛ぶと雨が降るといっている（津軽・秋田・山形・宮城・群馬・茨城・千葉・山梨・長野・新潟・富山・福井・岐阜・愛知・奈良・和歌山・島根・熊本・大分・鹿児島・喜界島・奄美大島等）。夕立が来る（群馬）ともいう。当然その反対に、高く飛ぶのは晴れのしるしとなる（秋田・山形・福島・長野等）。

○ところが、これとは逆に、水面すれすれに飛ぶ時は天気になり、高上りすると大雨になる（富山・愛知）、高く飛んだら雨が降る（奈良）、高上りしたら大雨（愛知）という例もある。ツバメがしきりに乱れ飛ぶと雨が降る（岩手）、大嵐（広島）といい、ツバメが騒ぐと雨（山形）ともいう。また、よそから多数飛んで来るのは大風の前兆（長野）ともいっている。

○ヤマツバメが里へ出れば、天気が変る（長野）、雨降りになる（飛驒）。ダケツバメが飛び乱れるのは嵐の兆（同上）。イワツバメが高く乱れ飛ぶ時は暴風雨が来る（熊本）。なお、イワツバメが来ると雪が降らなくなる（福島）ともいう。

○アマツバメは、名はツバメでも、類縁は遠い鳥だとされているが、一名をアマドリというように、雨兆を予告する鳥とされている。アマドリが里へ出てきて飛びめぐると雨になる（飛驒・紀伊）。この鳥は、野分の時節に先立ち、雲行きの不穏なような日に現れるので、空模様だけでもすでに雨とわかるが、そこへアマツバメが風を切って縦横に飛翔するのを見ると、風雨到来の緊迫感がたかまる。新井白石は『東雅』の中で、「東海の地方にて、雨を占ふ鳥なり。雨ふりなんとするに、此の鳥雲中に翻り飛びて啼く也。その大きなるは、鳩より小さくして、燕の如くなるなり。アマとは、雨の義とこそ見えたれ」と述べている。
○ウミツバメも、ツバメとは別の鳥だが、ツバメと同格に見られており、これが飛んでくるのは大荒れ（新潟）の兆（ただし現在ウミツバメは新潟県ではほとんど見られぬ鳥とされている）。
○ツバメの巣の作り方も、予占の材料であった。巣が美しくできる年は秋の取り入れがよい（兵庫）。巣を上りに向けてかけると家が栄え、下りに向けてかけると凶（山口県大島郡）。軒上にかければ貧乏になり、上の方にかければ栄える（広島県御調《みつぎ》郡）。北向きに巣を作ると病人が出る（秋田県仙北郡）という。
○長野県飯山市では、ツバメの巣に藁をぶら下げたり、へたな作り方をすると、病人が出たり災難があるといって嫌い、太平洋戦争中は、召集が来る前兆として恐れた。大阪府枚方市で、長い巣を作るといかぬというのも、同じような作り方をいうのであろう。新潟・群馬・岐阜で、ツバメの巣が落ちると火事がある、といって嫌っているように、子育てを無事に終えて南の国へ飛び立つのを、祝福を込めて送るのが家の人々の願いであるのだから、巣の出来ぐあいが悪ければ、支障はないかと懸念するのが道理である。
○これと反対に、巣に藁が長く垂れると豊年（群馬・新潟・富山・広島）、粗末に作られる年は豊作（福井・広島）という例もある。巣が美しく作られる年は凶作（群馬県利根郡）ともいう。新潟県南魚沼郡でも、巣にぼろがたくさん下がった年は豊年だといって喜ぶ。この地方では、ツバメは太神宮様のお使と考えられているから、ぼろは御幣かしめ縄と見立てられるのであろうか。そのように考えれば、巣作りがきたない場合にいう他の地方の事例も、解釈できぬことはない。
○ツバメが葬列の前を横切ると、すぐに死人が続く（広島）という。この禁忌は他では聞くところがないようである。葬式の時、盆のツバメが落ちると、近いうちにまた葬式がある（長野県北安曇郡）。盆は皿を意味する字だが、報告者は別個の意味に使っているらしい。
○鳥の糞が身にかかると、これを吉と判ずるものと、凶と判ずるものと、正反対の解があるのは常のことだが、ツバメにもこれがある。ツバメの糞が体にかかると、よい事がある（新潟県西頸城郡）、長生きする（富山県氷見市）、幸運（宮崎県西諸県郡）というのに対して、その年のうちに死ぬ（秋田県仙北郡・富山県魚津市）ともいう。ツバメの糞自体については、『食物和歌本草』に、これは有毒で人の神気をそこなう、といいながら、湯に入れて癲癇・驚風（脳膜炎の類）などの病人に温浴させ、また丸薬にしてむしくい歯・歯痛の際にかみしめればよい、とあるが、実効の方は如何か。
○ツバメの夢はよく、よい友達ができる（宮城）。
○庚申の日に生れた子は、ツバメになる（新潟県栃尾市〈長岡市〉）。
○ツバメが飛魚に化す、という俗説がある（『普世俗談』）。スズメがハマグリに化す、というのと同類の無稽の説といってよいが、天草地方には次のような伝承がある。帰燕の中で利口なのは藁をくわえて行くが、ばかなツバメは石をくわえて行くので、途中で海に落ちる。それが魚と化して時々海の上を飛ぶ。アゴイオ（飛魚）ともツバメ魚ともいうのだと。津軽の雁風呂の伝説を飛魚の生態に加味したような幻想的な伝えである。
○脳病に、ツバメ（またはキツツキ）の黒焼きが効く（熊本）。
○ツバメの肉はリュウマチスの薬（神奈川）。味噌と一緒に蒸して食べると小便つまりに効く（岩手）。疳の虫に、ツバメの黒焼きが効く（広島）。福井県では、塩おしにしてリュウマチスの薬に食べる。疣取りにも、塩おしを食べるとよいという（同上）。ちなみに『甲子夜話』に、加賀では藩の古法として、夏のうちにツバメをおびただしく取り、塩漬にし兵食の料とする。毎年古いのを捨て、新しいのと取り換える。息合の薬ではないか、との説もあると記している。
○ツバメの卵殻は、熱冷ましに煎じて飲む（愛媛）。
○ツバメの巣を乾燥して腫物に貼ると、膿を吸い出す（山梨）。マムシにかまれた時は、ツバクロの巣をつける（福島）。
○ツバメの糞をなめさせると夜泣きが治る（奈良）。疳の虫には、若いツバメの糞とケラをすりつぶしたものを練り合せて紙に塗り、子供の頭の上の毛を剃ってそこへ貼る（岩手）。痲疹《はしか》にツバメの糞を足の裏につける（愛媛）、糞と飯を練って土踏まずにつける（三河）。マムシにかまれたら、ツバクロの糞をつける（福島）。ソゲ（削物）が立った時も同様にする（滋賀）。耳に膿をもったら、ツバメの糞をゴマ油で練ってつける（飛驒）。虫歯の熱を取るには、ツバメの糞を外（頰の意か）に塗る（群馬）。消渇《しょうかち》に、ツバメの糞を乾かして飲む（三河）。
○カヤツリ草が萌えるとツバメが来る。
○ツバメが来ると夏（愛媛）。
○ツバメがいなくなると、赤トンボ（十五夜トンボ）が上る。暦では八月でも、すでに秋（新潟県南魚沼郡）。
○ツバメは「おれんち来れば、味噌もあれば米もある」と鳴く（栃木県芳賀郡）。
○子供たちはツバメが鳴くのを見て、「土くて虫くて、くちしーぶい」とはやす（奈良）。
○昔話「雀孝行」では、普通はスズメとキツツキが主人公だが、キツツキの代りにツバメが登場する話し方もある。昔、ツバメとスズメは姉妹であった。親が危篤という時、妹のスズメはなりふりかまわず駆けつけて死に目にあえたが、ツバメはゆっくり身仕度をして出掛けたので、死に目にあえなかった。神様はツバメの不孝を憎んで、五穀を食べることを許さず、孝行なスズメには手近な所で自由に五穀を存分食べて暮らせるように計らった。それでツバメは姿こそ美しいが、虫の類しか食べられないのだという。先に述べたようなツバメに対する信仰や親近感からすると、この話にはツバメはふさわしくなく、キツツキ（カワセミと話す所もある）の方が似合わしい。ツバメの姿の美しさから引合いに出されたものらしく思われる。

鶴　つる

○ツルが舞って来た時は縁起がよい（山梨）、ツルが降りると降りた所に慶事のある知らせ（福井）、お宮へツルが飛んで来るとその年は必ずよい事がある（愛知）、田圃へツルが降りるとお金がたくさん入る知らせ（福井）、と福徳の瑞兆とする。茨城では、二千石見晴らしの田圃でなければツルは降りない、という。また、中国の神仙談に基づき、ツルは千年、カメは万年というだけあって、ツルの夢は吉夢で長生きをする（兵庫・和歌山）という。

○神経痛にはツルの脚を煎じて飲むとよい（大分）。

○マナヅル・ナベヅルは冬鳥として渡来するが、渡りについて次のような俚言がある。ツルが北に向かって高く飛ぶと彼岸さめ（佐賀県神崎郡）、「さめ」は終りの意で、ツルの群がカラコロと鳴いて北方へ飛び去る頃、春の彼岸は終っている、ということである。ムタヅル（ナベヅルの方言）は秋キクのなえそめる頃に渡って来て、ブッソウグサのつぼみが目につく頃に去る（鹿児島県出水《いずみ》郡）。ムタヅルは牟田（草の生い茂った沼）に立つツルの意。ブッソウグサ（レンゲソウ）のつぼみが見られるのは彼岸頃までである。ナベヅルはマナヅルより早く渡来し、渡去も早い。

○ツルが空を仰いで鳴く時は晴れの兆、うつむいて鳴く時は雨降りの兆という。

【て】

鉄砲虫　てっぽうむし

○小児の痙攣や疳には、テッポウムシを焼いて食すると妙効がある（香川）といい、沖縄でも、虫気の薬としてクワの木のテッポウムシを焼いて食べるか、水煎服用するという。

貂　てん

○朝のうちに山でテンが前を横切ると猟がない（秋田）、外出の時、テンやイタチが自分の前を横切ると凶事（石川）と、イタチ同様、テンに道切りされることを縁起の悪いものとする。また、テンを殺せば火に祟る（広島）、テンを半殺しにすると寝首をしめられる（採集地不明）、とテンの殺生を忌む。

○三重県伊賀では、キツネ七化けタヌキの八化けテンの九の化けやれ恐ろしや、といい、テンは人をだますのに九種類にも化ける、といわれている。

○テンはイタチのおばさま（広島）といい、イタチの無き間のテン誇り、イタチいぬあとテンのらく（青森）、イタチいぬ山テンの楽（宮城）、などの諺があるが、テンとイタチは非常に似ており、テンの方が一まわり大きい。テンがとらねばイタチがとる（熊本）とは、似寄りの悪者から財産を取られる、結局は悪者の餌食というたとえ。

【と】

蜥蜴　とかげ

○トカゲを見ると、よい事がある（宮崎）、幸運（鹿児島）、その日のうちによい事がある

（山口）。トカゲを三匹見ると、よい日和である（鹿児島県国分市〈霧島市〉）、トカゲを早春に見ると一年中忙しい（岐阜県山県《やまがた》郡）。雪解けの頃カナヘビ（トカゲ）を先に見ると、その年はよい年である（新潟・愛知）、その年は何をするにも機敏に早くできる（愛媛）、足が軽い（群馬）、その年ははしっている（時が過ぎるのが早い）（福島）。反対に、ヘビを先に見ると悪い年である（新潟県東蒲原郡）。トカゲを見たら、姿が見えている間に「トカキリ見た、まんがよし」と三回唱えると、その日の運勢がよい（山口）。

○福井県大野郡西谷村〈大野市〉で、朝、仕事に行く時にトカゲを見ると、一年中まめだという。

○トカゲに指をさすと、指が腐る（群馬・石川・長野・岐阜・愛知・富山・京都・大阪・和歌山・広島・山口・香川等）。その時のまじないとしては、指を切るまねをする（群馬県利根郡）、カネチョロ（トカゲ）が隠れぬうちに指に三度唾をつける（長野県更級・埴科郡）、指さした指を人に踏んでもらうと腐らない（奈良）、などという。呪文としては、「トカゲちょろちょろおの指腐れ、わしの指金じゃ」と唱える（和歌山県西牟婁郡）、「お前の指はくさい指、わしの指は金指」と唱えればよい（山口）。広島県府中市では、親指をトカゲに見せると早死するといい、トカゲを指さす場合には、握りこぶしにかえ、前後に指をかめば差支えない、といっている。トカゲを霊物視して、これに指さすという冒瀆行為の抹消を図ることが本源だったのであろう。なお、千葉県長生郡では、トカゲを見て「カマキチョカマキチョ、おらげにゃ鎌ねえぞ」と唱える。

○トカゲの尾は切ってやるものだという（壱岐）。尾を踏み切ると、家が繁昌し、見ただけでよい物を拾う（広島県竹原市）、尾を切ると、縁起がいい（愛媛）、金を拾う（三重・奈良・

愛媛・熊本・鹿児島）、などという所があり、また尾を二つに切ると、銭を拾う、十銭拾う、金がたまる（愛知）、三つに切っておけば後で三銭拾う（奈良）、ともいう。さらに、切ったトカゲの尾ンボを埋めておくと、金が拾える、一銭拾う、銭が出てくる、金に化ける、一銭になる（以上、愛知）といい、また、尾を三つに切って埋めると、金がたまる（同上）、ともいう。埋める所は、人のいない所でないといけない、とする例もあり、そうしておくと金持になる、三日目に掘ると金が出る（同上）、ともいっている。その他、石の下に埋める、電信棒（柱）の下に埋めると、金がたまる、といい、さらには木にかけておくと金がたまる（以上、愛知）というのまであるが、これは後の変化であろう。また、財布に入れておくと金がたまる（同上）ともいう。鞍馬のムカデや弁財天の巳《み》成金《なるかね》などから延長された民間信仰であろう。なお、トカゲを殺して腹を裂くと五円出てくる（奈良）、というから、トカゲが金を生むように考える者もあったものらしい。『醒睡笑』の笑話などにも、人が見たらヘビになれ、と言って銭を埋める話があるが、それはヘビが銭に化する、との俗信を踏まえて成立している。トカゲにもこれと共通な俗信があったことは明らかである。

○トカゲの尻尾を切ることの効能として、金銭とは別な面もあった。トカゲの尻尾を切ると、走り方がはやくなるとか、頭の毛が長くなる（鹿児島県国分市〈霧島市〉）というもの、いい所へ嫁に行ける（群馬県利根郡）というのが、それである。

○トカゲの尻尾はもともと切れやすいものであるのに、あえて切ってやるがよい、切ると福を得る、と信じられた理由は明らかでないが、ヘビの尾が大切な部分であるのと同じに、トカゲの尾が重視されたことは当然といえよう。ところが、トカゲの尾を切れば、飯の中へ入ってくる（石川県珠洲郡）という例もある。半殺しにすると、飯の中へ入って毒を入れる、という俗信と同じで、報復と考えられる。青トカゲの足を食べると死ぬ（愛知）、というに至っては、果たして食用にした者があったか疑わしいが、ヘビ同様に尾には毒がある、と考えたものである。
○紫色のトカゲは、神様の使だから殺してはならない（高知県幡多郡）、トカゲの背には仏が宿るので殺してはいけない（徳島県板野郡）、殺すと神の祟りがある（鹿児島）。トカゲを殺すと十日目には死ぬ（同上）。トカゲを殺すと夜その人の飯茶碗の中に入る、半殺しにすると食事の時御飯茶碗に入っている（能登）。殺すと御飯の中へ毒を入れられる（石川）。半殺しにすると家のハンドウ（水がめ）に入られる（広島県倉橋島）、殺すと夜化けて出る（島根）。
○カナヘビ（トカゲ）を海に投げると、海が荒れる（佐渡）。トカゲは「竜属にや」と記したもの（『閑窓自語』）さえある。天と海が怒る、そのトカゲを海に投げ込んで苦しめると、天と海が怒る、というのであろう。
○トカゲが道切りした時は、旅をやめよ（愛知）。出がけに前方をトカゲに横切られると出直さなければ凶事に出合う（愛媛県松山市）。イタチをはじめ、道切りに関する俗信を持つ動物は多い。
○カナヘビ（トカゲ）が食いつくと、雷様が鳴るまで離れない（青森県三戸郡・秋田県諸郡）。天の雲をつけないと治らない（新潟県佐渡郡）、トカゲに飛びつかれて十日すると死ぬ（鹿児島県国分市〈霧島市〉）、トカゲが食いつくと塩一升飲まねば死ぬる（宮崎県西諸県郡）。トカゲは有毒と信じられていた。例えば、青トカゲは最も毒が多く、古くから人を毒害しようと考える者はトカゲを蓄えた（『本朝食鑑』）。恐らく毒ヘビへの連想と類推によるのであろう。しかし、岡山県上道郡（岡山市）で、トカゲが肩を越せば年内に死ぬといったのは、毒性よりは霊性に重きを置いた俗信であろう。ただし、その両面は民間的理解を経て著しく接着する。

○カナヘビ（トカゲ）が家に入ったら、桝に入れて神棚に供え、神酒を上げると大漁がある（青森県三戸郡）。このように歓迎される反面に、トカゲを見たら唾を吐かないと片目になる（富山県氷見市）といい、沖縄の国頭《くにがみ》郡では、ゴイカー（トカゲ）が家の内に入り込んだら、浜降り（禊ぎ）をしないと災厄にあう、といった。両極端のようだが、楯の一面にすぎない。

○夏の夜にトカゲが這い廻ると大雨になる（愛知）。トカゲが木に登る時は雨になる（岐阜）、トカゲを殺して腹を上に向けておくと雨が降る（秋田県雄勝郡）。トカゲが木に登る時は雨になる（岐阜県高山地方）。

○ソコマメの療法には、トカゲを黒焼きにしてつける（群馬県邑楽郡）。黒焼きというと、イモリの黒焼き（惚れ薬）を連想するが、古来、蜥蜴《とかげ》・蠑螈《いもり》・蝘蜓《やもり》の三者は同類と考えられ、『和名抄』などは、蝘蜓、一名蜥蜴、一名蠑螈と、三者同物と記しており、新井白石の『東雅』もこの説に従っている。またトカゲの名は、トカケと清音で呼ぶ地方があり、語源は、疾駆《とかけ》である、という（『倭訓栞』）。⇩蛇《へび》

朱鷺《とき》

○ダオが渡って来たから田の支度にかかろう（青森）、ダオ来れば八尺雪降る（土地不明）、ダオの頸切り（秋田。春の雪はダオの頸切り、ともいい、春先に深い雪が降るのをいう）。ダオとはトキの方言であり、田仕事時季や大雪の予告として目安にされた鳥で、明治以前には越後地方では、スズメ・サギと並んで最も憎い三悪鳥として鳥追歌にもうたわれたほど繁殖したのであったが、今や特別天然記念物に指定され、絶滅寸前の今日では、歴史上の諺でしかない。「ダオ」「ドウドウ」という呼び名はトキの鳴き声に由来するものらしく、「鳥の中で自分の名

前を呼ぶのはダオだけで、鼻をつまんでダオンといえばまさしくその鳴き声だ」（秋田）といわれ、また『和名抄』にも「自ら之を呼ぶ鳥なり」とある。

泥鰌《どじょう》

○ドジョウは神の使者だから殺してはいけない（岐阜）。山形市大曾根の泥鰌観音は、ドジョウの好きな観音様といわれ、ドジョウを神池に放すとどんな願いごとでも叶えてくれるという。

○神池などにすむドジョウが片目である、という伝承は多い。石川県羽咋《はくい》市滝谷町の妙成寺領七面山の森にヘビの池と呼ばれる小池がある。お籠りして日朝上人に眼病回復を祈り、池の清水で眼を洗えば治るといい、不思議なことに池にすむドジョウはみな片目だといわれている。大阪府富田林《とんだばやし》市の滝谷不動尊には眼の悪い人が堂の前の滝にドジョウを流し願かけをする。甲府市街北方にある武田氏の古城の濠にすむドジョウは山本勘助に似て、みな片目だという。神奈川県横須賀市では、天狗が夜炬火を持ってドジョウを漁し、その目を抜いていくので、この辺のドジョウには片目が多い、といい、『豊多摩郡誌』には「陸奥の三日月石、眼の祈願に鮒・泥鰌をこの辺の溝川に放てば、一夜にしてその魚片目を塞ぐ」と記されている由。片目の魚については、神供の魚の一眼をつぶして神社の池に放しておいた習俗の名残ではないか、とする説がある。

○ドジョウを殺すと親の目がつぶれる（奈良）。石の中（石のくぼみに水のたまったところか）にドジョウのいるのを見て殺したりしないこと。助けてやると良いことがあり、殺したりすると苦しんで死なねばならない（富山県氷見市）。ドジョウを流し場またはどぶに捨てると目がつぶれる（栃木県芳賀郡）。流し場の尻にドジョウや生きた魚を入れると病人が絶えない（秋田県平鹿郡・秋田郡）。溝に逃がすと病人が絶えない（新潟県岩船郡）。縁の下へ入れると火に祟る、ともいう。

○ドジョウを串で刺す時は「ドジョウ口明け、まま食わそ」と唱える（奈良）。秋田県平鹿郡で、「ドジョウ汁は引き返しても御馳走になれ」という。また、生きたドジョウをネコが食うと腰がぬけるとか、ドジョウが暴れたら「ネコが来たに黙れ黙れ」と言うと暴れなくなる（愛知）という。『耳袋』巻之四には「鰌《どじょう》を動かさざる呪いの事」として「鰌を買ふ時、升に入りても踊り狂ふ故、一升調ひて外器へうつせば纔か也。末の盞を臍へ当てて白眼《にらみ》つけて計らせれば、頓《やが》て一倍。人のかたりし也」と見える。文意は、ドジョウは動きが激しいから一升量って買っても実はずっと少量しかない。盞を臍にあててにらみつけて量らせると、ドジョウは静かにしているので、十分の量がある、というのである。

○ドジョウが水をうつ（騒ぐ）時は雨（山形県西置賜郡《にしおきたま》）、水を濁せば雨（奈良）という。ドジョウが浮き上がると晴天が続く（長野）、というのは、晴天の日が続くと、池などの水の動きが少なくなり、水中の酸素が欠乏するため、浮き上がってくることが多くなるのだという。

○民間療法。土用にドジョウを食べると、薬になる（新潟・石川）、夏負けしない（群馬・新潟）、強壮剤となり暑気あたりしない（岐阜）、効験がある（群馬）、万病を除く（千葉）、眼に汁が入らず眼の病も早く治る（富山）。土用のウナギと同じ習慣であろうが、ウナギほど全国的でない。ドジョウを割いて患部に貼ると、丹毒に効く（埼玉・岐阜・和歌山）、火傷によい（福井）、腫物によい（福島・愛知・大分）、できものによい（愛知・滋賀・広島・佐賀）、丹毒の熱が引く（岐阜）、瘭疽《ひょうそ》によい（大阪・岡山・愛媛）、リュウマチに効く（山口・島根）。瘭疽には、ドジョウと味噌を黒焼きにしてつける、または、黒焼きに生ウルシを混ぜて塗る（岩手）、ドジョウの頭を生のままつぶして飯で練って貼る（岐阜）、指が瘭疽になった時は一匹を指に巻き一匹は食べる（兵庫）。できものには擂鉢ですってつける（岡山）。たむしには、ドジョウの黒焼きの粉末を水に溶かして患部にすりこむ（大阪）。たむしが首を取り巻くと命取りになりかねないが、その上にドジョウを転がせば治る（福島）。疥《はたけ》にはドジョウを転がす（群馬）。丹毒に皮の粘液を塗ると特効がある（香川・熊本）。口瘡ができた時は生きたドジョウを糸で括って口中に入れ泳がす（和歌山）。ちりげ（口の再端の腫物）ができた時にはドジョウを擂ってつける（岡山）。胎毒のかさぶたが残っているのにはドジョウを生きたまま飲ませるとよい（滋賀）。胃痙攣には生きたまま呑む（愛知）。指の切り傷には、田圃のみと（水口）にできたドジョウの水泡をつける（福井）、ドジョウの皮を貼る（同県）。肋膜炎の水取りには足の土踏まずに生皮を貼りつけ、乾くと取り替える（福岡）。痛み止め、消炎に、皮を貼り、乾くと取り替える（石川）。肺炎にはドジョウを袋に入れて胸の上に置く（富山）。漆かぶれにはドジョウを生のままつける（山形）。ドジョウを食べると、眼病に効く（愛知）、乳の出がよくなる（大分）、強壮剤になる（新潟・石川）、鳥目によい（愛知）。喘息・中耳炎によい（静岡）、下熱剤に用いる（岡山・香川）。耳だれにはドジョウを二つに割き耳の裏に貼る（愛知県南設楽郡）。白癬頭はドジョウを這わせると治る（新潟県佐渡郡）。打ち身にはドジョウを黒焼きにして擂りつぶし、少量の黒砂糖と混ぜあわせ、日本紙に塗布して患部にはりつける（大阪）。疣《いぼ》ができた時は、ドジョウで撫で、人の見ない間に埋めておくとそれが腐り次第治る（富山県氷見市）。蛔虫がわくと「天竺の細谷川の細ドジョウ、上にせらずに下にせりせり」と言い、真言を三回唱える（兵庫）。火傷の時は、ドジョウを瓶に入れ、その上に黒砂糖を入れればドジョウは苦しんで、ぬるぬるとした液を出して死ぬ。この液を紙に塗り、陰干しにし患部に貼りつけ、自然とはげるまでおくと治る、ともいう。
○食合せ。ドジョウとトコロ（岩手）。ドジョウとトコロテン（愛媛）。
○その他の俗信。ドジョウの夢は悪い（福島県東白川郡）。ドジョウがイモリになる（岡山）。

鳶　とび

○朝トビに蓑を脱げ、昼トビに蓑を着ろ（山形）、朝トビは晴夕トビは雨（長野・愛知）。朝トンビが舞う時はその日晴、午後から舞うと翌日は雨が降る、という意味の俚諺《りげん》である。これとは反対に岐阜では、朝トンビ雨を乞う、新潟では、朝トビ笠持て、夕トビ百日笠いらず、徳島でも、朝トビに蓑を着て昼トビに蓑を脱げ、熊本でも、朝トンビは蓑を脱ぐな、という。このように、トビによる天候占いでは、同じ時間の同じ動作であっても、所によって逆の占候が行われている。地形による相違ということも考えられぬではないが、これを古書に徴すると、後に引くように『本朝食鑑』『和漢三才図会』『倭訓栞後篇』などはいずれも朝トビを雨兆としている。
○飛翔による占いでは、トビが空を舞うと晴（山形・石川・福井・滋賀・島根・香川・大分）、トビが舞うと雨が降る（翌日は雨）（山形・岐阜・三重・愛媛）、朝舞うと翌日は晴（新潟・福井）、朝（午前中）飛ぶと雨（翌日雨、または雨が近い）（山形・新潟・富山・岐阜・愛知・福井・和歌山・鳥取・岡山・広島・山口・高知・長崎・熊本）、昼飛ぶと日和（岡山）、昼飛ぶと百日雨が降る（群馬）、昼過ぎまで飛んでいると雨（愛媛）、夕方飛ぶと晴（群馬・岐阜・長野・広島・山口）、夕方舞うと雨（山形・岐阜）、空高く舞うと晴（秋田・山形・宮城・福島・千葉・新潟・富山・岐阜・愛知・奈良・広島・岡山・佐賀・熊本）、午後に空高く舞うと晴天が続く（兵庫）、トビの高上り（高く飛ぶ）は雨（青森・茨城）、冬季にトビが高く飛ぶと雪（佐賀）、低く舞えば雨（山形・宮城・新潟・愛知・奈良・岡山・熊本）、夕方低く飛ぶと翌日雨（山形）、輪をかけば晴（青森・秋田・富山・長野・愛知・兵庫）、高く輪をかけば晴（山形・富山）、輪をかくと夕立（富山）、輪をまけば風雨が強い（広島）、朝に輪をかくと天気になる（新潟）、朝輪をかくと雨（山形・新潟）、三度輪をかけば明日は天気が良い（秋田・富山）、屋根の上を三度輪をかくと翌日晴天（山形）、二回輪をかけば雨（石川）、寺の上で三度輪をかけば雨（山形）、きれいな輪をかくと晴、下手な輪をかくと雨（大阪）、左巻きに舞うと晴、右巻きに舞うと雨（福井）、大きく輪をかくと天気が良く、川の上を小さく舞うと雨が降る（滋賀）、山の上で舞うと晴（新潟・鳥取）、川の上で舞うと翌日は晴（新潟）、海上で舞うと雨（新潟）、川の上を舞うと雨の前兆（秋田・福井・鳥取）、川を渡ると天気が良い（鳥取）、川を横切ると雨（岐阜）、午後に川を横切れば雨（鳥取）、トビが水を汲めば雨（長野・愛知）、トビが大空を舞い上る時は晴で、下れば雨（愛知。舞い下りるを雨の前兆とするのは岐阜も同様）などといい、荒れトンビ天気トンビ（山形。トビが忙しく飛び廻ると荒天の前兆で、ゆうゆうと舞うと天気）、朝トンビに川越えるな（和歌山・鳥取・高知）、朝トンビはウマの鞍反さぬうちに雨となる（新潟）、などの俚諺が伝わる。

○また、長野では、トビが昼前に出ると天気が変る、と天気の変化を予測するが、群馬では、天気の悪い時にトンビが出ると晴れるが、天気の良い時に輪をかくと雨が降る、といい、雨天にトビが陸上を飛ぶと晴の兆（福井・広島）、雨が降っていてもトビが高く舞えばすぐ晴れる（香川）、ともいう。

○鳴き声についても、トビが鳴けば（舞いながら鳴けば）天気が良くなる（晴の兆）（秋田・

山形・千葉・山梨・新潟・富山・長野・愛知・和歌山・愛媛）、天気が続く（岐阜・長野）、雨のやむ知らせ（静岡・福井）、雨（山形・愛知・兵庫・岡山）、夕立（富山）、長く尾を引いて鳴くと雨（大分）、何羽も騒ぐと天気が荒れる（山形）、朝（午前中）鳴くとその日は晴（新潟・岐阜・和歌山・福井）、朝に鳴けば降雨（宮城・富山・愛知・奈良・和歌山・岡山・愛媛・福岡）、昼間鳴くと天気が悪い（兵庫）、夕方鳴くと晴（翌日晴）（宮城・千葉・神奈川・愛知・岡山・福岡）、夕方（午後）鳴けば雨（宮城・新潟・和歌山・愛媛・福岡）、低空で鳴く時は近日中に天気が変る（山形）、トビが川の上で飛びながら鳴くと雨、山の上を高く飛びながら鳴くと晴（岐阜）、川の上で鳴くと大水が出る（奈良）、雨の日に鳴くと大水（和歌山）、木にとまって鳴けば雨（和歌山・大分）、と、好天か雨天かの占候は所によって異なる。

○飛翔や鳴き声の他にも、トビが地上に降りると雨（宮城・奈良）、木にとまると雨（愛知）、川原にうずくまると洪水（山形）、トビが島にとまれば明日は天気が変る（山形・日本海沿岸）、と雨天を予測する。高知では、トビの風受けは時化の知らせ、といい、風受けとはトビが上空の一点に止まり進みも退きもしない状態をいう。他にも、高く飛ぶと時化る（東京都八丈島）、屋根の上で舞うと大時化（新潟）、木に巣をかけると時化が来ない（大分）、と時化の到来を占う。風については、トビが空を舞う（輪をかく）と風（大風）（秋田・山形・宮城・福島・新潟・長野・石川）、高く飛翔すると風（千葉・新潟）、低空を飛ぶと風（山形）、トビが鳴くと風（山形・長野）、昼鳴くと風（岡山）、大空でたくさん騒ぐ時は大風が吹く（長野）、高い所に巣を作らないと大風が吹く（愛知）、などの占候が伝えられている。岐阜では、トビが鳴いた日の夕方ハトが鳴けば晴天百日続く、山形では、トビが来るようになれば雪が降らなくなる、という。古書にも、「俗言に朝鳶に笠を脱とて、朝に鳶鳴時は天気よしといへり、続博物志二に、暮鳩鳴則小雨、朝鳶鳴即大風とあり、風吹ば必天気よし、故にいへる俗語なるべし」(『松屋筆記』)、「鳶鳴は風吹といふは、曲に、前有二塵侯一則載《タツ》二鳴鳶一、注に、鳶鳴則将レ風と見えたり」(『倭訓栞後編』)、「早朝鳴けば則ち雨有り風有り、夕陽鳴けば則ち風雨必ず晴る」(『本朝食鑑』)、「朝鳴けば即雨、暮鳴けば即ち晴」(『和漢三才図会』)、などとある。

○トビの黒焼きは、神経衰弱(岡山)・脳病(岐阜)・中風(岐阜・長野)の妙薬とされ、長野では、中風には黒焼き一匁を日に三度飲む、という。また、中耳炎には羽根を黒焼きにして麝香《じゃこう》を少し入れたものをつける(岩手)、頭痛でのぼせ、鼻のつまる時はトビの頭の黒焼きを飲む(富山)、などの民間療法が伝わり、『常山紀談』には「鳥目に、鳶をくへば直る」とある。

○トビが家の上を飛翔するのは、屋根の上をトビが何度も鳴いて飛ぶとその家は金持になる(大阪)、家の上を廻ると良い事がある(岡山)、などといって吉兆とするが、岐阜では、トビが五羽家のまわりを旋回すると凶、愛知でも、家の上を四回舞うと誰かが死ぬ、と、特定条件下ながら凶兆とする。長崎県壱岐では、トビが屋根の上にとまることは凶事で、もしとまった時はその厄を除くためにヘワ(蒸籠と釜との間に敷く藁製の輪)を屋根に投げ上げる、という。新潟でも、屋根のグシ(棟)にとまると火災になるから、とまった時は火災除けのために大急ぎでウマの鞍をグシに掛ける、鞍が無ければ借りてきても掛ける、広島でも、屋根にとまると火難、と凶兆とする。『玉塵抄』に「トビハ火事ノ前兆」、『倭訓栞後編』にも「妄に鴟を毀ては火災に遭と俚俗いへり、此事や、験ありとぞ」とあるが、新潟のように屋根にとまらなくとも、トビの羽を拾うと火事になることがある(石川)、トビをとれば火事になる(岡山)、などの例もある。

○トビを捕らえると馬が痩せる（秋田）、鉄砲で撃つと鉄砲が曲がる（群馬）、殺すとその家は三代続かない（兵庫）、捕らえれば一日に二文ずつこの世のお金が減る（和歌山）と、トビの捕獲や殺生を忌む。

○以上の他、次のような俗信・俚言がある。トビは長男の命を奪う、シマトビは天神様の使者（共に秋田）。カラスはトビの羽にさわると腐る（愛知）。トビに糞をかけられると運が向く（京都）。トビが巣をかけている木を舟底にすると良い（三重）。トビの巣合点（長崎県壱岐。合点は早合点。早いがすることはとんちんかん、の意）。トンビの山越えですりすり（長崎県壱岐。すれすれであるという洒落）。

土負貝　どぶがい

○奈良市の東九条地方で、ひきつけを起こした時はドブガイを生のまま食べさせるとよいといい、吉野地方では、百日咳の時はドブガイを焼き、口を開いたところに醬油を二、三滴落として汁と肉を食べるという。

虎　とら

○顔が腫れた時「虎」という字を草に書いておくと治る（秋田）、カウ骨に苦しむ時はトラの爪で外部からその患部をさする（沖縄）、という民間療法が伝わる。新潟では、トラに追われる夢は悪い、とこれを凶夢とする。

○戦争に行く時、寅年の男の人に雄雌のトラをかいてもらって精を入れ、牝の方を家に置いて出て行くと生まれた家に帰られる（愛知）。トラは千里行って千里帰る、という俗信に基づくものであり、出征兵士のため寅年の女性に千人針を縫ってもらい、無事の帰国を祈ったのと軌を一にするものであろう。福島県相馬市では、船下しや初漁には寅の日を選ぶが、その理由を、やはりトラは千里行って千里戻るからという。また、石川では、死者が出た時、死後十七日の間に寅の日があれば、棺の中へ紙製のトラまたはトラの絵を入れる。友引の日に人が死ねばトラの練物を棺の後へつけて行き、初めて渡る川でそのトラを流す、という。

鳥《とり》

(1)鳥と霊魂、鳥影

○死霊は、鳥になって親類の家の屋根で鳴く(秋田県河辺郡)。魂が鳥になるとの信仰は、例えば因幡の湖山長者の伝説にも見られる。これは穀霊が白鳥に化して飛び去り、穀霊を失った長者は没落する。

○家の人が死んだ時には、鳥を捕ってはいけない(群馬県利根郡)。

○同一家から年内に死者が二人あった時は、必ず鳥を殺して箱に入れ、墓を作って葬らねばならぬ。二度ある事は三度あるから(沖縄県国頭《くにがみ》地方)。

○神社の鳥を捕るといけない(滋賀)。祭典に鳥を供物にしてはならぬ、また、鶏卵料理もしてはならぬ(秋田県南秋田郡)。鳥肉を食べると神罰がある(同大館市)。

○福島県南会津郡では、ヒンヒョーンと鳴く鳥を見ると死ぬと言い伝えている。夜などに鳴声だけ聞こえ、実際に見た者はなく、一羽でヒンヒョーンと鳴くのか、二羽で、ヒン、ヒョーンと掛け合いに鳴くのか誰も知らない。

○死に鳥は「団子食いて(くいたい)、団子食いて」と鳴く(宮城県黒川郡)。

○天の鳥が日本の国へおりて来て、種を一日に三石六斗ずつ食う。その鳥が長くいるほど、その年は作が悪い(新潟県西頸城郡)。

○井戸を掘るのに水脈の有無を確かめる方法として、鳥の羽根を立てておき、翌朝その羽根に水玉がついていれば、水ありと判断する(広島)。

○捨てた髪を鳥にくわえて持って行かれると、気がふれる(島根県安来市)。髪の毛を鳥がくわえると気がふれる(石川県七尾市)。愛知県北設楽郡では、捨てた髪の毛で小鳥が巣をつくると、髪がもつれるという。秋田県平鹿郡では、恐ろしい夢を見るという。また栃木県芳賀郡では、捨てた毛を鳥がくわえ、それが上から落ちてくると、怖い夢を見るという。

○家の中へ小鳥が入るのは吉兆で、よい事がある（秋田・宮城・富山・石川・岐阜・和歌山・福岡・佐賀・熊本・大分・宮崎）、家が繁昌する（広島）。岐阜県吉城郡では、家の中に入ると良い事あり、出ると悪い事があるという。三河では、正月早々小鳥が飛び込むと、その年はよい年になるという。京都・山口・新潟県では、「とりこむ」といって福が授かるといい、群馬県では「まいこむ」といって吉とする。語呂合せはとにかくとして、鳥影がさすのと同様な心理に基づくものと解され、ロマンティックな心情が見られる。岐阜県武儀《むぎ》郡では、春鳥を拾うと親類の人が死ぬ、秋鳥がはいると運がよいという。

○小鳥が家にはいると、火が危い（福島）、凶事がある（長野）。不吉（広島・高知）、貧乏になる（岡山）。沖縄では、小鳥が家内に入ると厄、不吉を招く（島尻郡・小浜島）といって、浜下り（海に行ってする禊）をする。鹿児島県大島郡徳之島では、小鳥が屋内に入るのは凶兆であるから、厄払いのため日を選び、一家こぞって浜や丘の洞窟などに行って終日馳走を食べて遊び、一泊して気分を新たにしてから帰宅する風習があり、これをトリマテ（鳥迷）と呼ぶ（『日本民俗学辞典』）。また、岩手県東磐井郡では、夜、小鳥が部屋に入ってくると縁起が悪いといって嫌う。その訳は、入って来たかと思ってみると、どこにもいない。だから悪霊の仕業ではないか、などと考える。

○家の中に入って来た小鳥は捕るものでない（埼玉）。すべて何の鳥にせよ、鳥が家の内に飛び込んで来ることを喜ばない。入って来たら、捕ってはならず、追い出して逃がしてやるべきものであるという（福島県南会津郡）。家の中に入る鳥に限らず、山にだけすんでいる鳥類が里の方に下りてくることは、村びとにとっては不吉な現象で、不安を与える材料であった（同上）。鳥が家の中に入ってきた時、捕らえて次の日赤飯を食べさせ逃がしてやると家に吉事がある（石川県金沢市）。小鳥は、霊魂の化したものと信じられていた事実を、こうした微かになりつつある事象から看取することができる。

○軒先に小鳥が巣をつくったら、家運がだんだん盛んになる（富山県氷見市）。家の庭木などに巣をつくると火難がない（石川県河北郡・福岡県北九州市）。ツバメが軒下に巣を営むのを、めでたい事とする心理と共通である。

○鳥に糞をかけられると、運がよくなる（石川・山口・長崎）。よくないとする例も対立する。道を歩いていて鳥の糞をかけられると、近いうちに変事がある（岩手）、空飛ぶ鳥に糞をかけられると悪い事がある（秋田）、出先に鳥の糞をしかけられると不吉（同上）。広い空を飛ぶ鳥に、選りに選って糞をかけられるのは、確率上からいえば稀有なことである。それに当たったのは、果たしてよい指令か、悪い指令かという判断であるから、中間はないわけであろう。

○障子に鳥影がさすと、お客が来る（青森・岩手・秋田・山形・埼玉・千葉・東京・新潟・石川・和歌山・岡山）。もちろん、時刻は朝のうちであり、歓迎すべき来客である。珍客（東京）、誰かがたずねてくる（福井）、珍しい人が来る（秋田・岐阜）、客が多い（秋田）、一日中客が来る（愛知）、と表現している例もある。お客が取れる（新潟）という例は、客商売の場合であろう。そのほか、友達から手紙が来る（群馬）、縁起がよい（愛知）、その日のうちにいいことがある（群馬）、よそから物をもらう（福井）（『俚諺大辞典』）、という具合に拡大される。障子でなしに、窓（石川）、天窓（福井）という例もある。辞書の例によれば、人情本や尾崎紅葉の作品に、この俗信が取り入れられている程度で、古いものには見えない。
○鳥の飛ぶ夢は吉、或いは出産がある（広島県佐伯郡）。夢に一つ鳥見ると悪い（群馬県吾妻郡）。鳥の夢を見たと言うといけぬ（長野県北安曇郡）。

鳥《とり》

(2)鳥の鳴き方、鳥の餌ばみ・水浴び、鳥の巣の高低
○鳥の鳴き方が悪いと、縁起が悪い（富山）、人が死ぬ（青森・愛知・和歌山・山口・徳島）。鳴き声が悲しそう（高知）、変な声で鳴く（広島）、鳴き声がなまだるい（滋賀）のがいけないという。滋賀県伊香郡では、なまだるい声で鳴くのは縁起が悪く、人の不幸の一週間前から騒ぎだすものだという。そして鳥の騒ぎは、死人のある家の者には聞こえないと、カラス鳴きの場合とまったく同じことがいわれる。
○鳥の一声鳴きを聞くと、人が死ぬ（富山・愛知）。さえずるのでないといけないらしいが、鹿児島県下では、宵鳴きと一、二声は我が家の災難、三、四声は近所の災難、五、六声は遠縁の災難という。
○滋賀県伊香郡では、鳥は人間世界で子供の生れる時せわしく鳴き、人が死ぬ時はさみしく鳴くという。また、氏神さんで鳥が鳴くと、誰かが子供を生む、ともいう。
○グシ（家の棟）に鳥がとまって鳴けば、誰か死ぬ（新潟県長岡市）。大鳥の類が家の前で鳴くと、その家に禍がある（富山県氷見市）。これにも、吉兆とみる反対例がある。鳥が自分の方に向かって鳴く時はよい事がある（秋田県平鹿郡）。屋根で鳥が鳴けば遠方から客が来る（同県山本郡）。沖縄の国頭地方では、朝鳥が家に向かって鳴いたらその家に手紙が来たり、遠方から人が来たりする。午後鳴いた時は、必ず口論が起こったり、怪我人が出たりする。
○夜中に鳥が鳴くと、凶事がある（広島・徳島・長崎）、火事がある（群馬県利根郡）、何か悪い知らせ（島根県浜田市・愛媛県上浮穴郡）。愛知県下で、小鳥が鳴くと火に祟るというのも、夜鳴きのことであろう。○群馬県利根郡では、夜鳥が鳴くと火の元に気をつける。秋田県山本郡では、火事の時、鳥の飛んで行った方角に、また火事があるという。○火鳥が鳴くと火事が出る（青森県津軽地方）、ヒドリが夕方空高く鳴くと部落から火が出る（新潟県栃尾市〈長岡市〉）、という。また、火事の時火鳥が出て飛ぶとその範囲内だけ焼ける（青森県三戸郡）、火事の時風が出ると火事場から火のこ鳥が火をくわえて飛んで来る（千葉県浦安市）、類焼は火の鳥が火をくわえて飛ぶので起きる（山口県大島郡）ので、火鳥を追い払うために、拍子木を叩いて「ホーイホーイ」と叫ぶ（秋田県北秋田郡）、「ホーシ、ホーシ」と言って追い払う（千葉県浦安市）、女の腰巻を竿の先につけて「ホーホー」と言って振ると類焼を避けられる（山口県大島郡）という。「ホーホー」は鳥追いのはやしのことばであろう。青森県三戸郡では、火鳥は火煙より飛び出るもので、足がなく鳴き声だけする鳥であり、実際に捕ったという話も伝わる。（火鳥は、緋鳥鴨の方言名。秋渡来する候鳥《こうちょう》であるという）。○十二月二十八日の朝早く鳴く鳥の声で豊凶を占う。小鳥が鳴けば豊年。カラスが鳴けば豆が豊年（長野県北安曇郡）。正月元日の朝早く鳴いた鳥の種類で、その年の各種穀物の相場を判じる。例えば、スズメが一番に鳴けば新穀の値が高い（熊本県阿蘇郡）。○ケロウ（渡鳥で今はいなくなったという。ケロウは新潟県でイソヒヨドリの方言とするが、群馬でも同じ鳥か不明）が鳴くと雨が降るとい い、子供がケロウの鳴きまねをすると雨が降ると叱った（群馬県北群馬郡）。夜、鳥の鳴きまねすると火事ができる（群馬県多野郡）。福井県遠敷郡・京都府北桑田郡でも同じことをいい、直ちに大黒柱の根元に水をかけた。この場合は何鳥と特定しないが、カラスなどにも同じ禁忌がある。
○鳥の鳴きまねをすると、口にエイヒ（お灸）をやかれる（群馬県利根郡）、水瘡ができる（山口県大島郡）、瘡ができる（佐賀県小城郡）、おできができる（鹿児島県国分市〈霧島市〉）。報告が烏と鳥を誤植したのではないかと疑われるほど、両者は同じである。
○裏山で鳥が朝早く鳴く時は晴（熊本）。スズメについても同様のことをいう。長野県飯田市で、夜明けに鳥がさえずる時は、その日は天気がよい。寝ていて寝床の中で鳥の声が聞こえると、その日は必ずいい天気になったとあるのは実感的。岐阜県大野郡などでも、早朝鳥がさえずる時は晴天という。ただし、同県下にも、朝鳥の元気がよい時は雨が降る、という所がある。元気がよいとは、忙しげに餌をあさることをさすならば、さもあろうと思われる。
○小鳥が日暮れまでよくさえずると、雨になる（山形県西村山郡）。この反対に、小鳥が夕方よくさえずると、翌日は天気がよい（富山県中新《なかにい》川《かわ》郡）、もある。
○群鳥が夕方早く巣に帰るようだと晴（和歌山）。鳥が早く宿につけば明日は天気（千葉県長生郡）。小鳥が宿へ早くつけば天気がよい、遅くつくと天気が変る（岐阜県高山市・長野県安曇地方）。鳥が早くとまればよい天気（長崎県北松浦郡）。小鳥類は天候の変化に鋭敏で、自己防衛的に行動すると信じられていた。そこで天候が悪化すると思えば、食いだめをする。好天なら、その必要がないからさっさとねぐらにつくという論理が成り立つ。これに対し、鳥類は低温よりも高温の方を好む。天気がよいと、夕方の気温の降下量も大きいので、餌をあさるのをやめて早くねぐらにつき、天気が悪いと降下量が最も小さく、気温の変化が少ないため、遅くまで餌をあさるのではなかろうか、という意見もある。

○小鳥が夕方遅くまで餌をあさっているのは雨のしるし（山形県南陽市・宮城県・神奈川県津久井郡・岐阜県益田郡）。愛媛県では、同じ事を、夕方小鳥が餌ばみすると天気が悪くなるといっている。宮城県の一部では、小鳥が川・池・沼等で餌をあさると大水が近いという。ただし、夕方とはいっていない（川については長野県の一部にも同様の俗信あり）。
○大木に小鳥が群がり騒げば翌日雨（長野県更埴市〈千曲市〉）。鳥が騒げば大雪となる（山口県阿武郡・愛媛県）。鳥が騒ぐ時は大風が吹く（岐阜県高山市）。鳥が鳴き騒ぐ時は、「鳥ダケ悪ろし」といって、凶事の前兆とする（秋田県雄勝郡）。
○小鳥が下を飛ぶと、雨が近い（富山県下新川・東礪波郡、愛知県）。小鳥が下の方を飛ぶ時は雨が降り、上の方を飛ぶ時は天気がよくなる（島根県出雲地方）。
○鳥が西から東へ飛ぶと雨（長野県安曇地方）。鳥が翼せわしい時は雨が降る（岐阜）。小鳥が群をなして里に下れば天気荒れる（山形県西村山郡）。深山にすむ鳥が里近くに飛び来るは、暴風雨の前兆（秋田県北秋田郡）。
○小鳥が水浴びするのは、雨の前兆である（宮城・富山・和歌山・長崎・八重山諸島）。和歌山県西牟婁郡では、南を向いて水を浴びれば雨が降るといい、石川県珠洲郡では、太陽に向かって水浴びすれば翌日晴、太陽を背にしていれば翌日雨降るという。東京都立川市では、小鳥が水を浴びれば雨、砂を浴びれば天気、という。これはニワトリについても同じ俗信がある。
○鳥が水を浴びると火事になる（群馬県利根郡）、人が死ぬ（愛知県北設楽郡）、という例もある。
○鳥が高い樹上に巣をつくる年は、大雨がある（宮城）、大雨大洪水あり（秋田・埼玉）、雨が多い（京都）。同じことは、ヨシキリ・カラス・スズメ・モズ・ヒバリ等についてもいう。

昔の人は、動物の霊感について、かなり広範な信仰を抱いていたので、これを動物の予知力に帰したものと思われる。

○営巣が高い所にあると、その年は風が無い（山口・鹿児島）、少ない（長野）、風が弱い（山形）ともいう。下ならば、大風が吹く（壱岐・山口・宮崎・奈良・新潟・長野・石川・秋田）という。秋田県平鹿郡では、これをまぜ返して、鳥が巣を低くつくる時は大洪水、高くつくる時は大風がある。これはアマノジャクが反対に教えるからだという。熊本県では、鳥が大枝に巣をかける年は風が吹くという。これはアマノジャクとは関係なく、堅固な場所に巣を構えるのは、多風を予想してその用心のためだということである。

○鳥の巣が高い所にある時は大雪がある（福井・新潟）という。動物の予知力からいうと、大雪の年を見越したら、低い所に巣を設けるのが自然のように思われるが如何なものか。

鳥《とり》

(3) 寝鳥を捕るな、禁食、民間療法その他

○日暮に鳥を捕らえてはいけない（秋田県雄勝郡）。夜鳥を捕ると不吉を招く（長野県下伊那郡）。夜鳥をとると鳥目になる（秋田県平鹿郡・福岡県甘木市）。寝鳥を捕ると親の目が見えなくなる（神奈川県津久井郡）。ねぐらの鳥を捕るな（秋田県仙北郡角館地方）。夜（夜中に）鳥の巣をとると、鳥目になる（秋田県仙北・雄勝郡、福岡）。『論語』にも、「釣スレドモ網セズ、弋《よく》スレドモ宿《ねどり》ヲ射ズ」とある。愛知県では、鳥類を殺すと学問ができぬ、和歌山県の山路郷《さんじ》では、飛ぶ鳥を撃てば、その人出世せずといい、広島県には、鳥を捕っても巣捕りをするな、ということわざがある。

○地震の時は、鳥の鳴きまねをすると鎮まる（香川県三豊郡）。同郡仁尾《にお》町〈三豊市〉などでは、その鳴きまねとして、トウトウトウという（ニワトリを呼ぶのにトウトウという所は多い）。

鳥の夜鳴きは地震の前兆（秋田県北秋田郡）。小鳥が落ちると地震の前兆、鳥が常と違って騒ぐと地震がある（岐阜県高山市）、という俗信とも関係あるか。

○小鳥が多い年は豊作（愛媛・広島）。豊作なら小鳥たちの食餌も豊富で、そのため繁殖もするということ。これと一見裏腹のように見えるのが、鳥の豊猟は凶年の兆ということで、この場合の鳥は、小鳥よりは大形のヤマドリなど。天候が不順で山の幸が少ないと、山の鳥も獣も、里近くまで餌をあさりに出てくる。従って猟師に撃たれるものも多い。

○干し物を夜ざらしにすると腸満の鳥がとまる（秋田県平鹿郡）。夜、干しっぱなしにするとその上にムクウ鳥という鳥がとまって治らない病気になる（群馬県利根郡）。夜干しをするとヤゴメ鳥がとまる（愛知県北設楽郡）。ヤゴメ鳥はウブメの訛であろう。

○妊婦に禁じられた食品の一つに、鳥肉がある。妊婦が鳥の肉を食べると、フの切れない（水鳥のように指と指の間に膜がある）子を生む（青森県八戸市）。妊娠中、鳥を殺すと、水掻きのある子を生む（広島県高田郡）。鳥肉を食べると足指不足の子が生まれる（宮城）、指のくっついた子を生む（長野県北安曇郡）、爪の小さい子供ができる（埼玉）、鳥に似た子が生まれる（埼玉県越谷市）、四本足または六本足の子が生まれる（山口）、鳥目の子が生まれる（愛媛県上浮穴郡）。沖縄では、妊婦と限らず鳥の足指を食うと、手がふるえるという。また山口県下では、妊婦が飼鳥に餌を与える時、餌が頭にかかるような与え方をすると、鳥類に似た子が生まれるという。

○民間療法。目にごみが入った時は「鳥こ鳥こおぼこ（赤ん坊）の眼さ物へった、早くとってけろ」と唱える（岩手）。喉に骨がささったら鳥の羽で撫でるか、生卵を崩さず一気に呑むとよい（福井市）。ハチに刺されたら鳥の糞をつけると治る（広島県山県郡）。鳥目には小鳥を焼いて食べる（愛知県南設楽郡）。鳥目には鳥の肝を生のまま呑む（山口県大島郡）。夜泣きには、鳥の絵をかく（徳島）、鳥の絵を釜に逆さに貼っておく（新潟県西頸城郡）、鳥の絵を船の火山《ひやま》（炉の上に設ける桟をさすか）に貼る（広島）。子供に虫がでたら鳥の羽を焼いて鼻の頭でねじるとよい（福井）。寝小便にはトリのドリを付け焼きにして食べる（愛知県南設楽郡）。百日咳には、トリの絵を逆に貼っておく、「鳥」の字を三字書く、鳥の雄を借りてきて逆さに入口に吊しておく（共に群馬県邑楽郡）。腫物には患部の上に四角を描き、その中に「鳥」という字を十二字書く（京都）。これらはニワトリをトリというところから、一般の鳥と混乱しているものと思われる。

○霊元天皇の『乙夜随筆』に、「井ノ水ニ毒ノアリナシハ、鳥ノ羽ヲ落シテミル也。鳥ノ羽アチラコチラトシテ落カヌル井ニハ必毒アリ、直ニ其ママ落ル井ニハ無レ毒也」と見える。ガスの発生により、軽い羽は落ちにくいという理屈である。

○小鳥が喉にえさがつかえた時、便所の中へ置いておくと治る（愛知県丹羽郡）。

○死んだひよこを、砥石にのせると生き返る（鹿児島県大島郡）。

○鳥の頭を食うと眠り屋になる（沖縄県国頭地方）。

○イネ株で鳥の形を作って苗代に供えると虫除けになる（宮城）。

○鳥に血を見せれば親が死ぬ（島根・愛媛）。

○飼鳥が死んで川に流す時は、「一昨日おいで」と不還の宣言をする（栃木県宇都宮市）。

○鳥がユズの葉の下に隠れていれば雨が降らない（熊本県球磨《くま》郡）。

○婚礼に鳥を使用するのは、飛び去る意で不吉（秋田県仙北・雄勝郡）。

○元日に囲炉裏の中に足を入れると、その年鳥に苗代をねらわれる（群馬県利根郡）。これと同じ俗信は広く行われる。

○庚申月に鳥を殺すな（高知）。

○着物を裏返しに着ているのを鳥に見られると死ぬ（秋田県平鹿郡）。

○鳥が輪をなして飛んでいる時、人が立っていると死ぬ（鹿児島県国分市〈霧島市〉）。

○午前に孵化する鳥の卵は雄、午後に孵化するものは雌（秋田県南秋田郡）。

○鳥は死んでも姿は見せぬ（広島）。

○奇数鳥は縁起よく、偶数鳥は縁起が悪い（広島）。

○行く道を鳥に横切られると、その日大きな禍にあう（秋田県平鹿郡）。

○冬寒冷にして群鳥空に舞う時は降雪あり（秋田・山口・徳島）。

○水鳥樹にとまれば雨降る兆（『俚諺大辞典』）。

○鳥のいない土地は仏法が栄えない（岐阜）。

○天神様に参る時、途中で鳥肉を食べたら参ったうちに入らない（福岡県北九州市）。

○夜分、道を歩いているとウオエドリという鳥がおんぶする。大変重い鳥で、「足半の緒が切れた」と言うと逃げる（島根県隠岐島）。

⇩鴨《かも》・烏《からす》・燕《つばめ》・鶏《にわとり》

鳥貝　とりがい

○三重県名張市で、トリガイの多くとれる年は不作になるという。『大和本草』に「犬猫コレヲ食ヘバ耳ノ輪縮リ小ニナル」と見える。

蜻蛉　とんぼ

○トンボの出現を天気の変わる前兆とする伝承は各地で見られる。トンボが群れ飛ぶと、大風になる（岩手・富山・石川・静岡・愛知・三重・徳島・長崎）、暴風の兆し（三重・福岡・沖縄）、台風になる（沖縄）という。土地によっては、夕方飛ぶと大風になる（富山・愛知）、低く飛ぶときは台風になる（沖縄）といって、トンボの出現する時間や飛ぶ位置から占う例もある。トンボの種類ははっきりしないが、赤トンボという例が多く、アキアカネやウスバキトンボをさす場合が多いと思われる。沖縄県糸満市では、タンターマー（ギンヤンマ）が低く飛ぶと台風が近いという。
○赤トンボが群れて飛ぶと晴れる（岩手・福井・岐阜・静岡・愛知・佐賀・沖縄）と、晴天の兆しとする土地も多い。トンボが、家に入ると晴（岩手・静岡）、高く飛べば晴（青森・新潟・沖縄）、南に飛ぶと翌日晴（岩手）という所もある。
○トンボが家の中に入ると、雨になる（岩手・新潟・愛知・岡山）、天気が悪くなる（群馬・徳島）といい、大阪府枚方市や島根県温泉津町では家にヤンマが入れば雨という。新潟県村上市では、赤トンボが低く（目の高さ）で騒ぐときは翌日雨と伝えている。三重県松阪市では、トンボが高いと天気で低いと雨という。ほかにも、トンボが、群れ飛ぶと翌日は雨（新潟・鹿児島）、夕方出ると翌日雨が降る（富山）、群れていると天気が悪くなる（富山・徳島・沖縄）などという。
○新潟県山古志村〈長岡市〉では、晩秋の空にチゴトンボ（アキアカネ）が上がると七十五日で雪が降るといい、冬支度に忙しくなる。赤トンボの群が出ると地震がある（群馬）、トンボが家の中に入ると百日の旱（秋田）という土地もある。
○高知県物部村〈香美市〉では、アキアカネをソバマキトンボ（蕎麦播きとんぼ）といい秋ソバの種をまく目安にするという。和歌山県西牟婁郡でも、赤トンボが鍬の柄の高さに飛ぶときを待ってソバをまくという。アキアカネの出現がその土地で最も適した播種の時期であることを経験的に述べたものである。
○トンボを捕るなとの禁忌も各地でいう。捕ると瘧を患う（富山・石川・福井・岐阜・愛知・滋賀・山口）、眼が悪くなる（秋田）、夏病みする（愛知）といい、とりわけ、瘧の発症と結びついて伝承されている。ほかにも、祟りがある（徳島・鹿児島）、字が書けなくなる（三重）、家の鍋が割れる（秋田）、大風のとき家がつぶれる（愛知）などという。秋田県由利郡では赤トンボは神様の使いといい、福井県美浜町ではカミサントンボは神の使いなので殺してはならないとされている。

○お盆の時期のトンボ捕りは厳しく忌まれる。お盆にはトンボを捕るな（新潟・埼玉・静岡・三重・岡山・山口・徳島・佐賀・鹿児島）といい、捕ると、盆が来ぬ（山口）、お盆に「水くれ、水くれ」といってトンボの幽霊がくる（徳島）、トラホームになる（佐賀）などという。捕ってはならぬ理由として、新潟県三条市ではお精霊様はトンボに乗って来られるからといい、佐賀県大和町では精霊トンボは仏を背負ってくるから捕ってはならぬと伝えている。お盆には先祖の霊がトンボに乗って帰ってくると信じられてきた。トンボを逃がしてやると盆に扇をさして礼に来る（岡山）との俗信もある。

○トンボが頭にとまると長生きする（秋田・愛媛）、トンボに臍を咬ますと水泳が上手になる（秋田）という。

○トンボが多いと良い年（広島）、トンボが群れなして飛ぶと豊作（宮城）、赤トンボが低く飛べば米価が安い（島根）という。また、トンボが家の中に入ると、その日は商売繁盛（愛知）、幸福がくる（佐賀）、よいことがある（愛知）などといって吉兆とする土地もある。

【な】

海鼠　なまこ

○妊婦がナマコを食べると、骨無し子が生まれる（岡山・山口・大分）、盲目の子ができる（山口）、ナマコのような子が生まれる（広島）、という。ナマコの形状から連想したもので、同様の俗信はタコやイカでもいう。

○ナマコは環境が急変すると、内臓を尻から吐き出すという特性がある。自分で自分の腸を食いちぎるのだが、半年もすれば新しい内臓がまた出来る。尻の方に水呼吸をする水肺があるので、胴を切られても、一年もすると新しい頭部が再生する。ナマコを藁でくくると二つにちぎれるとは、古人が経験的に知っていた知識で、福井県や山口県阿武郡では、ナマコは藁でくくっておくと溶けるといい、石川県珠洲《すず》市では、藁でくくったナマコを食べれば病気になるという。『魚鑑』に「稲稈《わら》・塩・油を畏《おそ》る」とあり、ことわざにも敵薬のたとえに「海鼠を藁でつなぐ」という。

○小正月や節分の夜に行われる土竜《もぐら》送りの行事に、藁苞《つと》や槌を地上を引き廻すのは、各地で見られる風習であったが、ナマコを引き廻ることも仙台などで行われ、畿内でも見られた。『守貞漫稿』に「節分の夜、大阪の市民五、六夫、あるいは同製の服を著し、あるいは不同の服もこれあり、その中一人生海鼠に細縄を付け地上を曳き巡る」と記されている。類似の記事は『嬉遊笑覧』巻八にも見える。以前和歌山市では、モグラ除けの唱え言に「おごろ様《さん》は内にか、ナマコ様はお宿にか」と言って子供たちが家々を廻って歩いたという。

○民間療法。強壮剤としてナマコを食べる（沖縄）。夜尿症にはナマコを生のまま食べさす（愛媛）。しもやけはナマコの茹で汁にひたす（石川）。煎汁を外用すると凍傷に効く（香川）。干しナマコを砂糖煮にして子供に食べさせると腹薬になる（佐賀）。白癬にナマコを塗ると治る（新潟県佐渡郡）。

鯰《なまず》

○熊本県玉名郡南関町で、ナマズは氏神大津山阿蘇神社の眷属だから食べてはならぬ、食べるとなまず（皮膚病の一種）ができるといい、佐賀県でも淀姫神社の使いはナマズで、氏子がナマズを食べると腹痛を起こして死ぬという。滋賀県高島郡マキノ町〈高島市〉の大村ステ家には、弁天様を祭っている関係でナマズを食べない家例がある。『和漢三才図会』には、竹生島の弁財天はナマズを愛することが見えている。
○ナマズを食べると、癜《なまず》ができる（秋田・福井・広島・熊本）というのは、ナマズを神令として食することを忌むとともに、この魚にしばしば見られる斑紋が皮膚病の癜に似ているため感染すると信じたもので、タコを食べると骨無し子が生まれる、という俗信の類である。
○これとは反対に、なまず（癜）をおとすため、愛知県ではナマズの腹で癜をこすると治るという。ナマズの絵馬をさげ、この魚を食べない風習は、福岡県などに顕著に見られるが、香川県大川郡でも、百襲姫命にナマズの絵馬を奉納すると癜に霊験あるといい、高知県幡多郡でもナマズの絵馬を神に献ずる。福井市足羽《あすわ》のなまず堂、奈良県橿原《かしはら》市の久米寺、和歌山県西牟婁郡日置川町〈白浜町〉の薬師堂にも同様の信仰が伝えられている。癜の祈願以外にも、疣神様にナマズを供え御灰をもらうと瘤が取れる（香川県木田郡）。鴨川住吉神社境内のおできの神さんに、年齢と干支を書いたナマズの絵馬を供えるとおできが治る（兵庫県加東郡社町〈加東市〉）。牛頭天王社にナマズの絵馬を奉納すると瘡に霊験がある（京都府相楽郡加茂町〈木津川市〉）という。生きたナマズを癜にすりつけて神池に放し、神罰でうけた癜を神に還すのが本来の形であったのが、後にナマズの絵を献ずることになったもの（『南方熊楠全集六』）。
○ナマズが騒ぐと地震が起きる（青森・茨城・富山・愛知・熊本等）。尾を振ると地震になる（富山・愛知・奈良・和歌山）。池の主（ナマズ）が怒って地震が起きる（新潟県栃尾市〈長岡市〉）。地震は地下のナマズの仕業（秋田）。鹿島神宮の要石は地下の大ナマズを押さえている（茨城）。ナマズと地震の関係は古くから注目されていたとみえ、『安政見聞誌』の上巻に、安政二年の江戸の大地震の際、ナマズの騒ぐのを見て地震の来るを知り、難をのがれた男の話が見えている。一説に、ナマズは地震前の地電流に敏感に反応し騒ぐのではないかといわれる。ナマズが多くとれる時は地震ありとか、ひげにあぶくの生ずる時は地震近し、ともいう。

○民間療法。疥《はたけ》はナマズになめさせるとよい（群馬県邑楽郡）。肉を食べると利尿に効能がある（岐阜）。神経痛・リュウマチにははみ（マムシ）とナマズを蒸焼きにして食べる（香川県観音寺市）。咳止めには頭を黒焼きにして服用する（秋田）。ナマズを食べる人は乳がよく出る（愛知）。産後に食べると髪が抜けない（佐賀）。産をするとナマズの味噌汁を食べる（岡山県吉備郡）。ナマズの頭は瘧に効く（群馬県邑楽郡）。『魚鑑』に「水腫《むくみ》を消し小便を利す」と見える。

○食合せ。ナマズと、エンドウマメ（大分）、マツタケ、ぬるい茶（山形）、牛肉（広島）、酢（大阪）、キジは病を生ず（栃木）、コンニャクは中毒する（秋田）。天正五年に成った『身自鏡』に「鯰には雉子こそ嫌へ患ひては生姜兎霍《かく》乱《らん》をする」とある。ナマズにキジの合食を嫌ったのは、どちらも脂肪食という点にあろう。

○その他の俗信。ナマズの刺身があたると死ぬ（福井・広島）。ナマズを食べる時は「トーギュー」（淡水魚ギバチ）と言って食べるとよい（熊本県玉名郡）。ナマズの夢は悪い（岡山県勝田郡）。ナマズに小便をかけるとちんぽがゆがむ。雷は地の底にいるナマズのようなものだ（静岡県天竜市）。

蛞蝓　なめくじ

○ナメクジの通った後へヘビが行くとヘビは腐る（福井）。ナメクジがヘビの周りを廻るとヘビは死ぬ（愛知）。ナメクジはヘビを溶かす（岡山）という。

○長崎県壱岐では、ヘビはナメクジを恐れ、周囲をナメクジに廻られると動けなくなって死ぬという。それでヘビにかまれた時はナメクジを這わせるとよい、と伝えている。
○ナメクジが出ると雨になる（新潟・長野）、朝出ると雨（和歌山）、床に上がる時は大雨の兆（宮城県刈田郡）。
○民間療法。ナメクジを焼いて食べると声がよくなる（石川県江沼郡）。生のまま呑むと声がよくなる（秋田・埼玉・愛知・福井・大阪・広島）。
○痔には、ナメクジを食べる（愛知県南設楽郡）、生で呑む（石川）、黒焼きを飲む（岡山）、黒焼きをつける（愛知・高知）、ナメクジと黒砂糖を練ってつける（静岡）、ナメクジと黒砂糖を布に包み、出た汁をつける（愛知県南設楽郡）、ナメクジに砂糖か塩をつけて飲めばよい（富山県東礪波郡）、白砂糖漬にして患部につける（高知県高岡郡）、ゴマ油で揚げて患部につける（栃木）。疣痔《いぼじ》にナメクジと黒砂糖を練ってつける（岡山）。疣痔はナメクジ六匹あれば必ず治る（岡山県笠岡市）。
○淋病には、ナメクジを生きたまま呑む（石川・富山・岐阜・岡山・福岡・熊本）、ナメクジを水と一緒に呑む（石川）、ナメクジの黒焼きを飲む（大分）。喘息には、ナメクジを生のまま呑む（山形・長野・岡山・山口・香川・福岡）、黒焼きを服用する（埼玉・大分・鹿児島）、蒸焼きにして食べる（石川）、生乾きになるまで陰干しにしたものを煎じて飲む（兵庫）。結核には、生のまま呑む（香川・福岡）、毎日一匹ずつ砂糖をつけて食べるとよい（愛知県南設楽郡）、砂糖につけて呑むか、焼いて醬油をつけて食べる（徳島）。胃病には、ナメクジを丸呑みにする（埼玉）、天火で干したものを煎用する（神奈川）。ナメクジの焼いたものは疳の虫に効く（福島・奈良）。痰が出るときは、生のまま呑む（山梨）、黒焼きにして飲む（岡山）。

たむしはナメクジを黒砂糖に溶かしてつける（神奈川県津久井郡）。腫物には、黒砂糖につけたナメクジをつける（福島県相馬市）、ナメクジの黒焼き、ササの葉の黒焼きを熊の脂で練ってつける（北海道アイヌ）、黒子にはナメクジをつけ灰をつける（群馬県邑楽郡）。疣には、ナメクジをすりつける（群馬・山口）、ナメクジを這わせる（群馬県利根郡）。マムシにかまれた時は、ナメクジに砂糖をまぶって患部につける（鳥取）、ナメクジと飯粒を練り合せて貼る（福岡）、ナメクジに水油をかけたものを塗る（埼玉）。寒中のナメクジにゴマ油をかけて溶かし、しもやけにつける（神奈川）。

○夜尿症には小さなナメクジを生きたまま一日に二匹ぐらい食べる（山口）。風邪にはナメクジを煎じて飲む（奈良）。扁桃腺炎には生きたナメクジを呑む（山口）。腎臓病にはナメクジを乾燥して粉末にし、湯をそそいでお茶代りに飲む（鹿児島）。ナメクジを生で呑むと肋膜炎によく、黒焼きは毒虫の毒消しに効く（和歌山）。百日咳はナメクジを黒焼きにし、その粉を飲む（群馬）。

○その他の俗信。雨の日に頭を洗うとナメクジが巣をつくる（群馬県利根郡）。一生のうちに三度媒酌をしないと死後ナメクジになる（秋田県山本郡）。おひめ様（ナメクジ）は汚い、と言うと御飯に入る（愛知県南設楽郡）。大きなナメクジを見ると不幸なことが起きる（滋賀県伊香郡）。⇩蛇《へび》

【に】

鰊　にしん

○秋田県河辺郡で、悪病除けとして同年齢の男女がニシンを肴にして一合の酒を飲むといい、由利郡では、同年の人が死んだ時はニシンを他

人から貰って食べれば死霊にあわぬという。福井県大野郡西谷村（大野市に編入）では、二月三・四日にニシンを食べると鑿《のみ》を持ったあまめとり（アマメは火胼胝《ひだこ》）が来ないとの伝承があり、山形県ではニシンを食えば力を出すという。

○ニシンの大漁の年は凶作になる（秋田県平鹿郡）という。青森県上北郡野辺地町《のへじまち》では、ホタル狩の時に「ホタルだんご、だんご（肛門）抜けだんご、ぬけても光ればよい、ニシンの皮コさ塩コつけて来い、山形越えて来い、川越えて来い、ホタル来い、ニシンの皮コさ塩つけて来い、山々越えて来い」とうたう。

○民間療法。身欠きニシンを食べると生まれた子に腫物ができる（北海道）。結核・肋膜炎にはニシンのような骨っぽいものがよい（福島県南会津郡）。寒中にニシンを食べると風邪をひかない（秋田県雄勝郡）。瘧をおとすには家の前の泥にニシンをなしこみ（投げ込み）後を見ずに家に帰るとおちる（福井）。

○ニシンとクワの実の食合せは腹痛を起こす（秋田県北秋田郡）。

○春の東風にはニシンが少なく、南風にはイワシが多くとれる（千葉県海上郡）。アヤトリムシが軒端で群れ遊びはじめるとニシンがとれる（青森県下北郡）。海水の冷たい時はニシン不漁。

蜷 にな

○愛知県南設楽郡鳳来町〈新城市〉で、ゴウネ（カワニナ）が岸へ寄ると鉄砲水が出るといい、岡山県新見《にいみ》市では、妊婦がニナを食べると舌を出した子が生まれるという。

○ガーッパ（河童）はニナを好んで食う。夜、川の岸を通ると、川底からコツコツという音が聞こえる。これはガーッパがニナを食べるために石で砕く音だという（対馬）。

○疣《いぼ》を取るにはゴウネを敷居の上に置いてまじないをする（愛知県南設楽郡）。ホウジャ（カワニナ）の尻を切り、流れた汁を飲むと解熱に特効がある（熊本県玉名郡）。盆の十四日の提灯をともす時にカワニナを食べると腹痛に効く（山口県豊浦郡）。カワニナは淋病に効く（和歌山）。淋病には葛とカワニナを等分に粉にし合わせて用いる（富山県小矢部市）。胃痙攣にはカワニナの黒焼きがよい（熊本）。肝臓・黄疸の時は、カワニナを汁に入れて食べる（島根）、煎じて飲む（栃木・埼玉）。瘭疽《ひょうそ》にはニナを殻ごと砕き、布に延ばして湿布する（愛媛）。土用の丑の日にコヒナ（カワニナ）を食べると病気をしない（大分）。カワニナは夏瘦せの時食べるとよい（岡山県高梁《たかはし》市）。子供の虫歯を落としたい時は竹林の石にすむヤブニナの蓋で虫歯をなでる（島根県邑智郡）。

鶏　にわとり

⑴神が嫌う鳥、白い鶏、食わぬ鳥

○ニワトリを飼ったり食用とすることを禁忌とする村は、もとは少なくなかった。産卵の個数からいっても現在とは桁違いに少なく、食生活に寄与する度は低かったから、ニワトリを飼わなくても、痛痒を感じなかったことも一つの原因であろうが、以前は、鶏卵や鶏肉を食べるとアレルギーを起こすという人が珍しくなかった。そういうことも、ニワトリを飼わぬ原因になっていたのであろう。しかし、伝承的には、氏神様や信仰する神仏がニワトリを嫌われるので氏子や信者は飼わない、食べないという説明が、ほとんど全部を占めている。

○昭和十、十一年度に行われた山村生活調査によって得られた資料に限っても、神様が嫌う動物として最も事例の多かったのはニワトリであった。ニワトリや卵を食べないという氏子を持つ神が全国にわたってある。その村名（旧名）をあげると、山形県最上郡北小国《きたおぐに》村（小国町）・福島県大沼郡中川村（金山町）・茨城県多賀郡高岡村（高萩町〈高萩市〉）・愛知県北設楽郡振草《ふりくさ》村（設楽町）・岡山県阿哲郡上刑部《かみおさかべ》村（大佐町〈新見市〉）・佐賀県東松浦郡　厳木《きゅうらぎ》村（厳木町〈唐津市〉）・大分県玖珠《くす》郡万年村（玖珠町）・宮崎県児湯郡西米良《にしめら》村・鹿児島県鹿児島郡口之島（三島村〈十島《としま》村〉）などがある。右のうち北小国村金目《かなめ》では、先祖が村民を害するムジナを退治して下されば、以後ニワトリを食べないと願をかけたのがいわれで、全戸ニワトリを飼わず、卵も食べない。他部落へ婿に行った者も固くこの禁を守り、他から来た人が食うのも嫌う。同郡飯豊《いいで》の温泉は、昔ニワトリを生埋めにして守り神とし薬師様を祭ったので、今も卵を食べない。食べると山が荒れるという。

○ニワトリを飼わぬ理由として、出雲の美保関では、事代主命が三保津媛の許に舟で通われた時に、ニワトリが時を違えて鳴いた。命は急いで帰る途中、波に櫂をさらわれ、手で漕いで行くとワニに手をかまれた。それでニワトリを飼わぬようになったという（以上、『山村生活の研究』）。

○宮城県牡鹿郡の江島（女川町）では、鰹船に女・四足獣・ニワトリをのせることを嫌い、ニワトリは死んだものでも絶対に船に持ち込まない。この島では不漁や大波が続くと、誰かがニワトリの肉を持って来たのではないかと疑うほどである。ニワトリを禁忌にする由来としては、江島の薬師様は藤原秀衡の甥日詰五郎が持って来た仏で、その薬師様の宝物に金の犬とニワトリがあったのを地中に埋めた。それからニワトリは飼ってはならぬとされている。鳥取でも、以前は漁業者はニワトリ・ウシの肉を食わぬ習慣があったが、今はそのことはない。

○天神様の氏子はニワトリを飼わないという例があちこちに見られる。奈良県宇陀郡地方では、天神様はニワトリを忌む。それで天神様を氏神に祭っている所では、ニワトリの飼育を遠慮するという。京都府下でも、氏神が天神さんだったら、ウシやニワトリは飼ってはいけないという。奈良県北葛城郡では、天神を祭る赤部村〈広陵町〉では、ウシならよいが、ニワトリは飼わないといっている。牛天神の例もあるように、ウシは天神様の乗り物である。群馬県富岡市大森でも、天神様を祭っているのでニワトリは飼ってはならぬことになっている。菅原道真がニワトリの鳴き声を合図に流罪の旅に出発したから、という理由による。兵庫県城崎郡竹野町二連原《にれんばら》〈豊岡市〉でも、天神様がニワトリを嫌うといって、最近まで飼わなかった。栃木県上都賀郡では、天王様（天神の誤りであろう）を祭っている家ではニワトリを飼わぬ。菅公が島流しになった時ニワトリが鳴いたからだという。菅公西遷の際のニワトリの伝説は各地にあった。河内の道明寺には、菅公が伯母の覚寿尼と一夜の別れを惜しんだとの伝説があり、「鳴けばこそ別れも急げ鶏の音の聞えぬ里の暁」の歌と共に名高いが、この型の説話の一つとして、菅公の出発を惜しんだ村民が、おんどりを殺して暁を告げさせなかったのがもとで、養鶏を禁じ、或いはめんどりしか飼わない〈京都市南区吉祥院〉という型と、いま一つは、出発を早めるため夜半にニワトリの空音《そらね》をつくって菅公一行を送り出したのが元で、その一帯ではニワトリを飼わぬというものである。〈北九州市戸畑区の天頼寺。『筑豊沿海志』にあるが、『大日本寺院総覧』にはこの寺名は記載がない〉。函谷関の鶏鳴を引き直したような話だが、案外人気があって各地の伝説に見られる。しかし、天神を氏神とせぬ村でも、ニワトリを禁忌としている例は多いから、菅公伝説は一つの説明として付着したにすぎない。

○天神以外では、群馬県利根郡地方では、一帯の人々の信仰をあつめている武尊様（小高明神）の氏子は、ニワトリは武尊様のお使い姫だといって飼わない。同郡水上町〈みなかみ町〉一畝田では、ニワトリとゴマを嫌う。福島県耶麻郡山都《やまと》町《まち》〈喜多方市〉では、山の神がニワトリに追われて柿の葉で滑って転び、ゴマのからで目を突き、井戸水で目を洗ったら眼病になった。それでニワトリを飼わず、ゴマを作らず井戸を掘らないといっている。宮城県刈田郡では、熊野様がニワトリを飼うのを嫌い、飼えば隣近所にケツ（ケチ。不祥事）が起こるという。新潟県南魚沼郡六日町八幡《やわた》〈南魚沼市〉では、八幡様のお使いは白鳩であるからといって、白いニワトリを飼わない。なお菫色を嫌われるといって、菫色の花の咲くものは作らない。ただし、よそから来た嫁や婿は差支えないとしている。福島県南会津郡舘岩《たていわ》村湯ノ花〈南会津町〉では、湯神様が嫌うのでニワトリを飼わない。いわき市平の水品部落では、白いニワトリは神の鳥として飼うことをしなかった。白い雛が孵ると、荒神様（水品神社）に供えた。フルッパ（老鶏）も神社に上げた。

○岡山県勝田郡では、ニワトリはオドクーサマ（土公神）の使わしめであるという。『和漢三才図会』に、「古人言ク、鶏ハ能ク邪ヲ辟クト。則チ鶏モ亦霊禽也」とある。

○茨城県高萩市島名の佐藤姓では、先祖が鶏鳴を合図に攻められて敗れたので、ニワトリはいっさい飼わない。久慈郡里美村大菅《おおすげ》〈常陸太田市〉の大金姓も飼わない。宮城県栗原郡花山村〈栗原市〉でも、白いニワトリは飼わぬという例があり、同県石巻市渡波《わたのは》にも、ニワトリを飼わぬ家がある。福島県須賀川市大栗下組の須田家では、白いニワトリを飼わず、福島市飯坂町茂庭・小泉・黒沢でもニワトリを飼わない。埼玉県大宮市深作・宮ヶ谷塔〈さいたま市〉などでも、ニワトリは飼ってはいけないという家があり、同市堀の内には、飼うと病人ができると言い伝えている家がある。奈良県吉野郡天川村でも、もとは飼わなかったが今は飼っている。

○白いニワトリを飼うものでない（壱岐・熊本・大阪府枚方市・和歌山県東牟婁郡・宮城県栗原郡）、白いニワトリを飼うと不幸が起こる（奈良）。京都府下で、白い鳥を飼うと不幸があるという鳥はニワトリ以外をも含むのであろう。身代限りになる（広島・愛知）、エノチ（家の暮らし）が傾く（熊本）、家に病人が絶えない（和歌山県田辺市）など、白いニワトリを避ける風は広く見られる。秋田県由利郡仁賀保町小出〈にかほ市〉では、神明様が白いニワトリが嫌いだといい、福島県下では、稲荷様（白狐）の白と差し障るので白レグや白ウサギを飼わない。飼うと何か事が起こるという。和歌山県田辺市では、白いニワトリは位が高いからいけない、大阪府北河内郡では、在家で飼うにはよすぎる、といった。熊本県では、菅公が九州へ下る時、白いニワトリが一番に鳴いて、早く出発させたというので飼わない。熊本県天草郡龍ケ岳町〈上天草市〉の瀬戸天満宮の氏子もニワトリを飼わない。祭神が戦争に行った際、ニワトリが不意に出て来たため驚いて目を突かれたから、不吉とする。もちろん白いニワトリを食うに至っては一層悪いわけで、福島県南会津郡舘岩村川衣《かわぎぬ》では、白いニワトリを食うと家の主人に障るといって、雌雄共に食べない。このように見てくると、白色レグホンの普及には大きな障害があったことが想像できる。

○奈良県宇陀郡では、耳の白いニワトリは不吉だという。

○昔、七条修理大夫信隆という公卿は、白鶏を千羽飼えばその家に必ず王孫が出来るということを聞いて、千羽の白鶏を飼ったところ、子は子を産み、ついに四、五千羽にも達し、それが遠くの村々まで遠征して稲や麦を荒らした。いくら打ち殺しても、ますますふえ、七条八条に満ち満ちて困ったという（『参考源平盛衰記』三二）。インドで白牛を神聖視するように、わが国でも白い動物は霊物視された。『古語拾遺』に記すところでは、大地主神が田を作ったが、田人にウシの肉を食わせるという穢れを犯したため、穀神御歳神が激怒して、イナゴを放って田を全滅させた。大地主神は占によって御歳神の祟りであることを知り、白猪・白馬・白鶏を献じてその怒りを解いたとある。改良種の白いニワトリが、明治初期に輸入される以前も、遺伝上の変異によって白色のニワトリは往々出現したのである。
○秋田県でニワトリを禁忌として食べない例についで見ると、稲荷を信ずる者はニワトリを食べない（仙北・山本・南秋田郡）。庚申様はニワトリを忌むから食べない（北秋田郡阿仁合町〈北秋田市〉）。姥御前神社の神罰が当たる（鹿角市花輪狐平その他）。神明様を信ずる者は食われない（仙北郡）。赤神様の忌で食われぬ（男鹿市戸賀）。不動明王を産土神とするから（大館市十二所その他）。その他、祭神（神名を記さず）の関係で二足四足を食わず、ニワトリも飼わないという例もある（男鹿市椿）。
○愛媛県上浮穴郡柳谷村では、ニワトリは氏神だから、食べてはいけないという。岩手県では、オシラ様を祭ってある家では、普通、ニワトリ・牛・馬などを食べない。食べると大怪我をするという。
○秋田県仙北郡田沢湖町〈仙北市〉の田沢の北部では、ニワトリに関する禁忌が強かった。ニワトリや卵を食べることはもちろん、夢に見ても悪いといった。鳩ノ湯温泉で卵を食べた人が、同村鶴沢へ来たら大洪水にあい、家ごと流されて溺死した。卵を食べたからだという。外来者でもうっかり卵を食べると、唇が腫れるし、村の人は耳の加減でニワトリの声を聞くと、ケジ（不幸）があるといった。ニワトリという言葉を口に出すのも厳禁で、忌詞として、ニワガラス・キシャガラス（嫌いガラス）といった。村の中に、二神山《にじんざん》という聖山があり、旧六月三日が縁日だが、この日登山することはならない。もし登ってニワトリの声など聞けば、忽ち死ぬという。
○ニワトリは時を告げる鳥だから、食い物にするものでないと、明治初め頃までいった（津軽）。ニワトリを神物とする観念から、老鶏を食用にせず、神社に納める慣習があった。和歌山県田辺市では、飼鶏が老廃すると、闘雞神社の傍の大福院や、稲成町の高山寺その他の社寺の境内に放って天年を終えしめた。そのニワトリが床下などに卵を産み、知らぬ間に孵って成鳥になって群をなし、一部は樹間を飛び遊ぶものもあり、日清戦争頃までは大福院などには往時のおもかげが残っていたという。群馬県利根郡でも、神社へ放し、或いは産卵せぬようになったものは庚申様に上げた。東京でも足立区花《はな》畑《はた》の鷲《おおとり》大明神（酉の市で知られる浅草千束町の鷲神社はこの分霊）の祭礼に献納されるニワトリを、祭礼後に浅草寺観音堂の前に放ったので、往時浅草観音の境内にはニワトリの大群がおり、これが現在のハトの前身だといわれる。その他、神奈川県津久井郡でも、宵鳴きするニワトリを神社に納めることなどがあった。広島県でも、めんどりが時をつくると、これを忌んで神社に奉納したが、そうすると、めんどりがおんどりになるといった。

○めんどりがおんどりに変ることについては、牝鶏を神社へ奉納すると牡鶏になる（『俚諺大辞典』）という説もあるが、古いものでは、『日本書紀』天武五年、『三代実録』貞観十一年の条などに見えている。太宰春台の『紫芝園漫筆』には、その一例に関する記述がある。或日めんどりが突然トキをつくったので、飼主が不祥だと気にかけていると、続けて幾声もトキを告げ、それが続くうち数日後にはとさかが大きくなり、尾も次第に伸び、翼も雄らしくなり、とうとう本物のおんどりになってしまい、他のめんどりと交わって卵を産ませたというのである。もと中国の史書にもこうした珍事を記してあり、わが国でも六国史に記され、文章家の好話題になったものらしいが、めんどりは稀に雄性化するものだと記してある。

○大阪府枚方市では、ニワトリを飼えば目の患いが絶えない、との俗信がある。これは同姓とか一集落といった集団的なものではなかろう。

ニワトリと眼病との関係では、夜盲症にニワトリの肝が効く（奈良）、ニワトリの肝臓やとさかを煮て食べれば妙効がある（香川）といい、沖縄の八重山地方でもニワトリの肝を飲めば鳥目に効くという。岐阜県稲葉郡でも、ニワトリまたはウナギの肝は眼病に効くといっている。トリとトリメの語呂合せのみであるのか、明らかでないが、栃木県芳賀郡では、ニワトリの餌を食うと、鳥目になるという。

○徳島では、狩猟者は、宮・社の山ではニワトリの話をしない。その動物の本名をいうと感づかれて猟がなくなると信じられ、ネコ・サル・ヘビ・クマの類も山言葉に言い換えていう。

鶏　にわとり

(2)夜鳴きと宵鳴き

○ニワトリが夜鳴くのは凶兆。この俗信は全国的に分布している。結果の面から見ると、不吉というものと、死人があるというもの、火事の前兆とするもの、との三種に大別されるが、前提の面でも、夜鳴きと宵鳴きの二通りがある。夜も宵も、鳴くべきでない時刻に鳴くという点では、結局同じことといってよいが、報告者乃至話者は、しっかり区別しているので、その別を尊重せぬわけにはいかない。宵鳴きというと、現代的な語感からいうと、ニワトリが鳥屋《とや》について間もない頃、夜も浅い時刻と考えやすいが、古人のいうのは、ずっと遅い時刻をさしている。寺島良安の『和漢三才図会』に、次の如くあるのが参考になる。「丑時（午前二時頃）始メテ鳴ク者ヲ一番鳥ト称ス。寅時（四時頃）鳴ク者ヲ二番鳥ト称シ、人之ヲ賞シ、丑以前ニ鳴ク者ヲ不祥ト為ス。俗、之ヲ宵鳴ト謂フ。所謂荒鶏・盗鶏ノ類ナリ」。即ち夜明けを告げる一番鶏より早く鳴くのを宵鳴きと称したのである。従って、深更に鳴いても浅夜に鳴いても、すべて宵鳴きといって差支えないことになる。ところが良安は、誤解を生じやすい説明を付して、混乱を招いた感がある。荒鶏とは初更（午後七

〜九時）に鳴くニワトリである。これだと、深夜のニワトリは含まないから、宵鳴きイコール初更のニワトリの声というふうに短絡しやすい。もともと一夜は、宵・夜なか・あか時に三分するので、宵鳴きと夜鳴きは時間的に区別すべきであるが、伝承者のすべてが、良安の記したような丑時以前はすべてが宵鳴きの時間であると知っていた者ばかりではなく、文字通り宵のうちに鳴くから宵鳴きというのだと心得ていた人が多かったに相違ない。そして後者が次第に主流になって来たものとみてよく、本来は宵鳴き即ち夜鳴きであった。もともと、夜鳴きを忌んだのは、ニワトリが霊感を有して、夜盗や外敵、出火などを警告するという信仰であるから、事故の起こりやすい深夜に先立って鳴くのでないと、前兆という関係はつけにくい。しかし、事故が発生したのを知らせるということならば、深夜に鳴くので差支えない。「宵鳴き」の時間的解釈の如何により、前兆と警報の相違が生じることになるわけである。

○ニワトリが夜鳴いたら、という前提は報告者によりいろいろの形をとる。夜なかに鳴く、闇に鳴く、夜半前に時を告げる、真夜中に時をつくる等々とあるのは、人が寝しずまる頃、或いは寝たあとにニワトリが鳴くことで、『和漢三才図会』にいう宵鳴きに含まれる。一方で、宵《よい》鶏《どり》、宵ドキするというのは、夕方にトキをつくる、宵に鳴く、などと表現するのと同じく、まだ夜の更けぬ宵のうちに鳴く意味に解されているようである。越後の一部で、宵のうちにトキを告げるのをヨイドキと呼び、不幸の前兆とした。福島県南会津郡でも、夕方にトキをつくるのが宵ドキで、同じく不吉とした。

○それに対し、同県耶麻郡では、宵ドキはトキを夜つくることで、不吉・悪兆、同じく須賀川市では、宵ドキつければ気をつけろ、という。それも、夜ニワトリが鳴いたら、の意味だとある。同市のうちでも、宵ドキの時間帯を限り、十二時以前にトキをつくるのが宵ドキで、それは不吉の前兆だという。青森県三戸郡でも、夜なかの十二時前にニワトリが鳴けば災難がある、といい、千葉県長生郡では、チャボ・シャボが十二時前に鳴くと、よくない事が起こるという。十二時を境にするのでは、寺島良安の丑の刻以前説に比してやや時間的にずれるが、十二時説は多分、時計の普及以後に生じた新注釈であったかも知れない。

○上述の次第で、夜鳴きと宵鳴きを区別する必要はないといってよいが、報告の原形を尊重する意味で、区分を立てておくことにする。その一、ニワトリが夜鳴くのは凶徴である（悪い事がある、変事がある、不吉である、凶事がある、縁起が悪い、フジが入る、ギザが悪い、不思議な事が起こる、悪い知らせである、など）という所は多い（青森・秋田・宮城・山形・福島・群馬・千葉・埼玉・神奈川・長野・愛知・岐阜・滋賀・三重・奈良・大阪・和歌山・兵庫・岡山・広島・山口・徳島・愛媛・福岡・長崎等）。

○これを火事（自火・近火）の前兆として警戒するという所も多い（秋田・福島・栃木・群馬・埼玉・千葉・東京・山梨・長野・富山・福井・愛知・岐阜・滋賀・三重・京都・奈良・鳥取・高知・福岡・佐賀等）。千葉県東葛飾郡では、夜ニワトリが鳴いたら、流しに水をかける。こうすれば火事にならない。鳥取県八頭郡には、水を杓三杯土間に撒くという所がある。

○夜鳴きを死の前兆とする例は少数派である。ニワトリが夜鳴きすると人が死ぬ（群馬県富岡市・滋賀県彦根市・広島県山県郡）、その家に死人が出る（秋田県鹿角郡、石川県鳳至郡）、主人が死ぬ（岡山）。その他、泥坊が入る（新潟県栃尾市〈長岡市〉）、難船する（沖縄）、という「不幸」もある。

○佐賀県佐賀郡で、宵のうち、八時以前にニワトリが鳴いたら、よい事はないという。八時前というふうに時間を規定した例は少ないが、八時とは限らなくとも、宵のうち、夜の浅い時にニワトリが鳴くのを不吉（凶事ができる、禍がくる、変事が起こる、不幸がある、災害の前兆）といっている所は多い（秋田・山形・福島・茨城・神奈川・長野・石川・愛知・奈良・和歌山・兵庫・岡山・島根・香川・高知・福岡・熊本・宮崎・鹿児島・沖縄等）。

○また宵鳴きを火災の前兆とする地方には、福島・栃木・群馬・茨城・静岡・石川・愛知・奈良・大阪・和歌山・広島・山口・高知・佐賀・鹿児島等がある。

○佐賀県佐賀郡では、めんどりの夕方鳴くぎィ（鳴くから）誰かが死ぬ、という。めんどりがトキをつくるだけでも、日中両国に共通する禁忌であるのに、さらに夕鳴きが組み合わさるのであるから、まさに変異というわけである。

○報告に宵鶏とあるのみだと、深夜の鶏鳴なのか、宵のうちの鶏鳴か判断のつかぬ場合がある。例えば、ニワトリの宵鳴き、めんどりのうたは凶（北海道アイヌ）、宵鶏の鳴くのは不吉（千葉県印旛・安房郡）、ニワトリの宵鳴きは凶事の起こる前兆（千葉県香取郡・石川県鹿島郡・徳島県板野郡・北九州市）、ニワトリの宵鳴きは悪い（大分県南海部郡）、朝鳴きはよいが、宵鳴きは悪い（愛媛県上浮穴郡・大分県日田郡）、ニワトリが宵鳴きすると火事が起きる（木曽・三重県鳥羽市）の如き事例では、夜鳴きか夕鳴きか速断できない。壱岐のことわざに「宵鶏歌えばタイス（亭主）の喜び鯛の災難（宵鶏《よいどり》が鳴くと漁がよい）」という。右の場合にも、夕鳴きか夜鳴きかの問題がある。或いは、「鶏の夜鳴き、犬の遠吠え」（千葉県君津市）、「鶏の夜鳴き、雌の夜鳴き」（同東葛飾郡）の夜鳴きも、一概に深夜の鶏鳴と断定できない。

○高知県幡多郡では、夕方トヤ（軒下）にとまって、トマリ鳴きをすると不吉な事があるという。越後でアガリドキというのも、このトマリ鳴きと同じことで、ニワトリが夕方に吊り鳥屋へ上ると同時にトキをつくるのがアガリドキである。アガリドキは、身代が下り坂になる前兆だという人もあり、反対に身代が上る前兆だともいうが、全体的には、アガリドキは嫌われているという。秋田県仙北郡では、上り鶏の鳴くのは不吉といい、北秋田郡・由利郡では、登り鶏の鳴くのは吉兆だという。これによるとノボリドリというらしいが、要するにねぐら用として横に二、三段に渡した止まり木に登って眠るのをいい、それが宵のうちに鳴くのをさしているのである。

○宵鳴きの不祥が生じた場合の対策には種々あった。その鶏を捨てる（和歌山県東牟婁郡）、殺してしまう（神奈川県津久井郡・大阪府北河内郡）、社へ奉納する（神奈川県津久井郡）のは、その一つである。第二には、夜ガラスの場合と同様、日待ちを行って祝い直す（福島県南会津郡）のも一法であった。青森県三戸郡中里町〈中泊町〉では、宵のうちに鳴くとその家に凶事が起きる前兆として、鳴き声の回数により、どのような凶事かと神経をとがらし、占いや祈禱をしたという。例えば、七声は何事もないが、八声は火難といったぐあいである。第三には、火災が起きないように大黒柱に水をかける（大阪府枚方市）、流しに水をかける（千葉県東葛飾郡）、手桶に水を三杯用意しておく（福井県小浜市）。第四には呪歌をよむこと。火事にならぬため、ウタイヨミをする、その歌は「よい鳴きを悪い鳴きだと思うなよ、隣の宝を取ってこうと鳴く」という、どこかの狂歌師が詠みそうな歌で、これを「うたう」のだとある。「うたう」とは、いささか節を付けて、感情を込めて唱えることを意味するらしい。

○千葉県東葛飾郡では、夕方鶏舎に入るとすぐ、表を向いて居直ってトキを告げる時は、福が来るという。宵鳴きの一種とみるべきだが、普通不吉とするのと反対である。宮崎県西諸県郡では、宵に戸口で内を向いて鳴く時は水を用心せよ、という。また内に死人があるともいい、外に向かって鳴くと、外に死人があるという。対馬でも、夜鳴きを嫌うことは他と同じだが、夜、東を向いて鳴くのは漁に向かうといって喜ぶ。しかし西を向いて鳴けば火事になる、という。
○栃木県芳賀郡市羽村〈市貝町〉では、ニワトリがねぐらに入ってすぐに時を告げるのは吉という。「不吉」の誤植とも考えられぬことはないが、神奈川県津久井郡相模湖町〈相模原市〉では、宵のうちに鳴くのは、宵鳴き即ち良い鳴きとして喜ぶ者もあるというから、吉が正しいのであろう。この他にも、広島県山県郡では、ニワトリが夜鳴くと翌日よい事があるといい、香川県下の市部地帯でも、宵にニワトリの声を聞けば吉あり、といい、石川県珠洲郡でも、夜間ニワトリの鳴く時は大漁あり、といっている。
○秋田県北秋田郡では、宵鳴きの三声は吉、八声は火の用心といっている。「思ひかね越ゆる関路に夜を深み八声のとりに音をぞ添へつる」(『千載集』源雅頼)などにより、「八声の鳥」は歌ことばの一つになっている。八声の八は多数を意味するだけで、八回に限るわけではない。「八声は火の用心」の禁忌は古典知識の応用だが、数を八と限っている。
○夜ニワトリの鳴くまねをしてはならぬ(福島県須賀川市)。まねを禁ずる理由は、いうまでもなく夜間ニワトリの鳴き声を聞くのを忌むことに基づく。たいていは、鳴きまねをすると火に祟る(火事になる)という所が多い(秋田県仙北郡・山形市・茨城県・千葉県東葛飾郡・福井県遠敷《おにゅう》郡・大飯《おおい》郡・愛知県南設楽郡・広島県深安郡・佐賀県武雄市)。
○縁起直しの作法としては、東葛飾郡ではまねした者の頭から水をかけるやり方が行われたが、略式になって最近では、かめの水を三杯柄杓でかけるまねをした。栃木県芳賀郡でも同じことをする。同県上都賀郡では、マヌケ(米のとぎ汁）をかけた。宮城県黒川郡では、まねした者に唾をひっかける。水をかける代りに唱え言を用いる所もある。「水来い、水来い、水来い」と三度言えば火事にならぬ（愛知）、「大水、小水、早う来て早ういね」と三べん唱える例もある（広島県深安郡）。

○夜ニワトリの鳴きまねをすると、盲目になる（秋田県仙北郡）、夜盲症になる（佐賀）、火事の時逃げられない（栃木）、頭にとさかが生える（千葉県印旛郡）、などという。

○夜間の鳴きまねが悪いのみではなく、福井県小浜市では、朝起きてニワトリの鳴きまねすると火事がいくといい、岩手県下では、めんどりのまねをすると火事が出るという。愛知県下では、寒のうちにニワトリの鳴き声をまねると火事になる、また結婚の時ニワトリの鳴き声をまねすると運が悪いともいった。以前の婚礼は夜間にきまっていたから、これは夜の禁忌である。結婚の夜の鶏《とり》の空音《そらね》は不都合にきまっているから、この一条は、或いは他の事例とは別個の理由によるものであったかも知れない。

○日中、ニワトリが鳴くと何か悪い事がある（愛知）。昼、おんどりが鳴くと火事がある（鹿児島県国分市〈霧島市〉）。夜鳴いたり、めんどりがトキをつくるというならば異常といえるが、日中鳴いたとて気にすることもあるまいと思われるのに、あえてこういう例もある。

鶏　にわとり

(3)鶏と天候予測、鶏と水死者

○ニワトリが夕方遅くまで餌をあさっているのは、翌日雨降る前兆（岩手県東磐井郡・飛騨・島根県能義郡・徳島県那賀郡）。ニワトリが餌ばみする（餌を食う）と天気が悪くなる（愛媛県喜多郡）、夕方遅くなってもトヤに入らないと翌日雨（宮城県宮城郡・千葉県長生郡）、遅くなるまで餌をあさってねぐらに入らず、しきりに羽ばたきするのは雨のしるし（山形県西村山郡）。

○従って、早くトヤにつくようだと、翌日は天気がよいと判ずる（秋田県平鹿郡・宮崎県西臼杵郡）。これと同趣旨の言い習わしは多い（山形・群馬・茨城・千葉・神奈川・長野・富山・石川・岐阜・愛知・奈良・和歌山・鳥取・広島・山口・高知・福岡・佐賀・長崎・熊本・宮崎・鹿児島・沖縄本島・八重山）。これとは反対に、早く止まり木にとまると雨が降る（鳥取県八頭郡）、という例があるが、報告の誤りらしくも思われる。いずれにせよ、右のようなニワトリに天候予知の能力ありとする考え方も、往時の飼育方式と結びついている。近代的養鶏法が取入れられる以前は、ニワトリは夕方になると、たいていは屋内の鳥屋か止まり木に帰り、朝戸が開くとすぐ戸外に出て行き終日勝手に餌を拾い、定期的な給餌など与えられなかった。最近まで南島の一部では、ニワトリのための鳥屋の設けなどまったく無く、背戸の高い木に登って夜を明かした。産卵数も少ないので、採卵を期待することはごく少なく、時計代りに飼うのが主な目的であった。そうしたことから、これを延長して天候予知にも一役買わせたのだといえる。

○ニワトリが高い所に上ってトキをつくると、天気になる（福島県須賀川市・岐阜県吉城郡）、雨が上がる（島根県能義郡）。木に登ってトキを告げれば天気になる（長野県安曇地方）。屋上で鳴けば晴（三重県志摩郡）。同様な言い習わしは山形・群馬・新潟・愛知・岐阜・奈良等の諸県でもいう。これをさらに拡大して長野県安曇地方では、ニワトリが屋根に上ればその年は陽気がよいという。その他、宮城県では、高い所に上って西を向いてトキを告げれば雨、東を向いてトキを告げれば晴というが、首の向く方角で晴雨をきめるのでは、納得性に欠ける感がある。しかも秋田県山本郡では、高い所に上って鳴けば雨が降る、と正反対のことをいう。石川県鹿島郡でもニワトリが高い所に上って鳴くのと、ヘビの木登り、魚の跳ね、トビの高く飛んで鳴く類は、すべて雨の前兆という。また、鹿児島県喜界島のように、ニワトリが西から鳴いたら豊年、南から鳴いたら凶年と、豊凶の占いにまで登場する例がある。

○ニワトリが朝早く大きな声でコウケイケイコウと鳴くとよい天気になる（富山県氷見市）、朝早くから巣立ちすると天気になる。巣に遅くとまると翌日天気が悪い（青森県三戸郡）。早く暁を告げるのは晴（秋田県平鹿郡）。朝早く鳴けば天気よく、遅く鳴く時は天気が悪い（島根県能義郡）。ニワトリが朗らかに鳴く時は、晴天（宮城）。ただし鹿児島県の喜界島では反対で、声高らかに鳴いたら雨が近いと判ずる。

○ニワトリの砂浴びは雨の兆（沖縄県八重山地方）。しきりに羽を掻くと雨（宮城）。背や羽に脂を塗るのは雨の兆（沖縄県八重山・和歌山）、翌日雨（長野）。シラミをとるのは雨のしるし（壱岐）。これに対し、羽虫をとる時は天気（鹿児島県大島郡）、という反対の例もある。宮城県では、ニワトリが軒下でふくれていると天気が変るという。

○長崎県北松浦郡で、「鶏の身せせり雨」という。身せせりは、羽づくろいをしたり、砂浴びなどをすることであろう。

○ニワトリが雨降りに外に出てツボ（餌）拾うようだと長雨（山形県最上郡）。雨の中でニワトリが鳴くと晴れる（熊本）。雨の降り出しにニワトリが床下などに駆け込めば、雨は暫時でやむ（沖縄県八重山地方）。

○ニワトリの背に雛を負うのは、雨の降るるし（長崎県北松浦郡）。同じことをめんどりの背に雛が上るのは雨の前兆（茨城・奈良県吉野郡・秋田県北秋田郡）ともいう。

○ニワトリが餌をやめて首をかしげている時は、地震がある（群馬県利根郡）。ニワトリやキジは、人間より一秒ぐらい前に地震を知る、ともいう。『伯耆国風土記』逸文（『塵袋』所引）に、

「震動ノ時、雞・雉ハ悚懼《しょうく》ス。則チ鳴ケバ嶺谷ヲ踰エ、即チ羽ヲ樹《た》テテ蹬踊スルナリ」とあって、ニワトリ・キジが地震に敏感であることが記されている。

○千葉県東葛飾郡では、夕方鶏舎に入ってすぐ表向きに居直ってトキを告げると、福が来るという。

○溺死人の死体が上がらない時は、ニワトリを盥の類にのせて流すと、死体の沈んでいる上へ来た時ニワトリが鳴くので場所がわかる（千葉県君津・東葛飾郡）という。このことはよほど特殊なケースだと思われるのに、意外なほど広い範囲でいっている。神奈川県や静岡市ではチャボを使用するといい、鎌倉市腰越《こしごえ》では、海の上へチャボを舟にのせて連れて行くと、水死体の上で鳴くという。多くは池の溺死者や川流れの場合で、神奈川県津久井郡城山町〈相模原市〉の場合は相模川である。奈良県では池、筏にニワトリをのせるという。福井市では、籠に入れて流す。奈良県北葛城郡・大阪市枚方市・千葉県東葛飾郡・宮城県では盥、紀伊や千葉県長生郡・秋田県仙北郡では船にのせるという。前記城山町の少し上流の相模湖町〈相模原市〉では、板にのせて流す、とある。薩摩地方では、上流からニワトリを流してやると、溺死体の上に来た時、渦形に回転するという。こうした習俗について黒川道祐の『遠碧軒記』下に、「又申伝には、海川へ投じて死して、その死骸のある所しれずには、鶏を舟にのせてこぎありけば、その死人の死骸ある所にては鶏鳴す。夫によりてとりあぐる法なり」とある。谷川士清も『倭訓栞後編』に同様のことを記し、「諏訪の湖にても、沈没の人あれば此の法をせりとぞ」と述べている。

○この方法を、雪崩に埋もれた人を捜すのにも適用し、ニワトリを連れて行くと、トキをつくって知らせるという（新潟県新発田市）。

○愛媛県上浮穴郡では、台風のため道に迷った時など、ニワトリがいたら、家の方向に向いてくれるという。ニワトリを用心のため連れ歩くわけになろうが、こうしたことが信じられたのも、時刻を告げることから、さらに方角と結びつけたものかと思われる。

○なお、ニワトリと水難について、沖縄には次のような説話がある。昔、老竜の耳にムカデが入り込んで、竜は大いに苦しんだ。そこで医者にかかろうと思って、人間の姿に化けて診察を乞うと、さすがに医者は正体を見破って、人間ではあるまい、帰れ、と叱った。竜は身の上を白状して、憐れみを乞うた。医者も同情して、竜の耳の中にニワトリを入れて、ムカデを取り除かせた。この事から竜は、ニワトリを徳とした。海がいくら荒れている時でも、ニワトリには危害が及ばない。山原船《やんばる》（帆船）の帆柱に鳥形の小旗を掲げるのは、このいわれによる（『南島説話』）。

(4) 牝鶏の晨、鼬と鶏、蜈蚣と鶏

○牝鶏《めんどり》がトキをつくる（歌う、鳴く）のは悪い事の前兆だとされる。火事・変事・不吉（青森・千葉・鳥取）、禍あり（岩手）、不思議がある（青森・宮城）、破産（秋田）、不吉（秋田・福島・千葉・福岡）、縁起悪し（栃木・岐阜・和歌山）、凶兆（群馬）、凶事（茨城）、家運が傾く・衰える（新潟・和歌山）、家が潰れる（秋田・山形・対馬）、ろくな事はない（富山）、災難（石川）、災害の前兆（和歌山）、不時が入る（奈良）、近日火事あり（大阪）、不吉・不幸（島根・山口・福岡・佐賀・沖縄）、変事（兵庫）、悪い（香川・長崎）、不幸あり（愛媛・宮崎）、主人の死（熊本）、家内の禍（鹿児島）という。

○ことわざに、「めんどり歌えば家亡ぶ」という。妻が夫をさしおいて意見をさしはさみ、ほしいままに取りしきるのが、めんどりがトキをつくることであるが、このことわざは、「牝雞

晨《あした》す」の和訳だと考えられている。「古人言へル有リ、牝雞ニ晨無シト。牝雞ノ晨スルハ、惟レ家ノ索《つ》クルナリ」（『書経』牧誓）、「牝雞雄鳴スレバ主栄エズ」（『漢書』）とあるのは、中国でも単なるたとえではなく、本来はめんどりがおんどりのように鳴いたら、凶事の前兆だ、との俗信だったのであろう。それが女のでしゃばりを戒める教訓になって、この方のウエートが重くなった。これまで挙げた各地の事例の中には、俗信として報告されているものでも、実は教訓として行われているものも多いはずである。ろくな事はない、家が傾く、などいう場合は、嬶天下の戒めの感が強い。越後で、めんどりが時をつくるのを、ババドリノトキという。たいていは老めんどりで、時のような声を発するものだが、これは家の主人が病気になる前兆という。嬶天下になってかえって身代が上る前兆だという皮肉な説もあるが、一般的には不吉として嫌われる。これなどは、予兆の形式はとっているが、教訓的な性格を思わせる。

○「めんどりがトキをつくる」は、必ずしも朝方とは限らないのが一般だが、なかには、朝とはっきり指定している例もある。牝鶏晨を告ぐれば変る事あり（福島）、めんどりが朝鳴くと不幸がある（広島）、朝鳴きは不幸あり（同上）、めんどりが暁を告げる時は不幸がある（沖縄）、暁にめんどりの鳴くぎィ運のわるか（佐賀）等はそれだが、漢語の諺の和訳という臭気を脱しえないようである。

○めんどりは朝鳴いても悪いが、夜鳴きはさらに悪い。夜中にめんどり鳴くは不思議がある（津軽）、凶事（茨城・岐阜）、火事（岐阜・熊本・鹿児島）、変事（福島・兵庫）、災厄（熊本）という。もちろん宵鳴きという場合も同じで、変事（福島）、火事（愛媛）、不幸（和歌山）などの前兆という。鹿児島県国分市〈霧島市〉では、寝る前にめんどりが鳴くと不幸があるといい、宮崎市付近では、めんどりがおんどりの声をすると、その向いて鳴いた方の家に不幸がある、大分県日田郡では、めんどりが変な声で鳴けば、よくないという。
○めんどりがトキを告げたら、そのニワトリを屋根の上から越えさせたのち殺して食べると厄がはれる（沖縄県伊平屋島）。不吉だから殺せ（兵庫県多可郡）。すぐ捕らえて臼の下に敷くものだ（壱岐）。高知県幡多郡でも、歌うめんどりは飼うものでないというから、やはり然るべく処分したのであろう。『伊勢物語新釈』に、ニワトリの宵鳴きをやめさせるためには、ニワトリの腹を水に浸して冷やせば、その年はやむものだ、とある。
○めんどりがトキをつくる場合、不吉と受取る人ばかりではなかった。よい事がある（秋田）、という例もある。同県由利郡では、めんどりが鳴けば田売り（？）が来てその家は栄える、といっている。三重県志摩地方では、元日の朝、めんどりが先に鳴けば、小物が豊年という。
○ニワトリを飼い始める時には、脚をお茶で洗い、家の周囲を三度連れまわすと居つきがよい（長野県安曇地方）。ニワトリを買って家付《やつ》けるには、米搗き臼を踏ませれば、他家にまぎれこむ恐れがない。或いは、尾を少し切取って火の神に上げればよい（沖縄県国頭《くにがみ》郡）。ネコなどには、家に居つかせるためのまじないがある。ニワトリも、以前のように放し飼いだった時には、馴染ませるための呪術を必要としたのである。臼うんぬんは、壱岐で不祥のニワトリを臼の下に敷くというのと照合すると、わかりやすい。なお、ニワトリが行方《ゆくえ》不明になった際には、稲荷様に豆腐を上げると、方向や場所がわかるという（秋田県北秋田郡）。
○四羽鶏《どり》飼うな（新潟県新発田市）。ニワトリを四羽立てると不幸がある（秋田県山本郡）。ニワトリは四羽飼わない（山形県西田川郡・福島県須賀川市）。四羽、八羽のニワトリは飼うものでない（鹿児島県国分市〈霧島市〉・福島県須賀川市・宮崎）。めんどり三羽は縁起が悪い（秋田県南秋田郡）。
○島根県浜田市では、一羽鶏はぼけるという。
○鶏小屋を襲うイタチを防ぐために、小屋の前に瓢箪を吊り下げる（愛媛）。小屋の鉄網にアワビの貝殻を吊す（東京）。アワビガイを廏舎に吊り下げてまじないにする風が、鶏舎にも応用されたものであろう。三重県志摩郡でも、オンビガラ（アワビ殻）を入口に吊って、ヘビが鶏小屋に入らぬまじないにする。オンビは御幣《おんべ》の訛で、神威によって立入りをおさえる意かという説もあるが、アワビの訛らしい。
○イタチが下から睨むと、鳥屋にいるニワトリでも下へころげ落ちるという（壱岐）。
○ニワトリとムカデは、昔から仲が悪く、ムカデはニワトリにはとてもかなわない。それで、ムカデに刺された時には、東に向かってケッケレーケッとニワトリの鳴きまねをする。こうすれば毒は廻らない（『南島説話』）。
○広島県豊田郡では、ムカデに刺されたら、ニワトリの鳴き声をする。島根県大原郡でも、こうすれば楽になるという。沖縄県国頭《くにがみ》地方でも、ハチやムカデに刺されたら、ニワトリの鳴きまねをすれば治るという。オコゼに刺された時、ニワトリの鳴き声をする（広島県豊田郡）。ハチに襲われた時は、アブランケンアブランケンと唱えるか、コケコッココケコッコという（群馬県邑楽郡）。ニワトリ対ムカデから、対ハチへ拡張されたものであろう。福井県今立郡ではムカデに刺された部分に、鶏という字を筆で何回も書くと治るといい、栃木では、ムカデが耳に入った場合には、鶏肉を耳の辺に置けば、ひとりでに出るという。
○山梨県都留市では、山の神に鎌・鋏などを奉納して、病気との縁がすっぱり切れるように祈願するが、鋏など奉納してはならないという信仰もある。西八代郡三珠《みたま》町〈市川三郷《いちかわみさと》町〉の中山毘沙門堂はそれで、ニワトリや鋏の絵馬は決して上げない。毘沙門のお使いはムカデだから で、ニワトリや鋏は、そのムカデの大敵だという理由による。

○ムカデに刺されたら、鶏糞をつけると治る（群馬県富岡市・福井県今立郡）。鶏糞或いは歯糞をつける（同遠敷郡、鹿児島）。ムカデ・オコゼに刺されたら、鶏糞とかミズイモの白いあくをつける（山口県大島郡）。歯糞・ミズイモ或いはハチ・オコゼは脇役で、本筋はムカデとニワトリである。八重山諸島では夜室内に入ってくるムカデは金の神であるから、殺してはならぬとされ、ニワトリの鳴きまねをして畳の下に逃がしてやる。天敵ニワトリを使って警告するにとどめ、殺すことはしないというやり方である。鹿児島県国分市（霧島市）では、ムカデを殺す場合は、ニワトリのまねをして殺さねばならぬという。ニワトリだから殺されても仕方がないと、ムカデに観念させようという寸法であろう。

○ニワトリにムカデを食わせると、精がついて卵をよく産む。ムカデの脚の数だけ産む（熊本県玉名市）。もともとニワトリは、ムカデに強く、見つければあっさり食べてしまう。（これに反して、ヘビはニワトリには強いが、ムカデには弱い）。ムカデに刺された時の療法に鶏糞を用いるというのは、滋賀・山口・鹿児島・沖縄等でも同じことをいう。また、薩摩では、ニワトリに蹴られた時はムカデ油（種油などの中にムカデを殺してそのまま入れておく）をつけるとよいという。ムカデはニワトリに対し無力なのに、これをニワトリの敵薬にするのは理屈に合わないが、こういう発想が面白い。なお鶏糞は梅毒の薬となり（和歌山）、驚風（脳膜炎の類）や五疳の虫（小児のひきつけなど）にも煎じて飲ますとよい（富山）、という。

鶏《にわとり》

(5)鶏の夢、夜泣きと百日咳のまじない、鶏権現、庚申と鶏

○ニワトリを夢見れば、凶という事例が多い。秋田県秋田・宮城両県で、変り事の兆という。秋田県仙北郡では、ニワトリや卵を夢に見るのも、その話をするのも悪いという。沖縄でも、ニワトリやアヒルの夢は、思う事がかなわないしるしだという。ただし、岡山県久米郡では、鶏鳴の夢は吉夢だといっている。
○小児の夜泣きを止めるまじないに、ニワトリの絵を逆さに貼るという方法が広く行われている。その理由としては、ニワトリは朝鳴いて夜は鳴かないものであるから、ニワトリにならって夜泣かぬように、との意味だという（岐阜県吉城郡・京都市・奈良市）が、百日咳にも同様なまじないをするので、それから夜泣きへ拡大的に適用されたものとも考えられる（百日咳の病人は、ニワトリが鳴くような咳をするので、ニワトリの絵を用いるとのいわれが説かれている）。
○ニワトリの絵の貼り方は、地方によって小異があるが、最も多いのは、台所の竈、或いは荒神様の所に貼るやり方である。即ち、荒神様に上げる（大分県宇佐地方）、荒神様に逆さに貼る（奈良・愛媛）、ロックウサマに逆さに貼る（岡山）、荒神様の柱に逆さに貼る（福岡）、荒神さんの棚に逆さに（佐賀）、荒神かクドの壁に逆さに（大分）、荒神様やチョウズバ（便所）に貼る（大分）、釜に貼りつける（鹿児島）、かまどに貼る（愛知・奈良・山口）、かま場の柱に貼る（宮崎）、などとなる。また、最初は逆さまに貼り、治ると元に戻して貼る（和歌山・大分県日田郡）とか、初めおんどりの絵をオクドさんの処に貼り、泣かなくなったらもう一つ、めんどりを描いて上げる（三重県鈴鹿市）、おんどりを描いて庚申柱に貼り、治ったらめんどりを描き添える（愛知）、お釜様に祈ってかまどの前に逆さに貼る（金沢市・島根・山口・宮崎県西諸県郡）、カギンさま（自在鉤）に貼り、「治ったら起こしてやる」と三回唱える（群馬県多野郡）、というふうに、複雑化した例もある。その他、流しの下に逆さに貼る（群馬県勢多郡）というのも、竈神からの延長であろう。
○台所以外では、ニワトリが餌を食べている絵を柱に貼っておく（愛知）、同じく逆さに貼る（秋田・愛知・福井）。見える所に貼っておく（埼玉）、などがある。屛風に貼る（広島）のは、子の枕元の意味である。枕元に逆さに貼るという所も多い（福島・群馬・熊本・福岡・宮崎）。逆さ絵を枕元に下げる（広島）というのもある。またニワトリを三羽逆さにかいて軒下に貼る（群馬）やり方もある。
○子の頭の下に敷いて寝かす（青森）、寝床の下に敷く（北海道・愛媛）方法も行われる。
○以上の貼り方いろいろのうち、特に逆さに貼るとことわっているのが、本来の呪法のあり方で、願意を聞きとどけてくれるまでは常態に戻してやらぬ、という強迫的方法である。大阪・岡山・山口などで、天井に貼るというのは、とりも直さず逆さ向けにすることを意味する。博多では、ニワトリはよく鳴くから、これを逆さにすれば、よく泣く子も泣きやむというふうに、名物にわか流の解釈もされているらしい。
○紙にニワトリを描くのでなしに、ニワトリの絵馬を荒神様に納める（岩手）、板にかいたニワトリの絵を地蔵堂に逆さに掛ける（奈良）、というふうに、社堂への祈願の形式をとる場合もある。福岡市香椎宮境内の鶏石さまは夜泣きに効き目があるといわれ、ニワトリの小絵馬と白粉餅を供えて平癒を祈願する。同市小山町竜宮寺内の三宝荒神にもニワトリの小絵馬を上げる。奈良県桜井市の長谷寺の観音にも夜泣き封じ・夜盲症治癒を祈ってニワトリの絵馬（怒ったおんどりと、やさしいめんどりを描く）を奉納する。奈良興福寺の一言観音に夜泣き・夜盲症の祈願者が奉納するのも同じ絵馬である。京都伏見稲荷の門前で売っている伏見人形の中にはニワトリの人形があり、これを買い求めて子の枕元に置き夜泣きのまじないとした。奈良・京都いずれも、そのいわれとして、ニワトリは朝早く鳴くが夜は鳴かない。この子もニワトリにあやかりますように、との願意であるといっている。名古屋市中区門前町の天寧寺の三宝殿（三宝荒神堂）には、夜泣き封じを祈願して守鶏絵馬を奉納する。昔は、朝最も早く起きる元気なおんどりにあやかって守りおんどりを奉納し、祈願がかなうと守りめんどりを奉納したものだというが、江戸末期から土製の絵馬で代用するようになり、大正以後は板絵馬に変った。このような変遷段階の傍証の一つとして、和歌山県山路地方では、宵鳴きのニワトリを連れて庚申に参れば夜泣きはやむ、と伝えている事実がある。秋田市八橋《やばせ》では、夜泣きのまじない用に黒鶏と称し、土製のニワトリが使われる（『富士川游著作集三』）。実物のニワトリを奉納することから絵馬のニワトリに変り、家庭内では下手な素人の絵でも効き目があると考えるようになったものである。

○唱え言を伴う例では、ニワトリの絵をかいてそれに向かい、「脚を洗って上げるから、その代りお前が鳴いて赤ちゃんが泣かんようにしてくれ」と頼む（愛媛）、ニワトリの絵を逆さにかき、「昼泣いて夜泣く」と唱える（奈良県吉野郡）、「ニワトリは朝は鳴けども夜は鳴かぬ」と一枚の紙に三回書いて子供の部屋に貼っておく（新潟県栃尾市〈長岡市〉）、ニワトリを紙にかき箕《み》に入れて、その手元の方へ子の頭を向けて、「バネガラ泣グナ、泣グノドゴザ飛ンデエゲ」と唱える（青森）、などがある。

○同じようなまじないは、小児の百日咳（咳の病・流行性感冒を含む）にも行われる。ニワトリの絵を紙にかき、竈神の前へ逆さに貼っておけば、百日咳が治る。予防には、その紙を戸口に貼る（栃木）、枕元に貼っておく（山形）。同じ新庄市では、咳止めのまじないとして、さらに手の込んだやり方が行われている。白紙の真ん中に患者の名と歳を書き、七日間に咳止まる、と書き、その両脇に、おんどり・めんどりの絵を描き、これには眼を入れないでおく。その絵を小餅三つと三方にのせて荒神様に供える。治ったらさらに小餅三つを加え、絵のニワトリに眼を入れて、北流れの川に流す。もし北流れの川がなかったら、紙の隅に、北流れの川に、と書けばよい。

○福島県信夫郡（いま福島市に入る）では、トッケツカゼ（百日咳）になったら、紙におんどりをかき、その上に鳥居をかき添え、この紙を逆さまに、流しに吊す。このように、台所の流しで水をかけたり吊したりするのは、川水に流しやる作法の簡易化であることを示している。

○半紙におんどり・めんどりをかいて荒神様に奉納する（三重県度会郡）。板に、子供の歳とニワトリの絵をかき、三宝荒神に願をかける。なお、大工の墨縄の糸を首に巻くとよい、ともいう（奈良）。おんどりをかいた紙を釜神様（釜柱）に逆さに貼り、「咳がとまったら、めんどりをかいて上げる」と言って願掛けをする（長野県北安曇郡・愛知県南設楽郡）。長野県には、生きたニワトリ一羽を三宝荒神に供え、百日咳の病人の年齢を言って願をかける、という例もある。奈良県宇陀郡では、半紙にかいた絵を台所の壁に貼る。その他、板にニワトリの絵をかき、流しで逆さにして水をかける（宮城県玉造郡）、水甕の上に絵をかざして水に映るようにすると治る（同気仙沼市）、ともいう。これは天井に貼るのと同様、逆さにすることを意味しよう。

○便所に貼るやり方もある。めんどりと巣をかいた絵を便所に逆さに貼っておく（秋田県山本郡）。おんどりの絵を逆さに吊しておき、治れば起こしてやる（長野県北安曇郡）。

○ニワトリの額を鎮守に納める（山形）のも、祈願の方法である。八幡様へ、ニワトリを上げるから咳を止めてください、と願をかけ、治ったらニワトリの絵をかいて上げる（長野県北安曇郡）。トリカゼ（百日咳）のまじないには、トリカゼ稲荷からトリの絵馬を借りて来て、枕元に祭って供物を供え、風邪が治ったら古いのに新しいトリの絵馬（子の年齢姓名を書く）を添えて奉納する。小児の百日咳はニワトリの鳴くような咳をするので、トリカゼの称がある（福島県会津若松市）。同県西白河郡西郷《にしごう》村羽太の姥神様は安産と咳の神として信仰され、ニワトリの絵馬を上げて祈願する。

○東北地方に多いニワタリ（庭渡）権現、或いは鶏権現は、百日咳の神として信仰されているものが多い。福島市信夫山公園東北の鶏権現（水雲神社）もその一つで、小児が百日咳にかかると、同社に奉納されてある絵馬のうち一枚を借りて来て、台所の水甕の上に逆さに吊り、朝夕水を注ぎかけて祈願し、治ったら新しい絵馬を添えて奉納する。西白河郡西郷村の庭渡神社から麻を借りて来て喉に巻けば百日咳は治る。お礼には麻を倍にし、ニワトリの絵馬を上げる。麻というのは、木綿《ゆう》のことであろう。なお、このニワトリ様は、村に変事があるとニワトリの鳴き声で知らせてくれるという。宮城県下にも、見渡《みわたり》・荷渡《にわたり》・鶏と呼ばれる小祠が各地に見られる。桃生郡鳴瀬町宮戸里浜〈東松島市〉の鶏権現を始め、牡鹿郡牡鹿町十八成《くぐなり》浜〈石巻市〉・宮城郡松島町名籠の鶏権現は、百日咳の神として信仰され、多数のニワトリの絵馬が奉納されている。この信仰は、ニワトリがトキをつくる時、喉が強勒に見えることから起きたものだろうといわれている。

○山形県にも、荷渡し権現・鶏権現・荷渡し地蔵などと呼ばれる小祠がある。荷渡しとは、村境や大きな川の渡し場に祭られてあるのが本来だというが、ニワトリの音に通じるのと、百日咳の咳《しわぶ》き方がニワトリが声を振りしぼって鳴く声に似ているところから、百日咳の神として信仰されるようになった。百日咳をこの地方では、トリシャブキ（鶏咳《とりしわぶき》）と呼ぶ。ニワトリの絵に、南無阿弥陀仏を何字も書き込んだ紙を庭渡権現へ逆さまに貼りつけ、治れば正しく直す。鶏権現の分布は、栃木県塩谷・那須郡にも及んでいて、風邪・百日咳の神として祈願する。その際、または治癒御礼に、鶏卵（または白い団子）を供える。

○山形県西置賜郡白鷹町杉沢のあごなし地蔵は、百日咳に霊験あり、祈願者は地蔵の鼻を削って病人に飲ませる。治ればニワトリをかいた絵馬をお礼に納める。

○トリケシャブキにかかると、ケッケッとニワトリが喉を鳴らすような咳をし、助からない。福島県耶麻郡西会津町では、こうなったら鎮守様の鳥居を三回くぐり、早く神様に引き取ってもらうようお願いする。そうすると病人は苦しまずにあの世に行ける。トリケシャブキはニワトリのような咳《しわぶき》の意で、ジフテリアに相当する。

○夜泣きや百日咳のまじないにニワトリの絵（時には実物）が用いられる理由は、咳き入る声がニワトリに似ているからである。壱岐では、ニワトリが鳴いたあとでグーと息を引くような声をたてると、グーヒキドリといって忌む習わしがある。群馬県邑楽郡では、百日咳をトリセキといい、ニワトリのとさかを食ったり、生血を飲むと治るという。これらの傍例からも、まじないの由来を考えることができる。もっとも、神奈川県三浦市では、赤児の夜泣きには、鬼の絵を台所の壁に貼るとよい、という。ニワトリから一段階抽象化した信仰対照といえよう。また、寝小便のまじないにも、庚申におんどりの絵をかいて天井に逆さに貼る（和歌山）という。とさかを食べさせる（八王子市）という例もあるが、やはり拡張的応用の一つと認めるべきであろう。

○庚申の日のある月に孵化したニワトリの雛は育たない（同上）。庚申の日にニワトリを食べると神罰が当たる（同山本郡）、庚申様に生卵を打ち付けると雨が降る（同南秋田郡）。既にあげたように、庚申様はニワトリを忌むから食べない（北秋田郡）。夜泣きのまじないとして庚申にニワトリの絵を上げるとか、老鶏を庚申様に納める等の事例もあり、その関係の深さを思わせる。

鶏《にわとり》

(6)妊婦と鶏、民間療法、その他

○幽霊に遭った時は、ニワトリの鳴くまねをすれば逃げる（沖縄県国頭郡）。夜明けを告げられては、幽霊もまごまごしていられない理屈である。

○ニワトリの羽根を屋根の上に捨てると火事が起きる（福岡県甘木市・北九州市）。

○ニワトリに頭上を飛ばれ、その時落ちた羽毛が頭上にかかると、禿頭病になる（沖縄本島）。

○家の前に鶏舎を建てるのは悪い（秋田県仙北郡）。

○ニワトリを家の西側で飼うと不幸が絶えない（山口県玖珂郡）。

○同じ年のうちに一家から死人が二人出たら、ニワトリと共に葬る（沖縄県島尻郡）。

○仏に供えた物をニワトリに与えると、そのニワトリは人に飛びつく（兵庫県多可郡）。

○酉年の人はニワトリを食うと病む（栃木県那須郡）。

○鶏肉にあたればサンショを食えばよい（大阪府中河内郡）。

○半夏生の朝、ニワトリが鳴くと縁起が悪い、火事になる（愛知）。

○素人がニワトリを売買する時にはネブカを付ける。丈夫に育つまじないという（岡山県勝田郡）。

○妊婦がニワトリの肉を食べると、蹴爪を持った子が生れる（山口）、水掻き手の子が生れる（福島県大沼郡）、鳥目の子が生れる（愛媛）、鳥肌の子が生れる（同上）。妊婦は四足やかしわを食べるな。アヤカルことがある（岡山県赤磐郡）。妊娠五か月以内にニワトリを蒸焼きにすると、ニワトリの足に似た子が生れる（山口）。妊婦は（一般の女も）ニワトリを殺してはいけない。指三つある子を生む（沖縄県国頭郡）。妊婦の夫がニワトリを殺すと指三本の子が生れる（奈良）。ニワトリを殺す時に妊婦に見せると生き返る（宮崎県西諸県郡）。生き返るとは、ニワトリのような子が生れる、との意であろうか。秋田県仙北郡では、産前に鶏肉を食べると肌の悪い子が生れるという。いわゆる鳥肌である。

○妊娠三か月までは、ニワトリを見てはいけない。目に膜のある子が生れる（愛媛県上浮穴郡）。

○ニワトリの頭を食うと、早起きする（宮崎県西諸県郡・鹿児島県国分市〈霧島市〉・大島郡）。早起きの鳥だから、という理由。実際には、ニワトリの頭を食べる者などあまりいないから、というのであろう。或いは、頭というよりは、とさかの部分を主としていうのかとも考えられるが、それならばはっきり「とさか」というであろうと思われる。

○夜尿症には、おんどりのとさかを黒焼きにして食べさせる（青森・岩手・宮城・東京・神奈川・長野・岐阜・岡山・鳥取・高知・熊本）、とさかを煮て食べる（愛知）、とさかを煮てその湯を飲ませる（新潟）。鹿児島県徳之島では、寝小便・よだれに、とさかを煎じて飲む、ニワトリの肝が効く（愛知）という。沖縄では、ニワトリの小腸、フカの肉を食べる。野菜にはトウガンを入れる。徳島県那賀郡では、ニワトリのはらわたを黒焼きにし、素湯で飲む。

○傷寒熱に、チャボのとさかの生血を飲ませたり、もしくは鼻の下に塗る（沖縄）。

○小児の喉に餅が詰まって苦しむ時、ニワトリのとさかの血を取って飲ませれば、飲み下すか吐き出すかする（『耳袋』四）。

○喉に骨が刺さった時は、ニワトリの羽毛で喉をなでるとすぐ取れる（栃木）、象牙でなでるか、「ニワトリの骨、ニワトリの骨」と言ってなでるとよい（富山県東礪波郡）。「鵜の首、鵜の首」と言ってなでるというまじないにならったもの。鵜なら、魚を丸のまま楽々呑み込むから、連想の経路もわかるというもの。ニワトリの骨は、まるみが多く尖っていないから、喉に立つこともない、という気持であろう。
○骨折の時にニワトリの皮をはいで患部を包み、その上から灸をすえる（沖縄）。
○疣取りには、米粒を疣の上にのせて、十文字を切るまねをして、ニワトリの食わぬホカ山へ埋める（長崎県北松浦郡宇久島〈佐世保市〉）。ホカはこの地方で前庭のこと。
○ニワトリの糞は、ムカデに咬まれた時につけると効く（前記）。ハチ刺されにもつける（鹿児島）。虫歯にも、ニワトリの糞の白いところを焼き、粉にしてつける（岩手）。痔に、鶏糞を水で煎じてつける（徳島）。『秘伝妙薬いろは歌』（富山県下新川郡）に、「驚風（脳膜炎など）やら五疳（五つの疳の病）のむしを治すには、鶏のふん煎じのませよ」とある由。
○新潟県の風土病として知られるツツガ虫病の予防には、草刈りなどする際、ニワトリの糞をこまかくして身体に塗っておけばよいといわれ、多くの人が実行した。
○舌の病気には、おんどりのとさかから血を取り、腫れたところにつけてから飲み下す（岩手）。
○眼の病には、魚やニワトリの目が薬である（沖縄）。
○鳥目には、ニワトリのドリ（肺臓）を飲む（岡山県和気郡）。ニワトリの胆、エイタの胆が効く（奈良市）。鳥の肝、ニワトリのとさか、八つ目ウナギを食べると、夜でも見えるようになる（広島）。
○ニワトリの咬傷には、ヨモギの葉をよく揉んでつけるとよい（北海道）。

○特に黒いニワトリに薬効があるとする例がある。沖縄県八重山地方では、子供の虫気の薬として、黒いニワトリの腹を割いて臓腑を取出し、玄米・海人草《まくり》・ショウガ・諸白《もろはく》等を詰め込んで縫い合せ、甕に入れて密閉し、これを釜で煎じて食べさせる。またサーク（咳）にも、黒いニワトリを食べる。白黄疸には黒いニワトリの肉にアダンの葉の中ぐき・セキショウを加えて煎服する。これに対し、赤黄疸には白いニワトリを使う。

○野鶏と猪肉は食合せで、吐瀉する（栃木）。これは『延寿類要』に、「野鶏与猪肉吐瀉」とあるのとそっくり同じである。『延寿撮要』には、「野鶏と鰤魚と同食すれば瘡を生ず」「兎肉と白鶏と同食すれば黄病を生ず」などと見えている。

○八ツ目ウナギと鶏肉は生命危しといった（秋田県北秋田郡）。沖縄では、『御膳本草』という書物に、「ニワトリの禁忌は、こんにゃく・からし・葱・もちごめ・すっぽん・やけい・さかなじる」とある由。（やけいは野鶏。なお、からしは各地でニワトリの救急薬とされている）

○鶏糞を施した田から取った米を食うと病気になる（秋田県雄勝郡）。根拠のない伝承であるが、鶏糞のように遅効性の肥料を普通に施せば、イネは軟弱になり倒伏しやすくなり、当然、青米や粉米が多くできて、まずい米になるとされる。宮城県登米郡では、鶏糞を施した野菜を生で食すると、中風になるという。

○「鶏《とり》食ってもドリ（肺臓）食うな」（千葉・神奈川・静岡・岡山・福岡等）。この諺はたいていの人が知っている。ドリは肺臓。鮮紅色をしているのが、他の部分に比して異常なので、毒があるといわれた。これを食べると、死ぬ（奈良）などという。また、尾羽の付け根の固い部分も食うな、というが、いずれも毒ではなく、岡山県下では、鳥目の薬にドリを食う所がある。
○分娩後、後産をニワトリの鳥屋の下へ埋める所もあった。その鳥屋というのは、止まり木の下に、竹の縁をつけた莚を、もっこ形に吊って糞を受けるようにしたものであった（新潟）。『極奥秘伝まじない秘法大全集』に、後産の下りない時のまじないとして、「鶏鬼噫急如律令」と書いた御符を、とさかの血を混ぜた水で産婦に飲ます、とある。
○負畑を耕すと、病気になったり、不幸が起こる（愛媛県上浮穴郡）。負畑とは土地争いをした所で、人の恨みが残っていたり、境界線にニワトリを首だけ出して土に埋めるので祟りがあるとされる。
○ニワトリが病気で弱った時にはトウガラシが効く。トウガラシを水に溶いて飲ませる（山口・対馬）。ニワトリが死にかけた時、トウガラシを飲ますと蘇る（京都府桑田郡）。沖縄ではトウガラシをそのまま口に突っ込む。山梨では、ニワトリの風邪、回虫がわいた時の虫下しに、口を割ってトウガラシの汁を飲ませる。ニワトリが便秘した時、カラシを刻んで水に溶かしたカラシ水を飲ませる（愛媛）。
○ニワトリが血の混じった糞をする時や、下痢には、ネギを焼いて喉の中に入れてやる。ニラは好んで食べるから、これを餌として与えるのもいい（栃木）。ニワトリの感冒に、ヨモギまたはハブ草の汁を搾って飲ませるとすぐ効く（愛媛）。下痢に、ニンニクをすりつぶして水に溶いたり、餌に混ぜて与える（北海道）。
○コオロギを食うとニワトリの尾が抜ける（愛媛県北宇和郡・和歌山県有田郡）。イナゴを食うとニワトリの羽が抜ける（山形県西置賜郡・佐渡）。コオロギやイナゴの出る時期は、ニワトリの換羽期である。籾を食うとニワトリが卵を産まない（愛媛県北宇和郡・大分県南海部郡）。佐渡では、白米ばかり食わすとニワトリも脚気になるといい、また塩気の物を食わすとシラミが立つという。チシャが生長するとともにチャボは盛んに産卵する（大分県竹田市）。東北地方では、菜種が咲くとニワトリがうまくなるという。

○ニワトリが穀《ごく》を食うと、卵を産まなくなる（広島）。

○ニワトリが卵殻を食うと、卵を産まなくなる（岡山）。

○黄金のニワトリの伝説は各地にあった。丹後の切戸文殊の内陣には黄金のニワトリがあって、毎年元日の朝、初鶏に一声鳴くのを年籠りの参詣人は聞いた（『本朝俗諺志』）。淀屋辰五郎で名高い大阪の淀屋の重宝に黄金のニワトリがあったという。いずれもその後どうなったか伝えぬ話ばかりである。鳥取県八頭郡八東町〈八頭町〉の岩屋堂の岩穴にも金色のニワトリがすんでいる。この岩穴は同郡池田村〈若桜町〉の岩屋堂の岩穴に続いているので、ニワトリはその間を往復しているという。⇩鳥《とり》・鶏卵《けいらん》

【ぬ】

鵺《ぬえ》

○ヌエが鳴くと誰かが死ぬ（愛知）、春先にヌエが鳴くと人が死ぬ（愛媛）、ヌエが時期（普通は五～六月）以外に鳴くと死人が出る（滋賀）、オニツグミがシイと鳴く時は人が死ぬ、オニツグミがヒイと鳴く時は火事（不明）、ヌエの鳴き声は共に変事を告げるものとされる。ヌエ・オニツグミはトラツグミの異名である。トラツグミは漂鳥であり、雪解け頃から陰気な声で夜間に鳴くため、無気味でかつ物悲しげに聞きなされ、「人はただ今はいかがあらむ、ぬえの鳴きつるにやあらむ、忌むなるものを」（『堤中納言物語』）などと、古来不吉なものとされてきた。『和漢三才図会』には「按ずるに、

今世鵼と称するは怪鳥にあらずして、洛東及び処処の深山に多く之有り、（中略）、昼伏し、夜出でて木杪《ぼくびょう》に啼《な》く、其の嘴、上黒く下黄なり、鳴けば則ち後の竅《あな》之に応ず、声は休戯《ひゅうひい》と曰ふが如し」とある。

○夜におむつを干してはならない。チョウマンという鳥が来て糞をかけると、腹のふくれる病気になり、赤ん坊は怖い夢を見てひきつけを起こす（北海道）。チョウマンもトラツグミの異名である。

○ヒョウドリ（トラツグミ）が鳴くと寒が来る（採集地不明）。

【ね】

猫　ねこ

(1)猫の洗面と晴雨

○ネコは前肢で顔をなで廻し、舌でなめる、などの動作をしばしばやる。これを、ネコが顔を洗う、化粧をする、などという。このような見立ては中国では唐代に既に行われていたもので、『西陽雑俎』（八六〇年頃成立）に、「俗ニ言ク、猫面ヲ洗ツテ耳ヲ過レバ、則チ客至ルト」と見えている。中国では嬉しいことの前兆と受取ったが、わが国では、主として占候の兆と見、来客の前ぶれとするのは、ごく一部に限られている。即ち、宮城県で、ネコが顔を洗う仕草をすれば客が来る、または天気になる、岡山県で、ネコが顔を洗うと、その背中の方角から人（客）が来る、という。志摩地方では、ネコが戸口から出るとお客があるという。備前の上道郡（岡山市）で、ネコが三度耳をこするは、吉の前兆という。いわゆる招きネコの原型は、この辺にあるといえよう。

○ネコの手水《ちょうず》は雨（筑前地方）。手水をつかうとは、頭を洗う意。沖縄で、マヤー（ネコ）の顔洗いね—雨という。顔をこする、顔をふく、顔を撫でる、なめる、と表現している土地もあるが、これらを雨の前知らせとみる地方は多い（青森・岩手・山形・秋田・宮城・福島・群馬・栃木・茨城・千葉・東京都八丈島・山梨・新潟・富山・静岡・愛知・三重・滋賀・奈良・和歌山・大阪・兵庫・島根・岡山・広島・山口・香川・徳島・福岡・佐賀・長崎県対馬・大分・熊本・鹿児島県奄美大島・喜界島・沖縄県八重山等）。その他、顔をこすると風が吹く（岩手）、つらを洗えばよくない事がある（津軽）、などというのも、この類といえる。

○これに対し、ネコが顔を洗うと晴れる、という土地もある（津軽・山形・秋田・宮城・福島・栃木・群馬・茨城・千葉・東京・静岡・長野・新潟・飛驒・愛知・広島・大分・宮崎・鹿児島等）。三べん続けて顔を洗うと翌日は晴天（新潟）、顔を洗えば十日間の晴（広島）、の例もある。いずれにしても、晴天と判ずる方も広い地域にわたってはいるが、少数派といえる。

○新潟県栃尾市〈長岡市〉では、ネコが顔だけ撫でると天気が悪いという、顔を洗う動作をさらに細かに観察し、種々の条件をつけるものも多く、それには、前肢で耳の上から撫でおろすか、耳の下だけ撫でるかが、観察のポイントになっている。前者では、ネコの手水が耳を越せば雨（『琉球千草之巻』）というように、耳の後ろから撫でる（耳の後ろを掻く、耳越しに顔を洗う、耳まで洗う、耳をこする）のは、降雨の前表とみる（福島・栃木・群馬・茨城・埼玉・千葉・神奈川・山梨・長野・新潟・静岡・三河・飛驒・美濃・香川・広島・宮崎・鹿児島）。沖縄の竹富島では、背中から頭へ撫で下ろせば長雨になるという。やはり耳を越す動作である。福島県大沼郡で、翌日天気が変るというのも、雨とする側に属しよう。

○逆に、耳越しに顔を洗うと天気になる、といっている地方もある（秋田・山形・福島・群馬・長野・新潟・福井・島根・大分）。福島県郡山市では、耳から撫でおろす時は晴、下から撫で上げると天気が変る、という。要するに、同じ動作を国の南北にわたり、所により晴とも雨とも判じているわけである。しかも、同県内、同郡内で晴も雨もあるといったぐあいで、これに一定の法則・傾向ががあるとも思われない。

○耳を越さない場合を別の表現でいえば、口もとだけ洗う時は雨（岐阜）、顔だけ掻く（撫でる）と天気が悪くなる（新潟・群馬）、ともいう。これは、耳を越せば天気という意味に通じる。

○その他、耳を洗えば雨だが、前肢が耳たぶを越さなければ降らない（奈良）、耳を掻けば天気で、顔を洗えば雨（新潟）、耳の後ろをこすると晴で、尻をこすると雨（同）、顔を洗って、耳をこすらない日は悪い（福井）、鼻を撫でていたら雨（奈良）、手が耳を越えれば晴で、頬を撫でれば雨、鼻を撫でると曇り（山形）、背中から頭へ撫でおろせば長雨となる（沖縄県竹富島）など、着眼にずれはあるが、全体を通じれば、雨の予報とみる形が多い。それは、何かの異変の前兆という観点で見るところから、天候予占ならば雨という形になって現れるのだとみてよいであろう。

○能登では、ネコが顔を洗っているのを見た時に、「耳かき耳かき」と声をかけると、よいネコだと耳の上まで洗うという。山形では、「チャコチャコ耳越せ耳越せ」というらしい。『酉陽雑俎』の「猫洗レ面、過レ耳」の直訳ではあるまいが、わが国で、耳を越すか否かを問題にするのは、文字ある階級の介入も与《あずか》っているのではなかろうか。

○ネコがよく寝ると、雨が降る（木曾地方）。一日中眠っているようだと翌日は雨（埼玉）。ネコが眠ると、よく晴れる（新潟）。ネコが脚を伸ばして寝る時は雨（飛騨）。まるくなって眠る時は晴天（同上）。ネコが顔を出して寝ると天気（山形県飽海郡）。仰向きに寝たら上天気になる（丹波地方）。上を向いて眠る時は天気がよい（秋田・山形・出雲）。顔を上げて眠ると明日晴（山形）、鼻を上にし寝ると晴（愛媛・熊本）。腹を出して昼寝すると雨が上がる（北海道）。これに対し、天井向いて寝たら雨（対馬）という反対例もある。

○ネコが顔を隠して寝ると雨が降る（山形・宮城・新潟・能登・木曾・飛騨・兵庫・愛媛）。顔をつけて寝ると天気が悪くなる。鼻を隠して寝ると天気にならない（群馬）、頭を垂れて（或いはひげを隠して）寝ると翌日雨降り（岐阜）。その他、顔に手をかぶせるようにして手をかざして寝ると雨（岡山・熊本）、耳をこすらず仰向けに寝ていると雨、三度耳をこすると晴（新潟）、のような複合型もある。要するに、開放的な姿態で眠らぬ場合は雨と判断するのが、一般的のようである。しかし逆の判断もあり、山形県では、顔を手で押さえて寝ていると晴という所が一部だがある。山口県阿武郡では、鼻を上向けて寝ると雨が近い、大島郡では口を上へ向けて寝る時は時化るといい、広島県福山市では、口を上に開けて寝れば雨という。

○上向きに転んで背中を地にこすれば晴（鳥取・広島）、庭で寝転ぶと雨が降る（岩手）、天を向くと日和が続く（高知）、背転びは風または雪（宮城）という。これらは熟睡する姿態ではなく、横臥したり回転したりする動作をいうものと思われるから、眠り方とは区別すべきであろう。

○ネコが騒ぐ（暴れる、じゃれつく、はしゃぐ）のは、雨の降るしるし（津軽・山形・新潟・福井）、嵐になる（津軽・宮城・新潟）、大風が吹く（新潟・島根）、夕立が来る（同上）。大体は、天候悪化の前兆とみるが、新潟県西頸城郡では、大嵐のしるしとも、晴とも雨ともいって、人により一定しない。また小ネコがじゃれつくと翌日は晴れる（埼玉）、という例もある。

○ネコの仕草による天候判断は、この他にも種々ある。ネコが尻をなめると雨になる（群馬県利根郡・新潟県南魚沼郡）、という。この動作を槍かつぎ（足が肩にかかる）といって、ネコの槍かつぎは雨、という言葉がある。福島県南会津郡では、ネコが鉄砲をかつぐ仕草をする時は、天気が悪くなるという。槍と鉄砲の両方をひとまとめにして、ネコが槍鉄砲をかつぐと天気になる（利根郡）と、反対の占候をする例もある。この槍かつぎ、鉄砲かつぎも、人によっては顔を撫でる仕草の、ややオーバーなのを、そのように表現している例もあるらしいのである。また同じ利根郡で、尻をなぜると天気が悪くなる、ともいう。愛媛県上浮穴郡でも、足をなめると雨というから、なぜる（撫でる）は、なめるの誤りではない。長野県北安曇郡でも、ネコが槍を立てる（脚を立てる）と天気が悪くなるという。同じ郡から、尻をなめれば天気が悪くなるという報告も出されているから、槍を立てると槍かつぎは本来は同じ動作とわかる。

○ネコがしきりに出たがれば、地震の恐れあり（広島）。大地震をネコ・イヌ・ウマ・ナマズなどが予知して、動作に現すのは、地鳴りを感知するからだともいうが、確かなことはわかっていない。沖縄の国頭《くにがみ》地方では、ネコが非常に鳴き叫ぶ時は火事があるという。

○ネコが道の真ん中に糞をすると、三日のうちに雨（山形）、近いうちに雨（宮城）。だが、岩手県ではこれを晴と判断する。小便をかけると（何にかけるか不明）雨が降る（同上）。糞をして土をかけぬ時は雨となる（和歌山）。

○ネコが青草を食うと雨になる（長崎・広島・香川・岐阜・宮城・山形）。この俗信の分布は、もっと広い地域にわたっていようが、雨が降るという天気判断には変わりがないものと思われる。岡山県では、ネコが嘔吐すると雨が降るという。草をかむのは、イヌも同じで、かれらの本能的な知恵なのであろう。その嘔吐物の中に、咀嚼されない青草が混じっているのは、しばしば見かけたところである。嘔吐するのは、個々のイヌ・ネコの健康状態によるのだが、よい状態でないという感じから、雨と判断するのであろう。しかし、山形県新庄市では、ネコが草を食うと、晴天が続くというから、簡単には論断できない。

○特に東日本を中心にかなり広い地域で、ネコが部屋の中をかけ廻ったり、高い木に登ったりしてむやみに騒ぐのは、天気が変る前兆だと信じられている。騒ぐという代りに、あたける、はしゃぐ、玉とる（じゃれる）、はしらぐ（騒ぐ）、じゃらける、暴れ廻る、ひどく飛び廻る、はね上がる、など表現は違っても、動作としては似たようなものといえる。その結果も、天気が変る（秋田県平鹿郡・岩手・茨城・新潟・長野）、天気が悪くなる（秋田県雄勝郡）、空が曇る（秋田県雄勝・由利郡）、雨が降る（広島・岐阜・福井・新潟・富山・東京・群馬・山形・秋田）、翌日雨（山形県南陽市）。夜騒ぐと、夕立が来る（新潟）、風が吹く（山形県寒河江市・岩手・宮城）、荒れる（山形県真室川町）、吹雪（同平田町〈酒田市〉）と、いずれも天候悪化の予兆としている。ただし、これにも例外があって、山形県東田川郡立川町〈庄内町〉では、ネコがはしらぐと天気がよくなる、新潟県栃尾市〈長岡市〉でも、ネコが飛び廻るとよく晴れる、と正反対のことをいっている。これも天気が変るといううちの一つといえば、それまでといえよう。なお、秋田県では、イヌについても、むやみに走り廻ったりする時は、天気が変るといっている。

○ネコの鼻が乾く時は、翌日雨（宮城）、ぬれると晴（愛媛）、三重県志摩地方でも、鼻をほせば雨降りという。連日晴天続きで、ネコの鼻まで乾燥するということで、そろそろ雨になる順番に当たっている、という論理であろうか。

○ネコの眼がまるい時は天気がよく、細い時は雨または曇天（広島・鹿児島）。眼の現在の状態を基にしていうならば、天気で明るい時はネコの眼は細く、曇りで光線が少なければまるい。つまり、予報としては現状から反対へ変化することをいうことになろう。

○ネコに関する先進国の総合的文献として、『酉陽雑俎《ゆうようざっそ》』続集巻八に、「猫目ハ暮ベ円ニ、午ニ及ンデ竪斂シテ綖《いと》ノ如シ。其ノ鼻端、常ニ冷ユ。唯、夏至ノ一日ハ煖シ。其ノ毛、蚤虱ヲ容レズ。黒キ者ハ、闇中逆ニ其ノ毛ヲ循レバ、即チ火星ノ若シ。俗ニ言ク、猫面ヲ洗フニ耳ヲ過ギレバ、則チ客至ルト（下略）」とある文を掲げておく。なお、時刻に従ってネコの眼が大小いろいろに変化するところから、時刻を知る目安として、次の歌などが用いられていた。「六ツまるく四八瓜核《うりざね》、五と七と卵形にて九ツは針」。漢文形式では「子午、線兮。卯酉、円。辰戌丑未、杏仁尖。寅申巳亥、棗核様」となる。

○ネコは寒がり屋だということになっている。ネコが暑いのは土用の三日だけという類のことわざは各地に行われている。六月の土用でもネコは三日しか暖い日はない（北九州市）、とも。また、ネコの鼻と女の尻は土用三日暖いだけ（大暑三日のほかは冷たい）、ともいう。

○寒の雨が三日続けば、ネコの顔が三尺になる（福島・茨城）。「冬の雨が降れば」「秋の雨が降れば」という形もある。

猫　ねこ

(2) 猫の飼育、貰い猫、猫の毛

○明治前から養蚕農家が全国的に激増し、これにつれ蚕の大敵ネズミ退治用にネコが珍重され、ほとんど各戸で飼う村さえ見られた。逸物のネコは貴重視され、「ネコの子をもらうよう」ということわざは、現実に合わない時代が出現した。ネコの子に大枚の値がつくようになったのも、この時代である。そうなる以前にも、イヌにせよネコにせよ、只で貰うものではないとさ

れ、おしるしを贈った。そうせぬと、生家との縁が切れず、貰われ先に居つかないと考えられたのである。大阪府三島郡では、ネコの子を貰ったら、生家へ雑魚一升持って行った。そうすれば子ネコは親の家へ帰らない。沖縄では、組ネコはただで貰うものでなく、銭六厘やって貰わなければならなかった。銭六厘は、別項のようにネコの死体を捨てる時にも添える額だが、それは六道銭のちなみであるらしい。

○ネコを貰うにも親を見よ（山梨）という。ネズミをよく捕る親の子がいいわけである。また、自分の家より上の家から貰うな（秋田県仙北郡）と、宛然《さながら》人間の嫁選びと同じことをいう。実家を鼻にかける気位の高いネコというのもないだろうが、生活程度が高ければ、ネコの食物も自然上等になるはずで、そういう家のネコは貰っても飼いにくいとの意味であろう。とにかくネコは働き者でないと困るということである。同県平鹿郡では、南から貰わないという。理由は明らかでないが、やはり生活の苦しい土地で育ったネコの方がよく働く、というのであろうか。

○ネコは飼い始めに年期を限っておくものだという。東京などでも、二年間飼ってやるとか、三年だけ飼うとか、ネコに向かってあらかじめ年限を言い渡しておく風があるようである。「三年居れ」とか「五年居れ」と言い聞かせておけば、その時期が来ると自分から姿を消してしまうという（埼玉・東京・金沢市）。これをしておかぬと、古ネコになって化けるということになる。河内地方でも、年を定めて飼わないと仇《あだ》をするといい、石川県鹿島郡では、ネコマタになって仇をするという。千葉県長生郡では、飼い始めに年限をよく言い聞かせておけば、その期間は逃げることがないという。

○子《ね》の年にネコを飼い始めると、ネコが死ぬか飼主が死ぬかする（奈良）、といって避ける。

○ネコが行方不明になった時に、戻って来るようにするまじないとして、「立別れいなばの山の峰におふる松としきかば今帰りこむ」（在原業平）の歌をまじないに使う土地が多い。この歌を書いた紙を門口か便所に逆さまに貼りつけておけば、三日とたたぬうちに帰る（長野）、これを二回ぐらいするとたいがい帰って来る（福井）。貼る場所は、ネコの食事する場所に逆さに（金沢市）、出入り口に（宮城）、玄関口に逆さ（長崎）等で、ただ貼るというもの（新潟）、逆さに貼る（鳥取）、というものもある。群馬県群馬郡では、上の句をかまどの柱に書いて貼り、帰って来たら下の句を書いて貼る。安中市では、戸口に逆さに上の句を書いて貼り、帰って来たら下の句を書き添える。またネコの茶碗に書いて、その茶碗を伏せておく。愛知では、立別れの歌を書いた紙にネコの皿を伏せておく。或いは、その紙を釜の後ろに置く。または「立別れ」の歌を唱えればよい（能登）、三べんよむと帰ってくる、ともいう（山形県新庄市・愛知・広島）。なおこの歌を、山で道に迷った時に唱えると、本道に戻れるという（新庄市）。イヌがいなくなった時にも、この歌を貼る（堺市）。

○「来ぬ人をまつほの浦の夕凪ぎに」の歌を書いた紙片をネコの膳に入れておく（長野県北安曇郡）方法もあった。

○ネコの皿に「トラ」と書いて、クドの上に伏せておけば戻ってくる（愛知）。「虎」という字を大きく紙に書いて戸間口《とまぐち》に貼り、虎の字のところへ釘を打つ（長野県更埴市〈千曲市〉）。釘を打つのは、人間の足止めの時に用いる方法である。鹿児島県では、虎の字を書いた札をかまどの上に逆さに貼る。同県国分市〈霧島市〉では、囲炉裏の灰に虎の字を書く。

○山形県庄内地方では、稲荷様にネコの絵を納めてお願いすれば、きっと帰るという。同地方では、ネコは稲荷（穀神）のお使いとの信仰があるからである。

○家出したネコを戻らせるまじない。ネコの御《ご》器《き》或いは茶碗を伏せておくと帰って来る（秋田・群馬・長野・愛知・岡山）、そうすれば三回目に戻る（奈良）。庭に伏せておく（高知）。洗って門口に伏せておく（長野）。ネコの食器をオドックウ様（かまど神）に供えればよい（岡山）。ネコの茶碗を稲荷様へ持って行って、かぶせておくと見つかる（群馬）。ネコに使っていた碗を洗い、大釜の上に伏せて、塩をつまんで傍に置き、「立別れ」の歌を唱える（香川）。ネコが常用していた食器を伏せるのは、他のものには使わせないとの表示であろう。
○秋田県由利郡では、暦を見てネコが逃げた日のところを墨で塗っておけば帰って来るという。
○ネコがいなくなった時、大阪市西長堀のかつを座橋詰の猫稲荷に祈る。祈願成就の際は、土製または練人形のネコを上げる。また、このネコの人形をいただいて帰り家に祭れば、ネズミが荒れないという（『浪華百事談』）。
○貰いネコを家に居つかせるまじない（山形県西村山郡で、他所よけという）として、東北地方では、家へ入れるとすぐネコの上に鍋・擂鉢・籠・笊等をかぶせ、その上で火をぐるぐる廻す呪法が行われる。貰いネコの上に鍋をかぶせ、火をつけた付木《つけぎ》を三べん廻す（宮城県刈田郡）。火のついている焚木で鍋の上を三回まわしてから鍋をとる（山形県新庄市）。擂鉢をかぶせ、その上に燠《おき》をのせる（秋田県由利・南秋田郡）。鍋をかぶせ、その上で燃え木尻を三回まわす（山形県西村山郡）。ネコを貰って来たらすぐに、笊か籠をかぶせ、その上で燠になった薪を右廻りに三回まわす（福島県南会津郡）。どうやら擂鉢灸の要領のようだが、事実、秋田県雄勝郡では、ネコに擂鉢をかぶせた上から灸をすえるという。
○千葉県長生郡では、もらいネコをしたら、床下の砂を御飯に混ぜて食べさせると居つくという。

○生家からネコをもらうと、出戻る（秋田県雄勝・北秋田郡）。出戻るのは嫁なのか、ネコなのか分明でないが、恐らく後者であろう。○主人が子年生れの家では、ネコは立たぬ（育たない）（秋田県北秋田郡）。○寅年生れの者がある家ではネコが育たないという。（栃木県宇都宮市・長野県北安曇郡・新潟県西頸城郡）。それでネコの名を武とつけると育つという（愛知）。東京都八王子市付近では、寅年の者のある家でとらネコを貰うと、勝ち負けができるという。○ネコ子は赤ん坊とひととし（同年）は貰うもんでない（福島県大沼郡）。子供と同年の家畜（ウシ・ウマ・ヒツジ・イヌ・ネコ・ニワトリ）を飼うとどちらかが負ける（金沢市）といって嫌うが、特にネコ・イヌはその主役である。子供と同じ年のネコを飼うものでない（和歌山県東牟婁郡）。同年だと負け勝ちができる（宮城）、勝負がつく（福島県相馬市・神奈川県津久井郡）、威勢負けする（新潟県新発田市）、どちらかきっと死ぬ（山形）、ネコに負けて弱い子になるか、早死にする（新庄市）。群馬県新田郡では、家に子供が生れた時にネコやイヌを貰ってくると、ネコやイヌはいつも喧嘩して勝ち負けがあるため、子供が丈夫に育たないと、家畜同士の勝ち負けを子供に転嫁するような説明をしている。○生児と同年にネコの子が生れた場合は、ネコの子の方が強くなるといって、捨てる（新潟）。妊娠中に子イヌ・子ネコをもらうと死産する（佐賀）というのも、同年の家畜を持ち込まぬようにとの警告である。愛媛県松山市では、ネコと一緒にお産をすると、負傷するといって、ネコは実家（嫁の？）へつれて帰る。○病人のあるところへネコを飼うと、病気は治らないといって避ける（千葉）。神奈川県津久井郡では、大病人のある時飼いネコが死ぬと、病人は本復するという。身代りになったというのである。

○ネコの毛を呑み込んだら、毒になる（鹿児島）。喉が腫れる（秋田・千葉・岡山・高知）、ノゾケ（喉気。喉が腫れて呼吸・飲食の際苦しむ病気。ジフテリアをいう土地もある）またはゼイ痰を病む（長野）。磐城地方でもこれをノドケ、越後でもノドッケといって、湯も水も通らなくなるという。

渇きを病む（長野・広島）、ともいう。一般に渇きの病というのは、食っても食っても食いたりない気持が続く病気のことで、糖尿病をさすこともある。広島県比婆郡では、喘息になるという。丹波・兵庫・奈良でも、ネコの食いわけ（食い残し）を食べると喘息になるといい、或いは岡山・広島では喉が鳴り出すという。能登では、ネコの息をフガカク（嗅ぐ）と、癲癇になるといい、若狭では、ネコの飯を食べると、夜も目が見えるといって嫌った。いずれにしても、ネコの毛アレルギーをさすが、癲癇や夜目が見えるようになるとの制裁は、後から拡大付加されたものであろう。土佐では、婚礼に取り交わしたなまぐさの残りをネコに食べられるのを忌むが、ネコと共食することにより、その同類になる、との禁忌であろう。

○ネコの御飯を食うとしゃっくりが治る（新潟県西頸城郡）といい、宮城県では、ネコの御飯を食べれば、ひどいつわりも治り（遠田郡）、お産が軽い（黒川郡）、という。しゃっくりは喉の病気の一つとみていたのであろうが、妊娠との関係は明らかでない。ネコの御飯といっても、ネコの毛が混じっていない飯だとすれば、話は別になるのであろう。

○ネコの毛か糞にさわると、チフスにならない（木曾地方）。ネコの糞なのか、人糞なのかあいまいだが、前者であろう。ネコの毛に呪力のようなものを感じていたのであろう。

○ネコになめられると、頭が禿げる（佐渡）という。ネコの舌は、あのざらざらした特徴のゆえに、異様な力をもつと考えられたのであろう。

死人をなめると、死人が踊り出す、などともいった。秋田県北秋田郡では、ネコをなめるネコは人を食う、といっている。

○鹿児島県大島郡では、ネコを抱いて寝ると魔がつく、或いはあばら骨を数えられる（寿命が縮まる）、ともいう。また、ネコを頭にのせると脳を取られる、ネコを可愛がりすぎると頭がおかしくなる、などという。

○ネコを頭上にのせるのを忌む風は、東北地方にも見られる。岩手で、頭にネコをのせると腫物ができる、福島県南会津郡で、ネコと篩《ふるい》を頭にのせるとクグリ（淋巴腺炎）ができる、宮城では、頭にネコをのせたり背負うかすると、ネズミが生れる（ふえる）という。とかく、危険な性質をもつものは、大切にせねば仇をされ、可愛がれば取りつかれるという厄介な存在である。さわらぬ神に祟り無しということわざが生れたゆえんである。

(3) 猫と死体、化け猫

○死人の部屋には絶対ネコを近付けてはならぬ、とは各地でいうことで、恐らく全国的であろう。佐賀県東松浦郡では、人が死ぬとすぐ北向きに枕を直し、わら枕（中央を紙で巻き、四か所をこよりで結ぶ）に寝かせ、蒲団の上には箒か柄杓をのせ、枕元に刃物を置き、着物を逆さに掛ける。こうしないとネコの魂が死人にのりうつり、葬式の際に、死体を入れた甕の底から死人の足がぶら下がったりするという。急に働くようになった人のことを評して、ネコ魂が入った、などというくらいである。

○ネコが死体、または棺桶の上にのる（またぐ、飛び越える、わたる）などすると、死人が起き上がる、立って歩く、踊り立つ、狂人になって蘇る、這い出す、という。その他、死人を踊らす（若狭）、魔がさす（長野）などいい、それでネコに棺桶を見せるな（宮城）、ネコに葬列を横切らせるな（山口）という。ネコが死人の部屋へ入ると死人が立上がる（徳島）といい、愛知県豊田市では、ネコが死人の寝間の天井や梁に上っても、死人は立上がるという。広島県山県郡では、死人の周りをネコが二、三回廻ると、死人は起きて踊り出すというが、同県下では、一度またいだ時は起き上がるだけだが、二、三度またぐと踊り出す、といっている。

○大分県南海部郡では、ネコが死人に触れると、「ネコがさす」といって、非常に不吉とする。津軽・秋田では、湯灌をした水をネコが舐めると、死人に化ける（南秋田郡）、蓋を上げて死人が出て来る（津軽）など、湯灌の水の始末にも注意する。出棺の時、ネコその他家畜が鳴くのを嫌う（高知）所もある。特にネコのそれを忌み、籠に伏せる。これを、ネコを伏せるという。福井県遠敷郡では、ウシ・ネコをどこかへ二、三日限り一銭で売り、葬後に二銭持って行って買い戻す、という便法を講ずる風習もあった。一般に、死者があるとネコを他家に預けるとか、土蔵に入れるとか、籠に伏せる、とかするのが、普通である。対馬では、スカリ（背負籠）で囲う。昔、野送りをしている最中に、一天俄かにかき曇り、天から魔物が下りて来て、その死体を取って行った。その魔物は、その家の飼いネコが化けたものであったので、以来死人があるとネコを囲うのだと言い伝えている。

○珍しい例では、ネコがまたぐと、嵐が吹く（佐賀）、死人が起きて御飯を食べる（広島県三原市）、水を飲む（宮城県本吉郡）、という。以前、沖縄では、ネコに屍を越えられると、いつまでも死体が朽ちず、洗骨を行うことができないといわれたのも、行く所へ行けず、迷っている状態が続くことを意味しよう。神奈川県津久井郡では、ネコがもし死体をまたぐと死人は蘇る。それから台所の流しへ行って（死体が行く意味のようでもあるが、ネコが行くと解すべきであろう）水桶の水を柄杓で飲むと、千人力を得てネコマタになるという。それで、平常も柄杓で水を飲むものではないという。宮崎県東臼杵郡では、ネコを川の中に入れて水を飲ませ、死人を箒で叩くと、死人は起き上がるという。富山では、ネコが死体をなめると、化けてくるというが、死体の方が化けるのではなく、ネコが化ける意味であろう。能登では、死人をなめたネコはネコマタになるという。
○死人に対しネコが、どのように働きかけるのか、その解釈は土地により一様でない。最も多いのは、ネコは死人の体の中へ自分の魂を入れる（宮城・栃木・金沢市）というもので、この類では、死人にネコの霊がのりうつる（秋田）、ネコの魂が入る（磐城）、ネコ魂がついて死人が動き出す（佐賀県東松浦郡）、ネコがのる（神奈川）、魔がさす（埼玉）、などともいう。即ち、ネコの霊魂が死体に入って、ネコの意志により死体が動き出すと解している。
○第二には、岩手県東磐井郡で、ネコが死人の恥部とか、その他の部分をかじると、かじられた死人の霊がネコにのり移るのだという解釈がある（ネコがかじると七代祟るともいう）。類例が少ないので憶測は危険だが、死者の魂がネコにのり移って、ネコが霊性を得るという考え方らしく思われる。宮崎県西諸県郡では、屍体の上を三度越えたネコは神通力を得るという。キツネが稲荷の鳥居を飛び越える度に神通を得るという説と共通点がある。富山県氷見市では、ネコが死人をなめると、死人でなしにそのネコが踊るという。能登では、死人の血または身に付けた物をネコがなめると、その人にのり移って化けるという。死人が踊ったり歩いたりするわけである。広島県では、死者のいる家の屋根に上ったネコは化けるという。これを要するに、死霊がネコに作用して、霊力を与え、ネコが活動するということになる。それは第一の、ネコの魂が死体に入って、死体を操るというものとは、対蹠的な考え方である。
○第三には、ネコと死体との他に別の魔物があって、それが死体を取りにくる。ネコがその魔物の手伝いをする（大分県南海部郡）という考え方もある。先にあげた対馬の伝説では、天から来る魔物の正体が、ネコの化けたのであった、としている。

○こうした不祥事が起こらぬようにと、逆さ屛風を立てまわすとか、ネコが飛び越えぬように刀や剃刀を死人の傍に置く、などの方法がとられる。ネコを隔離するのは普通に行われる方法だが、これとは反対に、沖縄の山原《やんばる》地方では、死者を糸網で囲んでおいた。屛風に相当する処置だが、この地方でもネコが死人を越えると、極楽往生ができないという。栃木県芳賀郡では、男の死者には刀を、女なら機織りの筬《おさ》を置いた。筬は一応、沖縄の糸網に通ずるものとみられるが、さらに古い信仰を宿しているものかも知れない

○もし死人がネコのために起き上がった場合には、箒で打てば元に返る、箒で叩かねば倒れないという（神奈川・長野・静岡・愛知等）。それで、死人の部屋には箒を立てておく。また日常生活でも、人を箒で打つものではないとの戒めが生れる。長居の客を立たせるために箒を立てる作法と同じである。箒を死体の上に置けば、ネコがまたいでも死人は起きない（愛媛県上浮穴郡）。ネコが死体にさわると、死体は飛び立つ。その時は箒で叩けばおさまる（佐賀県佐賀郡）。死人をネコがまたぐと、死人は化けて出る。その化け物を箒で打てば元に戻る（山梨県北都留郡）。そのため死者の蒲団の上には、箒を逆さにしておく（佐賀県東松浦郡）。高知県土佐郡では、キジネコ（トラネコ）が死者をまたぐと死体が動くといい、もし動いたりすると、箒の神に頼み、箒で死体を叩くとおさまる、といった。箒の種類については、特に指定しないのが普通だが、シュロの箒で打つ（静岡県藤枝市）、ネンダイという植物で作った箒がよい（高知）、などともいう。福島県相馬地方では、

箒で叩けばネコの魂が死体から出て、いままで動いていた死人が静かになる、といっている。
○古ネコは化けるといわれるが、それは、人を化かす（津軽）、ということでもある。ネコを長い間飼うとネコマタ（妖怪）になる（香川）、というが、どの程度が古ネコであるかは、所により考え方が違う。ネコは三年飼うと化ける（三重県阿山郡）、三年飼ったら捨てろ（岩手県和賀郡）。赤ネコは三年たてば踊り出す、或いは主人をねらう（愛媛）。一貫目以上の猫は化ける（高知）、オット（牡）ネコは七斤の重さになると化ける（壱岐）、三貫目以上になると山ネコになる（宮崎）、などいう。また、ネコが屋根に上って顔を洗うと、大きな化けネコになる（鹿児島）、六尺の高さを楽にとびおりることができると化ける（群馬）、ともいう。沖縄でも、ネコが屋根に上るのを凶とし、家族の者に禍を起こすといった。ネコが屋根に上ると火事になる、ともいう。
○年とったネコは主人をねらう。だからネコの年をきかれた時は、何歳のネコでも必ず、三つだと答えるものだ、という（岐阜県吉城郡）。
○ネコに唄や踊のまねをさせると、人を化かすようになる（山形県西村山郡）。踊を教えると化ける（山口）。北九州市では、ネコを踊らせると貧乏する、といって嫌う。
○ネコが年をとると茶鍋（鉄瓶）に化ける（愛知）。
○ネコが一貫目になると、赤飯を配る（愛知）。ネコは大きいものは少ないので、一貫目もあると昔の人はお祝いをした（群馬県富岡市）。先に掲げた一貫目以上になると化けるという禁忌とは矛盾するが、養蚕用にネコが必需品となったために、祝うという考え方に変ったものではなかろうか。それ以前の古い俗信では、一貫目になると禍をする危険があるので、斎《いわい》をしたものであろう。斎《いわ》うと祝うは、もと一語であった。
○熊本県玉名郡では、コッケネコ（古ネコ）になると、阿蘇の猫岳さんへ行って、そこで出世してくると、耳の先が裂けるという。

○ネコが敷居を跨げるようになれば化ける（広島）。出入り口の敷居は高くて幅があるから、相当の大ネコでないと一足には跨げない。それが敷居の真ん中を通るようになると、人をねらうから、飼うのをやめて、家から出さなければいけないという。高知県でも、普通のネコは必ず真ん中をよけて通る。敷居の真ん中を通るネコは化ける、といわれている。宮崎県では、戸口の真ん中を通ると山ネコになるという。鳥取県では、化けるネコは開いている戸口の真ん中を通り、化けないネコは柱に体をすりよせて入ってくるから知れるという。その他、ネコが戸棚を開けたりするようになると、恐ろしい事が起こる（広島）という。

猫　ねこ

(4)猫と鏡、猫の夢、忌詞、猫の薬

○ネコに鏡を見せると、魔がさす、或いは化ける（長野）、ネコの顔が三尺になる（群馬）、夜踊り出す（群馬）。長年飼うと化けネコになり、飼主の枕もとで着物を着て踊り出す（群馬）。古ネコは炮烙をかずいで踊る（奈良）。化けネコが踊るというのは、大変人気のあった怪談の趣向で、「猫じゃ猫じゃ」の俗謡とも関係がある。青森県では、ネコを立って歩かせると踊るようになるが、これは非常に嫌われた。秋田・奈良県では、ネコを踊らすと化けネコになるという。化けネコだから踊るのか、踊らせるうちに化けネコになるのか、はっきりしないが、踊を教えると化けるとか、踊る真似をさせると、赤ん坊の着物を着て夜踊り出すとか、ネコを踊らせると夜に踊る（秋田）、といっているところをみると、必ずしも化けネコだから踊るのではないらしい。見世物などのネコ踊を、ネコ虐待の甚だしいものとして、ネコが化けてその仇をする、というふうに論理を展開したのであろう。また、ネコが踊り出すと、人を取って食う

ようになるという（鳥取県八頭郡）。
○沖縄地方では、夜はネコを呼ぶものでない。呼ぶと幽霊が出るという。また、子供が夜なかに泣き出した時、「ネコだ」と言っておどすと、化けネコが来て咬み殺されてしまうという。
○出がけにネコに道を横切られると縁起が悪い（富山）。目の前をネコが横切ってこちらを見たら、大変悪い事が起こる。外出はやめよ（鹿児島）。そういう時は少し戻ってから行く（愛知）。ネコに夜道を横切られると用事はかなわぬ（広島）。信州では、ヘビの道切りと同様、出商いの時ネコに道を切られると縁起が悪いという。香川県大川郡では、イタチやネコが行き先を横切った時、左に向かって行けば運がよいが、右に行ったら、物を失うとか、用を忘れるなど、よくない事が起こるという。秋田・山口県では、特に黒ネコの道切りに限って嫌う所がある。
○ネコが暴れ廻ったり、喧嘩したり、被害を与えたりした時には、次の呪文を唱えると、おとなしくなるという。「大兼久村　あぶね端ぬマヤ（ネコ）　ずーマヤ　ななマヤや　すぶしぬさらや　しきかいらし　ういなしういなし」（沖縄県八重山地方）
○ネコの夢は吉夢か悪夢か、土地により違う。群馬県利根郡では、ネコを飼う夢は金銭の喜びという。宮城県では、友達から便りがあるという。これに反し、同じ郡でも、ネコにひっかかれた夢は風邪をひきやすいという。奄美大島では、ネコの夢を見た時に山へ行くと、ハブに咬まれるという。秋田・長野県では、何か物をなくす知らせだといい、佐渡では、悪い事が来るという。
○海上で、ネコという語を口から出してはいけない、という所が多い。伊吹島（香川県観音寺市）の円上島赤崎辺りでは、ネコといったらいけないという。沖でネコというのを嫌う（壱岐）。長崎県五島の福江市〈五島市〉その他でも、四つ足の動物は船に乗せることを忌むが、なかでもネコは特に嫌われ、ネコという言葉は口に出してもいけないという。ネコは船玉様がお嫌いだから飼わない（愛媛県松山市）。出雲の北浜では、出漁の時にネコと寺の小僧に出会ったら、戻って御神酒でも飲んでから出直す。

○それで沖言葉では、ネコを他の語に言いかえる。例えば、岩手県釜石市で、ネコをヨコザという類である。山の猟師や樵夫も、ネコという語を口にすることを忌み、山言葉をつかう。ヒゲ（土佐）・クチヒゲ（伊予）・ケ（同）・ヨモ（飛騨）・マガリ（津軽）・チョッカイ（阿波）等。阿波の猟師は、ネコ・サル・ヘビの本名を言ったり、その話をすると、感づかれるからといって、山言葉をつかう。感づかれるから、という解釈は近代的である。

○沖縄では、釣りに行く人にネコの話をすると、魚が釣れなくなるので、話をしてはいけない（国頭郡）、また山へ行った時、ネコの声色をして戯れてはいけない。山の神がその人の精を奪うという。岡山県上道郡（いま岡山市）では、山でネコの話をすると、樵夫は仕事をやめてしまう。群馬県利根郡では、同郡水上町宝川〈みなかみ町〉の山に入ったらネコの話をしてはいけない。雪が降って出られなくなる、とも、雨が降る、或いは黒雲が出て荒れるという。秋田県鹿角郡の夜明島川上流地方の樵夫は、ネコという名を口にしない。広島県比婆郡では、山行きがネコを見ると怪我をするという。そのいわれとして、山の神の大好物のオコゼをネコが取ったからだ、と説明している。

○殺生人は、飼いネコに鉄砲弾丸を鋳るところを見せてはならぬ、と戒めた。またネコの前では決して弾丸の数を数えるものではないとしている（高知県幡多郡・土佐清水市）。怪猫が狩人の弾丸の尽きるのをあらかじめ知って仇《あだ》をなした話は多い。愛媛県上浮穴郡では、ネコのいる所で鉄砲に弾丸をこめると、山の獣に知らせるから悪いという。

○ネコが非常に鳴き騒ぐ時は火事がある（沖縄県国頭郡）。ネコが二、三匹集まってギャーギャー鳴くのは、死の予兆（沖縄県多良間島）。
○火事の時、ネコ・イヌ・ニワトリなどを助け出すと、再び火事にあう（山形県西村山郡）。火事の時は、ネコを投げ込んで焼き殺せ（秋田県仙北郡）という。
○ネコの傍に火を置くと、火事になる（愛知）。
○ネコと一緒に居ると、夕立（雷）が落ちる（同右）。
○のべの猫神が来ると、命をとられるという（岡山県川上郡）。のべの猫神は不詳。
○屋根からネコを捨てると、気がふれる（香川県伊吹島）。
○ネコの死骸を見ると、縁談がまとまらない（秋田県北秋田郡）。公卿の社会で行われた犬死《けんし》の穢《え》に相当する。
○ネコが闇の中でも見えるのは、髭があるからだ（徳島）、との俗説がある。その髭を一本でも切ると、ネズミを捕らなくなる、といっている地方は広い。土佐では、ネコの口ひげを焼くとネズミを捕らなくなるという。山形県西村山郡では、髭を切られたネコは、夜をこわがり、ネズミを恐れるという。神奈川県津久井郡では、髭はネコにとって松明《たいまつ》である。これを切り取れば、ネズミは捕れないという。
○魚の目ができた時は、その部分に「猫」という字を三度書けば治る（長野）、患部をネコに舐めさせるとよい（会津）。疣は、そこを魚で撫でたのち、その魚をネコに食わせれば治る（長野）。
○ネズミに咬まれた時は、傷口をネコになめさせれば必ず鼠毒を消す（石川・愛知）。養生書『食性能毒』に、「ねずみのよだれの毒にあたらば、猫のにくを羹《あつもの》となして空心《くうしん》（中がからの意か）に用ゆべし」とあるのも、ネズミに強いネコを以てする、歯には歯を、のやり方である。また、ネコの髭を黒焼きにしこれに麝香《じゃこう》を少々まぜ、咬まれた部分に唾でつける（岩手）といった、手の込んだ方法もある。なお、白ツツジの花を煎用すると、ネコの咬傷に効くという（熊本）。
○喉に魚の骨が立った時は、ツバキの葉を喉にあててネコの鳴きまねをすると抜ける（出雲）。ツバキは唾の語呂合せか。
○ムカデに咬まれた時は、ネコのよだれを垂らす（岩手）。
○耳にムカデが入った時は、ネコの小便を注げば出る（栃木）。
○耳だれには、ネコの糞の黒焼きと黄蘗《きはだ》を生粉にし胡麻油でつければよい（岩手）。
○寝小便を止めるまじないの一つに、ネコが屋根の上にした糞を少し水に溶かして飲む方法がある（長野）。
○百日咳には、ネコ神さまに魚を上げて祈願する。或いはネコ飯を食べるとよい（薩摩）。
○ネコは腰がぬけると、完全に廃物だから、そうなることを警戒した。腰抜けになる原因は食物と考えられた。その食品は土地により異なる。エビ（和歌山・岡山）・タコ（岩手）・イカ（静岡）・カンナメドジョウ（ドジョウの子）或いは生きたドジョウ（愛知）等。それで愛知では、ドジョウが暴れたら、「ネコが来たに黙れ黙れ」と言うと、暴れなくなるといっている。
○ネコにエビを食わせると、耳が聞こえなくなる（鹿児島）、化ける（秋田）、ともいう。スルメを食わせると、アテイバリをするようになる（壱岐）。セミを食うと、声がかれる（長野）。油揚を食わすと、化ける（岡山）。アズキを食わすと、耳が聞こえなくなる（福島・三河）。麦飯を食わせると、ネズミを捕らなくなる（佐賀）。長い物を食わせると、長いもの（ヘビ類）を捕ってくる（和歌山）。これに対し、仏壇に上げた御飯をくれると、ヘビを捕って来なくなる（長野）。
○孕みネコにナマズを食わすと、流産する（滋賀）。俗説に、ネコが鳥貝を食うと耳が落ちるという。鳥貝の腸を食ったネコは耳の先から、火で焦がしたようになり、次第に欠け損じて最後には耳の根ばかり残るという。
○ネコは、カエルを食わないと目の色が澄まないという（山形）。食物にアリを混ぜて食わせると強くなるという所もある。珍しい例では、ツバメを捕ると、ネコに翼が生える（秋田）、というのがある。
○ネコの病気の時、マタタビが万能薬（岩手・茨城・石川・山口）。マタタビの葉を食わせれば効果があるが、最近はマタタビの入手が困難である（山梨）。
○ネコの病気は、梅干の水を飲ませると治る（千葉県館山市）。
○コツラフジ（フジの一種）にできるコクボ（フシコブ。果肉）を干しておいて食べさせるとよい（石川県石川郡）。
○ネコが病気の時は、皿に水を入れ、その中で一文銭をこすって、その水を飲ませれば治る（津軽）。銅の粉末を飲ませる（福島県郡山市）。赤金を削って飲ませると治る（新潟県東蒲原郡）。
○ネコには鰹節がいちばんよいといわれ、病気の時は飯の上にたっぷりのせて与えた。ネコは毒の物などを食べると、草を食べて自分で吐き出す（長野）。

猫　ねこ

(5) 古猫、猫の祟り

○ネコは奈良朝の中期頃には既に舶載されて、一部で愛玩動物として飼われていたと思われるが、ネコの重要性が認められたのは、養蚕の普及に比例する。以後、イヌとネコの飼養頭数の比は逆転した。例えば、徳島県の代表的山村である三好郡祖谷《いや》山村〈三好市〉では、イヌは一部の猟をする家で飼う程度だが、ネコはほとんどの家で飼っていた。
○ネコは家につき、イヌは人につくといわれるが、ネコを飼う家では、ダイツギ（跡取り）を飼うことを忌んだ。この禁忌は広い範囲に行われており、千葉で、ネコの子には跡を継がせぬといい、佐渡では、ネコの跡取り乃至は世継ぎはせぬものといった。静岡県御殿場市では、ネコイセキ（遺跡）をおくと親が死ぬといった。神奈川県でも、ネコの跡取りはさせるものでないという。
○秋田県河辺郡では、家で生れた子ネコを相続させてはならぬといい、仙北郡では、自分の家に生れたネコを飼うと、相続人に危害を加えるといわれた。広島県庄原市で、その家で生れた子ネコを跡取りにして飼うと、主人をねらう、というのも同じことをいっているのである。先のネコイセキも、畢竟わが家のネコが生んだ子に二代目を継がせるのを嫌忌する意味である。
○一匹のネコを三代飼えば、主人を殺す（和歌山）。この意味が明確でないが、親、子、孫と一系のネコを三代飼うことをいうのであろう。ネコイセキを繰り返すことになるわけである。
○豊前（福岡・大分県）では、盗んだネコでなければネズミを捕らぬという。
○自家の飼いネコの産んだ子を飼うのが悪いとなると、他から入れなければならぬ道理である。つまり、貰いネコをすればよいわけだが、勝手に他所から入り込むネコでも差支えない理屈になる。後者の場合については、これを喜ぶべき現象とする所と、嫌う所とがある。吉相とする例では、ネコが迷ってくると、よい事がある（愛知）。どこのネコかわからないネコが来て、いくら追出しても入ってくるのは、その家の運がよくなるしるし（鹿児島県国分市〈霧島市〉）。野良ネコが居つくのは吉（同県川内川《せんだいがわ》流域地方）。見知らぬネコが入り込んできたら、その家は幸福になる（宮崎）。台所へ黒ネコが入ってくると、いいことがある（金沢市）。ネコが子を連れて入り込むのは瑞兆（壱岐）、野良ネコがすみつく家は安全な家である（三河）、などという。従って、飼いネコが逃げるのは不吉（沖縄県島尻郡）ということになる。
○これに対して、野良ネコを飼えばその家の主人が死ぬ（長野県北安曇郡）、の如く、忌むべきこととしている所もあり、東日本に多いように思われる。東北地方では、駆け込んだネコを飼えば災をうけるとか、イヌの駆け込みはよいが、ネコの駆け込みは縁起が悪い、或いは「はせこみ者はネコでも悪い」などといって嫌う。茨城県久慈郡では、見知らぬネコが家に入ってくるのを持ち込みネコといって、持ち込みネコは悪いが、イヌならよいという。新潟県新発田市では、走り込みネコを飼うな、飼いたい時は隣の人に断ってから飼え、といっている。その意味は明らかでないが、禍を持ち込む恐れのあるものであるから、隣人の迷惑にならぬよう、あらかじめ了解を得ておく、ということであろう。
○自家で生れた子ネコを引き続いて飼えぬことになると、生まぬようにするか、捨てるほかはない。福井県では、雌ネコが子を産みすぎる時には、釜をかぶせればよいという。
○孕みネコの腹を逆さに撫でると流産する（岡山）。
○ネコを家から出て行かせるまじないは、報告例が少ない。茨城県では、秤にかけると姿を消すという。三貫目の重さに達すると化ける、という伝承と関連があろう。
○飼いネコの年齢の限度については、七年以上同じ家にいると主人を殺す（広島県山県郡）、十二年目に化ける（茨城・長野）、などという。沖縄の国頭郡では、十三か年飼うと化けて人をそこなうといい、秋田県平鹿郡では、二十歳以上のネコを飼うと、死人のあった時ネコのため霊が弄ばれて成仏できないという。
○ネコは元来が舶来の愛玩動物で、屋内に飼うため、糞仕《ふんし》の問題があった。千葉県館山市などでは、家の中に糞をしたらその場でネコの鼻をこすると、もうそこではしなくなるという。鼻をこする、との意味が明らかでないが、押さえつけて鼻をこすりつけるようにすることかと思われる。一種の折檻である。これに対し糞仕をよくするための呪法として、神奈川県西部では、もらって来たばかりのネコに、庭の土を飯に混ぜて食べさせるとよい、千葉県長生郡でも、初めに床下の土を飯に混ぜて食べさせると、常に床下に行って糞をするという。山形県置賜地方でも、家の縁の下の土をなめさせる。長野県北安曇郡では、筬《おさ》で三度尻をたたくと、尻の始末がよいという。筬は栃木県では女の死者の枕元に置いてネコが飛び越えるのを防ぐ呪具とする。筬の霊威は櫛に相当するのではないかと想像される。

○ネコを殺すと祟る（或いは祟られる）という（岩手・宮城・秋田・福島・栃木・千葉・東京・新潟・富山・静岡・愛知・岐阜・和歌山・岡山・山口・愛媛・長崎・対馬・鹿児島）。化ける（愛知）、七晩化ける（同上）、ネコが取りつく（鳥取）、ともいう。七度祟る（愛媛）、七年祟る（宮城・愛知・大分）、死ぬまで祟る（和歌山）、三代祟る（群馬）、七代祟る（栃木・群馬・茨城・埼玉・千葉・新潟・富山・愛知・兵庫・島根・広島・愛媛・佐賀・大分）、という長期のもある。また鳥取県八頭郡では、特にネコを川に流すとネコが取りつくという。

○祟ることの代りに、化けてくる（栃木・福井・大阪）、ネコの親子を殺すと化ける（愛知）、取りつく（和歌山・奈良・愛媛）、罰が当たる（香川）、のろいがくる（奄美大島）、ネモをかける（富山）、などの形もある。ネモの意は不明だが、念（念力）をかけることではないか。

○漠然とした懲罰でなしに、具体的な報復方法を示した例では、ネコを殺せば、盲目の子ができる（岡山県久米郡）、気がふれる（富山県氷見市）という。福井県小浜市では、特に刃物でネコを殺してはならぬといい、殺した人の子にネコの子が生れるという。近世の因果物語の世界といえよう。さらに、ネコ（ヘビも）を殺すのを見ていた人も祟られる（秋田県南秋田郡）、という連帯的な例まである。ネコを殺すと、七度（八度、五度、三度とも）家移りする（愛知）というのも、懲罰の一つである。阿蘇地方では、ネコを殺せば、馬屋がケダウという。ケダウは、気絶ゆの転訛かといい、馬屋に異変がある、というほどの意だといわれる。

○ネコを殺す目的のうちの、かなりの部分がネコを食用とすることであったと思われる。ネコを食うと祟られる（秋田）、罰が当たる（長崎県五島地方）、ネコの肉を食うと七代祟る（群馬）、ネコの肉を食うと、七度家を変る（愛知）、という類の報告は、数の上では多くないが、実際にはネコを食うことはかなり多かったのではあるまいか。沖縄では、結核や肋膜炎の薬にマヤー（ネコ）の肉を食べるが、内地ではネコを飼えば肺病が治る、という類の俗信はあっても、薬喰いにすることは稀である。専ら若い者などが酒の肴に食うことが多かったのではなかろうか。ネコを煮ると、その鍋はいくら灰をつけて磨いても、次の煮物をする時シャボン玉のような大きな泡が出て閉口する。幼時、私の母が若い衆に鍋を借りられて当分の間困っていたことを記憶する。ネコを殺してはならぬと、口を極めて戒めることは、殺す者が多くいた事実、それも食用を意図して殺す者であった事実を示していよう。

○ネコを食べるには、必ず屋外で煮、屋外で食べる。家の中でネコを煮ると、その後その家にはネコが育たなくなる（沖縄）。

○ネコ（ヘビも）を殺す時は、半殺しにせず完全に殺すものだという（山形）。広島県庄原市では、ネコを殺しそこねると、足が立たなくなるという。沖縄の国頭地方では、ネコを半殺しにすると、その人は必ずネコのために咬み殺されるという。愛媛県上浮穴郡では、仕合せの悪い事があると、ネコがかまどに入ったのを知らずに焚いたのだろうと言ったものだという。秋田県南秋田郡では、ネコを殺し損ずると、中風になるという。制裁としてはむしろ軽い方だが、現実的である。

○殺さないまでも、ネコに水をかけると化けて出る（秋田）、古ネコを追い出すと祟られる（栃木）、という例もある。ネコを捨てると七年目には運が悪くなる（広島）、捨てネコは三代祟る（同上）、ともいう。猫可愛がりの反面に、ネコをいじめると仇をする、という観念は深くしみついていた。

○ネコを足で蹴ると人中で恥をかく（佐渡）。ネコに水をかけるものでない（千葉）、化けて出る（秋田）。湯をかけて殺すと、生れる子に火傷のあとがつく（同上）。ネコをいじめると、喘息のような病気になる（鹿児島）。子供の時ネコをいじめると、大人になって喘息にかかる（同上）。喘息とは、ネコの毛アレルギーをさすものらしい。ネコを苦しめると、ゲドウがつく

（広島）。これは、殺すのと同様な制裁である。千葉県長生郡では、ネコは執念ぶかいものだから虐待してはならぬ、寝ながら蹴ると脚が重くなるという。

○ネコやヘビは悪性《あくしょう》のものだから、情けをかけると、かえって憑く。あまり可愛がるとその家の子孫が絶える。道端に捨てられたネコを憐れと思うと、これに憑かれる（千葉）。ネコを殺すのを傍へ行って見たり、助けてやろうとすると、ネコの死霊に取りつかれる（和歌山）。ネコを捨てたら、後を振り向いてはならぬ（佐渡）。後を見ると祟られる（秋田）。ネコの子を海にほうったら後を見てはならぬ（香川）。捨てる時は、目隠しをして三べん廻せば帰ってこない（鹿児島・長野）。ネコやヘビに憑かれた時は、その姿を半紙に描き、柴や棒などに貼りつけ、夜分に村はずれに立てて捨てる。ネコにはホシカ、ヘビには握り飯などを上げて帰ると、

離れる。また画像を神社に納めることもする（秋田）。アズキ飯を炊いて、川へ流せばよい（同上）。
○ネコの死ぬのをかわいそうがると、その人に祟る（千葉県君津市・市川市）。これはネコを直接殺したり捨てたりする本人でなくても、いわゆる惻隠の情を抱いてさえ祟りを受ける、というのである。「弱みにつけ入る霊気《りょうげ》」ということわざ通り、心に弱みを生ずると、祟りに負ける、という論理である。ネコに向かって、ムゾウサイ（可愛そう）と言うと、そのネコが死んでから祟る。ヘビなどの場合も同じ（福島県南会津郡）。ネコが死ぬ時、かわいそうだと言うと、ネコは魔物だから憑かれる（熊本県玉名郡）。これはネコが怪我や病気で苦しんでいる時に同情するのがいけないという例。佐賀県佐賀郡では、ネコが死んだのを見たら、「イヌ風あうな、ネコ風あうな、おい（おれ）が飯食うとき思い出すな」と言え、という。同じ所で、ネコが死ぬ時に「かわいそうに」と言うと、「生きとっときゃ（生きてる時には）、可愛がらじい」といわれると。周囲の人がそう批評するのではなく、ネコが怨む言葉であろう。群馬県利根郡では、ネコが死ぬ時、「かわいそうに」と言うと、「それならなぜ死ぬ前に助けなかった」といって、死んだ後に化けるという。もちろん、ネコを殺す時、その当事者は言うに及ばず、居合せた者でも、かわいそうだと言ったら、その言った人に祟る（秋田全県）、という理屈になる。
○ネコの死体の処置については、魔性のもので祟る心配があるため、特別な方法がとられた。その一つとして、沖縄の国頭地方では、ネコの死体に銭六厘を添えて木に掛けておいた。こうしないと喘息を病む、といった。六厘は六道銭の意味であろうか。沖縄中部地方でも、死んだネコの首をくくって森の木に下げ、ネコを地中に埋葬することは絶対になかった。沖永良部島でも、死んだネコは埋めないで、くびって下げておかぬと、その家ではもうネコが育たなくなるといった。村によっては、奥川《うつごうら》に下げる所もある。鹿児島県国分市〈霧島市〉でも、ネコを殺して埋めると、その家ではネコが育たなくなるという。

○第二には、人が踏みつける道の辻に埋める方式である。ネコが死んだら、三角に埋める（愛知）。三本辻へ持って行って埋《い》けた（群馬）。必ず四辻へ埋める（山口）。十文字に埋めて、人に踏まれるほどよい（福島市）。これと反対に、ネコを埋けた上に乗ると祟る（静岡県富士郡）、という例もある。辻に捨てるのは、厄魔をはらう作法であり、これをネコの死体に応用したことはわかるが、踏みつけることに恐れを抱くのも自然の感情だったのであろう。

○第三に、ネコの死体を埋めた上に、しゃもじを立てる（岡山市）方法がある。群馬県富岡市でも、三本辻に埋めてその上に木のしゃもじを立てる。岡山県勝田郡では、ネコの墓には杓子を立て、イヌには柄杓を立てる。こうすれば化けないといった。鹿児島県下で、ネコの死体を埋めた上に木を植えるな、というのは、踏みつけるのがよい、との意味か、杓子のような物を立てた名残であるか、さらに類例を集める必要がある。

○第四に、竹藪に捨てる方法。黒ネコの死体を竹藪に捨てると、タケがよく育つ（秋田県雄勝郡）。ネコを竹林に埋めれば資産がふえる（同由利郡）、という。ちなみに、この地方は暖地とは違って孟宗竹の筍を掘るということはなく、篠竹の類である。

○ネコを捨てるには、袋に入れて四辻に置き、後ろを見ずに帰る（千葉県長生郡）。捨てネコのみでなく、死体も同じか。ただし、この場合四辻に置くのは、帰路の方角を失わせるためと考えていたらしく思われる。

○ネコの死体を金鍬でのけると病気になる（広

島）、床下にネコの死体があると、病人が絶えない（同上）、という。

○山口県大島郡では、ヘビ・ネコ・イヌの死んだ傍を通ると、蛇神・猫神・犬神が憑《つ》くという。通る時は、「猫神うつんな、親子じゃないぞ」と唱えて通ると、うつらない。

○和歌山県西牟婁郡では、ネコは毒を食うか殺されるかせぬ限り、死体を人間に見せないものだといっている。死体を人に見せないのが、良いネコだという所（神奈川）もある。ある人がネコを殺して埋めたら、その死体の口からカボチャの芽が出て、毒のカボチャがなった。これを殺害者に食べさせて怨みを報いるつもりだったのだ、という。

○秋田県山本郡では、ネコ・イヌの死んだ時は、三度唾してその周囲を三度廻らぬと化けられるという。三度廻るという呪法はネコには限らぬが、特にネコに著しいようである。

(6) 猫のいろいろ

○秋田県山本郡・南秋田郡では、飼いネコはその家により毛色を違わせねばならぬ。家に合わせぬ毛色であると、不吉が絶えぬという。どんな色が家に合う毛色なのか理解しにくいが、各家それぞれ色違いにするのも、狭い集落内だったら、できないことでもなさそうに思われる。結局、不吉の毛色というものには、家々の記憶がまつわっているのであろうが、全般的には、喜ばれる色と嫌われる色がある。しかも、同じ色が或る土地では喜ばれ、別の土地では嫌われる。例えば白・黒のネコがいる家は繁昌する（広島県山県郡）という。二匹揃えばよいのか、どちらか一匹でよいのか明白でない。同じ県下で、片目黒のネコや下り尾のネコはいけない、ともいう。

○ネコの中でも特に警戒されるのは、三毛ネコである（長野・山梨・和歌山・香川等）。三毛ネコを殺すと、その霊に取りつかれる（新潟県西頸城郡)。農家では三毛ネコを飼ってはいけない(愛媛県南宇和郡)、三毛ネコに鏡を見せると化けて出る(愛知)。三毛ネコの尾バチ(尻尾)の長いのは化けて出る(愛媛県上浮穴郡)。同じ郡で、尾バチの長い三毛ネコは天気をよく当てるというが、一般にも三毛ネコは天気を見るのがうまい、と考えられていた。

○特に雄の三毛ネコに、そうした能力があるとされ、悪天候が来るのを早く予知する(埼玉県大宮市〈さいたま市〉)、三毛ネコが暴れると、大嵐(広島)、三毛の雄が荒れてかみつくと天候が荒れる(岐阜・和歌山)などという。雄の三毛ネコは天候を予知して決して誤らないということから、帆船では珍重して飼い、値段も何十円もしたという(和歌山)。雄の三毛ネコは至極稀であるから、希少価値を別にしても、その霊性が高く評価されたもので、これを船にのせておけば、時化が来る前に帆柱に駆け上がって告げるといわれた(高知)。漁師は三毛の雄を飼い(東京)、舟乗りのマスコットにした(秋田)。雄の三毛を舟に乗せると吉事が多い、魔除けになる(千葉・岡山)、大漁に恵まれる(津軽)といい、房州辺りの漁師も三毛ネコを欲しがった。千葉県館山市ではこれを野良三毛といって、漁師は欲しがる。大分県南海部郡では、雄の三毛ネコが船に乗ろうとしない時は時化がある、といって気をつける。

○海上のみでなく、陸の猟師も三毛の雄ネコは魔除けになる、といって珍重した(愛知)。これを飼えば金がたまる(津軽・秋田)、三毛の雄が生まれれば幸福が来る(鹿児島)、ともいった。

○しかし、霊性あるものは恐ろしい。青森県野《の》辺地《へじ》地方では、三毛の雄ネコはコツイものといい、化けたりするというので警戒した。三毛ネコを三代飼うと主をとる(三河)、三年飼えば主人をねらう(広島)。報告では「雌」となっているが誤植であろうという。

○三毛ネコのうちで、首に白い輪があるのを、首切りと称して不吉（秋田県雄勝郡）、長男が立たぬ（同県由利・仙北郡）といって嫌う。○宮城県では、トラネコを漁船に乗せて行けば漁があるという。三毛ネコの同類ということであろう。
○真っ黒なネコも霊物視されたが、プラスとマイナスの両側面があるのは、三毛ネコの場合と同じである。プラスの面では、黒ネコを飼うと福がある（三河）、幸になる（愛知）、魔除けになる（美作）、病気がうつらぬ、病気にかからない（愛知）。台所へ黒ネコが入ってくると、いい事がある（金沢市）等。壱岐では、カラスネコといって最も喜ぶ。
○マイナスの側では、全身黒毛のネコは不吉だから飼わない（河内）、カラスネコを飼うと病人が絶えない（新潟）、カラスネコは後に化けるか、主家に仇をなすといって、在家では飼わない（新潟）、黒ネコを殺すと、のろいがくる（奄美大島）、黒ネコが前を通ると運が悪い（山口）、などである。鹿児島県国分市〈霧島市〉では、晩に黒ネコを見ると運が悪いというが、同県下には朝、黒ネコを見るのが不吉だとしている所もある。
○江戸などでも、カラスネコを飼うと労咳が治る、との俗信が行われたが、その名残は現代まで後を引いている。黒ネコを抱いて寝ると、肺結核は必ず治る（岡山・広島）、中風にならない（岡山）、という。痰には、爪まで黒いネコの肉を食べればよい（神奈川）。黒ネコを飼うと鬱病が治る（和歌山）というのも、肺病をさすのであろう。黒ネコを腹へのせると癪は治る（和歌山）ともいう。『夜光璧』という随筆にも、「純黒き猫は癪の薬といふ」と見えるから、古くからのことらしい。『渡辺幸庵対話』には、喘息を黒ネコの黒焼きで治した話が出ている。自殺しようとしてか、腹に刀を突き刺し腸が出た時、黒ネコの黒焼きを背中に貼ったところ、腸は引っ込んだというもので、内服したわけではない。
○赤ネコが家の中へ入り込むと、家の運勢が良い（香川県大川郡）。赤ネコが年よると人をだます（新潟県西頸城郡）。
○鼻筋の白く通ったネコを八割れといって、飼うことを嫌う（神奈川県津久井郡）。これはイヌについても同じである。千葉では、黒毛が八文字になっていて白いところが頭の後ろまで通っているネコを八割れといって、家の旦那を憎むので飼わぬという。ネコは魔物だといわれているが、特に八割れネコを忌む（埼玉県大宮市〈さいたま市〉）。ネコの八割れは化ける（三重県阿山郡）。
○ネコの鼻黒を飼えばフジが入る（奈良）。鼻黒ネコはネズミを捕らない、泥坊ネコといわれ値打ちがない（佐渡）、鼻黒は、ネコもイヌも不祥（河内）。
○壱岐では、ヒテワレと称して、額の部分に縦に二分するように異なる色の毛が通っているネコ（鉢割れという地方もある）は、主人を見捨てる、といって飼わない。
○顔のまるいネコはよくネズミを捕る（新潟県西頸城郡）。
○足の裏に三つ、まめのできているネコはよくネズミを捕る（愛知）。
○夏ネコはネズミを捕らぬ（秋田県角館町〈仙北市〉）というが、普通には、ネズミを捕るネコか、捕らぬかを調べるには、首をつまんで吊してみる方法が行われている。壱岐では、ネコは腹を持って抱くものではないという。首をつまんで下げた時、足をこごませてまるくなるのはよくネズミを捕るが、だらりと長く足を伸ばすのは捕らないという。この方法は全国一様だが、判定法は一様ではない。
○ネコの首を持ってぶら下げた時、後脚を縮めるネコはネズミをよく捕る（新潟県西頸城郡）、というのは壱岐と同じだが、愛知では、後脚を下げるのがネズミを捕るという。『事林広記』庚集に、「猫ヲ試ミルノ法。凡ソ猫ヲ試ムルニ、頭ヨリ提ゲテ看ル。尾ノ起キル若《ごと》キハ則チ鈍ト為ス。尾ノ順フ若クシテ収メズ腹下ニ抵《いた》ルハ、則チ捷ナリ」とある。これが正しいとすれば、愛知の説が当たっていることになる。なお、ネコは項《うなじ》を持って下げられると、イワシ三匹もらったようりうれしい（うれしがる）、という（千葉県長生郡）。

○その他、足の裏の黒いのはネズミをよく捕る（岡山）、尾の長いのはネズミを捕らない（同上）、などといわれる。

○ネコの尾は、あってもなくてもよいもののたとえにもいわれるが、ことわざにも、「ネコと屋根屋は尾を嫌う」という（山口）。生れた時尾を切ったネコは利口だという（愛知）。尾の長いネコはヘビの性質を持っているという。短いネコにはそれがない。弱いネコの尾を切ると、奇妙に丈夫になる、ネズミを捕るにも、短い方が便利だ、などという（山梨）。

○三河の山間部では、ネコの尾の先には病気がある、といっているが、これはむしろ近代的な解釈であった。化けネコはその尾に魔力があると信じられていたからで、長野・千葉では、尾の長いネコは化けるといい、広島県甲奴《こうぬ》郡では、ネコの尾が長くなると魔王になるから、小さい時に切るべきだという。尾に魔力が宿るならば、その魔力が善にはたらけば、尾は長いに越したことはない。鹿児島県国分市〈霧島市〉では、ネコの尻尾が鉤のように曲がっていれば、その家に幸福をもたらす宝の鉤だ、といって大切にする。

○月末に生れたネコは、ニワトリをとる（愛知）。千葉県長生郡・神奈川県津久井郡では、月の初旬に生れたネコはネズミをよく捕るのでネコというが、中旬生れは鳥をとるのでトコといい、下旬生れはヘビを捕るのでヘコだという。この筆法で行くと、トカゲを捕るネコはトコかへコか、どっちなんだろう。

○沖縄では、親ネコは、毎庚《かのえ》の日に子ネコをつれて転居するものだといわれた。それで、子ネコを貰い受ける時にも、庚の日につれてくるとよい、という。

○高知県土佐郡土佐山村〈高知市〉では、五月には、イヌ・ネコ・ウサギなどの飼い物のやりとりをしない。イイソウ（結草。梶がらや薪などを束にする葛の類）を焼くこともいけない。

○ネコを一匹殺せば、七堂伽藍を建てたより功徳がある（『諺苑』）。この語について『俚言集覧』に、「浮屠氏曰く、往昔鼠、天下の仏経を嚙みしを、猫といふ獣、高麗より渡り来て鼠をとりし故に、仏経今に存せり。かくばかり仏経に功ある猫を殺しては、七堂伽藍を建立したるよりも功徳なしと、殺生を戒めし諺なるを、猫を殺す者、戯に倒語したるならん。それが常になり、今はかくいふなるべしと云へり」と。果たして戯れから出たまぜ返しであるか、後考をまつ。

○右のネコと経巻とのかかわりの一条は、金沢文庫の書物を南宋から船載した際、鼠害対策としてネコを乗せて来たといわれ、それが金沢ネコ（略してカナ）の先祖だという話があり、それを下敷きにした説のように思われる。それにしても、船中には禁物のネコをあえて乗船させたのは勇断であった。或いは当時はまだ、ネコの乗船禁忌が言い出されぬ時代だったのであろうか。

○住吉神社（大阪）の前を過ぎたネコは、ネズミを捕らなくなるといわれ、遥かに東へ廻り道して、社の後ろを通るという（『佗山石』）。同書は、『酉陽雑俎』の「北人曰、猫不レ過二揚子金山一。若過二金山一、則不レ捕レ鼠」とある一条を参考に引いている。

猫　ねこ

(7) 猫と俗信俚言

○ネコに関する俗信の雑録的資料を、左に掲げる。（順序不同）。
○ネコは長者の生れ変りだという（広島）。イヌなどに比して、骨折りをせずに人間の生活に密着している暮らしぶりからいうのであろう。ネコは一日に七軒歩く（同上）、という。ネコは遠くには行かぬが、近所をうろついて人の気付かぬ隅まで探り歩いている。これもイヌと違う点である。
○ネコは家の中にばかりいるようでも七軒歩く（神奈川）。
○雷は、地の底にいるナマズか、ネコのようなものだという（静岡県天竜市〈浜松市〉）。
○福ネコといって、ネコは大切にするものだ（山口）。
○墓の台に猫足をつけると、その石碑の立っている間は家が滅びない（秋田）。
○生れたネコが一匹死ぬと全部死ぬ（愛知）。
○ネコの子が生れながらに眼をあけているのは盲目（岡山）。
○ネコは子を産むと七度場所を変える（愛知）。
○田植飯を食わぬとネコの子は育たぬ（広島県比婆郡）。
○ネコは土離れ三寸にして身をかわす。軽捷な特性をいう。
○ネコを枡ではかると大きくならぬ（愛知）。
○年上のネコほど喧嘩上手なものだ（新潟）。
○ネコの喧嘩《ヤナアビ》や先祖事（沖縄）。
○ネコは陰を食う動物だから、飼うと家が陽気になる（佐渡）。
○赤飯をネコに食わせるとよくない（富山）。
○飯食いながら歌うと（歌うのは）ネコの性（青森県三戸郡）。
○ネコも飼えない者は嫁も置くことができぬ（会津）。
○囲炉裏ぶちにネコの毛（鳥の毛、髪の毛も）をくべると悪い。もしくべたら塩をふりかける（新潟県南蒲原郡）。
○化け物草子ｺにネコｧはずれぬ（秋田県平鹿

郡)。ネコは化け物の主要メンバー?
○ネコを長いひもでじゃらすと、ヘビを捕るようになる(山形・千葉)。
○初鍋は神に供えるもの。これをネコが食べると目が光り出す(広島)。
○墓に供えた物を盗んで食うと、ネコになる(奈良県吉野郡)。
○マヤー(ネコ)のつるび(交尾)を見ると、禿頭になる(沖縄県国頭地方)。
○夜爪を切るとネコの爪に化ける(愛知)。もし夜爪を切る時には、「ネコの爪切る」を三回続けて唱える(長野県佐久地方)。岐阜県恵那郡でも、「ネコの爪を切る」と言ってから切ればよいという。
○三人並んで小便すると、ネコが化ける(香川)。
○顔を洗わずすぐに飯を食えば、ネコの性《しょう》になる(山形市)。
○人間が化けネコになるという俗信もあった。奈良県では、墓参の道、或いは墓場で転ぶと、仏の怒りにあい、ネコに生れ変るといい、或いは墓ネコという怪物になるという。また山辺郡山添村の中峰《ちゅうむ》山天王の猫坂で倒れるとネコになる、ともいった。
○ネコが鉄砲をまたぐと、変化《へんげ》がある(土佐)。
○山ネコが現れると道がわからなくなってしまう。その時は心経を唱えると、再び道が見えるようになる(兵庫)。
○産室には四つ足の物、特にネコの入るのを忌む(鳥取県八頭郡)。分娩時には静かであることを尊ぶという説明は、本来の意味とは違うであろう。
○ネコの産は重いといわれている。ネコは二階で子を産むものだから、人間は二階で分娩するものではないという(埼玉県越谷市)。
○ネコが産をした後三日間は、他人が火種を貰いに来ても与えなかった。もし、やると子ネコは育たない(沖縄県中部)。いわゆる、犬産《けんざん》の穢《え》に相当する。
○蚕おくならネコたてろ（福島県磐城地方）、カイコを飼えばネコを飼え（愛媛県喜多郡）。鼠害対策。
○但馬の美方《みかた》郡の某村に、ネコを神使とする社があり、カイコを飼う時は必ずその使を乞うてネズミの害を避ける。その使というのは、社前に山のようにある拳大の小石で、それを持ち帰る。お礼にはまた同じような石を添えて納める。それで社前には小石がうずたかく積まれてある（『倭訓栞』）。養蚕の神様には、ネズミを捕るネコ・ヘビの姿を自分で描いて奉納した（岩手）。
○ネコは魔物だから、十二支《えと》の仲間入りができない（静岡県磐田郡）。十二支のうちにネコが加わっていない理由として、釈迦入滅の際、ネコは馳せ参じなかったからだという説話が普及している。その一例だけあげておく。お釈迦様が亡くなった時、あらゆる動物がお悔みに集まったが、ネコは仏壇の団子を食いたさに、ツバメはおめかしに時間をとって、とうとう行かないでしまった。それで涅槃像の図にはネコとツバメがいない（山形県庄内地方）。
○節分のネコの足跡不作の年（山形県庄内地方）。節分の晩に、ネコの足跡がつくくらいでも雪が降ると、余寒後も雪が多く降る（新庄市）との意で、ネコは薄雪のたとえに引かれたにすぎない。
○ネコが木に登っている時、イヌが周りを三回廻るとネコは墜落する（香川）。
○ネズミ・ネコ・イヌ・ハチ等の汚《けが》したる物を食すれば、悪瘡を生ず（『延寿撮要』）。
○ネコに紙袋をかぶせると化ける（新潟）。
○夜口笛を吹くとネコが来る（愛知）。魔物が来ると同じ意味にいうもの。
○ネコがさかる（発情）頃になると雪は降らぬ（広島）、雪降りやむ（山形）。
○ツバキの花の咲く頃は、山ネコの皮が最も短く密になるので最高によい時（対馬）。

○ネコのひとみが時刻を知らす。明るい時はネコの目細く、暗いとまるく拡大するので、時刻を知る基になる。それを記憶する歌は前に挙げたが、「六つまるく四八瓜ざね五と七と卵形にて九つは針」。或いは「六つまるく五七卵に四八は柿の種なり九つは針」「六つまるく五七卵に四八は柿のたね九は針」というのもある。福島県大沼郡では、ネコの目は日に三度変る、だから魔物だという。

○ネコの嫌いな人は、よく子を生む（広島県山県郡）。子の出来ぬ人はネコ好きに決まっている（和歌山県北部）。ネコ好きは子を多く生まない（秋田県由利郡）。以上は表裏関係をなす。子のない人が家畜を愛玩するのは通常に見るところであるが、昔はネコを邪険にすると子沢山になるぞ、と戒めたのである。

鼠　ねずみ

⑴鼠と火災、鼠の居る家、居ない家

○いままでたくさんいたネズミが急に（いつの間にか）いなくなるのは、火事の前兆。火災の前にネズミは逃げ出す。ネズミがいなくなると火事になる、という俗信は全国的に行われている（青森・山形・福島・群馬・千葉・埼玉・東京・神奈川・山梨・長野・石川・静岡・岐阜・滋賀・京都・和歌山・兵庫・鳥取・島根・徳島・愛媛・福岡・壱岐・対馬・大分・熊本・宮崎等）。その他、ネズミがいると火事にならない（岐阜）、騒ぐと火事が起きない（新潟）、ともいう。香川県大川郡では、火事が出る時にはネズミがいなくなる。ネズミは「何日も何日も心淋しておれない」という。また、「これは家の神さんがおらんようになるからだ」ともいっている。八重山群島の竹富島では、ネズミが五、六匹家から出て隣へ移ると、その家では近く火事が起こるという。ネズミを黐《もち》で捕ると火事ができる（秋田県平鹿郡・千葉県東葛飾郡）、というのも、この故である。

○ネズミは火事の三日前に立ち退く（静岡・新

潟・富山・愛知・広島）とも、数日前には必ず去る（石川）、一週間前（新潟）、三か月ぐらい前からいなくなる（栃木）、などという。能登では、三年ネズミがいなければ火事になる、飛驒では、ネズミがいなくなると火柱の倒れた方向に火事があるという。式亭三馬の『四十八癖』に、「ねずみの居る家は火難がないといふから、まづ今夜は安心だ」とあり、永井荷風は、「ネズミは天災異変を知らせてくれる霊物ですよ。あれが天井裏であばれなくなると火事があるものですよ。戦災で失った住居、麻布の偏奇館でもネズミがあばれなくなったと思ったら米軍の空襲で焼けちゃいました」と語ったという。これを裏返すと、ネズミのいる家に火事はない（秋田県鹿角郡）ことにもなる。
○ネズミが川を渡る時は、その方面に火事がある（茨城県久慈郡）。ネズミが川（橋）を渡れば火事がある（福島県喜多方市）。ネズミは船火事になる前に、その船から退去してしまう、とは、船乗りの間では言い古された俗信で、それも三日前とか一週間前などというのでなく、前の寄航地で陸へ逃げるという。船の中のネズミは捕らぬもの（金沢市）、ともいう。
○火事に限らず、変事・災難・不幸の前兆とみる所も多い（秋田・宮城・栃木・東京・長野・新潟・富山・福井・愛知・京都・鳥取・香川・愛媛・佐賀等）。ネズミがいなくなるのは地震の前兆（新潟県魚沼地方・群馬県利根郡）、ネズミが大移動すると洪水（千葉県長生郡）ともいう。佐渡のことわざに、「年寄りとネズミの居らぬ家にろくな事はない」というのがある。
○ネズミは家運の衰える家には来ぬ（和歌山県西牟婁郡）。ネズミがいなくなると、追々貧乏になる（神奈川県漁村部）。ネズミは空家になる三日前に逃げる（広島）、ネズミが騒がぬ時は泥坊が入る（栃木県芳賀郡）。ネズミが天井をかけまわる時は吉（薩摩）。佐賀県東松浦郡の加唐島では、ネズミが島から逃げ出すと、逃げられた方の島のしあわせが無くなるという。

○ネズミは福神様（千葉県館山市）、福の神（三重県度会郡）である。江戸では福ネズミともいった。

○本居宣長は、「そもそも鼠は、人の害をなす物の（ものながら）、家の内に在るを吉しとし、無きを凶しとする」といい、また「近く焼けぬべき家は、かねて知る故に、鼠住まずなどいふめり」と述べ、こうした俗信の根源は、オオアナムチの神が兄弟たちに謀《はか》られて危うく野原で焼き殺されそうになった時、ネズミのおかげで助かった、この神話から「出でたりけむ」と述べている（『古事記伝』十）が、そこまで短絡しうるか疑問であろう。

○広島県下では、ネズミは大黒さんの使だから、ネズミのいる家には火難はないという。埼玉県大宮市〈さいたま市〉でも、同様にネズミは大黒様のお使で、火事になりそうな家にはすみつかず、すみついても火事の前にはそれと知っていちはやく逃げてしまう、といっている。和歌山県東牟婁郡で、ネズミが鳴けば火事があるというのも、同じことをいうのであろう。

○ネズミは、ヘビと同様、神様の使だという（新潟県新津市〈新潟市〉）。普通には、ネズミは大黒天のお使だといわれている。『源平盛衰記』一に、平清盛の出世のはじめに、内裏で「化鳥」を捕らえたことを記してあるが、清盛が躍りかかると、その「化鳥」は清盛の左の袖の中へ飛び込んだ。それは「小さき鳥」だが、何鳥かわからない。評定あって、よくよく見れば「毛《もう》しゅう」、即ちネズミであった、とある。博士に占わせたところ、かつて「毛しゅう」は二十一年にわたって天下に疫癘・飢饉・兵乱を起こさせた怪鳥である、これを清盛が忽ち退治したのは、希代の吉相であると申上げた。毛しゅうを竹の節に籠めて、清水寺の岡に埋め、これを毛《もう》しゅう一竹《ちく》の塚と呼ぶ。この功により清盛は安芸守に任じられた。この立身について、清盛はそれ以前にもキツネを助けて、その加護もあったが、右のネズミ退治も与るところが大きい、などと述べ、「鼠は大黒天神の仕者也」と記している。『倭訓栞』によれば、大黒天の左手に持っている袋は「鼠嚢」だとあり、そのことは『聖宝蔵神経』という経文に見えるという。

○広島県では、ネズミは大黒さんのお使であり、白ネズミを飼えば福が来るという。『和漢三才図会』に、白ネズミは多くはないが、人はこれを福神とし、かつ大黒天の使という、と述べ、また『広益俗説弁』には、俗説に白ネズミは福神の使者で、白ネズミのいる家は必ず富むという、と記しているから、こうした俗信はかなり古くからのもので、かつ広く行われたことを知りえられる。

○群馬県勢多郡では、ネズミは大黒様の下使だから、無理な殺し方をするな、という。同じ県内でも所によっては、ネズミは恵比須様のお使だという。福神という点で、どちらでも差支えないのかも知れない。

○ネズミが家の中で（天井で）騒ぐと、何か事がある（宮崎）、何か不幸がある（対馬）、不思議がある（津軽）、よくない（高知県長岡郡）、不吉の兆（秋田県南秋田郡・宮城県本吉郡）。ネズミがひどく暴れるのは何かの凶兆（壱岐）。ネズミが梁の上であまり騒ぐのが続くと、必ず不幸がある（佐渡）、家の中を走り廻る時は不幸がある（鹿児島県国分市〈霧島市〉）、ネズミが暴れ廻る時は口論事がある（沖縄県国頭《くにがみ》郡）。ピーチャー（麝香《じゃこう》ネズミ）が床上を鳴きながら通る時は災厄がある。家内を清めなければならない。麝香ネズミが押入れや器具を荒らす時は不幸（死者）がある（国頭郡）。ウヤンチュ（ネズミ）が天井を暴れ廻ると、屋敷の土地や家が不運にさらされる（八重山地方）。家の中で白ネズミや白ヤモリが騒げば死人が出る（石川県能《の》美《み》郡）、三重県阿山郡では、ネズミが天井で騒ぐ時は、箒で天井裏を撫でればよいという。

○ネズミが屋外を走り廻れば火事がある（大分県西国東郡・広島）。ネズミが天井裏などで騒ぐ時は火事がある（長野県下伊那郡・秋田県南秋田郡）。ネズミが暴れるとその家が火事になる（宮城）、凶兆或いは火事（壱岐）、などという。ネズミがいなくなっても火事、騒いでも火事ということになるが、この場合のネズミの騒ぐ、暴れるは、変事を予知して家人に警告する、という理解である。高知県長岡郡では、ネズミが騒ぐのは、荒神様のお叱りの知らせだという。広島県下で、ネズミがひどく騒ぐ家には争い事があるというのも、警戒の種類の違いにすぎず、その精神は同じである。

○ネズミの多い家は繁昌する（和歌山県一般）。ネズミの多い家は繁昌し、ネズミがいなくなると不幸がある（同県日高郡）。小さいネズミがいると家が繁昌する（愛知）。家にハツカネズミが入ると家が栄える（和歌山県東牟婁郡）。白ネズミが家に入ってくると縁起が良い（広島県山県郡）。麝香ネズミが七つ群れて出る時は、福がこの家から去り、入り来る時は福が来る（沖縄県国頭郡）。

○ネズミ少なければ家人患う（三重県度会郡）。ネズミのいない家は魔物がいる（香川県三豊郡）。広島県で、向こうネズミは縁起よし、といっているのは、入り来るネズミのことであろう。ネズミは福の神の使であるから、その出入りは福の去来に直結するわけである。同県下で、ネズミが家の柱などに這い上ると、病人は快復する、ともいっており、富山県氷見市では、ネズミが騒がしくなかったならば、その家は不幸がある、とまでいっている。

鼠　ねずみ

(2)鼠と吉凶、鼠の目と歯

○リュウキュウネズミが床の後ろで鳴くと、その家に喜び事がある（薩摩地方）。遊里でネズミナキ、ネズナキなどという習わしの起こりは、こうしたところにあるのであろう。実際にネズミが鳴いてくれなければ、代って人がそのまねをして福を呼び込むほかはない。相愛の男女が相逢う時に発するネズミナキから転化して、もっぱら妓女が客を呼び止めるための手段となったために、本来の意味が分りにくくなっている。

高知県宿毛《すくも》市沖の島の漁師は、海へ網を投げる時、チュウとネズグチをして豊漁を祈る（同時に、「ヤット、エベスサマ」とも唱える）。隠岐島都万《つま》村〈隠岐の島町〉の漁夫も、魚が針にかからぬ時は、釣針に唾をかけて、チュー、オエビスと唱える。これをネズミグチといっている。
○高知県長岡郡では、ネズミがクックと鳴いたり、鳴き方が違うと、悪い知らせがあるという。ネズミナキの逆の場合に当たる。長崎県五島地方で、ネズミが舌鳴きをすると悪い事がある、というのも、これと同様な意味と考えられる。
○対馬では、ネズミの下鳴き（床下）、ネコの上鳴き（天井）は縁起が悪いという。ネズミが天井で暴れるのは吉、というのに相当するが、舌鳴きを下鳴きと誤解したものか。
○夜ネズミの鳴きまねをすると、持ち物をかじられる（山形県西村山郡）。夜ネズミの鳴き声をまねると、ヘビが来る（栃木県芳賀郡）。後者の場合、ネズミとヘビと必然的な関係はない。悪い事が起こるという意味を、具体的に示すのみである。口笛とともにネズミナキも呪術の一つであった。
○ネズミが毎夜、畳の塵を出すと福が来る（奈良県宇陀郡）。『和漢三才図会』に「按ズルニ鼠ハ予メ人ノ科挙遷居ヲ知ル。毎夜床上席間ノ微塵ヲ挙グレバ、則チ応有リ」とあるのは、これであろう。加藤咄堂の『民間信仰史』には、ネズミが夜々、畳の間の埃を上げれば、喜び事が来る、と。『諺語大辞典』には、ネズミが畳の芥をほじくるは、転宅する兆とある。転宅にも吉と凶とがあるが、ここは凶か。
○ネズミが蒲団の上にのると、寝ている人は呼吸が苦しくなり、物も言われない（秋田県山本郡）。睡眠中、ネズミが頭部に上れば、その人は死ぬ（宮城）。眠っている時、物に押さえられるのは、ネズミかタヌキの仕業である（京都）。寝ていて急に息ができなくなるのを、ネズミが押す、という。イタチの仕業だと思っている所もある（新潟県中頸城郡）。ネズミを殺すと、夜おむされる（重しをかけられる）。うなされる）という（愛知）。ネズミが仇をすると寝ている人をムス。その人はうんうんいって目をあけようとしてもあかず、物も言えない。或人がそれでも思いきって「ムセカエタ」と言ったら、ネズミは蒲団の上で死んでしまったという（兵庫県城崎郡）。鳥取県八頭郡では、ネズミをサカラエば夜になってムシにくるという。なお安房で、座敷の真ん中にやすめば、ネズミに追われる、というのも、うなされる事をいうのか不明。

○ネズミが死人の上を横切れば、死人は起き上がる（和歌山県一般）。ネコの場合と同じことをいっているのが面白い。

○ネズミが衣類や帽子を食えば喜び事がある（愛知県北設楽郡）。ネズミに食われた種子を播くと、あやかる（同県南設楽郡）。あやかる、という言葉は、普通はよい方に似る場合をいうが、俗信の伝承においては、よくない事が起こるのをいう例がしばしば見られる。しかし、この場合のあやかる、とは、ネズミのようにふえることをさしていうらしく、悪い結果を意味するのではないらしい。金沢で、旧武家では、ネズミが正月の鏡餅をかじると縁起が良い、と喜ぶ。ただし、神棚のしめ縄をネズミがかじると火難がある、といって嫌う（埼玉）例もある。

○ネズミの尾をつかまえると、ネズミがふえる（広島）。尾をイロウ（弄ぶ）とネズミが多くなる（鳥取）。ネズミの尾を踏むと、ネズミの仲間がふえてくる（奈良）。ネズミの尾を切って持つと、ネズミがふえる（兵庫県佐用郡）。ネズミの尾は短く千切れてもまた伸びることから、このようにいうのであるらしい。秋田県平鹿郡では、ネズミの尾をつかむと、（人間の方に）痙攣が起きるという。

○ネズミにナツメを食わすと、人間の味わいがするので、人間を食いに来る（福井県小浜市）。ネズミがナツメの種をかじると、すぐ着物をかじるから、ナツメを食べても庭へ投げてはいけない（同上）。

○家の内で傘をさせばネズミが荒れる（『諺語大辞典』）。ネズミが雨傘をかじると家が繁昌する（兵庫県播磨地方）。雨傘とあるのも、カラカサの意味であろう。カラカサとネズミの結びつきはわかりかねるが、カラカサの紙を貼るのに、コンニャク玉から製した糊を使用したからではあるまいか。コンニャクはネズミが大嫌いとするところから、その傘をかじるくらい元気な福の神のお使を歓迎する、ということかも知れない。或いは傘紙に引いた油を好むか。

○ネズミの食いかけた物を食べると、その影響は、眼にくる、或いは歯にくる、などとする俗伝が広く行われている。眼に対する影響では、眼が痙攣状態になる、よく見えるようになる、などという。前者では、眼がピチピチするようになる（壱岐・鹿児島県大島郡）、パチパチする（岩手県東磐井郡・宮城県本吉郡）、ポチポチする（岡山・広島）、シパシパする（熊本）、ショボショボ目になる（岡山）、まばたきが近くなる（群馬県利根郡）、瞼が痙攣を起こす（栃木県芳賀郡）、などと表現している。これに反して、目がよくなる（愛媛・広島）、よく見える（兵庫県多可郡・広島県備後地方）、目が明るくなる（富山県氷見市）、などという。福島県磐城地方・石川県七尾市・石川郡では、眼が光るようになる、宮城県では、眼がネズミのようになる、というが、これは視力の強化を単純に喜んでいるのではないようだ。しかし、一例ではあるが正反対の例がある。群馬県利根郡で、ネズミの食べ残りを食べると盲目になる、という例である。これはショボショボ眼のさらに悪化したものであろう。

○歯に対する影響においても、正反対に分かれている。ネズミの食った物を人が食うと、歯が強くなる（秋田県仙北・山本・北秋田郡）、ネズミのかじった餅を食べると歯が丈夫になる（同県雄勝・由利・山本・南秋田郡）。これこそネズミの歯にあやかるわけだが、これに反し、歯が弱くなる（山形市）、また子供の場合、歯が替らない（愛知県北設楽郡）、という。

○その他の影響でも、善悪両面を見せている。妊婦がネズミの食い残しを食べると、安産（大阪地方）、利口になる（佐渡）。福島県相馬市や栃木県芳賀郡では、ネズミの食い残りを食べると、ネズミの手といって、長く突起した疣ができるという。以上の諸例は要するに、ネズミと人が共食した結果、ネズミの仲間になってしまう、という考え方から、ネズミのような眼、ネズミのような歯になる、と戒めるのであろう。

○ネズミに食われると、三年寿命が縮む（愛知）。ネズミが人の足の親指にかみつくと、きっと死ぬ（熊本県玉名郡）。ネズミにかまれると、三年間餅やアズキを食べられぬ（秋田県平鹿郡）。餅類は傷に悪いから、避けぬと古傷を呼び出す、という意味であろう。アズキについては、『和漢三才図会』に、「凡ソ鼠ノ咬ム所、人小豆ヲ食スルコトヲ禁ズ。愈エテ後、亦小豆ヲ食スレバ、則チ痛ミ再発ス」とある。

○ネズミに咬まれたら、サンショウの木の処に行くと治る（岡山）。『和漢三才図会』に、「鼠咬ニハ胡椒末（粉末）ヲ用ヒ之ヲ傅《つ》ク」とある。コショウとサンショウの違いはともかく、木の傍へ行くだけでは効能の程は疑わしい。

○ネズミの死骸を見た時は、「ネズミネズミ、おれの目じゃないぞ、奥の山のサルの目」と言うと、憑かない（北九州市）。

○静岡県御殿場市で、占いの一種として行われているサイキョネズミは、かけられる人の背中に鼠という字を三度書くと、ネズミがその人にのり移り、いろいろと占いの言葉を述べるもの。すんだら、猫という字を三度書くと元へ戻る。三河などで行われているサイキョネズミでは、鼠・猫と書くことはせず、呪文を唱えられて催眠状態になり、命ぜられるままに歌ったり踊ったりする。

鼠　ねずみ

(3) 祟りに対する心配、鼠の防除・駆逐

○ネズミを足で追ってはいけない。そういうことをすると、夜中に押さえられる（奈良県北葛城郡）、晩にウナダレル（福井県小浜市）。ネズミがアタをする（佐渡・広島・壱岐）、いたずらをする（愛知県南設楽郡）。ネズミを足で追えば、衣類をかじる（『諺語大辞典』）。同じことは広島・奈良・石川県七尾市・富山県氷見市でもいう。神の使に対し、もったいないことをするのだから、いけない、というのであろう。氷見市では、足で追うたならば、火事を起こされるともいい、北海道のアイヌにも同じ俗信がある。

○ネズミの悪口を言うことも、ネズミをいじめることも、その結果は、前記するところと共通している。ネズミの悪口を言うと仇をされる（宮城県本吉郡・奈良・島根）、わるさをされる（北海道アイヌ・石川）、言った者の着物をかじる（山口）。ネズミをいじめると、夜その者の着物やシャツを食い破る（富山県下新川郡・愛知）。山口県阿武郡では、ネズミの悪口を言ったりいじめたりすると、アタン（仇）をする。だからネズミのことを、お姫様と呼ぶのだ、といっている。

○黐《もち》でネズミを捕ると火事が出来すると、千葉県東葛飾郡でいう。同じことを、秋田県雄勝・平鹿郡でもいう。いたずらもののネズミを退治するには、石見銀山の鼠捕り（砒石から製造する殺鼠剤）でも悪いことはないはずだが、鳥黐

にネズミをかけるのは、残忍でルール違反である、という気持からいわれるのであろう。『論語』にも、寐鳥を捕らず、とある。

○ネズミを半殺しにして逃がすと、夜中に出て来て首をしめる（新潟県西頸城郡）。

○ネズミを食うと、一生貧乏する（島根県安来市）、七代貧乏する（鳥取県八頭郡）。広島県比婆郡でも、ネズミを食えば貧乏になるといい、北海道アイヌも、出世しないという。

○和歌山県東牟婁郡では、ネズミを大事にすると交際が広くなるという。そして、富山県氷見市では、他人の家のネズミを殺すと、その家と仲が悪くなる、とも、その家に居られなくなる、その家へ行かれなくなる、といっており、金沢では、雇人がネズミを捕ると、その家にいられなくなるという。いずれも、ネズミ愛護のプロパガンダともいえよう。

○妊婦は、ネズミ穴を塞いではいけない（兵庫）。妊婦がネズミの穴を塞ぐと離産する（兵庫県多可郡・山口）、耳の穴のない子が生れる（岐阜・広島県山県郡・山口県大島郡）。大黒様の使といわれるネズミだから、それに意地悪をするのは悪事という発想である。福井市で、ネズミの出る処に貼るネズミ除けの符は、次の通り。

天七口女
天口女噫噫如律令

○ネズミはコンニャクの粉を恐れる。ネズミの出る所にコンニャク玉をすってつけておくと出ない（壱岐）。ネズミが壁に穴をあけるのを防ぐには、コンニャク玉の皮や屑などを搗いて壁土の中に塗りこめておくとよい（高知県幡多郡）。このことは古人も説いている。『和漢三才図会』に、「性、蒟蒻ヲ畏ル。生蒟蒻ヲ用ヒ、水ニ練リ鼠窒ヲ塞ゲバ則チ出ズ」。また対馬藩士の著した『楽郊紀聞』には、鉄砲方が壺などの覆いの紙をいつもネズミに喰い破られるので、コンニャクの葉をすりつぶした汁を塗っておいたところ、ネズミの害がなくなった。コンニャク玉を使用すればさらに効果が上がるだろう、という聞書を記す。だか、別人の談として、コンニャク玉を囲っておくのをネズミが食うことが時々あるから、コンニャク嫌いという説も当てにならない、と懐疑的態度を保留している。

○養蚕時、ノビルの根をすりつぶして、ネズミの通り道に置くと効果がある（富山県東礪波郡）。

○ネズミの穴に生麩を入れておけば、ネズミが出なくなる。これはネズミは生麩をかじると歯が落ちるので恐れるからである（『椎の実筆』）。ニワトコの木をネズミの出入り口に差し込んでおくのもよい（群馬県利根郡）。

○ネズミを駆除するには、マタタビの乾葉を焼くとよい（『南方随筆』）。ネズミが俵についで困る時は、灰をふりかけておくとつかなくなる（熊本県玉名郡）。

○アワビ貝を屋根裏にかけておくと、ネズミ除けになる（佐渡）。新潟県新発田市で行われているネズミ除けのお札は、二王子様はじめ各所の社寺から出たもので、なかで陣場山のお札にはヘビの姿が描かれていた。

○愛媛県越智郡では、ネズミを調伏する神は荒神様である。長さ十五センチほどの毛糸三本をネズミの足にくくって祝詞を上げてもらうと、ネズミは出なくなる。荒神様のお祭は二月と九月の二十日である。

○沖縄県八重山地方で、ネズミが天井や、箪笥・押入れなどで音をたてている時には、次の呪文を唱えると、音はピタッとやみ、ネズミは退散するという。「コヌヤヌシタナー（此の屋の下の）ハンユッムヌヌ（足四つの者）、カクリングイ（声）シフン（居る）、フアグイシフン（子声をしている）、イシヒヒウヌ（生人の）、ウンツカイ（御使）ヤラバ、イシ（生）グチニカイ（帰）リ、シニヒトウ（死人）ヌ、ウンツカイヤラバシニグチニカイリ、ミナナチ（目七つ）アルウン（鬼）ジュー、マヤー（猫）ヌビマチ（居待）シブン（居る）、フチ（口）ナナチアルウンジュー、マヤーヌタチマチ（立待）シフン、クヌ（この）ジンムタ（呪文）ユキキ（聞き）ドンヤラバ、カゼラカラホースンドウ、マカゼラカラサースンドウ」。ネズミに向かって生人の御使なら生口、死人の御使なら死口にかかれ、そして目と口が七つずつあるすごいネコの待ち伏せがあるのを知らないか、と威嚇している内容である。

○虫送りをはじめ、流行病などすべて悪いものを村から送り出すのは、農村の大事な行事の一つであった。野ネズミがおびただしく発生すると、神官にまじないをしてもらい、サンタラベシ（さんだわら）に、生かし飼いのネズミを入れ、これを若者たちが棒でかつぎ、村の者総出で鉦太鼓を叩いて、「ネズミネズミ送るぞ、なにネズミ送るんぞ、はやりネズミ送るんぞ、そっぽのまめじろ」と唱えながら村境まで送って行って、川の中へ放してやる（福島県南会津郡）。原型は虫送り行事であることがわかる。北伊豆地方にも、ネズミを海へ放つ行事がある。ネズミを一匹捕えて輿に入れ、虫送りのように鉦太鼓ではやしながら海まで送って行く。こうすると、野山を荒らしたネズミの群は海を渡って去るという。

鼠　ねずみ

(4) 嫁が君

○正月、特に三が日の間は、ネズミという名を口にせず、ヨメガキミと呼ぶ。この語は俳諧の季語にもなり、正月詞として一般にもよく知られている。もちろん、これは俳諧師の創案ではなく、民俗をそのまま取り入れたものである。現在でも、宮城県本吉郡では、正月の供え餅をネズミが引いても、決してネズミの名を言わず、「ヨメゴがおいでなされて引いて行った」という。刈田郡では、年取りから三日間、ネズミという語を口に上すことを忌む。群馬県勢多郡では、正月と養蚕時とにはヨメゴと呼ぶ。もし呼び捨てにすると、ネズミにいたずらをされるので、尊敬して呼ぶのだという。伊豆の八丈島でも正月詞にヨメドノ、或いはヨモコドノと呼ぶ。千葉県市川市でも三が日の間は、ネズミというと長者になりそこなう、という。

○このようにして、言葉づかいに気をつかうのみでなく、年の暮から正月には、ネズミに餅や供え物をする風習もあった。岡山県や壱岐では、正月にネズミの餅と呼ぶ餅を供えて、一年中のネズミの害から免れることを祈る。秋田県では、ネズミの年玉、或いはフクゾと称するネズミ形の小餅九つを、大晦日の晩にケシネビツ（米櫃）の上に並べる（フクゾは、ネズミを忌詞でフクというのと同系の語らしい）。ネズミの年玉は、壱岐でも正月の餅の中にあり、同県五島地方でもこの名がある。ただしここでは餅ではなしに糯米と、ネズミの好物の塩とである。和歌山県御坊《ごぼう》市付近では、年越の夜にネズミに年越豆を与えないと、一年中わるさをするといって、豆を供える。沖縄県国頭郡では、大晦日の晩ネズミに年を取らせる（正月を迎えさせる）ため、天井の上に御飯を置く。こうした風習は、新しい年には囲炉裏の自在鉤や蔵の錠にまで年取りの餅を供える日本人の心情からみて当然といってもよい。特にネズミは福神の使と信じられたから、餅を供えるのもあやしむに足りないとはいえ、当面はやはり一種の懐柔策との感じのもとに行われたであろう。

○正月以外、養蚕時におけるネズミに対する気のつかいようも大変なものであった。何しろ養蚕にネズミは大敵である。これが近世末から明治大正にかけて農家にネコのふえた大きな原因であるが、ネコ以前、或いはネコによる駆逐策とは別途に、ネズミの機嫌をそこなわぬように気をつかったのである。山中共古の『甲斐の落葉』に、養蚕中はネズミというものではない。夜のお方というものだ、とある。お方は主婦の意、甲州では花嫁をハナオカタと呼ぶ。兵庫県養父郡では、養蚕時はモノ、またはヨメサンと呼ぶ。群馬県では、ヨルノ養蚕期には、ネズミをヨメゴ、ヨメゴサンなどと呼ぶ。利根郡では正月でもないのに、ヨメゴにお供え餅を上げた。
○正月や養蚕時以外の常日でも、夜分はネズミという名を忌んで口にしない風習がある。鹿児島県国分市〈霧島市〉では夜はネズミと呼んではいけない。オヨサンと呼ばねばならぬ。ネズミと呼ぶと、良い着物をかみ破られるという。山形県西村山郡でも、夜はネズミといわない。ヨモノ、ハヤモノという。香川県三豊郡でオクサン、オキヤクサン、富山県中新川《なかにいかわ》郡では、夜はヨメサ、ヨノモノなどと隠語を使え、と教える。夜間はネズミの活動する時刻であるから、特に気をつけるわけである。ネズミというのを避けて、オテルサンとかヨメサン〈鹿児島県大島郡〉、フクサマまたはオキヤクサン〈高知県幡多郡〉と呼ぶ。愛知県下では、ネズミが暴れた時、ネズミが暴れるといえば余計に暴れる。ヨメゴといえば暴れないといった。
○古人にも、ネズミの異称とその分布について記したものがある。『丹波通辞』には、福島・長野・京都でヨモノということを記し、『物類称呼』には、関西でヨメ・ヨメガキミ、群馬でヨルノモノ・ヨメ・オフク・ムスメという。東国にもヨメと呼ぶ所が多い。遠江では年始だけヨメと呼ぶ、とある。これ以外にも、高知県でフク・ヨルノヒト、埼玉県秩父地方で、ヨモノ・ヨモノサマ・ヨルノヒト・ヨメゴ、などいう。このヨモノ・ヨモノサマは、沖縄語でユームヌというのと同じく、忌ミモノの転訛とするのが、柳田国男の説である。
○ヨメガキミの語源については、『物類称呼』の著者越谷吾山の説では、正月詞で寝ることを祝い直してイネツム、起きるをイネアグルというのと同じく、ネズミのネの音を忌んで、ヨメガキミと言い替えたものであろう、とする。この説では、寝の音を避けることは理解できるが、なぜヨメガキミとなるのであるか、説明が不足している。この点については、先のユモノ→ヨモノ説が大きな手掛かりとなる。これに中世以来人気のあったネズミの嫁入り説話の影響もあって、ヨメという忌詞が固定したのであろう。（吾山説では、ヨメガキミの異称が出来たのちに、「この名あるより、鼠の嫁入りといふ諺は出で来しなるべし」と逆の関係を説いている）。ネズミの忌詞をヨメという風俗を俳諧師が取り入れて、嫁が君という風雅な正月詞が出来上がったのであろう。従来の諸説は、専ら正月詞としてとらえることに急で、正月以外におけるネズミの異称についての配慮を欠く憾みがある。サルやキツネの忌詞と、ネズミのそれと、本質的には変らない。たまたまネズミの場合は、正月詞としてクローズ・アップされたため、この面のみが取り上げられることになったのである。

○元来、ネズミは、人語を解する（秋田県雄勝・平鹿郡）と信じられていた。とにかく、極めて怜悧な動物で、人間の心の動きを敏感にさとるものだと考えられた。それで、罠をかける時でも、しゃべればネズミに聞かれる（津軽）、罠をかける、などといったのではさとってしまって掛からない。「ご馳走をする」といって掛ける（壱岐）、とさえいった。それほどだから、ネズミの悪口を言うと、かれらは仕返しをする（鹿児島県大島郡）、暴れる（対馬）。むしろ誉めてやるとよい（富山県中新川郡）、という。悪口を言った者の着物をかじる（山口県佐波郡・高知県幡多郡・長崎市・対馬）、という報復もする。

鼠　ねずみ

(5) 抜け歯の唱え言、鼠の小便

○乳歯が抜けた時、新しい歯がネズミの歯のように丈夫に生えよ、と願う。抜けた歯は、ただ投げるという所（津軽）、屋根へ投げ上げる所（鳥取県日野郡・長崎県西彼杵郡）、天井か屋根へ投げる所（島根県大原郡）、天井裏へ投げる所（長崎県福江市〈五島市〉）、板の間から床下へ落とす所（青森）、ネズミの出る所へ投げる所（広島）などもあるが、普通は上歯なら下へ、下歯なら上へ投げる作法が多い（千葉・静岡・愛知・岡山・広島・鳥取・島根・山口・徳島・香川・愛媛等）。逆に、上歯は屋根へ、下歯は床下へ投げる所もある（千葉県香取・東葛飾郡、島根県邑智郡）。また上歯は便所の雨垂れに埋め、下歯は便所の屋根へ投げ上げる所（兵庫）もある。

○その際の唱え言は、ネズミの歯と取替えてくれというもの、或いは代りが早く生えよというものである。「鬼の歯とかわれ、ネズミの歯とかわれ」（千葉県東葛飾郡）、「ネズミの歯コとトッケデケロ」（青森）、「ネズミネズミ、汝《う》が歯コとバクって（交換して）けれ」（弘前市）、「ネズミネズミ、ええ歯とかえてくれ」（広島）、「ネズミの前歯とかえてごせ」（島根県大原郡）、「ネズミの歯とかえてこい」（鳥取県八頭郡）、「ネズミの若歯とかえてくれ」（京都府北桑田郡）、「ネズミの歯より、わしの歯が先に生えるように」（徳島）、「ネズミの歯と早よ生《は》いゴク（くらべ）せんか、わたしの歯ははや生《は》いた」（香川県三豊郡）、「ネズミの歯は来年生えろ、おれの歯は今生えろ」（秋田県角館町〈仙北市〉・岩手県陸前高田市）、「おれの歯とネズミの歯とどっちが早う生《お》えグラゴ、誰が歯が早う生ゆるいろ」（長崎県西彼杵郡）などがそれであるが、上歯下歯により唱え言を変える所もある。また秋田県平鹿郡では、乳歯の抜けたのを投げる時、「オエの歯より早く生えれ、鼠の歯より強く生えれ」と唱える。オエとは狼のことだが、同じ郡内で「鬼の歯より強い歯生えれ」と唱える例もある。

○上歯には「下向いて生え」、下歯なら「上向いて生え」（京都府北桑田郡）、上歯には「ネズミの歯と生えゴク（くらべ）じゃ、早う生え」、下歯なら「スズメの歯と生えゴクじゃ、早う生え」（香川県三豊郡）、上歯には「おらン歯とネズミン歯と生えクラゴ、おらン歯が先ィ生え」、下歯なら「おらン歯とカラスン歯と生えクラゴ、おらン歯ン先ィ生え」、同じ県内でも、上歯には「ネズミの歯とおれの歯と生えくらべ、お前の歯はまだ生えんか、おれの歯は早はえた」、下歯には「スズメの歯とおれの歯と生えくらべ……」と唱える土地もある。愛媛・香川でも、上歯はネズミと生えくらべ、下歯はスズメと生えくらべ、という。

○島根県邑智郡では、上歯なら「スズメの歯とかわれ」と屋根へ投げ上げ、下歯なら床下へ投げ入れて「ネズミの歯とかわれ」と唱える。山口では、下の歯を屋根へ投げるのが違いだが、その時「スズメの歯とかえてくれ」、上の歯なら床上へ「ネズミの歯とかえてくれ」と投げる。上へ投げる時はスズメ、下へ投げる時はネズミと唱えるのは、理にかなっているといえるが、スズメの歯にあやかっては意味がないといえよう。広島県世羅郡では、「カラスカラス、ええ歯とかえてくれ」といって屋根へ投げる。カラスならば、スズメより格段に丈夫な歯をもっているであろう。

○丈夫な歯の子供にしようと思ったら、ネズミの食べ残しを食べさせるとよい（広島）。虫歯は、ネズミの糞を噛んでいれば治る（長野）。虫歯を病む者は、前世で仏壇をかじったネズミの生れ変り（新潟県西頸城郡）。

○一日に二度湯に入ると、ネズミに小便をかけられる（『甲斐の落葉』）。駿河や三河・下総・安房でもこういう。栃木県芳賀郡では三度という。和歌山県山路地方では三度風呂に入ればネズミが笑うという。

○昔話を昼間語ると、ネズミに小便かけられる（秋田・山形・福島・新潟・静岡・鹿児島）。鹿児島県国分市〈霧島市〉では、日当山《ひなたやま》侏儒《しゅじゅ》どんの話を昼すると、という。秋田県雄勝・平鹿郡では、壁に唾すれば、かけられないという。

『飽海郡昔話集』には、郡内各地の類例を掲げてあるが、ほとんど各町村ともに同様である。中に、天井から小便ひっかけられる、二階から小便ひっかける、などが見られ、また、昼間語ると化け物が出る、鬼が来て笑われる、という例も各一例ある。なお、弘前では、ネズミが笑う、という。新潟県西頸城郡では、昼間謎をかけるとネズミは隅で笑うという。来年のことを言うとネズミに笑われる（岩手県気仙郡）、の類である。来年の事は、即ち他愛もない事と同義で、児戯に類する事を真っ昼間から口にすれば、ネズミが嘲笑するというのである。

○夜、爪を切るとネズミに小便かけられる（秋田）。

○箒を火にくべるとネズミがわく（長野県小県郡）。竹の皮を燃やすと、ネズミがアタン（仇）する（京都府北桑田郡）、ネズミに着物を食われる（愛知）。ササに花が咲くと野ネズミがふえる（備後）、といわれるが、それは食い物がふえるからであり、竹の皮とは切り離して考えるべきであろう。

○会津地方で、淋巴腺の腫れる、口の無い腫物を、ねずみという。これを治すまじないとして、鎌などの刃物、金物類を手に持ち、患部の上で輪のように廻しながら、「ネズミ、この輪のうちにネコを放すぞ。アビラウンケンソワカ」と三度唱える。栃木県栃木市に、ねずみの薬という家伝薬を売る家がある。この薬は菅笠を焼いて粉末にし、これを胡麻油か菜種油で練ったもので、貝殻を容器にしてある。これを鳥の羽根の先で患部に塗ると、腫物の根を吸い出すという。

鼠　ねずみ

(6) 病気とまじない

○ネズミを食えば寝小便が治る（『諺語大辞典』）。同じことは、栃木・長野・福井・愛知・広島・高知・宮崎等でもいう。食べ方の説明が付いている例でいうと、焼いて（醤油の付け焼きが主らしい）食べる（群馬・岐阜・岡山・広島・福岡）、黒焼きにする（群馬・栃木・埼玉・茨城・東京・愛知・京都・和歌山等）のと、蒸焼き（石川）とに分かれる。付け焼きでは、岐阜県稲葉郡では、寒ネズミの付け焼きを三匹ぐらい食えば寝小便が止まるという。佐渡では、これをネズミのチンチン焼きという。茨城県久慈郡では、皮を剝いて塩をつけ、よく焼いて食べさせた。黒焼きは粉にして飲む（東京都八王子市）が、これを湯に溶いて飲ませる（大分）方が飲みやすいであろう。栃木で、ネズミの子の丸焼きを用いる、とあるのは、蒸焼きを意味するのであろう。

○その他、黒焼きを内服すれば、消渇《しょうかち》（愛知）、梅毒（金沢市）、子供の胎毒（壱岐）、虫気（沖縄）、心臓病（高知）、虚弱児（群馬）、頻尿（大分）、冷え性（埼玉）などに効くといった。沖縄では皮を剝いで串刺しにし、醬油をつけて焼いて、虫気の薬にした。外用では、切り傷に黒焼き、または酒に漬けた汁を塗る（愛知）。

○まだ毛の生えないネズミの裸子を焼いたり、油漬にして外用薬とする地方もある。切り傷に、黒焼きまたは酒に漬けた汁を塗る（愛知）、痔に裸子を土に包んで黒焼きにし綿にくるんで患部にあてる（石川）、裸子を油漬にして、痔につける（愛知）、火傷につける（静岡・愛知・壱岐）。岡山県笠岡市では、野ネズミの子のまだ毛の生えない丸裸なのを取って（巣は水田や麦畑に作る）菜種油に漬けておくと、すっかり溶けてしまう。これを傷薬にする。

○大分県南海部郡では、耳のうずく時にはネズミの裸子の塩漬がよいという。

○徳島県那賀郡では、ひぜんの治療に黒焼きの粉を素湯で飲む。

○喘息に、ノネズミの黒焼きが効く（石川）、ネズミを焼いて醬油をつけて食べるとよい（同上）。

○毛生薬にネズミの黒焼きを飲む（宮崎県西諸

県郡）。ネズミの毛が密生しているところから、それにあやかるように、との思いからいうのであろう。その詳しい方法として、大阪では、ネズミの裸子を容器に入れて土中に埋めておく。すると透明な液体ができる。それを禿頭病の場合、患部に塗布する。副作用として頭痛が甚だしいが能く効くと。同様の方法はかなり広く行われたとみえ、熊本県でもいう。兵庫県加古川市でも、同様の療法が昔から言い古されてきたという。ネズミのドンビンゴ（児）を竹筒に入れて密閉し、大便所の中へ一か月ほど漬けておくと、美しい液体になる。それを禿頭の箇所につける。沖縄県八重山地方では、地ネズミを黒焼きにし、種油に漬けておいて毛生薬として塗る。

○ネズミに咬まれた傷には、梅の肉を塗る（熊本）、ネコになめさせればよい（千葉県長生郡・三重県度会郡）、傷に魚の煮汁を塗って、ネコになめさせる（北九州市）。元禄十四年版『続咒咀調法記』には、「鼠にくはれたるをなをす秘事」として「たぬきを食すべし。付ぐすりは猫のかしらの灰、又猫の毛の灰をぬりてよし。麝香をぬりてもよし」とある。

○ネズミに咬まれたらサンショウの木の処に行くと治る（岡山）。ダイズの葉を揉んでつければよい（岩手）。

○耳の病気は、耳垢をネズミに曳かせると治る（秋田県平鹿郡）。耳だれには、子ネズミを油（或いはアルコール）に漬けておいたのをつけるとよい（愛知県南設楽郡）。

○むやみに眠たがる人には、ネズミの眼の片方取って、黒焼きにして飲ますと治る（長野県安曇地方）。暗闇でも大活躍するネズミはよほど眼が良いからだという考えから、それにあやかるためだが、両眼でなしに片眼だけというのは、義理堅い。

○ネズミの糞は、種々の病気に効能があるという。ただし、その多くはまじない的なもので、成分がどうこうというのとは無関係と思われる。兵庫県下では、痲疹《はしか》にかかると、ネズミの糞三つと老婆の白髪（陰毛ともいう）三本とを湯の中へ入れ、患者の小児をこの湯に入れる。浴後、サンドラ（俵の蓋）の上に小豆飯を盛り、赤紙の御幣を立て、「ホーソノ神サン、オオクッター」と連呼しつつ村はずれの四辻に捨てる。浴後の作法は他の地方で行われるものと共通性がある。岡山県でも、痲疹が治ると、必ずサカエ（酒湯）をかけるが、それには、米のとぎ水に酒を少々落とし、ネズミの糞を二、三粒入れる。これを笹に浸し、小児の顔へ風呂敷をかぶせた上から、パラパラとふりかける。こうすれば二度と患わないといっている。

○伊豆新島《にいじま》では、生児の誕生十二日目に疱瘡の笹湯といって、疱瘡予防のためのまじないを行う。ネズミの糞を二つ、大豆三つ、米粒二つ計七つを桟俵にのせて生児の頭上にいただかせ、笹で湯を振りかける。これをやるのはハカシンババ（博士婆）という老婆で、すんだのち桟俵は村の中で最も古い井戸の水神様に納める。ハカセババは難産の時の祈禱もし、産婆のように考えられていた。壱岐でも、メイグロ（蜷）、ネズミの糞などを湯に混ぜて、笹でこれを振りかけて疱瘡のまじないをした。長崎県西彼杵郡では、タクリバッチ（竹の皮笠）を逆さにして、その中にネズミの糞と水、それに何かの草を入れ、痲疹にかかった者の頭上で、「肥前の国のまごゴシャク、ささやさんぺいさんのかたさに、えきなはれ」と言って、お祓をするようにして振った。湯尾峠の孫杓子の託言も交じっているらしい。ささやさんぺいは、痲疹・疱瘡除けに用いられた笹野才蔵（壱岐）、佐々良三八（岡山）、佐々野三五兵衛（盛岡市）などと同系の呪言用人名である。ササの音が付くのは、笹湯の行事のちなみであろう。

○三重県熊野市では、疱瘡がよくつくようにと、生団子とネズミの糞とアズキを便所の神様に上げる。これを山上げといって、後でこれを家の者が分けて食べる。

○後産が下りない時は、ネズミの糞を茶碗に入れ、それにたわしの水を垂らしこんで飲ませるとよい（長野）。胞衣《えな》の下りぬ時は、尾竈様の神棚のネズクソを飲めば下りる（福島）。

○乗物に乗って酔う人は、ネズミの糞を三粒、臍の上にのせておくと酔わない（秋田県由利郡）。富山県下新川郡でも、舟や駕籠・馬・牛などに酔うたなら、ネズミの糞を素湯にて飲め、という教訓が行われていた。

○歯痛には、ネズミの糞または犬糞を患部に塗る（千葉県長生郡）。群馬県邑楽郡でも、虫歯の痛む時、ネズミの糞を歯につけた。沖縄の与那国島でも、ネズミ糞を頰に塗る。

○雪目になった時は、ネズミの糞と人の乳とを練ってつければ治る（秋田県仙北郡）。

○風邪には、ネズミの糞の煎じたのが効く（奈良）。

○便秘に、ネズミの糞を足の裏につける（石川）。

○足のまめを治すに、ネズミ糞と飯糊をすり合わせ、紙につけて貼る（山形）。

鼠《ねずみ》

(7) 俗信一束

○野ネズミが夏期に多く出ると、冬になってから雪が不足。少なければ大雪（秋田県平鹿郡）。野ネズミが夏盛んに出没して食糧をあさり廻るのは、雪不足だと食糧不足に苦しむので、それに備えるためだという。ネズミが早く土中に隠れると大雪といわれるのも、大雪なら食糧に困らないところから、早く冬籠りに入るというわけなのであろう。だが、出雲では、野ネズミが作物をひどく荒らして食べ物を集める年は大雪といい、大分県西国東郡でも、畑ネズミが食糧を多く集める時、或いは家に近づく年は、大雪という。同じ地方で、畑ネズミが稲穂を切り込めば雪多し、というのも、雪を見越して稲穂を巣に取り込む、という論理である。新潟県長岡市では、野ネズミが田畑から巣を早く移す年は大雪という。広島県では、ネズミがよく暴れる年は豊作というのは、大雪即ち豊年という論法であろうか。
○野ネズミが人家近くに集まるのは、洪水の兆（広島・群馬県利根郡）。耕地が水浸しになると、野ネズミが高所にある人家近くへ避難してくる。野ネズミが開作（耕地）にいなくなると、その年は洪水が出る（山口）、も同じことをいうのであろう。
○ネズミが出てくると天気になる（愛知県南設楽郡）。反対に、岐阜県恵那郡や飛騨では、ネズミが出ればすぐ雨が来るという。また、ネズミが天井で騒ぐと翌日雨、ともいう（飛騨）。
○ネズミが騒げば大雪となる（長野県北安曇郡）。家ネズミや畑ネズミが騒ぐと風あり（大分県西国東郡）。ネズミが天井で騒ぐ時は、翌日雨天（岐阜県吉城郡）。
○ネズミが早く地中に隠れる年は大雪（広島）。
○ネズミは毎月十二匹ずつ子を産む。鼠算用ということはこれに基づいて始まった（熊本県玉名郡）。『本朝食鑑』に「世俗所謂、鼠ハ必ズ十二子ヲ生ム。而シテ一年ノ年ヲ合ス。算家之ヲ用ヒテ法ト為ス。今之ヲ考フルニ然ラズ。或ハ八九子、或ハ十ニ過グ。而シテ生クル者定無シ」と、実証によって俗説を訂正している。
○ネズミの夢を見ると縁起が悪い（青森）。
○ネズミに羽が生えて蝙蝠になる（『諺語大辞典』）。
○ホタルをネズミが食うと、毒ネズミになる（または、火事になる）（愛媛県周桑郡）。
○家の中で口笛を吹くとネズミがふえる（兵庫県佐用郡）。
○ネズミがダイコンをかじると着物をかじる（富山県氷見市）。
○子の日に着物を裁つとネズミが害をする（沖縄県国頭郡）。

○ネズミ衣服をかめば、その家に口舌あり（『諺語大辞典』）。
○ネズミを殺しそこねると、道具や着物を荒らされてしまう（沖縄県国頭郡）。
○ネズミを殺すとその家に悪い事がある（富山県氷見市）。
○ネズミがマッチに小便をかけると火が出る（奈良）。
○白ネズミを食うとネズミがいなくなる（岡山）
○ネズミが小便かけると目がつぶれる（愛知）。
○家に白ネズミがいれば金持になる（北九州市）。
○白ネズミを捕らえれば運がいい（北海道アイヌ）。
○出産の時にギャーギャーというと、ネズミが笑う（新潟県栃尾市〈長岡市〉）。
○新造の墓にネズミが入るのは不吉（沖縄県国頭郡）。
○ネズミが天井でふざけると米の値段が上がり、下でふざけると安くなる（富山県氷見市）。
○客を呼ぶ方法として、ネズミの鳴き声をまねして、内股を三度たたき、手招きを三度する（金沢市）。
○火事のあとには、キツネが焼ネズミを食いに来る（壱岐）。
○ネズミの糞を紙に包んで臍に当てると、眠気をおさえることができる（『極奥秘伝まじない秘法大全集』）。

【の】

蚤　のみ

○ノミを火に入れてパチンと音がすれば翌日は晴れ（秋田・山形・宮城・群馬・千葉・新潟・富山・福井・長野・岐阜・愛知・奈良・和歌

山・広島・熊本・鹿児島・沖縄等）、音の悪い時は雨（和歌山）。一茶の句「蚤焼いて日和占ふ山家かな」によってもノミを囲炉裏にくべた時のはじけ具合によって晴雨を占っていたことがわかる。普通、卵をいっぱい持った雌ノミがよくはじけるという。

○天候予知としては、ノミがわくと雨（新潟・岐阜）。ノミが騒ぐと、雨（山形・長野・岐阜・愛知・奈良）、翌日雨（名古屋市）。ノミがよく食う時は雨（長野・岐阜）。ノミに限らず、カやアリなど小動物が群れたり騒ぐ時には雨が近い、とする伝承は多い。イギリスにも、ノミがしきりに人を刺すのは雨の近いしるし、という俗信がある由。

○憎まれることの多い昆虫で、清少納言も『枕草子』に「蚤いとにくし、衣の下にをどりありきてもたぐるやうにする」と書いている。駆除の方法としては、青森県三戸郡で、ノミがたかっている所に酢をつけると取れるという。『和漢三才図会』に五雑俎を引いて「桃ノ葉ヲ煎ジシ湯ヲ以ツテ之レヲ澆《ソソ》ゲバ則チ蚤尽ク死ス」と記されている。元禄から正徳の頃、浪華には三文で猫一匹分のノミを取る商人がいたというのも面白い（『西鶴織留』）。

○トンドの餅を家中で食べるとノミがわかない（滋賀県甲賀郡）。節分の晩にカヤの葉を囲炉裏で「ノミの口」と言いながら焼き、焼く音が大きいほどノミがよく死ぬ（兵庫県城崎郡）、という。むけのついたち（六月一日）にノミをウマスカンポの茎で打って殺す（宮城県白石市）。岩手県の南部から宮城県にかけてノミ送りの行事が六月一日に行われる。これは、オオバコの葉またはギシギシの葉を座敷や寝室に撒き散らしたのち集めて川に流すもので、仙台付近では、ノミの舟という草を下に敷いて寝れば、ノミはその葉に乗って去るという。

○長崎県壱岐でカラシが出来るとノミはその舟（莢）に乗ってよそへ行くという。沖縄では、初夏になるとノミは麦稈の舟に乗って、麦稈の竿をさしてにらいかない（海の彼方にあるといわれる聖地）からやって来るといわれており、「にらいかないへ去ってしまえ」と言ってノミを払う。

○石の上でノミをつぶすと一升ほどふえる（愛知・鹿児島）。敷居の上で殺すと一万匹ふえる（愛知）。はったい粉を落とすと、ノミがわく（新潟・石川・広島・福岡）、ノミがたかる（長崎）。宮崎県児湯《こゆ》郡高鍋地方で、新茶を飲むとノミが出るというのは、新茶の出まわる頃ノミが多く発生するためであろう。佐賀県小城《おぎ》郡その他でいう「ノミの四月にカの五月」も同じ。

○痲疹にはノミを飴に混ぜて飲む（広島）。腫物には、ハエと石灰とイシノミ（石蚤？）を混ぜてつけるとすぐに化膿して膿が出る（沖縄県八重山郡）。

○その他。ノミの多い年はカツオが豊漁（宮城）。ノミの多い時は豊漁（イカ・イワシ）の前兆（石川県能登半島）。ノミの多い年はアズキが豊作（山口）。

○寒ノミが出ると麦は豊作（神奈川県平塚市）。ノミが早く出る年は洪水がある（群馬）。ノミが首へ上ると天気が変る（長野）。ノミをつぶすと飛ふるがら（不明）がうまくなる（富山）。

○向こう脛はノミにも食わすな（宮崎県延岡市）。内くるぶしはノミにも食わすな（静岡県清水市）。

【は】

蠅《はえ》

○オバエが座敷で飛ぶと吉。飲む茶にハエが入ったらよい（沖縄県島尻郡）、という。

○大田植の祝いの飯にハエが三匹とまると豊作になる（長野県北安曇郡）。ハエが多ければ豊作（長野・広島）。
○ハエを焼くと、火事になる、また貧乏になる（広島県山県郡）。市日にハエを捕らえると火災が起こる（石川県鳳至郡）という。
○ハエは大師講のあずき粥を食うて去る（広島）とか、玄猪の餅を食ってハエがもどる（佐賀県三養基郡）という。ハエは麦播きのお昼飯を食わないうちはいなくならない（神奈川県津久井郡）、ともいう。この頃からハエの姿が見えなくなる。
○山形県西村山郡西川町で、ハエを取るには、ハエトリクサの根をすりおろして砂糖と練って作ったハエコロシを用いる。『中陵漫録』巻十一に「薩州の山民、蝿殺と云草の葉を、麦飯に相合して殺す。余、米飯に相合すれば死す事なし」と、俚言通りでなかったことを記している。
○愛知ではスベリヒワを戸口にさげておくとハエが来ない、とか、ハエの多い時は「儀方」と書き、逆さに貼っておくとよい、と伝えている。
○夜ハエが出ると、翌日雨になる（千葉・富山・愛知）、天気が悪い（愛知・岡山）。夜なかに出ると雨（宮城）、夜遅くまで飛んでいると雨が降る（福島・広島）。夕方ハエン（蝿）が群がると雨（熊本）。灯火にハエが来ると雨（岡山県川上郡）。夜ハエが畳におりると雨（千葉県長生郡）。ハエが室内にたかる時は雨（鹿児島県喜界町）。コバエがたかるのは大雨の兆（長崎県壱岐郡）。ハエの一層多い時は雨（長野県北安曇郡）。アメバエ（雨蝿）が飛ぶと雨（愛媛県大洲市・喜多郡）。コバエが低く飛ぶと雨（山形県山形市）。冬至に入ってハエがおるようなことがあれば翌年雨多し（山形県尾花沢市）。クソバエが出て七十五日たつと雪が降る（長野県北安曇郡）。秋にアカバエが出て二十一日経つと霜が降りる（福島県南会津郡）。センツンバエ（便所蝿）が来ると、十日の内に霜が降りる（山形県西村山郡）、十五日目に初雪が降る（新潟県西頸城郡）。

○『日本書紀』斉明天皇六年に「蠅群《むらが》れて西に向ひて、巨坂《おおさか》を飛び踰《こ》ゆ。大きさ十圍許《といだきばかり》。高さ蒼天《あめ》に至れりとまうす。或いは救軍《すくいのいくさ》の敗績《やぶ》れむ怪《しるまし》（前兆）といふことを知《さと》る」と見え、ハエの動きを不吉の兆としていたことがわかる。

○民間療法。突き眼には、ハエの頭をよくすりつぶし、人の乳にまぜて目に点じる（神奈川県津久井郡）。眼に星が入ったら、川原にいるハエ三匹を生きたまま、かまずに呑み込むとよい（奈良）。すりつぶして腫れたところにつけると治る（高知）。指に瘭疽《ひょうそ》ができたら、ハエを同量の御飯で練ってつけるとよい（岐阜県揖斐郡）。

○『和漢三才図会』には「蠅水ニ溺テ死シ灰ヲ得レバ復タ活スルナリ」と見える。

貘　ばく

○悪夢を見たときその難を逃れる唱え言として、「夕べの夢はバクにあげます」と唱え、息を天上に三度吐きかける（福島）、「夕べの夢を天のバクに食わせる」と三唱して天に唾を三度吐く（熊本）、「見し夢をバクの餌食となせし夜に明日も晴れしあけぼのの空」を三べん読む（熊本）、「今晩の夢はバクに食わせる、バクに食わせる」と三唱する（福島・熊本）。悪夢で目をさました時「バクにあげます」と三唱すると朝までその夢を覚えていない（福島）、という。

○悪夢を払うための「バク食え」の唱え言や悪夢を避けるためのバクの札のバクは、東インド・中米・南米に棲息する実在の動物のそれではなく、古く中国で生まれた想像上の獣で、蜀の国または南方の山沢中に生じ、体形はクマ、鼻はゾウ、目はサイ、尾はウシ、足はトラに似ている。即ちそれらの動物から各部分を取って組合せた空想の動物だから、その皮の実物などありえないが、しかも、その皮を敷いて寝れば疫病を避け、その形を描けば邪気を払う、などといった。

白鳥　はくちょう

○ハクチョウは冬鳥として飛来するが、その渡りについて、ハクチョウが来ると雪が降り出す、雪白水《ゆきしろみず》（雪解け水）が海に入るとハクチョウが去る（共に青森）、ハクチョウが高く飛んで行くのが見えると雪はあまり降らなくなる（山形）、などという。

○ハクチョウが移動すると吹雪になる（北海道）。ハクチョウが海岸に集まって騒ぎ立てるは暴風雨の兆（青森県 夏泊《なつどまり》半島）。

鯊　はぜ

○新潟県佐渡郡で、彼岸のハゼは中気の薬になるという。

機織虫　はたおりむし

○キリギリスの異称。秋田県由利郡で、ハタオリムシが家の中で鳴けば明日は雨という。『和漢三才図会』に「小児戯レニ両足ヲ捕ヘテ曰ク、汝機ヲ織レバ放去《イナソ》ト言ヘバ、則チ股ヲ屈《カカ》メテ俯《ウツブ》キ仰《アオ》ムク状、機ヲ織ルニ似タリ、故ニ之レヲ名ヅク」と見える。『大和本草』には「其ノ声ハタヲルガ如シ」と鳴き声に注目しており、『物類称呼』でも「東国にて、きりぎりす、又ぎっすと云。又ぎっちょなど云。其こえの、ぎいと鳴くははたおるまねきの音、ちょんと鳴くは筬《おさ》の音に似たりとて、いにしへ、はたおりめとよびしも今きりぎりすと名の変じたる也」と説明している。⇩蟋蟀《きりぎりす》

鰰　はたはた

○初冬に雷が鳴ればハタハタがとれる（秋田・山形）という。この魚の盛漁期は十月下旬から十一月上旬にかけてで、この頃秋田地方にはしばしば冬雷が起こり、これをハタハタ雷という。『魚鑑』（天保二年）に「一名かみなりうを。古へは常陸水戸に産す。今は出羽秋田に多し、この魚、性雷声を好めり」と見える。

○ハタハタを焼いて口を開けば豊漁（秋田県角館地方）。漁夫がハタハタ田楽を食べればハタハタはとれなくなる（同県平鹿郡）。ハタハタは尾の方から食べると骨が邪魔にならぬ（新潟

県西頸城郡)。

○キジとハタハタを食べると三年の古疵も出る(同県佐渡郡)。ハタハタとゴマ味噌の食合せは死ぬ(秋田)。

蜂　はち

(1)蜂の巣の問題

○ハチが家に巣をつくると、身代がよくなる(山梨・石川・岐阜・高知・佐賀・熊本・鹿児島)、末広で縁起がよい(滋賀県伊香郡)。ハチの営巣を吉兆として歓迎したものだが、土地によっては、その種類、巣をかける場所や方角によって判断が変る。家の北につくると吉、蔵につくってもよし(兵庫県多可郡)。氏神(屋敷神)につくると吉(宮城県本吉郡)。軒にかけると金がたまる(岐阜県不破郡)。戸口にあると都合のよいことがある(鹿児島県国分市(霧島市))。軒先へクマバチが巣をつくると縁起が良い(長野・山口)。軒先にヤカンバチが巣をかけるとよい事がある。(岐阜県高山市)、アカバチが巣をかけると吉(愛知県北設楽郡)、アカバチが屋根棟に巣をかけるのは開運の兆(愛知県南設楽郡)。アカバチが新しい家にかけると縁起が良い(島根県浜田市)。滋賀県神崎郡で、商人は店の軒や天井から巣を吊しておくとよいというのは、ハチの巣は出入りの頻繁なところから、客の多いのを願っての意味だという。クマバチの巣が多いほど繁昌する(栃木)。ハチは繁昌、巣を落とせば家運衰える(岡山県勝田郡)ともいう。いずれもハチの巣を吉兆としたものである。

○身近な虫であるためか、ハチの活躍する話は豊富で、ハチの援助で富を獲得する昔話や伝説は各地に多い。広島県三原市で、ハチが蚊帳に入れば遠くに行った者が帰って来る、というのは、この虫を魂の化身と考えたためである。眠っている男の鼻から飛び出したハチの教えで、黄金のありかを発見した話(夢買長者)には遊魂信仰の痕跡がみられる。ハチを吉祥として、その訪れを喜ぶ信仰は、ツバメの営巣を吉とする伝承などにも通ずるものであるが、一方で凶兆として忌む例もある。
○軒にハチの巣があると縁起が悪い（長野県飯田市）、不時がある（奈良県吉野郡）。屋根につくると戦争がある（愛知）。家の中につくるとその家に死人が出る（奈良）。ツチバチが室内に巣をつくる時には、こわさないと家族の喪をうけることあり（沖縄県国頭《くにがみ》郡）。クマバチが巣をつくると家産が傾く（山口県阿武郡）。家の南につくると不吉（兵庫県多可郡）。現実に凶事をまねいた例として、『魯堂雑話』に「元禄十四年赤穂城門に蜂の戦あり、時に江戸邸にて主人内匠頭殿中にて吉良義央刃傷の事あり」と見えている。
○土地により吉凶いずれに判断するかの別はあっても、ハチの巣に特別の呪力を認める信仰は広い。戸口にハチの巣を吊しておくと、盗人除けになる（静岡・長野）、疫病除けになる（新潟・石川・長野・岐阜）。クマバチの巣を吊すと魔除けになる（福島・栃木・群馬・千葉・山梨・長野・佐賀）。とんぼぐち（入口）の壁にドバチが巣をかけると魔除けになる（神奈川県秦野《はだの》市）。巣ではないが、栃木県ではクマバチの頭を持っているとキツネに化かされないという。
○ハチは火事の無い家を見定めて巣をかける（長崎県壱岐郡）。軒先に避けると火災の憂いなし（福島・茨城・新潟・愛知・和歌山・広島）。庭木につくれば火難を避ける（福岡県甘木市・北九州市）。巣の多い家は火事にならぬ（広島・山口）。火事になる前はハチが巣をかけなくなる（長野県更級・埴科郡）、という。
○反対に火難をうける例として、アカバチが軒に巣をつくると火事になる（愛知県南設楽郡）。カメバチが巣をつくると火事になる（岩手県一関市）。ハチの巣をとると火事が起こる（石川県河北郡）、家の東側の巣をとると火事になる

（長野県木曾郡）。巣を焼くと火事になる（広島）。
○屋敷に去来するハチの行動からも吉凶を占う。ミツバチの飛び来るのは幸運の兆（島根・大分・宮崎）。逃げるのは不吉の兆（宮崎・鹿児島）。ミツバチが群をなして家に来る時は、家運傾く（三重県度会郡）。ハチが家に入ると災難が起きる（秋田県由利郡）。いなくなると不幸がある（愛知県南設楽郡）。新潟県西頸城郡名立町《なだちまち》〈上越市〉では、ハチが家に入ると縁起が良い。福の神が入って来たといって赤飯をこしらえる。ハチが巣をつくると病人が出る。ハチは道場（堂寺の簡単なもの？）を持っているという。
○ハチが巣をかける場所の高低によって、その年の風雨を占うのは全国的である。ハチが低いところに巣をつくる年は、大風がある（岩手・山形・宮城・茨城・栃木・群馬・千葉・石川・富山・山梨・長野・岐阜・愛知・滋賀・奈良・三重・和歌山・島根・岡山・広島・山口・徳島・愛媛・福岡・大分・宮崎・長崎・熊本・鹿児島・沖縄等）、台風が多い（群馬・新潟・静岡・京都・徳島）、風雨が多い（香川県大川郡）。軒下につくると、風が吹く（富山・愛知）、時化が来る（群馬・和歌山）。
○高い場所に巣づくりする年は、大風の心配がない（岩手・茨城・群馬・新潟・富山・福井・長野・岐阜・愛知・滋賀・奈良・三重・広島・愛媛・大分・鹿児島・沖縄等）、台風が来ない（群馬・千葉・愛媛）。屋根の辻（頂上）につくると大風がない（岐阜県高山市）。
○また、川原のヤナギの下に巣をつくると水が出ない（新潟県東蒲原郡）。スガリ（ハチ）の巣が木の下の方にある時は洪水はない（宮城県栗原郡）。川端に巣を営む年は洪水にならない（山形・岐阜）、という。天候予知にたくみなハチが、水に流されるような低い場所に巣をかけるはずはないと信じたもので、これから、低い場所の営巣は、天気が続く（山梨県北巨摩郡）、日照りになる（宮城・新潟・長野）、旱害がある（秋田県雄勝郡）、と延長したものであろう。
○反対に、高所の巣づくりは大水を避けたためとみて、高い所に巣をつくると、その年は雨が多い（山形・山梨・新潟・長野）、大水が出る（宮城・栃木・群馬・千葉・新潟・愛知・山口）、水害にあう（栃木県芳賀郡）、という。高い所に巣があれば大雪（福井・広島）とか、低い時には雪が少ない（福井県鯖江市）というのも同じ。
○しかし、まったく逆の例もある。高い所へつくる年は台風が来る（長野県上水内《かみみのち》郡）、大雨がない（沖縄県竹富島）。低くつくると大雨（岐阜県不破郡）。屋根または軒下につくると大風が吹かない（愛知）、大雪が降る（富山県下新川郡）、という。
○その他、台風のあたる家には巣をかけない（愛知県南設楽郡）。風のあたらない場所に巣をつくる年は大風になる（富山・愛知・和歌山）。日陰に巣が多いと大風が吹く（富山・愛知）。家の北側につくると大風になる（愛知）。日向や露天または家の南側につくると大風はない（愛知）。山草に巣の多い年は風は穏やか（岐阜県高山地方）。ハチの巣の多い年は台風が多い（埼玉）。
○ミツバチがよく働けば翌日は雨（和歌山）。群飛する時は晴れ（岐阜）。ハチが働かないと雨（岐阜県恵那郡）。

蜂　はち

(2)蜂の撃退法、まじないと民間療法

○ハチを追い払う方法には大別して二通りある。一つは、ハチに刺されそうな時には口笛を吹くと逃げる（秋田・山形・群馬・長野・奈良・和歌山・佐賀・長崎・熊本）。『犬つくば集』の「うそ（口笛）をふきふき花をこそ折れ」の句に「軒端なる蜂のずはへ（若枝）の梅咲きて」と付けた例はその一つである。

○いま一つは唱え言である。山に入る前に「アブラウンケンソワカ」と言うと刺されない（宮城）。「アブラホンケンソワカ」と唱えながら額の前で三回指をまわす（新潟県東蒲原郡）。「オオノムシ、サスナラサセ、一寸、アブラウンケンソワカ」と三回唱える（千葉）。紙にアビラウンケンソワカと三行書いて体を撫でる（群馬県利根郡）。同様の唱え言を、栃木県宇都宮市では「アブランケンチンアブランケンチン」、長野県更級・埴科郡では、「アブラノケンシンアブラノケンシン」と伝えている。平たい石を抱えて「アブラオンケンソワカ」と三度唱える（山梨県都留市）。「させばさせ王の虫、一寸もさせ、アビラウンケン」と三回唱えると刺されない（茨城県猿島郡）。「なんまみだぶつ」と唱える（群馬県利根郡）。ハチの近づいてきた時「ハチハチ刺すと親子もとるぞ」と言う（愛知県名古屋地方）。ハチに襲われたときは「わだの原こぎいでてみればひさかたの、くもりにまごう沖津白波」と言う（山形）。「私こと刺すと子を取るぞ」と言ってしゃがむ（栃木県宇都宮市）。ハチをよけるには、手を開いて拇指の方から順に「インイチが一、ニニンが四、ニサンが六、ニシが八」と唱えて拇指を握りこめるとよい（香川）。「ハチハチごめんだ、おらまだぼぼ（嬰児）だぞ」と唱える（新潟県中蒲原郡）。「カマカマ（鎌々）」と言うと逃げてゆく（奈良）。

○ミツバチなどを取りに行く時は、掌に九の字を書いておけば刺されない（奈良）。「ハチ、この山の下道虫、われに向かうな、アビラウンケンソワカ」と唱えてから、下にある石を裏返す。それからハチの巣を横なぐりにつかむ（群馬）。ジスガリバチの巣をとる時は「つばくろや、ときわの国からここへ来て、お家とみかけて巣をかけるかな」と唱える（山梨）。

○『耳袋』巻五に「蜂を捕へんと思はゞ、手に山椒の葉にても実にてもよく塗りて、とらゆるにさす事叶はず。たとへさしても、聊か疵付いたむ事なし。是に仍《より》て蜂にさされ苦しむ時、山椒をぬりて附れば立所に痛を止むる名法の由、人の語りぬ」と見える。

○二十日正月に酒を飲むと刺されない（福岡・佐賀）。長野県北安曇郡では、旧一月十八日の粥を食わぬと刺されるという。

○ハチに刺された時は、歯くそをつけるとよい（青森・秋田・山形・福島・群馬・茨城・千葉・石川・富山・福井・長野・岐阜・愛知・京都・滋賀・大阪・和歌山・岡山・山口・徳島・福岡・佐賀・宮崎・鹿児島・沖縄）、水垢をつける（愛知・奈良・和歌山）、小便をつける（群馬・新潟・三重・岡山・愛媛）、唾をつける（群馬・岡山）、唾液と茶の青芽を一緒につけると疼きが止まる（和歌山）。唾や歯ぐその呪力で痛みを取り去ろうとするもので、ムカデにかまれた時にも同様のことを行う。草の汁をつけると効く、という地方も多い（富山・高知）。アサガオの葉を揉んでその汁をつける（山形・群馬・新潟・石川・福井・岐阜・愛知・京都・滋賀・鳥取・香川・高知・愛媛・福岡等）。白アサガオの、葉の汁をつける（群馬・山口）、花の汁をつける（滋賀・奈良）。ハブ草の葉の汁を塗ると痛みが去る（秋田・長野）。三種類の草をとり塩で揉んでつける。イチジクの白いつゆをつける（群馬県邑楽郡）。シソの葉の搾り汁を塗ると腫れない。メダケの葉の汁をつけると効く（愛知県南設楽郡）。キクの葉を揉んでつける（長野・静岡）。ハチノジ草をつける。豆の葉をつける。スリイモの葉をつける（長野県小県郡）。アロエの汁をつける（福井・山口）。シブガキの汁をつける（福井・長野）。

○キュウリの汁を搾ってつけるとよい（新潟県長岡市）。ドクダミを揉んでつける（群馬・新潟）。ミョウガの葉か、ハブ草の葉をすりこむ（兵庫）。ヤマウドの汁をつけると腫れが引く（群馬）。ソソヤキという草の黄色い汁をつけると治る（静岡県磐田市）。オオサマの草の白い汁をつける（滋賀県高島郡）。刺された所を吸い出してサンショウの葉を揉んでつける（同）。トイモガラの汁を患部につける（鹿児島県日置郡）。カボチャの花を揉んでつける（京都府北桑田郡）。フキの汁（茨城県久慈郡）か、フキの根の汁をつける（石川・滋賀）。コウゾの汁が効く（富山県東礪波郡）。イモのつゆをつける（群馬県邑楽郡）、葉をつける（同）。サトイモの汁を用いる（福井・岐阜・愛知）。ヤマイモの蔓の汁をつける（福井）。クロイモの汁がよい（群馬）。タマネギを二つ割りにして切り口を押しつけると痛みがとれる（岐阜）。

○木の葉九枚をとってこすると治る（福井）。七草の葉の汁をつける（大阪府豊中市）。梅干を貼る（京都府北桑田郡）。黒砂糖をつける（新潟県長岡市・佐渡郡）。酢をつけると腫れない（石川県石川郡）。塩をすりこむ（栃木・群馬）。種油をつける（長崎県南松浦郡）。マムシの焼酎漬をつける（三重県鈴鹿市）。ヤマベを焼いた時に出る油をつける（茨城県久慈郡）。黒砂糖または醬油を用いる（福井県南条郡）。石鹼を塗る（千葉）。ハチの子を殺してつけるとかハチミツをつける（群馬・山梨・愛知）、というのは、刺したハチを殺してその汁をつけよ（愛知・岡山）、という俗信から変化したものであろう。

○刺された時、ハチが水飲みに行く所の水を飲めばハチが負けてしまう（大阪府豊中市）。クマの手でこすると治る（長野県木曽郡）。「ハチハチごめんだ、おらまだほぼだ」と言って走って逃げる（新潟県長岡市）。刺された所に九の字を書く（岩手・新潟・石川・福井・大阪・和歌山・兵庫）。普通のハチなら八の字を三回、クマバチならば九の字を三回患部に書く（愛媛）。刺されたところへ八の字を書き、その上に九の字を書く（和歌山）。地面に円をかき、その中へ十文字を引き、字の真ん中の土を刺されたところへつけると治る（奈良県吉野郡）。九は八を制する、の意で「ハチやと思ったらクやった」と言って三へん九を書く（福井県南条郡）。「ハチハチハチと思うな、八もありゃ十もある」と唱えると腫れない（同県）。「ハチはジュウにまける」（滋賀）とか、「ハチよりジュウがまし」と言って十を書く（兵庫）。

○栃木県安蘇郡では、ハチに刺された時に㈠痛いと言わぬうちに、近くにある石を三つ裏返す。㈡毒消薬をつけて石を一つ裏返す。㈢石を一つ持ち上げて、そこに唾を三度して元のように置く。㈣石を撫でて、そこに唾をかける。㈤砥石をひっくり返して「刺したハチを押し潰すぞ」と唱える。この中の一つをまじないとして行う（『日本民俗学辞典』）。足元の石を裏返す（群馬・長野・奈良・和歌山）。小石を三つ裏返すと痛みが止まる（福井）。「オンムショ、ゴムショ、アビラウンケンソワカ」と唱え、木の葉を三枚裏返してさするとよい（群馬県勢多郡）。傍にある物を裏返して「アビラウンケンソワカ」と三度唱える（長野）。瓦を逆さにする（和歌山）。近くにあるものを裏返す（岩手）。足元にある瓦・草履・わらじ等なんでもよいからそれを裏返しにして暫く踏んでいると痛みがとれる（香川県観音寺市）。「いてえ」と言う前にそばにあるものを三つ裏返す（群馬県富岡市）。「痛い」と言う前に小石や木の葉を裏返すと腫れない（福島・長野・山口）。人の見ていない所で石で傷口を押さえる（京都府北桑田郡）。足元の石を取って唾をかけ、それを地面につくようにしておくとよい（秋田県山本郡）。土の中の石をとって患部を押さえ、もう一度もとの場所に埋めておくと痛まない（京都府）。石信仰に基づくまじないで、石を用いる方が古風であろう。イシガエシ（石返し）がイシュガエシ（意趣返し）に通ずるため、との解釈もあるが、『耳袋』巻一にも、取ろうと思うハチの巣の下にある石や瓦を裏返しにし、それを踏まえて取れば安全だとしてあり、裏返しにする点にポイントがある、との見方もできよう。
○ハチに刺された時「ナムアベラウンケンソワカ」と三回唱え、息を指先に受けて患部を撫でるとよい（奈良）。「おうむ、とよじょう、大しんじん」と三回繰り返し患部をなでると腫れずに痛みがとれる（山形県新庄市）。患部に鉄製のもの、鍬・鎌などを当てておくと治る（愛媛）。傍にある青葉をとって唾をかけ地面に捨てる（群馬県邑楽郡）。ニワトリの鳴くまねをすればよい（沖縄県国頭郡）。刺された時、痛いと言えば言うほど腫れる（愛知県北設楽郡）。刺されると他日おできができる（愛知）。
○大きなハチに刺されたら、水を飲むと死ぬ、ともいう。
◎民間療法。ハチの巣を煎じたものは淋病の薬（愛知県北設楽郡）。喉によい（和歌山）。痔には、巣を乾煎りして粉にしたものを飲む（愛知県南設楽郡）、ハチミツを塗る（埼玉・大分）。歯の痛む時にはハチの巣をかむとよい（富山県東礪波郡）。子供の疳の虫にはハチの子が効く（群馬・千葉・奈良）。クマバチは結核・咳止めの妙薬（熊本県玉名郡）。リュウマチは患部をミツバチに刺させるとよい（岐阜県稲葉郡）。ハチの巣湯はリュウマチの薬である。クマバチの巣を袋に入れて湯に浸したもの（茨城県久慈郡）。魚の目を治すにはハチの子をつぶしたものを用いる（香川）。口中の荒れ・腫物にはハチミツをつけるとよい（北海道・山梨・愛知・岡山・宮崎）。血の道にはクマバチの巣を煎じて飲む、乳の出る薬ともなる（神奈川県津久井郡）。乳を多く出すには、ハチの巣を煎じて飲む（茨城）、巣を黒焼きにして甘酒で飲む（山形県新庄市）。吹出物ができたらハチミツをなめる（富山県下新川郡）。腎臓にはクマバチの巣を煎じて飲む（山口県大島郡）。
○ハチミツを病眼に入れれば効く（山梨）。二千のハチの蜜を搾って瓶に入れておいて目につけると眼病によい（奈良）。突き目にはハチミツを目に入れる（鹿児島）。解熱にはクマバチの黒焼きを服用する（徳島）。中気にはクマバチの巣を煎じて服用する（茨城）。ハチミツを温めて飲むと整腸によい（徳島）。火傷には、ハチの巣を焼いて油で練ったものをつける（北海道・長野・高知）。軽い火傷にはハチミツをつける（埼玉・香川）。鼻づまりの時はハチミツをつける（愛知）。夜尿症にはハチの巣の黒焼きを飲む（山口）。肋膜にドロバチの巣が効く（埼玉）。かぶれ・汗疹が出た時はハチミツをつける（岡山）。ひびにはヤマバチの巣を黒焼きにして飯で練ったものをつける（岩手）。ハチの巣を入れた風呂は産婦によい（山形）。神経衰弱にはハチミツとネギを混ぜて擂ったものを飲む（北海道）。ハチミツを灌腸につかうとよい（福島）。耳だれにはハチミツを耳に入れる（群馬・山梨）。咳の時はハチの巣の黒焼きを飲む（神奈川）。ハチミツを湯に溶かして飲むと便秘・下痢に効く（山梨）。強壮・強精にハチミツを飲む（山口）。瘡にはハチミツをつける（福岡）。

○ハチミツとニラの食合せは癪が起こる（神奈川）。

○ハチに刺されると神経痛によい（大分県日田郡）。

○その他の俗信。ハチの夢を見ると災難がある（秋田・兵庫）。シシバチの夢は悪い（愛媛県上浮穴郡）。ミツバチの夢はよい（同）。カミサマバチを殺すと罰が当たる（愛知）。女が巣を跨ぐと双生児を産む（長野県北安曇郡）。石塔にハチが巣をつくるとその家の老人が死ぬ（奈良県山辺郡）。ツチバチの多い年は豊作（秋田県雄勝郡）。四月八日に雨が降ると巣が腐る（岐阜）。自転車用の油をハチの尻か巣につけると（その人は？）死ぬ（新潟県佐渡郡）。ハチミツと大根を食べると白髪になる（秋田県仙北郡）。耳ご（耳垢）がたまるとハチの子になる（福岡）。ミツバチが死んで落ちるのはヒキガエルがにらんだため（福岡県北九州市）。いしわらどうのあいている人はハチ・ヘビを恐れない（広島）。いしわらどうとは、耳たぶの下、顎の骨の付け口の辺に耳の穴のようなかなり深い穴のある人、またその穴をいう。かじわらどうともいう（北九州でカジワラというのは、耳の前方にまるいくぼみのある人のことで、ヘビに強いという）。

○長野県下伊那地方で「秋ソバの花盛りにアカバチの巣をとれ」というのは、この時期を過ごすとハチの子が成虫になってしまうため。

鳩　はと

○ハトが鳴くと天気が良い（山形・福島・新潟・岐阜・愛知・奈良）、雨中にハト鳴けばやがて晴（宮城）、ハトが鳴けば雪が降りやむ（新潟）、ハトが鳴くと雨が降る（山形・宮城・栃木・新潟・岐阜）、ハトが一回鳴けば明日雨、二回鳴けば二日後に雨（山形）、のように、ハトの鳴き声による占候にも晴雨の対立が見られる。そのうえ鳴く時間や鳴き声、場所などで細かな占候法もある。

○朝バト鳴いて川越すな夕バト鳴いて空見るな（福島・茨城）。朝ハトが鳴くと俄か雨で川が氾濫して戻れなくなり、夕方ハトが鳴くのは天気を考えるまでもなく明日は晴、の意。朝バト鳴けば川越すな夕バト鳴けば蓑を干せ（または人雇え、とも）（茨城）、朝バト鳴けば日傭帰せ夕バト鳴けば日傭頼め（岐阜）、などの俚諺《りげん》に示されるように、朝ハトが鳴くのは一般に雨の知らせとされる。同様のことわざでは、朝バトは雨（石川・沖縄）、夕バトは晴（熊本）、朝バトは雨、夕バトは晴（山形・宮城・福島・茨城・千葉・栃木・岐阜・愛知・福岡）、朝バトは百日の降り（岐阜）、夕バトは百日の日照り（新潟）、雨の日の夕方ハトが鳴くと雨が上がる（岐阜）、などがある。しかし、群馬では、夕方にハトが鳴いたら川を渡るな（天気が悪くなり、利根川が増水して危険になる）、茨城でも、朝バトは日が照り、夕バト鳴く時川越すな、新潟でも、朝バトが鳴くと天気が良い、と、反対の予想をする所もある。島根では、ハトの夜鳴くは晴、という。

○山形県下では、ハトの鳴き声が時折「テテ」と尻上がりする時は雨で、雨が近くなればさらにけたたましくなる（山形市）。ハトが「デデッポッポ」と鳴くと翌日雨、「デデッ」と鳴いてやむと翌日は晴（山形県飽海郡・西村山郡・新潟県村上市・宮城・福島）。ハトが「テテッポッポ」で鳴きやむと雨降りで、「ヘー」と後を引くと好天（山形県最上郡）と鳴き声の微妙な違いによって晴雨を占う。他の所でも、ハトがテデッポッポーテデーッと鳴くと晴（宮城）、テティポッポと鳴くと雨（新潟・岐阜）、ホーホーと鳴くと雨が近い、テテーピョッピョーと鳴くと雨が降る（石川）、トートーコイコイと地鳴りのするような声で鳴くと雨（愛媛）、ハトが鳴いて返す声があると晴れるが返す声がないと雨が降る（岐阜）、などという。群馬では、ハトは夕方の気象をよくきかせてくれる鳥で、ハトが激しく鳴くと雨が降ってくる、というので、その時は山仕事をしている人も仕事を切りあげた、という。

○ハトが鳴く場所による天候占いでは、ハトが山で鳴くと晴、川で鳴くと雨が降る（群馬）、ハトが日面で鳴くと晴れて日陰で鳴くと雨降り（岐阜）、などがある。またハトが水を浴びると翌日は雨（鹿児島）、という。

○降雪についても、ハトが里にいる年は雪が浅い（福島）、冬、ハトが畑で何か食べていると大雪が降る、ハトが人家の近くに寄ると雪が降る（共に愛媛）、などという。

○『和漢三才図会』に「鳩の性慤《かく》孝にして、巣を為るに、纔《わずか》に数茎を架して往往に卵を堕す。天将に雨ふらんとすれば即ち其の雌を逐ふ、霽《は》るるときは則ち呼びて之を反す。（略）或は云ふ、雄は晴を呼び雌は雨を呼ぶ」とある。

○ハトは雑木林や松林の樹上の枝へ枯れ枝を置いただけの簡単な巣をつくるが、この巣に関する俗信では、ハトが巣をつくる家は病人が出る（新潟）、ハトの巣を見るとその家に葬式がある（岐阜）、ハトの巣を見た人は死ぬ（和歌山）、山でハトが巣をつくっているのを見たら必ず不幸事に行き当たる（愛媛）、と縁起の悪いものとされている。長野県飯田市でも、ハトの巣は忌むべきものといわれており、その理由として、人が死んでお墓へ持っていく時は二本の棒を渡してその上に棺をのせるが、ハトの巣は二本の棒を渡した上にタマゴをコロンと産んであり、それが棺を持って行く時とよく似ているのでいやがったものらしい、といわれている。

○ハトを民間薬として使用する反面、ハトを食べることを忌む俗信がある。奈良では、ハトを食べると鳩胸の子供が生まれる、愛媛では、ハトは口から子を産むので妊娠中にハトの肉を食べてはいけない、といい、広島・山口でも、妊婦がハトを食べると子供が口から生まれる、と、女性や妊婦がハトを食べることを禁ずる。

○白いハトを捕らえると神の祟りがある（秋田）、白いハトは八幡様の使だから殺さない（新潟）。白いハトならずとも、ハトを神の使者として捕獲を禁ずる俗信がある。ハトは神様の使だから殺してはいけない（岩手・新潟・富山）、ハトは天神様のお使だから捕らえると字が下手になる（新潟県佐渡郡）、ハトは八幡様のお使だからいじめると耳が腐る（岐阜県高山市付近）、などがそれである。富山県氷見市では、ハトを追うと出世できないといい、福井でも、ハトを殺すものではない、という。また、福岡県朝倉郡・北九州市でも、ハトは八幡様の使といい、秋田県北秋田郡では、八幡神社を祭る地区ではハトに触れてはいけないといって戒める。長野県北安曇郡では、病気が治れば一生ハトを食べないことを誓って八幡様に願をかける。これらは八幡信仰との結びつきを語るものであるが、『和漢三才図会』にも、「八幡鳩。（略）、城州八幡山に最も多し。俗以って神使と為す。（略）八幡産土《ウブスナ》の人誤りて之を食すときは、則ち唇脹腫悶乱す。蓋し、此れ神と人と相感じて然らしむ者か」とあり、『倭訓栞後編』には「八幡宮の使といひならはせしは鳩と幡と訓通ふをもてなり。又山を鳩の峰と称せり」とある。

○沖縄では、ストド（ハト）の鳴き声は死人の出る予告で、死人が出ると鳴きやむ、と伝えられ、鳴き声がストドウドウドウと気味悪い感じに聞こえたときは用心した、という。栃木でも、ハトが夜鳴きをすると孕み女が死ぬ、と、鳴き声を忌む。また、家にハトを飼うと死人が絶えない（千葉）、ハトを飼うと不時がくる（奈良）、神奈川でも、ハトは鳴き声が病人の唸り声に似ているからハトを飼ってはならない、とハトの飼育を嫌う。

○例外的なものとして、秋田県仙北・雄勝・平鹿の各郡で、ハトの鳴き声は中風の薬、という俗信がある。

○民間薬として、ハトは難産に効く（青森）、寒のハトは脚気によい（愛知）、中風にはハトの卵を食べる（奈良）、腫物や瘡などの皮膚病にはハトの塩漬を飯粒と練り患部に貼る、百日咳にはハトの黒焼きを服用する（共に鹿児島）、などの療法が伝わる。また、手や足のマメ（肉刺）を治すには、患部に「鳩」と書く（愛知）、「鳩」という字をマメに三回書く（神奈川・静岡・福井）、「鳩」という字をマメに通す（群馬）、ハトと書いた紙を裏返しに貼る（長野）。これは、ハトがマメ（豆）を食うところから生まれた呪術で、クサ（瘡）に「牛」と書くものと同一の信仰からの療法である。

○特定の神社に病気治癒を祈願し、その御礼参りにハトにちなんだものを奉納する例として、三宅八幡社は特に子供の疳の病と腫物に霊験あらたかだが、御礼参りにハトを描いた絵馬を奉納する（京都）、天満宮の目に神に眼病の人が祈願して治ると、お礼に土のハトを奉納する（大阪）、などがある。また、伏見稲荷の土バトも喉つまりや胸のつかえのまじないにされる（京都）。
○ハトに豆鉄砲、ハトの豆使い、ハトを憎みマメを作らぬ、など、とかくハトは豆との因縁を語られるが、青森では、ハトに悪戯をするとハトが豆畑に悪戯をして豆を実らせない、という。広島では、ハトが多い年は豆の作が悪い、という。ハトが鳴き出せば豆を蒔く（新潟・長野）は、豆蒔きカッコウなどと同意で、ハトの鳴き出す頃が豆蒔きの時季という意。（長野では、ハトが鳴くようになると春蒔き野菜の種を蒔く、ともいう）
○以上の他、次のような俚言・俗信が行われる。着物の袖から顔を出しているのをハトに見つけられるとその人は死ぬ、ハトは「飛び去る」意味から婚礼の時は不吉としてハトを用いない（共に秋田）。ハトとタケノコは食合せ（福岡）。ハトが家の屋根の上を飛んだ時は外国から便りがある（鹿児島）。ハトは夫婦仲の良い鳥である（沖縄）。

蛤　はまぐり

○ハマグリを食べると舌を出す子を生む（千葉・広島・大分）。口を開き出入管を出している貝の姿から連想したものであろう。
○婚礼の吸い物にハマグリを用いる風習も広く行われる。そのわけは、ハマグリの貝殻は二枚ぴったり合って他の貝では合うことがないため、夫婦仲がよい、また貞女は両夫にまみえず、の意であるという。
○昔話の「ハマグリ女房」は、女性に変身したハマグリが嫁いだ夫に、恩恵を与える筋立になっている。なかでも、女房が機を織って夫に与える話は、室町期のお伽草子『蛤草子』にも見え、古くから水神信仰を背景にして、神霊を宿すものとされていたらしい。
○婚礼や雛節供をはじめ、食用として広く用いられるが、秋田県や大阪府枚方市では、ハマグリとミカンの食合せは悪いといい、神奈川県では、ハマグリとトウモロコシは腹痛を起こすという。
○火傷には、生きたハマグリの身をつぶした汁をつけるとよい（香川県三豊郡）。三重県名張市の蛭子神の祭にはハマグリ市が立つが、そのハマグリを焼いて食べると寝小便が治るという。
○岡山市では、妊婦がハマグリを食べると死ぬ、という言い伝えがあった。『魚鑑』（天保二年）に「或は雛祭《ひいなまつり》を限り、八月十五夜までの間食ふべからず、其中子を孕みて毒あり」と記されている。また「ハマグリは虫の毒」というのは、ハマグリを子供が食べると、虫を起こす、という俗説から出ている。

羽虫　はむし

○ここにいうハムシは有翅類の小昆虫の総称を意味している。山形県東村山郡で、家の軒にハムシが飛びかかっていると翌日は雨になるといい、ハムシの多く飛ぶ時は、雨になる（岐阜・奈良）、翌日雨になる（岐阜県高山地方）、と伝えている。長野県飯田市では、ハムシがたくさん飛んでくると雪になるという。

鱧　はも

○目がかすむ時はハモの肝を酒で飲むとよい（広島県豊田郡）。ハモの肝臓を食べると夜盲症や胃病によい（香川）。ハモは心臓病に薬効がある（和歌山）。

針千本　はりせんぼん

○フグ目の海魚。戸口に下げておくと、魔がささぬ（新潟）、悪病が入らぬ（同県西頸城郡）、家人が病魔におそわれない（石川県鹿島郡）、鴨居に下げておくと魔除けになる（青森）という。
○十二月八日は針供養の日で、ハリセンボンという魚が吹き寄せられる日である、と日本海岸地方ではいう。富山県新湊市〈射水市《いみず》〉辺りでは、昔、姑にいじめられた嫁が針山の針を盗んだという無実の罪をきせられて海に身を投げたのが、十二月八日であるといわれ、それで今でも前の日から海が荒れるのだ、といい、娘のある家々では、針仕事を半日休んでその供養をするという。兵庫県城崎郡香住町〈美方郡香美町〉でも、この日浜辺を歩きハリセンボンを見つけると、尾を糸でくくって門口に吊り下げ、悪魔除け、流行病除けのまじないにするという。

【ひ】

雲雀　ひばり

○ヒバリもまた、他の小鳥と同様に鳴き声や飛翔のしかたで天候占いをする。即ち、ヒバリが空高く上がるは晴天（宮城・愛知）、広く舞えば大風（広島）、昼まで鳴いて舞い上がったらその日は晴（愛媛）、空でさえずったら天気になる（奈良）。これとは逆に、低い所で鳴くと雨が降る（秋田）、ヒバリがさえずると二、三日の後に雨（山形）、ヒバリが騒ぐと洪水（広島）などともいう。

○営巣についても、ヒバリが高い所に巣をかけると雨が多い（山口）、巣が東向きは台風無し、南向きは台風あり（鹿児島県喜界島）、と年間の天候占いをする。

○秋田では、ヒバリを捕ると火事になる、千葉では、ヒバリの巣をとると火事になる、と、共に火の祟りを言ってヒバリに危害を加えることを忌む。長野県埴科郡でも、ヒバリの子を捕らえると「親死ね子死ね、家火事になれ、味噌酸くなれ、あとカヤ生えろ」と呪って鳴く、という。

○ヒバリの塩漬（または味噌漬）は痢病や疝痛に用いる（山形・千葉）。

○以上の他、次のような俗信がある。ヒバリが菜種の莢《さや》を三莢食えばその菜種は刈り取ってもよい（岐阜）。ヒバリにかまれるとその日のうちに死ぬ（福岡）。集落内にヒバリが来て鳴くと近いうちに死人が出る、家の上で鳴く時はその家の主人の運気が弱まっているという（沖縄）。ヒバリは「天道爺、金よこせ金よこせ」と鳴いて上がる（新潟）。

ひむし

○ヒムシといえばカイコのさなぎのことであるが、ここにいうヒムシは定かでない。『新説ことわざ辞典』によれば、ヒムシはマメハンミョウのことで、この虫を串に刺して畑に立てておくと、これを見て恐れをなしてムシが来ないようになる迷信とある。広島県山県郡で、かまどの上にヒムシ（火虫）が出ると金がたまるといい、同県庄原市でもゴキブリ・ヒムシの多い家は栄えるとか、これを串刺しにして立てれば来なくなる、と伝えている。

鵯　ひよどり

○「渡りヒヨドリに戻りツグミ」の諺があるように、ヒヨドリは西南日本の温暖地で冬を越すが、この漂行について、ヒヨドリが多く渡って来るとカタシ（サザンカ）が多くなる（鹿児島県甑島《こしきしま》）、ヒヨドリはツバキの花を吸い始めると苦くなるが、これは遠く飛ぶために脂肪を抜くからだ（福岡県八女郡）、などという。ヒヨドリの漂行してくる時期がシイの実の熟する頃、またサヨリ漁の始まる頃なので、渡って来たヒヨドリに「ヒーヨ、ヒヨノシイの実落とせ、サイラ（サヨリ）とれたらほったら」と子供たちは呼びかける（和歌山県西牟婁郡）。

○ヒヨドリは時を知らせ、正午頃と午後六時頃に鳴く（愛媛）。

○愛知では、ヒヨドリが鳴くと天気になる、長野では、ヒヨドリが峰で鳴くと天気が良い、というが、沖縄では、ヒヨドリ鳴けば雨、と、逆の予想をする。以上の他、ヒヨドリが群れて飛ぶとヒヨドリナギといって凪になる（青森・東京）、ヒヨドリが高く飛ぶと大風が吹く（奈良）、ヒヨドリが沢へ降りる時は天気が変る（長野）、などの天候占いがある。

鮃　ひらめ

○親を睨むとヒラメの目のようになる、ということわざは各地で行われている。秋田県平鹿郡ではヒラメを食べると片目になるという。同様の俗信はカレイについていうこともある。これらの魚の両眼が体の片側についているのを親不孝の報いと見立てたものであろう。延享二年大坂竹本座初演の『夏祭浪花鑑』の詞に「おのれは親を睨めおるか、親を睨むと平目になるぞよ」とある。

○昔のアイヌの漁業暦では、長万部《おしやまんべ》山に残雪がカレイの形に見える頃がヒラメの漁《と》れ時という。

○長崎県西彼杵郡では、ヒラメは胃の薬として用いる。

蛭　ひる

○ヌマヒル（沼蛭）は人に付くと雷鳴のするまで放れず、これを堪え忍ぶ人には福運が来る（青森）。ウマビル（馬蛭）につかれると雷の鳴るまで放れぬ（千葉）。オオヒル（大蛭）が食いつくと雷が鳴らないととれない（愛知）。ヤマビル（山蛭）に食いつかれると雷が鳴るまで放さぬ（愛知・広島）、という。

○ヒルを食べると頭の毛がみな抜ける（愛知とか、ヒルの血が目に入ると盲目になるから殺してはならない（福井・愛知・大阪・佐賀）という。『和漢三才図会』にも、石蛭・泥蛭を誤って食うと眼中は烟を生ずるが如き状態になる、と記されている。ヒルの口や目に塩をつけると悪病にかかる（兵庫県加東郡）。ヒルが肛門に入ると死ぬ（愛知）、ともいう。熊本県玉名郡南関町で、スバコ即ちコウガイビルの類に小便をしかけると、小便を伝って体内に入るから決して小便をしかけてはならぬという。同様の伝承が壱岐島にもあって、ここではスンバクと伝えているが、同一のものか、あるいは寸白《すばく》（サナダムシ）のことか定かでない。
○田にヒールがたくさんいるとイネがよく出来る（広島）。ヒルの吸いついた夢は悪い（佐賀県佐賀郡）ともいう。
○ヒルに塩をかけると、弱る（愛知）、溶ける（岡山）。ヒルに食いつかれたら塩をかけると離れる（奈良）。勢いを失って、萎縮した状態を「ヒルに塩」（長野・岐阜・和歌山・島根・山口・愛媛・高知）とか「ヒルに塩かけたよう」（兵庫県赤穂市）という。『古今夷曲集』（寛文）に「花の露も日かげうつれば蛭に塩昼はしほほとなれる朝顔」と見える。
○ヒルが吸いついたらチドメグサを貼るとよい（富山・岡山・熊本）。吸われて血が出るときは、藁すべに唾をつけてくくると治る（和歌山）、ヒルクサをつける（岩手）。岡山県川上郡備中町の観音寺付近ではヒルの吸い口に寺の香の灰をつければ治るという。
○民間療法。ヒルに腫物の血を吸い取らせる（千葉・静岡・岡山・福岡・大分・佐賀・沖縄）。ミズビルに吸い取らせる（沖縄）。肩がこる時には肩の血をヒルに吸わせると治る（北海道・茨城・東京・石川・福井・岡山・大分）。痔にはヒルに血を吸わせる。赤味噌にヒルを混ぜ、紙の上にのせたものを痔の上に置き、灸をするとよい。寝小便にはヒルを焼いて食べる（愛知県南設楽郡）。火傷には、彼岸のヒルの卵をとっておいてその汁をつける（岩手）。声がれのときはヒルを呑む（京都市下京区）。頭痛が止まらないときは田の中のヒルに血を吸わせる（山形・富山）。ヒルに血を吸わせると、高血圧によい（山梨）、疔などに効く（千葉）。

【ふ】

河豚　ふぐ

○愛知県豊橋市高師《たかし》町の車神社の祭神は、うつろ舟に乗ってこの地に漂流し、転覆せんとした時にフグに助けられた。このため、氏子はフグを食べないという。鳥取県八頭郡若桜町では、魔除けにフグを入口に吊す。フグをテッポウと称するのは、あたれば死ぬ、という意味。上方で多く使われる呼び方で、フグの刺身をテッサ、フグちりをテッチリ、などという。

○美味で知られる魚だが、フグ毒の危険があり「河豚は食いたし命は惜しし」の諺もある。岡山県でフグに鍋墨が入ると必ず中毒するといい、広島県ではナタネフグは中毒しやすいという。解毒の方法には、砥石くそを飲む（大分）、砥石くそを飲み、砥石を枕にして寝る（岡山）。地面を掘り中毒者を首まで埋める（静岡・山口）。紺の布を絞って出る藍を飲む（長崎）とよい、という。古くは『歌摘録』（寛永版）に「ふぐにもしよひたるときは芦のねのしるをしぼりて多くのむべし」と見え、また、毒にあたった男が人糞を食って一命をとりとめた話が『甲子夜話』巻六十に記されている。

○食合せ。フグと、ぜんざいは腹がせく（福岡）、ホウレンソウは命にかかわる（富山・愛媛）、夏菜は中毒する（千葉）。アズキ（愛媛）、すし（山形）を忌む。『魚鑑』に「桔梗・菊花・甘草・烏頭・附子を悪む」とある。

○民間療法。痔にはフグの黒焼きを貼る（福岡）。神経痛にはフグの胃をアルコールに溶かしてつける（秋田）。フグの干物を食べると瘧が治る（愛知）。ハコフグの肝臓を煎って出た油を創薬として用いる（愛知）。フグを盗んで食えば夏病みせぬ（岡山・広島）。『甲子夜話』

巻六十には、病む者が、フグを食って死のうと考えて飽食し、毒にあたって嘔吐したため悪病が治った話が載っている。『魚鑑』（天保二年）に「一切の冷症・腹痛腰痛帯下《こしけ》を治す」と見える。

梟《ふくろう》

○「フクロウの宵鳴き糊すって待て」の諺があるが、晴雨の判断は土地によって一様でなく、正反対立が見られる。例えば、夜明けのフクロウは雨、宵のフクロウは晴（三重県志摩郡）、フクロウが朝日の当たっている山で鳴くと天気が良く、夕日の当たっている山で鳴くと天気が悪い（福井県今立郡）、フクロウが朝鳴くと晴、夕方鳴くと雨が降る（山口県佐波郡）、の如くフクロウの観天望気は複雑であり、鳴く時間や場所、鳴き声によって、同じ県下でも所々で多様の予測をする。福岡では、コーズ（フクロウ）の鳴いた翌日はモミを干せ、と晴天の予兆とする。同様にフクロウが鳴く（夜鳴く）のは晴という所は多い（青森・秋田・山形・宮城・福島・茨城・千葉・神奈川・新潟・富山・岐阜・長野・愛知・福井・滋賀・奈良・兵庫・鳥取・島根・岡山・広島・愛媛・鹿児島）。これに対し、フクロウが鳴くと雨が降る（夜鳴くフクロウは雨模様）、という所は、秋田・山形・新潟・岐阜・愛知・和歌山・広島・愛媛などである。

○朝鳴くフクロウは日和（宮城・富山・岐阜・福井・大阪・広島）という反面、山形・広島では、夜明けにフクロウが鳴くと天気が悪い、と悪天の前兆とする。

○フクロウが日陰で鳴くと雨が降り、日なたで鳴くと晴れる（福井）、フクロウが日の当たっている山で鳴くと天気が続く（岐阜）、フクロウが山の谷で鳴くと雨（奈良）、と、場所による占いもする。

○鳴き声の調子については、フクロウの鳴き声がさえていると良い天気（群馬）、ぐずった声で鳴く日は雨（福井）、などがある。岩手県陸前高田市では、雌のフクロウが鳴くと晴天になり、雄が鳴くと嵐になると、雌雄別による予測をする。
○富山県氷見市では、フクロウがノリツケホホホーセホホと鳴けば晴天、トロツケホホホーセホホと鳴くと雨降り、ジャジャと鳴くと風模様、と、鳴き声の聞こえ具合で明日の天候を占うという。同様の占候で晴の予兆とされる鳴き声は、ノリツケホーセ（またはノリツケホセ）（秋田・山形・新潟・滋賀・京都・石川・愛媛）、ノリツケデホシ（山形）、ノリツケホシィホーホー（三回）（福井）、ノリツケホウ（大阪）、ノリツケホヘ（秋田・山形）、ノリツケホホ（加賀）、ホウホウノリツケナセ・ホホンノリスットケ（共に滋賀）、ノリスリオケ（兵庫）、ノリツケホウソウ・ノリツケホウセン（鳥取）、ノリスロケ（奈良）、テリツキホウホウ（福島）などがある。
○雨を呼ぶ鳴き声は、ノロスケホーホ（ノロスケホーホー）（秋田・山形）、ノリトロケ・コロットコケ（共に奈良）、ノリトリオケ（兵庫）、ノリツケオーケ（滋賀）、ホーホトリコメ・ホシタラトルコメ・ゴゴゴゴー（共に新潟）、ドロツケホウセン（鳥取）、コロリトカエセ（京都）、トウエッテトウコイ（加賀）、ドンドン（石川）、フルツクフーフー（愛媛）、ヌレツキホウホウ（福島）などである。
○所によってはこの聞き做しに晴雨となる理由を付会する。例えば、秋田では、ノリツケホセは洗濯物に「糊つけ干せ」で晴といい、奈良でも、ノリスロケは洗濯に用いる「糊をすろか」の意であり、ノリトロケは「糊がとろけて使用に堪えぬ」で雨天を予想するものだろうか、といわれている。テリツキホウホウ・ヌレツキホウホウ（福島）も「照り」と「濡れ」であり、トリコメ・ホシタラトルコメ（新潟）も「乾したら取り込め」である。『和漢三才図会』に

「将《まさ》に霽《はれ》んとするとき、乃利須里於介と曰ふが如し、将に雨ふらんとするとき、乃里止利於介と曰ふが如し、以って雨晴を占ふ。初めは呼ぶが若《ごと》く、後は笑ふが若しと云ふは是なり」とある。

○晴雨以外の天候占いでは、フクロウが鳴くと雪が降る（青森）、フクロウが鳴くと風が吹く（秋田）、フクロウが低空を飛ぶと嵐になる（鹿児島）、という。山形では、フクロウが鳴いてからは雪は降らない、フクロウが鳴くと暖かくなるという。フクロウ科の中でもアオバズクは夏鳥として青葉の頃に渡来し、夜間にホーッホーッと二声ずつ鳴く。

○フクロウの鳴き声、特に一定の鳴き方を凶兆とする所が多い。フクロウが鳴けば地震がある（秋田）、フーフー鳴くと良くない事が起きる（愛媛）、フクロウが鳴くと人が死ぬ（和歌山・鹿児島）、夜鳴くと人が死ぬ（佐賀・熊本・鹿児島。鹿児島では不吉とも）、イヌを呼ぶと（鳴き声がコイコイとイヌを呼ぶように聞こえること）人が死ぬ（三重・奈良・和歌山）、人を呼ぶと人が死ぬ（和歌山）、小僧来い小僧来いと鳴くと必ず人が死ぬ（新潟）、などがその例である。人家近くに鳴くこともやはりゆゆしい事とされ、フクロウが家の付近で鳴いた場合、凶事や心配事がある（千葉・佐賀）、家内に病人が出る（和歌山）、という。沖縄では、チクク（フクロウ）が屋敷内で鳴いたらその家に災厄が起こる（または死人が出る）、屋根の上で鳴いたら不吉で必ず死人が出る、とやはり鳴き声を不吉なものとする。

○屋敷や室内に入ってくるフクロウは祖先の使として頼み事を携えてきたものだ（八重山）、チククやクカル（琉球アカショウビン）が屋内に飛び込んできた時は不吉だから浜降り（禊）をしなければならない、と沖縄では、鳴くと否とにかかわらず忌むべきものとする。ただし、屋敷内に入らずに鳴く場合は、チククが門で鳴いた時には遠方から吉報が来る（沖縄県国頭《くにがみ》郡）、とこれを喜ぶ。『本草記聞』に「夜人家屋上ニ鳴ク、人ノ嫌フ鳥ナリ、屋上ニ来リ鳴ケバ其ノ家ニ禍アリト云フ、和漢トモニ同談ナリ」と見え、『五雑俎』に「猫頭鳥は即ち梟なり。閩《びん》人最も之を忌む。云ふ、是城隍の摂魂の使者なりと。城市の屋上に梟有りて夜鳴けば必ず死喪を主《つかさど》る」とある。

○オホ（フクロウ）が鳴けばヨナカ（作柄）が良い（青森県三戸郡）。フクロウが宵に鳴くとカツオがとれる（和歌山県西牟婁郡）。フクロウが鳴き出すとセリに毒ができるから食べてはいけない、フクロウが鳴くとムギが熟れてくる（このゆえにフクロウをムギウマセドリと呼ぶ）（共に長崎県壱岐郡）。

○フクロウが鳴けば子供が生まれる（長野・大阪）。フクロウが低くいて鳴くと物価が下がり、高くいて鳴くと物価が上がる（長野県安曇地方）。

○フクロウが一声鳴くと、カを一升吐き出す、三升吐き出す、三十匹吐き出す（共に愛知）。

○フクロウの鳴きまねをして本物のフクロウに鳴き負かされるとその人は死ぬ（福島）、フクロウが「ノリスケホウスケホウホウ」と鳴いているときそれに答えて負けると死ぬ、フクロウとかけあいをして負けると人が死に、勝てば翌朝家の前にフクロウが死んでいる（共に新潟）、フクロウは「ボロキテテトウコイ」と鳴くが、そのまねをするとフクロウが鳴きやむまで続けなければその人は死ぬ（山口）。このように、フクロウもホトトギスなどと同様、鳴きまねをすることを嫌う。

○フクロウは羽毛を抜いて火に見せる（秋田県平鹿郡）。秋田県仙北郡には次のような話が伝わる。夜、フクロウのとまっている所はポーと明るく見え、人が近づくと光る物を盛んに落とすが、それは羽毛である。そこで、その木の下で、わざと「おゝ怖い」などと言って身震いすると、フクロウはますます光る羽毛を落としてよこす。しまいには毛がみな抜け落ち、赤メロになって、枝からドタリと落ちてしまう。それを手捕りにしてくる。

○フクロウは粘土で自分の雛をつくる（秋田県仙北郡）。フクロウは土を丸めてわが子とする。『仮名世説』に、「支唐禅師は、源子和が父の方外の友なり、諸国行脚の時、出羽国より同宗の寺あるかたへゆきて、其の寺にしばし滞留ありしに、庭前に椎の木の大なるが朽ちて半よりをれ残りたり、一日住持此の木を人して掘りとらせけるに、朽ちたるうつろの中より雄雌の梟二羽出て飛去りぬ、其の跡をひらきみるにふくろふの形を土をもて作りたるが三つ有り、其の中にひとつははやくも毛少し生えて啄足ともにそなはり、すこし生気もあるよう也、三つとも大さは親鳥程なり、住持ことに怪しみけるに、禅師のいはく、これは聞及びたる事なりしが、まのあたり見るはいとめづらし、古歌に、ふくろふのあたゝめ土に毛がはえて昔のなさけいまのあだなり、と此の事をいひけるものなるべし、梟はみな土をつくねて子とするものなりと。住持も禅師の博物を感ぜり」とある。

○以上の他、次のような俗信・俚言がある。コーズ（フクロウ）に咬まれると雷が鳴るまで放さない（福岡県北九州市）。フクロウを捕らえれば戸主に祟る（秋田県仙北郡）。フクロウを捕らえて家の中に入れるのは不吉（鹿児島県国分市（霧島市））。フクロウの夢は葬式の夢（沖縄県国頭郡）。大晦日に風呂に入らないとフクロウになる（和歌山県日高郡）。

豚《ぶた》

○産婦がブタ肉を食べると顔が長くなる（長野）、とブタを食べることを忌むが、ブタの体の各部は民間薬として利用された。ブタの頭とサンキライとビンズマメを共に煮て食すると逆上の下げ薬になる（沖縄）、胃拡張・胃痙攣にブタの肝臓を乾燥したものを少し飲むと神効あり（香川）、胃病には、ブタの胆汁を水で薄めて飲む、ブタの胃とハツモドキの実を煮つめて食す、ブタの心臓・肺・若菜を共に煮て食す（共に沖縄）、咽喉カタルには肝臓を黒砂糖で煎じて飲む、夜盲症には肝臓をヨシススキの葉の根元の白化部共に煮て食す（共に沖縄）、アカギレにはブタの油、ヒツジの油、食用油などを混ぜて煎じたものをすりこみ、フジの皮を巻いて縛っておく（埼玉）、しもやけ・ハチ刺されにブタの油をつける（愛知）、切り傷にはブタの油・鍋煤・塩の三種を混ぜて塗る（沖縄）、火傷にブタの油を塗る（東京）、夜尿症には、ブタの睾丸（愛知）や肉を食べる（石川）、腫れ物を散らすにはロースや黒砂糖で煮て毎朝食べる（沖縄）、などの療法があり、また、ニコチン中毒にはブタ小屋の臭気をかがせるとよい（沖縄）、という。

○てんぷらとブタの肉は胃病を起こす（鹿児島）、ブタ肉とタニシは毛が抜ける（不明）、と、食合せとしてこれを忌む。

○ブタの病症に対しては、ブタの下痢にはクマザサの葉を煎じて粉にしたものを食わせる、また消し炭の粉を食わせる（島根）、ブタが食欲不振になったら消し炭の粉を与える（愛媛）、という。ササや炭はブタのみならずウシ・ウマの病気にも用いる。千葉では、ブタの出産には布田（東金市《とうがね》）の薬師の血の薬を飲ませた。

○天候予想では、ブタは風が吹くのを予知して身をもがく（岡山）、ブタが巣をつくると雨天（沖縄）、と風や雨を占う。

○ブタが台所や家内に入ったら尾を切らねばならない、また、災厄があるから浜降り（災厄を払いのけるために海浜におりて潔斎すること）する（沖縄）。屋内に入ることを凶事とするのは、ウシ・鳥類などと同様である。ブタの夢は人の呪を受ける。

○水死者の死体が上がらない時はブタの頭を海に投げ込むとブタに代わって死体が浮き上がる。

夜道の途中で妖怪を見たり驚いたりした場合、フールの神が悪霊を追い払ってくれるようにとブタ小屋に廻ってブタを起こしてから家に入る、または、ブタを殴って鳴かせる。もし鳴かなければ化物が追って来ている。ブタ小屋に落ちると一寸法師《チマラー》になるか、また石女・石男になる。ブタ小屋で驚くと霊が抜け出てしまう。ブタ小屋に唾を吐くとブタは盲神だから貧乏神になってしまう、と、共にブタ小屋でこれらの所作を忌む（以上、沖縄）。

○鹿児島県沖永良部島では、白いブタが股をくぐるとその人は死ぬ、といい、徳之島でも同様のことがあり、なかには魂《マーブイ》を五つも六つも持っている人もあるが、そういう人でも五、六回くぐられると死んでしまう、とこれを忌む。

鮒《ふな》

○秋田県雄勝郡や富山県新川《にいかわ》地方で、フナがはねると雨が降るという。富山県氷見郡では、フナがたくさん浮けば翌日雨が降るといい、新潟県西頸城郡では、フナが浮くと翌日は晴天という。同様の俗信はコイにも多い。フナは天候や水温の変化によって泳層が敏感に変わることとも関係があろう。

○秋田県で、フナの夢を見ると不幸が出るというが、佐賀県佐賀郡では、フナの夢はよか夢、うろこのある魚の夢はよか夢と伝えている。

○食合せ。フナと、ケシは痔が起こる（秋田県山本郡）、カラシ・カンゾウは中毒する（同県南秋田郡）、カラシは黄腫をなす（栃木）、という。ほかにも、イノシシ・タケノコ（大阪府枚方市）・ブタ（岩手）との合食せを忌む。『歌摘録』（寛永版）に「ふなにこそからしにんにくいのし、やきじもさたうもきんもつとしれ」と見え、天正頃の『月庵酔醒記』には「ふなとさとうくいあハすれハ虫になる」と記されている。

○民間療法。下痢止めには、フナの刺身を梅酢でつかう（和歌山）、フナを焼いて煮たのを食べる（奈良）、皮や骨を取り除き生酢として一、二匹を用いる（千葉）。フナずしやフナ味噌汁は胃腸カタルによい（滋賀県高島郡）、丸焼きは胃腸病によい（和歌山）。腹病には、フナを焼いて茶に浸して飲む（岩手）、寒ブナの干したのを粉末にして飲む（山口）。肺炎には、フナの生血を飲む（福島）、フナをすり鉢ですってガーゼに延ばして足の裏に貼る（岡山）。寒ブナは心臓病によい（福島）。出産後フナを食べると乳の出がよくなる（秋田・富山・岐阜）。フナのはらわたを乳に貼ると乳癌に効く（三重）。淋病には、フナの黒焼きを白湯で飲む（富山・愛知）、黒焼きの粉を酒で飲む（岩手）。虫歯にはフナの腹に塩を詰めて焼いて粉にしたものを歯に詰める（岩手）。

○フナとタマゴの白身・ヤマイモ・小麦粉を混ぜたものを患部に湿布すると、筋違い・打ち身に効く（高知）。魚の毒にあたった時はフナの生血を飲む（岐阜）。床ずれには黒焼きを白絞《しらしめ》油《ゆ》と練ってつける（北海道）。熱を下げるにはフナを二つに割いて足の裏に貼る（埼玉・愛知）。瘭疽《ひょうそ》にはフナを二枚におろして貼る（石川）。指いっさいの病にはフナをつぶし泥のようにしてつける（徳島）。フナをすりつぶして打撲傷の薬とする（千葉）。消渇《しょうかち》にはフナの黒焼きを白湯で飲む（富山・愛知）。フナのスープは腸の熱に効能がある（熊本）。フナは痢病の薬（東京都多摩地方）。寒ブナは薬になる（新潟）。

○女の子がフナの卵を食べると子を多く産む（秋田県由利郡）。五月フナを嫁に食べさすと子供を多く産む（同県南秋田郡）。

○喉に骨のかかった時は、お恵比寿様に上げた掛けブナをとっておいて喉をなでる（北海道）。

○その他の俗信。近畿地方でフナ、コイが弱って死に瀕しているのに煤を飲ませると生き返るといい、筑後地方では、腹を返して死にかかっているコイの排泄腔にマツ葉を入れて刺激を与えると甦るという。十月八日の恵比須講にフナ二匹上げる（宮城県白石市）。愛媛県松山市にある片目鮒の井戸にすむフナはみな片目であると伝える。

蚋《ぶゆ》

○東日本でブヨ、中部以西ではブトと呼ぶ。蒐集した資料のほとんどが雨天予知に関するものである。ブユが出ると天気が変わる（福島・茨城・新潟・千葉）、多く出る時は雨が近い（山形・群馬・千葉・新潟・長野・愛知・奈良・岡山・広島・愛媛・大分・熊本等）。夕方飛ぶと、天気が変わる（埼玉・長野・愛知）、近いうちに雨になる（千葉・新潟・兵庫・宮崎・鹿児島等）。夕方ブヨが川越えすると雨（新潟県南魚沼郡）。ブヨが下がると翌日は天気が悪くなる（富山・愛知）、雨が降る（山形・山口）。朝から飛び舞う日は夕方から雨になる（山形県天童市）。ブトが騒ぐと翌日は雨になる（同県村山市・北村山郡）。

○ブユが餅を搗く時は雨の兆（愛知・和歌山・岡山・香川・福岡）といい、島根県浜田市でも、ブユが米を搗きなえる（渦を巻くように舞う）と天気は降り模様になると伝えている。これに似た俗信は蚊にも見られる。

○新潟県長岡市では、ブトに食われた口がかゆいと雨になるという。

○小正月などに、虫の口焼きと称して一年中の害虫駆除のまじない行事を行う風習を残している所はまだ少なくない。調伏の対象の一つはブトである。例えば、滋賀県甲賀郡信楽町（甲賀市）では、一月十四日の晩に、床に供えておいた餅を男の数だけ焼いて食べる。この時「ブトの口や、カの口や」と言って切って食べるとブトやカに刺されないといい、同様のことは和歌山県でも行う。福島県南会津郡舘岩村では、望の正月（十五日の夜）に団子の木を焚くと夏にブヨが家に入ると伝えている。

○ブトに刺されそうな時は、ネムの葉を揉み、その汁を手足に塗っておくと寄りつかない（愛媛)。

○牛馬がブヨにかまれて発疹するときは、切り取らないと瘤になる(三重)という。ブユの吸血は、朝夕や曇天の日に特に激しいといわれ、田畑の作業をする時にはブユを追い払うため、火縄を腰にさげて煙でいぶすことも行われる。これがいわゆるカガシである。

○『甲子夜話』巻三十七には「ブトに螫《さ》るれば、血出《いで》て、甚《はなはだ》痒ゆし。大に腫れ、悩むこと有る者なり。これを治するに、何にても生草三種の葉をもみて、其汁をぬれば即効あり」と見える。『大和本草』には、「塩ヲ上ニ布テ物ニテ包ミヲクヘシ。半日ニシテヨシ」と記している。

鰤　ぶり

○兵庫県多可郡で、ブリの尾を入口に貼りつけておくと病魔が入らぬといい、徳島県でも、ブリの尾を軒に吊り下げて悪魔を払う。打ち叩く尾びれの瞬発力が魔除けの背景にある。また、ブリは、成長とともに名の変わるいわゆる出世魚であり、そのために呪的な力を認めるのであろうか。

○石川県能登地方で、ブリおこしというのは、暮れの頃に起こる暴風のあとには必ずブリの大漁があるので、この頃の天気をいう。ブリおどしと呼ぶ所もあり、「ほうー、ブリおどしが来た」と言って山村の人々も喜んで待つという。暮れ方に雷がよく鳴るとブリがよくとれる(富山県氷見郡)。取り入れを控えてにわかに寒がひどくなると、やがてブリの大群が押し寄せて来る(鳥取県西伯郡)。サクラの花の散る頃ブリが多くとれる(鹿児島県薩摩郡)、などといわれる。

○歳取りのブリに鰭《ひれ》のついたのを子供に食べさせると、嫁や婿の口がない(岐阜県高山地方)。婚礼にはブリを使用するのを忌む。ただし忌まない村もある(長崎県壱岐郡)。ブリのはらわたを食べると頭が禿げる(佐賀)。

○『歌摘録』(寛永版)に「ぶりはうんとほし

てもなまもくすりなり、されどもかさにどくとしるべし」とある。

【へ】

蛇　へび

(1)家の守り神、神秘の蛇

○ヘビを屋敷或いは家の守り神と考えている地方は広い。だから、屋敷の周りや屋敷内のヘビは殺してはならぬ（埼玉・新潟・山梨・長野）ものとする。富山県小矢部市では、特に青大将は家の守り神だから殺してはならぬといい、島根県安来市では家のヌシといわれる大きなヘビを殺すと、その家は衰えるという。千葉県館山市では、ヤマカガシ（ヘビ）が屋敷内にいると宝になるから、殺してはいけないという。ヤマカカシの抜け殻は、すぐ天に飛んで羽衣になるほどの物だから、もし屋敷内で見つけたら、一代の宝物になるといっている。静岡市周辺でも、地の神はヘビだという。遠江では、キツネを地の神と考えている所が多いが、静岡辺でもその影響をうけて、十一月十五日の地の神祭の供え物には強飯と油揚を供え、それが無くなっていると、キツネが食べたという。しかも祭られるのはヘビだと、説明する。ヘビとキツネが重なり合っている地域である。

○香川県丸亀市広島町では、カブノオヤ（本家）には、たいてい屋敷神を祀ってある。中でも、オンザキサマを祀る例が多い。これは神体が長虫で、海から漂着したのを祀ったものであるという。

○ヘビは神の使であるから殺さない（青森・宮城・長野・富山・愛知・奈良・三重・鳥取・島根・広島・愛媛・鹿児島）。宮の前のヘビは殺さぬもの（福島・島根・山口）、荒神ブロ（フロは神地）のヘビは殺さない（島根）、神様へビを殺すと罰が当たる（宮崎）、ヘビの中には神の使のものがあるから、殺すとその人は死ぬ（青森）。鹿児島県大島郡では、クツナワ（青大将）は神の使だから、殺すとのろいがくるという。

○奈良県ではクチナ（ヘビ）は神様だから小便をかけたら祟るといい、広島県では、ヘビ神さんの所で小便するとヘビに咬みつかれるという。ヘビ神はヘビを神として祭る社か、ヘビを使とする神社か明らかでない。また憑き物の一種にもヘビ神がある。精神障害に陥った人が、自己暗示的にヘビに転身したように思い込むもので、山口県では、頭がハシル（頭痛）、また胸をつかってスーリスーリと這いまわる、などという。

○奄美大島では、ハブは神の使とされており、ハブに咬まれるのも、神の祟りで咬まれたのだと理解される場合がある。

○三輪山伝説の古《いにしえ》においては、ヘビは神そのものであったが、これを神の使（金沢市・対馬）と解するようになったのは、信仰の衰退であった。首に輪のような模様があるヘビは神様のお使だから殺してはならぬ（愛媛県西条市）という。何神の使と考えるかは、土地により一様ではない。尻尾の切れた大きいヘビは若宮はんのお使だからいじめられん（愛媛県周桑郡）、長虫は地主様だから殺さない（対馬）、井戸の中の長虫は水神様だから殺してはならぬ（同上）といい、またヘビはネズミを捕って食うので百姓の守り神（福島県耶麻郡）とする。ロックウ様（土公神《どくじん》。かまど神）のお使（広島）、ともいう。相模一帯では、弁天様のお使（平塚市）とする信仰がある。弁天様は蛇身で、それで嫉妬ぶかく、夫婦で江ノ島へ参詣すると必ず配偶に死別する。ヤマカガシはその弁天様のお使だという（津久井郡）。だから、家の中でヘビがネズミを追い廻して騒いでも、弁天様がネズミを捕りに来たのだといって、決して追い出したりしない（同上）。高知県南国市では、田の神オサバイ様を祭るとき、ネズミトリと呼ぶヘビの一種をオサバイ様のお使と称して、これを殺すことを忌む。

○ヘビとムカデは共に毘沙門さんのお使（三重県鈴鹿市）である。愛知県犬山市では、愛宕様にいる大蛇にいたずらすると、神の祟りがあるという。富山県氷見市の俗にヘビの宮と呼ばれる稲荷社は、三度これを廻るとヘビが出て来るといわれる。香川県綾歌郡の生子山《しょうじやま》の天照大神の社を三周すると、白ヘビが出るという。愛知でも、多宝塔を三回目をつむって廻るとヘビが出るというから、これは一つのパターンである。

○ヘビ或いは大蛇を神として祀る例では、富士川游によると、宮城県岩沼市三色吉《みいろよし》の金蛇神社は、神体が金属製七、八寸のヘビで、病気平癒を祈願する。福井県大飯郡高浜町の長姫《おさひめ》さまも大蛇を神体とし、近傍に長姫さまの子といわれる小ヘビが多い。卵を供えて祈願する。みいさまと称して、ヘビを神とし、これを崇拝すると幸福になるとか、金が儲かるという。

○青大将はお諏訪様のお使の動物だから、捕る人はない（宮城県刈田郡・群馬県利根郡）。西馬内の諏訪神社の社殿を三度廻ればヘビが出る（秋田県雄勝郡羽後町）。同県仙北郡では、明神様を信ずる家ではヤマカガシを殺さぬという、この明神様も諏訪明神らしく思われる。山梨県北都留郡上野原町〈上野原市〉の諏訪神社の祭日に、家に忌服の者がいると大蛇が現れてのたうち廻るという。信州諏訪大社におけるヘビ神に関する信仰は消滅に近いが、古い祭事の記録によれば、神秘の御正体としてソソウ神・長御神の名が見られる。これは蛇体である。御室と称する斎場で、年の終り数日にわたり行われた大夜明祭と称する祭儀では、ソソウ神・長御神及びカヤの御正体（蛇形）を御室に籠める行事（籠蛇、或いは籠虵）があった。カヤの御正体を籠めたのちには、いびきをかき給う奇瑞が必ず起こったとある。御室にこめた神体は、三月丑の日に取出される。つまり伏蟄《ちつ》・啓蟄に相当するのがこの祭事であった。諏訪明神とちなみ深い甲賀三郎伝説では、主人公が地底の国を遍歴することになっているが、その発想は仏教から発したものではなく、恐らく籠蛇の祭儀の印象から出たものであったろう。愛知県で、ヘビが冬眠のため土の中に入るのを見ると盲目になるといい、三重県志摩地方では、ヘビが冬眠するのを見れば、冬眠からさめるまで患うと言い伝えているのも、神の深秘をのぞき見ることへの神罰の意味であった。秋田県南秋田郡では、ヘビの巣を発見すれば病気になるという。

○宅地内にすむヘビは福神（青森県三戸郡）。ヘビは金の神（飛驒）。越後ではヘビが縁の下にすむと金満家になる、或いは家から金が出ないという。宮城県栗原郡では、どこの屋敷にも四尺ぐらいのヘビがいるものだといっている。色は普通で、姿は見せない。殺すと祟りがある。屋敷をこわす時は出て行く。昔は屋敷にヘビがいなくなると、財産が減るといった。長崎県西彼杵郡では、ヘビとムカデは金の神だから殺してはならない。広島県比婆郡では、金の神さんはヘビになって逃げるという。同県山県郡の某という金持は、もと六部をしていた。大蛇と思ってよく見たら金で、それを拾ってから分限者になったという。また甲奴《こうぬ》郡上下町〈府中市〉の角倉という大分限者は、もと大蛇の尻尾を切って金を得て大金持になったという。京都府北桑田郡では、ヘビの夢を見たら夜明けにすぐ夢に見た場所へ行けば、必ず金子が置いてあるといっている。その夢は、金を拾ってから後ならば人に話してもよいが、その前にしゃべってはいけない。

○ヘビを飼えば金持になる（『諺語大辞典』・広島・鹿児島）。飼うといっても、牛馬やネコを飼うように餌を与えるわけではなく、要するに、見かけても殺さず追放せず、家の一角を使用するのを黙認することを意味する。が、その根底にはヘビを家の守り神とする信仰があった。ヘビが家の中や屋敷内にいれば、その家は金持になるとは、青森・秋田・富山・愛知・岐阜その他でいう。縁の下にすむと、金が家から出ない（新潟）、床下に入ると金持になる（和歌山）、金がたまる（岩手・山口）ともいう。愛知県南設楽郡で、ヘビが家の右から左へ入ると金が入るといっているのは、懐へ入るかたちをいう。新潟県東蒲原郡では、ヘビを金神様と呼んで、家に入ると縁起がいいという。奈良・滋賀・宮城でも、家に入ると縁起がよいという。ヘビが家に入る年はよい事がある（広島）、サトマワリ（ヘビ）が家に入れば吉事（奈良）、白ヘビが家に入ると繁昌する（岐阜）、などともいう。また、ヘビが床《ゆか》の下にいると病人がない（奈良）ともいう。こうした信仰がエスカレートして、ヘビが懐に入ると金持になる（岐阜）という端的な形にまで進行する。

○ヘビを金の神とする俗信のやや極端な現れは、ヘビに咬まれたら縁起がいい（秋田県雄勝郡・和歌山県東牟婁郡）とするものである。ヤマガチ（ヤマカガシ）に食いつかれると、長者になる（栃木県芳賀郡）、青大将にかまれれば家が栄える（佐賀県小城郡）、カラスヘビが食いつくと分限者になる（宮崎県西諸県郡）、白ヘビに咬まれた人は分限者になり幸福な暮らしを送る（鹿児島県国分市〈霧島市〉）、という。長野県東筑摩郡では、ヘンビ（ヘビ）の渦の中に手を入れると、金持になるという。積極的に福を手摑みにすることを意味するのであろう。一種の試練の形のような感じもしないではない。

○たいていの家の中には大きいヘビがいるものだという。目に見えるのより、見えないのがよい（岡山県川上郡）とは、審美的な見地からいうのでなく、霊物だからである。鳥取県八頭郡では、大蛇を飼えば家が富むといい、三重県熊野市では、神棚をヘビがのたうつと金がたまるという。広島県では、青大将は家のぬしで、これを家の主人が見かけると、家運が傾くという。○大ヘビは、家の守り神（千葉）、家守り（秋田・愛知）、家の主（金沢市、京都府北桑田郡）などといわれるが、現実には毒ヘビであっては困るわけで、たいてい青大将をさしていう。佐賀・熊本では青大将をエグチナワと呼ぶ。家ヘビの意で、ぬしと考えているからである。佐渡でも、青大将は屋敷神だといい、屋敷ヘビと呼ぶ。壱岐では、家の内によくいる太いクロノー（青大将）は家のぬしだから殺してはならない。多くは雌雄おって、もし一方を殺すと、他方がのろう。茨城県那珂郡では、青大将を殺すと、仏寄せ・神おろしの際に、青大将を殺した祟りだという告げが出ることが多いという。秋田県南秋田郡では、家の付近で青大将を殺すと不幸があり、或いは生れる子に障害がでるという。同県北秋田郡阿仁町〈北秋田市〉では、アオノロシ（青大将）はシチベンさまの守り神だという。シチベン様は不詳だが、味噌をいう山言葉らしくも想像される。○家屋内のヘビは殺さない（秋田・山梨・鳥取）。屋敷まわりのヘビを殺すな（埼玉・新潟・福井）。家ヘビを殺すと、家が滅ぶ（愛知・富山）。家のぬし（ヘビ）を殺したら不時が来る（奈良）、ヘビは家の宝だから殺してはならぬ（青森・宮城・石川・静岡）。家にすんでいるヘビを殺せば、家が絶える（愛媛）、その家は大火で滅びる（大阪）、魔がさす（栃木）。家に入ったヘビは殺すな（青森）など、すべてヘビを家の守り神視することから出ている。宮城県刈田郡では、屋根にいるヘビを殺してはならぬ、秋田県平鹿郡では、屋根裏のヘビを殺すと、年中に不幸があるという。まさに、愛、屋烏に及ぶ、の概がある。

○土蔵や蔵の中にはよくヘビが入りこんでいることがあった。米蔵には特に多く、米をたらふく食って太っていた。それでも殺したり追い出したりしないのは、ネズミに食われるよりは、という二者択一的考えもあったかも知れないが、ヘビを蔵のぬしとする俗信が一般に行われていたからである。土蔵のヘビは土蔵のお守り（長野県北安曇郡）、蔵のぬしだから殺すな、蔵から出すもんでない（秋田）といい、和歌山県有田郡では、土蔵に入ったヘビを福虫といって、殺すことをしない。宮城県や東京の下町でも、蔵のヘビを殺すと貧乏になるといっている。特に白ヘビを尊んで、白いヘビは土蔵の神様（飛騨）といい、土蔵にすむ白ヘビを殺してはならない、と戒める（富山）。蔵のヘビは、無作為ながら飼っているようなつもりで扱われたわけである。蔵にヘビがいると、福が来る（岐阜・大阪）、金が入る（福井）、金がのこる（山梨）、財産がふえる（宮城）、その年は運がいい（青森）、家運が興る（秋田）といい、福井県鯖江市では、青大将が家や土蔵内にいると、当分火事は起こらないという。

○或家で味噌の中に白ヘビがすみつき、そのため味噌を使っても少しも減らない、ということがあった。そのヘビを家の宝として、栄えたという（高知県幡多郡）。

○ヘビの中でも、白いヘビは特別視された。山科教言の日記『教言卿記』に、応永十二年（一四〇五）の八月二十三日以降、文庫の壁塗りを始めた際のこと、まず古壁をこわしたところ、白い小ヘビが出てきた。二十七日には内壁を塗ったが、白蛇がいた。目撃した者の名まで記して、「旁以奇特《かたがたもってきどく》、目出々々、珍重《ちんちょう》々々、可祝《しゅうちゃく》著《すべし》々々」と大恐悦の態であるのも、当時公卿社会でも同様な俗信が行われていたことを示している。民間伝承でも白いヘビは神の使（富山・愛知）、或いは土蔵の神様（飛騨）といわれた。神様の使だから、殺さない（山形・宮城・岐阜・滋賀・奈良・和歌山・岡山）、さわるな（紀伊北部）、殺すと祟る（秋田・和歌山）、罰が当たる（奈良）。白ヘビを見ると死ぬ（愛知）。白ヘビに出会えば災難が続く（秋田）、殺すと、その魂が夜出て首に巻きつく(奈良)。祭ると福がある(愛知)。白ヘビが小便をすると金持になる(山口)。最後の例は家の中にすみついたヘビが家の中で小便をすると家が富む、というのであろう。以上、いずれも白ヘビの神秘性と霊力とが強調されている。要するに、ヘビ一般に対するイメージが低下すると、その中の一部の特殊のもののみに神秘性を維持させようとする結果、白ヘビがヘビ全体の中から象徴化されたのだが、本質的には他のヘビも同じことである。例えば、熊本県玉名郡では、白ヘビは弁財天のお使といったが、神奈川県下では白ヘビと特に限らず、ヘビを弁財天の使者として尊んだ。ただ、白色のもつ高貴感と稀少性によって、白ヘビの方が有難味が多かったことは言うまでもない。以前、山口市近辺では、グベンシャ(財産家)の家には、白ヘビを大切に飼っているものが、しばしばあった。ただし飼うといっても、江戸などで白ヘビを見つけると、山師に売ろうとしたり、見世物にするために飼養したのとは事変り、屋内にすむ自由を認め、消極的保護を与える程度であったろう。岡山市西大寺では、ヘビを祭れば金持になれるというが、特に白いヘビと限定しない。

○ヘビの中で特異な形状のものというと、白ヘビのほかには、尾の切れたヘビである。尾の切れているヘビは神の使(群馬県多野郡・愛知・香川県三豊郡)といわれる。奈良県山辺郡では、「尾切れのヘビは神様」という言葉がある。宮城県でも尾の切れているヘビは殺さない。群馬県邑楽郡では、母屋にいる青大将で尾の切れたのを、ぬしと称して殺すことをしない。同県利根郡では、神棚に尾の切れたヘビが来ると、オバツカイといって、別にこわからず、喜ぶ人もいる。ヘビは尾に力が宿っている、と考えられた一面で、尾の無いヘビが信仰される理由は何か。やや矛盾をはらんでいる感も無くはないが、次の例はその疑問に答えてくれる。和歌山県有田郡では、ヘビを神のお使いものといって殺さぬのは他と同様だが、ここでは、ヘビはいっさい尾を見せぬもの、といっている。だから、尾を見ると福がある。即ち、霊物たるヘビの尾は見えないのが本来だということになる。尾の切れたヘビはその条件に合致するのである。

○その他、頸の部分に輪のようなものがあるヘビも、霊物視される。道通様のおつかわしめのヘビは首玉が白い（岡山市西大寺）、首に輪のあるヘビを道通様のつかわしめといい、人に憑く（岡山県川上郡）。愛媛県新居浜市でも、首玉のあるヘビは神様のお使だから殺すものでないという。長野県安曇地方で、鉢巻したヘビは神様のお使だといっているのも、同じものであろう。このほか、千葉市などで、ぬしのヘビは他のヘビよりは眼が大きいと信じられていた。

蛇　へび

(2)蛇との遭遇、蛇の夢、蛇は霊物

○ヘビにあうと運がよい（鹿児島県国分市〈霧島市〉）、縁起がよい（福島県東白川郡・薩摩地方）。ヘビが寄ってくるのを見ると運がよい（山梨県北巨摩郡）、ヘビにあうとその日は吉日（岩手県遠野市）、とぐろを巻いているのを見ると縁起がよい（群馬県新田郡・山梨県北巨摩郡・鹿児島県国分市〈霧島市〉）、とぐろを巻いて皿になり、かま首を上げているのを見るとよい事がある（金沢市）。鳥取県八頭郡では、ヘビの虫を見たら長者になるという。虫とは卵から生れたばかりのヘビをいうのであろうか。

○白いヘビを見たら三日目に金を拾う、或いは大金が儲かる（兵庫県多可郡）。その年の最初にヤマカガシを見ると災難が除けられる（愛知県南設楽郡）。ニシキヘビを見ると、金がたまる（山梨県北巨摩郡）。幾匹もヘビがいると縁起がよい（同上）。一日にヘビを三度（或いは三匹）見るとよい事がある（熊本）。日に三回（或いは五匹）見れば御馳走にありつく（広島・福岡）。ヘビの足を見た人は長者になる

（鳥取県気高郡）、という。

○一日の初めに縁起のいい事は、年の初めなら一層めでたいわけである。春はやくヘビを見るのは吉（群馬・愛知・兵庫）、ヤマカガシを年の最初に見ると運がいい（群馬県富岡市）。春の初めにカラスヘビを見ると縁起がよい（兵庫県養父郡）。早春にヘビを見ると一年中のんきに暮らせる（岐阜県山県郡）。夏前にヤマガチヘビを見ると運が悪く、マムシを見れば運がよい。青大将を見ると、その夏眠い（福島市）。ヘビの見始めにサカオ（ヘビ）を見たら吉、カラスクチナオならその年は眠い。ナマツサを見れば大病をする（広島県比婆郡）。同じ地方で、その年初めて見るのがカラスグチナオー（ヤマカガシ）ならその年は凶事あり、アラスズメ（カナヘビ）であれば縁起がよいという。ヘビの見始めに、頭を上げたり動いているのを見るとよい（和歌山県北部）。初ヘビ即ちその年初めて道で行きあうヘビが、自分と対面する方向に向いていれば運が向いている、逆の場合は一年中思わしくない、特に初ヘビがカエルを呑み込んでいる青大将の場合、その一年は食物に苦労しない（埼玉）。

○吉の裏返しも、必ずある。大ヘビを見ると人が死ぬ（和歌山県西牟婁郡）。長虫にあうと縁起が悪い（佐渡）。ヘビを見るとその日はあまりよくない（会津）。青大将を見ると、なまくらになる（能登）、のろまになる（千葉）。仕事につく前、ヘビを見ると仕事が長くなる（愛知）。ヘビを早う見たら暑か目にあう（福岡）。山行きや旅の出がけにヘビを見れば足がだるくなり、凶（広島）。薬を買いに行く途中でヘビを見れば、その病人は長引く（愛知）。ヘビを一日に三回見ると怪我をする（同上）。一日に三匹以上見かけたら雨が降る（奈良）。新潟県新発田市では、魚捕りに行くときヘビを見るとよくないという。もっとも獲物がある、とした報告もある。しかし、愛知県北設楽郡でも、魚捕りに行ってヘビを見ると魚がいない（釣れぬ）という。

○春先に初めてヘビを見ると、その年はよくない、とする占いもある。年の初めにヘビを見ると、その年は不健康（鹿児島県国分市〈霧島市〉）、その年はヘビのようにのろい（大分県宇佐市）。春の初めに青大将を見るとその年は体が弱い（群馬県利根郡）。年が明けて初めて田や山で青大将にあうと、体がこわくなる（疲れて苦しい状態）。その時は、「親の羽織袴で助けてくなんしょ」と唱えては唾を吐き、これを三度繰り返せばよい（福島県耶麻郡）。春初めて青大将にあうと、青い顔して一年を送らねばならぬ。同じヘビを見るなら、マムシかヤマカガシなどにあえばよい。きついヘビにあうと一年中きつい日暮らしになるという（新潟県中頸城郡）。同じ郡で、春の初めに青大将を見るとその年は一年中アオラアオラ（ものうく、不活発、病人気分）と暮らすという。

○ヘビの種類によって、吉か凶か占う方法もあった。その年最初に見るヘビが青大将だと、体が弱くなる、ヤマカガシだったら丈夫になる（群馬県多野郡）。春になって最初に見たヘビがナプサ（シマヘビ）だと、その年は一年中、体の調子がよい、ヤマゲジ（クロヘビ）だと、その年は体調が悪い、或いはだるい（青森県三戸郡）。同じ郡内でも、ヤマゲジならよい年、ナプサならだるい、と逆の例もある。カラスクチナワを最初に見ると、その日は眠たい（岡山県川上郡）。

○ヘビとトカゲとは同じトカゲ目に属する親類同士だが、昔から、ややもすると「脚のあるヘビ」が世間話になることが多かったのは、両者が同類と考えられていたからであろう。それで、ヘビとトカゲを一対にした俗信もある。例えば、トカゲとヘビとどちらを先に見かけるかによって、一つの予占にするのである。では、トカゲを先に見るのが吉か凶かというと、土地によってそれが正反対になっている。
○年の初めにトカゲを見ると、その年は幸福、ヘビが先なら不幸（新潟県東蒲原郡・鹿児島県国分市〈霧島市〉）。元旦にトカゲを見ればその年は元気、ヘビが先だったらよくない（熊本県球磨《くま》郡）。年初にトカゲを見るとその年は運がよい、ヘビなら不運（山口県大島郡）。春にトカゲより先にヘビを見ると、運が悪い（広島県山県郡）、足がだるい（大分県日田郡）。春トカゲを先に見れば一年中多忙、ヘビが先なら怠ける（働かない）ことが多い（山口）。春先にカナケ（トカゲ）をヘビより先に見ると、その年その人の行動は敏活になり、逆だったらのろまになる。子供たちの間では、夏の初めにカナギッチョ（トカゲ）を先に発見すると、その子は脚が速くなり、ヘビを最初に見ると脚が遅くなる、と信じられていた。ヘビとトカゲでは、トカゲもカナヘビと呼ばれるように、いずれも金運に関係している点で同格だから、この場合は優劣は、動作の緩急の差によるのであろう。
○しかし、ヘビが先を吉とする地方もあった。広島県三原市では、年の初めに青大将を見れば吉年、トカゲなら凶運といい、またトカゲより先にヘビを見れば御馳走にありつける、などという。或いは春の初めにまず青大将を見れば一年中のんきに暮らせる、ともいう。だが、ちょっとずれると、ヘビが先だと年中大儀で横着、トカゲが先ならこまめでよく辛抱をする、ともいって、逆転する。ヘビを見れば縁起がよい、という本来の俗信に対し、トカゲが対照物として加わった関係で、両者の主客関係に動揺が生じたとみることができる。
○トカゲでなしに、蝶とヘビとの取合せもある。飛驒や美濃で、春一番に蝶を見れば健康或いは幸せ、ヘビだと不健康だという。また、『諺語大辞典』には、ヘビを見れば眠く、蝶を見れば眠くなし、という例が出ている。採集地も明らかでないが、年の初めをいうのか、一日についていうのかもはっきりしない。岩手県遠野地方では、ヘビにあえばその日は吉という。
○ヘビの道切りにあうのは凶兆（群馬県利根郡）、出掛けに行く手をヘビに横切られると縁起が悪い、というのは、イタチなどの場合と同様で、広い地域（群馬・千葉・東京・神奈川・山梨・長野・新潟・兵庫・岡山・山口・大分・宮崎等）でいわれている。神奈川県では、関東大地震のときもヘビの道切りがあったといわれた。不吉・異変というのみでなく、一日中凶事がある（富山）、旅先で災難にあう（群馬）、訪問先の人が不在である（和歌山）、頼み事が成就しない（兵庫）など、具体的な事例もある。なかで、医者迎えに行く時ヘビが真横に道を通ったら病人は助からぬ（兵庫県城崎郡）という。また翌日はきっと雨になる（熊本県玉名郡）と、天候に結び付ける所もある。
○道切りされたら戻れ（愛知）、というだけでなく、実際に戻ってしまう（宮城・長野・奈良）、家まで引返して出直す（群馬）、などする。そこまではせず、三歩退いて出直せばよい（福島・神奈川・広島）、四歩退いてまた先へ行く（富山）、三歩戻ってヘビに向かって唾を吐きかける（東京都町田市）、という便法もあった。
○唱え言により祝い直すことも行われる。「ヘビ道切り、血道切り、われ（汝）が切ればおれも切る」と三唱し、アブラモンケンソワカと続けることもある（熊本県阿蘇郡）。また「イタチ道、血道、横道、近い道、わが行く先は黄金花咲く」（同上）ともいう。この詞章自らイタチの道切り用からの転用であることを示している。
○単に、ヘビの道切りは悪い、というだけでなく、どちら側から横切るかにより吉凶を分けている所も多い。行く手の右から左へ横切る、即ち懐に入る形（懐入り）で横切るのは吉で、その反対なら凶である（岩手・千葉・福井・愛知・岐阜・滋賀・奈良・兵庫・山口・愛媛・宮崎・鹿児島)。吉凶をいうのみでなく、具体的に金が入る、出る、とも判断する(青森・秋田・岩手・宮城・愛知・和歌山・熊本)。特に、朝ヘビが懐に入る方向に横切るとゲンがよい(京都府北桑田郡)といい、滋賀県高島郡でも、頭を懐の方に向けているといい事があるという。この俗信の最も端的な例は、前にも触れたが、ヘビを懐に入れると儲かる(愛媛県上浮穴郡)、というものである。

○ヘビが左から道切りするのを、飛驒では「通り抜ける」といって嫌うが、これにあったら山や田畑に出るな、という所(滋賀)もある。奈良県五條市では、出直さなければいけない、という。特に嫁入り行列の場合だと、必ず出直す。

○春初めて見るヘビの場合も、右から出てくれば縁起がよい(群馬県佐波郡)という。同県利根郡では、春先ヘビを見ると足が軽い。道切りされると足が重いという。足が重い、軽いとは、体調よく労働ができるかできないか、ということであろうが、ここでは左右についてはいわず、単に見るのと、道切りとの二つに分けている。富山県氷見市では、ヘビが右から左へ横切れば、その日一日金が儲かる。それがイタチなら三年間よく儲かるという。道切りの本家はやはりイタチの方らしい。

○愛知県北設楽郡で、ヘビがしも手《で》へ道切りしたら家へ戻れ、という。しも手とは、長野県上《かみ》水内《みのち》郡で、ヘビが道上へ逃げる時は天気がよいし、道下へ逃げる時は天気が変る、という道下と同義に解してよいであろう。和歌山県東牟婁郡では、ヘビが上って行くのを見れば、商用や集金がうまくいくが、下るのを見かけた時は、思うにまかせないという。石川県石川郡では、ヘビが上の方からズーッと下りてくると雨、下の方から上へあがれば天気になる、といっている。これらは、道切りとはいっていないが、それに準ずるものといえる。

○ヘビの夢は吉、これは各地でいう(青森・秋田・山形・岩手・宮城・茨城・群馬・栃木・埼玉・千葉・神奈川・静岡・長野・新潟・富山・石川・愛知・滋賀・奈良・和歌山・大阪・兵庫・岡山・広島・山口・愛媛・長崎・宮崎・熊本・鹿児島等)。どういう幸があるかといえば、出世の兆(三重・岡山)、家が繁昌する(大阪)、長生きする(秋田)、縁結びがうまくいく(群馬)、帯があたる(富山。良縁の意味に通ずるか)、御馳走がある(長野)、三日のうちにいい事がある(宮崎)、よい事を聞く(三重)などで、その他、秋田では大漁の兆、越後上赤谷郷(新発田市)の狩人の間では、ゾヨ(ヘビ)の夢を見るとクマが獲れるといった。漁師は、沖合でクチナの夢を見れば、非常によい、といって喜ぶ(愛媛)。

○特に、「ヘビの夢は金夢」(長野)といって、金が授かる前兆とする所は多い。金が儲かる、金持になる、銭を拾う、金が入る、たまる、金運に恵まれる等、表現は一つでないが、実質的には同じことを、青森・岩手・秋田・山形・福島・群馬・千葉・東京・山梨・長野・新潟・富山・石川・福井・岐阜・三重・和歌山・愛媛・高知・大分等の諸県でいっている。ヘビに追いかけられる夢を見ると金が入る(宮城)、ヘビの夢を見たら、その夢の場所を掘ると金が出る(栃木・愛知)、そこへ行って見ると金が落ちている(福井)、ともいう。

○ヘビは、足無くして走る、ということから銭神と呼ばれた(『斉東俗談』四)。それは後の理会であるかも知れないが、新潟県栃尾市〈長岡市〉でも、ヘビはかな神だという。金が身(巳)に入る、という解釈であろう。同県南蒲原郡では、ヘビの夢はカナガメで、金がたまる意味だと説明している。カナガミの転訛であろうか。同県西浜地方では、ヘビのウロコは金だという、それでヘビを夢見るのは近々に金が入るしるしだといっている。

○吉夢は人に語らぬもの、といわれているが、ヘビの夢もその例にもれない。ヘビの夢を見て人に教えないでおくと、いい事がある（千葉）。三日間は人に話すな（青森・秋田・岩手・宮城・鹿児島）、一週間しゃべらないでいるとよい事がある（千葉）、などという。沈黙の期間の短いものでは、午前中しゃべるな（広島）、夢を見たら誰にも言わず、その朝すぐ夢でヘビを見た場所に行くとお金を拾う（愛媛）、夢を見た朝、表口から出て誰にもいわず家の周りを息つかずに三回廻ると、金が落ちている、そうして元の戸口に戻ると宝箱がある、もし無ければ近日中に縁起のいい事がある（群馬県利根・邑楽郡）、次の日に金を拾う（香川）、などがある。また岩手県遠野市では、ヘビとナスを一度に夢見ると金を見つける、という。岐阜県揖斐郡では、夢を見たら朝すぐ話すものだが、ヘビの夢はよい夢だから、包んでホトコロ（懐）に入れるものだという。

○ヘビの夢に関しては、いま少し詳しく内容に触れる夢占がある。その一つとして、ヘビに追われた夢は吉夢である（宮城・富山・岐阜・愛知・岡山・広島）。その二として、ヘビに食いつかれた夢も吉夢である（岩手・宮城・群馬）。滋賀県伊香郡では、ヘビに咬まれた夢を見ると、病気が治るという。ヘビに呑まれた夢も吉（愛知・広島）。ヘビが向かって来た夢はよい（群馬県利根郡）。こっちへ向かってくればよいが、逃げられた夢は凶（秋田・宮城・群馬）。向かってくるとは、金の神に体当たりされることを意味しよう。ヘビに巻きつかれた夢もよくて、懐に金が入るとか、鉱山を発見するという（秋田）。勿論、ヘビが懐に入る夢は金が入る前兆で吉夢である。ヘビが右から左へ這って行く夢は金が入る（宮城）、というのも、懐に入る形だからである。障子の穴からヘビが入るところを夢見ると喜び事がある（長野県北安曇郡）、という。

○枯れ山にヘビの夢は金づる（長野県北安曇

郡）、二、三匹以上のヘビの夢は金持になる（滋賀県伊香郡）、動かぬヘビの夢は金持になる（秋田県雄勝郡）。頭を上げているヘビならよいが、寝ているヘビの夢はよくない（和歌山）、死んだヘビの夢を見ると金が出て行く（新潟県栃尾市〈長岡市〉・愛知）、生きたヘビの夢なら金が入る（愛知）、皿を巻く（とぐろを巻く）のでないと吉でない（広島）など、ヘビの姿態その他に関するものもある。

○或いはヘビの動作に関するものもある。人の前をヘビが通る夢を見ると金がたまらない、後ろを通る夢なら金がたまる（長野県南佐久郡）。ヘビが上に来れば金が入り、向こうへ行けば金が出、素通りすれば入っても出てしまう（広島県世羅郡）、のぼりヘビといって、山道を登って行くヘビとの出合いは、運が向いているしるし（埼玉）など。

○山梨県東山梨郡では、妊婦が蛇巻石の夢を見ると男児が生れ、その子は出世するという。群馬県利根郡では、ヘビがキヌをぬいだ（脱皮）夢はよく、そのヘビの鱗が見えればなお縁起がよいという。福井県小浜市では、ヘビの天上する夢を見ると大変よい事があるという。山形県庄内地方では、尾のないヘビの夢は吉であるが、しめくくりのつかない事がある、と大道易者のようなことをいっている。

○夢に現れるヘビの種類によって夢判じの吉凶が左右されることもある。ヤマカガシの夢は悪い（秋田）、ナメラヘビ（シマヘビ）の夢は縁起がよい（愛知）、ヘビの夢を見た日は運がよいが、それが青大将の夢だと悪い（福島県耶麻郡）、青大将の夢はよい（佐渡）、白ヘビの夢はよい事がある（山梨）、白ヘビの夢は他のヘビの夢より一層縁起がよい（大分県南海部郡）。逆に、白ヘビの夢は凶で、黒ヘビはよい（広島県庄原市）ともいう。よい夢は大蛇の夢（愛知）、普通の大きさのヘビならよいが、大きなヘビの夢は悪い（新潟県三島郡《さんとう》）と、大ヘビが必ずしも良いとは限らない。
○ヘビの夢も、見る時季によって吉凶が変化するらしい。秋田・宮城両県では、ヘビの夢は季節はずれの冬であることが条件で、春のヘビの夢は凶である、という。つまり蟄虫《ちっちゅう》の期間に夢に見るからめでたいのだ、という意味であろう。年の始めは蟄状の時期だから、右の条件に合うわけである。宮城県では初夢にヘビを見るのはよい夢。二日の朝、或いは三日の朝に、初夢を語り合い、ヘビの夢だったら喜ぶ（日が違うのは、初夢を元日の夜の夢とする所と、二日の夜の夢とする所と、同じ県下でも一様でないためであろう）。秋田県でも、年の始めにヘビの夢を見るとよいといい、三重県度会郡でも同様にいう。富山県氷見市では、正月にヘビの入ってくる夢を見ると、よい事が長く続くという。秋田県仙北郡では、春ヘビの夢を見ると金を拾い、秋見れば不吉がある、といっている。しかし、春見るヘビの夢を吉夢とせぬ所もある。岩手県陸前高田市では、秋の長虫を夢に見ると金が入り、春の長虫の夢は金が出るという。秋田県にも、春にヘビの夢を見ると出費がある、という土地がある。
○そうした区々たる吉凶の差を超えて、ヘビの夢を、神仏の啓示と受け取るのが信仰の根本であろう。ヘビの夢を見るのは神様へ不信心だから、産土神様へお参りせよ（長野県北安曇郡）、ヘビの夢は仏様の祟り、だからお稲荷様へお茶を上げる（群馬県利根郡）、ヘビの夢を見たら神参りせよ、乃至は墓詣りした方がよい（山梨県北巨摩郡）という。
○ヘビの夢は吉夢とのみ考えられていたのではない。これを忌む土地も少なくない（福島県南会津郡・群馬県利根郡・千葉県安房郡・佐賀県小城郡）。この他にも、ヘビの夢を見ると、損をする（青森県三戸郡）、死ぬ（千葉県市川市）、金が出るか病気にかかる（秋田）、病難がある（長野県北安曇郡）、怪我をする（同上）、長いへビの夢を見ると長患いをする（愛知）、へビを殺した夢を見ると損をする（広島）、という。また、大蛇に巻かれる夢は悪い（宮城）、と、前掲の事例とは正反対なものもある。
○へビがコシキ立てている（交尾している）ところを見ると出世する（滋賀県高島郡）。へビのこしきだての中の土をつかんでくると、金持になる（和歌山県東牟婁郡）。『諺語大辞典』にも、蛇甑《へびこしき》を得たものは長者になる、として、馬琴の『近世説美少年録』の次の文を引用してある「是なん世にいふ蛇甑にて、甑の中には宝貨あり、倘《もし》これを得たらんものは、富み栄えずといふことなし」。京都府北桑田郡では、へビの交尾を見たら、思わぬ金儲けがあるという。秋田県由利郡で、へビが二、三匹一緒にとぐろを巻いているのを見ると吉事がある、というのも、同じ信仰であろう。
○ただしこれとは反対に、へビの交尾を見ると運が悪くなる（神奈川県津久井郡）、雌雄のへビが交尾して縄になっているのを見ると、不吉であるから見てはいけない（福井県小浜市・青森県三戸郡）。山でへビの交尾を見ると怪我をする（秋田県仙北郡）。へビのつがうのを見れば孕む（『諺語大辞典』・広島）。へビの雌雄がからみ合っているのを見たら、すぐに自分の着ているものを着せてやらなければいけない。そうすると、何かよい物を拾う（大阪府枚方市）、その礼に珠を置いて行く（紀伊南部地方）。霊物の秘密を犯すことの罪を戒めたものである。『和漢三才図会』には、「交レバ則チ雄ハ雌ノ腹ニ入リ、交已メバ即チ退キ出ルナリ。人、蛟ノ交ルヲ見レバ、三年ニシテ死ス」とある。ただし、これにも逆があって、千葉県茂原市では、へビの交尾を見れば吉、という。
○へビの足を見ると長者になる（『諺語大辞典』）。同じ伝承は富山・愛知・広島・鳥取などからも報告されている。もっともニシキへビには肛門の両わきに後肢の痕跡があるのが特徴だということだが、蛇足《だそく》という古語があるように、ヘビの足は無いのが当たり前で、あれば畸形と考えられた。そして、こうした奇物について記した随筆類も少なくない。わざわざ足を見るための方法を説いたものもあった。『本草綱目』に、「蔵器曰ク、蛇ニ足有ル、之ヲ見ルハ佳ナラズ。惟ダ桑薪ノ火ニテ之ヲ炙レバ則チ見ユ。怪シムニ足ラザルナリ。陶弘景曰ク、五月五日、地ヲ焼キテ熱セシメ、酒ヲ以テ之ニ沃ギ、蛇ヲ上ニ置ケバ、則チ足見ユ」とあり、同文を『和漢三才図会』にも引いてある。それかあらぬか、鹿児島県国分市〈霧島市〉などでは、ヘビを焼くと足が出てくる、といっている。

○ヘビの鳴くところを見た者は一生涯幸福（愛知）、鳴き声を聞くと出世する（富山県氷見市）という。ミミズは鳴くというから、ヘビも声を出すと考えたものであろう。

蛇　へび

⑶蛇のぬけがら

○ヘビ皮の者は金持になる（愛知）というが、それは皮膚の異常なものをいうのだろう。ヘビの子孫で体に鱗があったという緒方三郎と、基本的には同じことになる。しかし、人間自身がヘビと同様の皮をもつことはありえない。そこで、ヘビのぬけがらを頭にかぶると（或いは首にかけると）、金持になる（山口県大島郡）という方向へ発展したのであろう。ヘビのぬけがらの完全なのを得れば吉（千葉県茂原市）、或いはまだ雨にあたっていないぬけがらが効き目がある、といった俗信も、このような用途があるために生れたのである。ヘビのぬけがらを身につけると金持になる（埼玉県熊谷市）、懐に入れていると籤につよい（青森県三戸郡）、ヘビの皮を持っていると勝負に勝てる（奈良県吉野郡）、という。

○財布（がまぐち・巾着）にヘビのぬけがらを入れておけば魔除けになる（愛知）、出世し長者になる（栃木県芳賀郡）という。最も多いのは、金がたまる、金持になる、金が入る、いつも金が入っている、小遣いに不自由せぬ、金が減らぬ、金難儀をしない、などの事例である。要するに同じことだから総合すると、宮城・茨城・千葉・富山・岐阜・愛知・三重・和歌山・鳥取・広島・愛媛・佐賀・熊本・鹿児島等の諸県の報告がある。さらに、ヘビの皮で財布を作ると金がふえる（大分）という方向へ拡大する。山梨県北巨摩郡では、ヘビ革の財布を持てば金がたまるという。ワニ皮財布の源流は、けだしこの辺にあろう。さらにヘビの皮をそのままそっくり簞笥の中に入れておくと金がたまる（岐阜）、ヤマカガシの完全なぬけがらを家に置く（桐の箱に納める）と身上がよくなる（三河）、戸間口（入口）に貼っておくと魔除けになる（長野県上水内《かみみのち》郡）という。因みに、群馬県富岡市では、財布に入れておくにはヤマカガシのキヌ（ぬけがら）がよく、青大将のキヌでは駄目だという。

○ヘビの皮を腹に巻いて寝ると金持になる（愛知）、枕の下にして寝れば瘧《おこり》が治る（新潟・愛知）。石川県石川郡では、蒲団の下にヘビのキン（ぬけがら）を敷いておき、病人が蒲団をまくった時びっくりしたら治るという。新しい理解の仕方であろう。

○ヘビのぬけがらを帯にすれば産が軽くてすむ（千葉県東葛飾郡・秋田県由利郡）。この俗信は関東地方では一般的らしく、群馬・茨城などでもいい、また越後・佐渡でもいわれている。また、産婦の床の下に敷くと産が軽いという（熊本県玉名郡）。長野県安曇地方では、ぬけがらとヨモギの干したのを煎じて飲めばよい、といっている。脱皮現象にあやかるのと、そうしてできたぬけがらの呪力を身につけるのと、両方の効果を期待するのであろう。

○ヘビのぬけがらでさすると、瘡《かさ》が治る（佐賀）。くさに貼るとよい（群馬）。福岡で、ぬけがらでこすると、きめが細かくなるという俗信と関係があろう。安房でも、できものにぬけがらを貼って治す。越後・河内では、腫物を治すに、ヘビの皮を水に漬け、冷やしてからつけるとよい、という。岡山県笠岡市では、暑気《あつけ》が入って体中がほてる場合、マグチナワ（青大将）・クチナワ（ヤマカガシ）のぬけがらを水に漬けておき、足などに貼ると熱冷ましになる、しかし、いったん下がっても、またほてるという。指病め、指が腫れたり、うずく時にはぬけがらを巻くとよい（茨城・福井・愛知）。岩手では、喉の病気に、ぬけがらを粉にして吹き入れる、という療法が行われる。
○ものもらいを治す一法として、ヘビの皮を用いる（岐阜）。ぬけがらで足の裏をこすると、星目が治る（飛騨）。
○疣を取るには、ヘビのぬけがらでこすればよい（青森・秋田・宮城・栃木・群馬・長野・新潟・富山・石川・愛知・奈良・島根・宮崎等）。人のいない時になでる（富山）、寺の和尚にこすってもらう（群馬）、こすったあと土中に埋める（愛知・宮崎）、人の知らぬ間に埋める（長野）、人の見ない所に隠す（群馬）、日かげの地に埋める（同上）、などの方法も行われる。福井では、百疣の親玉をぬけがらで縛るという。珍しい例に、水の流れの所でヘビの皮を疣につける（群馬県利根郡）、というのがある。
○群馬県利根郡では、ヘビまたはヤマカガシにとびつかれると、そこに疣ができるという。これが原因であるなら、ヘビが付けた疣だから、ヘビに取らせる、という論理になるが、同じ事例は少ないので、その考えは危険である。ぬけがらで疣が取れるのであるから、疣はヘビが付けたものだろう、と考えたものらしい。
○疣以外にも、手足のまめもぬけがらで撫でれば取れる（富山）、ほくろは、ゴマの花とヘビのぬけがらとを飯粒で練って塗りつける（広島）、ほくろ・痣はぬけがらで撫でればとれる（群馬）、ぬけがらとナタネの花とを種油で練ってつける（愛知）。白癬はぬけがらの煎汁で洗うと妙効がある（香川）、腫物にはぬけがらを貼る（大阪）、爪が取れかかった時でも、ヘビの皮を貼れば治る（愛知）。ぬけがらでこすると皮膚がきめ細かになる（福岡）という。江戸町奉行根岸肥前守も、面部にできた瘤（ほくろか）には、ヘビのぬけがらを糠袋に入れてこすったら卓効があったことを記し（『耳袋』七）、また疣をヘビのぬけがらでこすれば奇々妙々、疥《はたけ》・そばかすも同じ方法で治る、と記している（同九）。

○歯痛を治すまじないに、ヘビのぬけがらを嚙む（和歌山県日高郡・山口市）。この方法が嫌われたため、改良型が行われた。その一つは、ヘビの皮と鍋墨と飯粒を練り合せて、頰に貼る（滋賀）。いま一つは、紙に「蛇」と書いてこれを嚙み、家の北の柱に釘で打ちつける（新潟）、「蚖蛇及蝮蠍」と紙に書き、痛む歯でこれをくわえたのち、釘で柱へ打ち付ける（愛媛）。その他、ヘビのぬけがらを祀って線香をともして祈る（山口市）、桑畑に煎豆を埋めて芽の出るまでは歯痛をせぬように、と祈る（同上）などの方法がある、なお、ぬけがらとは関係ないが、千葉県長生郡では、ヤマカガシの胎児を虫歯につけるとよい、という。

○ヘビのぬけがらは内服しても用いられる。熱の下がらぬ病人には、ヘビのぬけがらと甘草とを飲ます（滋賀県高島郡）、ぐりぐりの出来た時、ぬけがらとカンド（甘草？）を煎じて飲む（和歌山）。

○幼児の疳が起こらぬまじないに、瘤の場合と同じように青大将のぬけがらを蒲団の下に敷く（石川）。

○ヘビのぬけがらを竈の下にくべると、鍋がはじく（割れる）（熊本県玉名郡）、釜が割れる（山口県熊毛郡）。石川県鹿島郡でも、ヘビのケンを火にくべると鍋が割れるという。この種の報告は、多くはないが、神聖視した表れとして注目される。

○ヘビのぬけがら（卵の殻、ハチの巣も）を跨ぐと、腰気が悪くなる（愛媛県周桑郡）。

○ヘビが殻を脱ぐ時は、ひどい難儀をするという。あたりの木の枝をくわえて咬み、苦しさに堪える。人が知らずにその木にさわると、その毒が体に入るという（石川県珠洲《すず》市）。

○蛇の衣をぬぐを見れば福あり。『諺語大辞典』にこの語を掲げ、『居家必備』（必用の誤りか）という書物を引く。同書巻四に、「田家雑占云、蛇脱㆑殻、人有㆑見㆑之者、主㆔大発迹㆒」とある由。ヘビが皮をぬぐところを見た人は、金がたまる（愛知県南設楽郡）、縁起がいい（千葉県印旛郡・千葉市）、福が来る（鹿児島県国分市〈霧島市〉）、事業に成功する（広島）、などと各地で同じことをいう。和歌山県東牟婁郡では、クチナが袴をぬぐのを見たら福の神であるという。愛知県北設楽郡では、ヤマカガシの脱皮を見ていて、その皮を祭ると福が来るという。千葉県山武郡・千葉市でも、ヤマカガチの脱皮を見付けて、それを他人に知らせず持って来ておくと家運が栄える、といっている。栃木県下でも、六月一日にヘビのむけるのを見ると、一生長者の暮らしをする、といっている例がある。青森県下北郡では、六月朔日のぬけがらを頭にのせれば、頭痛が治るという。

○陰暦六月朔日を剝《む》け節供とか衣脱《きぬぬ》ぎ朔日と呼ぶ所は、特に中部以東に多い。この日、ヘビが桑の木の下で皮をぬぐという。東京で今も喜ばれている富士神社の山開き（六月朔日）の祭礼に売る麦藁蛇も、この口碑を縁起物に作った、かつてのアイデア商品である。これを台所に吊っておくと虫が出ない、などという。千葉では、水天宮様のお札を竹にはさみ、これを大きく振り廻してヘビ除けをする。この日は人間も皮が剝ける日だといっている処がある。この日桑畑に行くと、人の魂が抜け出して形骸だけ残るなどといい、桑の木を見てさえ悪い、ともいう。

岩手県一関市では、六月朔日に畑へ行ってヘビのぬけがらを見ると目が見えなくなるといい、宮城県白石市や岩手県遠野地方では、ぬけかわるところを見れば死ぬ、凶事が起こる、という。霊物が神秘のわざを行うさまを目撃することにより、一方では稀な仕合わせを得る、と考え、他方では冒瀆による罪を得る、と考えたものである。

蛇　へび

(4)蛇の駆逐法

○いくらヘビは縁起のよい動物である、と聞かされても、現実には嫌悪感を抱くのが普通であるし、また毒ヘビに咬まれる被害もしばしば起こる。ヘビと人間との歴史は、信仰と忌避との交錯だったといえる。ヘビを近寄せぬためには、家内に侵入させぬことと、野外であわぬための予防、侵入したヘビの駆逐、咬まれた時の処置の四点が問題になる。

○ヘビを家に入れぬ手段の一つとして、香のハナをたく（三河）、神仏に供えたおハナをいぶす（同上）、線香をたく（群馬・山梨・愛知・和歌山・奈良）などがある。大阪府枚方市では、竹を焦がして家へ置くとヘビが来ないという。『長生療養方』には、ヤマシシの角を焼いて煙を出すとヘビは退散する、とある。いわゆるカガシの方法である。同書に、山道を行くのに干薑《しょうが》・麝香《じゃこう》・雄黄《ゆおう》を粉末にして腰（男は左、女は右）に帯びていれば、ヘビは逃げ去る、もしヘビに侵された者もこれで治する、とあるが、麝香などは山民の容易に手に入れることのできない物で、絵に描いた餅である。

○その他の侵入防止法には、家の周囲に籾糠を撒く（愛知）、麦こがしを撒く（東京）、糠・煙草をくゆらす。やにを竹などに付けてヘビになめさす（広島）、火を燃やす（群馬）、塩を撒く（同上）、庭にカイドウを植える（同上）、ニラを揉んで道辻や鶏小屋に置く（長崎）、壁にアワビ貝を塗りこめる（高知・壱岐）、ヘビのぬけがらを入口に貼る（長野）、などがある。その他、ショウブとヨモギを五月節供に軒に下げれば、ヘビが入らない、とは各地でいうところである。
○ヘビは、鉄製の物を見せると来なくなる（群馬県邑楽郡）。柿の渋とくろがねが嫌いで、体にそれがつくとそこが腐って死ぬ。だから山へ行くときは針を持って行く（宮城県栗原郡）。福島県南会津郡の檜枝岐《ひのえまた》村では、女が山畑へ行くときには、頭髪の中へ針を挿して行く。ヘビには針が毒なので魔除けになる、といっている。同じ郡で、雨乞のとき渕の主の太蛇を怒らせるために鉄や棒杭を投げ込むのも、同じ考え方である。ヘビが鉄を嫌うことは、『古今著聞集』二に、ヘビが女に落ちかかろうと覗ったが、襟に挿した針に畏れて襲うことができなかった、という説話や、或いは鉄漿《かね》を忌む、という近世の巷説などにも示されている。平田篤胤は、鉄がヘビの身に毒となること甚だしいのは世人もよく知るところだが、またヘビが刃物などをそこなうことも甚だしい。ヘビを斬った刀は荒れなまって使用に耐えなくなる。蛇切丸などの名刀は、ヘビを切ってさえ損傷しない点を強調したのだといっている（『古史伝』十五）。
○新潟県西頸城郡では、スジ（種籾）の残りを煎って腰に結び付けておけば、ヘビに食いつかれないという。チイナ団子（粃《しいな》の団子？）を持って行くのも、同じ効果があり、ハチにも効く。
○ヘビはヒノキを嫌うからヒノキ林にはいない。檜笠を顔にあてていれば、山林中に寝てもヘビに血を吸われない。便所には必ず檜材を使用する（神奈川県津久井郡）。
○ヘビが進行するのを止める方法がある。自分の右手で左耳を引っ張って、シッと言うと止まる（沖縄県国頭《くにがみ》地方）。富山県氷見市では、マムシが進行している時、モシモシと声をかけると止まる、といっている。した手に出るやり方では、道端のヘビに「御免なさいよ、ちょっと通して下さい」と声を掛けて通った(千葉県館山市)。
○ツマグレ(ホウセンカ)の葉で爪を染めると、ヘビに咬まれない。それで、脚の親指だけ染めて、まじないにする男もあった(熊本)。ホウセンカの汁をヘビの体にたらすと、その部分が腐るという(神奈川県津久井郡)。煙草のやにと同日の論といえる。また、ホウセンカの花の汁を搾ってつけると、マムシに咬まれても毒を消すこと甚だ奇妙である。その汁で墨をすり、咬まれた部分へ塗って、アビラウンケンソワカと呪文を唱え、息を吹きかける。花がないときは、実をすりつぶした汁を保存しておいて用いる(神奈川県津久井郡)。

○足半《あしなか》草履のツノ(鼻緒の部分)の形がナメクジに似ているのでヘビがこわがる、といわれ、ヘビの予防に足半をはく(岩手)。佐渡で、草履のヒゲはやけ(鼻緒のほつれ)は、ヘビ・ムカデ除けになるという。群馬・埼玉で、花結び草履をはくと、ヘビに咬まれないというのも、同じ理屈であろう。伊豆の八丈島では、足半の前緒の結び方の一つに、ヘビツブリというのがある。鼻緒の部分で結んで、端が両方へ出るようにしたもので、ツノといわれるものと同じ形らしい。この草履をはくと、マムシに咬まれぬという。

○群馬県利根郡では、葬式のとき棺をかつぐ人が履くことになっている足半結びの草履をはいて行くと、マムシやヘビに食われないという。津軽でも葬式の足高(アシナカに同じ)をはけばヘビに咬まれぬといい、また村によっては、わらじを履けばよいという。履物の変遷による変化であろう。

○その反面、葬式に用いた草履をはけば、マムシに食われる、という例(愛知)もある。禁忌には逆も真というケースがしばしばあるが、夜新しい下駄をおろすとマムシに食いつかれる(同上)、ともいうから、この両者の関係の方が問題であるのかも知れない。

○山へ行く時は、きせるに痰をためて行くものだという。ヘビは煙草のやにを含んだ痰が嫌いだから（新潟県岩船郡）。煙草のやにが禁物という例は各地から報告されており、古くから常識にさえなっていたことは、落語の「田能久」でもわかる。山へ行く時、麓で煙草を吹けば、その山にはヘビがいなくなる（秋田県仙北郡）。山奥へ行くには、きせるを持って行くとヘビに咬まれない（熊本県球磨《くま》郡）。煙草を吸えばヘビは恐れて逃げる（山口県大島郡）、などといわれる。

○青大将に煙草のやにをつけると、腐る（愛知）、ヘビに煙草のやにをなめさせると、ヘビは骨が離れてしまう（神奈川）。それで、ヘビに咬まれた時には、きせるのやにを塗ればよい（新潟県西頸城郡・広島県豊田郡）。ヘビに咬まれた傷にやにをつければ痛みがとれて癒る（茨城県猿島郡）。沖縄の竹富島では、ハブに咬まれたら、やにを呑む。富山県下新川郡には、「マムシでもほかの毒虫かみたるは、きせるのやににウコンまぜつけ」の歌が伝わっている。ウコンはショウガ科の多年草で、根茎を止血薬にし、また香料・染料にする。やによりもこの方に薬効がある。やにの効能については、『和漢三才図会』にも「凡ソ蛇ハ煙草・脂汁ヲ忌ム。蛇ノ口ニ入レバ則チ困死ス。如《も》シ穴ニ入レル蛇ハ、力士《リキシ》、尾ヲ捉テ引クモ能ク出ス能ハズ。煙草ノ脂ヲ傅《ちかづ》クレバ則チ出ヅ。又云フ、其人左手ニテ自身ノ耳ヲ捉へ、右手ニテ蛇ヲ引ケバ則チ出ヅ。未ダ其理ヲ知ラズ」とある。『耳袋』巻一にも同じ方法が効果がある、と記すが、付けたして「尤も耳を左の手にてとらまえ、其の間より右の手を出し、指にて蛇の尾先をとらへる事なり」と、アクロバットのようなやり方を説く。実行して成功した人の談話だとある。

○新潟県西頸城郡では、半殺しのヘビに煙草のやにをつけると、生き返る、といっている。前項と矛盾するようだが、これを用うれば毒にもなり、また薬にもなるという原理の応用であろう。

○「ヘビに痰」ということわざは、盃に一、二杯の酒を飲んだだけで青くなる者を嘲る言葉である（新潟県岩船郡）。ヘビが痰に弱い、ということが常識化していた証拠になる。

○ヘビ除けの護符もいろいろある。「牛」という字を九十九書いた紙を柱に貼っておく（愛知）、板または紙に「儀方蛇」と書いて戸口に貼る（福井）、これを持っていれば道でヘビやマムシに咬まれないという。まじないの書に、「白仏言」と朱で書いた紙を西側の柱に貼りつける、或いは朱で「茶」と書いて柱に貼ることが見える。「白仏言」の方法は壱岐でも行われている。福井県武生《たけふ》市〈越前市〉では、「白」という字を三つ書き、逆さにして入口に貼るという。「白レ仏言」（仏ニ白《もう》シテ言ハク）の訛伝か。福井・山口県で、涅槃会の甘茶で墨をすり、「ちや」と書いた紙を家の入口に貼るのは、まじない本からの知識か、むしろこの方が源泉か、不明である。

○愛知県知立《ちりゅう》市の元県社知立（池鯉鮒）神社は、除蝮蛇神札を出すので有名で、氏子区域にはヘビ一匹もすまない、といわれた。この神の信仰は意外な遠国にまで及んでいて、門口にこの神札を貼る風俗が見られた。長野・三重・福井県では、ヘビに出合ったり追いかけられたりした時は、「知立大明神」と神号を三べん唱えて通れば大丈夫だといった。三河の南設楽郡では、「ヘビもマムシもくいつくな、知立猿投《さなげ》の大明神」と三唱した。猿投はいま豊田市猿投町にある古社猿投神社である。近隣のみならず、熊本県阿蘇地方でも知立大明神の唱え言が行われている。これを訛って神奈川では「ウリュウ大名」と唱えながら歩けばヘビに出合わぬ、群馬県利根郡では「チュウリュウさま」といえば、ヘビは退散する、飛騨では「蛇の神の蛇竜大明神」と三度唱えて山へ入ればよい、という。岡山県吉備郡では、「ハリュウ権現、チリュウ権現、アブラオンケンソバカ」と唱えた。山梨県都留市で、山に出かける時、「ナムチョウダイゴンゲン」と三回唱えると、ヘビにあわないといっているのも、「南無知立大権現」の訛りであろう。ヘビ除けの守札については、江戸近郊多摩郡喜多見村（いま世田谷区）の、俗に蛇除け伊右衛門といわれた百姓が、守札を出していたことを、古川古松軒が『四神地名録』に記している。マムシの多い草原などを通るにも、伊右衛門々々々と唱えて通ればかまれない、といわれた。また、和歌山近在の矢宮から出す守札もマムシに卓効がある、といった。

○ツバキの木はヘビを封ずる霊力をもつと信じられた。島根県邑智《おおち》郡羽須美《はすみ》村口羽《くちば》（邑南《おおなん》町）にその伝説があり、鳥取市上味野の願行寺では、六世専誉南随上人が、ツバキの杭で大蛇を封じたという。同寺（本尊観音）に詣でて、ヘビが境内のツバキの木に登っているのを見れば、所願がかなうという。

○子供らが実際に行っていることだが、ヘビが後ろから追って来たときは、左側へ曲って走れば追いかけて来ない（富山県氷見市）、ヘビに追われたら、幾度も曲って逃げろ（秋田県平鹿郡）、というのがある。『和漢三才図会』に「烏蛇、人ヲ見レバ則チ頭ヲ挙ゲ追来ル。逃グル人、正直ニ走ル可カラズ。くく字ノ如クスレバ則チ追至ル能ハザルナリ」とある記事に一致する。

○ヘビに履物を投げれば追ってくる（和歌山県西牟婁郡）という。東牟婁郡では、黒ヘビに古草履などを打ちつけると七日七夜追わえられるという。『和漢三才図会』に、「人有リテ馬ノ古沓ヲ擲ゲ蛇ニ中レバ則チ甚ダ恚《いか》リテ其人ヲ追フ。白馬ノ沓、弥《いよいよ》然リ。抑モ之ヲ悪《にく》ムカ、之ヲ好ムカ」とあるのと同様である。高知県で、ヘビを殺すと、竹の先に頭を刺し通してそれに古い金剛草履を付けて捨てる、という。草履を付ける理由は、ヘビを踏みつけることを意味するとの説があり、実際にヘビを踏むことは直接的な冒瀆行為であった。死なないヘビは、死蛇と同じ扱いで文字通り弊履の如く捨てられることを怒る、というのであろう。

○『まじない秘法大全集』によると、黒ヘビに追われ、害を加えられそうになった時は、履いている履物をぬいで、自分の逃げる方向とは別の方角に向ける（投げる?）とよい、とある。

○ヘビを閉口させるためのまじないとして、指で動作する方法もあった。群馬県邑楽郡で、ヘビを見た時、指を三回廻す、というのは、人さし指の先をぐるぐる廻すことか、詳しくはわからない。また、親指を四本の指で包む、こうするとヘビは逃げるという。拳をつくるだけで、腕を振り上げることはしないらしい。

○ニガ手・マムシ手と称して、先天的にヘビ類に強い人がいる。ニガ手の人にはヘビの方で辟易して、食いつくどころか閉口してしまうし、この手につかまれたら全く抵抗せずおとなしくなってしまう。親指の元に皺のよる人は長虫に咬みつかれない（愛知）という。これとは別に、ヘビの方で避ける人相というのがある。耳に痣のある人はヘビの方で避ける（山口県大島郡）、耳たぶにほくろのある人はヘビに咬まれぬ（北九州市）。ほくろの一つもないのはヘビの生れかわり（秋田県仙北郡）。ヘビが飛びついて痣やほくろを付けるのだから、痣やほくろを取るには、ヘビのぬけがらでこすればよい、という俗信が生まれても不思議はないし、またこれが無い人は、もともとヘビが寄り付けない、いわゆる苦手という理屈になるのであろう。

蛇　へび

(5)蕨の恩

○ヘビに追われた時、或いは出合った時に咬まれぬため（咬まれてしまった後にも）のまじないの歌には、ワラビの恩うんぬんという詞句を有するものが多い。ヘビとマムシを一緒にした例も多い。ここにはマムシの一部も含めて記す（マムシの項も参照のこと）。これにも幾つかの型があるようで、その一つは「朝日さす」という決まり文句のある型である。「朝日さす夕日輝く日の本のワラビの恩を忘れたかアビラホレンケンソワカ」（茨城）、「朝日さすこうがい山のかぎワラビ昔の恩を忘れたかヘビ」（新潟）、などという。山形県新庄市で、ヘビに咬まれた時の呪文は、「朝日さす黄金の山のかきワラビ、恩を忘れたかや、このじゃだら王、大先王やたらの虫アヒラウンケンソワカ」という変な文句で、これを三回唱えて、白紙を下に敷き、咬まれたところを撫でると、こまいものが落ちるという。それはヘビの歯だとされ、それに小刀の先を近寄せるとぴんぴんはねるという。

○「天竺のチガヤ畑に昼寝してワラビの恩顧を忘れたかアブラウンケンソワカ」（岩手）、「チガヤ出てワラビの御恩忘れたかアブラオンケンソワカ」（広島）、「わが行く先におるハミ（マムシ）はチガヤ原に昼寝してワラビの恩を忘れたかアビラウンケンソワカ」（徳島）、「東山千《ら》ヶ谷岳の赤マムシ、ワラビの恩を忘れたか」（群馬）、「チガヤの針金ボテラの恩を忘れたかアビラウンケン」（同上）。ボテラとは、ワラビの開いたものをいい、チガヤの針金と共に、後述するようにこの呪歌の由来を最もよく説明している例である。鎌首をもたげたヘビに向かって、「長虫や長虫や、チガヤ畑に昼寝してワラビの思い今忘れたか」（山形）、「ヘビヘビわりゃ（汝は）チガヤの中で昼寝してワラビの恩を忘れたかアビラオンケンソワカ」（長野）、なども、由来譚に忠実な例の一つ。「チノネ峠（イバラの木とも）のかぎワラビ昔の恩を忘れたかナムアビラウンケンソワカ」（和歌山）は、かなり崩れた形である。

○「信濃なる戸隠山のかげワラビ、なむたったりちょとばかり、なむくじりゅう（九頭竜）大権現、ワラビの恩を忘れたか」（山形県飽海郡）、

「長虫や長虫やとぎやまざんのかぎワラビの恩なら忘れるな」(同上)。「戸隠さんのとこワラビそのいにしえを忘れたか虫」(群馬)、ともいう。

○「東山甲佐の滝のかぎワラベ、昔の恩を忘るるなアブラウンケンソワカ」(熊本)。甲佐は上《かみ》益城《ましき》郡の町名だが、そのためか他地方には類型がない。

○愛媛県上浮穴郡では、山でマムシにあわぬための呪文に「ハメの昼寝にチガヤの早抜け、かんこ(かぎなり)ワラビの恩を忘れな」と唱える。

○以上、かぎワラビの恩という型の呪歌を通じて、西日本の方が詞形に崩れが見られる。アビラウンケンソワカという真言を必ず添えるところから、山伏などからの伝授だったことが想像される。

○右の唱え言の由来として伝えられるものに、ヘビが昼寝している間にチガヤが伸びてヘビの体を突き刺した。ヘビが苦しんでいると、ワラビがそのやわらかい手でヘビを持ち上げてチガヤを抜いてくれた。それで、「チガヤの山で昼寝して、ワラビの恩を忘れたか」と唱えるようになった(長野県上伊那郡)。チガヤは意外に鋭いもので、足を痛めることが多いから、そうした体験に裏付けられた伝説であることが分かる。熊本県阿蘇郡では、ヘビの頭に杙《くい》が刺さり、地まで突き通った。その時、地の下からワラビがかぎをもたげてぴんと伸びたはずみに杙が抜けて、ヘビは命拾いをした、と語っており、それから一番ワラビを採って足や手に塗りつけ、マムシに咬まれぬまじないをするようになった。山口県熊毛郡でも、初ワラビを体に塗るとハミがかぶらん(咬まない)といい、愛知県北設楽郡でも、初めて見つけたワラビを足に塗りつけると、その年マムシに咬まれないという。長野県下伊那郡でも、山へ行く時最初に見付けたワラビで足をこすり、その日ヘビにあわぬまじないにする。チガヤでなしに、ヘビがハギに喉をさされ、ワラビに助けられた。それで今もヘビを捕ったらハギに刺す、という仕来りの所もあるという。

○かぎワラビの呪歌は、意外に古くから記録されている。元禄十二年版『咒咀調法記』に「蛇《へび》咬《くい》のまじなひの事」と題して、「うたに、あふ坂やしげみが峠《とうげ》のかぎわらび、其むかしの女こそ薬なりけり」。「明蔵主《みやうぞうす》いふともことをわするゝな、かはたつ女氏《むすめ》はすがはら」の二首を掲げてある。「其むかしの女《め》」は、芽であろうか。女《むすめ》ならば、後に掲げる鍛冶屋の娘という文句につながるものがあるとも思われる。川立つ女は河童の呪歌の改作であろう。

○兵庫県穴粟郡では、ワラビシダの上で昼寝しているヘビは、どんなに小さくても手出しせぬものだ、大蛇が化けていることがあるから、という。ワラビの上にヘビが昼寝している情景がもとで、かぎワラビの呪歌が生れたとすれば、農民は詩人である。

○広島県では、ヘビに咬まれぬ呪言が幾通りも採集されている。

㈠この山に五色の虫が住むならば、玉依姫にあうと思うな、㈡わが行く先に錦まだらのヘビおらば、空とぶ姫にいうてとらせんアブラウンケンソワカ（三唱）、㈢この里に錦まだらのヘビおらば、梶原様のものと思えよ（同上）、㈣この山にさすら虫がおるならば、たつた姫とはなり申さん。この下句は、㈤早く逃げ去れ石原どうが通るぞ、㈥やまとにもきかせたい、ともある。㈦かの草むらのごまだらの悪虫、そこを立ちのけよ。

○玉依姫の名は、青森では「わが行く先に、オナドの虫が居るならば、玉おり姫にとらしょうなアブランケンソワカ」となる。群馬県利根郡では、「この山に錦まだらの虫這わば、かみたつ姫と人はいうなりアビラオンケンソワカ」。かみたつ姫の代りに「はやく立ちのけ伊勢の神」

ともいう。和歌山県日高郡では、「わが行く先に錦まだらの虫あらば、山立つ姫に言うてとらすぞナムアビラウンケンソワカ」。これは家の中にヘビが入ったり、山路でマムシにあったときに唱える。同県西牟婁郡では、「わが行く先に錦まだらの虫あれば、よけて通せやナムアミダウンケンソワカ」、と三唱し、人さし指を突き出してくるくる廻せば、ヘビに食われぬという。京都府北桑田郡でハメ（マムシ）の咬まぬまじないとして伝えているのは、「わが行く先に錦まだらの虫あらば、深山の奥の姫に知らさん」。鳥取県八頭郡では、「わが行く先錦まだらの虫おらんば、早く立ちのけアビラオンケンソワカ」。徳島県では、「われ行く先に錦まだらの虫けおれば、玉の御殿を回るごとくらんアビラウンケンソワカ」、或いは下句を、「なすよの島をやよ（八重？）にかけ切払うぞアビラウンケンソワカ」、または「おおかみ姫のみことが参るぞよ」ともいう。

○錦まだらうんぬんの句が愛用される傾向が目につく。ヤマカガシの別名をニシキヘビという例はあっても、マムシを錦まだらと形容するのは当たらないようだが、この呪歌が用いられるのは、マムシ向けの場合が多い。

○新潟県南蒲原郡では、「まだら虫やわが行く先へいたならば、山立ち姫に知らせ申さん」という。やまと姫・かみたつ姫などと共に、何々姫の名が出るのは、山の神をさすのであろう。「あくまだちわが立つ道に横たえば、山なし姫にありと伝えん」（『嬉遊笑覧』所引『萩原随筆』）、「此の山に鹿子《かのこ》まだらの虫あらば山立姫に告げて取らせむ」（『宮川舎随筆』）は、やや以前に記録された事例である（此の山にの歌の頭に「白レ仏言」〈仏ニモウシテイハク〉の三字を記す、とある）。奈良県で、ヘビが家の内に入らぬための呪歌として、「わが先に錦まだらの虫あらば、朝立つ姫に遊ぶ声聞かさんオンアビラオンケンソバカ」という。

○右の新潟の山立ち姫や、『萩原随筆』の山なし姫は、南方熊楠《みなかたくまぐす》の説によれば、ヘビを苦しめたチガヤをさしていうのだとする。つまり、ヘビが苦手とするチガヤに言いつけて、ひどい目にあわせてやるぞ、と威嚇する歌と解するのである。果たしてそうであろうか。既にあげた例の他にも、「わが行く先に不浄の虫がいたならば、山王姫に告げてとらせるぞ」(群馬)、「ヘビは山にいてピーピー鳴いている、やまとの姫につんで取らせ給いアブラウンケンソワカ」(青森県三戸郡)などの例における山王姫・やまとの姫は当然先の山立姫・山なし姫の同位語である。そして三戸郡では、やまとの姫は山の神である、と説明している。山の神様に言いつけてやるぞ、といって、牽制するのだ、と解すべきであろう。

○千葉県長生郡では、「奥山の姫マムシ、ワラビの御恩を忘れたか」と唱える。この場合は明らかに、山立姫の型とわらびの恩の型との複合型であり、前者の部分が大きく欠落していることが分かる。

○天正年間成立と見られる『月庵酔醒記』に、蚰クイノ事と題して、「ワセハラノアクヲタレテ、アライテ唱云、五ダイ殿〳〵タ、リモウサジ。三返可唱」とある。五大と唱える例は、採集例には見当たらないが、この記述も民俗を記したものと見てよい。珍しい例では、ヘビを見た時、「長虫殿長虫殿、わが行く先を切れば天井ごの雲に知かせ(しらせ)候アブランケソワカ」と唱える例(青森県北津軽郡)と、奥山で大蛇に出合わぬように、山に向かって唱える詞として、「冬むしづき(睦月)氷の下のあざら虫(ヘビ)、山鳥(タカ)しめに刺いて取らせるアブラウンケンソウワカ」というのがある(秋田県北秋田郡阿仁町〈北秋田市〉)。

○以上挙げたのは、唱える者と対者のヘビとの外にいる第三の何かに向かって祈る気持が籠められているもので、従って終りに真言が付くが、次に掲げるのは、ヘビに直面してこれを威圧しようとする唱え言である。「ヘビもムカジ（ムカデ）も出て来んな。おれは鍛冶屋の娘だぞ。庖丁も鎌も持っているぞ」（新潟県西頸城郡）。同じ越後でも西浜地方は、「おれは鍛冶屋の息子（または娘）だぞ。鉈も鎌も持ってるぞ。それでもって八ッ切るぞ」と言いながら歩く。群馬県吾妻郡では「へービもマムシ（ムカデとも）もどうけどけ、おらァ鍛冶屋の前向《むこ》で鎗も刀も研いで来た」、或いは後半を「鉈鎌三丁鎌三丁、どかぬと胴中どこからぶっ切るぞ」と唱える。前向はマイモコ、メイムコともいい、婿か向こうか両様に解しているらしい。青森県三戸郡では、女が山でヘビにあったら、「ヘビァ出たがら（出たければ）出ろ、おらこれでも鍛冶屋の娘だ、焼き錐《ぎり》焼いてぶっ通すぞ」と言えば逃げるという。佐渡では、「ヘビもムカジも食わしゃんな、鉈も鎌も持って来た、菖蒲湯も浴びて来た、菖蒲タンゼン（タンゼンは髪飾り）掛けて来た、ヘビもムカジも食わしゃんな」、或いは「菖蒲湯も浴びて来た、菖蒲あたま（髪にショウブをはさむこと）も結うて来た。鉈鎌三丁しゃァて（差して）来た、ヘビもムカジも出さしゃんな」と唱えて山へ入る。端午の菖蒲湯の故事は実益にも生かされていたのである。長野県埴科郡では、「おれは切れ物持っているから今度出ると切ってしまうぞ」と言うと、二度と出合わないという。

○俺が通るから、ヘビはどけ、と命令する型もある。「へービもムカデもどーけどけ、小柏どんのお通り」（群馬県多野郡）、「われこそは花の都へ行くなるぞナムアミダナムオンケンソウワカ」（和歌山県西牟婁郡）、「まほう虫わが行く先にいたならば、はや消え失せろアブラオンケンソワカ」と三回唱えてから敷居をまたいで出かける（埼玉）。この場合、真言が付く型と付かぬのとあるが、後になって付くようになったものと認めるのが自然かも知れない。

○排除駆逐型では、ヘビに向かって「姿見せると殺すぞ」というもの（名古屋地方）、「今度姿を見せると命がないぞ」と言って煙草の煙を吹く（群馬県邑楽郡）、「盲ヘビャどけどけ、さね馬飛ばすぞ」、或いは後半を「梶原源太が通るぞ」（熊本県阿蘇郡）、という短い型が見られる。阿蘇郡一の宮町（阿蘇市）に梶原屋敷と称する遺蹟があり、それにちなむ唱え言だという。広島にも梶原様うんぬんの例があるが、鍛冶屋との連関も考えられる。
○「この山にもしもマムシが居るならば、山田のおろちに食わせるぞ」と三唱して山に入ればよい（千葉県茂原市）。目には目を、のタイプといえようか。

蛇　へび

(6) 年中行事と蛇除け

○農村の年中行事には、ヘビ除けと結び付いたものが少なからず見られる。正月、二月初午、涅槃会、三月節供、四月八日、五月節供、六月朔日、十日夜等、諸種の行事をとらえて家を浄め、ヘビ除けを行おうとした意図がうかがわれる。特に正月には、年初に当たって年間のヘビ除けを行うため、その事例が多い。㈠大正月・小正月の供物を煮た汁や洗った水を家の周囲に撒く、㈡左義長の際正月飾りを燃した灰をまく、㈢トンドの燃え残りの若竹を門口に立てる、㈣トンド焼に焼け残った松を屋根にさす（これは所により二十日正月に行われる）、㈤七草粥を家の周りに撒くか、手足に塗る。
○青森県三戸郡では、一月十五日（旧暦）の晩には洗い竿を屋内に入れる仕来りがある。もし入れないと竿はヘビに化するという。
○初午の団子や、涅槃会のお釈迦の団子を腰につけたり巾着に入れているとヘビやマムシに咬まれぬという。沖縄では、三月三日に家にいて仕事をしてはいけない、浜に出て遊び、海の産物を取って食べないとアカマター（斑ヘビ）にだまされる、或いはアカマターを生むといわれる。三月節供の草餅は、これを食べぬうちにヘビを見ると、あとで咬まれるといって必ず食べる。涅槃の団子を入口に下げておく所もある。長野・新潟では、二月十五日、寺でいただくヤショウマ（瘦せ馬団子）を持って山へ行けばヘビにあわぬという。

○四月八日は、ヘビに限らずあらゆる毒虫除けのまじないが行われる日である。この日は灌仏会の日で、その甘茶を家の周囲に振りまく。甘茶で墨をすって、「ちはやぶる卯月八日は吉日よ、かみさげ虫（壱岐では、「神長虫」）を成敗《せいばい》ぞする」の歌を書いた札を門口に逆さに貼る（三河）。大阪府では下句を「髪さけ虫は堅く禁制」と書く。群馬では、イモの葉にたまった露で墨をすり、右の歌（下句は「かみなが虫のご成敗かな」）を書く。卯月八日は吉日よ、の歌を用いる例は、近畿には特に多いが、岐阜では「たち別れいなばの山の峯に生うるつゝまとしきかば今帰りこむ」と甘茶で書く。門口に逆さに貼るのは他と同じである。歌の代りに、甘茶の墨で「蛇」の字を逆さまに書き戸口に貼ったり、「チャ」と書いて柱の下に貼る所もある。以上のような行事が盛んに行われたため、灌仏会に付随した行事のように考えられたが、本来はこの日は山神が里に下りてくる日、との信仰があり、これを迎えるために山や野に行って野花を採って来て神に捧げる。近畿では長い竿の頭に花をかかげる仕来りが広く行われた。毒虫除けはこの信仰から発生したもので、本来は仏教的行事ではなかったと考えられる。

○『続咒咀調法記』（元禄十四年板）に、ヘビ・アブを家内に入れぬまじないとして、次のように記してある。「五月五日午の時に朱砂《しゅしゃ》を用《もつ》て圍といふ字一ツかきて、門ばしらにさかさまにはりてをけば、蛇虻《あぶ》、家内《やのうち》へきたる事なし」。茶の字のまじないの由来の古いことが知られる。

○五月節供には、チマキの煮汁を門口に撒く

（佐渡）。或いはマキ（チマキ）を窓へ吊り、また、ゆがき汁を家の周囲に撒く、或いはマキ・水の餅・種米の三種をかんで、「ヘビもムカジも食わしゃんな」と唱え言をして体に塗る（同上）。笹団子のゆで汁を家の周りに撒くことは飛騨の民俗にもある。食べたマキの葉を吊しておく（越前）、チマキの笹葉を家の四隅に貼る（越後）。五月の萱餅を見ればヘビ・マムシに咬まれぬ、といって萱餅を食べるとか、五月節供の朝露にあえば一年中ヘビに食いつかれぬ（信濃）、などという。ショウブ・ヨモギを屋根に葺き、ショウブ湯に浴するのも、毒虫除けの目的でするのだと理会していた地方は多く、蛇聟の昔話では、ヘビの胤を宿した女がショウブ湯に浴して流してしまう筋になっている。

○六月朔日には、人間の皮がヘビのようにむけるといわれる日で、畑へ行くのを慎んだ。この日正月のお供え餅を食べると、ヘビに咬まれない。七夕様の色紙を炊事場に吊しておくと、ヘビが家の中へ入らない（鳥取県八頭郡）。

○十月の亥の子の晩には餅をついて祝う。これをせぬとヘビの子、鬼の子を生むという（島根県安来市）。十月の十日夜《とおかんや》には、子供たちが家々を廻って呪歌を歌いながら藁鉄砲で地面を叩く。これは多産豊熟のまじないと一般には考えられているが、こうするとヘビが入らない、という土地もある。

○その他、夏至に焼米を食べる（播磨）、冬至の朝燃した灰を家の周囲にまく（上野《こうずけ》）、と長虫に咬まれぬ、などという。いずれにしても、祭の機会をとらえては、ヘビの害を封じ込めようとした営みである。

蛇　へび

(7) 蛇を指さす行為

○ヘビには一本指をさすな（福島県大沼郡）。「あそこにヘビがいる」というときは握りこぶしでさせ（京都府北桑田郡）。ヘビを指さすと、指が腐る、という所は多い。資料を欠くのは、宮城・東京・石川・広島・大分・沖縄だが、右のうち大分・石川では、手が腐るという。残る四府県も、たまたま記録されなかったというにとどまるのではなかろうか。ちなみに、「手が腐る」という地方は、「指が腐る」と地域的に重複するが、東北・九州にはその例を見ない。また、指先から腐るという例が、石川・愛知に見られる。
○特に、死んだヘビを指さすと、手または指が腐る（岐阜・奈良・鹿児島）、三年たつと指が腐る（愛知）、ともいう。また、ヘビに爪弾きすれば病気になり、爪も腐る（佐賀）、ともいう。その他、指さしすると、萱指になる（秋田県仙北郡）、障害のある子が生れる（福井県三方郡）、などの例もある。
○奈良県では、親の指が腐るという。それを防ぐまじないとして、「カラスの指くされ、親の指くさるな」と唱えればよい。
○このように、誤ってヘビを指さした場合のまじないには、種々の方法があった。㈠その指に唾をかける（秋田・千葉・山口）、三度唾を吐きかける（奈良）、自分の年の数だけ唾をかける（群馬）、唾をつけて帯にはさむ（岩手）。唾してフッフッと吹く（秋田）、唾をつけて片方の手で指をたたく（千葉）、唾をして他の者からたたいてもらう（新潟）、他の人から指先に三度フッフッと息をかけてもらう（茨城）、指に唾を吐きかけて足で踏む（山口）、ヘビに唾を吐きかける（福島）など、唾による浄化を図る。新潟で、指に唾がかからぬように、指と指との間から唾を垂らせばよい、というのは、新しい変化だったかと思う。
○㈡その指を嚙む（秋田・石川・和歌山・京都・広島・熊本・宮崎）。嚙む真似をする（壱岐）、三回なめる（福島）、自分の年の数だけ嚙む（佐賀）、三べん嚙む（福岡）、指を嚙んだまま三べん廻る（長崎）、他人に嚙んでもらう（山形・兵庫）、などの方法もある。嚙むのは、毒血を出す形を行うのであろうが、この形の変化と見られるものに、他人に痛いまでつねってもらう（愛知）、自分の年だけ手を叩く（石川）、という形もある。

○㈢ヘビをさした指は、他の人から踏んでもらえば腐らない（山口・群馬）。自分で下駄の歯にかけてきつく踏むとよい（岩手）、自分の履物ですぐ踏む（兵庫）、指を噛んだ後、草履で踏めば腐らない（大阪）、という。やはり悪血を残らず出してしまう形を行うものとみることができる。なお、千葉市などでは、自分の年だけ足で地を踏めばよい、というのは、指を踏むことの略式であろう。

○㈣指が腐らぬようユビキリをする。ユビキリには、指を切るまねをする（岩手・神奈川・和歌山・島根・大分）のと、親指と人さし指でつくった輪（或いは菱形）を切ってもらう（福井県小浜市）か、或いはその変型などがある。前者の中にも、ダンキダンキと言いながら鉈で指を切るまねをする（秋田県雄勝郡）、他の子にユビキリをしてもらう、それには手を斜めにしてその指を三度たたく（福島）、ヘビをさした指を他人の食指で自分の年の数だけ切るまねをしてもらう（長野県下伊那郡）、など種々のやり方がある。後者でも、人さし指を引っ掛けて人にユビキリしてもらう（広島）、両手の指で輪をつくり、「切った」といって友達に自分の年の数の回数だけ輪を切ってもらう（富山県魚津市）。両手の食指と親指で輪をつくり、これを他人の人さし指で、「イッチョニチョウ切ってみ」と言って切ってもらう（徳島県美馬《みま》郡）。岡山県でも、輪を切る方法が行われている。栃木・神奈川・鳥取で「指切りする」といっているのもこの方法であろう。愛知では、目隠ししてユビキリをするという。群馬では、子供たちが遊んでいるところへ、突然ヘビが現れる、その時うっかりヘビを指さしてしまう。するとまわりからその子の人さし指を出させ、「鎌か鉈か」と問う。その子が「鉈」と答える。すると「鉈でぶっ切るぞ」といって、その指を切るまねをする。そうせぬと、さした指が腐ってしまう、といった。

○㈤唱え言をする方法もある。「指々金になれ、クチナゴ（くちなわ）クチナゴ腐れ」（京都）。「ヘビの手は腐れ、おれの手はかねになれ」と唱える（高知）。噛むとき、「わしの手ァかねンなれ、われの手ァ味噌ンなれ」と唱える（岡山）、「われイビくされ、おれイビかねじゃ」（和歌山）と唱える。

○指さすといけないというのは、果物を指さすと落ちる、などの禁忌と通ずるものであるが、別の説明も行われている。越後では、ヘビに親指を見せると呑まれることがあり、或いは毒気をかけられて死ぬこともあるといい、丹波では、ヘビを指さすと、飛びかかって咬まれる恐れがあるという。

○ヘビの長さや太さを指で真似る（大きさを手で示す）のも悪い。その指が腐る（千葉・長野・福井・広島・福岡・宮崎）、手が腐る（愛媛）、祟る（秋田・鹿児島）。また、ヘビの尺をはかると顔が腐る（長野）、ともいう。ヘビの大きさを測るばかりでなく、人に教えるのは一層悪いというらしい。その時のまじないも、指さした時のと大同小異で、太さを示したその円を切る真似する（秋田）、指の間から唾を吐く（福井）、指で太さを示した輪を元のようにつくり、その中央に唾を吐きかけ、他人に輪を切ってもらう（千葉）、などのほか、ただ指を吹いて済ます便法もあった。

○愛媛県上浮穴郡では、ヘビを見て、「大きな」と言ってはいけない。言うと大蛇になる。太いと言え、という。壱岐では長虫はどんなに太くても（大きくても）太いと言ってはいけない、という。

○ヘビを指さして指が腐らぬようにするためには、握りこぶしでさせ（三河・加賀・紀伊・播磨・安芸・周防）、親指を隠して指させ（富山県小矢部市）、親指でさせばよい（秋田県仙北・由利郡その他・和歌山県北部）、親指をマムシ形にして指させ（福井市）、指先を曲げてさせ（秋田県雄勝郡）、人さし指に唾をつけて指させ（福島県南会津郡）、などという。

蛇　へび

(8)霊物の死

○冬眠しているヘビを見ると、ヘビが冬眠からさめるまで、眼が見えなくなる（京都府与謝郡）。

○ヘビがカエルを呑んでいるところを見た者は、障害のある子を生む（愛知）。これに対し、栃木県芳賀郡では、ヘビがカエルを呑もうとしているのを助けてやると、米がとれるという。昔話にでもありそうな光景が目に浮かぶが、熊本県玉名郡では、ビキタン（カエル）がヘビに呑まれそうになっているのを助けてやると、死んでから地獄で釜の中に入れられた時、カエルが水を口にくくんで来て釜に注いでくれる、といっている。つまりカエルの報恩だが、このことは即ちヘビの恨みをかうことにもなる。鳥取県東伯郡では、ヘビがカエルを捕らえているのを逃がしてやると、ヘビが憑くという。

○ヘビの死んだ傍を通ると、蛇神が憑く（イヌ・ネコの場合も、犬神・猫神が憑く）。「蛇神うつんな、親子じゃないぞ」と唱えて通ればつらない（山口県大島郡）。

○ヘビやネコ・ニワトリに祟られたときは、その絵をかいて地蔵様などに上げればよい（山形）。ヘビを半殺しにした祟りで体が悪くなったのだと、オナカマ（巫女）に言われたので、半紙の下半部にヘビを描き、余白一面にナムアミダブツと書いて近くの地蔵様に上げたら、すぐ体が治った、という話がある（同上）。体が悪いときイタコに祈禱とクチヨセをしてもらい、憑き物がナガスケ（ヘビ）とかネコとかわかったら、その絵をかいた絵馬を上げ、赤飯を供える（青森）。
○ヘビにかまれたときは、クスの木の葉をいぶして患部にあてるといい（徳島県海部《かいふ》郡）。
○『咒咀調法記《まじないちょうほうき》』（元禄十二年板）に「蚫《くちなは》へびにさゝれたる大事」と題して「貝母《ばいも》・雄黄《ゆわう》などを酒にてのますべし。さしたる所に、にんにくをしき灸を少すべし。又山椒をばかみくだきぬるもよし」とある。
○ヘビを殺すと祟る（岩手・栃木・佐渡・神奈川・愛知・奈良・徳島・佐賀・長崎）。仕返しに来る（富山・愛知）、ともいい、ばかに大きいヘビを殺すと罰が当たる（長野）、ヤマカガジ（黒ヘビ）を殺せば悪いことがある（青森県三戸郡）、白ヘビを殺すと祟る（愛知）、青大将を殺すと、のろいがくる（鹿児島）、その者に食いつく（飛驒）、ともいう。その祟り方も、あとあとまで祟る、七代祟る、孫子の代まで祟る、など、長期にわたるものがある。それだけ忌みが重いことを示すわけだが、そう聞くとかえって現実離れのした空疎な感じを抱かされるのが現代人の常かも知れない。ヘビを殺していけないのは、神のつかわしめ、或いは神そのものとする古い信仰の流れがあったからである。天正期に成立したと思われる『月庵酔醒記』（写本）に「亀蛇の類ころすことこのまず」とあるのと一致する。ただし、ヘビとカメを並記する点が現代の感覚からすると、少し違うように思われるが、昔はヘビを今ほどいとわしさのみの動物とみていなかった証拠であろう。ヘビを殺すと雨が降る（新潟・秋田）、祟るか雨が降る（栃木・鳥取）、といった制裁は、最も軽微な方だが、次第にその方が現実的となり、日用の利用に供されるようになったのである。
○ヘビは死んでも妄念で動くと考えられた。死骸をどんな遠くへ捨てても、明日はもとの所へ帰ってくる（神奈川）、殺しても来る、焼き捨てればよい（千葉）。殺したら三つに切っておかぬと夜になってその霊が頭の上に出てくる

（富山県氷見市）、一匹殺すと必ずそこへ配偶のヘビが出る（岡山）。
○ヘビは執念深いものだから、半殺しにすると祟る（青森・秋田・山形・宮城・千葉・長野・富山・静岡・愛知・三重・京都・広島・大分・熊本等）。災難が来る（群馬）、化けて出る（富山・愛知）、仇討に来る（山口）、夜化けて枕元に来る（福井・奈良）、首しめに来る（愛知）、オムシに来る（睡眠中おそわれる）（同上）、夜仕返しに来る（鹿児島）、見ていた人に祟る（福島県耶麻郡）、親が病気になる（長野）、子供や年寄に祟る（会津）、などという。鳥取県八頭郡では、ヘビを傷つけて逃がすと悪いことがあるという。新潟県西頸城郡では、半殺しにすると味噌桶に入るという。実際にもヘビに味噌桶に入られて困ることがあったのであろう。ヘビは半殺しのままでおくと、生き返って祟りをするから、とどめを刺しておかねばならない（三重県志摩郡）ともいう。壱岐でも同じことをいっているが、執念深い動物と信じられていただけに、生に対する執念と仇に対する怨念を燃やして返報に来るに相違ない、との人間側の考えがはたらく。必ずとどめを刺せ（福島県会津地方）、とどめを刺さぬと化ける（秋田県仙北郡）、左目にとどめを刺さぬと祟られる（同河辺郡）、と警告する。福島県大沼郡では、青大将を殺す時は、肥出《こえだ》しかぎで殺せと、いう。
○静岡県磐田郡では、殺したヘビの尾の先を軽く叩いていると生き返る、というが、熊本県玉名郡では、ヘビの魂は尾の先の方に入っているので、ヘビを殺す時には、尾の先をよく打ち砕いておかなければ、生き返るという。石川県江沼郡では、ヘビの尾を殺さずにおくと晩に飯の中へ入るという（同県珠洲郡では、半殺しにしておくと、飯の中に入るという）。ヘビのために毒を盛られる意味に通ずるわけである。隠岐では、田の水口にヘビを生殺しにして埋めると、家に凶事があるという。ことわざにも、ヘビの生殺しというが、中途半端で苦痛が長くはげしい点で最も残酷なやり方である。そういう点から発想された俗信であるとともに、ヘビの死霊よりは、手負いの妄念の恐ろしさの方が、より実感的に理解されやすくなったことがプラスされていよう。

○殺されたヘビは、恨みを晴らすためにやってくると信じられた。単に、祟るというよりは、一層具体的な報復である。そのやり方は、夜になって寝間へおそってくる（和歌山）、枕元へ来る（広島）、晩に化けてくる（奈良・愛知）、夜仇をとりにくる（長野）、といったものから、夜その人を起こしにくる（奈良）、オムシに来る（愛知）、などである。オムシは重しで、寝ている上に重石のように乗りかかるので、うなされるのである。その他、毎年その家に出てくる（奈良）、病気になる（秋田）、歯が病める（愛知・奈良）、疣ができる（鹿児島）、その家の女が死ぬ（佐賀）、また犬神が憑く（広島）、ともいう。福井県小浜市では赤ヘビを殺すと火事になる、同県大飯郡では、女がヘビを殺すとブタになる、といっている。

○ヘビを殺すと、身体に障りがある（鳥取）、という。越後では、ヘビを爪で殺すと化けてくるという。爪で殺すが誤植でないとすると、その意味が解しにくい。

○死んだヘビを竹で叩くと生き返る（青森県弘前市）、青竹でヘビを叩いて殺すと生き返る（大分県南海部郡）という。山口県下では、ヘビを竹竿のような穴のある物で殺すと、穴を伝って恨みがかかる、といっている。竹で叩くのか、竹の穴に入れて殺すのかはっきりしないが、前者なら、紀州でヘビを青竹で叩くと、あたり一面の塵までがすべてヘビに化する、という俗伝と一類をなすものであろう。

○そもそもヘビの祟りで殺されるという俗信は、古い昔から既に行われており、藤原道兼の長男福足はひどい腕白息子だったが、「クチナハ凌《りよう》じ給て、その祟りにより、頭に物腫れて失せ給ひにき」と『大鏡』にある。永祚元年（九八九）のことである。凌ず、は虐待することだが、いずれなぶり殺しにしたものであろう。
○ヘビを殺したら頭をよくつぶせ（山梨・山口）。同じことは高知県幡多郡でもいう。山形県飽海郡では、ヘビを刺したら鉋で切り刻め、と教えた。粉々にしてしまうか、焼いて灰にするかせぬと、ヘビの恨みは消えないと考えられたのである。眼玉をつぶしておけば祟らない（新潟）。またヘビの尾を殺しておかぬと仇をする（石川県江沼郡）、といわれる。尾がヘビの力の根源であるのに対し、頭部は怨念の中枢なのであろう。高知県高岡郡では、殺したヘビの頭部を砕き、竹の先に突き刺し、これに古草履片方を添えて捨てるが、草履は、地に踏みつける意を示すものだという（桂井和雄氏）。愛媛県上浮穴郡では、ちゃんと埋めればよいというが、かなり近代的理解が加わっているように感じられる。
○ヘビを殺したら必ずとどめをさすが、その方法は尖《とが》った棒で上から下へ貫く（山形県庄内地方）。会津の喜多方市では、ヘビを殺しても頸切るな、というが、それは頭を棒で刺すのが法だからであろう。千葉県印旛郡・千葉市で、ヘビを刃物で殺すと祟るというのも、同じ意味であったろう。ただし山形県飽海郡では、鉈で体中を刻め、という。新潟県栃尾市〈長岡市〉で、大きいヘビを殺した時は、棒をとがらして捨てれば罰が当たらない、という。とがった棒で頭を刺して道端などにさらすのであろう。秋田県南秋田郡では、ヘビを殺したら棒切れを立てておかぬと、種々の不幸にあうという。首にさして立てる代り、略式を行うものであろう。長野県安曇地方では、麻殻でヘビを叩けばヘビは動けないという。その意味は明らかでないが、竹のように中空なのがよいのであろうか。ヘビを叩くには何の木でもよいというわけではなく、ヒノキの杖で殺すと、何匹も出てくる（愛知県南設楽郡）、クワの木の棒で叩くと、その棒がヘビになる（長野県安曇地方）、という。クワの木はヘビが衣を脱ぐ時にその陰を利用する因縁の深い木である。ヘビを殺してクワの木棒へさすと、ヘビは生き返る（同上）、ともいう。

○二ツ頭のヘビは切ること（秋田県南秋田郡）。二つに切り離して一頭一身のかたちに返すことであろう。双頭のヘビについては、しばしば書物にも記されているばかりか、三ツ頭のヘビのことさえ書き記したものがある。素盞鳴尊の八《やま》岐大蛇《たのおろち》という大物の例もあるのだから、両頭、三頭の如きは問題ではないはずだ。とにかく稀有なるがゆえに神聖視された。富山県氷見市で、口を二つ持っているヘビを見ると一週間内にその人は死ぬ、というのも、霊物に行き合った者の当然の罰と考えられたためである。

○ヘビを殺した祟りは、子に及ぶ。妊娠中にヘビを殺してはならない（佐渡地方）。ヘビを殺せば、ヘビの子が生れる、或いは子供がヘビになる（愛知）、身持ちの時、夫がヘビを殺すと二枚舌の子を生む（愛知）。ヘビをいじめると盲目の子ができる（和歌山）。妊婦がヘビを見ると、痣のある子が生まれる。また、道楽になる（体がだるい意）（福井県大野郡）。

○ヘビの死骸を踏んではならない。八王子市付近では、踏むと足が伸びなくなるという。死骸の骨でも突く（骨で刺される意か）と死ぬ（和歌山県東牟婁郡）、足が腐る（秋田県平鹿郡・神奈川県平塚市）、足の指が腐る、または石まめができる、或いは百日病みつく（奈良）。愛知では、ヘビの死体の骨が手足に刺さると、腐って百日たっても治らない。これを治すにはヘビのぬけがらの雨にあたらぬものを指に巻かなければならぬという。つまり、まだなまなましいぬけがらに霊力があるというわけである。

○予防には、ヘビの死体を見たら唾を吐きかける。そうしないと祟られる（秋田）。三度唾をかける（新潟）。その際、「おれに取付くな、山のかげの座頭の坊に取付け」といって、三度唾をかける（山形）。この報告は明治中期のものだから、今ではこんな唱え言を口にすることはなかろう。広島県で行われているのはずっと現代風で、「ヘビさんヘビさん、どこに骨があろうとも、体は隠してあげましょう」と言う。ただし、実際に埋めてやるまではしないらしい。山口県下では、ヘビの死んだのを見たときは、「わしが眼でもないぞ」と言うとよい。責任を負わないわけだ。

○高知県高岡郡では、ヘビを踏んだり跨いだりすると足が腐るという。この方は生きているヘビの場合をも含むわけであろう。もし跨いだときには、自分の年の数だけ指の輪切りをしてもらえばよい（同上）。指さした際に行うまじないの応用である。その他、ヘビを踏むと、とげが生える（群馬県邑楽郡）、ヘビを踏んでそのヘビが鳴けば、仲間が出てきて咬む（広島県賀茂郡）。さらに進んで、ヘビが通ったあとを踏むと足が腐る（愛知）、とまでいう。

○これに対し、シマヘビを跨ぐと運が来る（栃木県芳賀郡）、という例がある。ヘビを金神とする俗信に基づく。

○死んだヘビを、人目を避けて葬ってやると、よい事がある（愛知・広島）。最も多いのは、歯痛のまじないである。歯の痛むときは、死んだヘビを見つけて埋めると治る（岡山）。ヘビの屍を埋めると痛みが止まる（高知）。ヘビの死骸を土中に埋め、歯痛を止めてくれ、と三べん言う（大阪府豊中市）、道の辻に埋めてやる（同三島郡）。四辻に埋め線香をたく（愛知）、北向きに埋める、人に秘して埋めてやる（和歌山）。

○兵庫・岡山・鳥取で、ヘビの死骸を始末する（よく葬ってやる）と歯痛が止まるという（歯が病めぬ、歯が丈夫になる、とも）。愛媛県上浮穴郡では、歯が痛い時はヘビを殺して埋めるという。厚葬の功徳で治癒するというのでなしに、あたかもヘビが歯痛を起こす仕掛人のような扱いである。これは、ヘビを殺すと歯を病む（奈良県宇陀郡）、という俗信と直接関係しよう。福井ではヘビの死骸を見つけたとき、丁寧に埋めてやると一生歯痛にならないという。このように、歯痛とヘビとが結びつくのは、ヘビの歯が鋭く強靭であることから連想したものであろう。歯の痛む時はヘビ神様にお参りする（愛知）、ヘビの絵をかいてそれを痛む歯で嚙み、そこに釘を打つ（鳥取県東伯郡）、などの事例から、両者の関係の深さが知られる。十二月朔日に川へ投げ入れる川浸り餅を拾って、虫歯が痛む時に食べると痛みが治る、という地方もあり、この餅の謂について、子供を食いにくるヘビに供える餅である、という伝えも行われているところをみると、いよいよヘビの歯にあやかるのが元であったことが思われる。

⑼蛇と水の神、忌詞、養蚕と蛇

○ヘビは海に捨てるな（津軽）、海中に投ずる時は、時化となる（石川県鳳至郡）。殺したヘビを川へ流すと戻ってくる（愛知）。ヘビの死体を水の中に入れると生きる（石川県七尾市）。殺したヘビを水中に投げ込むと、きっと生き返る、投げ込んではならぬ（山形県庄内地方・新潟県西頸城郡・熊本県玉名郡）。死んだヘビを水の中に入れるとヘビが生れる（愛知）、などという。高知県安芸郡北川村では、ヘビを殺してそのまま水に捨てると、水を飲んで生き返る、といっている。水の神としてのヘビの信仰から、水に投げ入れることは、あたかも竜が渕に帰るのと同じことになる、というのであろう。トカゲにも同様な俗信があるのは、ヘビの同族と考えられていたからである。
○漁師や船乗りは、海上ではヘビの話をしたり、ヘビという語を口にしてはいけない。同じことはサルについてもいわれて、海上禁忌の二大眼目となっている。この習俗の分布は広く、全国的であるといってよい。ヘビを忌む理由としては、船神様が女の神様なのでヘビが嫌いである（千葉）、船玉様がヘビ・サルを忌むから（広島・愛媛）、といい、他の地方でも同様である。伊豆三宅島では、ヘビのことを沖の明神と呼ぶ。ヘビはこの島には棲息していないが、氏神が嫌うという。愛媛県伊予郡では、ナガイノが網の下にいても嫌う。また、ムジナやヘビは海を嫌うからだ、という所もある。

○海上でヘビのことを口にすると、不吉（徳島等）とされる。最も多いのは漁がない、というものである（石川・兵庫・香川等）。川漁の場合もヘビを見ると釣れないという（福島・和歌山・鹿児島）。能登や紀伊などの、帆船時代に栄えた港では、長逗留などして航海が長引くから悪いという。越後では、沖でヘビとかカエルと言うと漁がなくなるという。漁に行く前にヘビ・サルを見たり聞いたりすると、その日は仕事をやめてしまう、とさえいった（愛媛）。勿論ヘビの実物を船内へ持ち込むことなどは厳禁で（宮城等）、犯すと船が揺れる（東京）、などという。

○越後の三島郡寺泊町〈長岡市〉では、ヘビ・サルという言葉をそのものずばり口にするのを、生語《なまご》でいうと縁起が悪い、といって禁ずる。それでどの地方でも、いわゆる沖言葉と呼ばれる忌詞によって用を便じた。ヘビの沖言葉は、ナガ（宮城）、ナガモノ（福島・千葉・神奈川・愛知）、ナガムシ（新潟・石川・愛知・愛媛・五島・対馬）、ナガイモノ（五島）、オカノモン（同上）、ミ（岩手）、沖の明神（伊豆三宅島）などである。大分県海部《あまべ》郡の家船の人たちは、チョウと呼ぶ。なお、船上で、うっかりヘビと言った場合の制裁がきびしいことも、山のマタギと同様であった。

○陸でも、山中や狩猟の際はヘビ・サルの語は許されず、山言葉で言わなければならない。その場合も、ナガムシというのが多く（長野・愛媛）、これは一般語にもなっている。越後では、めでたい席ではサルやヘビは禁句で、ヘビはナガムシと言い替える。諏訪地方では、ヘビの忌詞はナガムシとお明神様であった。明神様は諏訪明神で、ヘビとはゆかりの深い神で、諏訪大社では年の始めには蛙狩神事が行われる。
○養蚕時には、ヘビとネズミの話をしてはならない。ナガムシと呼び、おかみにしておく（群馬）。秋田では、養蚕家はヘビはナガムシ、クソヘビはシマムシと呼ぶ。長野では、カイコのある時ヘビの話をすると、そのカイコは当たらないという。金沢市周辺では、蚕室でヘビの話をすると、よい繭ができないという。能登では、船の中でヘビの話をすれば、繭がよくできない、といって嫌う。
○養蚕中にヘビやヒルが入れば、凶作（秋田県仙北郡）。だが、ヘビはカイコの大敵のネズミを駆逐してくれるので、こういう禁忌を生じた理由はわかりにくい。同県由利郡では、養蚕中にヘビを殺すと、カイコが死ぬ、という。群馬県利根郡では、養蚕に当たってお諏訪様からネズミ除けに青大将を借りて来る。それは実物ではなく、神主にお札をもらってくるのだが、帰途は休んではいけない。休むとヘビがついて来ないという。伏見稲荷のキツネを受けてくる際に、途中下車をすると効果が失せる、というのと同じである。

蛇　へび

⑽蛇と晴雨

○ヘビの木登り雨が降る。ヘビが立木の上に登っているのを見たら降雨の前兆と思え。このようにいっている地方は実に広い。山形・宮城・群馬・千葉・神奈川・静岡・新潟・長野・富山・福井・岐阜・愛知・三重・滋賀・奈良・和歌山・京都・大阪・兵庫・鳥取・島根・岡山・広島・香川・愛媛・徳島・熊本・鹿児島の諸府県がある。恐らくこの他にも多かろう。ヘビは乾燥したところを好むからだと説明されている。竹に登ると雨（山梨・愛知）ともいう。木より竹の方が登りにくいから、稀有な現象ということを強調するのであろう。翌日降雨（鳥取・愛知）ともいい、また、三度木に登るのを見ると翌日雨（愛知）、と念の入った例もある。三日のうちに雨（岡山）、大雨になる（宮城・愛知・富山）、長雨が続く（高知）、近く大雨または出水（出雲）ともいう。また、その年に大雨がある（山口県玖珂郡）と、漠然たるものもある。風が近い（富山）、とも、水が出る前兆（山形・和歌山・長崎・熊本）とも、暴風雨（静岡）ともいう。和歌山県有田郡では、シマヘビは降雨前に木に登ることが多いので、ヘビの木登りと称して、これを見ると雨を予察するのだという。愛知県南設楽郡では、ヘビは台風の一週間前に木に登る、といっている。木に登るといわず、木をわたる、と表現した報告もある。いずれも、大水・降雨（愛知）の前兆とする。高知県長岡郡では、ヘビが木から落ちたり、道へ出たら天気が悪くなるという変った形の俗信がある。沖縄で、ハブの木登りゃ厄、といっているように、不吉な現象とみるのが一般であるが、その反対もある。山形県西村山郡朝日町では、ヘビが木に登ると天気がよくなるという。愛知の一部で、ヘビが上向きにとまっていると天気がよい、といっているのも、同じ意味であろう。鳥取県東伯郡では、ヘビが木に登ると梅雨が上がるという。京都府宮津市・鹿児島県国分市〈霧島市〉では、ヘビが木に登るのを見れば出世するという。

○ヘビが出ると天気が変るという（千葉・富山）。ヘビがにょろにょろ出てくると天候が悪くなる（群馬）。要するに、ヘビが道などへ出てくると（或いは、ヘビを見ると、ヘビにあうと）雨と判断する（山形・秋田・群馬・千葉・茨城・神奈川・長野・新潟・福井・岐阜・愛知・奈良・愛媛・対馬）。ヘビが日向ぼっこすると（埼玉・長野）、ヘビが餌を取ると（宮城）、ヘビが遊びに出ると（群馬）、いずれも雨になる、という。東京都立川市では、ヘビを見ると三日目に必ず雨という。ヘビが地上に出ると必ず夕立（群馬）、翌日雨（飛驒）、道に出れば雨（肥前）、青大将が出ると雨（千葉・愛知・奈良・愛媛・大分）。青大将が毎日姿を現すと大洪水（栃木）。群馬県富岡市では、青大将が石垣の上で横になっていると夕立、同多野郡では道で青大将にあうと雨、ヤマカガシにあうと晴という。
○ヘビがたくさん出てくると、天気が変る（三河）、天気がくずれる（越後）、雨（岡山・愛媛）、翌日雨または夕立（岐阜）、二、三日後に雨（新潟）という。ヘビが思わぬ所にいると雨が降る（美濃）、道に二メートルほどの大蛇が出てくると嵐になる（愛媛）。
○伊豆の御蔵島では、日照りが続くとヘビは出ないが、湿気が多いと出てくるという。群馬県利根郡で、「ヘビの多い年は雨年」というのも、そうした理由によるのであろう。千葉県では、ヘビが多く出るのは地震の少ない年だという。その他、ヘビ深山を出づれば大雪あり（高知）。ヘビの深くもぐった時は深雪となる（山形県東置賜郡）。ヘビの冬籠りが早ければ霜が早い（広島）、などといわれる。
○ヘビがあお向きになると、或いは腹を見せると、雨が降る（栃木）、ヘビが反対向きになると雨（大分）、というのは、生きているヘビについていうのではないらしい。栃木・長野で、死んだヘビの腹が上向きになっていれば雨が降る、といっている。ところが、ヘビ（秋田県ではカエルも含めて）を殺して、腹の方を上にしておくと、雨が降る（宮城・秋田・群馬・長野・新潟）という。後者なら、雨乞にも利用できそうだが、要するに、異常な姿勢を天候の変化に結びつけたものであろう。
○ヘビの挙動で天候予占を行うものとしては、

へビが道を越すと雨（静岡）、川を渡ると大水が出る（埼玉・愛知・岡山）。天災がある（青森）、ともいう。紀州では「へビの川渡り雨のしらせ」ということわざがある。ただしこれには反対説もあって、富山・愛知では、川を渡ると晴ともいう。その他へビが下向きにとまっていると雪が降る（愛知）、へビが家の中へ入ると雨（飛驒）、などいう。だが、山形県酒田市では、へビが屋内に入ると四日晴れる、と逆なことをいう。

○へビに行き合ったとき、へビが道上へ逃げるときは天気がよいし、道下へ逃げるときは天気が変る（長野県上水内郡《かみみのち》）、というのもある。また、用事を済まして帰る途中、へビを三匹見ると雨（奈良県吉野郡）という。通例なら、金運がよくなる、と占うところである。

○へビが8の字をかくと、雨が降る（富山県小矢部市）。8の字の形に体をくねらせるのを目撃することは稀にちがいない。それで、そうした姿勢に神秘の意味を感じたらしい。愛知県南設楽郡では、へビが8の字になったとき、一番遅く逃げた人が早く死ぬという。いちはやくその場を去るものと考えられていたことがわかる。

蛇　へび

⑾民間療法

○肺病・肋膜、また強壮剤としてへビがよく効く、とは各地でいう。服用の仕方は、黒焼き・蒸焼き、或いは乾燥してから焼く。これらは粉末にするのが多いが、灰のようにした後に煎用するものもある。生血・生胆をすする、肉をたべる、或いはへビ酒に造る。目玉は一層効く（山梨）という。木曾地方では、へビの骨を砕いて一年間に五匹たべると体が丈夫になるという。

○へビの中では、シマへビが効くという報告が多い（青森・福島・群馬・栃木・千葉・山梨・長野・新潟・石川・岐阜・徳島・愛媛・熊本・大分等）。栃木県芳賀郡では、三本しまのへビが効くという。千葉県松戸市では、生きているのを皮をむき、金箸に巻きつけて焼いて食べる。焼いたのを粉にして冬用いるために保存しておいた。群馬ではシマヘビ酒にして飲む。大分県日田郡では、徳利に入れて蒸焼きにした。

○青大将も肺病の薬である（群馬・埼玉・越後・飛驒等）。埼玉では生でたべる。群馬県富岡市では、青大将を茶碗・急須に入れて針金で縛り、ねば土をこねてまわりに塗り、火で焼く。シマヘビの場合も同様である。この方法は各地で行われ、美濃ではカラスヘビを土瓶に入れておき、その後蒸焼きにして肺病・ソウ病の薬とした。三重県ではカラスクチナワ（ヤマカガシ）を徳利に入れて蓋をし、ふちに泥を塗って保存し、数日後に取り出して黒焼きにして服用する。

○心臓の薬に、カラスヘビ・シマヘビを焼いて皮をむいてたべる（愛知県西加茂郡）。ヘビを焼いてたべるか、黒焼きにした粉を飲む（山梨）。

○ヘビの胆は胃病に効く（山梨県西八代郡）。胃病には、ナムシャヘビを連日食するとよい（千葉）。シマヘビの胆を飲む（新潟県南蒲原郡）。青大将を生で食べる（埼玉）。群馬県利根郡では、ヘビ・シマヘビを棒にして干しておいて胃の薬にした。胃痙攣に青大将の目玉を吞む（山梨）。

○気付け薬に、クロヘビをそのまま黒焼きにしてたべる（兵庫）。解熱にシマグチナワの干物を焼いてたべるとよい（小豆島）。

○癪には、ヘビのエ（胆囊）を切り、水に溶いて飲ませる。癪持ちは、前から干して蓄えておいて随時服用した（群馬県吾妻郡）。癪・さしこみ（胃痙攣）に青大将の眼玉を吞むとよく効く。ヘビは肉より眼玉に薬効がある。ヘビを食うなら眼玉をくわねば何にもならぬ（山梨県西八代郡）。

○リュウマチに、ヘビを黒焼にしてたべるとよい（鳥取）。ヤマカガシを黒焼きにして飲む（埼玉）。
○鳥目には、シマヘビやマムシを焼いてたべる（栃木）。
○高血圧・脳軟化症にヘビ酒がよい。ヘビ酒はその他何にでも効く（群馬）。
○クソヘビの目玉を呑むと精力がつく（福島県須賀川市）。カワラグチは強精剤になる（大分県日田郡）。
○火傷にはシマヘビの酒を飲むとよい（群馬県勢多郡）。
○切り傷にヘビのぬけがらを貼るとよい（石川）。
○山梨県西八代郡では、ヘビの中で最も薬効があるのはマムシ・スジナメラ（シマヘビ）だという。味はスジナメラの方が美味。ヤマカガシは少々苦味があり、ジモグリと青大将はやわらかで、なかなかうまいといわれる。
○ヘビをたべて水を飲むとよくないという（埼玉）。
○ヘビに咬まれた時の療法としては、すぐ血を吸い取るとよい（岩手）。味噌汁の中に傷口をつけておく（福井県鯖江市）。ウマノスズクサの根を干したのを煎じるか、酒にひたして飲む（岩手）。蝿の頭をとり、糊でおしまぜて紙に塗り貼るか、蝿をつぶして傷口のまわりにつける。毒気が抜けるように、傷口はあけておく（同上）。女の髪を結う元結で、咬まれた上の方を縛る（新潟県西頸城郡）。剣術一刀流の切紙の伝書に、串柿をかみ砕いて、咬まれたところに塗る、とある。
○咬みついたヘビを即座に殺してその汁（または肉）をつける（佐渡）。ヘビに咬まれたらヘビより先に水へとびこめ。その時に水を飲むな。また水に入りおくれるな。先に水を飲んだ方が負けて死ぬという（広島県賀茂郡）。
○ヘビに咬まれたとき、アズキをたべるとなかなか治らないという（佐賀）。

○寛政元年に成った『私家農業談』（越中）には、蛇咬の薬として、ツユクサの花も葉も一つに揉んですりつけるとよい。また胡椒の粉を酢で溶いてつけてもよい、と見える。

蛇　へび

⑿蛇になる・蛇が来る

○してはならぬ事を犯す者に対する制裁として、「へビが寄ってくる」という例は多い。夜、家の中で口笛を吹くとへビが来る、というのもその一つである。その分布は、北海道アイヌ・秋田・福島・群馬・栃木・茨城・千葉・神奈川・新潟・富山・石川・福井・静岡・愛知・滋賀・京都・大阪・和歌山・兵庫・鳥取・岡山・広島・山口・愛媛・高知・熊本・鹿児島等で、右の中には特に、夜と限定していない報告も含まれている。昼間ならかまわない、というわけではなく、山に行って口笛を吹くと、へビが出る（福島県白河市）、へビが集まる（秋田県鹿角郡）、というように、夜に限らない場合がある。また夜、女が口笛を吹いてはいけない（福井）ともいう。山形県新庄市では、へビに見こまれる、新潟県東蒲原郡で、長い虫を呼ぶ、という。愛媛県四阪島《しさかじま》（越智郡宮窪町〈今治市〉）では、夜海上で口笛を吹くと、ナガが来る、といって忌む。静岡県では、ホソ（口笛）を鳴らすとへビが来る、鳥取県八頭郡では、山からクチボウソウを吹けば、大蛇が来るという。横浜市農村部では、へビが来る、ともいうが、座頭が来る、ともいって嫌う。

○福島県の浜通り地方では、口笛をカエルの声だと思ってへビが来る、と説明するが、それは合理化であって、夜爪を切るとへビが来る（富山県魚津市）というのと同様に、魔が来る、ということの具象化の一つとしてへビが登場するにすぎない。家の中で口笛を吹くと、貧乏神が寄ってくる（鳥取市その他）、泥坊が入る（秋田・福井・兵庫・福岡）、盗人が合図とまちがえてくる（広島）、座頭が来る（千葉・神奈川）、火早い（福井県小浜市）など、要するに口笛を忌むことが主眼である。朝口笛を吹くと神様が逃げる（広島）、口笛をよく吹く者は貧乏する、親の死に目にあえぬ（同上）、家の中で口笛を吹けばえびすさんに嫌われる（鳥取県西伯郡）、ともいう。
○口笛のみでなく、横笛などの笛も忌む。夜笛を吹くとヘビが出る（栃木・名古屋市・奈良）。蚊帳の中で笛を吹くとヘビが出る（奈良）という。夜に限らず、朝尺八など鳴物類を吹くとヘビが寄ってくる（和歌山県北部）という。「朝謡《うたい》はうたわぬもの」（『醒睡笑』）との諺に通じる。千葉県茂原市では、女が笛を吹くと笛の目数だけ嫁に行く、といって嫌う。制裁はヘビと限らないわけである。
○ホオズキを鳴らすのも、ヘビを招く行為とされた（福島・栃木・群馬・茨城・千葉・埼玉・新潟・富山・静岡・兵庫・広島・福岡・大分・熊本等）。兵庫県宍粟郡では、ホオズキの音がヘビの鳴き声に似ているので寄ってくるのだ、と説明している。
○山でクズカズラを裂く（繊維をとるため）と、ヘビが集まる。これは、音がヘビの鳴き声に似ているからだという（兵庫県宍粟郡）。
○毛髪を焼くとヘビが出る（金沢市・北九州市）。毛髪を燃やすとナガモノが来る。だから落ち毛などはそこらへ捨ててはいけない（京都府北桑田郡）。
○烏賊を焼くとヘビが来る（長野県北安曇郡）。
○頭髪を燃やすと、ヘビが来る（富山県魚津市・山口県大島郡・福岡県甘木市）。熊本県では、毛髪のほか、爪を焼くとクチナワが来るという。長野県安曇地方では、ミカンの皮をくべるとヘビが来るという。生のミカンの焼ける匂いには一種違ったものがあるのでいわれたのである。いずれにしても、ヘビは異様の臭気にむしろ慕い寄ってくると考えたのであろう。嗅がしによって山の獣を駆逐しようとする意図とは逆のわけだが、俗信には正負背中合せの考え方がまことに多い。対象となるものに対する人間の観念が、好ましい物から好ましからぬ物へと逆転すると、正反対な形で現れることになる。
○夏毬《まり》をつくと、ヘビが追う（愛知県南設楽郡・長野県下伊那郡）。季節外れの遊びに対する戒めであろうと想像されるが、理由が明らかでない。同じ南設楽郡で、ヘビの玉遊びを見ると金が儲かる、という例があるが、これと関連があるか、さらに類例を集めて考えるべきであろう。
○禁忌を犯した制裁として、「ヘビになる」という例も、少なくない。飯をたべてすぐ（或いは、三歩あゆまずに）寝ると、ヘビになる（愛知）。
○はばかりをのぞくと、ヘビになる（出雲）。これは他人の用便中をのぞく意味であろう。
○長い間泣いていると、ついにはヘビになる（鳥取県八頭郡）。
○強飯を食べてすぐ寝るとヘビになる（富山県東礪波郡）。
○櫛の歯をくわえると、ヘビになる（石見《いわみ》・『諺語大辞典』）。
○人に唾をかけるとヘビになる（福井県大飯《おおい》郡）。ヘビを見たら唾を吹きかけろ（秋田県平鹿郡）。ヘビやムカデを殺した時には、「一昨日《おとつい》来い」と言って唾を吐きかけないと、化けて出る（山口県阿武郡）。
○食卓のまわりを駆け廻るとヘビになる（群馬県利根郡）。福井県遠敷郡や小浜市では、人のぐるりを廻るとヘビになる、中にいる人がヘビになる、人を三べん廻りすると大蛇になる、死ぬ、などという。これは、葬式の時の作法と同じだからといわれる。別項のように、神の社を三周するとヘビが出てくる、という信仰と関係があろう。
○水鏡で髪をすくとヘビになる（高知県幡多郡）。女が流れ川で髪を洗えば、ヘビになる

(山口県大島郡)。後者の方が古いかたちであろう。ヘビが水の神であるところから、引き入れられると考えられたものであろう。
○女が釣鐘の下へ入るとヘビになる(徳島県板野郡)。愛媛県新居《にいい》郡では、鐘撞堂へ男女二人同時に入ると、大蛇が出て来るという。千葉県茂原市では、釣鐘のすぐ下に男女が同時に立てばヘビになるという。道成寺伝説に基づくものと考えられるが、或いは他の要素も交じっているかも知れない。
○歌の返しせぬ者はヘビになる(『諺語大辞典』)。人から歌を詠みかけられて返歌をせぬ者は、来世には口のきけないヘビに生れる。それは信仰ではなく、教訓である。御伽草子の『さいき』には、「うたの返事《かへし》せぬものは、舌なきものに生るると聞けば」とあり、古浄瑠璃『十二段草子』には「へんじ申さぬものは、舌なき蛇身と生れをなすとうけ給はる」とある。
○髪を裂いて血の出る人は大蛇になる(鳥取県八頭郡・宮崎県西諸県郡)、女の髪の毛を裂いてみた時、中が赤い人は大蛇になる(鹿児島県国分市〈霧島市〉)、というのがある。石童丸の物語では、眠っている本妻と妾の髪がよじれもつれて闘うさまをなすのを見て、そのあさましさに一念発起した加藤左衛門は妻子を捨てて高野山の僧になったという。その髪の毛に生きた血が通っているのであるから、大蛇にもなりうる、と考えたのであろう。「嫉み深き者はヘビになる」とのことわざのように、嫉妬のあまりヘビになった女、指がヘビと化した女の話など、古典にもその例を欠かない。
○妊婦の夫が山でヘビを殺すと、六つ指の子が生れる(静岡県磐田郡)。群馬県富岡市でも、六本指の子が生れると、それはヘビの生れ代りだという。
○薬罐の口からじかに水を飲むとヘビの子を生む(新潟県西頸城郡)。

蛇　へび

⒀猿沢の池の大蛇

○やけどをした時に唱えるまじない歌の歌詞に、大蛇が登場する一型があり、東北から四国まで分布している。それをさらに分ける。頭句によって機械的に分けると、㈠猿沢の池うんぬんで始まる型、㈡池の名が異なるもの、㈢天竺のうんぬんという型、㈣その他、となる。

○㈠猿沢の池の大蛇がやけどして、しまず痛まず痕つかず（兵庫）、猿沢の池の大蛇が火にやけて、痛まずしびれずぴりつかず（群馬）、猿沢の池の大蛇が焼けこげて、膿むな痛むな傷つくな（同上）、猿沢の池の大蛇が火にくばり、焼けずほとらず傷つかず（栃木）、猿沢の池の大蛇がやけどして、傷にならずやけどにもならず（または、うまず痛まずとりつかず）（但馬）、など大同小異である。石川県石川郡では、「猿沢の池に大蛇がおわします、この水つければ病まず痛まず痕つかず」と書いた紙を水に漬け、火傷の箇所へ貼る。この類では、「猿沢の池の大蛇が火に焼けて、その水とってつけたら膿まず痛まずナムアミダブツ」と十回唱える（美濃南部）、「猿沢の池の大蛇が焼けてきて、その水つければ澄まず濁らず痕つかずアビラオンケンソワカ（この部分三べん）」（群馬県富岡市）などがある。（富岡では、御岳講の信者がこの歌でまじないをする）。これらの例で明らかなように、本来は水で冷やしながら、これを猿沢の池水にたぐえるのが眼目であった。愛知の伝承に「猿沢の池の大蛇が焼けごえて、その水汲んで御水殿へさか」という例があり、愛媛では「猿沢の池の大蛇が焼けて、天竺の河原の閼伽《あか》の水、黒うもすな（申すな?）暮れもすなアビラウンケンソワカ」という。後者は㈢型との混合を思わせる。いずれにしても、南都炎上などの際に猿沢の池で大蛇が焼け死んだという伝説があったらしいことも想像されるが、猿沢以外の型でも大蛇が焼けるうんぬんと唱えるところをみると、この想像は必ずしも当たっていないらしい。

○火傷をしたとき常に近くに水があるとは限らない。その際は、呪文だけ唱えるのもやむをえず、それに応じて文句も「猿沢の池の大蛇が黒こげて、水無き時はアビラオンケンソワカ」（福井）のように言い替えられたことが考えられる。水無き時を強調するタイプでは、「猿沢（近江とも）の池の大蛇がやけどして、水なき時にはアブラオンケンソワカ」（群馬）と、どうやら水の代りに油と理解しているらしい例や、「猿沢の池の大蛇も水なき時は焦き《ママ》こがれるアウラウンテンアウラウンテンソワカ」（富山）、「猿沢の池のおろちの焼けこげて、水なき時はアヒラウンケンソワカ」（山形県新庄市）など、ほとんど同様な唱え言が各地で行われた。新庄の場合は、三べん唱え、唾を火傷に吹きかける。呪歌は、水の代りに唾をつけることの説明になっているわけで、恐らく福井・群馬・富山の場合も同様だったのであろう。それでないと、「水無き時は」で切ったのでは尻切れである。和歌山県では、水や唾の代りに息を吹きかける。その唱え言は「猿沢の池の畔に大蛇がすんでいますかね」（三べん）という、何やら茶化したような文句であった。なお、同じ県で、「大和の奈良の猿沢の大蛇」と書き、「勝ち負け」と三べん言い、茶碗に水を汲み、それで火傷を撫でる方法もあった。こうすると、傷がうずかないという。

○猿沢の池は、池水にすむべくもないキツネまでが呪歌になるほど人気ある名ではあったが、それを正しく言えない者もあった。「さむさわの池のおろちが焼けこげて水なき時はアヒラウンケンソワカ」（羽前）、「さら沢の池の大蛇が皆焼けて、膿まずはしらず後はなしアブラオンケンソワカ」（備後）。なお、羽前では、右の歌を唱えて山の芋を切り、火傷につける。或いはユズの葉の外皮をとって貼る。水無き時の代用品を現実に採用するのである。

○愛媛では、「猿沢の池の大蛇がやけどして、水に溺れて火に焼けた、アビラオンケンソワカ」を三度唱え、庖丁を患部の上で振り回す、こうすると早く治癒するという。歌詞が甚だ要領を得ないものとなっているばかりでなく、庖丁を振り回す理由も明らかでない。

○(二)猿沢の池の名が耳慣れない人びとは、手近な池の名と取り替えても言った。「万濃の池の大蛇さま、焼けず劣らずアブラオンケンソワカ」(三回)。傷口に息を吐きかけ、「どうざん奥山、一谷落ちて水になるアブラオンケンソワカ」(愛媛)、また同じ県で、「たぶさが池の清水ふみ分け大般若アブラオンケンソワカ」と落語のような滑稽な唱え言、或いは「たぶさが池の大蛇が火に焼けて、蛸の入道をもってまじなうアブラオンケンソワカ」とも唱える。万濃池は隣国讃岐にある有名な池だが、たぶさの池は不明。田総《たぶさ》という地名は備前にあるが、それであるか否か明らかでない。白山山麓の山村(石川県石川郡)では、大きな鉢に水を入れ、「油池とカブラ池との大蛇に頼む」と、息を止めたまま七遍言ってから、水面に三回息を吹きかけたのち、その水を火傷につける。真言の文句が油とカブラの池の名に化しているのである。その他、阿波では、「さぶさまの池の橋場に大蛇焼き、あにきとにうを引きいだす」と唱える。ニウの意義は不詳だが、民俗学では問題のある語である。

○右のたぶさの池の唱え言に、蛸の入道うんぬん、とある。これも突飛な文句であるが、土佐でも「猿沢の池の大蛇が火傷して蛸の入道これをまじなう」という。『俚言集覧』にも、「猿沢の池の大蛇が焼け死にて、その葬りを蛸がするなり」、或いは「猿沢の池の大蛇がお死にやった、おとむらいには蛸の入道」の歌を口の内で三度唱えて火傷に水をかけると即効がある旨を記してある。徳島県那賀郡では、「天竺の竜山川池のほとりにて、大蛇が火にやけて、あしかが入道おいだしおいだし」（十度）、アビラウンケンソワカ（三度）と唱えるから、蛸の入道と限らないわけだが、タコとヘビの関係を強いて詮索すれば、ヘビがタコに化する、という俗説は、壱岐などでもいっており、昔からかなり広く行われていた（『宗祇諸問物語一・閑田耕筆三・ありのまゝ二・楽郊紀聞』）。平戸侯松浦静山は「蛇の蛸に変ずるは領内の者往々に見る事あり。蛇、海浜に到り尾を以て石を触るれば皮分裂し、その皮乃ち脚となる」うんぬん（『甲子夜話三』）、と記している。

○㈢「天竺の」型では、「天竺の横田ヶ原の大蛇が火に入りて焼けほこり、水を掛け掛けふきしめしアビラウンケン」（埼玉）。湯で火傷した場合は「湯に入りて」という。これを繰り返しつつ息を吹きかける。「天竺の弥陀が原池の大蛇をわが身に火をつけ体を冷やすアブラブンケン」（富山県中新川《なかにいかわ》郡）、「天竺の竜魔が池の大蛇が火に焼けて、その水が薬になる」といって茶碗に入れた水をつける（高知県高岡郡）。「天竺のさるさの川に大蛇が溺れ死にその水を汲みかえ掛け替えすれば、膿《うみ》うみずふくれず痕つかずアブラオンケンソアカ」（三回）（愛媛県上浮穴郡）。さるさの川は天竺の流沙川を混同した上での猿沢の訛とわかる。同じ県で「天竺の天竺の流され池の大蛇、はやかけ戻せアビラオンケンソワカ」ともいう。富山では、「天じょこの大蛇の子供焼けにこがれて火を戻す」、または「天竺の蛇のよい子供、やけどの火戻せ火を返せアウラウンテンサマ」（五箇山）と唱える。

○㈣「奥山の池の大蛇が火にくばり、焼けもせず燃えもせず水がじくじく」（長野）では、大蛇が焼けなかったことになっていて珍しい例である。「谷川の池の大蛇がやけどして、しまず痛まず痕つかず」（神奈川）、「大沢におろちがやけおわします、その水をつけると痛まずしまずひりつかず」（『耳袋一』）などがある。以上の呪歌を通じて、水にすむ大蛇が焼け焦げるということ、その水をかければ火傷が治癒する、との二点は汲み取ることができるが、何故その水に効験があるのか、その説明は得られない。
○徳島県三好郡祖谷《いや》山村〈三好市〉では、以前さかんに焼畑をつくった。それは熱く苦しい作業であった。その時、火傷せぬために、「そもそも天竺の猿沢の池の小端《こばた》に大蛇が一匹仰向けて、剝《む》けたたくれな（ただれるな）痕あるな」と唱えた。そして患部に水を注ぐ。なお水をかけるにも、杓を逆手に持って水を汲んで、傷口に注ぎかける（香川県観音寺市）、といった作法を伴う例もある。

蛇　へび

⒁蛇の怪、蛇と蛞蝓

○ヘビは千年にして断《き》ってまた継ぎ、キツネは五百年にして能く生をかう（『諺語大辞典』）。ヘビは野と山に千年ずつ居って天に昇る（宮崎県西諸県郡）。ヘビは山と水と海とで各千年ずつすむと竜と通じ、神通力を得る（田中喜多美『山村民俗誌』）。人に禍するようになれば、そのヘビに落雷して天罰が当たる（同上）。大蛇を見た人は死ぬ。ヘビは海に千年、山に千年、川に千年の劫《ごう》を積んで昇天する。人に見られると昇れない（和歌山県西牟婁郡）。海山川の三千年の間、人目にかからなければ昇天できる（愛知県南設楽郡）。また、同じ地方で、ヤマカガシの脱皮は誰も見た者がないが、それは昇天してしまうからだ、という。小さいヘビも年功を積むと竜巻に乗ってタツになって昇天する（熊本県玉名郡）。
○壱岐では、ヘビが飯を食って成長すると怪をなすから、流しもとに飯粒をこぼすものではない、という。秋田県北秋田郡で、野山に落とした飯粒をヘビがたべると大蛇になる、というのと、同じ信仰である。高知県土佐郡土佐山村では、山で弁当をつかうのに即製の箸でたべた後は、土に突き刺しておく。そうしないと、たべた部分（飯や口がさわった箸の先の部分であろう）をヘビになめられると、一生貧乏するという。

○ヘビはナメクジにあうと、まったく意気地がない。ナメクジが触れるとヘビの体は腐る（愛知県南設楽郡）、とも、溶けてしまう、ともいわれる。ヘビの背をナメクジが這うと腐る（島根県安木市）。ナメクジが通ったあとへヘビが行くとヘビは腐る（若狭）、ヘビはナメクジを恐れ、ナメクジに周囲を廻られると動けなくなって死ぬ（愛知・壱岐）。ヘビがナメクジを呑むと体が溶解する（千葉県印旛郡・千葉市）。ヘビとカエルとナメクジを一つ入れ物に入れておくと水になる（福井県小浜市）。香川県観音寺市では、マムシに咬まれた時はナメクジをつければよい、という。敵薬というわけである。ヘビがナメクジに歯が立たない、ということは、古くからの民間知識であったらしい。武田信玄の武者奉行で武功赫々たる原美濃守という侍は大の恐妻家で、人がそのことをなじると、美濃守が答えて、クチバミは恐ろしい虫だが、ナメクジリという布海苔《ふのり》を溶いたようなものにあうと、手向かいができない。「クチバミの臥して居る周りを遠がけにそろそろと輪を廻す。クチバミこれを見て逃げんとすれど、輪の上を越す事をいたみて、おのが身ひたもの小さく曲げるほどに、ナメクジリはひたと廻して、後には這ひ掛りぬ。時にクチバミは触ると五体へたへたと壊れて腐りて死す」。こうしたことは弱いものが強きに勝つ、という道理によるもので、我も女房のよわよわとした風情には勝てぬのが当然だ、と答えたという（『義残後覚二』）。その他、『金玉ねぢふくさ』七にも、カエルに襲いかかるヘビが立ち所に返り討ちになるのを見て、カエルを調べて見たら、カエルの足に小さなナメクジリをはさんでおり、これをヘビの顎にさしこむと毒にあたってヘビは忽ち死ぬのであることがわかった、とある。どうやら眉つばの話のようであるが、昔の読者なら、さもあろう、と合点したものであろう。

○馬糞はヘビに対し、昂奮剤乃至は蘇生薬の働きをするものと信じられていた。シマヘビに白ウマの糞を投げつけると、飛んで追ってくる（千葉県印旛郡）。死んだばかりのヘビの死体に馬糞と小便とをかけると蘇生する（宮崎県南那珂郡）。死んだヘビに馬糞をかけてやれば生き返る（栃木）。半死のヘビの頭に馬糞をのせれば生きる（群馬県邑楽郡）。シマヘビは、馬糞を投げつけられると飛ぶ（千葉県茂原市）。壱岐では、ヘビはウシの糞が嫌いで、ウシの糞を投げつけると追いかけてくるという。ウシをつかう土地柄であるから、牛糞に置き替ったのであろう。

○クチナワは朽縄である。地面に落ちている古い縄のようだ、との見立てだが、俗信もこの見立て或いは連想から禁忌に発達したものが少なくない。縄をヘビだと思ってかやると死ぬ（石川県七尾市）。かやるは、ひっくり返る意味だが、どのような場合であろう。縄帯すればヘビ子持つ（佐賀県小城郡）。縄に最もよく似た物が帯である。帯で人を打つと、ヘビになる（広島・愛知・福井・佐渡）。福井でシナグ、佐渡でシワク、いずれも細い綱のようなもので打つことをいうから、帯とはいってもヘビのような細帯のことで、幅の広い帯ではない。広島では、帯を持って人のまわりを廻るのも、ヘビになるという。紀州北部で、山で蔓を引き裂くとヘビが寄ってくる、というのと同じく、形状による連想であることはいうまでもない。

○帯を枕元に置いて寝るとヘビの夢を見る（愛媛）。同じことは、群馬・広島・山口・佐賀・鹿児島県でもいう。これも細い帯である。始末せずに置き放しにするのがヘビのような感じを与えるところから、こうした禁忌に発展したのであろう。敷居や長いものを枕にして寝ると、ヘビが身をかける（岡山県笠岡市白石島）。細帯に似たたすきも、ヘビへの連想を導く。茨城県では、弘法様がたすきを惜しんだので、この地方では掛けだすきはヘビに変るという。仕事をせぬ時はたすきを掛けたままでいてはならぬ、との戒めであろうか。紀北地方で、正月十五日前に家の中で縄を燃やすと、ヘビが入ってくる、というのも、同じ関係である。岐阜県山県郡では、新年、ヘビを見るより以前にワカメを食べると一年中運がよい、といっているが、このワカメもヘビとの連想によるのであるかどうか、ややおぼつかない。群馬県邑楽郡で、瘧《おこり》のまじないとして、ヘビだといって縄を首にかける。ヘビの霊的能力によって瘧が落ちる、というのであろう。

○山で女が昼寝すると、尻からヘビが入って、引っ張ったくらいでは抜けない（宮城県栗原郡）。この尻はいわゆる前尻で、陰部をいう。同様のことは岩手・千葉・岐阜・兵庫・鳥取・島根・長崎その他、諸地方でいう。ヘビに魔を入れられる（群馬県利根郡）、斑ヘビにだまされる（沖縄本島）、などともいう。ヘビは跨がぬものだという（新潟・愛媛）のも、この理由によるのであろう。いったん入ったヘビは、鱗が逆立ってブレーキの役をするので、引出そうとしても出ないといわれる。これを出すには、針でつついて出す（宮城県栗原郡）、前掛の隅の三角に折返した部分でつかみ、口にくわえるとよい（長崎県西彼杵郡）。壱岐では、女の仕事着の上からつける腰巻に、メーカキ（前掛）と称するものがあり、その褄には、必ず糸で小さな花形の縫取りを、してある。これで尾をつまんで引っ張れば出るものだという。そのため、女の腰の物には少しでも糸を通しておくとよい、という。美濃では、カエルを鳴かせれば出るという。これは、次に挙げる渡辺幸庵の実見譚なるものと同工である。

○ヘビが女を犯した、との説話は『今昔物語集』『沙石集』などに見え、さらに遡って三輪山伝説も同じことである。近世の随筆家などは大いに興味本位に記しているが、渡辺幸庵という長寿の老人は、一代に三度も実現した、と語っている。陰門に入ったヘビを出すために、カエルを傍に置いて、ヘビがカエルを食おうとして頭を出すのを引っ張り、別のカエルにサンショウを二、三粒包んでつけておき、ヘビが前のカエルに飛びつこうとする時、すばやく取り替えてサンショウの入ったカエルを食わせ、三十分ぐらいのうちにヘビをうまく引き出した、とある（『渡辺幸庵対話』）。これによると、ヘビは尻尾の方から入るものとみえて理解に苦しむ。『広文庫』所引『松屋筆記』によれば、肛門に入るのはカラスヘビといって、小さく黒色のヘビが多い。いかに引き出そうとしても出るものでなく、ずたずたに切れても首は残って腹中に入って人を殺す。これを引き出すには越後でサルノシカケと呼び、武相地方でヨソゾメという小木の葉をヘビに巻き付けて引き出せば出るのだ、とある。（ヨソゾメはガマズミの方言名）。

『耳袋』九には、医書にもコショウの粉を、ヘビの体の外に出ている部分へつければ、出る事妙である、と出ているが、それよりも煙草のやにをつければ、端的に出るものだと聞いた。その記事の後に、「蛇はいかに小さくとも、膣より奥へは這入れぬもののよし、空咄《そらばなし》と云」とある。腹の中まで入る、というのはうそだ、との意である。

○トウビョウと呼ばれる憑き物は、キツネと信じている地方が多いが、安芸・備後のトウビョウの正体は、ヘビの卵だという。富士川游の説によれば、瓶にヘビが入れてあるところから、土俗これを土瓶と呼ぶ。トウビョウは土瓶の音の訛か、と述べている。岡山県川上郡などでは、憑くクチナワとして、横島（不詳）のドウツウがこの地方まで来ていたという。岡山県笠岡市の事実譚では、病人の祈禱を法印に頼むと、原因はゲドウをされている（ゲドウを送られている）からだといった。外道とはいっても、実際は道通《どうつう》さま（道通グチナワという小ヘビ）であった。法印は火渡りを行ったのち、ノリ台というよりましに向かって両手を合せた般若心経を大声で繰る。ノリ台は合せた両手を振り出し、憑神状態となり間もなく神意を告げる。満腹するほど飯を食わせたので、満足だ、と述べた。このヘビは発見され、殺され、病気は治ったという。

蛇（へび）

⒂俗信一束

○以下は、ヘビに関する断片的な異聞である。複数の同種資料が集まるまで、順序不同であげておくにとどめる。グミの木を植えるとヘビが出る（富山県氷見市）。ズンバイ（スイバ？）の大きいのを食べるとヘビになる（広島）。戸を反対に締めるとヘビが入る（秋田県鹿角郡）。白石を家の周囲に置くとヘビが目をまわす（高知県南国市）。ヘビは山の上では食いつかない。もし食いつけばヘビ自身も口をそそがなければ死ぬ（青森県三戸郡）。ヘビがやぶに集まると地震がある（群馬県利根郡）。夏ヘビの多い時は雷が多い（栃木県芳賀郡）。ヘビが死にかかったらジュウワク（どくだみ）を揉んでかがせるとよい（神奈川）。ヘビをなぶる時はドクダミの葉でなぶれ（愛知）。家を建てる時、土台の下へ縄・鉄などを入れておくとヘビやカエルが出て災が起こる（愛知）。ナムッサー（青大将）を家のまわりで始終見かけるような年は重病人が出る（広島県比婆郡）。小ヘビだと思っても親指を立ててみて見えるのは大蛇だから逃げよ（愛知県南設楽郡）。

○人から足を踏まれてそのまま行けば、ヘビに巻きつかれる。踏み返せば何事もない（鹿児島県国分市（霧島市））。ヘビが舌を出したら降参したしるしだから、それ以上いじめてはいけない（愛知）。お参りの時ヘビに出合うと、おかげが立つ（鳥取県岩美郡）。腹に子のある時ヘビの卵を養えば生れる子がきつくなる（長野県北安曇郡）。毛虫がおっかなくない者はヘビが嫌いで、蛇《じゃ》がおっかなくない者は毛虫が嫌い（茨城）。ムカデに咬まれてやまう（患う）人は、ヘビに食われてもやまわない（和歌山県西牟婁郡）。ムカデはヘビの急所を知っている。喧嘩するとヘビは急所を刺されて非常に苦しむ（愛知県南設楽郡）。

○味噌桶の下をヘビが通ると味噌が腐る（岐阜県高山市）。山行きの弁当には、味噌や味噌漬を入れるのを忌む。これらはヘビの好物だから、ヘビが集まってくる（兵庫県宍粟郡）。米俵の口をあけておくとヘビが中へ入ることがあり、入ると小判になっている（新潟県栃尾市〈長岡市〉）。ヘビに先に見られると毒を吹きかけられる。そういう時には籾種を煎じて飲むとよい（岐阜県揖斐郡）。裸で便所へ入ると上からヘビが落ちてくる（愛知）。井戸または便所にヘビが入って死んだ時は盗難に注意せよ（宮城）。ヘビを囲炉裏ぶちにくべると悪い（新潟県南蒲原郡）。カボチャは年越しすると肉がヘビになる（秋田県雄勝・平鹿郡）。カボチャの中にヘビがいたという奇談が『寝ぬ夜のすさび』という随筆に出ている。ヤマカガシの皮を剝ぐ時、汁が目に入ると目がつぶれる（山梨県北巨摩郡）。ヒバカリ（ヘビの一種）に咬まれると、日の暮れるまでに死ぬ（奈良）。だから日ばかりの名がある。ヘビは菜種殻を嫌う（本山桂川『信仰民俗誌』）。船越（西ノ島町）ではスズキを食わない。スズキはヘビを食うからだという（島根県隠岐郡）。

○ヘビを数えるに一匹二匹といわず一筋二筋と数えないと母親が病気する（秋田県南秋田郡）。谷山塩屋町（鹿児島市）慈眼寺の近くにあるヘビの穴にある小石を持ち帰ると腹痛を起こす（鹿児島市）。ヘビは赤いものが好きだから、山などへ行くには赤い物を身につけない（群馬県邑楽郡）。刺戟するからいけないというわけであろう。ヘビとカエルはどちらか先に見つけた方が相手を呑む。カエルがヘビを呑むこともあって、その時はカエルのもっている毒でヘビを殺し、ヘビの死体が腐ってブユになったところで食うのだという（神奈川県津久井郡）。サシバ（タカ）の渡り期にクンマチ（小蛇）が出現し、サシバに捕られる。それを「タカのクンマチ」という（沖縄本島）。イカの墨はヘビの毒を解《げ》すこと妙である。イカの墨を、とって乾かしておけばよい（『安斎随筆』一一八）。ヘビの穴へ女が小便するとみいられる（『諺語大辞典』）。ヘビに放尿すると凶事が起こる（奈良県山辺郡）。長患いには長虫の絵馬を上げる（宮城県刈田郡）。巳年生れの人は金に不自由しない（佐渡・越後・伊予）。ヘビを殺した時埋めておくと、銭が引出しに入っている（愛知）。年齢とヘビの姿をかいた紙を小枝に吊して三宝荒神に上げると百日咳が治る（岩手）。

○ヘビの入った穴をふさぐと口がきけなくなる（静岡県藤枝市）。ヘビの目に湯をかけると盲目になる（愛知）。親指の白蛇形はなまくら（石川県七尾市）。大きくなったヘビには耳が出てくるという（福島県耶麻郡）。ヘビが年をとると、いびきをかいて眠るようになる（壱岐）。古木を五回半目をつぶって廻ると、大蛇が見える（愛知）。ヘビの尾には、ヘビの医者がいて、少しの事はすぐ治る（鳥取県八頭郡）。

○神戸市東灘区本山町北畑の保久良神社の祭礼（オトウと称する）に供えたダイヒョウ餅は、熱冷ましに卓効がある、というので遠近からいただきに来る。これを粗末に扱うと、どこかハメが出て来て咬む。ヘビの眼は夜は蛍光のように光る。ホタル狩の時、草の根元で光るものにはヘビの眼の光もあるから用心する（千葉県印旛郡）。ヘビは夜は光を放つ（岡山）。ヘビの骨が立てば肉も腐れ込んでしまう。川狩にもこの骨のあるところを大変恐れる（奥備後）。ヤマカガシをかまっておくと祟る（長野県上田市）。

○ヘビが動けなくなった時、ヨモギの葉で逆に撫でると生き返る（秋田県北秋田郡）。アイヌの信仰では、ヘビが穴に入るのを見ると悪い。ヨモギを六本、穴の口に立てなくてはならぬ、という。

○自転車でヘビをひくとタイヤが破れる（愛知）。ヘビが天井から落ちると、家の者が死ぬ（佐賀県佐賀郡）。

○月食はお月様が人の代りに大蛇に呑まれるために起こる（北九州市）。

○ヘビが二匹呑み合いをしているところに、手に持っている荷物を投げると、呑み合うのをやめる（愛媛県上浮穴郡）。

○夏の土用中のカニはヘビの卵を孕んでいるから有毒（秋田県大曲市〈大仙市〉）。

○客を待つ時、手拭でヘビの形をこしらえて人に知られぬように階段の三段目に置くと客が来る。それでも来ない時には、煙草の吸殻を手拭のヘビの口に入れて罰を与えると、客が来る。客が来たらヘビへ褒美に酒を飲ます（石川県加賀市片山津温泉）。

○静岡市梅ヶ島温泉は、昔コセ（瘡）かなにかの悪病にかかっていた八宮という人が、甲州からやって来て山道で見なれぬ赤いヘビを見、何かよい薬はないか、と問うた。ヘビは近くに湧き出ている湯を示した。それが梅ヶ島温泉の起こりだという。八宮は、後陽成天皇の第八皇子良純法親王の訛伝か。智恩院の初代門跡だったが、性行不良で寛永二十年甲斐国天目山に配流された（万治二年勅免）。

○山形県最上郡の今神温泉は、一名念仏温泉といわれ、白衣を腰にまとい、弥陀・薬師・観音に灯明を上げて、特別の拝誦を唱えながら合掌して一〜三時間もじっと入湯する習わしである。月山の登拝口にあって、行者たちが湯垢離をとる所だったので、今も肉食を禁じ、隠して肉を持って行く者があると、湯壺にヘビが現れて一日も留まることができない。肺結核以外の万病に効くという。

○ヘビの黒焼きを食べると根性が悪くなる（木曽地方）。
○ヒアカシという赤い斑紋のあるヘビは毒があるという。夜は光るから、火明しと名を付けられたという（広島県比婆郡）。
○アゼクリはカラスグチナオー（ヤマカガシ）に似て、太く短い。突っつけばシカケル。毒をもつという（同右）。
○サカオ（シマヘビ）はよく人に飛びつく。山でこれに追われることが多い。崖などの上から、棒を投げたように体を硬直させて飛んでくる。これの目の赤いのは薬になるというが、めったにいない（同右）。
○ヤマシバというヘビは、カラスグチナオーを大きくしたようなヘビで、背中は真っ黒で腹は黄。太い割合に短く、胴まわり六寸ぐらいでも長さは四尺に足らない。草刈りなどしていると、胴まわり八寸ばかりなのが、上の方からザーッと音を立てて鎌元まで下りて来るが、別に害をせずに逃げるという。このヘビは板箕《いたみ》を伏せたような頭をしていて、山の上からモクして（転がって）くる。また、腰から上を立てて頭をのし上げて走って来て咬みつくこともある。危険を感じたら水の中へ入って隠れる。カラスグチナオーがヒキンドー（ガマ）をくわえるとヤマシバになるという（同右）。
○ヘビの冬籠りの早い年は、霜が早く来る。
○磐梯山にヘビ形の雪が見えたら、苗代作りを始めてよい（会津）。⇩蜈蚣《むかで》・蝮《まむし》・蚕《かいこ》・蜥蜴《とかげ》

倍良　べら

○長崎県壱岐で、ベラのことをクサビとかボボコヤシと呼び、婦人がこの魚を食べると陰部が肥大するものだという。小豆島では、ベラを解熱薬に用いる。

【ほ】

蛍　ほたる

○ホタルが、家（または蚊帳）に入ればお客が来る（広島）とか、家の中に飛び込んだ翌日は無塩（鮮魚）の魚売りが来る（鹿児島県国分市〈霧島市〉）という。『温古要略』にも、「蛍家ニ入レバ翌日客来ル」と見えている。ホタルを「あくがれ出づる魂」（和泉式部）とみたように、人の魂とか死霊の化身とする伝承は多い。京都府北桑田郡では、半夏生後のホタルは幽霊ホタルだから捕ってはならないという。宇治のホタルは源三位頼政の亡霊であると信じられていた（『嬉遊笑覧』）。奈良で、ホタルのいない季節に家の中からホタルが出ると、その家に必ず死人があるというのも同じ信仰に基づいている。

○ホタルが家の中に入ると、病人のうめき声を聞きたがる（静岡県志太郡）、病気が重くなる（鹿児島県国分市〈霧島市〉）、家族に腫物ができる（沖縄県八重山郡）、凶事がある（奈良県五條市）、家が衰える（静岡県藤枝市）、不時がある（奈良）。棟木にとまると病人が出る（佐賀）。家の中に舞い込む年は災害が多い（和歌山）。屋内で放すと病厄が起きる（宮崎県西諸県郡）。ホタルは死んだ人の魂だとする考えから、不吉な連想が生まれたものであろう。

○ホタルが、家の中に舞い込むと火事になる（新潟・静岡・佐賀）。ホタルが天井に付く時はその家は遠からず火事にあう（佐賀県小城郡）。ホタルが煙突から出ると火事が起こる（奈良・岡山）という。

○ホタルをつぶすとできものが出る（秋田県山本郡）、つまんだ手で眼を擦ると眼がつぶれる（新潟）。ホタルは捕るものでない（長野県北安曇郡）、捕ると病気になる（奈良）。

○五月は祝い月のために籠の中でホタルの死ぬのを忌み、四月晦日以後は籠で飼うのを嫌う（高知県南国市）。五月には病ホタルになるので捕ってはいけない（同県香美郡）。

○広島で、四月二十日にはホタル合戦をするからそれ以降はとらぬものといい、高知では、旧暦五月のホタルは屋島の合戦に行くとか、宇治川の戦に行くので捕ってはならないという。ホタルの群れ飛ぶのを蛍合戦と称し、源氏ボタルと平家ボタルの戦だと伝える土地が多いが、源氏は本来「顕示」の意味でホタルそのものを指し、その敵として平家の名が生まれた、といわれる。実際には、ゲンジボタルとヘイケボタルが群をなして闘うことはない。

○ホタルの多い年は、凶作（山形・山口）、洪水がある、伝染病が出る（群馬県利根郡）。

○豊年になる（栃木県芳賀郡）。

○ホタルが家の中に入ると、雨になる（愛知・和歌山・奈良・広島・山口）、長雨になる（栃木）、増水する（秋田・広島）、長時化になる（栃木県那須・芳賀郡）。ホタルが山へ登ると雨が降る（愛知県南設楽郡）。家の中に入って煤をなめると大水が出て家が流される（山口）。天井にとまると大水が出る（広島）。幼虫が岸へ登ってくると大水が出る（富山県魚津市）。

○ホタルが多く飛ぶ夜は晴（新潟県長岡市）。

○奈良では、子供たちはホタルに向かって「ホッ、ホッ、ほたる、志のぼたる。昼間は赤い頬頭巾」「ホッ、ホッ、玉虫こい。行灯の光で飛んで来い」「ホッ、ホッ、ホッ、ほたる来い。あっちの水は苦いぞ。こっちの水は甘いぞ。こぶ杓持て来い汲んだるわ」とはやす。

○民間療法。ホタルの光は、できもの・腫物・指病めによい（愛知・大阪）。とげぬき・傷には、つぶして飯と練り用いる（京都・香川・高知）。ちょう（不詳）の夜のホタルを煎じて飲めば風邪をひかぬ（長野県更級・埴科郡）。

○ホタルが高く飛ぶと繭の値が高い、低く飛ぶと安い（群馬）。ホタルはカイコに有毒である（秋田県平鹿郡）。とまっていると見えるホタルはハミ（マムシ）の目の場合があるので捕らない（山口県豊浦郡）。

時鳥《ほととぎす》

○ホトトギスの初音は聞かぬもの、聞けば年中運悪し（広島）、ホトトギスの初音を鏡に向かって聞けば禍あり（地名不詳）、と、初音を聞くことを忌む。また、タンタンタケジョ（ホトトギス）の初音を寝て聞くとその年は病多く、便所で聞くのが一番悪い（熊本県阿蘇郡）、といわれるように、ホトトギスの鳴き声を便所や寝室（蚊帳の中）で聞くことは、初音ならずとも嫌われた。ホトトギスの初音を便所で聞くと不吉（奈良・和歌山・宮崎）、ホトトギスの初音を蚊帳の中で聞くと甚だ不吉（佐賀）、ホトトギスの声を便所や寝室で聞くと病気になる（愛媛）、便所や寝室でホトトギスの鳴き声を聞くと悪い（大分）、タンタンタケジョの鳴き声を便所で聞くと、必ず大イタミする（大病になる）か死ぬ（熊本）、などといわれ、大分県南海部郡では、ホトトギスの初音を聞いた時は便所に行ってはいけない、とそれさえも忌む。

○便所の中でホトトギスの鳴き声を聞いた時は、その穢れを祓うために、着ているものをみな脱ぎ捨てる（地名不詳）、という呪術や、「ホトトギス聞き初めと思うなよ昨日もおとといも竜田の森で聞いた、ナムアビラウンケンソワカ」を三唱する（奈良県吉野郡）、「ホトトギスホトトギスわれは初音と思えども昨日も聞きつ今日もきゝつ」（佐賀県佐賀郡）、「ホトトギス今日は初音と思うなよ昨日も聞いた今日の古声」「ホトトギス今日は初音と思うかや聞き知り聞いた今日の古声」「ホケキョわれは初音と思うかや昨日も聞けば今日の古声」（熊本県阿蘇郡）、「ホトトギス今日を初音と思うなよ今日も昨日も一昨日も、アビラオンケンソワカ」を三唱する（大分県南海部郡）、などの呪文がある。

○これとは反対に、ホトトギスの初音を芋畑で聞くと福が来る（宮城・広島）、ホトトギスの初音を座して聞けばその年は楽に暮らすことができる（熊本県阿蘇郡）、という伝承もあった。古書にも、「厠ニテ郭公ヲ聞ケバイム事ト云フハ大国ニモ有ル事也、厠ニテ是レヲ聞ク時ハ犬ノホユルマネヲシテ呪フト云フ事、本草ノ中ニ見エタリ、此ノ辺ニハキモノヲ脱ギテ払ヘナドオハスレ共、犬ノマネハ無キニヤ」（『壒添壒囊鈔』）、「初メテ鳴クヤ、先ヅ其ノ声ヲ聴ク者ハ離別ヲ主ス。厠上ニ其声ヲ聴ケバ不祥ナリ。之ヲ厭スル法ハ、当ニ大声ヲ為シテ之ニ応ズベシ」（『酉陽雑俎』）、「本邦亦言ふ、正月元日早晨、厠に登りて杜鵑を思へば則ち凶なりと」（『本朝食鑑』）、「常人も起きつつ聞くぞほととぎすこの暁に来鳴く初声」（『万葉集』）、「時鳥の初音を厠にて聞けば禍あり、芋畑にてきけば福あり、是故に時鳥のなく頃は、高貴の御厠には芋を鉢にうゑて入れおくと也」（『夏山雑談』）、などの記述が見られる。

○ホトトギスの鳴き真似をすると気がふれる（群馬）、ホトトギスは一日に八千八声鳴くので、真似をすると八千八声真似なければならない（栃木）、ホトトギスは八百八声鳴くが、途中で人が鳴き声を真似ると、また最初から鳴き返さなければいけないから、真似をしてはいけない（兵庫）。『和漢三才図会』にも「其の声を学べば人をして吐血せしむ」とある。ホトトギスは一日に八千八声鳴かねばならないので鳴いて血を吐く（広島）。「血を吐く」とは、「鳴いて血を吐くホトトギス」の故事（後項参照）もあるが、鋭く甲高い声で鳴き、かつ口の中が真赤なので血を吐いたように見えた、との解釈が流布している。その鳴き声は、所により、ホンゾンカケタカ、テッペンカケタカ、オトトコイシ、などと聞かれており、鳴き声の由来を説く口碑が伝えられている。

○ホトトギスの黒焼きは結核・肺炎・風邪その

他万病に効く（埼玉・佐賀）といわれる。子供の疳の虫には黒焼きを飲ませる（新潟・岡山）、黒焼きは肺病に効く（埼玉・神奈川・岐阜）、チフスに黒焼きを飲む（神奈川）、シイレセキ（百日咳）に黒焼きを食う（山梨）、黒焼きをつけると婦人の乳腫れに特効がある、頭痛には黒焼きを塗布する、神経痛に黒焼きが効く（共に熊本）、疣にはホトトギスの黒焼きを髪の油で薄め、紙に塗って貼る（岩手）。血の道には、六月頃のホトトギスをそのまま晒の袋に入れ、藁つととか竹の皮で包んで味噌漬にし、それを袋のまま煎じて飲み、その塩気が無くなると黒焼きにして飲む（神奈川県津久井郡。血の道に黒焼きを用いるは長崎も同様）。また、ホトトギスの黒焼きは溺死者の鼻の中へ吹き込むと救うことができる（愛知）といわれ、『松屋筆記』にも「水死人廿四時ノ間ハ杜鵑ノ黒焼ヲ口中ニ吹込ミ又ハ後門ヘ吹入レルト忽チ蘇活スル」とある。黒焼きの製法は、ホトトギスを小さな陶器に入れて粘土で包み、ジロ（炉）の中に入れておくと三晩ぐらいで黒焼きになる、という。

○黒焼き以外では、ホトトギスの毛を土鍋で蒸焼きにし、その粉を飲むと、喉の病気に効く（埼玉）、骨の間などへ刺さってどうしても抜けないとげでも、ホトトギスの肉を傷口に貼ると必ず抜ける（神奈川）、眼病にホトトギスの油をさす（福岡）、などの療法がある。

○トッテカケタカ（ホトトギス）が鳴いたら雨の知らせ（愛媛。長野県安曇地方も同様）、ホトトギスが鳴くと三日のうちに雨が降る（岡山）、ホトトギスの少ない年は雷が多い（山形）。広島では、ホトトギスの鳴くのが遅かったり鳴かない年は凶作といい、岩手では、夏の土用に入ってホトトギスが鳴くと豊作、と作柄を占う。

○ホンゾンカケ（ホトトギス）が鳴くと皐月で、ホンゾンカケをサツキドリと呼ぶ（新潟県栃尾市〈長岡市〉）、ホトトギスが鳴くと夏（愛媛県上浮穴郡）。ホトトギスは夏鳥として渡来する。その頃の農作物などに関して、ホトトギスが鳴くとヤマイモが芽を出す（新潟・鳥取）、ホンゾンカケが鳴けばヤマイモを食う（新潟）、黄イチゴの実が熟れる頃にホトトギスが来鳴く（宮崎）、ホトトギスが鳴くとセリ・ミツバ・カワザカナは時期はずれで食べられない（採集地不明）、などの俚言がある。また、山形県最上郡では、稲作について、ホトトギスのさかり（鳴く）頃田植をし、カナカナゼミの鳴く頃に成育し、ミンミンゼミの鳴く頃にやや熟する、という。

○ホトトギスは、古来季節の鳥として、また蜀王の魂が化した鳥として、話題に富む。広島では、ホトトギスはウグイスの養子といい、『塵添壒囊鈔』にも「時鳥ヲ鶯ノ子ト云ヒ」とある。ホトトギスはウグイスやミソサザイなどの巣に托卵することをいったものである。また広島で、ホトトギスは冥土の鳥という。ホトトギスはシデノタオサとも呼ばれる。不如帰・杜宇・杜魄・蜀魂などとも書くのは、蜀（古蜀）の望帝（名は杜宇）が位を譲って他郷に去り、死後その魂が化して鳥となったという故事によるもので、血を吐くような悲痛な声で鳴き、その声は不如帰去と聞こえるという。

○昔、順徳天皇が都を追われて八田（佐渡郡佐和田町〈佐渡市〉）におられたとき、ホトトギスの鳴き声に都を思い出して悲しまれ、「鳴いてくれるな都が恋し、鳴くな八田のホトトギス」と詠まれた。それ以後、八田ではホトトギスは鳴かなくなった（『提醒紀談』）。

○五月五日にヤマイモとタケノコを食べないとタンタンタケジョ（ホトトギス）になる（熊本県阿蘇郡）。八朔から彼岸までの間ホトトギスはカキやナシのいら（棘）に来てとぼけている（熊本県玉名郡）。

鯔《ぼら》

○鹿児島県甑島《こしきしま》で、渡島の下がるはボラの来遊する前兆といい、筑後川の河口付近では、大霜の降りた朝はボラが群れて塊のようになっていたものだという。利根川河口では、土用に出水が多いと冬にボラが不漁といい、三重県熊野市荒坂地区では、ボラの不漁の時は「夷様に潮をあかせる」といって、小前の総代が神体を海へほうり投げる。高知県幡多郡大月町では、ボラ漁のときはトウキビの炒ったのを持って行くとよい、と伝えている。ボラがのぼれば海が荒れる（鹿児島県喜界島）。ボラがとぶと、雨（新潟）、しけの前兆（鹿児島）ともいう。

○山口県大島郡で、妊娠中にボラを食べると盲目や口のきけない子が生まれるという。『魚鑑』（天保二年）に「或は妊婦多く食へば血を動かす」と見える。

○ボラは成長に伴ってホボコ、イナ、ボラ、トドなどと名をかえる出世魚で縁起のよい魚とされる。

法螺貝　ほらがい

○秋田県鹿角郡で、山伏がホラガイを吹くと雨が降る、といい、栃木県芳賀郡では、からみみになったらホラノカイを削ってその粉を耳の中に入れると治るという。ホラガイの大なるものは口金をつけて吹き鳴らす。これを吹くと諸天善神を招き悪鬼を払う、といわれて法要に用いるほか、古くは合戦の合図などにも使われた。山伏が多く携帯する。

○『魚鑑』（天保二年）に「伊豆の人いふ、時として山崩れ、或は谷湧き、草木一時に震《うごく》は、此法螺《ほうら》山を脱《ぬ》け、海に入るの徴《しるし》なりと。駿河原駅の側、柳沢村といへるに、法螺の脱窟《ぬけあな》あり、俗に八丈石と呼ぶ」と見える。柳沢はいま沼津市に属する。

○民間療法。できものにはホラ貝の蓋を焼いてつけると吸い出しに効果がある（三重）。

【ま】

鮪《まぐろ》

○和歌山県西牟婁郡で、ヤエザクラのつぼみができかけたらマグロが来るという。

○妊婦はシビ（鮪）・カツオのような脂濃い魚を食べてはいけない。食べると嬰児の頭に脂が出るという（大分）。マグロの中毒には、生タマゴを一個呑む（秋田県鹿角郡）、藍の水を飲む（岩手）、柿を食べる（大分）、とよいという。

孫太郎虫《まごたろうむし》

○ヘビトンボの幼虫。子供の疳にはマゴタロウムシを食べさせる（青森・山形・宮城・福島・埼玉・神奈川・福井・長野・静岡・岐阜・愛知）。煎じて飲むとよい（群馬・新潟）。寝小便には焼いて食べる（愛知県南設楽郡）。山形県米沢市では、疳の虫には、マゴタロウムシャクリの木につくカミキリの幼虫などが効く、といって焼いて食べる。マゴタロウムシは宮城県白石市斎川辺りから売りに来たもので、「奥州はさい川の孫太郎虫」と触れて歩いた。

鱒《ます》

○マスの多い年は実りがよくない（青森県下北郡）。マスの豊漁は冷害（山形県庄内地方）。カワマスが多く見られる年は作が悪い（新潟県南魚沼郡）という。マスが多く川に遡るのは川の水の冷たさと関係があるためといわれる。

○民間療法。マスの塩漬を食べると三年の古傷が出る（秋田・山口）。妊婦が食べると三年の古傷が出る（長野県飯山市）。妊婦は七十五日マスを食べてはならぬ（秋田）。妊婦が食べると子が盲目になる（群馬）。カワマスを食べるとマムシに咬まれない（兵庫県養父郡）。マスの子は下痢止め（新潟県佐渡郡）。マスと水飴の食合せはよくない（山形）。『歌摘録』（寛永版）に「ます常に多く食すなちをやぶる、むしゃくいでてかさぞうみける」とある。鮭と並んで精分の強い食品とされていたのである。

○山川へマスをとりに行くときは、味噌飯や梅干を持って行くな、ラッキョウ漬など酢のあるものもよくない（新潟県新発田市）。お正月のマスは「ますます家が盛んになるように」との意味である（福井）。

○マスは物を食わぬサカナだ。いつ割いても腹が空しいから（岐阜県大野郡）。

○京都府天田郡三和町〈福知山市〉大原神社にあるみなとの淵には、村に不幸があればマスが、不浄があればサケが現れると言い伝え、村人はマス・サケは食べず、この禁忌を守ると安産をする、といって大正の末まで守っていたという。

松毛虫《まつけむし》

○長崎県壱岐郡では、オコレーフリーといって、その鱗粉をかけられるとオコレーフリー（瘧のことか）になるという。岐阜県恵那郡蛭川村〈中津川市〉では、松毛虫の毛が刺さったらワラビの根のねばっこい液をこすりつけるとよい、と伝えている。

蝮《まむし》（毒蛇）

(1) 蝮除けのまじない

○マムシ・ハブの他にも毒ヘビはいるが、俗信の上では、それらを普通のヘビと截然と区別しておらず、まじないその他の作法では同様な事が行われている。報告中に、「ヘビやマムシ」の如く並記され、或いは漠然と「毒蛇」と記した例が多いことからみても、ヘビの項からマムシ・ハブ類を分離するのが適当であるか否か問題でもある。しかし、ヘビの項が余りにも多量になったため、編集の便宜上、あえて別項目をたてることにした。一部記述が重複するきらいはあるが、やむをえない。

○マムシ除けのまじないは、ヘビの場合と重複する、むしろ必要度からいえば、マムシの方こそ緊要だから、本来はマムシが元で、その拡大がヘビに及んだとみるべきである。神仏の名を唱えるものでは、「知立大明神」を三回唱える（三重県度会郡）、「秩父大明神」と唱えながら歩く（京都府北桑田郡）、「南無アメラウンケンソワカ」を連唱する（和歌山県日高郡）、「南無アブランケソーランケ」（茨城県久慈郡）、「不動飛竜さなぎ（猿投《さなげ》）の明神様、どうか今日一日長虫にあわんようまぶって下さい」と三唱して山仕事にかかる。もし文句を間違えたり、つかえたりすると効き目がない（長野県下伊那郡）、「わしは亥の年なみくじ（ナメクジ）年、アビラウンケンソワカ」三唱（徳島県那賀郡）など。佐賀県東松浦郡では、「ヒラクチ食うな、ムシ（ムカデの類）食うな、お諏訪さんの砂振るぞ」と唱える。同郡浜玉町〈唐津市〉の諏訪神社に三月節供の明けの日から五月節供までの間に参詣し、神社に飾ってある砂を受けて帰り、マムシ除けにする。この砂をマムシに掛けると、マムシは動かなくなるという。

○先払い型の唱え言では、金物嫌いのヘビを威圧するため、「おれは鍛冶屋だ」と唱える（新潟県十日町市）。「ヘビやマムシやどけどけ、小田村の神様お通り」（兵庫）、「おれは山のおろちの使であるぞ。先におるなら早く立ち退け」（対馬）、「われゆく先には、まだらまぜりの虫おらんやアビラウンケンソワカ」（徳島）、「わが行く先、錦まだらの虫おらんば、早く立ち退けアビラオンケン」（鳥取県八頭郡）、「おれが行くサケ（から？先に？）かの子まだらの虫いんなアブラウンケンソワカ」（京都府相楽《そうらく》郡）、などという。

○「山いばら、わが行く道を邪魔すれば、山乙姫に告げ申すぞ（三唱）」（佐賀市）、「この所に一寸より長い長虫いたなれば、さるとら姫に見せてとらせよ」（静岡県磐田郡）。これを磐田郡ではマムシ除けの歌い詠みといっている。和歌山県では、「わが行く先に錦まだらの虫いるなれば、山たち姫に巻いてとらせる」。山梨県西八代郡では、「赤はぎや赤はぎや、わが行く先におるなれば、山田の姫に語りきかせん」。赤はぎとはマムシのこと、山田の姫とはマムシを好んで食するイノシシのことと解説する。合理的ではあるが、他の類例と比較するとき、疑問が起きる。

○さらに類例を掲げると、「ヒラクチヒラクチ、ひーらけ。淀姫様のお通りだ」（熊本県玉名郡）、「この山奥に錦まだらの虫おらば、山乙姫にいだめとらせんアビラウンケンソワカ」（奈良県吉野郡）。後者の例では、山乙姫にお詫びをしてやろう、という意にとられる。群馬県利根郡では、「この山に錦のかたある虫いれば、山鳥姫に語りきかせん」。これを節にかまわず唱えれば、マムシのいる山でも逢わないが、言わない日には逢うという。また、「この山に赤まだら白まだら五色まだらの虫あらば、波立つ姫に知らして通れ」「この山に錦まだらの虫おらば、わが行く先にまみえるな。わが行く先にまみえれば、山うち姫に伝えるぞアジラオンケンソワカアジラオンケンソワカ」という唱え言も行われている。同県多野郡では、「この里に錦まとうる虫あれば、玉おり姫は何と名付ける」、京都府亀岡市では、「わが行く先に錦まだらの虫あらば、深山の奥の姫に知らさん」と唱える。姫の名は、この呪文の中で肝心な部分であるはずなのに、転訛と付会が甚だしい。

○以上の他にも、「マムシまだらがいたならば、山だら（ち？）しめにまねましょう」（新潟県東蒲原郡）、「行く先々に錦まだらの虫をば早やたつ姫に」と早口に言う（兵庫）、「この山に鹿の子斑の長虫いれば、のけ給えや山の姫神ツーツッ（唾を吐くまね）」（高知県幡多郡）、などいう。虫類をうしはき給う尊い山の姫神に、長虫をおさえ給え、と祈るか、或いは虫どもに向かって尊い女神にお願いして汝らを動けなくし罰してやるぞ、と言いきかせる内容の呪詞だったと思われる。女性から男性に変っている例もある。宮崎県西臼杵郡では、山に入る時マムシにあわぬようにするまじないは、「この山に錦まだらの虫おらば、鶴千代君に逢わすぞよ（三唱）」で、もしも逢った時は、「この山に長きまだらのヘビおらば、この山姫に頼み申す」、またたは「五色この山にこしきのヘビおらば、音たち姫に問いきかせよアブラウンケンソワカ」と唱える。するとすぐ逃げ隠れるという。同一人の口から、男女両性の神、それも同じ神格（?）の神に祈りを発するわけになる。

○変り型では、「おんどが滝の大昼寝、チガヤの早抜けも知らんのか」（愛媛県上浮穴郡）。同郡では「ハメ（毒へビ）にコショウ」または「ハメにコショウ、おどうの下のかぎワラビ」とも唱える。採集者は、コショウは傷つく意であると付記しているが、胡椒であろう。毒へビの嫌いな物で嚇す点は、鍛冶屋の名乗りと同軌である。対馬では、「東山こう坂滝の初ワラビ、虫よ恩を忘れたか」、或いは「鶯谷のヒラクチよ、ワラビの恩を忘れたか」と唱える。ここでも、ヒラクチが昼寝中、チガヤに腹を突き通され、初ワラビに押し上げられて助かった、との説話が行われており、初ワラビを採んで体に塗っておけば咬まれない、といっている。また「初ワラビ初ワラビ初ワラビ」と唱えるだけでもよいという。いずれも、後述のワラビの恩恵の変型である。

○『呪咀《まじない》調法記』（元禄十二年板）に、「まむしへび人にくいつかざるまじなひ」と題して、「かのこまだらのむしあらば、山たつひめにかくとかたらん。此うたかきて、くわい中いたし野山へもつべし」とある。護符として、懐中するわけである。書物が元か、民間伝承が先か、という問題が解決しないし、また三十一文字の呪歌が破片化して短くなったのか、短詞型が先でそれを和歌に仕上げたものかも明らかでないが、短いものでは、前の対馬の例などの他に、「マムシマムシ、ワラビの恩を忘れたか」と唱える（新潟）、「ホドロ（秋ワラビ。一本ワラビのことともいう）の恩を忘れたか」（息を吹きかけながら一気に三べん唱える）（富山県東礪波郡）、「ワラビウンケンソワカ、ワラビウンケンソワカ」というワラビに真言だけの例（同中《なか》新川《にいかわ》郡）などがある。

○「天竺のいわやがたきィ（岳に）昼寝して、カヤの若芽に生え抜かれ、ワラビのご恩忘れたか。ナムアビラウンケンソワカ」（兵庫県宍粟郡）、「天竺の高天が原の赤マムシ、ヨスにさされてワラビの恩を忘れたかい」（富山県中新川郡）、「この山に錦まだらの虫おらず、ワラビのご恩を結びてかける」ナムアビラウンケンソワカの三唱（兵庫県宍粟郡）、「天竺のみ玉が原のかきわるび、息絶えて息を知らぬは大マムシ、アビラウンケンソワカ（三唱）」（群馬県勢多郡）、「わが行く先におるハミは、ちがや原に昼寝して、ワラビの恩を忘れたかアビラウンケンソワカ（三唱）」（徳島県那賀郡）など、ヘビの項で多数挙げたのと大同小異の唱え言が多いが、兵庫県の「ワラビのご恩を結びてかける」は、破片化してはいるが、或いは古型かも知れない。群馬の大マムシの詞章は転訛が甚だしい。

○伊勢大神宮のお札はマムシ除けであるから、お札を踏むと、マムシに咬まれる（和歌山県日高郡切目川地方・岡山）、寝ていてもヘビに咬まれる（兵庫県多可郡）という。島根県安来市では、お伊勢さんの砂を持っていると、マムシに咬まれないという。

○足半《あしなか》をはけばマムシに咬まれない。足半の鼻緒は花結び（左撚り）であるから（神奈川）。北九州市でも足半草履をはけばヒラクチに咬まれないといい、群馬県勢多郡では、マムシがたまげるという。同県利根郡では、花結びの草履の結んだ部分が魔除けになるのだという。東京都町田市でも、葬式にはく生藁《きわら》（叩かない藁）で作った花結び（緒の先端を角状に切ったもの）をはくとよいという。津軽では、葬式の時肉親の者がはく草履やわらじは、野辺送りがすんだ帰途に道端に捨てる、これを拾ってはくと、野山を歩き廻ってもマムシに咬まれぬといった。栃木県芳賀郡などでも、えぼ草履（疣草履。鼻緒を前結びにした草履）をはいて草刈に行けば、マムシにも安全だという。大阪府三島郡や山口県でも、角《つの》草履をはけば、マムシが咬まない、といっている。角草履も、鼻緒を牛の角のように長く残した草履である。

○マムシに咬まれぬためには、紺色の物で手足を覆うとよい。紺足袋をはいていると、食いつかれない。マムシは紺色を嫌うから（神奈川県津久井郡）、紺は毒を消すから（熊本県玉名郡）、恐れて逃げるから（山口）。長野県では、紺の甲掛けをつければよいといった。紺の脚絆（奈良県吉野郡・高知県幡多郡）、紺足袋（兵庫県姫路市）、藍染の着物（島根県浜田市）をつけよ、ともいう。紀州でも、山へ行く時マムシの用心に紺足袋・紺脚絆を用いる。ハビは紺を嫌うと信じられており、咬まれるのはたいてい踏んだ時であり、咬まれる箇所は足首から下、最も多いのは足の甲であるから、足袋が効果がある。

○マムシは黒い物を嫌う（新潟県西頸城郡）、黒い足袋でマムシ除け（島根県浜田市）などという。薩摩の甑島《こしきしま》では、マムシ・ヘビは黒足袋を嫌うが、その理由として、カラスはマムシを好んでねらうので、マムシの方でも恐れる習性があって黒色を嫌う、といっている。越後の西浜地方では、赤い紅絹《もみ》の切れを着物の裾に付けると、普通のヘビは食いつかない、それで紅絹を使ったものであるが、マムシには紅絹では駄目で、真っ黒な切れを使え、といわれた。マムシ捕りは黒の甲掛け、黒の脚絆、黒の手甲、黒の着物といった黒ずくめで山へ入るという。

○秋田県北秋田郡では、地下足袋に煙草をはさむとよいという。富山県中新川郡に伝わった『秘伝妙薬いろは歌』という本に、「まむしでもほかの毒虫かみたるは、きせるのやにに、うこんまぜつけ」とある、という。やにとウコンの混合剤だから、さらに強力というわけである。

○マムシ除けと年中行事とのかかわり合いは、ヘビの場合と重複する。正月元日に山に登ると、ハブに咬まれる（沖縄県国頭《くにがみ》郡）。村中が浜へ出て遊ぶ日であるから、家にいて仕事などをしてはいけない。海浜で魚や貝など海の幸を採って食べなければいけない。これをせぬと、アカマター（斑ヘビ）にだまされるか、或いはアカマターを産む（同上）。正月神様に供えた握り飯を乾しておき、山に登って食べれば、マムシ・ヘビに咬まれない（秋田県平鹿郡）。トンド（左義長）の火で焼いた餅を食えばマムシにさされない（滋賀県高島郡）。節分の晩、虫の口焼きといって「ノミの口」と唱えながら囲炉裏でカヤの葉を焼く。焼ける音が大きいほど、ノミ・シラミ・ブト・カ・マムシがよく死ぬ（兵庫県城崎郡）。節分の夜に桝につまずくと、その夏マムシに咬まれる（福井県遠敷郡・京都府北桑田郡）。それで桝は高い所へ置く。この桝は豆を煎ったのを入れ、神様に供えるのだから、神供を足蹴にする不敬を戒めるのである、といわれる。なお、仏滅の時、すべての動物がこぞって仏の死を悼んだのに、ヒラクチはその仲間入りをしなかったという（長崎県壱岐）。灌仏会の甘茶を塗っておくとマムシに咬まれない。家の周りに撒いておけばヘビが入らない（福井県今立郡）。

○四月丑の日、唐津の諏訪神社に参詣して、神社の砂を受けて来て門口に撒くとマムシ除けになる（佐賀県東松浦郡）。五月五日の菖蒲湯はマムシの魔除け（千葉県館山市）。粽を茹でた湯で足を洗うとマムシに咬まれない（鳥取・島根県大原郡・岡山県川上郡）。笹巻の日（五月節供）にオイビスさんに供えた物を年中保存して、これを見て山へ行けばマムシに咬まれない（鳥取県八頭郡）。

○蒼前様《そうぜん》（馬の神）に供えた物を食べるとマムシにさされない（茨城県久慈郡）。

○暦を燃やすとハメに咬まれる。或いは、火早い、ともいう（丹波）。

○苗代の三宝塚を踏むと、マムシに咬まれる（愛媛県松山市）。三宝塚は不詳。田の畔で田の神サンバイを降ろし祭る祭場か。

○施餓鬼の団子を持っているとマムシに咬まれない（岐阜）。

○屋敷のまわりに秋海棠を植えると、マムシに咬まれない（群馬県多野郡）。

○初ワラビの汁をつけると、マムシがかぶらぬ（山口県佐波郡）。

○マムシに咬まれたらワラビの根を掘って来てつける（長野県小県郡）。マムシに咬まれてうずくときは、一本ホドロ（秋ワラビ）を揉み、その汁をつけるとよい（富山県東礪波郡）。福島県大沼郡では、はしりワラビの汁を手足に塗れ、という。広島県比婆郡や長崎県対馬では、ワラビの汁を手足につけて山に入る。

○千葉県印旛・山武郡では、マムシの皮を棒につけて家の周囲に立てて魔除けにする。カラスおどしにその死骸を吊り下げるのと同じ理屈だが、棒につける点は呪術的要素がある。

蝮《まむし》（毒蛇）

(2) ハブ除けのまじない

○沖縄のハブ除けの呪文も一通りでない。「藤原藤原どけなりさいなり、じゃなーうちすいうちまぐどう、くわんじゃちうぶかちしんて、千手観音、あや斑《まだら》〳〵、わが行く道に立つならば、山辺のあるじに語て聞かそうや、儀方」（われは田原藤太藤原秀郷だ。のけのけ、南無阿弥陀仏、なんじわが行く道に妨げするならば、山の神様に訴えてやるぞ、儀方）と一息に唱えると、ヘビは立ち所に逃げ去ると。儀方は、五月五日の朝、紙に書いて逆さに貼り付けてヘビ除けにするという仏語の字。このまじないのやり方は、卯月八日の虫除けの札に似ている。沖永良部島では、ハブに野山で出合ったときは、「あやまだら、わが行く先に立つならば、山たつねこにあやまられつ」と唱える。内地のマムシ除けの呪文と共通する部分があり、もとは一系だったことが考えられる。
○ハブに関する沖縄の呪文には、呼ぶと返すの両方があった。『琉球神道記』五に掲げるものでは、呼ぶ呪文の訳文は「召すことあらば、早くに来るべし、来たらずして、あり腰折らるな、細腰折らるな」、返す呪文は「早くに帰るべし〳〵、もし誤りあらんには、あり腰折るべきぞ。細腰折るべきぞ」というのである。ハブを呼出す呪文は物騒だし、もし退け呪文が効かなかった場合は大変であるから、使うこともなく、伝承が絶えた。退け呪文の方にはいろいろあったが、その一つは先にあげた秀郷うんぬんの呪詞、その異伝には、「ほぎはら〳〵、どけなりさいなり、ぎな主内孫どう、自仏言世尊、あやまだらまだら、我が行く先に立つならば、山辺のあるじに語ってきかそう、儀方」という形もある。
○ハブの呪文の由来として伝える物語は、次の如くであった。昔、或女が海へ潮汲みに行ったら、海辺のアダニ（阿檀）林に火事が起こった。林中の一本のアダニの上に一匹のハブがいて、四方から焼きたてられて苦しんでいた。女は憐れんで、潮水で火を消しハブを助けてやると、ハブは首を振り振りうれしげに帰って行った。ややあって女が家に帰ると、先に助けたハブがわが子に巻きつき、子供の手に首をのせ、尾でその背をたたいていた。女が、助けた恩を忘れたか、となじると、ハブは、恩義に感じればこそこうして泣く子をあやしているのだと答えた。女は、それなら後生だから帰ってもらいたい、と言うと、ハブは、では帰るが、恩返しをしたいと思っているから、もし何か用があったら、今教える呼び呪文で呼び出してほしい。用がすんだら退け呪文を唱えてくれれば帰る、と言って、二通りの呪文を教えたという（『南島説話』）。その後、独り暮しの老爺に、ハブの呼び、退けの呪文を学んで、ハブを自由自在に使う男があった。外出する時にはハブを呼んで留守番をさせ、用がすむと、退け呪文で帰るのが常であった。酒好きの爺で、いつも酔っ払って家に帰ったが、退け呪文を唱えることだけは決して忘れなかったが、或日のこと、いつもより飲みすぎて前後不覚になり、家に帰り着くと退け呪文を唱えるのも忘れて寝込んでしまった。そしてそのままハブに咬まれて死んでしまった（同上書）。そんなわけで、呼び呪文は伝わらなくなったのだと、理解されているようである。

○奄美にも、沖縄本島のハブの呪文の由来と同様な伝説がある。山火事の時、子連れのハブが逃げ場を失って焼け死にそうになっていたとき、通りかかった人が水を汲んで来て火を消し助けてやった。ハブは命の恩人に対し、「自分のクワマガ（子孫）シマガ（曾孫）の時代に至るまで、あなたのクワマガ、シマガに対しては、絶対に怪我をさせるようなことはしませんから、このまじないを唱えるようにして下さい」といって教えたというものである。「くるとおぬしゅどぉ（黒潮の中の真塩だよ）、かわどぉぬむじどぉ（走り川の中の真水だよ）、ほーじぬくわまがどぉ（私はほーじの子孫だよ）、ほーじぬくわまがどぉ（ほーじの子孫だよ）」。この他にも、『古事記』の歌謡などにあるような対句の多い長い詞章のものがある。

○八重山の竹富島のハブの呪文は、次の通り。「どぅきりどぅきり（未詳）、あやむだらあやむだら（ハブよハブよ）、くぬふうみちやながみちや（この大道は、長道は）、ひとにんぎんぬどぅはるみちどぅやる（人、人間の通る道である）、あやむだらぬとうらば（ハブが通れば）、なかふんきりやなかきり（中踏み切れは、中の切れ）、ぶさふんきりやぶさぬきり（尾踏み切りは尾の切れ）、すぶるふんきりやみずになるんど（頭踏み切りは水になるぞ）、あやむだら

あやむだら（ハブよハブよ）どぅきりどぅきり（胴切れ胴切れか）」。ちなみに、あやむだらは、綾の紋様で、ハブの意。

蝮《まむし》（毒蛇）

(3)毒蛇の咬傷と治療

○ハミに咬まれて寝込めば百日の大病を患う、といった（広島県比婆郡）。咬まれると亀の背中のような形がつく（愛媛県上浮穴郡）。咬まれた場合の応急処置としては、傷口の心臓に近い部分をきつく縛って、傷口を細かく切り、毒を押し出し、また咬み口の血を繰り返し吸い出すのが合理的な方法で、各地の報告にもこれがある。水で洗うことや、傷口をヒルに吸わせることも行われる（長崎）。

○近来始まった方法と思われるものに、マッチをすって傷口の周囲を廻す（新潟）、マッチの火で傷口を焼く（愛知）、傷口にあててこする（長野）。火縄銃以来と思われる方法に、傷口に煙硝の粉を少しのせてパッと火をつける（石川）、がある。

○マムシの毒は金物か剃刀で撫でると治る（富山）、という。マムシの歯が傷の中に残っているのを剃刀で落とす、といっている土地は多いから、その意味もあるのであろう。鉄漿《かね》をつけるとよい（石川県石川郡）、真綿でさすればよい（島根県安来市）、ともいう。真綿の作用は明らかでないが、飛騨では、もち米の飯を練って貼りつけた後、真綿でくくりつけて血行を止め、そして時々緩めるというから、毒が廻らぬようにするためと考えられるが、撫でるだけでは覚束ない気がする。

○煙草のやには、マムシにも敵薬だと各地でいわれている（石川・高知・愛媛）。山梨では、きせるのやに、或いは煙草を傷口につけて縛る。沖縄の竹富島では、煙草のやにを飲む。

○マムシに咬まれた部分を小便で洗えばよい（甲斐・飛騨）。アンモニアによって毒を中和しようとする処置である。両節の付いた青竹を大便所の便壺の中に浸しておき、自然にしみこんだ液をつける所もある（茨城）。
○ニワトリの糞をつける（兵庫県養父郡）のも、同じ意味であろう。ウシの糞をつける所もある（福島県相馬郡）。ウシはマヘビ（マムシ）を見付けると、角で突き殺してしまう。マヘビの方でも、ウシに逢うと動きが鈍くなるという。
○山口県阿武郡では、イノシシの鼻（乾物にしておく）を削った粉を傷口につける。イノシシはマムシを簡単に殺して食ってしまうところから生まれた知恵だという。
○マムシに咬まれた時、アサガオの蔓で縛ると毒が廻らない（埼玉）、白アサガオの葉の汁をつける（愛媛）、アサガオの白い花びらを酢に漬け、よく咬んで貼ると腫れない（岡山県小田郡）、アサガオをかんでつけるか、煎じた汁をつける（長野県小県郡）、花や茎を煮出してつける（滋賀県高島郡）、長野県では、ユウガオの水をとってつける、という例もある。
○マムシに咬まれた時は、サトイモの汁をつける（千葉）、ハブソウの葉を揉んでつける（奈良）。ハブソウの生葉を揉んで大量に傷口にすりこみ、また葉・種を煎じて飲む（愛媛）。ヨモギ・フキの葉を揉んでつける（長野）、ヨモギのもぐさで灸をする（京都府北桑田郡）、プツ（ヨモギ）の葉で傷口を焼く（八重山地方）。赤ズイキの汁をつける（京都府宮津地方）、ヤクシソウ（茎・葉から白い乳液を出すのでチグサとも呼ぶ）を塩で揉み、煎じた汁で洗う（神奈川県津久井郡）、ヤマゼリを揉んでつける（愛媛）、トンボグサの茎を揉んで塗る（熊本）、鉄砲ユリの鱗茎を砕いて塗る（同上）、チンチロ草を塩で揉んでつける（福井）、ホウセンカの汁をつける。ホウセンカの汁を、蛇体にたらすとその部分が腐るといわれる（神奈川県津久井郡）、ニンニクを煎じてつける（長野県小県郡）、カワラニンニクをすってつける（山形）、カボチャの茎・葉の生汁をつける（群馬県吾妻郡・鹿児島県屋久島)。三種類《みしな》の草を揉んでつける(石川県石川郡)。ギシャの皮を傷口へあてて繃帯する(長野県北安曇郡)。石川県七尾市では、咬まれたらすぐツボイの根で縛れば治るという。ツボイは不詳だが、ツボイモ(里芋)か。アーヌマラーケイケイ草の根を塩で揉んでつけるか、パパイヤの葉の汁を飲むまたはクスの木の煙をあてる(八重山地方)。

○マムシの毒に、柿が効果があるといわれている。カキの渋を傷口に塗り込むとよい(新潟・志賀・福岡・長崎)。カキの渋を塗ると血がたくさん出て、毒も消える(滋賀県高島郡)という。渋ガキの実を潰して塗りつけてもよい(長崎)。渋の無い時は干柿をかんで塗り込む(新潟・北九州市)。また彦山山伏は、吊しガキの肉部と梅干・小麦粉を練り混ぜて貼った(福岡)。『耳袋』七に、「まむしはさら也、すべて虫さししに、ころ柿を酢につけ置きて、さされし所へ附くるに、これ奇々妙也」と見えている。

○油も用いられた。愛媛では、焙烙の炭をとり、びんつけ油と調合してすりこむ。和歌山では、傷口にびんつけ油を塗る。

○マムシ酒を傷口につける例もある(長野県飯山市)。

○ハミに咬まれたとき、鳥黐《とりもち》をつける(岡山県川上郡)という。

○昔流の薬では、万金丹・千金丹をかんでつけた(岐阜県揖斐郡)。

○ナメクジがハメのまわりにぐるりと糸をひくと、ハメはその輪の外へ出ることができない(愛媛県上浮穴郡)。ナメクジには、へビばかりでなくマムシも弱かった。その原理を応用して、マムシに咬まれた際の療治にはナメクジが有効だといっている所が多い。マムシに咬まれたらよく縛ってほかへ毒が廻らぬようにしてから、ナメクジに傷口をなめさせる(長野県小県郡)。患部にナメクジをぴたっと付ける(福井県遠敷郡・滋賀県伊香郡・鹿児島県日置郡)。患部を這わせる（壱岐・熊本県玉名郡）。ナメクジに砂糖をまぶって傷口につける（鳥取）。ナメクジをたくさん呑む（大阪府枚方市・愛媛県上浮穴郡）。ナメクジと飯粒を練り合せて貼る（福岡）。ナメクジを酢に漬けたのを塗る（岡山県川上郡）。ナメクジに水油をかけたものを塗る（埼玉）。加賀の白峰村〈白山市〉（石川郡）では、生きたカタツムリで傷口を撫でるという。ナメクジの代用なのであろう。

○ミミズを潰してその汁をつける（山梨県南巨摩郡）、ミミズの内臓を押し出してつける（熊本県玉名郡）、ミミズを腐らせたものをつける（岡山県小田郡）。

○マムシに咬まれた時は、温泉療法がよいという。石川県小松市の粟津温泉で一週間湯治すれば治るという。山形県中山平の蛇湯温泉は、マムシの毒によく効くといわれ、この湯で温めた石を自宅の風呂に入れて入浴しても効果があるという。福島県の熱海温泉も、マムシの毒や、くさ・腫物の吸出しに効能があるという。

蝮（毒蛇）　まむし

(4)蝮に咬まれた時のまじない

○マムシに咬まれた時に唱えるまじないには、左記のようなものがある。「大阪の坂のふもとの瓜作り、姫待ちかねて寝える（寝入る?）虫かな」と言うと治る（長崎県西彼杵郡）。「亥の年の亥の日生れのみどり子を、知らずかじった沢のクチハビ、アビラウンケンソワカ（三唱）」（栃木）、「チガヤ川原のね、ひょっこりワラビ餅、ワラビの恩徳知らんか、この一寸虫」（福井）。瓜作りの句は、後に掲げる越後のまじないの伝書にも見えるが、瓜を傷口へ貼る、などのことが行われたのであったかも知れない。亥の年うんぬんは、徳島のマムシ除けの詞にも「おれは亥年生れ」とある。さすがのマムシも、やにや泥で完全武装したイノシシには歯が立たないということが、民間知識として一般化していたことを示す。

○マムシの毒を除くためのまじないでは、以上の他にも「朝日こうじのかぎワラビ、山での恩を忘れたか、アビラウンケンソワカ」（新潟県栃尾市〈長岡市〉）、「つぼいが原の赤マムシ、ワラビの恩賞忘れたかアビラウンケンソワカ」（富山県魚津市）、この文句を一息に三度唱え刃物を傷にあてると、葉（歯？）マムシの毒が下りて治るという。「チガヤの山に昼寝して昼寝して、チガヤの根しめられて、ワラビの恩を忘れたか」（群馬県吾妻郡）。これを本人が唱えるのもよいが、このまじないの名人があって、その家でまじないをした。
○「宝の山の知者マムシ、チボヨ（道芝）の恩を忘れたか」と一気に三唱し、傷口に息を吹きかける（富山県東礪波郡）。智者マムシというのが古風である。また「浅間が山の赤マムシ、チボヨの針にさされるな」ともいった。これには、ワラビへの恩義が脱落している。赤マムシは、マムシ酒などにする時、最も効くといわれる種類である。
○マムシに咬まれた時のまじないを、一子相伝で伝えている家筋がある。新潟県加茂市に伝わる嘉永六年書写の伝書には、「蛇喰人呪咀」と題して、「この虫は食うする、うへはきて見ているや、この虫の歯はしよとのむし、我がてにかからざるよし。」次に、薬師の真言七回、次に、「おんころころ、せんだりまとうぎそわか、さつまのくにも、ちぎりたかうな、ののむしごんだゆうだ、かのむくらもちは、つまであり、皆日本のあんはらこくのかね、はだかつくりし蛇、かしらはなんだ、いわしの頭、どうはなんだ、さいてのきれ、尾はなんだ、ちまらのほいほい。とばの里なるうりつくりめが、われ名しらで、人なうらみそ。あさひさす、こうだかはらのかぎわらび、ほとろとなるとも、おんをわすれまじ」とある。かぎワラビの伝説では、モグラに追われたマムシが草むらに逃げ込んだ。ちょうどワラビが芽を出してモグラの目を突いたので、モグラは目が見えなくなり、マムシは生命が助かったという。そこで、朝日さす、の歌を唱えてワラビの綿のところで傷口を撫でると、マムシに食われても軽く治るという。なお、文中の「さいて」は、裂切れ、即ち小切れのこと。特にウルシを拭う布切れをいう場合もあった。

○マムシには、「百日の病をしょったんでなければ、くっつかれん」といった。その年に自分で初めてとったワラビで足を撫でながらマムシに咬まれないように祈ると、咬まれない（静岡県磐田郡）。

○マムシに咬まれたら、そのマムシをすぐ捕らえ、生のままで食うと治る（山形県東田川郡）。咬まれたら、咬まれた人が咬んだマムシを咬む（群馬県富岡市）。まさに目には目を、の発想である。咬んだマムシをすぐ殺してその血を傷口につける（宮崎県延岡市）。咬まれたら、そのハナでこすると治る（長野県木曾地方）。

○マムシに咬まれたら、マムシより早く川に入れば毒が廻らないという（岐阜県飛騨）。マムシは人を咬むと必ず水を飲むから、それより前に大急ぎで傷を水で洗えば負けない（新潟県東蒲原郡）。人を咬んだマムシが水を飲むと、毒が体中に廻りだす。その前に必ず捕らえて皮をむき、それを傷口に貼ると、針が抜けてくる（岐阜県高山市）。群馬県富岡市でも、マムシの皮をはいでおいたのを患部に貼り、それから医者に行った。

○マムシに咬まれると、白髪のような歯が体の中に入る（愛媛県上浮穴郡）。咬まれたらすぐ縛って傷口を洗い、マムシの歯を取るため、剃刀を逆剃りするようにこそげる（石川県石川郡）。傷口を冷たい水の中へ浸し、鉈や鎌などで傷口をこする（同上）。足首を紐でからげ、鎌でこするとマムシの歯が落ちて治る（同上）。三重で、水田の泥の中へ傷口を突っ込んで出血を止める、というのも、このような意味であるかと思われる。
○指などを咬まれた場合、毒が廻らぬ先に刃物でその部分をそぎ落とせば、出血とともに毒が流れ出す（山梨）。鎌で切りとるか、吸出す（新潟県西頸城郡）。足の首筋を紐でからげて鎌でさらえると、マムシの歯が落ちて治る（石川県石川郡）。足の下に白紙を敷き、剃刀で患部を撫でて、マムシのハリを取る（石川県輪島市）。
○アユの皮を傷に貼る。また、うるか（アユのはらわたの塩漬）をつける（鳥取県八頭郡）。切り傷などにマムシの皮を貼るので、その筆法を学んだものか。谷川へアユ釣りに行き、マムシに咬まれるという場合も、しばしばあったと思われる。
○沖縄では、ハブに咬まれた時には、豚油三勺ほどを湯に溶かして飲むと、毒を吐き出す。イカの黒汁（クリ）を汁にして飲めば、生命にかかわることはない。コブシメの甲を砕いて粉にしたのを塗った上から灸をすえればよい、という。
○対馬の談話集『楽郊紀聞』に、ヒラクチに食われた時の療法が載っている。その一つは、胡椒と鉄粉を煎じてどんどん飲めば大験があるというもの。第二は、人里遠い所のカエルの卵を取って来て乾かし、細末にしておき、傷口につける。第三は、マムシに食われたら、その口目に穴明き銭を一枚押しあて、その周囲を味噌でかこい廻し、明礬《みょうばん》を沸騰させたものを、銭の穴から注ぎ込む。少し熱い感じはするが、大したことはない。明礬が冷え固まったところで、その明礬を引き上げて取ると、その中にヒラクチの針が残っている。これを三、四回繰り返すと、その度ごとに針が出た。しかし毒気が目に上り、目が暗くなるように感じた。体験者はそのため、家伝薬を飲んで平癒した、とある。咬まれて七日と過ぎれば、この方法でも治癒しないという。

蝮《まむし》（毒蛇）

(5)民間療法

○マムシを捕るとすぐ皮を剝ぎ、串に刺して陰干にし、乾燥したら焼いて粉末にする。これは病弱・病後・肺結核・肋膜・子供の疳などに効く（北海道・新潟・岐阜・兵庫・高知・鹿児島）。鳥目にも効く（福岡）。茨城では、焼いて酢につけたものを強壮薬として飲む。

○マムシの黒焼きも広く用いられた。蓋のある小形の素焼の瓶に入れ、これを籾殻を積み重ねた中に置き、蒸焼きにして粉にする（宮城）。第二次大戦前には、村々にマムシ捕りを専業にする者がいて、皮を剝ぎ竹串に刺して売っていた（高知）。黒焼きは強壮剤（石川）、虚弱（兵庫・大分）、胃腸薬（宮城・鳥取・熊本）、肺結核（高知・鹿児島）、るいれき（山口）。心臓（埼玉・鳥取）・血の道（鳥取・岡山）などに服用する。外用薬としては、切傷につける（茨城）。膀胱カタルに、マムシの黒焼きの粉にタニシの中身をすりつぶしたのを混ぜて練り合せ、臍の下に貼りつける（大阪府下）。兵庫では、焼いて粉末にしたのに水を加えて飴状になるまで炊き上げ、これを丸薬にしておいて一つずつ飲むと、体力増進になり、あらゆる病気に効くという。鹿児島では、黒焼きにし、酢を混ぜて飯粒で練り、腫物やヒエヌキの患部に貼る。

○マムシを乾燥し、焼かずにそのまま粉末にして服用することも一般に行われる。病身・病後（長野・静岡）、労咳（福岡）、強壮剤（徳島・愛媛・大分・鹿児島）などの薬とされる。長野県上水内《かみみのち》郡では、病身の人は味噌汁に加えて飲む。

○マムシは焼酎漬にして、いわゆるマムシ酒とし、外用・内服両様に用いる。マムシ酒の造り方は、マムシを生捕りにして一定期間（一昼夜という所もあるが、普通は一週間から十日、或いは三十日から五十日という所もあり、一定しない）瓶などに水と共に入れておいて汚物を出させ（毒を吐かす、ともいう）、そのうちマムシが死ぬので焼酎に漬け、早いものは約二か月ほどしてから、遅いものは一年後から使用する。焼酎の代りにアルコールを使う土地もある（新潟）。古いものほどよく効くといい、何年も保存しているうちにマムシは溶けてしまうという。秋田では、赤マムシと青マムシとあり、群馬では銭マムシと赤マムシがあるが、いずれも赤マムシは少なく、この方が効くといわれている。マムシ酒の名よりも、端的にマムシの焼酎漬と呼ぶ土地が多いようだが、焼酎の代りにアルコールもよく使用される（新潟）。
○外用としては、切傷・打ち身・肩の凝りなどに患部に塗付する（秋田・山形・群馬・千葉・神奈川・山梨・長野・新潟・福井・愛知・岐阜・滋賀・岡山・山口・熊本・長崎・大分等）。その他、魚の目・疣取りに、とげを刺した時に（栃木）、ハチ刺されに（三重）、しもやけに（山形）、虫歯（北海道・群馬・長野・熊本）などにマムシの焼酎をすりこむ。
○内服用としては、本来は強壮剤で、虚弱・衰弱症に用いられたのが、後にはほとんど万病薬（岩手・愛媛）と過信されたようである。服用するときには、水で割って飲む。肺病（群馬・新潟・富山・愛知・和歌山・兵庫・岡山等）、風邪（愛知）、百日咳（群馬・山口）、解熱（山梨）、ひきつけ（長野）、気付け（新潟）、霍乱（福島）、夏負け（愛媛）、心臓病（栃木・飛驒）、瘧《おこり》（群馬）、疳の虫（栃木・奈良）、解毒（熊本）、腹痛、胃病、下痢（青森・栃木・群馬・茨城・千葉・京都・鳥取・徳島・愛媛・長崎・佐賀）、婦人病（高知）などに効くという。
○マムシの油を飲むと肺病に効く（新潟県南蒲原郡）。ハメ（マムシ）を種油に漬けておくと、ハメの油ができる。傷薬としてよく効く（山口県大島郡）。同じことを鹿児島県でもいう。沖縄でも、ハブの油を切傷につけるとよいという。群馬県邑楽郡では、ほくろにマムシの油を塗る。

○マムシの胆を生のままでたべると、鳥目に効く（対馬）、胃薬になる（愛媛）。腹痛にマムシのユを飲む（鳥取）。ユは胆汁であろう。飛驒でも、腹痛にイ（胆汁）がよいという。奈良市でもハビの胆は腹薬である。大分では胃痛に効くという。胃と書くこともあり、飛驒ではマムシの胃（胆のこと）は肺病によいという。静岡では心臓・結核に効能があるといい、群馬ではマムシの胆は強精薬。北海道では、心臓発作に胆を干したものを削って飲む。岡山では、強壮剤に、クチハメの胆を粉にし黒豆の粉と混ぜて飲む。

○マムシの胆を乾しておくと、アズキ粒ぐらいになる。失いやすいから糸をつけてしまっておき、胃の痛むとき二回くらいに分けて飲んだ。はらい目（突き目）にもよい。ごく少量だけ湯に溶かして、目につける（長野）。山口県大島郡では、マムシの骨を粉にして腫物につける。愛知県南設楽郡では、指ススキ（瘭疽《ひょうそ》）にかかったとき、マムシの皮を患部に巻く。

○マムシのはらわたは、干してしまっておき、指腫れの時などに、水でやわらかにしてから指に巻くと効き目がある（長崎県西彼杵郡）。

○マムシの生血を飲むと腎臓病に効く（島根）。心臓・結核によい（静岡）。

○マムシの肉は神経痛に効く（石川）。

○秋田県山本郡では、マムシの目を飲むと、老人になってもよく目が見えるという。たとえにも、「蛇《じゃ》の目灰汁《あく》で洗ったよう」というくらいだから、マムシの濁りのない光るような目にあやかる意味であろう。岐阜県揖斐郡・鳥取県八頭郡では、マムシの目を眼病の薬に飲む。長野県飯田市では、体の精がつくといって生《なま》で飲む。山形県米沢市・栃木県上都賀郡では、マムシの生き目を飲むと、癲癇が治るという。その他、子供の疳の虫に、マムシの目を干したもの（岐阜）、鳥目にヒラクチの肝・目玉（対馬）を、寝汗（北海道）にも飲む。

○マムシの骨を煎じて飲むと、痲疹《はしか》によい（愛媛）、解熱によい（小豆島）。木曾では、しまい田（田植の最後に植えた田）で使った苗を干したものを、マムシの骨と米と混ぜて煎服すると、解熱剤になるという。骨を焙るか、粉にして食べると肺結核によい（岡山）。皮をむき、骨だけぽりぽり食べると、万病に効く（岐阜）。骨を乾燥させてから焼き、擂鉢ですって粉にし、強壮剤として飲む。耳かき一杯ぐらいが適量で、それ以上飲むと鼻血が出る（長崎県西彼杵郡）。
○マムシの頭を煎じて飲めば、風邪に効く（山梨）。
○マムシの皮を腫物の類に貼付する（かぶせて巻いておいてもよい）と、効果があるという。皮を剝いで板に張って乾燥したもの、或いは生の皮も用いる。長野県飯山市では、乾燥したものを小さく切り、少しぬらして貼る。吸出しに効く。その時、真ん中に穴をあけておかないと、ひどく痛むという。腫物・出来物（宮城・栃木・群馬・茨城・新潟・富山・石川・愛知・徳島）。吸出し（長野・岡山・徳島・愛媛・佐賀・大分・福岡）、化膿止め（栃木）、打ち身（大分）、切傷（宮城）、毒虫刺され（鳥取）、痔（愛知）、疣取り（福島）など応用範囲が広い。また、酢に漬けて貼る（岡山・山口）方法もある。
○高熱に、マムシの皮を煎じて飲む（大分）。
○外傷に、焼酎漬のマムシの皮を貼るとよい（福岡）。
○歯痛に、マムシの皮をその歯でかむとよい（新潟・石川・和歌山）という。
○栃木県塩谷郡では、マムシの皮を戸口に貼ると、怪我をしても病まないという。
○腎臓炎に、ハビ（マムシ）のかたびら（ぬけがら）を二十七に切って、味噌で練って患部に貼る（和歌山）。水疣は、マムシのぬけがらで撫でれば治る（長野）。
○名護ゴーラー、或いは首里ゴーラーと呼ばれる潰瘍には、ハブのぬけがら、またはそれを灰にしたものと、菜種油とを煮て患部に塗る（沖縄県国頭郡）。また、クカル貝の蓋を灰にして塗るのもよい（同上）。

○歯痛のまじないに、指でマムシをつくり、それで痛い所をなでるとよい（大阪府豊中市）。

○産が重くて産婦がひきつけた時は、ハビの乾かした尾を紐でくくってぶら下げると治る（和歌山）。

○マムシを薬用にするには、捕るときに竹で挟むと効力を失うので、木片で挟む（千葉市）。

○沖縄では、マラリヤにはハブを煮て食べさせる。淋病には、ハブの肉と豚肉とを料理してたべさせる。

蝮（毒蛇）　まむし

(6)毒蛇の俗信と異聞

○ハブは神・仏の使だという。赤ハブは神、青ハブは水神といわれ、また家の祖神ともいう（沖縄県八重山地方）。沖縄本島でも、ハブは神の使という。特に尾の切れたハブがそうだといわれる。これは、内地のヘビの俗信と同じである。青森県三戸郡では、クソヘビ（マムシ）の額に、大とか十の字が書かれているように見えるのは、神の使だからだという。

○ヒラクチから（に）食われる夢は吉（大分県日田郡）。一般にマムシの夢は金に縁がある吉夢である。即ち、金が入る、たまる、何かよい事がある、運が開ける、出世する、成績が上がる、帯があたる、などという（宮城・秋田・群馬・長野・広島）。沖縄の島尻郡では、ハブの夢は吉、或いは神事の知らせという。特に春早くマムシを見ると、金に不自由しない（秋田・宮城）といい、元旦に見ればその年は吉（宮城）とされる。マムシの初夢を見ると金が入る（福島）。また、ハブの夢を見て黙っていれば、二、三日中に御馳走にありつく（沖縄県国頭郡）、ともいう。

○マムシは卵胎生であるため、それが伝説化し、非科学的な話を真に受ける者も多かった。マムシはトカゲ目に属するから、ヘビの仲間ではない（神奈川県津久井郡）。マムシは胎生でその子は親の腹を食い破って出る（同上）、というに至っては、フィクションである。ある所で大木を伐り倒したところ、中の空洞にあらゆる種類のヘビがいたが、マムシばかりはいなかった（同上）、などといった。和歌山県では、ハビ（マムシ）は、口から子を吐き出すと信じられていた。陰暦八月になると、マムシは子を吐くために邪魔になる牙《きば》を折ろうとする。人畜に咬みつくのはそのためで、「八月ハビにかまるるな」ということわざがある。牙折りのため、立木の幹にも咬みついて牙を折る、と言い伝えている。千葉県印旛・東葛飾郡その他でも、マムシは口から子を産む、と信じられていた。ここでは、子を産む少し前になると、歯が逆さになるので、人に咬みつくことが多くなるという。京都市の北郊雲ケ畑・貴船辺りでは、マムシの子は出生後当分の間は、親に連れられて徘徊する。夕方になり、親がピイーと鳴くと、子はその声を目当てに集合し、順々に親の口から腹に入って夜を過ごし、明朝また親の口から外に出て遊ぶものじゃ、などといった。

○マムシの腹子が大きくなると人をねらう。山の小川で水を飲むときは、必ず水の上から笠を押し込み、笠で水を濾してから飲むようにする。これを怠ると、喉元にマムシの胎子が食いつくことがある（兵庫県宍粟郡）。

○六月土用に入ってフキを食べるものでない。その頃、マムシが子を産むために、フキに咬みついて牙を抜くので、フキの近くは危険である（愛媛県上浮穴郡）。

○ハミを殺す時は、鳴かせないようにして殺さなければいけない。もし鳴かせると、周囲のササの葉がみんなハミになって、幾匹殺しても、あとからあとから出て来て始末がつかなくなる（広島県庄原市）。マムシを殺すと死に際にマムシが鳴くことがある。もし鳴くと、後からたくさんのマムシが出てくる（大分県南海部郡）。

○マムシを打ったり押さえたりすると、ふえる（愛知県南設楽郡）。マムシを殺すのにクワの木で殺すと、十二匹出てくる。追っても追ってもあとからあとから出てくるから、竹で叩くものだという（滋賀県高島郡）。ハビを殺すのに生のスギの枝で叩くと、多く寄ってくる（和歌山県東牟婁郡）。

○マムシをクリの木で叩くと、いくらでも出てくる。七匹出てくるともいう。或人がマムシをクリの木で叩き殺したら、次から次と出てきた。片端から数えられぬほど殺し、翌日その場に行って見ると、死んでいたのはたった一匹きりだった。あとから出て来たのは、マムシの化けたのであった。マムシは魔虫である。鎌の柄はクリの木で作るな、という（京都府北桑田郡）。

○ヌリダ（ヌルデ）の木を、鎌の柄にするとよくない。マムシに出合った時、ヌリダの柄の鎌で叩くと、叩いた所が口になって咬みつく（兵庫県宍粟郡）。

○ヒラクチを水の中で殺すと、後からたくさん出てくる（大分県日田郡）。マムシが水を飲む前に殺せ、という伝承とも関係があるらしい。マムシも竜のように、水を得ると通力を発揮する、との思考があったものらしい。

○鍬などでマヘビ（マムシ）の首を誤って切り落とした時は、「私が切ったのではない、この鍬が切ったのだ」と言い、その場へその鍬を置いたままにして帰る。そして次にそこへ行って見ると、そのマヘビの首が鍬に咬みついている（大分県南海部郡）。

○ハミは、尻尾でも螫《さ》すという。それで、見つけても、頭を押さえて捕らえるようなことはしない（広島県庄原市）。

○ハミをとろうと思ったら、桟俵を山へ持って行き、酒をかけておけば、必ず出てくる（広島県比婆郡）。

○ハブは、人を打ったらその後で自分の尾を食い切るという。神様が、お前は何故スヂャ（人間）を打ったのだ、と詰問された時、私の尾を奴がこんなに切ったので、私も仕方なしに返報に打ったのですと、言訳をするためだという（『南島説話』）。

○昔マムシが釈迦如来の手に咬みついた。それでマムシ一匹殺すと寺を三箇寺建てただけの功徳があるといわれ、親の命日でもマムシは殺せ、という（岐阜県吉城郡）。

○マムシに咬まれたら、殺さぬうちは治らぬ（薩摩）。

○クチハビ（マムシ）を見つけたら目を離してはいけない。目を離すと逃げてしまうから、にらみつけたまま近寄って捕らえる。傷をつけると腐るから、木などで捕らえて、十日間ほど空瓶の中に入れておいて毒を吐かせ、その後焼酎漬にして、万病の薬にする。捕らえるとすぐ皮をむいて、びくびくするのを食うこともある（茨城県久慈郡）。

○ハブの頭を刃物で切ると、頭だけ離れて飛びつく（沖縄県国頭郡）。マムシの頭だけ切って捨てて身だけ持ってくるものでない。三年たつと化け物になる（群馬県利根郡）。ヘビを刃物で殺してはならぬ、という所もある。

○ハブを家の中で煮ると、兄弟ハブが来る（沖縄県国頭郡）。ハブに咬まれた人を家の中に入れてはいけない。ハブは見舞に、といって、三日以内にこの人の家を訪ねて来る。それで、治療を屋外で行う村もある（同上）。内地では、ヘビを殺すと、その配偶のヘビが出てくる、という例があると。

○囲炉裏でマムシを焼くと鍋が割れる（新潟県中蒲原郡）。囲炉裏でマムシ・ヘビをあぶると三宝荒神が怒る（同県加茂市）。ハブも屋内で煮食いをしない。屋外で焼いてたべた（沖縄）。

○朝十時以前にマムシを殺したら、その日一日の災難から逃れられる。ムカデについても同じことをいう（京都府北桑田郡）。
○ハブを捕らえて捨てるには、草の生えていない畑道に捨てるものとされた。雑草の生えている所に埋めると、ハブは悪性の草に化し、これに触れた人の足が腫れて痒通のする病気になる（沖縄）。
○グゾーフジ（葛）を裂くとマムシが寄ってくる（愛知県南設楽郡）。
○三人で歩くと、真ん中の人にマムシが食いつく（愛知）。
○実際にマムシに咬まれなくても、マムシの歯移りといって、ひどく腫れて痛むことがある。その時は、咬まれた時と同じように、金物で撫でる（富山県中新川郡）。
○マムシに向かって、「ブシ待て」と言うと、マムシは止まる（滋賀県高島郡）。
○マムシが多数集まっている時には、玉をくわえているのが必ず一匹いるから、それを捕らえると富貴になる（和歌山県有田郡）。
○マムシが五、六匹いるときは、「わしも一口たのむ」と言って、藁か縄をまるめて、マムシの中に入れると、縁起が良い（兵庫県城崎郡）。
○マムシは豆を嫌う。田の周囲にアゼマメを植えるとよい（兵庫県朝来郡）。
○川マスを食べると、マムシに咬まれない（兵庫県養父郡）。
○蛇害を防ぐために、働き着の三幅マエブイの継ぎ目と隅にヌイハンを付ける（佐賀）。
○ミョウガ畑にゃマムシの用心。マムシがミョウガの花を食いに来るから危険（熊本県球磨《くま》郡）。マムシは白い物へ咬みつく（愛知）。
○マムシと水を食べ合わせてはならぬ（秋田県由利郡）。これは、マムシに咬まれたとき、マムシに水を飲ませると毒が廻る、という俗信と関係があるらしい。
○マムシがくわえた石を踏むと、足が腫れる、または底まめができる（愛知）。
○ハブの死骨をいじったり踏んだりすると、その歯で足をさされる（沖縄県国頭郡）。
○家の入口に吊しておいたマムシの骨を川に入れると、骨だけのものが泳ぐ（滋賀県高島郡）。
○ハブの交尾を見てはならぬ。着衣を脱いで覆いかぶせる。そうせぬと凶事を招く。もし打ち殺したりすれば、その者は立ちどころに死ぬ（沖縄）。
○ドモ（ゼニドモ）の周りを、マムシの尾の骨の先でつつくとよい。このため、マムシをとったら薄く皮を残して尾を保存しておく。（長野県飯山市）。ゼニドモは、銭瘡《ぜにがさ》か。
○マムシを捕らえると銭がたまるという。マムシの皮に銭形の模様がついているからである（新潟県西頸城郡）。
○朝出がけにゾヨを見ると、クマが捕れる。中でもマムシを見るのが最もよい（新潟県新発田市上赤谷郷）。
○春の始めにマムシを見ると、一年中怒って暮らす（新潟県西頸城郡）。
○春に初めてマムシにあうと、その年は体が丈夫。青大将を初めて見ると、病気をする（群馬県利根郡）。
○初雷が大きく鳴る年はハブの卵が孵らず腐ってしまう（沖縄県国頭郡）。
○マムシを見たら人さし指に唾をつけて指させ。そうせぬと指が腐る（福島県耶麻郡）。
○沖に出る時はヒラクチの話はせぬ（対馬）。
○長野県安曇地方では、瘧振《おこりぶる》いはおどかせば治る、といって、ヘビを首に巻き付けたり、火箸でおどかしたりした。
○土用丑の日に捕ったマムシは腹痛によい（飛驒）。
○辰年の者がマムシに咬まれたら死ぬ（薩摩）。
○普通のヘビはクチナワというが、マムシは特にクチメという（高知県幡多郡）。
○マムシを食べると根性が悪くなる（福島県須賀川市）。猟犬の闘争心を養うため、イヌにマムシを食べさせろ、ともいう（同上）。

○淋病の治療には、ハブの肉と豚肉とを料理して食べる（沖縄県国頭郡）。

○マムシ指の人は、頭がよい（滋賀県高島郡）、器用である（新潟県岩船郡）。手の指のマムシ形の人は巧者である（同県西頸城郡）。指がマムシになる人（指先から第一関節が直角に曲がる）は器用（越後）。マムシ指の人はヒラクチに咬まれぬ（北九州市）。

○ムカデに食われてやまわない（病まない）人は、ハビに食われるとやまう（和歌山県西牟婁郡）。ハミに負けない者は、ムカデ（またはハチ）に負ける。ムカデやハチに平気な者は、ハミには死ぬほどの難儀をする（広島県庄原市）。

⇩蛇《へび》・蕨《わらび》（植物編）

【み】

鼓豆虫　みずすまし

○ミズスマシを捕らえると雨が降る（富山県氷見市）。ミズスマシに小便かけたら「子供のことだかねん（堪忍）してくれ」と言うとミズスマシが怒らない（愛知）、という。静岡県では、カンカンスメスメと呼ぶ。田の水の上に遊んでいる挙動が水の澄むことを念じているように見えるため、という。『物類称呼』には「信濃にて、すめ」と見える。

○青森県津軽地方でイダコマヨ（巫女舞の意）といい、大分県ではオカダラムシと呼ぶ。この虫の動作が巫女や太夫の舞に似ているところからの命名であろうといわれる。

鷦鷯　みそさざい

○ミソサザイが鳴くと雪（大雪）が降る（岐阜・長野・愛知・石川・島根・広島）、ミソサザイが来ると冷えが来る（山形）、ミソサザイが山から下りて里の人家の際（または軒）へ来るようになると雪が降る（山形・新潟）、ミソサザイが里に出て来ると寒くなり雪が降る（岐阜・福岡）、と、冷気や雪の予兆とする。ミソサザイは夏季は深山にすみ、冬季は山麓や人里近くに下りて来る。岐阜では、ミソサザイが出ればすぐ雨が降る、というが、福島では、ミソサザイが早朝さえずるとその日は晴天になる、と逆の占いをする。

○元旦の日にミソサザイを見るとその年は縁起が良い（愛媛）。ミソサザイを捕ってはいけない（同上）。千葉県山武郡では、ミソサザイは庚申様のお使、というが、この鳥は庚申様のあるような家屋の隅のクモを食いに来ることから考えられたものであろう、と説明されている。ミソッチョ（ミソサザイ）の黒焼きは血の道の薬になる（長野）。

蓑虫　みのむし

○長崎県壱岐で、ミノムシを裸にすると自分が裸になる、といって子供をたしなめる。この虫は親の姿に似ないことや蓑を着ているところから古くから「ミノムシは鬼の子」といわれ、『枕草子』に「鬼のうみたりければ、親に似てこれも恐しき心あらむとて、親の、あやしき衣《きぬ》ひき着せて『今、秋風吹かむをりぞ、来むとす。待てよ』と言ひ置きて逃げて去《い》にけるも知らず、風の音を聞き知りて、八月ばかりになれば『ちちよ、ちちよ』と、はかなげに鳴く」と見える。

○静岡県藤枝市で、ミノムシの皮を剝ぐと雨が降る、といい、熊本でもミノムシが多く這い出ると雨が近い、と伝えている。ミノムシの多い時は旱魃になる、ともいう。

蚯蚓　みみず

○ミミズに小便をかけてはいけない（茨城・埼玉・千葉・福井・岐阜・静岡・奈良）といい、小便をかけると、罰が当たる（山形・富山・岐阜・静岡・愛知・滋賀・兵庫等）、とか、身体が悪くなる（愛知）という。なかでも多いのが、男根が腫れる、という俗信で全国的である（秋田・山形・宮城・福島・栃木・群馬・茨城・千葉・埼玉・神奈川・山梨・新潟・石川・富山・福井・岐阜・静岡・愛知・京都・大阪・奈良・三重・和歌山・兵庫・岡山・鳥取・島根・広島・山口・香川・愛媛・高知・福岡・佐賀・長崎・宮崎・熊本・鹿児島等)。ちんぼが曲がる(長野・静岡・愛知)、小便が出なくなる(静岡・奈良)、淋病になる(秋田県雄勝郡)、目がつぶれる(愛知・佐賀)、という形もある。
○奈良では、道に小便する時に「ミミズさん、カエルさん、許しておくれ、後で土産持って来る。ミミズも神様もちょっとお通り、わたしの小便はよい小便、ミミズも神さんも許しておくれ。メメズも神さんもちょっと退いてんげ。神さん戸をしめてください。神さん退け退け。わしの小便は良いしょんべ。お茶か湯か。ミミズも神さんも小便一杯」などと言う。愛知では、川で小便した時には「メメズ、メメズ、どかんと(退かないと)小便かけるぞ」と三度繰り返してからでないとチンボ(男根)の先が曲がる、といい、長崎県壱岐でも、屋外に小便する時は唾を吐いてからにするという。ほかにも、神社の境内で小便する時には「ミミズもトカゲもクチナワもどいてくれ」と言ってすればよい(京都)、とか「ミミズどけどけ小便かかるぞ」と言うと祟らない(兵庫・徳島)、という。山口県大島郡でも、小便する時は「よってござれ」と言う。
○以前は、女も立小便をよくしたが、女の小便はミミズの怒りを買わぬのか、その制裁はいわぬようである。
○ミミズに小便をかけて陰部の腫れた時は、ミミズを洗ってやるとよい(宮城・福島・群馬・千葉・神奈川・新潟・石川・富山・福井・長野・愛知・奈良・和歌山・広島・山口・愛媛・高知・長崎・熊本等)、水をかけてやれば腫れが引く(埼玉・福井・愛知・福岡)、清水で洗う(長野・奈良)、水で洗って返すと腫れが治る(群馬県利根郡)、ミミズを水で洗い火吹竹で陰茎を吹く（福岡）。ミミズに塩をかけて流してやると治る（高知）、水をかけて、ごめんなさいと言うと治る（福井・兵庫）、金盥の中に入れ、よく洗ったあと「どうか治してくれ」と三回言って放してやる（兵庫県姫路市）、という。奈良で、小便がかかったと思ったら、三べん洗って土の中に埋めると堪忍してくれるといい、滋賀県高島郡や鹿児島県日置郡では、子供の陰茎が腫れてかゆい時には、ミミズに小便をかけた罰だ、といい、そのミミズがわかれば洗ってやると治る。もし、そのミミズが判明せぬ時にはほかのミミズでもよいという。和歌山でも、子供の陰腫をミミズの所為とし、火吹竹を逆さまにして吹き、一匹のミミズを洗い清めて放つとよいと伝えている。『嬉遊笑覧』巻十二に「ここにて小児の陰腫るるは、蚯蚓を取りて洗ひて放つ呪あり」と見え、『和漢三才図会』には「蚯蚓及ビ蟻ノ為ニ吹カレテ、小児ノ陰腫ルルハ火吹竹ヲ以テ婦人ヲシテ之ヲ吹カシメ、或ハ蟬蛻ヲ用テ水を煎ジテ洗ヒ、仍テ五苓散ヲ服スレバ、即チ腫消エ痛ミ止ム」と記されている。

○秋田県平鹿郡一帯では、三月十五日（旧暦）をてんげといって田打ち起こしの日としている。この時、鍬先に引っかかって来るアオガエルやミミズは、田の神と信じられている。これを、乾して保存しておき、発熱や小児の下痢に服用する。

○ミミズが鳴くとよい天気になる（群馬・石川・富山・岐阜・愛知・沖縄）、夜明けに鳴くときは晴天になる（岐阜）、夕方鳴くときは翌日天気（岐阜県吉城郡）、ミミズが歌をうたえば天気がよい（神奈川）。古くからミミズは鳴くものと考えられ、俳句の季語にもなっているが、実際には鳴くことはなく、ケラの鳴き声を間違えたものである。『和漢三才図会』に「晴レバ則チ夜鳴ク」と見えるのは興味深い。

○ミミズが出ると、天気がよくなる（富山県東礪波郡)、翌日天気になる(愛知)。ミミズが道路に這い出すときは、日照り(宮城・山梨)、照り続く(愛知県名古屋市)、長月旱になる(山形県尾花沢市)。ミミズが出て死んでいると天気が続く(愛知県北設楽郡)、道に出て死ぬ時は天気が続く(岐阜・愛媛)。ミミズが転び出ると百日の天気(長野県北安曇郡)。ミミズに砂がついたり、乾いて死んでいると日照りが続く(愛知県南設楽郡)。ミミズが土中深く入る時は旱天となる(和歌山)。
○ミミズが出ると雨になる(宮城・新潟・富山・長野・静岡・愛知・和歌山・山口・大分等)、庭に出ると雨が近い(山形・新潟)、道に出ていたら翌日は雨(広島・長崎・鹿児島)、土をかぶって出ると雨になる(埼玉県熊谷市)、朝ミミズが出ると雨が降る(宮城県刈田郡)、晴天の夜に出る時は大雨(同県)、夏の暑い日に出ると雨が降る(愛知県南設楽郡)、大ミミズが出てくると大雨になる(山口)。日照りの日にミミズが這うと雨が降る(愛知県南設楽郡)。ミミズがほこりにくるまると雨が近い(群馬県多野郡)。旱魃の時、ミミズが地面を潤し地上に出れば雨が近い(沖縄県竹富島)。ミミズが鳴けば雨が降る(岐阜)。『和漢三才図会』に「雨フルトキハ則チ出」とあり、古くからミミズの地上に現れるのを雨天の前兆としていたことがわかる。
○民間療法。熱病にはミミズを煎じて飲むとよい(群馬・新潟・滋賀・高知・沖縄等)。熱冷ましには、ミミズを煎じて飲む(青森・岩手・山形・福島・茨城・千葉・埼玉・神奈川・山梨・新潟・福井・長野・岐阜・静岡・京都・滋賀・和歌山・岡山・徳島・高知・大分等)、干したものを煎じて飲む(北海道・神奈川・新潟・石川・富山・長野・岐阜・愛知・兵庫・広島・香川)、腹中の汚物を洗い出して煎じて飲む(栃木・群馬・茨城・神奈川・山梨・新潟・長野・鳥取・長崎・鹿児島)。体内のものを取り去って水で洗い、四、五匹を煎じてその汁を冷やし、一回に五勺から八勺ぐらいずつ飲むとよい（秋田県平鹿郡）。ミミズの中身を煎じれば熱冷ましになる（栃木県上都賀郡）。生のミミズを煎じて飲む（長野）。ミミズに熱湯をかけ、そのまま飲む（山形県新庄市）。ミミズをしごいたものを飲むか、または御飯と練って足の裏に貼る（鳥取県八頭郡）。ミミズを二つに割いたものを足の裏に貼る（茨城・福岡）。白い鉢巻をしたミミズの糞を煎じて飲む（石川県石川郡）、皮を煎じて飲む（山口）。タマクラミミズの内臓を出して干したものを服用する（北海道）。タマクラミミズで患部をこするか、ウシの角と一緒に煎じて飲む（青森）。タンミミズという田にいる細長いミミズを煎じて飲む（熊本県玉名郡）。テッポウミミズの腹を割いて塩揉みし、出てきた汁を飲む（広島）。腹中の土を出し、茶碗に晒木綿をかぶせた上に置き、砂糖を振りかけておくとミミズの体液が下の茶碗にたまるので、それに水を加えて飲むとよい（長野県諏訪郡）。ミミズとナンテンの実の煎薬・オバコを揉んで患部に貼る（徳島県那賀郡）。風邪をひいた時は、ミミズを煎じて飲めば治る（富山・福井・愛知・大阪・和歌山・山口・福岡）。芯を抜き煎じて飲むか、つぶして頭へ塗る（愛知県南設楽郡）。ミミズ・ドクダミ・ミズヒキを煎じて飲む（岐阜）。淋病には、ミミズを粥に混ぜて食す（沖縄県八重山郡）、砂糖で煎じて飲む（岐阜）、ヤマミミズを生きたまま呑むと特効がある（熊本県玉名郡）、カンタロミミズを煎じて飲む（宮崎）。ミミズを黒焼きにして食べると結核によい（愛知県南設楽郡）。痔には、黒砂糖とミミズを晒木綿で包んで皿の上に吊しておき、たまった汁をつける（滋賀県高島郡）、黒焼きの粉をゴマ油で練ったものは痔に効く（埼玉）。疣痔の時は、タマクラミミズと女なら男の髪を、男なら女の髪を弱火で煮て白絞油で練ってつける（北海道）。ミミズを煎じて飲むと腹痛に効く（愛知県南設楽郡）。土用にとったミミズとクルミを煎じて飲むと冷腹の痛みによい（岐阜）。喘息には、ヤマミミズを生のまま飲むとよい（福岡県築上郡）、ミミズを半分に切って泥を出して使う（栃木）。霍乱《かくらん》にはミミズの土を吐かせたものを煎じて飲む（埼玉県大宮市〈さいたま市〉）。歯痛には、ミミズを四、五匹水で洗い、頭と尻を切り取り、土を出したものを黒砂糖と練り合せ、日本紙にのばし塗布したものを頰に貼りつける（大阪）、ミミズを紙に巻いて棒状とし、これをかむとよい（山形）。盲腸になるとミミズと麦飯を一緒に練りつぶして患部に貼り病院へ運ぶ（岡山県笠岡諸島）。腸チフスにはミミズを乾燥して粉末にしたものを服用する（熊本）。百日咳にはミミズを煎じたものがよい（奈良）。背中の吹出物にミミズを転がしてつけるとよい（山形）。耳だれには耳にミミズを巻きつける（熊本）。瘧にはミミズを煎じて飲む（群馬・愛知）。寝小便には、干したものを煎じて飲む（愛知県南設楽郡）、黒焼きを食べる（岡山県真庭郡）。ミミズの煎じたものは下痢に効く（岐阜）。小便のつまった時は、ミミズをよく搗いて、冷水に浸して濃くし茶碗で半分ほど飲む（岩手）。ミミズを飲むと体が温まる（滋賀県伊香郡）。ミミズを一日三回三日間飲むと死にそうな人でも助かる（岡山県笠岡市）、ただし、飲みすぎてはいけない。飲みすぎて死んだ者があるともいう（同県苫田郡）。

○ミミズを飲むとよい声が出る（岡山）、煎じて飲むと声がよくなる（富山県氷見市）。夏の宵シーシーと鳴くのはミミズである（岡山）。昔話に、ミミズに眼が無いのは、ヘビの声と交換したからだ、と説く由来譚がある。昔は、ミミズは鳴くと考えられたところから生まれたもの。

○その他の俗信。ミミズを陰干しにしたのを灯心にしてヒキガエルの油を点せば、幽霊魔神を見ることができる（高知県幡多郡）。夜口笛を吹くと、寝てからミミズが口をなめる（新潟）。ミミズを指でさすとさした指が腐る（富山・長野）。ミミズの夢を見ると小遣いが入る（宮城）。山でカブラタ（大型のミミズ）を焼くといくらでも出てきて火を消してしまう（奈良県吉野郡）。殺すと極楽参りができない（新潟）。女の乳を土の上に投げ捨てミミズに吸われると乳が止まる（秋田・石川）ので、余った乳は川へ流すとよい（石川県石川郡）。夕方子供が野から帰る時にうたう童謡に「ミミズ長ゴなりゃ日が暮れる、日が暮れる」というのがある（奈良）。

木菟　みみずく

○ミミズクが鳴くと雪（北海道）、ミミズクがいい声で鳴くと天気が良いが、キリキリと金切声で鳴くと風が吹く（東京）、ミミズクが鳴くと翌日は雨が降る（滋賀）、ミミズク朝出ると雨（和歌山）、などの天候占いがある。

○和歌山では、ミミズクが鳴くとカツオ漁があるので、漁夫はミミズクを害することを忌む。フクロウの鳴き声でもカツオ漁の予兆をいう所がある。

○九州では、ミミズク多く鳴けば人が死ぬ、というが、広島では、ミミズクが鳴けば子供が生まれる、という。やはり広島で、ミミズクが屋根にとまれば家が栄える、とこれを慶兆とする。

【む】

蜈蚣　むかで

○鞍馬のお使い（広島）。毘沙門さまのお使いだから殺してはいけない（愛知・福井）。金の神様である（岡山）。ムカデが家の中に入り込むと、金に縁がある（熊本・福岡）、長者になる（福岡県北九州市）。殺さないでおくと金が舞い込む（山口県大島郡）。たくさん出るとお金が儲かる（愛知県南設楽郡）。袋に入れて掛けておくと金がふえる（鹿児島）。一日に三匹捕らえると百万長者になる（愛知）。イッスンムカデに刺されると長者になる（福岡・大分）。朝のムカデは一升桝に入れて恵比須に供える（新潟県佐渡郡）。夜のムカデは吉（広島・大分・宮崎・鹿児島）。ムカデの夢を見ると金が入る（兵庫県養父郡）。アカムカデが座敷に入ると吉（沖縄）。ムカデは神様のお使いだから殺さない。京都の鞍馬では、ムカデを毘沙門天の使として尊び、明治初年までは正月の初寅に生きたムカデを境内で売った。足の多いことがおあし（銭）に通ずるため、縁起がよいとされた。『八幡愚童訓』巻下には、淀の住人が八幡の宝蔵から這い出たムカデを福の神として信仰し、大商人になった話が載っている。以前は、ムカデ屋の屋号を持つ店が多くあった。

○ムカデを殺すことを忌むことの多い中で、殺すとその日一日長者になる（愛知）とか、四国八十八か所を三べん参ったことになる（香川）、という土地もある。長野県木曽郡で、ムカデを殺すとその日の罪がなくなるといい、愛媛県西条市では、ムカデを捕らえた時は「大師さんの水」と言いながら茶を注ぎかけて殺す。徳島県那賀郡ではムカデは弘法大師をかんだので殺せ、という。由来譚に、昔御大師様が「きれいな虫だ」と言ってムカデを手の甲にのせたら、かみついた。それで一日にムカデを二、三匹殺せばひもじい目にあわない（愛媛県上浮穴郡）、と伝えている。鹿児島県日置郡でも、ムカデが出ると悪いことがあるので親の日でも殺せ、という。宇都宮市で、ムカデが病人の居間に来るとその人は死ぬ、というのに対し、熊本県玉名郡では、イッサイムカデ（一才蜈蚣）が病人の部屋に入ってくると病気が快復に向かう、と伝えている。

○ムカデの多い時には、四月八日のおぶゆで「千早ふる卯月八日は吉日よ神さげ虫をせいばいぞする」と書いて逆さまに張っておくとよい、俵藤太秀郷と書いて張っておくとムカデが出ない、ムカデと書いておいてもよい（共に愛知）。愛媛県上浮穴郡では家の四隅に、四月八日の花祭にもらった甘茶をかけるか、それで墨をすり、紙に「茶」と書いたものを逆さに貼るとムカデが入らないという。岡山県川上郡備中町（高梁市）でも「茶」の字を書いて逆さに張るとよいという。ドンドン焼の灰を敷居に撒くとムカデが出ない（大分県南海部郡）、ともいう。

○ムカデに唾をかけると死ぬ（富山・愛知）、女の唾をかけると死ぬ（石川）、女の小便をかけるとすぐ死ぬ（愛知）。殺した時には「おとつい来い、茶をのましょ」と言って唾を吐きかけておかないと、生き返って仇討に来る（山口）。唾の呪力をもってムカデを制するもので、古くは、俵藤太秀郷が矢先に唾を吐きかけ蜈蚣《むかで》を射殺した話（『太平記』）をはじめ、昔話・伝説に唾や歯くそでムカデ退治をする話は多い。夜部屋に入ってくるムカデはニワトリの鳴き真似をして逃がす（沖縄県八重山郡）。ニワトリの真似をして殺さねばならない（鹿児島県国分市〈霧島市〉）。ニワトリは好んでムカデを食うのでいうか。或いは、信仰上の理由があるのかもしれない。

○ムカデにかまれた時は、歯くそをつける。（福井・愛知・静岡・和歌山・愛媛・高知・福岡・長崎・大分・鹿児島等）、ニワトリの糞を塗る（群馬・福井・鹿児島）、人糞をつける（奈良）、水垢を塗る（富山・愛知）。「ムカデに唾、スッポンに蓼は敵薬なり」といわれるように、ムカデが唾を忌み嫌う、という信仰に基づいたものであろう。島根県大原郡で、ムカデにかまれた時はニワトリの鳴き真似をすると楽になるという。ニワトリの糞が効くことは『和漢三才図会』にも見える。ほかにも、刺したムカデを殺してその汁をつけるとよい（岐阜・愛知・静岡）、ミミズをつぶして塗る、ゴマの油をつける（群馬県勢多郡）。煙草のやにをつける（愛媛）、きせるのやにをつける（群馬）、アサガオの葉を揉んでつける（福岡）、イモガラの汁がよい、ゴマ油をつける、黒砂糖を塗る、ハッカかダイズの葉を揉んでつける（岡山県川上郡）、濃い番茶をつける（富山・愛知）。
○かまれた時、痛い、と言わぬうちに小石を置くと治る（香川県三豊郡）。傍の小石を裏返す（埼玉）、雨だれの石を何度も裏返して呪文を唱える（愛媛）、すぐに履物を裏返す（福岡県北九州市）、履物を脱いで裏返し「ムシカエタ」と唱えると痛みが止まる（京都府）。このように石を裏返しにするのは、ハチの場合に類例が多く、その応用ということも考えられる。
○宮崎県西臼杵郡で、かまれた箇所を口で吹きながら「ここか筑前、大近の渡し、ムカゼなんぞわざわいすんな、アブラウンケン、アブラカス」と三回唱えると痛みが早くとれる、といい、埼玉では「ちがやとうげをとおりしに、わらびのおんわすれたか」と唱えると腫れないという。群馬県では「朝日さすチガヤの山に昼寝して、ワラビの恩を忘れたか」と三回唱えるという。これは、ムカデがチガヤの上で昼寝して身動きできなかった時、下からワラビが伸びてきて助かった、という話によっているが、この呪文は山中のヘビ除けとして唱えるものである。
○砂地に大の字を書き、一と人の重なった部分の砂をとってつける（福岡）、とか、紙に七という字を書いて張る（和歌山）土地もある。
○ムカデが出ると雨になる（茨城・埼玉・和歌山・山口・愛媛）。家の中に出ると雨が近い（長野・熊本）。天井から落ちると雨になる（静岡・愛知）。騒ぐと天気が悪くなる（高知県長岡郡）。ムカデが宿替えすれば大雨の兆（大阪府枚方市）。殺すと雨になる（愛知県南設楽郡）。ムカデの色が真っ赤なときは晴天が続く（静岡）。ムカデの足が赤いと雨、白いと晴（和歌山）。

○ムカデの油は民間薬として用途が広い。ムカデを生きたまま（或いは死後間もないものを）菜種油などの中に入れたもの（沖縄ではムカデを焼いて油にこねたもの）を、切り傷に用いる（福島・茨城・千葉・神奈川・新潟・富山・石川・福井・長野・岐阜・京都・滋賀・奈良・大阪・兵庫・岡山・香川・徳島・大分・鹿児島・沖縄等）、火傷に用いる（埼玉・富山・福井・愛知・静岡・滋賀・大阪・兵庫・徳島等）、耳だれに効く（福井・愛知・兵庫・岡山・福岡・大分等）、中耳炎によい（長野・大阪・奈良・山口・徳島・愛媛・高知）、歯痛によい（愛知県南設楽郡）、ハチ刺され、釘を踏んだ時（群馬県勢多郡）、傷薬（新潟県佐渡郡）、虫刺されに効く（京都府）、水虫の薬（神奈川・三重・福岡）、骨接ぎの患部に塗る（長野）、しもやけに効く（長野）。

○ムカデが耳に入ったときは鶏肉を耳の辺に置くと出てくる（栃木）。

○その他の俗信。ムカデをくど（竈）で焼いたり、金属製のもので殺すといくらでも出てくる。指をさしてはいけない（長野県南佐久郡）。正月飾りのウラジロを残すとムカデになる（岡山）。畳の敷合にはミミムカゼがいるので子供は寝かせない（長崎県壱岐郡）。所々に死体を見せる時は地震がある（群馬県利根郡）。ムカデに首のまわりを一周されると死ぬ（長野県小県郡）。朝ムカデは縁起が悪い（大分県南海部郡）。ムカデに食われてやまわない（病まない）、人はハビ（マムシ）に食われるとやまう（和歌山県西牟婁郡）。ムカデが肩を越すと百日の大病をのがれる（島根県大原郡）。⇨蛇《へび》

鼯鼠《むささび》

○大分では、ソバオシキ（ムササビ）の皮を枕元に置くか体につけて寝ていると産が軽い、と安産の呪具とする。

○山ではムササビと呼ばずにモノブスマと忌詞を使う（愛媛）。

○ソバオシキ（ムササビ）がツバキの花を食うと少し馬鹿になっている（福岡）。モマ（ムササビ）はクヌギの芽が出ると出てくる（宮崎）。モマは煙を食いに来る（熊本）。
○バンドリ（ムササビ）の肉は腎臓の薬（神奈川）、ムササビのイ（胆嚢）は人の胃病の妙薬（愛媛）、などの民間療法がある。

虫　むし

○虫の動作から天候や吉凶を占ったり、時に虫を精霊の乗り物であるとみなす俗信は各地に多く、これらの伝承の中に小動物に寄せる日本人の特別な心意をみることができる。
○虫の中には農作物に害を与える種類も多く、その追放のためには様々の方法が用いられた。長野県北安曇郡・静岡県清水市・愛知県北設楽郡で、お施餓鬼の旗を野菜畑に立てておけば作物に虫がつかないといい、群馬県新田郡では、歳取イワシ（節分の夜にイワシの頭などを焼いて戸口にさしたもの）をネーマ（苗間）にさすと害虫除けになるという。
○苗代へは虫のつかぬように午杖を立てる（和歌山）。虫除けの祈禱札を水口に立てれば田に虫がつかぬ（秋田・千葉・山口）。出雲の神の守札を田に立てておくと虫がつかない（広島）。七夕竹をダイコン畑にさすと虫がつかない（岩手県陸前高田市）。
○長崎県壱岐では、害虫が群をなして農作物を襲うことがある。これは、亡者といって死者の霊だと考えられ、発生すると鉦太鼓で祈禱したり神仏の護符を吊したりするが、この時、虫をタケや木の枝などに貫き刺してそこに立てておいてもよい、という。
○虫送りは全国的に行われた行事である。愛媛県松山市では、虫祈禱といって、土用の入りから三日間にお寺で百万遍の念仏を唱え、鉦・太鼓で虫を流した。千葉県東葛飾郡でも、僧侶の祈禱を乞い、大勢が打ち集まって「おーくるぞ、おーくるぞ、イナムシおくるぞ」と言って、太鼓を打ちつつ村はずれまで送った。
○祇園の日にうどんを食べると、虫がわかない（愛知）、ナタネ殻を焚くと虫除けになる（同上）。雨降りに畑に入ると虫がいなくなる（宮崎）。彼岸の中日にウグイスナをまくと虫が食べない（群馬県利根郡）。虫封じには、小さい杵に紐をつけ、家のまわりを三回まわると効きめがある（群馬）。皛とか訟と書いて門口に逆さに貼っておくと虫除けになる（愛知）。砂をまけば虫除けになる（大分）。寒中に雪の上に雨が降ると夏に虫類が少ないとか、七夕に蒔くダイコンに虫がつかぬ、という。熊本県阿蘇郡では、阿蘇神社の卯の祭と田作祭に用いる籾をもらいうけて、家の籾に混ぜて蒔けば、田に虫がつかぬ、と伝えている。
○七夕様に貸した着物には虫がつかない（長野県北安曇郡）。土用に着物を干すと虫に食われない（富山・愛知）。高知県高岡郡では、一月十五日に正月飾りを取り除きくどにくべる。この灰を家の四隅に置くと、ヘビその他の悪虫が入ってこないという。
○七月七日に雨が降れば、クリに虫がつく（秋田県雄勝郡）。七日の日の十時前に畑に入ると虫がたつ（長野県北安曇郡）。七日に雨降ると赤い物に虫が出る（山形県天童市）。正月十五日に雲があれば虫がつき病気が流行する（秋田県仙北郡）。苗代のみみ苗（ふち苗）を植えると虫がつく（宮崎）。下駄をはいて畑に入ると植えたものに虫がつく（秋田県仙北郡）。
○冬至の雨は虫になる（山形県最上郡）。寒七の雨（寒入り七日目に降る雨）は虫となる（同県山形市）。寒のうちに降った雨は、その粒が虫千匹にあたり、その年虫が多く発生する（熊本県阿蘇郡）。七夕に降った雨はみな虫になる、といって雨降りを忌む（長野県北安曇郡）。なのかび（旧暦七月七日）の雨は虫になる。特にクリの害虫が多くなる（山形県尾花沢市）。四月八日の雨は虫になる（新潟）。六月十四日の雨はみな虫になる（秋田県南秋田郡）。土用の雨は一粒降っても虫になる（新潟県長岡市）。
○愛知県北設楽郡では、虫をやたらに殺すと耳の中で火を焚く、といい、南設楽郡でも、虫を夜とると耳の中で火を焚く、という。広島でも、虫を半殺しにしておくと夜中に来て耳の中で火を焚く、と伝えている。虫を殺すと地獄へ行く（広島県山県郡）ともいう。
○刺す虫は親の逮夜でも殺せ（奈良）。毒虫と親の敵は見つけしだい殺せ（鹿児島県串木野市〈いちき串木野市〉）。虫を殺したら唾液を三度かけないと祟られる（秋田県角館地方）。池をつぶす時は節を抜いたタケを地上に五寸くらい出しておく。池中のムシを殺さぬためである（広島）。
○雛祭の際の菱餅を田におりる時に食うと毒虫に刺されない（神奈川県平塚市）。夜、野原を通る時に「池鯉鮒大明神」と言えば毒虫に刺されない（奈良）。白麻を着ると毒虫が刺さない（秋田県鹿角郡）。
○毒虫に刺された時は、親の唾をつけて「親の唾、親の唾」と言うとすぐ治る（山口）、歯のかすをつける（宮城）、小便をつける（岡山）、井戸の水垢をつけるとよい（愛知）、刺したムシを殺して塗りつける（岡山）、お釈迦団子をつける（愛知県北設楽郡）、お釈迦団子を粉にして飲むとよい（同県南設楽郡）、という。
○小さな虫が、飛んでいると翌日は雨になる（奈良・三重）、多く飛ぶと雨になる（山形・鳥取・香川・大分）、軒端に多く集まると雨（長野県北安曇郡）、低く飛ぶと雨（山形県南陽市）。夜、虫が多く来る時は雨（新潟）、家に入ると雨（同県長岡市）。白子と呼ぶ腹や尾に白い綿のようなものの付着した小虫が飛びまわると必ず雨が降る（奈良県宇陀郡）。虫が群れて出るとしけになる（東京）。虫が低く飛ぶのは風の兆（広島）。
○大雨の時に虫が鳴きだすと天気がよくなる

（愛知県南設楽郡）。

○愛知県で、立ち聞きをすると三寸下の虫が死ぬという。式亭三馬の『浮世風呂』にも「此間も何をいふかと雪隠で聞いていたら、先の主人を褒めちぎってね、立聞すると三尺地の下の蟲が死ぬと申すが、いらざる罪を作りますのさ」と見える。

○虫歯には虫の骨を黒焼きにして虫歯にかぶせるとよい（群馬県邑楽郡）。歯痛には、虫という字を紙に多く書き、それをかんだ後で釘で打つ（奈良）とか、紙に虫の字を九つ書き、八つにたたんで口にくわえるとよいという。

○その他の俗信。大黒柱が虫に食われると家が栄えないばかりでなく、主人に災難がある（秋田県山本郡）。虫をいじめると夜おむしに来る（愛知）。だしが吹くと虫が死ぬ（新潟県栃尾市〈長岡市〉）。汚い虫を指さしたら指で輪をつくってその中に唾を入れる（群馬県邑楽郡）。葬式の座敷にはたくさん虫が出ることがある（群馬県吾妻郡）。野竹に鉄砲形の虫がつけば戦いが起こる（宮城）。鹿島神宮の要石の周囲を掘って、白い虫が出ると虫の数だけ子供ができる。虫が出なければ子供はできない（茨城県鹿島郡）。苗の小虫の作った俵がつくと豊作になる（愛知県南設楽郡）。正月一週間裁縫をすると箱に虫がさす（秋田県山本郡）。鹿児島で、電燈の笠に花が咲くと吉事がある、というのは、ウドンゲ（クサカゲロウの卵）のことであろう。そのほか、モモについた虫を食べると美人を生む、とか、指貫の穴を虫にくぐられると指が腫れる、という。

貉《むじな》

○ムジナは、多くの場合、タヌキ（イヌ科）をさしていうことが多いが、本州以西の一部の地方では、アナグマ（イタチ科）をムジナと呼ぶ。民間で、ムジナとタヌキは全然別の動物である、と主張する根拠は、こうしたところにあるのであろう。また一方では、アナグマとタヌキを同物扱いにする場合もあったようで、室町時代天皇以下廷臣たちの食膳に供した狸汁は、本物のタヌキならば臭くて食える代物ではないから、アナグマの肉であろうという。三者に対する知識が、一部の猟師などの経験をもとに、地方的に分散し、総合されなかった結果、こうした不一致を来したのである、と考えられる。

○『本朝食鑑』のような書物でも、タヌキとムジナの区別はまことに曖昧である。「其ノ毛ハ斑色、深厚温滑、裘ヲ造リテ服トス可シ。本邦未ダ之ヲ詳カニセズ。山人曰ク、貉ノ斑色ニテ、善ク睡ル者有リ、山俗無之奈《むしな》ト称ス。性鈍ノ如ク、狸狐ノ慧ニ似ズ。細カニ其ノ睡ルヲ察スレバ則チ真ニ睡ルニ非ズ。及チ耳ヲシテ聾セシムルナリ、故ニ熟睡ニ似ルト雖《いえど》モ、人ヲ見レバ則チ駭キ走リテ竄《かく》ル。比則チ中華ノ貉ト同物ナルカ」。これによれば、猟師などから聞いた知識らしく、毛色がタヌキのようで、空寝入りが得意、性質はキツネ・タヌキよりばかなのがムジナだ、となる。『本草記聞』という書物には、「ムジナハ京師ニ居ラズ、他州ニテムジナト言フ、勢州・備前等ニ多シ。佐渡ニハ狐狸ナクシテ貉ノミ之レアリ」とある。京都にはムジナはいない、という事実が正しければ、御所でタヌキ汁と呼んだのがアナグマらしい、というのと符合するようである。『記聞』もまた、空寝入りするのを「貉睡」というと記しているが、ムジナネイリ（ネムリ）といった語は、『大日本国語辞典』などにも載っていない。『食鑑』にしても『記聞』にしても、空寝入りの件でタヌキからムジナに主役を移してしまっているが、タヌキ寝入りをするからムジナである、といった奇妙な論法に陥らなければ幸せである。

○「タヌキに牝無し、ムジナに牡無し」ということわざは、両者を別の動物としてはっきり区別するためにいうのか、或いは雄ならタヌキ、雌ならムジナというとの意味なのか、後者ならば、タヌキとムジナが夫婦というばかなことになるから、それはありえないことであろう。「十月ムジナは寝たあとでも三百」（秋田県雄勝・平鹿郡）ということわざは、土佐の僧皆虚が編んだ『世話尽』には、「十月狸は寝たあとも百する」という形で出ている。寒さに向かって毛皮がよくなり、高値で売れることをいう。ただし、タヌキの皮は鞴《ふいご》に使う程度で、筆の材料向けの毛が主だったようである。

○ムジナの火柱が上ると、火がかえった（倒れた）方に火事がある（群馬県佐波郡）。ムジナの鳴き声はコエコエ、コエコエという。ムジナの歌には尻が無い（秋田県山本郡）、という。ムジナは人をだましても家に帰すことを知らない。キツネはその点が違う（秋田県雄勝・平鹿郡）。五月節供のショウブ湯に入らないと、ムジナになる（新潟県長岡市）。ムジナの肝を食うと、口のきけないような者も治る（神奈川県津久井郡）。

○ムジナは馬鹿だから、人間に取り付くと離れない。だからムジナに取り付かれた人は馬鹿になるのだ（群馬県吾妻郡）。これに反して、キツネは大部分は、憑いても離れる（同上）。キツネ憑きは時間がたっても助かるけれども、ムジナ憑きは時間がたてば必ず死ぬ。それはムジナが血を吸うからだという（新潟県南魚沼郡）。

【め】

目高　めだか

○岐阜県恵那郡で、チンチンミズ（メダカ）ごと（いっしょに）生水を飲むと上手に泳げるようになる、といい、鹿児島県国分市〈霧島市〉でも、泳げない人はメダカを生きたまま呑むと泳げるようになる、という。奈良県では、メダカをとると親の目がつぶれる、という。

○メダカを生きたまま食べると乳がよく出る

（富山・愛知・岡山）、乳ぶるいでひきつけを起こしたときは数匹を生きたまま呑む（愛媛）。乳腺炎には生きたメダカを五、六匹呑む（山口）。メダカを生きたまま三匹呑み下すと眼病が治る（和歌山）。目のうすい人はメダカを川でとって呑むと治る（富山）。

目張　めばる

○兵庫県西宮市東浜で、風邪をひいた時はアカメバルを食べるとよいといい、武庫郡精道《せいどう》村〈芦屋市〉では、風邪除けになるといって生のまま陰干しにし、門口の上に吊すという。同様の俗信は、香川県三豊《みとよ》郡財田町〈三豊市〉にもある。メバルは目が大きく、その前方下に二本のとげがあることから、疫病などを防ぐまじないに用いられたものであろう。

○民間療法。流行目《はやりめ》にはイシメバルの肉とウコンの根茎とを煮て食べる（沖縄）。産後はメバルを食べるとよい（岡山）。

【も】

土龍　もぐら

○モグラの害を払うため、モグラ除けの年中行事がある。群馬県利根郡では、トオカンヤに土を叩くとモグラが出ないという。その方法は、トオカンヤの晩に、藁鉄砲（ミョウガを芯にして藁で巻いたもの）を作り、「トオカンヤトオカンヤ、十日の晩はいい晩だ、朝ソバキリに昼ダンゴ、夕飯《めし》食べてぶったたけ」と唱えながら、子供が他家の庭を叩くものである。トオカンヤとは十月十日の夜の呼び名で、秋の収穫祭、田の神が山に帰る日、案山子の神が帰る日、出雲の神様が山に帰る日、などの伝承がある。群馬と同じ形式のモグラ追いの行事では、福島では一月十四日に、藁を打つ槌に縄をつけ、畑の中を「ナマコどんの御通りだムグロどんはお留守かいお留守かい」と唱えて歩く。新潟では、元旦の朝横槌で家の周囲を叩いて廻ったが、後には縄で引きずるようになった。一月十五日に横槌に縄をつけて「正月様ござった」と唱える。一月十六日の朝食前に横槌に縄をつけて家の周囲をひきずりながら「モグラモチどこ行った隣のやしまへちょーろちょろそこらにいるとすりつぶすぞ」、「モグラモチどこ行った隣の屋根にちょろちょろおらが屋根に居まいぞそこらにいたらぶっつぶそ」、或いは「モグラモチはいないか横槌どんのおいでだ鳥の悪いやつは尻尾切って頭《かしら》切ってほいほい」と唱える。福岡・佐賀・長崎でも一月十四日の晩に藁でモグラ打ちをし、奈良では、夕方割り竹でオンゴロ（モグラ）が荒らしそうな場所を何度となく叩きまわる。

○また、モグラの害を防ぐための呪法としては、モグラが土を持ち上げるときに「これモグラおのれの土と思うなよ日向の国の神の土なり」と三唱しながら盛り上がった土を踏む（神奈川）、「オンコロモチ（モグラ）オンコロモチおどれの土と思うか□神《マ》土《マ》、アビラウンケンソワカ」を三唱する（徳島）、「モグラモチおのが住み家と思うなよここは恐ろし鬼神の土」と書いて貼っておく（愛知）、ウグロ（モグラ）を退治するには「出雲」と書いた札を立てる（広島）、などがある。

○奈良ではオンゴロ（モグラ）は折角ついたナスやキュウリの土を持ち上げて害をなすから、そういう時は肥桶を天秤棒でこすると無気味な音がするので、その音でオンゴロは逃げるといい、長野・愛知でも同様の方法をやる。その他、モグラ石（田畑に置いてモグラの近寄るのを脅かす石）（愛知）や、古賀良山の石を取ってきてモグラの穴に入れる（群馬）、モグラの穴へ毛を入れておく（愛知）、などの方法も行われる。『極奥秘伝まじない秘法大全集』には「ナマコを乾してモグラの来る地中に埋めれば奇妙に効く、ツバキの実の上皮をそぎ去りこれを砕いて埋めればモグラは嫌って来なくなる」とあり、『耳嚢』には「田鼠を追ふ呪の事」として、「寛政七卯年、濃州の田畑に田鼠多く出て荒けると言る、咄合の節、或人の曰く、田鼠を追ふ呪には糠にて鼠の形を拵へ、板などに乗せて悪水堀などへ流すに、田鼠ども右につきて行衛なくなるとかや。虚実は知らねどもかゝる事も有べきや」とある。

○群馬では、モグラを生きたまま土釜に入れて炭になるまで焼くと痔の薬になり、ちょっとなめただけでも効くといい、福島・茨城でも、モグラの黒焼きを痔の薬とするという。痔以外でも、夜尿症（新潟・愛知）、火傷、癲癇《てんかん》（共に奈良）、疳の虫（鳥取・岡山）、気つけ（兵庫）、のぼせ（京都・奈良）、血の道（千葉・兵庫）、痣や瘡《くさ》（群馬）、そら手（秋田）、下痢（埼玉）、風邪（埼玉・奈良）、解熱（長野・熊本）、肺結核（福井）などの民間薬として広くその効用が伝えられる。黒焼き以外では、鼻血の止血にはモグラを焼いて垂れた血をふりかける（群馬）、モグラの生き血は女性の頭に血ののぼる病気に効く（神奈川）、などという。愛媛では、目にゴミが入った時「天竺の白き山のオゴロモチ（モグラ）目もの入りたり、アビラオンケンソアカ」と呪文を唱えて吹くとゴミはとれるという。

○千葉では、モグラが土を盛り上げると天気が変る、といい、モグラが土を持ち上げるのを雨の兆とする地は多い（山形・宮城・福島・埼玉・岐阜・静岡・愛知・和歌山）。広島では、モグラが土中深く巣を作れば翌年大雪が降るという。

○三重県名張市では、モグラがモズになる、という。『月令』には、田鼠化したウズラになる、の例がある。

○モグラの穴を踏むと足が痛くなる（愛知）、

モグラに小便をかけると報いがある（奈良）、モグラを殺すと手が後にまわって不自由になる（鹿児島）。長野では、モグラを指さしてはいけない、という。
○高知では、旧十月初の亥の日は、餅を搗いて、一升枡に入れて床の間に供える。この日畑に行くとオンゴロモチがもくもくと畑の土を盛り上げるから畑に入らないという。
○親に手を振り上げるとモグラの手のようになる（高知・愛媛）とは、子供の躾け上言われたものであろうか。

百舌　もず

○モズの奇習の一つに、昆虫・小鳥・小哺乳類・カエルやトカゲといった類の獲物をカラタチの刺や小枝の折れ先などに突きさしておく、いわゆるモズの速贄《はやにえ》と呼ばれるものがある。福島県会津地方では、モズの速贄を見つけると幸福がある、という。新潟県北蒲原郡では、速贄はモズが鳳凰に捧げるためのもので、これを持てば縁起が良く、無尽などの籤にもあたるからと、クワ畑の中を速贄を探して歩いたほどだという。秋田県仙北郡・南秋田郡・平鹿郡では、速贄をモズの串刺、モズの贄、カヤヘビなどとも呼ぶが、これに手を触れるとカヤヘビ（瘭《ひょう》疽《そ》）になる、といって手を触れることを忌むが、仙北郡の一部では、カナヘビの速贄は幸福を招くものとして宝物にされている、という。群馬県利根郡でも、モズがクワの木にさしたカエルを取ると子供が育たない、と、秋田と同様にこれに手を触れることを忌む。また和歌山県御坊市付近では、モズがカエルの首を木にさすと首部の病気が、腹をさせば腹部の病がはやるという。宮崎県西諸県郡では、モズがカエルをさすと喉の病が流行するという。
○千葉では、モズの速贄はモズが飢えて困った時にホトトギスから食物を借りた時の返礼である、との伝承がある。
○モズの速贄は、前項のように吉凶の予兆とするのみならず、その状態により年間の降雪を予想する。山形・茨城では、速贄が木の高い枝にさしてある時は雪の多い年で、低い枝にさしてある年は雪が少ない（速贄が上枝にあるを大雪の予兆とするのは秋田・新潟・富山・大分も同様）、岐阜・福井でも、モズがクワの枝のように高い所に餌を刺す時は大雪で、ササの末などに刺しておく時は雪が少ない、という。また、モズが木に餌をたくさんさすとその冬は大雪が降る（山形）、モズが晩秋から籬間に食を蓄えるとその年は大雪（島根）と、共に大雪の前兆とする。

○速贄の他にも、次のような天候占いが伝わる。広島では、モズの高鳴きは七十五日間の上天気、という。高鳴きを晴天の兆とするのは千葉・富山・岐阜・長野・愛知・広島・高知・愛媛・福岡・大分・熊本も同様である。モズの高鳴きとは、初秋の頃に山から平野部に帰ってきたモズのかん高く鋭い叫び声をいう。モズが姿を現す時期に関しては、モズは二百十日前後に見え始め、モズが来るとその年はもう大風は吹かない（熊本）、といわれる。このように、モズが出始める（鳴き始める）と風が吹かない、とするは愛知・奈良・福岡・長崎でも同様である。その他、イネの出穂の時にモズが来ると風が吹かない（福岡）、モズが早く来て鳴く年は風がない（山口）、モズが鳴く時は台風が来ない（愛知）、土用にモズが鳴いたら台風が来る（愛媛）、などという。また、熊本では、モズの鳴き声を聞いてから百日すると霜が降るという。また、モズが夏鳴けば霜が早い（鹿児島）、モズが早く鳴けば霜が多い（大分）、モズが早く鳴くと早く寒さが来る（滋賀・大分）、などともいう。以上の他、モズが常よりもしきりに鳴くと大風（宮城）、モズが鳴くと雪が降る（岐阜）、モズが鳴くと雨が降る、モズが藪の中から飛び立つと雨が降る（共に大分）、モズが高く巣をかける年は大雨（宮城）、モズが巣を高くつくる年は大雪（富山）、などというが、モズが鳴くと雨が上がる（愛媛）、など逆の予測も伝わる。
○愛知県下では、モズの巣をとると親モズが家に火をつける、モズの巣をとると火事になる、モズを捕らえたり殺したりすると火事になる、と、モズに危害を与えると仕返しに火難を受けるという。また、モズを捕らえるとウシやウマ（または家畜）に祟る（青森・広島）、とか、モズを捕ると手が痛む（秋田）、モズの巣をとると手が腐る（新潟）、ともいう。小鳥に危害を加えると本人や家畜に被害があるとか、火難にあうとして殺生を忌むことは、セキレイなどについても広く言われる俗信である。
○癲癇にはモズが速贄にしたカエルを黒焼きにし煎じて飲む（群馬）、吃音にはモズを食べさせる（奈良）、モズの黒焼きを煎じて飲むと盲腸・腸チフスに薬効がある（高知）、などの民間療法が伝わる。
○以上の他、次のような俚言・俗信がある。モズの夜鳴きは火の用心（愛知・和歌山）。モズに指をさすと指が腐る（新潟）。モズの声を右の耳で聞くと縁起が良い（静岡）。モズが例年より早く来ると何か国に騒ぎが起こる（愛知）。
○モズの初声にクリが笑み始める（群馬・東京）、モズの小便でクリが熟す（千葉）、モズはクリの実が落ちるときに鳴く（香川）、とは、モズが平野部に姿を現す頃とクリの実が熟す時期は一致する、の意で、モズの初声を聞けばアワが笑い始める、また、秋ソバが咲き始める（広島）、も同趣の諺である。

【や】

山羊《やぎ》

○ヤギを飼えば家に病人が絶えない（群馬・岐阜・愛知・広島）。

○ヤギを焼いて脚が曲がらないものを食べると死ぬ（沖縄）。
○野原でヤギの香りのする時はヤギの幽霊がいる、ヤギの血は魔除け（沖縄）。
○ヤギを食べると早産する。逆に、不妊娠の人はヤギの煮汁を七杯食べると妊娠する、と奨励し、また、ヤギの煮汁は解熱の効がある、という（共に鹿児島県大島郡）。沖縄では、ヤギは強壮薬になり、肋膜炎や結核の薬としても効くとして肉・血・内臓・骨などにニンニク・クワの葉・ヨモギを入れて料理したものを食べるが、冷水・麵・餅などは食合せになるから、とこれを飲み食いせず、また妊娠初期の婦人や痲疹《はしか》の人は流産や消化不良の原因になると、これを禁じた。疝気《せんき》にはヤギの睾丸を煎じて飲む、という民間療法が伝わる。
○ヤギの腹が張ったときは塩水を飲ませるとよい（山梨）、ヤギ安産の飼料はトビラギの生葉を与える（沖縄）。

馬陸　やすで

○広島で、ゼニムシ（ヤスデの異称）の多い家は栄えるという。ゼニが銭に通ずるところからいうのであろう。

八代貝　やつしろがい

○宮城県で、ヤツシロガイは陸に上がってヤマドリになり、月夜に飛んで行くという。

八目鰻　やつめうなぎ

○秋田県では、ヤツメのような血を吸うものを家の中に入れてはならぬ（平鹿郡）、とか、産婦のある家ではヤツメを入れてはならぬ、血を吸われる（南秋田郡）という。ヤツメウナギは口を魚の体に吸着して肉をそぎ、体液を吸うことから、血を吸うものとして嫌うのであろう。
○兵庫県城崎郡竹野町〈豊岡市〉で、川口にいるヤツメウナギのようなものをナナメという。それが笛を吹いて山へ登るのを侍が殺し、桶に入れたところ七桶半もあったという。しかし、それ以後、侍の家は衰えた、と伝えている。ナナメと、山の奥にすむヘビとは夫婦だった、ともいう。岡山県英田《あいだ》郡中井郷で、雨乞には池に棲息するヤツメウナギを新しい盥に入れて祈禱を行うと、不思議にも雨が降るという。山形県村山市では、ヤツメウナギの獲れる年は豊作という。

○民間療法。ヤツメウナギは目の薬（青森・秋田・千葉・富山・岐阜・愛知）。夜盲症には、ヤツメウナギを食べる（北海道・宮城・茨城・栃木・東京・埼玉・千葉・山梨・新潟・石川・長野・愛知・徳島・佐賀）、眼球を食べる（青森・愛知）。ヤツメウナギは、夜盲症に必要なビタミンAに富むため摂取するのであるが、目が八個あるように見えることから眼病に効ある、と信じたものであろう。『魚鑑』（天保二年）に「みそ汁に煮食て、眼病雀目《とりめ》を治す」と見える。ほかにも、心臓病（香川）、強壮剤（新潟・石川・香川）、疳の薬（新潟）として用いる。秋田県鹿角郡では、女がヤツメを食べると瘡痂《かさぶた》ができるという。

○食合せ。ヤツメと、ギンナンは中毒する。酢は嘔吐する、ネギは中毒する。砂糖はよくない（秋田県）。

柳の虫　やなぎのむし

○ヤナギの木を食害する木くい虫。子供の疳症にはヤナギノムシが効く（新潟・愛知・奈良・熊本・高知）という。滋賀県高島郡でも、ヤナギノムシは子供の疳の薬として用い、ヤナギノムシ一匹はクサギのムシ（臭木の虫のことで疳薬に用いる）一匹と同じといわれる。虫は塩焼きにして用いるのが普通で、甘味を加えたものは効果が薄いとされている。ほかにも頭をちぎって出した油を飲むと痲疹に効く（鳥取）。疱瘡にはヤナギノムシを食べる（奈良）。

山雀　やまがら

○山形では、ゲンシチ（ヤマガラ）が里に来て鳴くと雨が降る、というが、逆に、新潟・岐阜では、ヤマガラが鳴くと天気になるという。

○岐阜では、ヤマガラの少ない年は流行病が多い、といい、赤痢や下痢にはヤマガラの塩漬を黒焼きにして飲む。

山鳥　やまどり

○岡山では、ヤマドリやキジが家の中に入ったらツケオトシがある、といって凶兆とする。秋田・群馬でも凶事があるとか、その家の人が死ぬという。一般に鳥類が屋内に入ることを凶兆とする俗信は多いが、滋賀県伊香郡では、ヤマドリが家の中に飛び込んで来ると何かよいことがある、と、これを慶事に数える。○ヤマドリは氏神様の使い姫だから食べてはいけない（富山）。○福島県南会津郡では、ヤマドリをキキンドリ（飢饉鳥）と呼ぶ。ヤマドリが多い年は飢饉になるからだという。ヤマドリが鳴くのは火事の前兆（秋田）。年長けたヤマドリが闇の夜に飛ぶと火を発する（岐阜）。十三斑の尾羽を持つヤマドリは人をたぶらかす（長野）。ヤマドリは人をだまして奥山に連れ込むから、決して捕らえようとしてはいけない（熊本）。○ヤマドリは山にいるとき雌雄別々にいるので、これを食べると夫婦別れをするから、と御祝儀には用いるを忌む（群馬）。○天候占いとして、ヤマドリが早く田へ出る年は大雪が降る（岐阜）、ヤマドリが鳴くと雨（山形・岐阜）、羽ばたきすると雨（岐阜）、という。○中耳炎にはヤマドリの羽を黒焼きにし、油で練ってつける（岐阜）、赤痢には、にがりに漬けて保存しておいたヤマドリの卵を蒸して食べる（徳島）、などの民間療法がある。○キジは寒中、ヤマドリは木の芽頃が旬（広島）、という。しかし、シダの臭い間はヤマドリも臭い（福岡）、春のヤマドリを食べてはいけない（岐阜）、ヤマドリは痔の毒、ソバとヤマドリは食合せ（共に愛知）。

山女　やまめ

○腫物の膿の出ないときはヤマメの皮を貼る（神奈川県津久井郡）。皮を患部に貼ると乳の腫れに効く（埼玉）。瘭疽《ひょうそ》にはヤマメの皮を巻きつける（岩手）。ヤマメをぬれた紙に包み、灰の中で焼いて食べると下痢に効く（埼玉）。心臓病や痔によい（同県）。婦人病に効く（静岡県大井川上流）。

守宮　やもり

○ヤモリにかまれると日に七分ずつ腐る（山口県阿武郡）。ヤモリの夢を見ると八日長生きをする（愛知）。ヤモリを殺すとよくない（福井県三方郡）。普請中に、知らずにヤモリを壁に塗り込むか押しつぶした時は、その家に病人が絶えない（和歌山）。ヤモリの小便が目に入ると目が見えなくなる（鹿児島県大島郡）。ヤモリを扱うと手が腐る（福岡）。
○ヤモリが食いつくと雷の音を聞くまで放さない（新潟・広島）。ヤモリが赤い腹を出すと晴れになる（新潟県長岡市）。
○名の起こりについて『傍廂』巻下には「家の籬壁《まがきかべ》の間に居るを、屋を守る義にて守宮といひ」と見える。奈良で、ヤモリが家にいると泥棒が入らない、というのも、家を守る、という信仰に基づいていよう。

【ゆ】

雪虫　ゆきむし

○ユキムシは、早春に雪上で活動する虫を指す場合と、晩秋の頃に現れるワタムシなどの一群を指していう場合とがある。宮城県宮城郡で、ユキバババ（雪虫）が飛んでくると間もなく雪が降る、というのも、この虫が晩秋から初冬にかけて現れ飛ぶためと、その姿からいうのであろう。山形県西村山郡では、冬温暖な日にユキムシが多く出ると天気が悪くなる、とか、春にユキムシが騒ぐと雨が近い、という。愛媛ではシロコ（アリマキの一種）が飛ぶと雨、奈良でもシロコ（銀虫という白い羽虫）が飛んだら雨になる、と伝えている。
○和歌山県田辺市では、初秋の頃に飛ぶシロコ（白い虫）を見て、子供たちが「シロコオチオチ河原の碁石」と唱えるという。⇩綿虫《わたむし》

【よ】

夜盗虫　よとうむし

○福島県南会津郡では、アワやソバにヨトウムシのついた時は両部（法師ともいい、神仏を祈禱する人）を呼んで祈禱してもらい、まじないの御札を畑に立てるという。

夜泣貝　よなきがい

○ヨナキガイ（キセルガイのことか）を床の下に入れると夜泣きがやむ（岡山県川上郡）とか、キセルガイを夜泣きする子の枕下に敷いておくと夜泣きがやむ（熊本県玉名郡）という。沖縄県八重山郡では、ヨナキガイに唱え言をして子供の耳につりさげ、子守唄をうたって聞かせると泣きやむといい、岡山県川上郡では、子供が夜泣きをする時、これを食べさせるとか、子供の着物の襟につけておくという。山口県では、キセルガイは、体を殻内に引き込めて長く生きているので、旅の守り神にするという。
○宮崎県東臼杵《うすき》郡西郷村〈美郷町《みさと》〉で、夜泣きする子供には、ヨナキビナ（大木の根元にいる細長い巻貝）を飲ませるとよい、という。ヨナキガイと同物ではないかもしれぬが、同様の俗信である。

【り】

栗鼠　りす

○長野では、朝小屋から出た時、自分の前をリスに横切られたら不幸が起きるのですぐ帰れ、という。イタチの道切りと同じ禁忌である。

○リスの黒焼きは、痔の薬（福島）、夜尿症に効く（埼玉・石川）。リスの肉は腎臓病に効く（埼玉）。吹出物にはリスの黒焼きを飯粒で練って貼る（静岡・愛知）。リスを土にくるんで丸焼きしたものを粉にひいて飲むと女性の気病によく効く（滋賀）。

【わ】

鷲　わし

○山形県下では、ワシが里の空を舞うと荒天になる、ワシが鳴くと風が吹く、土用中にワシが里近く鳴くと冷害になる、などという。

○ワシは山神様の使だからとるな（栃木）。

○夜、子供を外にせき出せば（閉め出せば）ワシがつかむ（福岡）。

忘貝　わすれがい

○ワスレガイを帯びれば物を忘れるという。『万葉集』に「いとまあらば拾ひに行かむ住吉の岸に寄るてふ恋忘れ貝」と詠まれ、この貝によって物思いを忘れよう、との思いを詠んだ。

綿虫　わたむし

○岐阜や広島で、ワタムシが出たら雪になるといい、和歌山ではワタムシが飛ぶ時は雨が近い、と伝えている。晩秋の頃に現れるリンゴワタムシなどは地方によってはユキムシともいう⇩雪《ゆき》虫《むし》

文庫版解説　動物と俗信

常光　徹

俗信という熟語は、著者が指摘するように近代の造語で、使用されるようになったのは明治の終わりごろからのようだ。そのためか、一般にはなじみが薄く意味内容もやや曖昧だが、基本的には「予兆・占い・禁忌・呪《まじな》いに関する生活の知識や技術で、主に心意にかかわる伝承」といえるだろう。たとえば、「カラス鳴きが悪いと、近いうちに誰か死ぬ」（予兆）、「蹴上げた履物が表になると晴、裏返しだと雨」（占い）、「夜は爪を切るな」（禁忌）、「霊柩車に出合ったら親指を隠す」（呪い）といった類である。身近な生活の一齣《ひとこま》をすくい取りながら、短い言葉で表現される内容が大部分を占めている。

ただ、注意しておきたいのは、寺社をはじめとして組織や集団を介して行う卜占（占い）や呪術（呪い）などは俗信とはいわないということだ。俗信は、個人的な知識や技術として機能するのが一般的で、しかも、その場の状況に応じて想起される臨機的で具体的な性格をおびている。俗信研究の道を拓いたのは柳田国男《やなぎたくにお》である。一九三五（昭和一〇）年に出版した『郷土生活の研究法』で、感覚に訴えて理解する心意の解明の重要性を説いた。心意という言葉は、とらえどころがない面があって一口では説明しづらいが、ものの見方や感じ方、心のくせなど、潜在する意識あるいは集合意識の領域を指している。

本書は、一九八二年に出版された『日本俗信辞典』の「動物編」を文庫化したものである。この辞典は、動植物にまつわる予兆・占い・禁忌・呪いを中心に、民間療法、自然暦を幅広く収集して分類し、解説を施した初めての試みである。もちろん、伝承の全てを網羅しているわけではないが、動植物に関する俗信の実態を全国的な視野から把握できる辞典として評価が高く、今もその真価を失っていない。

「動物編」に登場するのは、蚤虱といったごく小さな虫から牛馬まで多様である。現代の私たちは愛玩動物としての犬や猫などを除くと、生き物との関わりは総じて希薄である。とくに、都市生活ではその傾向がつよい。さまざまな理由で、人間の側から動物との関係を断ってきたからだ。しかし、かつては、動物と人は生活空間を共にしていて、日々顔を突き合わせる相手だった。

私は一九四八年に高知県の海沿いの町で生まれたが、子供の頃を振り返ると、身の回りにいろいろな生き物がいたのに気づかされる。食事時にうるさいのが蠅で、払っても払っても飛んでくる。蠅叩きはどの家にもあった。油虫（ゴキブリ）も常に家人の隙を窺っていた。夏の夕方、窓を閉め忘れると蛾・黄金虫・蜻蛉などが飛びこんでくる。蚊の鳴く声（羽音）と蚤に悩まされ寝られないこともしばしば。梅雨時には、まれに百足《むかで》が屋内に侵入してきた。百足に咬まれると飛びあがるほど痛い。夏休みは、鮎や鰻、貝などを獲りに川や海に行くのが日課で、時には、コガネグモを捕まえて棒の上で喧嘩をさせるのも子供たちの楽しみだった。虫や魚は格好の遊び相手だった。母の実家では牛と馬を飼っていて、伯父が牛を追いながら田起しをしていた光景を憶えている。

人と動物は、抜き差しならぬ関係のなかで共に生きてきた。好むと好まざるとにかかわらず、共生せざるを得ない生活環境だったといってよい。俗信には、動物を見つめる細やかな観察とともに、豊かな経験の中から生まれた知識と技術が凝縮されている。今日の学術的な知見とも響き合う事例は少なくないが、それよりも、蚤虱から牛馬に至るまで、身近な動物と向き合ってきた庶民の生活意識が映し出されている点に特徴がある。

※

人々は身辺の動物とどのように接してきたのだろうか。俗信と呼ばれる伝承には、人と動物をめぐる生活文化の諸相が記録されていて示唆に富む。二、三紹介してみよう。

朝起きて、まず気になるのはその日の天気である。現在のように、数時間ごとの変化を予報できるようになったのは最近のことである。誰もが気にする事柄でありながら、経験と勘を頼りに予測をする時代が長くつづいた。それだけに、晴雨の予兆に関する俗信の数は夥《おびただ》しい。動物の場合でも「猫が顔を洗うと雨」「蛇が木に登ると雨」「蚤を火に入れてパチンと音がすれば翌日は晴」など、枚挙にいとまがない。的中率のほどは定かでないが、「燕が低く飛ぶと雨」「雨蛙が鳴くと雨」などは、気圧や湿度の変化と関係が深いといわれる。今日の気象学からみても、ある程度理にかなっているのだろう。一両日の天気の予知だけでなく、「カマキリが木の上の方に巣をつけると大雪、下の方だと小雪」（新潟県）というように、一冬の降雪量を予測する俗信もある。類似の伝承は蜂や蛙などでもいい、こうした小動物には、天候を予知する能力があると考えていたようだ。

予兆とは、ある現象から未来のこと（結果）を推測する知識である。天気だけでなく自然災害に関する予兆も多い。「魚が浮き上がったり、変わった魚が獲れると地震がくる」「夜、雉が鳴くのは地震の前兆」などという。東日本大震災後、この種の俗信が数多く報告されている。しかし、予兆を感じたとしてもその記憶が持続しているうちに地震に遭遇するのはごく稀であろう。実際には、地震があったという現実（結果）から「そういえば一週間前に変な魚が獲れた。あれが地震の前兆だったのでは」と過去を振り返って兆しを推測する場合が多いと思われる。これを「応」というが、ただ、応のケースで認識をしたとしても、それを人に話すときには予兆の形で伝えるということがよく起きる。つまり、時間の古い方から新しい方へと整序して話すわけで、地震や津波の予兆を語るときに見られる現象である。

南北に長く、地形の変化に富む日本列島では、農作業の開始や収穫物の取り入れは、地域によっても、あるいはその年の気候によっても異なる。そうした中で、最も適した作業の目安を得る知恵として、動物の行動や植物の開花などを手がかりとする自然暦が各地で発達している。本辞典で郭公の項目を開くと「カッコウの口にマメ（青森県下北《しもきた》郡）、マメマキカッコウ（山形）とは、共にカッコウが鳴き始めたらマメを蒔く適期の意。（中略）カッコウをシロカッコ（宮城）、タウエドリ（新潟）と呼ぶのも、それぞれ、カッコウが鳴き出したら田の代掻きや田植をする、の意である」と見える。春から夏にかけて渡来する郭公の鳴き声を聞いて、農作業の目安にする例だが、こうした自然暦は漁撈《ぎょろう》も含めて各地で言い伝えられてきた。

私も数年前、高知県物部《ものべ》村《そん》（現、香美《かみ》市）で出会った老人から、この土地ではアカトンボをソバマキトンボと呼ぶ、と教えてもらった。このトンボが飛ぶようになると、秋ソバの種を蒔くのだという。ソバマキトンボは、そこからの命名である。和歌山県西牟婁《にしむろ》郡にも同様の伝承があり、アカトンボが鍬の柄の高さに飛ぶときを待ってソバを蒔くという。見定め難い播《は》種《しゅ》のタイミングを、群れ飛ぶアカトンボの動きに注目して判断するのだ。同じ地域でも、標高差や地形、天候によって種を蒔く時機はずれてくる。アカトンボの出現が、まちがいのない最も適した種播きの時と重なることを、長い経験のなかから発見した生活の知恵である。

人間にとって、手強い動物は少なくないが、なかでも、人を誑《たぶら》かすことにかけては狐の右に出る動物はいない。そのためか、狐に騙されぬための俗信が各地に伝えられていて面白い。「親指を中にして手を握っていれば騙されない」（和歌山県）というのは、邪悪なモノは親指の爪の間から侵入すると信じられていたからで、「霊柩車に出合ったら親指を隠す」呪《まじな》いとも共通する感覚といってよい。長野県や愛知県では「狐の窓の穴から覗くと騙されない」という。指を組んで作るこの穴から覗き見ると、その正体が見えるとされているからで、狐に限らず、妖異は正体が露顕すると人を化かす力を失う。ほかにも、「眉を唾でぬらす」「着物の裾を縛っておく」「草履を頭の上にのせる」等々、狐相手の呪い一つをとっても、土地ごとに変化があって切りがないほどだ。

奄美《あまみ》大島《おおしま》や沖縄諸島を歩くと、門口に水字《すいじ》貝《がい》を掛けてある家をよく見かける。外から疫病などの災厄が入ってくるのを防ぐ魔除けである。この貝がもつ角状の突起に呪力を認めたもので、鋭い棘に覆われた針千本を軒下に吊るすのも同想といってよい。魔除けに用いられる動物を眺めていると、その形状や行動の特徴などを巧みに利用した例が多い。「風邪除けに目張《めばる》の陰干しを門口に吊るす」（兵庫県芦屋市）のは、魚名が示すように大きく張り出した目で病魔を睨む効果を期待したのであろう。私の住んでいる千葉県市川《いちかわ》市には、玄関の上に蹄鉄を打ちつけた旧家がある。大地を蹴り激しく踏みつける馬の威力による魔除けと思われる。かつて、山間地域では猪の蹄を戸口に下げておく家があった。猪突猛進に象徴される突進力で邪悪なモノを威嚇する狙いであろう。魔除けに限ったことではないが、俗信的世界は、対象から発想する多様な連想関係をもとに構想されている。その豊かな連想の背後に、庶民の生活意識が垣間見えて興趣が尽きない。

俗信は、人々の心意を読み解く魅力的な伝承であるのは間違いないが、ただ、そのなかには、今日の人権意識や歴史認識に照らして不適切な表現がままみられるのも事実である。本書収録の資料も例外ではない。理不尽な差別はあってはならないが、歴史的状況を正しく理解するために、基本的に原本のままであることを御理解いただきたい。

※

著者の鈴木棠三《とうぞう》（本名鈴木脩一）は、俗信との出会いについて、師である柳田国男から暑中休暇の課題として「俗信の分類というテーマをいただいた」のがきっかけだった、と「はじめに」のなかで述べている。このとき柳田から貸与された俗信資料は、禁忌に関するカードだった。鈴木が分類の方針について質問をしたのに対して、柳田は禁忌を犯した際の制裁の面からの分類を指示したという。

禁忌は、「何々してはいけない」という禁止事項をいう。「夜は爪を切ってはいけない」「白い蛇を殺してはいけない」といった伝承である。禁忌の多くは、禁止をいうだけにとどまらない。「夜は爪を切っていけない。もし切ると、親の死に目に会えない」というように、禁を破った（違反した）際に予想される制裁を伴っている。つまり、禁止＋違反＋制裁の連鎖が禁忌の基本的な形態といってよい。鈴木の問いに答えて柳田が「制裁の面から」と言ったのは、違反した場合の負の側面に注目するよう示唆したものである。

しかし、一夏熟考した結果、制裁から分類することに意義が見出せず、有効な分類案が浮かばぬままカードを返上したという。この時、制裁の表現の違いを問うていれば、何らかの解説があったかも知れないと述懐している。実は、柳田は、制裁面からの分類を思い付きで鈴木に言ったのではない。アドバイスの背景には、当時、柳田自身が禁忌の制裁にまつわる伝承群を手がかりに、心意を解明する方法を模索していたからだと思われる。『郷土生活の研究法』で「それ（禁忌）を犯した際に制裁のあること、そうしてそれには変化が多く、しかも何らかの法則があったこと。この最後の点は実はとくにこれから調べなくてはならない」と述べている。制裁には「何らかの法則」があるのではないかとの予測をもっていた。その狙いは、禁忌に伴う制裁を反転すれば、そこに人々の幸福観や価値観が読み取れると目論んでいたからであった。「親の死に目に会えない」という制裁は、裏返せば、子供として親の死に目に立ち会うことの大切さを物語っており、そこから人々の幸福観の一面を明らかにする可能性を探ろうとしていたと見られる。鈴木にアドバイスした柳田の発言には、こうした意図が隠されていたにちがいない。

それにしても、大学予科の学生に柳田があえて難問を課したのは、この若き門弟の才覚が並ではないことを逸早く見抜いていたからであろう。

『日本俗信辞典 動・植物編』の出版の経緯については、「はじめに」で触れられているが、鈴木棠三先生のご厚意で、吉川永司さんと共に私も勉強の機会を与えていただいた。北鎌《きたかま》倉《くら》のご自宅で先生を囲んで議論したことや、ときには、松本千恵子さんも参加して、俗信談議に夢中になった日々が昨日のことのように思いだされる。

令和二年　仲春　先師鈴木棠三先生の学恩に感謝しつつ

（つねみつ　とおる　民俗学者）

【編集付記】

本書は、一九八二年に角川書店より刊行された『日本俗信辞典』を底本とし、哺乳類・昆虫・魚貝の「動物」に関連する項目を集めて文庫化したものです。

俗信とは、「予兆・占い・禁忌・呪いに関する生活の知識や技術で、主に心意にかかわる伝承」と定義することができますが、そのなかには「立って食ふと乞食になる」「片口で水を飲むと三口の児が出来る」「団栗を食ふと吃りになる」といった、現代の科学的知識、社会常識、人権意識に照らして、誤りや不適切な語句・表現があります。俗信が伝承されてくるなかで、そうした誤りや不適切性が正しく認識されていたとは言い難く、一部の俗信に根差した差別により、人間の尊厳を侵害された人々や家族のあった歴史に、編集部として深い遺憾の意を表するものです。

編集部は一切の差別に与しません。しかし、そのような俗信や伝承があったこともまた事実です。日本人の精神史・生活史を研究するうえで不可欠な「俗信」を、民俗学的に広く採集・整理・分類するという底本編纂の意図を尊重するとともに、当時の社会背景や扱っている題材の歴史的状況を正しく理解し、また今日的観点から流言飛語や差別への戒めを新たにするためにも、底本のままとしました。

日《に》本《ほん》俗《ぞく》信《しん》辞《じ》典《てん》　動《どう》物《ぶつ》編《へん》

鈴《すず》木《き》棠《とう》三《ぞう》

令和2年　4月25日　初版発行
令和6年　12月15日　10版発行

発行者●山下直久

発行●株式会社KADOKAWA
〒102-8177　東京都千代田区富士見2-13-3
電話　0570-002-301（ナビダイヤル）

角川文庫 22144

印刷所●株式会社KADOKAWA
製本所●株式会社KADOKAWA

表紙画●和田三造

◎本書の無断複製（コピー、スキャン、デジタル化等）並びに無断複製物の譲渡および配信は、著作権法上での例外を除き禁じられています。また、本書を代行業者等の第三者に依頼して複製する行為は、たとえ個人や家庭内での利用であっても一切認められておりません。
◎定価はカバーに表示してあります。

●お問い合わせ
https://www.kadokawa.co.jp/（「お問い合わせ」へお進みください）
※内容によっては、お答えできない場合があります。
※サポートは日本国内のみとさせていただきます。
※Japanese text only

©Nobuo Suzuki 1982, 2020　Printed in Japan
ISBN 978-4-04-400590-0　C0139

◆◇◇

角川文庫発刊に際して

角川源義

第二次世界大戦の敗北は、軍事力の敗北であった以上に、私たちの若い文化力の敗退であった。私たちの文化が戦争に対して如何に無力であり、単なるあだ花に過ぎなかったかを、私たちは身を以て体験し痛感した。西洋近代文化の摂取にとって、明治以後八十年の歳月は決して短かすぎたとは言えない。にもかかわらず、近代文化の伝統を確立し、自由な批判と柔軟な良識に富む文化層として自らを形成することに私たちは失敗して来た。そしてこれは、各層への文化の普及滲透を任務とする出版人の責任でもあった。

一九四五年以来、私たちは再び振出しに戻り、第一歩から踏み出すことを余儀なくされた。これは大きな不幸ではあるが、反面、これまでの混沌・未熟・歪曲の中にあった我が国の文化に秩序と確たる基礎を齎らすためには絶好の機会でもある。角川書店は、このような祖国の文化的危機にあたり、微力をも顧みず再建の礎石たるべき抱負と決意とをもって出発したが、ここに創立以来の念願を果すべく角川文庫を発刊する。これまで刊行されたあらゆる全集叢書文庫類の長所と短所とを検討し、古今東西の不朽の典籍を、良心的編集のもとに、廉価に、そして書架にふさわしい美本として、多くのひとびとに提供しようとする。しかし私たちは徒らに百科全書的な知識のジレッタントを作ることを目的とせず、あくまで祖国の文化に秩序と再建への道を示し、この文庫を角川書店の栄ある事業として、今後永久に継続発展せしめ、学芸と教養との殿堂として大成せんことを期したい。多くの読書子の愛情ある忠言と支持とによって、この希望と抱負とを完遂せしめられんことを願う。

一九四九年五月三日

角川ソフィア文庫ベストセラー

しぐさの民俗学
常光　徹

呪術的な意味を帯びた「オマジナイ」と呼ばれる身ぶり。人が行うしぐさにまつわる伝承と、その背後に潜む民俗的な意味を考察。伝承のプロセスを明らかにするとともに、そこに表れる日本人の精神性に迫る。

新版 遠野物語
付・遠野物語拾遺
柳田国男

雪女や河童の話、正月行事や狼たちの生態——。遠野郷（岩手県）には、怪異や伝説、古くからの習俗が、なぜかたくさん眠っていた。日本の原風景を描く日本民俗学の金字塔。年譜・索引・地図付き。

雪国の春
柳田国男が歩いた東北
柳田国男

名作『遠野物語』を刊行した一〇年後、柳田は二ヶ月をかけて東北を訪ね歩いた。その旅行記「豆手帖から」をはじめ、「雪国の春」「東北文学の研究」など、日本民俗学の視点から東北を深く考察した文化論。

新訂 妖怪談義
柳田国男
校注／小松和彦

柳田国男が、日本の各地を渡り歩き見聞した怪異伝承を集め、編纂した妖怪入門書。現代の妖怪研究の第一人者が最新の研究成果を活かし、引用文の原典に当たり、詳細な注と解説を入れた決定版。

一目小僧その他
柳田国男

日本全国に広く伝承されている「一目小僧」「橋姫」「物言う魚」「ダイダラ坊」などの伝説を蒐集・整理し、丹念に分析。それぞれの由来と歴史、人々の信仰を辿り、日本人の精神構造を読み解く論考集。

角川ソフィア文庫ベストセラー

山の人生　柳田国男

山で暮らす人々に起こった悲劇や不条理、山の神の嫁入りや神隠しなどの怪奇談、「天狗」や「山男」にまつわる人々の宗教生活などを、実地をもって精細に例証し、透徹した視点で綴る柳田民俗学の代表作。

海上の道　柳田国男

日本民族の祖先たちは、どのような経路を辿ってこの列島に移り住んだのか。表題作のほか、海や琉球にまつわる論考8篇を収載。大胆ともいえる仮説を展開する、柳田国男最晩年の名著。

日本の昔話　柳田国男

「藁しび長者」「狐の恩返し」など日本各地に伝わる昔話106篇を美しい日本語で綴った名著。「むかしむかしあるところに――」からはじまる誰もが聞きなれた昔話の世界に日本人の心の原風景が見えてくる。

日本の伝説　柳田国男

伝説はどのようにして日本に芽生え、育ってきたのか。「咳のおば様」「片目の魚」「山の背くらべ」「伝説と児童」ほか、柳田の貴重な伝説研究の成果をまとめた入門書。名著『日本の昔話』の姉妹編。

日本の祭　柳田国男

古来伝承されてきた神事である祭りの歴史を「祭から祭礼へ」「物忌みと精進」「参詣と参拝」等に分類し解説。近代日本が置き去りにしてきた日本の伝統的な信仰生活を、民俗学の立場から次代を担う若者に説く。

角川ソフィア文庫ベストセラー

毎日の言葉　柳田国男

普段遣いの言葉の成り立ちや変遷を、豊富な知識と多くの方言を引き合いに出しながら語る。なんにでも「お」を付けたり、二言目にはスミマセンという風潮などへの考察は今でも興味深く役立つ。

先祖の話　柳田国男

人は死ねば子孫の供養や祀りをうけて祖霊へと昇華し、山々から家の繁栄を見守り、盆や正月にのみ交流する——膨大な民俗伝承の研究をもとに、古くから日本人に通底している霊魂観や死生観を見いだす。

海南小記　柳田国男

大正9年、柳田は九州から沖縄諸島を巡り歩く。日本民俗学における沖縄の重要性、日本文化論における南島研究の意義をはじめて明らかにし、最晩年の名著『海上の道』へと続く思索の端緒となった紀行文。

火の昔　柳田国男

かつて人々は火をどのように使い暮らしてきたのか。火にまつわる道具や風習を集め、日本人の生活史をたどる。暮らしから明かりが消えていく戦時下、火の文化の背景にある先人の苦心と知恵を見直した意欲作。

妹の力　柳田国男

かつて女性は神秘の力を持つとされ、祭祀を取り仕切っていた。預言者となった妻、鬼になった妹——女性たちに託されていたものとは何か。全国の民間伝承や神話を検証し、その役割と日本人固有の心理を探る。

角川ソフィア文庫ベストセラー

桃太郎の誕生
柳田国男

「おじいさんは山へ木をきりに、おばあさんは川に洗濯へ――」。誰もが一度は聞いた桃太郎の話。そこには神話時代の謎が秘められていた。昔話の構造や分布などを科学的に分析し、日本民族固有の信仰を見出す。

昔話と文学
柳田国男

「竹取翁」「花咲爺」「かちかち山」などの有名な昔話（口承文芸）を取り上げ、『今昔物語集』をはじめとする説話文学との相違から、その特徴を考察。丹念な比較で昔話の宗教的起源や文学性を明らかにする。

小さき者の声
柳田国男傑作選

柳田国男

表題作のほか「こども風土記」「母の手毬歌」「野草雑記」「野鳥雑記」「木綿以前の事」の全6作品を一冊に収録！　柳田が終生持ち続けた幼少期の直感やみずみずしい感性、対象への鋭敏な観察眼が伝わる傑作選。

柳田国男 山人論集成
柳田国男
編／大塚英志

独自の習俗や信仰を持っていた「山人」。柳田は彼らに強い関心を持ち、膨大な数の論考を記した。その著作や論文を再構成し、時とともに変容していった柳田の山人論の生成・展開・消滅を大塚英志が探る。

神隠し・隠れ里
柳田国男傑作選

柳田国男
編／大塚英志

自らを神隠しに遭いやすい気質としたロマン主義者であった柳田は、他方では、普通選挙の実現を目指すなど社会変革者でもあった。30もの論考から、その双極性を見通す。唯一無二のアンソロジー。

角川ソフィア文庫ベストセラー

花祭
早川孝太郎

神人和合や五穀豊穣・無病息災のため鎌倉時代末に始まった花祭は、天竜川水系に伝わる神事芸能。滋味深い挿絵と平易な文章で花祭の全てを伝える、柳田国男・折口信夫にも衝撃を与えた民俗芸能の代表的古典。

猪・鹿・狸
早川孝太郎

九十貫超の巨猪を撃った狩人の話。仕留めた親鹿を担ぐ後をついてきた子鹿の話。妖しい出来事はいつも狸の仕業とされた話。暮らしの表情を鮮やかにすくい取る感性と直観力から生まれた、民俗学の古典的名著。

日本の歳時伝承
小川直之

現代に受け継がれる年中行事から、正月、節分、花見、節供、花火、盆、月見、冬至、歳暮など慣れ親しんでいる、40の行事を取りあげる。それぞれの行事の歴史と地域差なども示しながら、本来の意味や目的を明らかにする。

図説　日本未確認生物事典
笹間良彦

日本の民衆史に登場する幻人・幻獣・幻霊と呼ばれる「実在しないのに実在する」不可思議な生物たち。114種類の生物について、多岐にわたる史料を渉猟してまとめた、妖怪・幻獣ファン必携の完全保存版！

天狗にさらわれた少年　抄訳仙境異聞
平田篤胤
訳・解説／今井秀和

江戸時代の国学者・平田篤胤が出会った寅吉少年は、「天狗の国に行った」と語る。天狗界の生き物、文字、乗り物、まじない……驚くほど詳細な、異界の文化とは？　やさしい現代語訳で江戸の大騒動が蘇る！

角川ソフィア文庫ベストセラー

稲生物怪録

訳／京極夏彦
編／東　雅夫

江戸中期、三次藩の武士・稲生平太郎の屋敷に、1ヶ月にわたり連日、怪異現象が頻発。目撃談を元に描かれた「稲生物怪録絵巻」、平太郎本人が残したと伝わる『三次実録物語』、柏正甫『稲生物怪録』を収録。

鳥山石燕 画図百鬼夜行全画集

鳥山石燕

かまいたち、火車、姑獲鳥（うぶめ）、ぬらりひょんほか、あふれる想像力と類まれなる画力で、さまざまな妖怪の姿を伝えた江戸の絵師・鳥山石燕。その妖怪画集全点を、コンパクトに収録した必見の一冊！

桃山人夜話 ～絵本百物語～

竹原春泉

京極夏彦の直木賞受賞作『後巷説百物語』のモチーフとして一躍有名になった、江戸時代の人気妖怪本。妖怪絵師たちに多大な影響を与えてきた作品を、画図、翻刻、現代語訳の三拍子をそろえて紹介する決定版。

大津絵 民衆的諷刺の世界

クリストフ・マルケ
絵／楠瀬日年

江戸時代、東海道の土産物として流行した庶民の絵画、大津絵。鬼が念仏を唱え、神々が相撲をとり、天狗と象が鼻を競う――。かわいくて奇想天外、愛すべきヘタウマの全貌！　オールカラー、文庫オリジナル。

昔ばなしの謎 あの世とこの世の神話学

古川のり子

過去から現代へ語り継がれる日本の昔ばなし。桃太郎、かちかち山、一寸法師から浦島太郎まで、なじみ深い物語に隠された、神話的な世界観と意味を読み解く。現代人が忘れている豊かな意味を取り戻す神話学。